Michael / Schepp
Politik und Schule
von der Französischen Revolution bis zur Gegenwart

Fischer Athenäum Taschenbücher
Erziehungswissenschaft

Politik und Schule von der Französischen Revolution bis zur Gegenwart

Eine Quellensammlung zum Verhältnis von Gesellschaft, Schule und Staat im 19. und 20. Jahrhundert

Band 1

Herausgegeben von Berthold Michael
und Heinz-Hermann Schepp

Athenäum Fischer Taschenbuch Verlag

Athenäum Fischer Taschenbuch Verlag GmbH & Co., Frankfurt am Main

Umschlagentwurf Endrikat + Wenn
Satzherstellung Gutfreund & Sohn, Darmstadt
Druck und Bindearbeit Clausen & Bosse, Leck (Schleswig)
Printed in Germany
ISBN 3-8072-3003-3

Inhaltsverzeichnis

Vorbemerkungen zur Auswahl, Gliederung und zum Gebrauch der Dokumentation 11

I. Politik und Schule in der frühen Neuzeit 13

Einführung 15

1. Gemeinwesen und Schule in der älteren Herrschaftsordnung 31
   - [1] Johannes Althusius, Über Politik und Schule (1603) . 31
   - [2] Ratsvertrag mit dem Stadtschulmeister zu Wesel (1425) 51
   - [3] Johannes Bugenhagen, Braunschweigische Schulordnung in der Braunschweigischen Kirchenordnung (1528) 52
   - [4] Veit Ludwig von Seckendorff, Über Fürstenregiment und Schule (1656) 59
2. Der absolutistische Staat und seine Schule 70
   - [5] Friedrich der Große, Das Politische Testament (1752) . 70
   - [6] General-Landschulreglement (1763) 75
   - [7] Schulrechtliche Vorschriften des Allgemeinen Landrechts (1794) 78
   - [8] Johann Julius Hecker, Nachricht von einer Oeconomisch-Mathematischen Real-Schule (1747) 83
   - [9] Aufklärung – anonymes Dokument der Zeit (1784) . 87

II. Die Französische Revolution – politisches und pädagogisches Programm 89

Einführung 91

- [10] Erklärung der Rechte des Menschen und des Bürgers (1789) 110
- [11] Jean-Jacques Rousseau, Über Volkssouveränität, Freiheit und Gleichheit (1762) 113
- [12] M. J. A. de Condorcet, Bericht und Entwurf einer Verordnung über die allgemeine Organisation des öffentlichen Unterrichtswesens (1792) 130
- [13] Michel Lepeletier, Plan einer Nationalerziehung (1794) 135
- [14] Alexis de Tocqueville, Über Freiheit, Gleichheit und Herrschaft (1835) 143

III. Die Schule in der Polarität von Staat und Gesellschaft . . 173

Einführung 175

1. Der Kampf der bürgerlichen Gesellschaft um Staat und Schule

a) Versuche zur Staats- und Bildungsreform

[15] Wilhelm von Humboldt, Ideen zu einem Versuch, die Grenzen der Wirksamkeit des Staates zu bestimmen (1792) 200

[16] Süvern/Stein, Entwurf einer »Proklamation an sämtliche Bewohner des preußischen Staates« (1808) . . . 206

[17] Wilhelm von Humboldt, Litauischer Schulplan (1809) 210

[18] J. W. Süvern, Promemoria und Entwurf eines allgemeinen Gesetzes über die Verfassung des Schulwesens im preußischen Staat (1817–1819) 214

[19] Carl von Rotteck, Das demokratische Prinzip (1837) 226

[20] David Hansemann, Jedermann ist unfrei (1840) . . 235

[21] G. W. F. Hegel, Gesellschaft, Staat und Stände (1821) 241

b) Gegenwirkungen der politischen Reaktion

[22] Die Karlsbader Beschlüsse gegen Universitäten, Preßfreiheit und politische Betätigung (1819) 250

[23] Schlußprotokoll der Wiener Conferenz über die revolutionären Umtriebe in Deutschland (1834) . . . 252

[24] Amtlicher Verweis Elbinger Bürger durch den preußischen Minister des Innern (1837) 254

[25] Carl Ludwig von Haller, Über zweckmäßige Schulanstalten (1834) 255

[26] Friedrich Wilhelm III., Über Volksbildung und Schule (um 1840) 259

2. Verfassungs- und Schulkämpfe in der bürgerlichen Revolution 1848

a) Der Kampf um die politische Verfassung und um die Neuordnung der Schule

[27] Lorenz von Stein, Gesellschaft, Klassen und Staat (1849) 263

[28] Verfassungsentwurf der Siebzehn (1848) 290

[29] Verfassungsurkunde für den Preußischen Staat (1850) 298

[30] Ansprache Friedrich Wilhelms IV. an die versammelten Kammern und eidliches Gelöbniß auf die Verfassung (1850) 308

[31] Rescript des Kgl.-evgl. Consistoriums in Württemberg, wegen Betheiligung der Volksschullehrer an unruhigen Bewegungen (1849) 311

[32] Ansprache Friedrich Wilhelms IV. an die Seminarlehrer (1849) 313
[33] Ferdinand Stiehl, Regulativ betreffend den Unterricht in den preußischen Volksschulen (1854) 314
[34] Königliches Konsistorium, Instruktion für die evangelischen Schullehrer und Küster im Regierungsbezirk Merseburg (1859) 318

b) Forderungen der Parteien und Verbände
konservativ
[35] Friedrich Julius Stahl, Was ist die Revolution? (1852) 327
[36] Hermann Wagener, Positive Aufgaben der konservativen Politik in Beziehung auf die intellektuelle Kultur und den Volksunterricht (1856) 333
[37] W. J. G. Curtmann, Vereinfachung und Stätigkeit des äußeren Schulorganismus (1847) 336

liberal
[38] Friedrich Adolph Diesterweg, Was fordert die Zeit? (1848) 340
[39] Zur Schulfrage – »Antrag der 23« (1848) 345
[40] Friedrich Harkort, Bemerkungen über die Preußische Volksschule und ihre Lehrer (1842) 346

demokratisch
[41] Friedrich Kapp, Aufruf zur Umgestaltung der deutschen Nationalerziehung (1848) 351
[42] Antrag Struve im Frankfurter Vorparlament (1848) 356

sozialistisch-kommunistisch
[43] Karl Marx, Die Aufhebung der Polarität von Staat und Gesellschaft – Kritik an den Menschenrechten und am bürgerlichen Emanzipationsverständnis (1843) . 359
[44] Forderungen des Bundes der Kommunisten für Deutschland (1848) 364
[45] Manifest des Berliner Arbeiterkongresses an die Deutsche Nationalversammlung und Schulforderungen (1848) 367

Kirche (kath.)
[46] Denkschrift der Erzbischöfe und Bischöfe Deutschlands (1848) 371
[47] Programm des Wahlkomitees der Katholiken in Köln (1848) 377
[48] F. J. Buß, Aufruf zur Gründung katholischer Vereine (1848) 380

Lehrerverein
[49] K. F. W. Wander, Aufruf an Deutschlands Lehrer (1848) 382
[50] Beschlüsse der 1. Versammlung des Allgemeinen Deutschen Lehrervereins in Eisenach (1848) 384

3. Kaiserreich – Klassengesellschaft – Schule

a) Staat: Verfassung und Schulpolitik
[51] Verfassung des Deutschen Reiches (1871) 386
[52] Schulaufsichtsgesetz für Preußen (1872) 392
[53] Allgemeine Bestimmungen für Volks- und Mittelschulen in Preußen (1872) 394
[54] Bestimmungen über den katholischen Religionsunterricht in den Volksschulen (1876) 400
[55] Gesetz über Unterhaltung und konfessionelle Verhältnisse der öffentlichen Volksschulen (1906) 404
[56] Erlaß Wilhelms II. zur Bekämpfung sozialistischer und kommunistischer Ideen durch die Schule und Ausführungsbestimmungen (1889) 408
[57] Die Schulkonferenz von 1890 – Eröffnungsansprache Wilhelms II. 414
[58] Kabinettsordre Wilhelms II. zur Gleichberechtigung der höheren Schulen (1900) 419
[59] Stellungnahme des preußischen Kultusministers zur Errichtung eines Mädchen-Gymnasiums in Breslau (1898) 421
[60] Allgemeine Bestimmungen über die Höheren Mädchenschulen und die weiterführenden Bildungsanstalten für die weibliche Jugend (1908) 425

b) Gesellschaft: Positionen und Forderungen

konservativ
[61] Deutsche Konservative Partei, Gründungsaufruf (1876) 428
[62] Deutsche Konservative Partei, Revidiertes Programm (1892) 430

liberal
[63] F. H. Schulze-Delitzsch, Die vernünftigen Anforderungen an den Staat vom Standpunkt der Arbeiterfrage (1863) 433
[64] Das Gründungsprogramm der Deutschen Fortschrittspartei (1861) 437
[65] Berliner Erklärung der Nationalliberalen Partei (1896) 440

[66] Fortschrittliche Volkspartei. Einigungsprogramm (1910) 443

sozialistisch-kommunistisch

[67] Karl Marx, Über Grundlagen des Sozialismus. Vorwort »Zur Kritik der Politischen Ökonomie« (1859) 446

[68] Karl Marx, Über große Industrie und polytechnische Bildung (1867) 448

[69] Ferdinand Lassalle, Der Vierte Stand und der Zweck des Staates (1863) 452

[70] Das Gothaer Programm der Sozialistischen Arbeiterpartei Deutschlands (1875) 455

[71] Erfurter Programm der Sozialdemokratischen Partei (1891) 460

[72] Eduard Bernstein, Zuschrift an den Parteitag der Sozialdemokratischen Partei Deutschlands (1898) . . . 463

[73] Rosa Luxemburg, Sozialreform oder Revolution? Die opportunistische Methode (1898) 468

[74] Wilhelm Liebknecht, Wissen ist Macht – Macht ist Wissen (1872) 472

[75] Sozialdemokratische Partei Deutschlands, Leitsätze zum Thema »Volkserziehung und Sozialdemokratie« (1906) 482

Kirchen und christliche Parteien

[76] Papst Pius IX., Enzyklika »Quanta cura«: Zum Verhältnis Staat – Kirche – Schule (1864) 488

[77] Programmentwurf zur Gründung der Zentrumspartei (1870) 492

[78] »Antrag Windthorst« zum Religionsunterricht in den öffentlichen Schulen Preußens (1889) 496

[79] Neues Programm der Christlich-sozialen Partei (1895) 497

[80] Schreiben des Kgl. Preußischen Landes-Consistoriums an die Geistlichen der evgl.-lutherischen Landeskirche Hannovers zum Schulaufsichtsgesetz (1872) 501

[81] Politische Parteien und die Lehrer (1871) 504

Lehrerverein

[82] Stellungnahmen und Beschlüsse des Deutschen Lehrervereins zur Schulpolitik (1876–1914) 506

Ergebnisse der Reichstagswahlen von 1871 bis 1918 522

Statistische Angaben zur Bevölkerungs- und wirtschaftlichen Entwicklung 526

Vorbemerkungen zur Auswahl, Gliederung und zum Gebrauch der Dokumentation

Während in den Erziehungs- und Sozialwissenschaften die Beziehungen zwischen Politik und Schule immer stärkere Beachtung finden, liegen Dokumentationen, die den Gesamtzusammenhang zwischen Gesellschaft, Schule und Staat belegen, nicht vor. In den bisher erschienenen Publikationen sind die Quellen in der Regel nur unter dem Aspekt eines der genannten Faktoren ausgewählt. Dadurch wird der Interpretationsrahmen eingeschränkt und eine Erörterung der Situation der Schule in ihren vielfältigen Verbindungen zu Staat *und* Gesellschaft erschwert. Die hier vorgelegte, in zwei Bänden erscheinende Quellensammlung will diesem vielerorts empfundenen Mangel begegnen. Mit Hilfe einer breit angelegten Dokumentenauswahl (Verfassungen, Gesetze, Verordnungen; Parteiprogramme, Proklamationen, Reden und Ansprachen; Texte zur politischen und pädagogischen Theorie u. a.) wird versucht, ein politisch-pädagogisches Arbeits- und Lesebuch vorzulegen, das es ermöglichen soll, die aktuellen Auseinandersetzungen mit Hilfe der neuesten Dokumente und zugleich im Kontext geschichtlich langfristiger Prozesse zu verstehen.

Bei der exemplarischen Auswahl der Quellen steht im Zentrum die Frage nach dem Woher und Wohin der Demokratisierung, die seit der Französischen Revolution zunehmend alle Lebensverhältnisse ergreift und verändert. Dieser die letzten zwei Jahrhunderte bestimmende Vorgang wird als Schlüsselproblem begriffen und ergibt auch die Gesichtspunkte für die Gliederung.

Im vorliegenden ersten Bande steht die Französische Revolution und ihr politisch-pädagogisches Programm als spezifisch säkulare Schwelle und weltgeschichtliche Zäsur im Mittelpunkt der Auswahl (Kapitel II). Die durch sie eingeleiteten Bewegungen werden rückschauend von Herrschaftsordnung und Schulverfassung der vorrevolutionären Zeit abgehoben und dadurch sowohl in ihren geschichtlichen Voraussetzungen als auch in ihrer Neuartigkeit verständlich gemacht (Kapitel I). Das folgende Kapitel III zeigt, wie sich die Beziehungen zwischen Gesellschaft, Schule und Staat vom beginnenden 19. Jahrhundert bis zu den Anfängen des 20. Jahrhunderts entwickeln und verändern. Der zweite Band knüpft an diese Entwicklungstendenzen an und führt sie bis in die Gegenwart weiter.

Zum besseren Verständnis und zur leichteren Handhabung der Dokumentation seien noch folgende Hinweise angefügt:

1. Jedem Kapitel ist eine Einführung vorangestellt. Sie kann nicht die Aufgabe haben, die Interpretation der einzelnen Quellen im Detail vorwegzunehmen oder gar eine umfassende Deutung der vielschich-

tigen Zusammenhänge zu geben. Der Leser soll vielmehr auf einige politische und soziale Vorgänge und Probleme aufmerksam gemacht werden, deren Kenntnis es ihm erleichtern kann, die schulpolitischen Entscheidungen im Zusammenhang der Entwicklung von Staat und Gesellschaft zu verstehen.

2. Um den Charakter der Dokumentation als eines Lese- und Arbeitsbuches zu betonen, ist jeder Quelle ein kurzer lexikalischer Hinweis beigegeben, der Informationen über Autor und Text enthält.
3. In der Sammlung ergänzen sich für jeden Zeitabschnitt Dokumente und theoretische Abhandlungen. Dem Leser soll auf diese Weise sowohl die Wechselwirkung als auch die »Gleichzeitigkeit des Nicht-Gleichzeitigen« im Hinblick auf Theorie und Praxis, postulierte Forderung und geschichtliche Wirklichkeit, Tradition und Neubeginn vor Augen geführt werden.
4. Die Texte werden, soweit sie nicht zu umfangreich sind, ungekürzt veröffentlicht. Bei notwendigen Streichungen ist durch Überleitungen dafür gesorgt, daß der gedankliche Zusammenhang erhalten bleibt.
5. Die Titel der Dokumente entsprechen in der Regel dem Original. Wo aus größeren Abhandlungen eine Auswahl getroffen werden mußte, wurden von den Herausgebern Überschriften eingefügt.

*

Für wertvolle Hinweise auf einige Dokumente und Anregungen zur Gestaltung der Ausgabe danken wir H. Kuss (Göttingen), H. Lange (Hamburg) und H. Warmbold (Göttingen).

I.
Politik und Schule in der frühen Neuzeit

Einführung

Die Französische Revolution ist das Kardinalereignis der neueren Geschichte. Was sich unterschwellig, vor allem in der Epoche des Absolutismus und der Aufklärung, lange vorbereitet hatte, übertritt jetzt die Schwelle der geschichtlichen Aktualität und teilt sich der Welt mit dem Pathos des Neuen, Einmaligen und Unerhörten mit. Die in der »Erklärung der Rechte des Menschen und des Bürgers« (Dok. I. S. 110 ff.)[1] verkündeten Prinzipien von Freiheit und Gleichheit, von Volkssouveränität und Demokratie verändern die Welt bis auf den heutigen Tag. Kein Bereich menschlichen Lebens ist seither von den Auswirkungen der Französischen Revolution unberührt geblieben.

Um diesen Umbruch, der in den folgenden Ausführungen noch genauer charakterisiert werden soll, besser verstehen zu können, empfiehlt es sich, die Zeitspanne, die der Französischen Revolution vorausgeht, wenigstens in ihren grundlegenden Zügen ins Auge zu fassen. Diesem Zweck dient das erste Kapitel der Dokumentation. Es will auf einige konstitutive Merkmale von politischer Verfassung und Schulverfassung in der älteren Herrschaftsordnung aufmerksam machen, die sich von den Prinzipien des modernen Staates und der modernen Schulorganisation zutiefst unterscheiden, und es will verdeutlichen, wie mit Absolutismus und Aufklärung neue Denkansätze und institutionelle Regelungen entstehen, die das Kardinalereignis der Französischen Revolution wesentlich mitbedingen und beeinflussen und in denen bereits typische Züge der modernen politischen Verhältnisse und der modernen Staatsschule sichtbar werden.

Auf diese Weise soll der ambivalente Hintergrund aufgezeigt werden, von dem sich die Französische Revolution abhebt, aus dem sie aber auch hervorgeht.

1. Gemeinwesen und Schule in der älteren Herrschaftsordnung

Das ältere Unterrichtswesen kann in Zielsetzung, Erziehungsverständnis und Studienverfassung, in Aufbau, Gliederung und wirtschaftlichen Grundlagen nur aus dem Gesamtgefüge der gesellschaftlich-geschichtlichen Ordnung, zu der es gehört, verstehbar gemacht und veranschaulicht werden. Jede unvermittelte, also den säkularen geschichtlichen Wandel unberücksichtigt lassende Darstellung der alteuropäischen Si-

[1] In den Einführungen wird wiederholt auf die Dokumentation verwiesen. Dies geschieht im laufenden Text in Klammern unter Hinweis auf Band und Seitenzahl, z. B.: (Dok. I, S. 110 ff.).

tuation mit Hilfe moderner politischer, pädagogischer oder soziologischer Begriffe würde die Erhellung der Eigenstruktur der alteuropäischen Schule eher beeinträchtigen als fördern. Der wissenschaftstheoretische Grund dieser Unzulänglichkeit liegt darin, daß bei solcher »1:1-Übertragung« moderne Begriffe, obwohl ihrerseits geschichtlichzeitverhaftet, als absoluter, übergeschichtlicher Maßstab benutzt werden. Es ist also zunächst danach zu fragen, wie die politische Ordnung beschaffen ist, mit der die alteuropäische Schule korrespondiert.

a) Begriff und Wesen der ständischen Gesellschaft

Diese Ordnung ist im weitesten Sinne als ständische Herrschaftsordnung zu bezeichnen. »Stand« wird definiert als eine »Zusammengehörigkeit von Personen gleichen Herkommens und gleicher Tätigkeit, gleicher Gesinnung und gleicher Selbstauffassung ihrer Stellung und öffentlichen Aufgabe im Kosmos einer traditionalen, gottgewollten und natürlichen Ordnung«. In diesem Sinne sind die Stände »bis zum Beginn des absoluten Staates öffentliche Institutionen und selbstverständliche Träger der europäischen Ordnung neben Kaiser, Papst und König«. Erst unter dem Absolutismus verlieren sie nach und nach ihre selbständige Stellung, indem aus Standesgenossen Funktionsträger im Dienste des absoluten Monarchen werden, Beamte, Offiziere usw. »Überall gab es eine Dreiteilung der ständischen Ordnung, in den Adelsstand (hervorgegangen aus dem Ritterstand, gebunden an den Grundbesitz), die (höhere und niedere) Geistlichkeit und die Städte (Patrizier, Handwerker, Kaufleute). Sie hat sich mit dem Verfall des Heiligen Römischen Reiches herausgebildet und aus einer langsamen Verfestigung überkommener Gewohnheiten und notwendiger Ansprüche zu einem System differenzierter Rechte entwickelt.«[1]

Es ist in dieser Einleitung nicht möglich, der Entstehung, Gliederung sowie den Beziehungen der Stände untereinander im Detail nachzugehen. Immer handelt es sich um komplizierte wechselseitige Verpflichtungsverhältnisse von Huld und Treue, Rat und Hilfe, Schutz und Schirm in den Ländern und Herrschaften, die in vielen Abstufungen den Zusammenhang des Ganzen ausmachen. Den Herrschaftsverbänden entsprechen die Bürgergemeinden in den Städten mit ebenfalls gegliederter Struktur. Alle Menschen sind in irgendeiner Weise den ständischen Personenverbänden zugehörig. Im strengen Sinne gibt es keinen einzelnen, sondern Würde und Stellung eines jeden ergeben sich aus den Korporationen, in denen er gebunden ist. Öffentliche und private Sphäre sind nicht getrennt. Durch seine Zugehörigkeit zu einem Stand ist der einzelne ein Mit-Glied und als solches auch immer eine öffentliche Person mit den Rechten und Pflichten seines Standes. Die

1 S. Landshut/W. Gaebler, Politisches Wörterbuch, 1958, S. 222.

einzelnen Stände unterscheiden sich voneinander nicht nur durch äußere Merkmale (Kleidung, Umgangsformen, Tragen und Gebrauch von Waffen u. a.), sondern auch durch die Ausbildung eines Standesbewußtseins, das unterschiedliche Ehr- und Gerechtigkeitsbegriffe einschließt. So prägt die Zugehörigkeit zu einem Stand die ganze Person und bestimmt ihren Lebensweg, ihr »standesgemäßes Verhalten«.

b) Herrschaft in der ständischen Gesellschaft

Wie begründet und rechtfertigt sich im Selbstverständnis dieser Ordnung die in ihr ausgeübte politische Herrschaft? Diese Frage zu stellen und zu beantworten ist nötig, weil das ältere Herrschaftsverständnis in seinem normativen Charakter weiterwirkt und weil – die Texte verdeutlichen es – grundlegende Entsprechungen zwischen der »Regierung« im Schulhaus und dem »Regiment« im politischen Gemeinwesen bestehen. Pädagogik und Politik stehen in engster Beziehung zueinander.

Wichtige Hinweise zur Beantwortung dieser Frage sind vor allem der »Politica methodice digesta« des Johannes Althusius zu entnehmen (Dok. I. S. 31 ff.). Als letzter einer langen, mit Aristoteles beginnenden Traditionsreihe faßt Althusius am Beginn des 17. Jahrhunderts noch einmal den mittelalterlich/alteuropäischen Begriff des politischen Gemeinwesens (res publica) und das ihm eigentümliche Herrschaftsverständnis in seinen konstitutiven Grundlagen zusammen. Aber auch in Seckendorffs Überlegungen zum »Fürstenregiment« (Dok. I, S. 56 ff.), die ein halbes Jahrhundert später erscheinen, ist – wenn auch abgeschwächt, weil bereits durch den Übergang zum Absolutismus beeinflußt – die ältere Auslegung des Sinns und der Notwendigkeit politischer Herrschaft noch gegenwärtig.

Diese ältere politische Theorie unterscheidet sich vom modernen politischen Denken u. a. dadurch, daß sie das wesentliche Merkmal des modernen Staates, die Souveränität, also die Konzentration aller Entscheidungs- und Verfügungsgewalt an einer Stelle, die sich aus sich selbst heraus rechtfertigt, nicht kennt. Infolgedessen fehlen ihr auch die der modernen politischen Theorie geläufigen Unterscheidungen von »Mensch« und »Bürger«, »Gesellschaft« und »Staat«, »öffentlichem Recht« und »Privatrecht« usw. Unterscheidungen dieser Art entstehen erst als Konsequenz des Souveränitätsprinzips, das ein neues politisches Denken einleitet.

Die ältere, am Klassischen Naturrecht orientierte politische Theorie geht davon aus, daß es zur Natur des Menschen gehört, einem politischen Gemeinwesen anzugehören. Für Aristoteles ist der Mensch von Natur aus ein »zoon politikon«, ein Wesen, das seine Bestimmung und

Würde nur im Mitsein in einer politischen Gemeinschaft erfahren und erfüllen kann. Althusius, noch ganz in dieser Tradition stehend, spricht von einer ursprünglichen Bereitschaft (appetitus societatis) des Menschen zur »Symbiose«, zum Leben in einer politisch geeinten »consociatio«. Wer nur für sich selbst lebt und die grundlegende Korrelation zwischen Selbstsein und Mitanderensein negiert, verfehlt seine spezifisch menschliche Bestimmung. Denn alle Qualitäten, alle »Tugenden«, die das menschliche Leben in seinen anspruchsvolleren Bezügen ausmachen, haben eine politisch öffentliche Dimension. Insofern ist der Mensch ein wachsendes Wesen, das erst als politisches, d. h. in der Teilhabe an den öffentlichen Angelegenheiten zu seiner Bestimmung kommt. Weil der Zweck und die Weise des Lebens nicht unabhängig von der Verfassung des politischen Gemeinwesens, in dem der Mensch lebt, begriffen werden, ist für die ältere politische Theorie die Art und Qualität dieser Verfassung von außerordentlicher Bedeutung. Für Aristoteles hat ein Gemeinwesen die Aufgabe, die Bürger »gut und gerecht« zu machen, und Althusius bezeichnet als »Zweck des politischen Zusammenlebens« eine »geheiligte, gerechte, angemessene und glückliche Lebensgemeinschaft« (Dok. I., S. 31 f.), die herbeizuführen die eigentliche Aufgabe der Politik sei. Ein politisches Gemeinwesen unterscheidet sich daher in Verfassung und Zielsetzung von jeder nur äußerlichen Assoziation der Menschen. Seine innere Einheit und Gemeinsamkeit, das »Allgemeine«, ist aus diesem Grunde auch nicht durch äußere Vereinheitlichung zu erreichen oder gar mit dieser identisch. Sie ist geistig-sittlicher Natur und – wie Althusius sagt – das Werk »guter Politik«.

Nicht »Kampf um Macht, Streben nach Machtanteil oder nach Beeinflussung der Machtverteilung, sei es zwischen Staaten, sei es innerhalb eines Staates zwischen den Menschengruppen, die er umschließt«[1], kennzeichnen in der älteren politischen Theorie das Wesen des Politischen. Politik ist vielmehr, so lautet der erste Satz in der »Politica« des Althusius, »die Kunst, Menschen zu einer Gemeinschaft zusammenzuführen, um unter ihnen ein gemeinsames Leben zu stiften, zu pflegen und zu bewahren. Darum wird sie symbiotiké = Wissenschaft vom Zusammenleben genannt« (Dok. I, S. 31).

Das Gemeinwesen wird also in der älteren politischen Theorie zwar als ursprünglich und zur Natur des Menschen gehörend angesehen, aber nicht im Sinne eines »unvermittelten Naturverbundes«, sondern als eine durch politische und pädagogische Maßnahmen zu stiftende, geschichtliche und in der konkreten Ausprägung immer auch veränderbare Gemeinsamkeit. Darum gehört zu ihm als Ausdruck des gemeinsamen Lebens der Bürger eine verbindliche und dadurch verbindende

[1] M. Weber, Politik als Beruf, in: Schriften zur theoretischen Soziologie, zur Soziologie der Politik und Verfassung, Frankfurt/M. 1947, S. 146.

Ordnungsstruktur, eine Verfassung, ein »Gesetz«. Althusius nennt es »regula vivendi«. Ausdrücklich hebt er ihre Notwendigkeit hervor: »Diese Regel, die allein Gottes Willen in seinem Gesetz den Menschen geoffenbart hat, wird das Gesetz genannt, das heißt, es ist ganz allgemein eine Vorschrift über alles, was zu tun ist, das abzielt auf ein fromm, heilig, gerecht und gottgefällig zu lebendes Leben« (Dok. I, S. 47). Die Voraussetzung für die Einheit eines Gemeinwesens besteht also in einem qualitativen Moment: in einer gemeinsamen Idee des Rechts und der Rechtlichkeit, d. h. in einer gemeinsamen sittlichen Auffassung der Lebensführung.

Jeder Bürger, so lehrt die ältere politische Theorie, hat insofern und insoweit teil an der sittlichen Qualität des Ganzen, als er selbst in der Lage ist, sie sich anzueignen und zu ihr beizutragen. Die »Einsicht in das Rechte« und das aus ihr resultierende Vermögen, »durch Rat und Weisung anderen zum Rechten zu verhelfen«[1], sind aber nicht allen in gleichem Maße gegeben, sondern durch Erziehung und Ausbildung entsprechend der Ordnung des Gemeinwesens gestuft. Folglich entsprechen den Rechten und Pflichten, den Freiheiten, Ämtern und Ehren auch die Tätigkeiten für das Allgemeine, d. h. die öffentlichen Aufgaben. Sie fallen den Ständen und den Obrigkeiten zu. Alle anderen, z. B. Bauern, Frauen, Gesinde, Gesellen, sind Nicht-Stand. Sie nehmen an der politischen Herrschaft nicht teil und stehen im Gehorsam. Diese Hierarchie soll in der Verfassung des Gemeinwesens zum Ausdruck kommen. Herrschen sollen diejenigen, die in der politischen Kunst des »Zusammenfügens« (Althusius) hervorragen, die also in der Lage sind, das »Allgemeine«, d. h. die Herrscher und Beherrschte verbindende einheitstiftende Qualität präsent zu machen, sie zu »repräsentieren«. Weil die Gerechtigkeit die allen gemeinsame Idee des politischen Zusammenlebens ist, soll sich Gerechtigkeit in der Abstufung von Ständen verwirklichen, die je nach ihrem Beitrag zum Sinn des Gemeinwesens begriffen werden. Ein Gemeinwesen ist aus diesem Grunde ein Herrschaftsverband. Es ist gut verfaßt, wenn die Herrschenden es so regieren, daß seine politische Bestimmung erfüllt wird[2].

Herrschaft soll also in der älteren politischen Theorie nicht allein auf »potestas«, auf reiner Verfügungsgewalt gründen, sondern vor allem auf »auctoritas«, d. h. auf der fördernden Kraft hervorragender Personen eines bestimmten Standes, die über ein sittlich gereiftes Urteil

[1] W. Kessel, Auctoritas und potestas als Ordnungsgrundlagen der Demokratie, in: Archiv für Rechts- und Sozialphilosophie, 2/1959, S. 221.

[2] Um Mißverständnissen vorzubeugen, sei ausdrücklich daran erinnert, daß es sich hier um Aussagen einer sich normativ verstehenden politischen Theorie handelt und nur bedingt um eine Beschreibung der geschichtlichen Wirklichkeit.

im Hinblick auf das Wohl der politischen Gemeinschaft verfügen. Diesen Personen wird »maiestas«, Hoheit, Würde, Ansehen zuerkannt, weil sie als Repräsentanten des Gemeinwesens durch ihr sichtbares Sein und durch die Art ihrer Herrschaft das gemeine Wohl (salus publica) zum Maßstab ihrer Politik machen. Also, folgert Althusius, »ist Herrschen, Lenken und Schützen demnach nichts anderes, als dem Wohl anderer dienen und raten« (Dok. I, S. 35). Diese »anderen« aber sind keine bloße Summe von einzelnen, sondern die in verschiedenen Zusammengehörigkeiten gegliederte und in unterschiedlicher Weise zueinander und zum Ganzen hingeordnete Gesamtheit, die als Gesinnungsgemeinschaft ihrer regula vivendi gemäß leben soll. Genau genommen bezieht sich der Begriff der »maiestas« also nicht auf die Herrschenden als individuelle Personen, sondern auf das, was sie repräsentieren, was durch sie hindurch sichtbar und wirksam wird: die ideell-moralische Einheit, der »Geist« der res publica.

In diesem Sinne legitimiert die ältere politische Theorie die Rechtmäßigkeit politischer Herrschaft. Herrschaft gehört zum Wesen einer politischen Gemeinschaft, aber nicht absolut und voraussetzungslos als Befehl und Gehorsam. Herrschaft wird vielmehr als Gegenseitigkeitsverhältnis gedacht. In wechselseitiger Treue haben die Herrschenden und Beherrschten gegeneinander Aufgaben und Verpflichtungen. Politische Ordnung und Gliederung des Zusammenlebens sind ein und dasselbe. Daher stellt sich in der älteren Theorie auch nicht die Frage, ob Herrschaft als solche eliminiert werden kann. Die zentrale Problemstellung richtet sich vielmehr auf die Unterschiede zwischen guter und schlechter Herrschaft, zwischen guten und schlechten Verfassungen, und damit auf die Aufgabe, gute Politik im Gemeinwesen für alle zu ermöglichen.

c) Erziehung und Schule in der ständischen Gesellschaft

Ob und wieweit dieses politische Ziel erreicht wird, hängt von vielen Bedingungen ab. In der älteren Theorie ist die wichtigste Voraussetzung für gute politische Herrschaft die Art und Weise der Erziehung, die im Gemeinwesen geübt wird. »Die erste Sorge der Obrigkeit«, schreibt Althusius, »gilt deshalb der Erziehung« (Dok. I, S. 35), und er zählt die Schulen zu den wichtigsten Einrichtungen des Gemeinwesens. Zum Regieren und Regiertwerden muß erzogen werden. Die Verwirklichung der Idee des gerecht geordneten Zusammenlebens in einer ihrer selbst bewußten politischen Gemeinschaft ist auf Erziehung angewiesen. Wenn ein Gemeinwesen so gut oder so schlecht verfaßt ist wie die Menschen, die in ihm leben, sich »in Verfassung« befinden, so hat die Erziehung an dieser »Verfaßtheit« wesentlichen Anteil. Indem die Erziehung für Rechtlichkeit und Sitte der künftigen Bürger sorgt, leistet sie eine unmittelbar politische Aufgabe, *ist* sie politische Erziehung. Denn das Politische eines Gemeinwesens besteht in dessen bester Verfaßtheit, die den besten Charakter der Bürger bedingt und durch ihn bedingt ist.

Dieser Grundgedanke gilt für alle den einzelnen Ständen zugeordneten Schularten, ob Deutsche Schule, Lateinschule, Klerikerbildung, Ritterakademie oder Regentenerziehung, wie sie in den Fürstenspiegeln beschrieben wird. Er bildet den gemeinsamen Kern der älteren Schulverfassung und zielt nicht auf organisatorische Vereinheitlichung. Er gestattet eine Vielfalt relativ selbständiger Schulen im gegliederten Aufbau des Gemeinwesens[1]. Die einzelnen Schularten begreifen sich aus dem Selbstverständnis der Stände heraus, denen sie zugeordnet sind und die für ihre Unterhaltung sorgen. Sie vermitteln insofern eine je unterschiedliche Berufs- und Standesbildung. Was die Schulen eint und was die je besondere Standesbildung durchdringt und übergreift, ist ihr gemeinsames politisches Bildungsziel: die Bewahrung der »concordantia« im Gemeinwesen durch Erziehung zur »virtus«, zu Frömmigkeit und Gerechtigkeit.

In diesem Sinne ist das Schulehalten, in Analogie zu den anderen Ämtern, die das Gemeinwesen braucht, eine »bürgerliche Gerechtigkeit« und die Schule eine »öffentliche« Einrichtung, wobei öffentlich im Sinne von publicus zu verstehen ist, d. h. bezogen auf das politische Gemeinwesen. Nicht Staat und Gesellschaft in dem uns heute geläufigen Sinne, sondern das Gemeinwesen als Zusammenhang von weltlicher und kirchlicher Ordnung (res publica et ecclesia) mit seinen personbezogenen geistig-sittlichen Ansprüchen bestimmt die Grundlagen der Schulverfassung. Unter dem Gebot dieser Ansprüche übt der Schulmeister im Schulhaus sein Amt aus.

Zwischen Amt und Haus besteht eine Entsprechung. Weil es keine Trennung zwischen privater und öffentlicher Sphäre, zwischen privatem und öffentlichem Recht gibt, wird vom Schulmeister gefordert, »daß er die Schüler soll lehren und weisen, wie ein guter Schulmeister seinen Schülern schuldig ist zu thun, und wie er meint, daß (es) der Stadt und seiner selbst Ehre sei und der Kinder und der Schüler Bestes« (Dok. I, S. 51). Der Schulmeister ist der »Haus-Herr« über Schulgesellen, Schüler und Gesinde. Die Öffentlichkeit erwartet von ihm, daß er ein gutes und väterliches Regiment (regnum paternum) führt, sein Haus wohl bestellt und allseitig besorgt, wie es »von alters her« Brauch und Sitte

[1] Eine umfassende Darstellung der Eigenstruktur der alteuropäischen Schule gibt H. Lange in seinem Buch »Schulbau und Schulverfassung der frühen Neuzeit – Zur Entstehung und Problematik des modernen Schulwesens«, Weinheim/Berlin 1967.

ist. Mitglieder der geistlichen und weltlichen Obrigkeit, also Personen als Repräsentanten, überprüfen, ob er diesen Erwartungen entspricht und seinen Pflichten nachkommt. Um den Schulmeister in seinem Stande fähig und tauglich zu erhalten, übernehmen sie auch die Sorge für seinen Lebensunterhalt, soweit nicht Stiftungen, Schulgeld oder andere Rechte seinen Lebensunterhalt sichern.

Trotz der auf äußerste Reduktion bedachten Darstellung dürfte deutlich geworden sein, daß die alteuropäische Schule nicht als eine Frühform der modernen Staatsschule begriffen werden kann. Aber auch der durchgängig zu lesende Hinweis, sie sei »Einrichtung der Kirche« gewesen, verstellt das adäquate Verständnis, weil »Kirche« in solchen Formulierungen ähnlich anstalthaft-modern wie »Staat« begriffen wird. Die alteuropäische Schule ist vielmehr politisch im *alten* Verstande. Dieser Unterscheidung ist sich Wilhelm von Humboldt noch bewußt, wenn er davon ausgeht, daß »in den älteren Staaten fast alle Einrichtungen, welche auf das Privatleben der Bürger Bezug haben, im eigentlichsten Verstande politisch« waren. Sie sorgten »für den Menschen, und da am Menschen der moralische Werth ihnen das höchste schien ... erhielten und erhöheten aber auch alle diese Staatseinrichtungen bei den Alten die thätige Kraft des Menschen ... So ist und bleibt ein mächtiger Unterschied zwischen den älteren und neueren Staaten: Die Alten sorgten für die Kraft und Bildung des Menschen, als Menschen; die Neueren für seinen Wohlstand, seine Habe und seine Erwerbsfähigkeit. Die Alten suchten Tugend, die Neueren Glükseligkeit« (Dok. I, S. 201 f.).

Vormoderne Herrschaftsordnung und vormodernes Verständnis des Zusammenhangs von Politik und Pädagogik müssen von der neuzeitlichen Organisation der öffentlichen Angelegenheiten in Staat, Gesellschaft und Schule unterschieden werden. Die alteuropäische Schule ist keine unter staatlicher Aufsicht stehende, »verwaltete« Schule, sondern der Inbegriff von Institutionen, die im Rahmen der ständischen Ordnung weitgehend selbständig sind, oft mit eigener Fundation und eigenstatuierten Rechten und Pflichten. Der Lehrstand der vormodernen Schulverfassung ist ein »status rei publicae« in einer durch vielfache Herrschafts- und Genossenschaftsverhältnisse gestuften Ordnung. Er ist in seinem Selbstverständnis auf das gemeine Wohl und nicht auf die Staatsräson bezogen.

Die Entstehung der modernen Schulorganisation ist dagegen untrennbar an die Heraufkunft des modernen Staates, dessen wesentliches Merkmal die Souveränität ist, gebunden. Staatliche Schulhoheit ist Souveränität nach innen. Es sind dieselben Ursachen, die den modernen Staat und das moderne Schulwesen heraufführen. Dieser Prozeß beginnt in der Epoche des Absolutismus.

2. Der absolutistische Staat und seine Schule

a) Der Absolutismus: erste Erscheinungsform des modernen Staates

Mit der Heraufkunft des Absolutismus erfahren Herrschaftsordnung und Schule eine tiefgreifende Wandlung. Dieser Vorgang geschieht nicht abrupt, sondern erstreckt sich über Jahrhunderte. Daher zeigen fast alle zeitgenössischen Quellen, insbesondere jene aus dem 17. Jahrhundert, eine eigentümliche Gemengelage zwischen den traditionellen Auffassungen und den neuen Motiven, die für den Absolutismus charakteristisch sind. Diese mannigfaltigen Verschränkungen und Überlagerungen dürfen aber nicht den Blick dafür verstellen, daß mit dem Absolutismus – und das heißt immer auch: mit Aufklärung und Rationalem Naturrecht – eine neue Denk- und Wirklichkeitsstruktur entsteht, die sich in ihren prinzipiellen Voraussetzungen von der älteren Politiklehre und Schultheorie unterscheidet. Mit der Epoche des Absolutismus beginnt eine Entwicklung, in der die überlieferten politischen und pädagogischen Begriffe in einen neuen Begründungszusammenhang eintreten. Da sie aber ihre überlieferte Bedeutung nicht sofort verlieren, erhalten sie alle gleichsam ein doppeltes Gesicht, ein nach vorwärts und ein nach rückwärts blickendes, und lassen insofern auch eine doppelsinnige Deutung zu. Diese Einführung muß sich wiederum darauf beschränken, unter Weglassung aller Details die strukturprägenden Tendenzen hervorzuheben.

Mit dem Absolutismus tritt der moderne Staat in Erscheinung. Er realisiert den Bedeutungsgehalt des politischen Begriffs der Souveränität nach innen in seiner Binnenordnung und nach außen in seinem Verhältnis zu anderen Staaten. Der Begriff der Souveränität, der seit dem Ende des 16. Jahrhunderts für die politische Theorie und für das Selbstverständnis des modernen Staates bestimmend wird, bezeichnet »die jede andere innere oder äußere Gewalt ausschließende allerhöchste Entscheidungsgewalt, deren Willen schlechthin, d. h. ohne jede andere Begründung, für alle verbindlich ist«[1] (suprema potestas legibus que solutus). Träger der Souveränität ist der absolute Monarch, dessen Absolutheit sich aus der Souveränität ableitet. Diese Resorption aller politischen Gewalt vollzieht sich seit dem 16. Jahrhundert in einem außerordentlich komplexen Prozeß durch eine immer stärker werdende Verdichtung der Schirmgewalt und Macht des Landesherrn über sein Land. Die Entwicklung wird beschleunigt durch ein infolge der Religionskriege verstärktes Bedürfnis nach einer überlegenen »neutralen« Macht, die die innere und äußere Sicherheit gewährleisten kann.

Der hier nur angedeutete Vorgang zeitigt vielfache Konsequenzen,

[1] Landshut/Gaebler, a.a.O., S. 209.

von denen die für unser Thema wichtigsten hervorgehoben werden sollen:

Abbau der ständischen Herrschaftsordnung

Das dem Prinzip der Souveränität innewohnende Bestreben nach Machtakkumulation tendiert auf eine Zurückweisung sowohl jeder dem einzelnen Territorium übergeordneten Instanz (Papst, Kaiser) als auch jeder selbständigen politischen Kraft im eigenen Bereich. Für die Binnenordnung der älteren Gemeinwesen führt diese Tendenz zu einem allmählichen Abbau der ständischen Verfassung. Der Absolutismus sucht alle politischen Herrschaftsrechte, die bisher in abgestufter Weise im Gemeinwesen verteilt waren, gleichsam aus ihren bisherigen Trägern herauszuziehen und an einer Stelle zu konzentrieren. Seckendorff verwahrt sich zwar noch in der Mitte des 17. Jahrhunderts mit dem Blick auf den Absolutismus Frankreichs dagegen, daß in »deutschen Landen« eine willkürliche Fürstengewalt existiere, »welche von einem einzigen Menschen im Lande, der sich für den obersten hielte und die meiste Gewalt mit und ohne Recht hätte . . . nach seinem Willen und Belieben allein geführt und ausgeübt würde«, weist aber zugleich die »oberste Botmäßigkeit der Person des Landesherren allein zu« und erklärt unter diesem Aspekt die Stände »insgesamt und insonderheit für Untertanen« (Dok. I, S. 60), Friedrich II., in dessen ein Jahrhundert nach Seckendorff geschriebenem »Politischen Testament« die absolutistischen Züge sehr viel stärker hervortreten, sucht den politisch bereits entmündigten Ständen neue Aufgaben zuzuweisen, indem er sie zu Trägern hoheitlicher Aufgaben des Staates bestimmt und ihr überliefertes Standesbewußtsein in ein von der Staatsräson bestimmtes Pflichtbewußtsein umdeutet. »Vielmehr muß ihm (dem Adel) Korpsgeist und patriotischer Sinn eingeflößt werden . . ., (um) den gemeinschaftlichen Namen Preußen in Aufnahme zu bringen, damit die Offiziere lernen, daß sie alle, aus welchen Provinzen sie auch stammen, als Preußen zu gelten haben, und daß aus dem gleichen Grunde alle Provinzen, obwohl voneinander getrennt, doch nur ein einziges Staatsgebilde ausmachen« (Dok. I, S. 71). Damit ist die ständische Verfassung im Prinzip aufgehoben, wenn es auch noch lange dauert, bis alle überkommenen Herrschaftsrechte völlig eliminiert sind. Die Standesunterschiede verlieren ihren spezifisch öffentlich-politischen Charakter. In diesem Vorgang ist die allgemeine Gleichheit der Person schon vorgebildet. Gegenüber dem absoluten Monarchen gibt es im Prinzip nur noch Untertanen. Er ist die einzige im politischen Sinne öffentliche und selbständige Person. Nur durch den Souverän bekommt das Territorium die Einheit seiner Existenz.

Entstehung des Territorialstaates mit einheitlicher Verwaltung

Das neu sich profilierende Verhältnis des Monarchen zu seinen Untertanen fördert zugleich die Umwandlung der älteren Rechts- und Friedensgemeinschaft des »Landes« in ein einheitliches Herrschaftsgebiet mit festen Grenzen: in den geschlossenen Territorialstaat. Der Herr des Landes wird zum Landesherrn, zum Territorialfürsten, der den Bewohnern seines Territoriums, der »Bevölkerung«, gegenübersteht. Dieses Territorium wird nach den Direktiven der zentralisierten Gewalt einheitlich verwaltet. Zum absolutistischen Staat gehört eine nach generellen Normen arbeitende Beamtenverwaltung und Justiz. Die überkommenen buntscheckigen mittelalterlich/alteuropäischen Rechtsverhältnisse verlangen eine Neuordnung in einem Gesetzeswerk, das den neuen Verwaltungsanforderungen genügt und die Rechtsverfahren vereinheitlicht. Auch Finanzen und Wirtschaft werden zentralisiert und ihre Erträge der fürstlichen Schatzkammer nutzbar gemacht. Ein nach festem Reglement gedrilltes Heer macht den Fürsten unabhängig und gibt ihm die Möglichkeit, sich nach außen zu behaupten. Diese stützenden Elemente der absoluten Monarchie – Friedrich II. spricht von den »vier Hauptpfeilern der Regierung«: Rechtspflege, Finanzwirtschaft, Heer und Politik (Dok. I, S. 70 f.) – haben eine primäre Aufgabe: die Steigerung und Sicherung der Macht des Fürsten. Das ganze Territorium wird aufgefaßt als der erweiterte Haushalt des Souveräns, in dem alle Tätigkeiten und Kräfte einheitlich dieser Aufgabe der Machtsteigerung zugeführt werden. Der Staat erscheint als eine gewaltige Verwaltungs- und Produktionsmaschinerie, deren Zweck die Reproduktion und Erweiterung von Macht ist.

Wandlungen im Begriff des Politischen: vom gemeinen Wohl zur Staatsräson

Wenn Friedrich II. in seinem »Politischen Testament« definiert, »Politik ist die Kunst, mit allen geeigneten Mitteln stets den eigenen Interessen gemäß zu handeln« und die »Stärkung des Staates und das Wachstum seiner Macht« (Dok. I, S. 71 ff.) als Ziel bzw. Räson aller politischen Maßnahmen hervorhebt, so kommt in diesen Sätzen die umfassende Wandlung zum Ausdruck, die der Begriff des Politischen unter dem Absolutismus erfährt. Zwischen Althusius und Friedrich II. liegen anderthalb Jahrhunderte. Ihre fast konträre Auslegung des Sinns und der Notwendigkeit der Politik lassen ermessen, wie tief und weitreichend die Veränderungen sind, die die Epoche des Absolutismus für das politisch geordnete Zusammenleben der Menschen bedeutet. Nicht mehr die Bewahrung des ethisch verstandenen gemeinen Wohls, wie sie Althusius vor Augen stand, ist die Aufgabe der Regierung, sondern die Gewährleistung der Existenz und Machtfülle des Staates. Weil im Staat die Summe aller Gewalt investiert ist, ergibt sich die Auffassung, daß der Staat Macht ist, das »Monopol legitimer physischer Gewaltsamkeit« (Max Weber), und es sich in der Politik ausschließlich um die Anwendung von Macht handelt. Der Staat verselbständigt sich und erscheint als ein eigengesetzlicher Mechanismus, dessen mathematisch berechenbare Funktionalität einer eigenen Räson unterliegt. Alles Leben dient der Stabilität und Erweiterung dieses Funktionszusammenhanges, dem schließlich sogar die Person des Fürsten dienstbar wird. Während in einer Übergangszeit (vornehmlich im 17. Jahrhundert) noch überlieferte Vorstellungen weiterwirken und der Monarch sich als *Person* mit dem Staat identifiziert, dessen geistig-sittliche Einheit er repräsentiert, läßt der Satz Friedrich II., »der Herrscher ist der erste Diener des Staates« (Dok. I, S. 74), schon erkennen, wie die Person des Monarchen hinter das »politische System«, in dem »alle Zweige der Staatsverwaltung in innigem Zusammenhang stehen« (Dok. I, S. 75), zurücktritt. Mit anderen Worten: Das Prinzip der Souveränität und damit die Struktur einer vereinheitlichten Gesamtheit, deren berechenbare Bewegung von einer zentralen Instanz geleitet wird, setzt sich Zug um Zug durch. Friedrich II. läßt keinen Zweifel daran, daß die Räson dieses sich verselbständigenden Staatsapparates anderen Grundsätzen unterliegt, als sie sonst das Zusammenleben bestimmen. Mag der alltägliche Umgang der Menschen weiterhin einem Moralkodex im überlieferten Sinne folgen, im staatlichen Zusammenhang gilt eine andere, nämlich amoralische »Räson«, das also, was hinfort *Sach*gesetzlichkeit heißt und für immer weitere Bereiche, allen voran den der Wirtschaft, angestrebt wird. »Für die Politik ist es völlig belanglos, ob ein Herrscher religiös ist oder nicht.« Politische Entschlüsse sind solche, die das »eigene Interesse vorschreibt. Die große Kunst besteht darin, seine Absichten zu verbergen. Zu dem Zweck muß man seinen Charakter verschleiern . . .« (Dok. I, S. 73 f.). Da der souveräne Staat als Ganzes von außen stets durch ebenso souveräne andere Staaten bedroht wird, gewinnt die Außenpolitik Vorrang vor der Innenpolitik.

In diesem »Konzert der großen Mächte« (Ranke) kann der einzelne Staat sich nur behaupten, wenn er alle in seinem Territorium vorhandenen Potenzen akkumuliert, insbesondere die ökonomischen. Erst im absolutistischen Staat bekommt das Ökonomische jenen außerordentlichen Stellenwert, den es seither nie wieder verloren hat.

Im älteren Wirtschaftsverständnis galt das Leitbild der »standesgemäßen Nahrung«. Alles Wirtschaften bezog sich auf die Fürsorge und Vorsorge für das Notwendige, damit jeder in seinem Stande seiner Bestimmung gemäß leben konnte. Immer blieb das Ökonomische ein menschliches Verhalten, das unter diesem Aspekt gesehen wurde. Daher wurden unbegrenzte Güterproduktion und Gewinnmaximierung, weil den Geboten des Zusammenlebens in der res publica entgegenstehend, verworfen. Niemals trat das Ökonomische als ein Phänomen sui generis, ausgesondert aus den sittlichen Verpflichtungen in Beruf und Arbeit, in Erscheinung.

Der absolutistische Staat löst sich zwar noch nicht völlig aus dieser Tradition, weil in seiner Ökonomik wesentliche Elemente der älteren Haushaltführung erhalten bleiben. Indem er aber die Macht- und Güterakkumulation zum Zweck des Staates und zur obersten Maxime seiner Politik erklärt, löst er das sittliche Moment der Politik ins Ökonomisch-Technische auf. Die Ökonomie verliert ihren politischen Charakter im Sinne des älteren Politikbegriffs. Politische Ökonomie nimmt staatswirtschaftliche Züge an: »Es ist ja ein Fürst gleich einem Hausvater. Nun muß ein Hausvater seinen acker düngen und pflügen / will er davon etwas erndten ... Also muß ein Fürst seinen Untertanen erst zu einer guten Nahrung helfen / wenn er von ihnen etwas nehmen will«[1]. Die Vermehrung und Sicherung der souveränen Macht des Fürsten fällt mit der Steigerung der allgemeinen Prosperität in Wirtschaft, Handel und Gewerbe sowie mit der Hebung der Wohlfahrt aller im Territorium tätigen Bürger zusammen. Die »Eigenliebe des Fürsten wird auch dem Vaterland zum Nutzen gereichen«, wie Friedrich II. sagt (Dok. I, S. 75). Die ganze Staatstätigkeit steht unter dem Aspekt eines zentral geleiteten Großbetriebes, dessen Produktionsergebnis, Verfügungsgewalt nach innen und außen, gesteigert werden kann, wenn die Produzenten über ausreichende Lebensmittel (im weitesten Sinne) verfügen. Wohlstand und Macht bedingen sich wechselseitig. Wo ein absolutistisches Regime die freigesetzten Potenzen in willkürlicher Weise nur sich selbst zu eigen macht, wie z. B. in Frankreich, fällt es früher als andernorts der Revolution zum Opfer. Ein neuer Souverän tritt an die Stelle des alten.

Am Schicksal der absoluten Monarchie in Frankreich läßt sich ablesen, daß das Moment des Absolutismus nicht konstitutiv mit einem Monarchen als Person verbunden ist, sondern mit Begriff und Wirklichkeit des Staates, also der Souveränität. Mit der Beseitigung der absoluten Monarchie ist der souveräne Staat nicht verschwunden, im Gegenteil, seine charakteristischen Kennzeichen treten in der Folgezeit nur noch deutlicher hervor. Schon im 18. Jahrhundert zeigt sich, daß der Monarch als »Monarch«, d. h. in seiner repräsentativen Aufgabe, als einzige öffentliche Person die Einheit des Staatsvolkes und die Idee des Gemeinsamen und Allgemeinen zu personifizieren, gegenüber dem sich verselbständigenden »System« des Staates unerheblich wird. Der

[1] W. v. Schröder, Fürstliche Schatz- und Rentkammer, 1704, Vorrede § 11.

absolute Monarch ist zwar geschichtlich gesehen der erste Träger der Souveränität, aber sie ist nicht an seine Person gebunden. Da dem Prinzip der Souveränität nicht die Anordnungsgewalt *bestimmter* Personen, die in deren Ansehen und Autorität begründet ist, sondern eine pauschale und inhaltlich indifferente Potestas zugrunde liegt, sucht es sich aller ihm entgegenstehenden repräsentativen Momente zu entledigen. Souveränität und Repräsentation stehen als politische Prinzipien in einem Spannungsverhältnis zueinander. In letzter Konsequenz geht die absolute Monarchie an diesem ihrem Widerspruch zugrunde. Ereignis und Programm der Französischen Revolution sind die radikale Vorwegnahme der sich abzeichnenden Entwicklung.

b) Absolutismus und Schule

Mit dieser kurzen Skizze sind auch die grundlegenden Motive gekennzeichnet, mit denen sich der Absolutismus der Schule nähert und sie nach und nach in eine »Veranstaltung des Staates« umwandelt. Der oft zitierte Paragraph 1 der »Schulrechtlichen Vorschriften des Allgemeinen Landrechts für die Preußischen Staaten« faßt diese Tendenz präzise zusammen: »Schulen und Universitäten sind Veranstaltungen des Staates, welche den Unterricht der Jugend in nützlichen Kenntnissen und Wissenschaften zur Absicht haben« (Dok. I, S. 79). Die Verwirklichung der Schulhoheit des Staates ist eine folgerichtige Konsequenz der Souveränität nach innen. Auch im Schulwesen faßt der absolutistische Staat die bisher den verschiedenen freien Institutionen der Bürger oder Stände zukommenden Rechte zusammen und macht sie seinen Zwecken dienstbar. Die Räson des Staates, verkörpert in der fürstlichen Souveränität – »kraft hoechsteigener Bewegung« – und das letzte personale Element des an sich abstrakten Souveränitätsprinzips – »aus landes-vaeterlicher Gesinnung und Vorsorge« (Dok. I, S. 76) – begegnen sich und gebieten, alle Kinder zum Unterrichtsbesuch anzuhalten, das Schulwesen organisatorisch zusammenzufassen, es nach einem einheitlichen Reglement zu verwalten und zu beaufsichtigen sowie nach Inhalten und Methoden effektiver zu gestalten. Diese Räson erfordert auch, den Einfluß der Kirche, wo er den Absichten des Staates entgegensteht, zurückzudrängen bzw. die Kirche für seine Zwecke in den Dienst zu nehmen.

Damit verwandelt sich die alteuropäische Schulverfassung in ihren Grundlagen, wenn auch immer wieder darauf hingewiesen werden muß, daß sich diese Umwandlung über Jahrhunderte erstreckt und auch in der Epoche des Absolutismus keineswegs einen Abschluß findet. Dem utilitaristischen Selbstverständnis des absolutistischen Staates kommt die Hoffnung der Aufklärung auf die Regelhaftigkeit aller

Erkenntnis, auf die Berechenbarkeit der materiellen und sozialen Welt und auf die Gleichheit der Menschen hinsichtlich ihres Vernunftgebrauchs entgegen. Descartes' Zweifel am älteren Wissenschaftsbegriff und an den traditionsverhafteten, sprachlich-literarischen, »unpraktischen« Studien der spätmittelalterlichen Schule werden vom absolutistischen Schulwesen übernommen. Die cartesianische Erwartung, »daß es möglich ist, zu Kenntnissen zu kommen, die von großem Nutzen für das Leben sind, und statt jener spekulativen Philosophie, die in den Schulen gelehrt wird, eine praktische zu finden ... und uns so zu Herren und Eigentümern der Natur machen (zu) können«[1], entspricht in ihrer generellen Tendenz den realistisch-utilitaristischen Vorstellungen, nach denen der Absolutismus die Schulen neu zu organisieren sucht. In diesen Zusammenhang ist auch die »Nachricht von einer Oeconomisch-Mathematischen Real-Schule« einzuordnen, die Johann Julius Hecker 1749 veröffentlicht (Dok. I, S. 83 ff.). Die vom Absolutismus geförderten, wirtschaftlich erstarkenden Berufsgruppen des gewerbetreibenden Bürgertums benötigen für ihre Kinder, die »künftig durch die Feder, durch die Handlung, durch Pachten, durch Wirthschaften auf dem Lande, durch schöne Künste, durch gute Manufacturen und Profeßionen sich wohl fortzubringen und als geschickte und geübte Mitglieder des gemeinen Wesens zu leben« gedenken (Dok. I, S. 84 f.), einen neuen Schultyp, der ihren Belangen entspricht. Ausdrücklich hebt Hecker hervor, daß auf diese Weise die neue »Art von Schulen ... nicht nur fast allen Ständen des Staats, sondern auch so gar dem Haupt desselben zu wichtigem Nutzen gereichen muß« (Dok. I, S. 84). Neben die »zwey Haupt-Arten« der bisher in Deutschland anzutreffenden Schulen – Deutsche Schule und Lateinschule – tritt eine dritte, die sich in ihrem Unterrichtsziel ausdrücklich an den Realien, an Ökonomie und Mathematik ausrichtet und damit der aufgeklärten Rationalität und den auf den Erwerb nützlicher Kenntnisse gerichteten Absichten des absolutistischen Staates besonders nahekommt. Die Heraufkunft des dreigliedrigen Schulwesens zeichnet sich ab.

Hand in Hand mit der vom absolutistischen Staat geförderten Wendung von »humanistischen« zu »nützlichen« (realistischen) Lehrinhalten wandelt sich auch die Form des Unterrichts. Das Verlangen nach größerer Effektivität führt allmählich zum Frontalunterricht homogener Jahrgangsklassen, bei dem ein Lehrer einer Klasse altersgleicher Schüler nach einer Methode denselben Stoff in gleichen Zeiteinheiten übermittelt.

Technische Rationalität zeigt sich auch in der Art und Weise, in der die Schulverwaltung des absolutistischen Staates tätig wird. Staatliche Schulhoheit äußert sich wesentlich, wie der moderne Staat überhaupt,

[1] R. Descartes, Von der Methode, Phil. Bibl. Bd. 26 a. Hamburg 1960, S. 50.

als Verwaltung. Seit dem Absolutismus kann mit Fug und Recht von einer »verwalteten Schule« gesprochen werden. Die Lehrer unterrichten im Rahmen eines vom Staat gesetzten Systems genereller Normen. In zahlreichen Regulativen, Reglements, Schulordnungen und Verordnungen sucht der absolutistische Staat die Schulpraxis bis in die Einzelheiten des Tageslaufs und der Unterrichtsführung zu erfassen und zu normieren, um auf diese Weise die Effektivität des Unterrichts im ganzen Territorium gleichmäßig zu gewährleisten. Zur Kontrolle dieser Maßnahmen bedient er sich der örtlichen Geistlichkeit oder der Grundherrschaft (Patron), die ihr Visitationsrecht aber nicht mehr selbständig, sondern im staatlichen Auftrage wahrnehmen. Um die Lehrer für ihre Aufgabe als »Staatsdiener« zu befähigen, sucht der absolutistische Staat ihre Ausbildung zu verbessern und in eigenen Institutionen (Landesuniversität, Küster- und Schullehrerseminar) durchzuführen.

Eine realistische Darstellung darf allerdings die positiven Auswirkungen der wohlfahrtsstaatlichen Intentionen des absolutistischen Staates nicht verschweigen. Viele Maßnahmen der absolutistischen Schulverwaltung sind als Antworten auf Fehlformen und Mängel der überkommenen Schule anzusehen. Andererseits, und aus größerem Abstand betrachtet, erweist sich, daß mit dem Absolutismus die staatliche Verwaltungsgewalt mit ihrer Tendenz zur Vereinheitlichung und Machterweiterung, zur Zentralisation und Ökonomie, zur Leistungsstimulation und permanenten Aufsicht, zur Verabsolutierung des Prinzips der Brauchbarkeit und Nützlichkeit auch im Schulwesen Einfluß gewinnt und die auf innere Kohärenz des Zusammenlebens gerichteten Kennzeichen der älteren Schulverfassung zurückdrängt. Die Schule des späten 19. Jahrhunderts ist ein erster Höhepunkt in dieser Entwicklung. Es ist nachgewiesen worden, daß die von der Schulreform unseres Jahrhunderts bekämpfte »alte Schule«, die »Schulkaserne« und »Lernschule«, gerade nicht die »alte«, sondern die moderne Schule ist, wie sie sich seit dem Absolutismus als Ergebnis der Schulhoheit des souveränen Staates herausgebildet hat. Die alteuropäische Schule dagegen kommt vielmehr in ihrer Grundstruktur den Vorstellungen der Reformpädagogen überraschend entgegen: »Zentrale Begriffe der Reformpädagogik sind der Sache nach alteuropäisch, (während) die von den Reformern bekämpfte sog. alte Schule sich als strukturell modern herausstellt: keineswegs überwunden, sondern mit ihren konstitutiven Zügen in unserer gesamten Bildungspolitik wirksamer denn je«[1]. Dieser vorausgreifenden und für den Zusammenhang von Politik und Pädagogik, von Staat, Gesellschaft und Schule wichtigen These wird in den folgenden Überlegungen weiter nachzugehen sein.

[1] Vgl. H. Lange, a.a.O., S. 237 ff.

Gemeinwesen und Schule in der älteren Herrschaftsordnung

[1]

Johannes Althusius

Über Politik und Schule (1603)

Althusius (1557–1638) war Lehrer an der damals berühmten Hohen Schule zu Herborn, später politisch einflußreicher Ratssyndikus in Emden. In der Auseinandersetzung mit den philosophischen, theologischen und juristisch-politischen Strömungen entwickelt er als einer der großen Rechts- und Politikwissenschaftler zu Beginn der Neuzeit eine Lehre vom Wesen des Politischen und dem, was die Einheit und Gemeinsamkeit der politischen Lebensgemeinschaft bestimmt. Noch ganz in der aristotelischen Tradition stehend, bestreitet er die einheitstiftende Kraft des Souveränitätsprinzips (Bodin) und der faktischen Zwangsgewalt (Macchiavell) und entwirft seinen Ansatz aus dem anthropologisch-naturrechtlichen Denken.

Quelle: J. Althusius, Politica methodice digesta atque exemplis sacris et profanis illustrata, 3. Auflage Herborn 1614, Faksimiledruck Aalen 1961, Übersetzung: Klaus und Berthold Michael.

Kap. I: Von der Bestimmung des Politischen im allgemeinen

1 Was Politik ist

Politik ist die Kunst, Menschen zu einer Gemeinschaft zusammenzuführen *(consociandi)*, um unter ihnen ein gemeinsames Leben *(vitam socialem)* zu stiften, zu pflegen und zu bewahren. Darum wird sie *symbiotiké* = Wissenschaft vom Zusammenleben genannt.

2 Was eine *consociatio* ist

Demnach ist es Aufgabe der Politik, eine *consociatio* (= Vereinigung) herbeizuführen, bei der sich die Miteinanderlebenden durch ein ausdrückliches oder stillschweigendes Übereinkommen untereinander zu einer wechselseitigen Gemeinschaft, die zum Ausüben eines gemeinsamen Lebens und einer Genossenschaft *(ad vitae socialis usum et consortium)* nützlich und notwendig ist, gegenseitig verpflichten.

3 Zweck der *consociatio*

Zweck des politischen Zusammenlebens *(politici symbiotici)* ist für die Menschen eine geheiligte, gerechte, angemessene und glückliche Lebensgemeinschaft *(symbiosis)*. Dieses Leben bedarf keines weiteren notwendigen oder dienlichen Dinges. Um aber dieses Leben zu leben, ist unter den Menschen niemand von sich aus *autark* oder ausreichend und genügend von der Natur ausgestattet.

4 Notwendigkeit und Nützlichkeit der *consociatio*

Denn wenn der Mensch geboren wird, ist er aller Hilfe bar, nackt und wehrlos, gleichsam wie nach einem Schiffbruch aller Mittel beraubt, in die Mühseligkeiten des Lebens hineingeworfen. Er kann weder die mütterlichen Brüste erreichen noch die Unbilden der Witterung ertragen. Er kann nicht einmal sich von dem Orte hinwegbegeben, an dem er ausgesetzt worden ist. Nichts anderes vermag er, als ein sehr elendes Leben zu fristen mit Weinen und Tränen in der sichersten Gewißheit eines bedrohlichen und drohenden Unglücks. Er ist dann ganz besonders bedürftig der Ratschläge und Hilfestellungen, derer er dann soviel wie möglich bedarf: sich selbst zu helfen, vermag er nicht, es muß etwas anderes einschreiten und helfen. Aber wenn auch für den Körper gesorgt wäre, kann er dennoch nicht die Erleuchtung des Geistes selbst hervorbringen. Auch im Erwachsenenalter kann er jenes Äußere, das er für ein angemessenes und wohlgefälliges Leben braucht, nicht in sich und bei sich entdecken, da er nicht mit seinen Kräften alle Hilfsmittel zum Leben erwerben kann, denn die Kräfte und der Fleiß vieler erschöpfen sich darin, sie zu erhalten und wieder aufzufüllen. Solange also jemand nur für sich selbst *(privatim)* lebt und sich nicht in die Gemeinschaft der Menschen *(societati hominum)* eingliedert, kann er äußerst wenig gut und angemessen leben, weil es bei ihm an allen nützlichen und notwendigen Dingen mangelt. Wenn dagegen jenem die Hilfsmittel und Hilfe in einem gemeinsamen Zusammenleben *(vita symbiotica)* dargeboten werden, wird er dazu gebracht, es liebend zu umfassen, sofern es angemessen und gut ist. Es wird ihn – im Gegenteil – danach verlangen, und er wird gleichsam hineingezogen, indem er eingeladen wird zum Ausüben und Leben der Tugenden, die, wenn überhaupt, nur im gemeinsamen Zusammenleben *(in symbiosi)* vorhanden sein können. Auf diese Weise fängt er an, über die Mittel nachzudenken, mit denen von den Zusammenlebenden solches, von dem man soviel Nützliches und Fruchtbares erwartet, eingerichtet, gepflegt und erhalten wird. Darüber werden wir mit Gottes Gnade im folgenden berichten.

5 Der Begriff Politik ist vieldeutig

Das Wort Politik bezeichnet vorzugsweise dreierlei, wie Plutarch im Buch über die drei Gattungen von Gemeinwesen *(Reipublicae)* schreibt. Erstens bezeichnet es nämlich eine Gemeinschaft des Rechts *(consociatio juris)*, das in einer Respublica gilt, der Apostel nennt es *politeuma* (Philip. c. 3.20.). Sodann umfaßt es die Art und Weise, die Respublica zu verwalten und einzurichten *(administrandi et instituendi)*. Schließlich bezeichnet es die Ordnung und die Verfaßtheit einer Bürgergemeinde *(ordinem et constitutionem civitatis)*, auf die alle Handlungen ihrer Mitglieder ausgerichtet werden. Die gleiche Bedeutung nimmt auch Aristoteles lib. 3.c.4.lib.8.c.10. Polit. für den Begriff Politik an.

6 Was *symbiotae* sind

Zusammenlebende *(symbiotici)* sind hier also *»symboétoi«* (Lebensgenossen), die durch die Bande einer Übereinkunft verbunden und vereinigt *(consociati)* sind und sich über alles gemeinsam beraten, was ihrem Leben zustattenkommt, um es in bezug auf Geist und Körper angemessen zu leben; andererseits sind sie *»koinonetoi«*, sie sind Teilhaber einer Gemeinschaft *(participes communionis)*.

7 Die gegenseitige Kommunikation unter den vereint Lebenden

Die wechselseitige Gemeinschaft *(communicatio mutua)* oder *»koinopraxia«*, wie ich sie nenne, entsteht durch die Gemeinsamkeit an Gütern, Arbeit und Recht *(rebus, operis, juribus communionibus)*, wodurch dem unterschiedlichen Bedürfnis, sowohl dem mannigfaltigen der einzelnen als auch dem umfassenden aller Zusammenlebenden, genügt wird, durch die die Selbständigkeit (*autarkeia*) und die Hilfe zum Leben *(boeteia tou biou)* und die menschliche Gemeinsamkeit vollendet werden, oder durch die das gemeinschaftliche Leben *(vita socialis)* begründet und erhalten wird. Deshalb sagte Cicero, ein Volk *(populus)* sei eine Vereinigung mit übereinstimmender Rechtsauffassung und eine Gemeinschaft zum gemeinsamen Besten *(coetum juris consensu et utilitatis communione consociatum)*. Und durch diese Gemeinsamkeit werden die Vorteile und Lasten, in welcher Gemeinschaft auch immer, entsprechend der Natur derselben wahrgenommen und aufrechterhalten.

8 Die Gemeinsamkeit der Güter

Die Gemeinsamkeit der Güter besteht dadurch, daß die Zusammenlebenden die zu einem gemeinsamen Leben tauglichen und notwendigen Dinge in der Gemeinschaft zum Besten jedes einzelnen und aller Zusammenlebenden zusammentragen.

9 Die Gemeinsamkeit der Arbeit

Die Arbeitsgemeinschaft *(operarum »koinonia«)* besteht darin, daß die Zusammenlebenden ihre Dienstleistungen und Obliegenheiten um des gemeinsamen Lebens willen gemeinsam tun.

10 Die Gemeinschaft des Rechts

Die Gemeinschaft des Rechts besteht darin, daß die Zusammenlebenden miteinander nach gerechten Gesetzen gemeinschaftlich leben und regiert *(reguntur)* werden. Das Gesetz der Vereinigung und des Miteinanderlebens wird die Rechtsordnung der Lebensgemeinschaft *(jus symbioticum)* genannt, die vor allen Dingen gegründet ist auf *»autarkeia, eunomia et eutaxia«* [Unabhängigkeit, Rechtlichkeit und Wohlgeregeltheit].

Ein Gesetz von solcher Art hat zwei Aufgaben: einerseits dient es nämlich der Ausrichtung und Lenkung des gemeinsamen Lebens, andererseits aber schreibt es den Grund und das Maß vor, alle Angelegenheiten und Aufgaben unter den Zusammenlebenden gemeinsam zu tun.

Das Gesetz, das der Ausrichtung und Lenkung der Gemeinschaft dient, gliedert sich in ein allgemeines und ein besonderes.

11 Das allgemeine Gesetz jeder Vereinigung *(lex consociationis communis)*

Allgemein und immerwährend gilt die Regel *(lex)*, daß es in jeder möglichen Vereinigung und besonderen Lebensgemeinschaft *(in quavis consociationis et symbiosis specie)* gewisse Herrschende, Vorgesetzte, Vorsteher oder Obere *(imperantes, praestites, praepositi, praefecti seu superiores)* und ebenso gewisse Folgende oder Untere *(obsequentes seu inferiores)* gibt.

12 Vom Leiten und Unterstelltsein *(gubernatio et subjecto)*

Alle *gubernatio* wird nämlich durch Herrschen und Beherrschtwerden *(imperio et subjectione)* aufrecht erhalten. Schon von seiner Entstehung an ist das menschliche Geschlecht durch Herrschen und Beherrschtwerden bestimmt worden. Denn Adam war der von Gott eingesetzte Dominus und Monarch seines Weibes, und dadurch über alle Nachgeborenen und alle übrige Kreatur (Gen.c.1.26.27.c.3.16.Sirac.c.17). Und deshalb – so wird gesagt – sei alle Macht und politische Herrschaft *(potestas et gubernatio politica)* von Gott (Rom.c.13.). Und nichts entspricht, wie Cicero lib.3. de legib. sagt, so sehr dem Recht und der Bedingung der Natur, wie die Herrschaft, ohne die weder irgendein Haus noch eine Bürgergemeinde, noch ein Völkerstamm, noch die gesamte Menschheit, ja nicht einmal die ganze Natur noch selbst das Weltall bestehen kann (Pet.Greg.Tolos.lib.6.n.1.2. et seqq. de Repub. Aretinus 2.tom.probl.103 et. seqq.). Daher ist die Übereinstimmung und das Verlangen der Herrschenden und Beherrschten das nämliche *(idem est consensus et voluntas)*, ein glückliches und zufriedenes Leben wird ihnen zuteil (ad. Ephes.c.5.21.). Sie werden einer dem andern untertan sein in der Furcht des Herrn (Col.c.3.18. et seqq.).

13 Das Amt des *profectus* oder Herrschenden

Der an die Spitze Gestellte *(profectus)*, der Vorsteher *(praestes)* oder der Herrschende *(imperans)* bestimmt und lenkt, indem er Maßnahmen ergreift, anordnet, befiehlt, anmahnt oder verhindert, zusammenfaßt oder abwendet, kraft seiner Autorität die Geschicke des gemeinschaftlichen Lebens, zur Mäßigung der einzelnen und zum Besten aller. Deshalb wird er *rector, director, gubernator, curator, administrator, imperans* genannt.

Es folgen Belegstellen.

Herrschen, Lenken und Schützen, ist demnach nichts anderes, als dem Wohl anderer dienen und raten, so wie die Eltern über die Kinder herrschen, der Mann über sein Weib.

So schreibt auch Augustinus, lib.19.c.15. de civit. Dei und auch Seneca epist.91., Marius Salomonius de princip.lib.2., Botero, de increment.urb.c.1.lib.1. Oder wie Thomas sagt (lib.1. de regimine princip. cap.13. et 14.) *gubernare* heißt, etwas, was regiert wird, in angemessener Weise zu dem ihm zukommenden Ziele zu führen. Demnach gehört es zum Amt des Leitenden, etwas nicht allein unversehrt zu erhalten, sondern es auch seinem Ziele zuzuführen. Oder wie Osorius sagt (lib.1. de reg. instit.), regieren bedeutet, etwas auf sein wahres Ziel hinzulenken. Der *»rector«* handelt und müht sich also als Leitender *(moderator)*, damit er das Volk zu dem Ziel, das alle im Auge haben sollten, durch Maßhalten, sittliche Ordnung und Erziehung hinführen kann.

14 Was der *gubernatio* unterliegt

Die *»gubernatio«* der Oberen bezieht sich auf das geistige und leibliche Wohl der ihnen Folge leistenden Unteren: auf den Geist, indem er in Wissen und Kenntnissen aller im menschlichen Leben nützlichen und notwendigen Dinge unterrichtet und damit vertraut gemacht wird, auf den Körper dadurch, daß für den Lebensunterhalt und alles übrige, dessen er bedarf, gesorgt wird. Deshalb gilt die erste Sorge der Erziehung, die weitere der Erhaltung und dem Schutz des Körpers.

15 Was der Erziehung unterliegt

Die Erziehung widmet sich durch Unterrichtung und Belehrung der *»inferiores«* zuerst der wahren Erkenntnis Gottes und seiner Verehrung, dann den Geboten, in denen vorgeschrieben ist, was wir dem Nächsten zu tun schuldig sind (Deut.c.6.c.11.c.28), weiterhin der Verbesserung der bösen Sitten und Verirrungen. Machen jene vertraut mit der das Heil verheißenden Erkenntnis der heiligen, gerechten und nützlichen Dinge, so werden durch diese die *»inferiores«* bei ihren Pflichten gehalten.

16 Die Fürsorge für den Leib
Die Fürsorge für die Erhaltung des Leibes besteht darin, daß in allem sorgfältig und gewissenhaft verfahren werden muß, was sich auf die Bedürfnisse des Lebens bezieht: (1.Cor.c.6.3) die Untertanen werden von ihrer Obrigkeit regiert, indem für ihr Wohl gesorgt und Schaden von ihnen abgehalten wird.
Es folgen Belegstellen.

17 Schutz und Verteidigung
Schutz ist die rechtmäßige Verteidigung gegen Ungerechtigkeit und fremde Gewalt, die von den Oberen zur Sicherheit der *»inferiores«* gegen Verletzung, Gewalt und Unrecht – gleichviel ob gegen deren Leib, Ehre oder Güter gerichtet – gewährt wird und durch die das zugefügte Leid mit erlaubten Mitteln geahndet und ausgeglichen wird.

18 Die Pflicht des Untertanen
Ein gehorsamer Untertan *(obsequens inferior)* ist, wer nach Ermessen seines Beschützers *(praestitis)* oder Vorstehers *(praefecti)*, sofern dieser nicht pflichtvergessen oder ungerecht herrscht, seine Verpflichtungen gegenüber dem gemeinschaftlichen Leben erfüllt und sein Leben und seine Tätigkeiten vereinigt mit der Unterordnung unter die Gesetze.

19 Die jeder Gemeinschaft *(consociationis)* eigentümliche Verfassung (leges)
Jeder Gemeinschaft ist eine passende Art von Gesetzen = Verfassung eigentümlich, wonach sie regiert *(regitur)* wird. Sie sind bei den einzelnen Formen der Gemeinschaft unterschiedlich und sogar gegensätzlich, so wie es die Natur jeder einzelnen erfordert.

20 Die Beschaffenheit der Gemeinschaft *(communicationis)*
Die Gesetze, aus denen die Gemeinschaft der Güter, Dienste, Arbeit und des öffentlichen Handelns hervorgeht, entsprechen denen, durch die die Vorteile und Lasten unter den Zusammenlebenden nach den Bedürfnissen und der Natur jeder Gemeinschaft *(consociationis)* verteilt und zugewiesen werden.

21 Arten der Gemeinschaft *(communicationis)*
Manchmal ist eine Gemeinschaft größer und weiträumiger, manchmal kleiner und beengter, ganz so, wie es die Natur jeder Gemeinschaft *(consociationis)* zu erfordern scheint oder wie unter den Zusammenlebenden *(symbioticos)* die Übereinkunft getroffen und beschlossen worden ist.
§§ 22 bis 39 bringen eine Fülle von Belegstellen aus der Bibel und den antiken und zeitgenössischen Autoren.

In den Kapiteln II–VIII behandelt Althusius die verschiedenen Formen der menschlichen Gemeinschaft (species consociationes): *Familie, Korporation, Gemeinde, Provinz, denen dann in Kap. IX die »allumfassende, größere Gemeinschaft* (universalis major consociatio) *folgt. Diese Darlegungen bilden die Grundlage für die gesamte folgende Abhandlung von der nochmaligen eingehenden Darlegung desjenigen, was das Einheitstiftende und Allgemein-Verbindliche eines politischen Gemeinwesens sei bis zu den Grundsätzen und Einzelmaßnahmen der Herrschaft und Regierung* (administratio) *und dem Recht des Widerstandes gegen die Obrigkeit.*

Aus diesem Gesamtaufriß werden im folgenden mitgeteilt:

Kap. IX mit der Darstellung der Herrschaft und Gemeinschaft in geistlichen und weltlichen Dingen, innerhalb derer auch die Stellung und Funktion der Schule abgehandelt werden,

Kap. XXI, in dem Althusius als Leitprinzip und Regulativ jeder grundsätzlichen Ordnung eines Gemeinwesens eine bestimmte, nur dieser Gemeinschaft eigene »regula vivendi« *bestimmt, die als geistig-sittliches Band die Glieder dieser Gemeinschaft zusammenhält,*
sowie aus Kap. VIII und XXVIII die Abschnitte über die Schulen.

Kap. IX: Über die Hoheitsrechte in geistlichen Dingen – De jure majestatis ecclesiastico

Bis hierher von der öffentlichen, partikularen, kleineren Gemeinschaft *(consociatione),* im folgenden über das umfassendste größere politische Gemeinwesen.

1 Was die umfassendste politische Gemeinschaft ist
Die umfassendste größere politische Gemeinschaft *(universalis, publica, major consociatio)* gibt es, wo viele Städte und Länder *(civitates et provinciae plures)* sich verbinden, um ein gemeinsames *ius regni* mit [gemeinsamer Teilhabe] an Herrschaft und Diensten, Können und Bedürfnissen zu haben, es zu stiften, zu unterhalten und zu verteidigen.

2 Deren Notwendigkeit und Zweck
Denn ohne solche Gemeinsamkeit an Schutz und Recht kann ein gottgefälliges und gerechtes Leben in der allumfassenden Lebensgemeinschaft *(symbiotica universalis)* nicht eingerichtet, nicht gepflegt und nicht bewahrt werden.
Es folgen Belegstellen.

3 Solche Gemeinschaft *(societas)* hat verschiedene Bezeichnungen
Daher ist diese Gemeinschaft um des Lebens willen gemacht, teils aus einzelnen, natürlichen, notwendigen, ursprünglichen, teils aus öffent-

lichen, verfaßten [Gemeinschaften]. Als *»consociatio universalis«* wird sie auch *»en platei«* (= das Ganze), *»politia«*, *»imperium«*, *»regnum«*, *»res publica«*, *»populus in corpus unum«* genannt. Sie ist durch Übereinstimmung vieler Lebensgemeinschaften *(plurium consociationum symbioticarum)* und besonderer Körperschaften oder vieler konsoziierter Körperschaften [zu einem Ganzen] vereinigt und unter einem Recht zusammengeschlossen.
Es folgen Belegstellen sowie in § 4 die Frage, ob zwischen Regnum und Respublica ein Unterschied bestehe.

5 Von den Gliedern des Regnums
Die Glieder des *»regni«* oder, wie ich es bezeichne, der *»symbioticae universalis consociationis«* sind nicht einzelne Personen, noch Hausgenossenschaften oder Kollegien, wie z. B. in nichtöffentlichen oder in politischen Teilkörperschaften *(privata et publica particulari consociatione)*, sondern mehrere Bürgergemeinden (= Städte), Landschaften und Regionen *(civitates, provincias et regiones)*, die miteinander darin übereinstimmen, durch wechselseitigen Zusammenschluß und Gemeinschaft untereinander einen einzigen Körper bilden zu wollen.

Die einzelnen aus diesen Gliedern werden einheimisch, Reichsangehörige *(regni colae)*, Landeskinder *(filii regni)* genannt, denen die Fremden (= Nichtbürger), die Barbaren, gegenüberstehen, die weder des Rechts noch der Herrschaft [und ihres Schutzes] *(juris et regni)* teilhaftig sind.

6 Die Nachbarschaft der Glieder ist nützlich
Je mehr aber die Glieder der Respublica sich zueinander nachbarlich verhalten, desto besser ist die Möglichkeit, [einander] zu helfen, zu unterstützen und zu raten, desto leichter und ungehinderter ist die Gemeinschaft *(communicatio)*.
Es folgen Erläuterungen unter besonderem Hinweis auf Boterus, lib.1.c. 7. de bon.polit.constit.

7 Was die allumfassende Gemeinschaft zusammenhält
Das einigende Band eines solchen Körpers und einer solchen Gemeinschaft sind die Übereinstimmung der Gesinnung *(consensus)* und die unter den Gliedern der Respublica gegenseitig gewährte und bewahrte Treue *(fides)*; das heißt, das stillschweigende oder ausdrückliche Versprechen zu gemeinsamem Handeln in allen Dingen und zu gegenseitiger Unterstützung, zu Hilfe, Rat und denselben gemeinsamen Rechten, wie es Wohlfahrt und Not des allumfassenden gemeinsamen Lebens im Regnum erfordern; und sogar die Widerstrebenden werden zu solcher Gemeinsamkeit verpflichtet. Dennoch ist es kein Widerspruch,

wenn die einzelnen Länder des ganzen Regnums je ihr besonderes Recht haben, wie wir oben in dem Kapitel »*de provinciis*« ausgeführt haben. Schon Plato hat mit Recht darauf hingewiesen, die Treue sei das Fundament aller menschlichen Gemeinschaft, dagegen sei es ihr Unglück und ihr Verderben, wenn nicht die Treue das Band der Eintracht zwischen den Gliedern der Respublica bilde, sondern Mißhelligkeiten herrschten.

So weit nämlich erstreckt sich das Versprechen so vieler Menschen und Stände, daß die verschiedenen Handlungen der einzelnen sich auf das Wohl und Allgemeine *(utilitatem et communem)* der Respublica beziehen müssen, damit die Unteren mit den Oberen durch ein gewisses Gleichmaß des Rechts *(aequabilitate juris)* zusammengehalten werden.

Über diesen Gegenstand handelt Gregorius Tolosanus feinsinnig.

Es folgt ausführlicher Beleg sowie Hinweise auf weitere Autoren wie Augustinus, Aristoteles. §§ 8–11 betreffen die Vor- und Nachteile großer Volkszahl und die Gunst mittlerer Größe sowie die Mäßigung der Glieder durch ihre Verschiedenartigkeit.

12 Was das »*jus regni*« ist

Und überhaupt sind die Glieder des Regnums von folgender Art: es ist das Recht desselben, durch das die Glieder des Regnums unter sich als einiges Volk – um ein universales »*biarkeian et eutaxian*« (= Lebenspendendes und Wohlgeordnetes) im Territorium des Regnums zu konstituieren – in einem Körper unter einem Haupt vereinigt und verbunden werden.

13 Seine verschiedenen Bezeichnungen

Dieses »*jus regni*« wird auch »*jus majestatis*« genannt, es hat höheren Rang und höhere Macht als jenes Recht, das der Bürgergemeinde oder der Provinz zukommt.

Es folgen Belegstellen.

14 Was das Territorium des Regnums ist

Als »*territorium regni*« wird hier das Gebiet und der Bereich bezeichnet, innerhalb derer das »*jus regni*« ausgeübt wird und in sich alle partikularen Gebiete der Bürgergemeinden und Provinzen vereinigt.

Es folgen zahlreiche Belegstellen.

15 Das »*jus regni*« berücksichtigt dreierlei

Dieses »*jus regni*«, das wir als das Lebenspendende, Selbstgenügsame, Wohlgeordnete, Maßvolle der »*universalis consociationis*« bezeichnet haben, enthält in sich Wertsetzungen *(propositas)*, und auf diese richtet es alle Handlungen der einzelnen wie der Glieder als Gesamtheit aus, und in ihnen schreibt es die angemessenen Amtspflichten vor. Darum wird es auch *»potestas universalis imperandi«* (= die alles umfassende Macht, die herrschen soll) genannt, die keine höhere noch gleiche noch beigesellte anerkennt.

Und dieses der gesamten Rechtsfindung und -sprechung *(jurisdictioni universali)* überlegene Recht ist Gestalt und Wesen dessen, was die *»majestas«* ausmacht *(forma et substantialis essentia majestatis).*
Es folgen Belegstellen.

16 Ein *»jus regni«* hat jedes Gemeinwesen
Die Macht *(potestas)*, solches *»jus regni«* zu setzen und sich darauf zu verpflichten, hat jedes Volk *(populus)* oder haben die zu einem Regnum vereinigten Glieder.

Das beweist Fernandus Vasquez [*u. a. Autoren, aus denen Althusius referiert:*] Und überhaupt besteht das einigende Band, der Geist und Lebenssinn des Regnums, jene *»autonomia«*, Ansehen, Größe und Autorität, in dieser Macht zu verfügen, zu befehlen, anzuordnen, zu regieren und zu bestimmen im einzelnen wie in allem, was der *»consociatio universalis«* notwendig und nützlich ist – ohne sie kann kein Regnum und keine *»symbiotica universalis«* bestehen.
Es folgen weitere Verweisungen, die im folgenden § 17 fortgesetzt werden.

18 Das *»jus regni«* geziemt der Gesamtheit der Glieder
Dieses *»jus regni«* oder das *»jus majestatis«* steht nicht den einzelnen, sondern allein der vereinigten Gesamtheit der Glieder zu, dem ganzen konsoziierten Körper des Regnums. Deswegen kann es nicht von einem einzelnen, sondern nur von den gesamten Gliedern zugleich, als *»universalis consociatio«* konstituiert werden. Auf diese Weise – so wird gesagt – ist es niemals Eigentum einzelner, sondern allein Eigentum der Gesamtheit aller Glieder.

Denn wozu man der Gesamtheit gegenüber verpflichtet ist, ist man einzelnen nicht schuldig, vgl.c.7.§.1. [*und Belege aus anderen Autoren*].

19. Dieses Recht ist unteilbar und unvertauschbar
So ist in Wahrheit die Macht des Regnums oder der vereinigten Körperschaften immer nur eine einzige und geschlossene und nicht eine Vielzahl von Gewalten, gleichwie ein Geist – und nicht viele – in einem physischen Körper herrscht. Die Machtausübenden *(administratores hujus potestatis)* können mehrere sein, unter der Bedingung, daß die einzelnen nur mit einem Teil der Fürsorge belastet werden, nicht aber die Fülle der Macht an sich ziehen. Natta consil.636.n.169. Und nie-

mals sollen einzelne im Besitz der höchsten Gewalt *(suprema potestas)* sein, sondern nur alle zugleich dürfen sie als ganze wahrnehmen in Übereinstimmung und im Einvernehmen mit den vereinigten Körperschaften.

Es folgen in §§ 20–27 weitere Belege, mit denen Althusius zu einer eingehenden Auseinandersetzung mit Bodin und dessen Interpretation der »majestas« im Sinne der Souveränität, der er jedoch nachdrücklich widerspricht, überleitet.

28 Auf das Heil der Seele zielt die Religion, auf das Wohl der Körperschaft erstreckt sich die Fürsorge für das Leben

Das *»jus regni«* ist etwas Zwiefaches: erstens erstreckt es sich auf das Heil der Seele, zweitens betrifft es die Fürsorge für die Körperschaft. Auf das Heil der Seele bezieht sich die Religion durch die Erkenntnis und Anbetung Gottes, auf das Wohl der Gesamtheit *(corporis)* die Fürsorge für das Leben. [*Es folgen Belegstellen aus der Bibel: Tim., Tit., Luc., Joh.*] An diesen Fundstellen wird die Frömmigkeit begriffen, als stehe sie über der ersten Gesetzestafel, und die Gerechtigkeit über der zweiten. Und Polybius sagt lib. 6., der Status der Respublica ist erstrebenswert und sicher, wenn in ihm sowohl im einzelnen *(privatim)* fromm und schuldlos gelebt wird als auch im öffentlich-allgemeinen *(publice)* Gerechtigkeit und Milde herrschen.

29 Das *»jus regni«* verwirklicht sich in der Lebensgemeinschaft und seiner Regierung

Das Recht des Regnums in beiderlei Gestalt, worüber wir im allgemeinen berichtet haben, verwirklicht sich *(consistit)* in der allumfassenden gemeinschaftlichen Lebensgenossenschaft *(symbiotica communione universali)* und ihrer Regierung *(administratione)*. Zunächst werden wir die erstere, danach die letztere behandeln (Kap. XVIII ff.).

30 Was eine *»communio symbiotica«* ist

Eine allumfassende lebensgenossenschaftliche Gemeinschaft besteht, wenn in ihr von den Gliedern des Regnums oder der allumfassenden Gemeinschaft alles, was ihr notwendig und nützlich ist, gemeinsam getan, alle Zwietracht beseitigt und aufgehoben wird.

Deshalb kann ein *»symbioticum«* oder auch *»jus regni«* als ein *»bionomikon«*, das Leben bewahrend, oder als ein *»koinonikon«*, zum Miteinander dienend, bezeichnet werden.

31 Sie ist geistlicher und weltlicher Art

Die allumfassende lebensgenossenschaftliche Gemeinschaft des Regnums ist *»ecclesiastica«* und *»secularis«*, geistlicher und weltlicher Art. Ersterer entsprechen Religion und Frömmigkeit oder die ganze erste

Gesetzestafel, die sich auf das Heil der Seele und das ewige Leben bezieht. Der letzteren entspricht die Gerechtigkeit, die jedem das Seine zuerkennt, das ist die zweite oder andere Tafel der Zehn Gebote, die sich auf das Wohl der Gesamtheit und des Lebens richtet. In jener soll sich alles unmittelbar auf die Ehre Gottes beziehen, in dieser unmittelbar auf das Wohl und Heil des zu einer Gesamtheit vereinigten Volkes *(immediate ad utilitatem et salutem populi consociati in unum corpus).* *Es folgen zahlreiche Belegstellen aus der Bibel und antiken Autoren zu den beiden in § 31 genannten Fundamenten. Danach folgt §§ 32 bis 45 die Abhandlung: Was die Gemeinschaft in geistlicher Hinsicht ist. U. a. werden darin die freie Religionsausübung und die Notwendigkeit der Errichtung von Schulen begründet:*

36 Die öffentliche Religionsausübung ist notwendig
Die allgemeine Einführung, Begründung und Erhaltung der Religion und der aufrichtigen Verehrung Gottes im Gebiet des Regnums und in allen seinen Städten und Provinzen muß – wie durch die Heilige Schrift dargetan wird – die erste und wichtigste Sorge sein gemäß jenes [Satzes bei] Matth.c.6.33: Trachtet am ersten nach dem Reich Gottes etc. *Es folgen wiederum mehrere Belegstellen aus dem alten und neuen Testament.*
Und auf das Bekenntnis zur Religion und zur Verehrung Gottes sind alle Glieder des Regnums insgesamt und einzeln zu verpflichten. [*Es folgen Hinweise auf das Alte Testament mit der Folgerung:*] so daß das Bekenntnis und die freie öffentliche Ausübung der wahren Religion nach der Vorschrift des Wortes Gottes ohne jede Behinderung und Furcht allen und jedem einzelnen gestattet werden muß. Vgl. Eusebius, in vita Constantini lib. 4.

37 Über Religion und Gottesdienst ist nach Gottes Wort zu urteilen
Aber über die wahre und reine Religion und Anbetung Gottes ist weder nach menschlichem Ermessen noch nach dem der Mehrheit der Bürgerschaft zu befinden, weder der Häufigkeit nach noch durch Abstimmung, sondern allein nach dem Wort Gottes gemäß der Offenbarung im Glauben.
Es folgen Belege.

38 Die Einrichtung von Schulen ist notwendig
Um die wahre Religion zu erhalten und sie auf die Nachkommen fortzupflanzen, in den Sitten zu unterrichten und zum Leben der Bürger zu erziehen sowie zur Kenntnis der freien Künste zuzubereiten, dienen öffentliche Schulen *(publicae scholae).* Sie werden im Gebiet der Respublica in einzelnen Städten und Provinzen eröffnet, damit in

ihnen Gelehrte und Lehrer der edlen Künste und Wissenschaften öffentlich lehren, die Ungebildeten und die Ausgezeichneten nach deren Verdiensten einteilen und ihren Hörern etwas mitgeben, und ohne Zweifel sind es die Abzeichen der Magisterwürde, des Lizentiats, des Doktorats, die sie verleihen. Arg.1.2.§.pen. [. . .] Siehe auch Petrus Gregorius [. . .] und alle anderen, die darüber, daß Schulen eröffnet und die Schriften erhalten werden müssen, veröffentlicht haben.

39 Vom Vorteil, Nutzen und Zweck der Schulen

In diesen Schulen werden der Jugend kenntnisreich die Samen des Glaubens und der Tugend aus den Heiligen Schriften und den freien, den Menschen bildenden Künsten eingesenkt, damit gebildete Bürger *(boni cives)* daraus hervorgehen, vorzüglich und wahrhaft fromm, tüchtig, gerecht und bescheiden.

Es folgen Belegstellen aus Aristoteles u. a.

*39** Außerdem wird in den Schulen der Schlüssel der ganzen Wissenschaft und Lehre verwahrt, Luc.c.11.52. Daraus kann man Entscheidung und Auflösung aller Zweifel entnehmen, Deut.c.17.; in ihnen wird das Heil des Lebens offenbar, Joh.c.5.39.; 2.Tim.c.2.; was die Schule hervorbringt, das wird die Zukunft der Respublica und der Kirche als Lenker und Bürger bestimmen.

40 Die Schulen der Juden

Darüber referiert Althusius in Anlehnung an das Alte und Neue Testament, ohne inhaltlich Neues zu bringen.

Im weiteren Text §§ 41–43 wendet sich A. der Verteidigung der Religion und des Gottesdienstes zu und dem Problem, wie weit Irrende zu dulden seien.

44 Wer nicht zu dulden ist wegen seiner Irrtümer

Es ist klar, daß alle, die offenkundig und öffentlich *»atheoi«* (= gottlos) sind, nicht geduldet werden dürfen, ebensowenig, wer *»ataxian«* (= Zuchtlosigkeit) einführt, wer den Magistrat beseitigt, wer nichtnotwendige Kriege anzettelt, wer offensichtliche Schandtaten verteidigt, wer für die Rettung [der Respublica] notwendige Stücke nicht beachtet, beseitigt oder in Zweifel zieht. Siehe auch unten Kap. XXVIII.

45 Ob allen erlaubt werden darf, gemäß ihrer Religion zu leben

Es ist deshalb nicht zu gestatten, daß alle frei ihrer Religion im Gegensatz zur ganzen Christenheit nachgehen. Weil nämlich nur ein Gott ist, gibt es auch nur die eine richtige Vorschrift, Gott anzubeten, die uns Gott gegeben hat und außerhalb derer es unmöglich ist, Gott zu ge-

* ohne Titel, offensichtlich Doppelzählung (D. Ü.)

fallen. Denn es gibt keine Gemeinschaft des Lichtes mit der Finsternis, Christi mit Belial.

Es folgen Belege aus der Bibel.

Kap. XXI: Von der Lex, nach der die übernommene Regierung der Respublica einzurichten ist

1 Wem die Regierung *(administratio)* des Landes *(regnum)* Rechnung tragen muß

Nachdem über die Einsetzung des *Summus Magistratus* berichtet worden ist, folgt etwas über die Amtsführung *(administratio)* desselben, die gemäß der Übereinkunft, wie dargestellt worden ist, übernommen wird und alles, was sie beinhaltet, der Gesamtheit der Mitglieder, nicht den einzelnen verdankt.

Es folgen Belegstellen.

2 Was die *administratio* des regnums ist

Die *administratio* einer so gearteten Respublica oder *regnums*, vom *populus* betraut und vom *magistrat* übernommen, hat die *maiestas iurium*, das ist die weise, gewissenhafte und gerechte Fürsorge, Verrichtung, Ordnung und Verteidigung aller Obliegenheiten und Wohlfahrt des *regnums* und der Untertanen gemäß der Natur und der Übereinkunft derselben, ausgerichtet auf die Ehre Gottes und das Heil *(salus)* des *regnums* und der Untertanen.

Es folgen Belegstellen.

3 Endzweck derselben

Infolgedessen ist solche *administratio*, vom *populus* oder in seinem Namen von den *ephoren* dem *summus magistratus* zur Ehre Gottes, zum Heil der Untertanen und zum allgemeinen Nutzen *(publica utilitas)* anvertraut und übertragen, niemals auf den Vorteil des einzelnen Administrierenden gerichtet – das ist die allgemeine Auffassung aller Philosophen, Theologen und Rechtsgelehrten, wie bezeugt wird von Vasquius lib.I.c.1. [. . .] Sie ist vielmehr *generalis*, demzufolge ihr die Obhut und Erhaltung der gänzlichen Respublica obliegt, genaugenommen nicht für einen Teil der Respublica allein oder die Sorge für die Menschen eines Standes *(ordo)* allein, wie bei den unteren Verwaltungen *(inferior magistratus)*, welche annehmen, daß ihnen die Verwaltung von gewissen, bestimmten, besonderen Obliegenheiten vom *summus magistratus* übertragen sei.

4 Welche Namen von der *administratio* angenommen werden

Wegen solcher *administratio* wird der *summus magistratus* auch Fürst, Vorsteher des Volkes, Hirt, Vater des Vaterlandes, König, Lenker,

Hüter und Retter des Volkes und des *corporis consociati* genannt; durch ihn stürzen Völker infolge Irreführung ins Verderben, während sie dagegen durch richtige *administratio* unversehrt erhalten werden.
Es folgen Belegstellen.

5 Daß solche *administratio* abgesetzt werden kann
Aber dennoch kann diese übernommene *administratio* auch abgesetzt werden aus gerechtem und gutem Grunde.

Beispiele von solchen, die sich aus eigenem Antrieb vom *principatus* losgesagt haben, berichtet Petrus Gregorius lib.26.c.I. de Rep., und von solchen, die wegen Beschwerlichkeit und Unbeständigkeit der menschlichen Angelegenheiten den Gehorsam verweigerten, zählen Kap. 2, sowie von jenen, die aus Furcht ablehnten, die übertragene *administratio* des Reiches oder Regnums zu unterstützen, Kap. 3 auf.

Die Vernunft *(ratio)*, der Maßstab *(regula)* und die Richtschnur *(norma)* dieser *administratio* muß (zunächst) abgehandelt werden, danach die Erscheinungsformen derselben.

6 Die *regula* dieser *administratio*
Wesen *(ratio)* und Maß *(regula)* dieser *administratio* besteht in politischer Weisheit *(prudentia politica)*, derer keine *administratio* eines *magistratus* ermangeln darf.

7 Die *administratio* einer Respublica ist schwierig
Denn in der Tat ist nichts schwieriger, wie Diokletian gesagt haben soll, berichtet Flavius Vopiscus, als dem Lande eine gute Regierung und Herrschaft zu geben *(bene administrare regnum et imperare)*.
Es folgen weitere Belegstellen.

8 Was die *prudentia politica* ist
Solche politische Weisheit ist – nach dem Autor Lipsius – die Erkenntnis und Auswahl dessen, was im allgemeinen *(publice)* und im einzelnen *(privatim)* in der *administratio* der Respublica zu tun und zu lassen ist: Von ihnen ist jenes nach Art des Auges, das letztere nach Art der Hand. Die Bedeutung der *prudentia* will ich hier ausführlicher darlegen und ganz in dem Sinne wie Cicero lib. I. offic.

Diese *prudentia* beschreibt Seneca, wenn er sagt, daß sie das Gegenwärtige ordne, das Zukünftige vorhersehe und das Vergangene beherzige.
Es folgen weitere Beispiele, ebenso in § 9.

10 Was der *intellectus politicus* ist
Als Stücke dieser Weisheit gibt es zwei: ohne Zweifel einen politischen Verstand *(intellectus)* und die Entscheidungsfähigkeit *(delectus)*, was

in der *administratio* der Respublica zu tun und zu lassen ist. Politische Einsicht liegt vor, wenn der *magistratus* alles sieht, erkennt, begreift, was ihm nach seiner Auffassung des Amtes *(ratione officii)* zuträglich *(agenda)* oder abträglich *(omittenda)* erscheint.

11 Welche Ursachen die [politische] Einsicht bewirken

Vollständige politische Einsicht begründen [fließen aus] Wissenschaft [bzw. Unterricht] *(doctrina)* und Praxis *(usus)*. Deshalb werden sie für Glieder = Stücke *(membra)* vollkommener Erkenntnis gehalten. Daher sagt man: Die praktische Tätigkeit *(usus)* hat mich hervorgebracht, zum Quellgrund ward die Erinnerung, die Griechen nennen mich *sophia*, ihr *sapientia*.

12 Woher die Wissenschaft schöpfen muß

Die Wissenschaft von den heilbringenden *(salutaris)* und für die *administratio* notwendigen Dingen wird gewonnen durch Erkenntnis, durch Lesen und Hören.

Es folgen Hinweise auf Seneca und andere Autoren.

Aber die Möglichkeit zu lernen und die beste Gelegenheit besteht darin, die lebendige Stimme des Lehrers zu hören und in dem, was entnommen wird aus dem Umgang mit Gelehrten, der Erfahrung, der Konversation hervorragender Männer, Theologen, Rechtsgelehrten, Philosophen, Historiker, Fürsten, Soldaten und anderer, aus den Gesprächen bei Tisch, während des Spazierengehens, des Reisens, der Beratung; so kann der Fürst in kurzer Zeit mehr lernen, als er in langer Zeit in Schulen erfahren und aufnehmen gekonnt hätte.

Es folgen Beispiele.

Vieles nämlich kann er erfahren von Entdeckern, Kaufleuten, Soldaten, Reisenden, Boten und anderen, die viele Orte bereisen; sie sind in vielem erfahren, an dem zu wissen uns gelegen ist.

13 Was mit historischen Beispielen zu veranschaulichen *(illustranda)* ist

Die Möglichkeit zu lernen, was dem Lesegut oder der Stimme von Toten entstammt oder sprachloser Lehrer, wird vorzüglich gewonnen durch die Lektüre historischer Schriften.

Es folgen Beispiele und in § 14 Verweise, u. a. auf Cicero.

15 Dreifache Erkenntnis ist für den *magistratus* notwendig

Dem *magistratus* sind nämlich für die *administratio* in der Respublica dreierlei zu kennen und zu wissen nützlich und notwendig, worin die Stärke *(nervus)* und das vereinigende Band *(vinculum)* eines Reiches und Gemeinwesens besteht:

Das erste ist eine *regula vivendi et administrandi* = eine Regel und Ordnung, nach der gelebt und regiert wird und werden muß, Psalm 119; das zweite ist die Natur (die Eigenart, das Wesen) des Volkes *(natura populi)*; das dritte ist die Eigenart der Herrschaft *(natura regni)*, I.Reg.c.3.9.10.11.12., die wir im einzelnen der Reihe nach betrachten wollen.

16 Die *regula vivendi et administrandi*
Die Regel für das Leben, das Gehorchen und das Regieren liegt einzig in Gottes Willen, sie ist eine Weise des Lebens und ein Gesetz des Tuns und Lassens, auf die hin, wie zu Lydien Stein und Zeiger, die Obrigkeit alle Obliegenheiten ihrer Regierung ausrichtet.

17 Das Gesetz *(lex)* schreibt eine solche Regel vor
Deshalb ist dieses Gesetz nicht allein ein solches, daß es der Obrigkeit die Vernunft ihrer Verordnungen vorschreibt, sondern auch für alle der von ihr Beherrschten eine Lebensregel bedeutet.
Es folgen zahlreiche Belegstellen aus der Bibel und antiken Autoren.

18 Was das Gesetz ist und seine verschiedenen Namen
Diese Regel, die allein Gottes Willen in seinem Gesetz den Menschen geoffenbart hat, wird das Gesetz genannt, das heißt, es ist ganz allgemein eine Vorschrift über alles, was zu tun ist, das abzielt auf ein fromm, heilig, gerecht und gottgefällig zu lebendes Leben *(vivendum)*.
Es folgen zahlreiche Belegstellen aus der Bibel.
Demnach steht fest, daß die Gesetze oder das Recht in der menschlichen Gemeinschaft gleichsam Zäune sein sollen, Mauern, Wachen und Grenzmarken unseres Lebens, die uns leiten, damit unser Leben, nachdem es angefangen hat, Weisheit, Glückseligkeit und Frieden in der menschlichen Gemeinschaft erlangen kann und soll.
Es folgen wiederum Hinweise auf die Bibel.

19 Was das allgemeine Gesetz *(lex communis)* ist
Es ist bekannt, was allen Menschen von Gott als ihre Natur eingepflanzt worden ist. Rom.c.I.19. Denn das, was von Gott erkannt werden kann, ist ihnen offenbart: Gott selbst machte es ihnen nämlich offenbar, 20. et seqq. et c.2.14.15., soweit Vorstellung und Zuneigung reichen, in denen er Mittel und Möglichkeiten, Gott zu ehren und den Nächsten zu lieben, allen Menschen vorschreibt, anzeigt und dazu anhält. d. locis. Cicero lib. 2. de legib. Es gab nämlich, wie verheißen ist, von Natur vorgezeichnet eine Erkenntnis aller Dinge, die zum rechten Tun anhält und vom Übel zurückruft, die nicht damals erst

begann, als das Gesetz aufgeschrieben wurde, sondern seit damals sichtbar geworden ist. Gewöhnlich wird sie die *lex moralis* genannt.

Zu den Ausführungen des Althusius über Schulen gibt es schon bei der Darstellung der partikularen Gemeinschaften einige Bemerkungen über die Bedeutung der Schulen, so in Kap. VII und VIII:

Kap. VII: Über die Gemeinschaft des »jus provinciale«

17 Von der Funktion der Schulen
Als Einrichtungen, geschickte und fähige Mitbürger *(symbiticos)* hervorzubringen, dienen Schulen und Werkstätten. In Schulen werden die Menschen zu frommen, gelehrten, gerechten, maßvollen, tüchtigen und weisen Mitbürgern erzogen und ausgebildet. In Werkstätten werden sie in jeder Weise zu kunstfertigen Handwerkern und Werkschaffenden herangebildet und gemacht.

18 Welche Leistungen die geeigneteren sind
Unter allen wird diejenige *»functio«*, durch die das Zusammenleben *(symbiosis)* und Wohl *(salus)* stärker gefördert und vermehrt wird, für ehrenwerter, würdiger, vortrefflicher gehalten.
Es folgen Belege, danach eine Erörterung der erforderlichen Funktionen und einige Besonderheiten.

Kap. VIII: Über die Ausübung des »jus provinciale«

25 Die Fürsorge für die Schulen [obliegt einem Presbyterium]
Das Presbyterium ist nach § 10 ein Kollegium würdiger und frommer Personen, gewählt aus den Pfarrgemeinden bzw. Kirchspielen, denen die Sorge und Aufsicht sowie die Verwaltung aller kirchlichen Sachen und Angelegenheiten obliegt mit der Maßgabe, daß ihnen die Sorge für die Erhaltung der Kirche und für alle gemeinsamen geistlichen und zeitlichen Dinge anvertraut sei, sie die Kirche zu repräsentieren und die Gemeinde zu leiten hätten. Dazu tritt die Aufsicht über die Schulen.

Das Presbyterium hat die Fürsorge für die Schulen, die Knaben und die Mädchen, was bedeutet, daß alle Knaben und Mädchen in Schulen unterwiesen werden in allen Stücken und Grundlagen des Glaubens und in den Wissenschaften. Deshalb gibt es gemeine Schulen der Muttersprache und anspruchsvollere des Triviums und Akademische Schulen *(vulgares et vernaculae, vel sublimiores, triviales, Academicae).*

26 Die Inspektion und Visitation derselben
In den eingerichteten Schulen sorgt das Kollegium der Presbyter durch Inspektion und Visitation gewissenhaft dafür, daß die Lehrer und Erzieher ihr Amt sorgfältig und treu erfüllen und daß die Schüler im Glauben und in den Wissenschaften vorankommen und Fortschritte machen, wodurch für die anderen Schulen hernach fähige und am Ende für die Kirche und die Respublica heilbringende Glieder *(organa salutaria)* herangebildet werden.

Denn eine ehrbare Erziehung der Jugend wird mit Recht das Fundament und der Pflanzgarten einer guten Respublica genannt.

Im Zusammenhang mit der Erörterung der Pflichten der Obrigkeit des Landes (praeses provinciae) – ob Dux, Princeps, Marchio, Landgravius bzw. Praefektur und Administratio in den Freien Städten – kommt Althusius auf die politische Bedeutung von Schule und Erziehung zurück und fordert nach der Erläuterung der Pflichten in bezug auf die geistlichen und weltlichen Aufgaben der o.g. Institutionen:
Zu diesem Behufe werden deshalb alle, die in öffentliche Ämter und Dienste gewählt werden, in Schulen ausgebildet, so wie diejenigen, die sich auf nichtöffentliche Tätigkeiten vorbereiten, in öffentlichen Werkstätten unterwiesen werden, oder von ihren Privatlehrern in jeder Art von Kunstfertigkeit gelehrt und unterrichtet werden. Boterus lib. 8. de bona.polit.instit.

Bei der ausführlichen Erörterung aller Aufgaben in dieser Richtung spricht Althusius im Kap. XXVIII erneut die politische Bedeutung der Schule an:

33 Wie die Einrichtung von Schulen beschaffen sein soll
Die *»institutio«* von Schulen bedeutet, daß öffentliche Schulen sowohl als Werkstätten des Glaubens wie auch der schönen Künste und Wissenschaften auf Anordnung und mit der Autorität des *»summus magistratus«* des Regnums eröffnet und errichtet werden.

Die Schule ist nämlich Werkstatt und Pflanzgarten der ehrenhaften Wissenschaften und Sitten für gebildete und fromme Bürger, mehr noch, das Zeughaus der Kirche und der Respublica, aus dem Waffen aller Art entnommen werden, nicht so sehr zur Verteidigung des wahren und reinen Glaubens *(Dei cultus)* gegen Ketzer, sondern mehr zur Verteidigung und Bewahrung des Heils und der Unversehrtheit der Respublica. Noch stärker: die Schule ist das einzige Heilmittel, durch das die Verehrung und Erkenntnis Gottes rein und lauter bewahrt und den Nachkommen überliefert wird. Nämlich die Studien öffnen die Augen des Geistes und schärfen das Urteil und bilden.

34 Vergünstigungen und Herkommen bei den Schulen

Schulen dieser Art sind von dem obsorgenden *»summus magistratus«* einzurichten und zu besetzen mit den besten und gelehrtesten Professoren von jeder beliebigen Kunst und Wissenschaft, die sich anbietet; sie sollen hervorragend sein in der Frömmigkeit und Zucht ihres Lebens, in ihrem Glauben, ihrer Gewissenhaftigkeit, in ihrer Geduld und in ihrem Geschick zu lehren. Danach ist dafür zu sorgen, daß die Schulen bekannt und besucht, durch ehrenvolle Privilegien geschützt und durch jährlich wiederkehrende Einkünfte gesichert sind.

Drittens, daß sie an einem Ort eingerichtet werden, an dem Gesundheit der Luft und des Lebens, Reichtum an Früchten, günstige Lage für Handel und Verkehr, Bildung und Annehmlichkeit der Bewohner gefunden werden. Viertens soll es in den so beschaffenen Schulen auf eine bestimmte Weise mit den Lehrenden und Studierenden gehalten werden: mit den Lehrenden so, damit sie richtig ausgewählt werden, daß sie berufen werden, und sie sollen ihr Amt in gehöriger Übereinstimmung mit der Lehre und in angemessener Vertretung ihres Faches wahrnehmen; mit den Studenten so, damit sie richtig auffassen und bereitwillig Gehör schenken, daß nur solchen von den Studenten wieder Vergünstigungen und Unterstützungen *(privilegia et stipendia)* gewährt werden, von denen die Rektoren und Kanzler berichten, daß sie *»philomatheia«* und *»askesis«* (= Wissensdrang und Übung) erweitert haben.

Es folgen ausführliche Belegstellen.

35 Arten der Schulen

In der Tat müssen eingerichtet und eröffnet werden sowohl Privatschulen und allgemeine Schulen, ländliche, kleinstädtische und städtische Schulen, als vor allem anspruchsvollere Schulen und öffentliche Akademien, in denen von den Gelehrten und den für die Leitung der Kirche und Respublica Befähigten um die Siegespreise gerungen und gekämpft wird.

Schulen der ersten Art errichtet jeder *»ephorus«* (= Patrizier, Senioren oder Älteste) in der ihm anvertrauten Provinz, Schulen der zweiten Art, besonders Akademien, errichtet dagegen der *»summus magistratus«* und bestätigt sie kraft seiner Autorität.

Es folgen Verweise.

36 Der Magistrat muß die Kinder in den Schulen in der wahren Religion unterweisen lassen

Besonders aber sorgt der Magistrat dafür, daß die Kinder in den Schulen in der wahren rechtgläubigen Religion mit Fleiß angemessen unterrichtet werden.

37 Die Bewahrung und Verteidigung der Kirche obliegt dem Magistrat

Die nächste Aufgabe des Summus Magistratus bei der *»administratio ecclesiastica«* besteht in der Erhaltung und Verteidigung der Kirche, der Verrichtung und öffentlichen Ausübung des Gottesdienstes und der Benutzung der Schulen.

Es folgen Belegstellen.

Insofern umfaßt die Fürsorge zwei Seiten, von denen die eine die Erhaltung der Kirche und des Gottesdienstes sowie der Schulen betrifft, die andere dagegen deren Verteidigung gegen ihre Feinde, Verfolger und Störenfriede.

[2]

Ratsvertrag mit dem Stadtschulmeister zu Wesel (1425)

Wesel am Niederrhein, seit 1220 zur Grafschaft Kleve gehörig, seit 1241 Stadt. – Verträge des Rates mit Schulmeistern, die sich verdingten, waren in der vorreformatorischen Zeit die übliche Praxis, Lehrkräfte für die vom Rate gegründeten Schulen (im Unterschied zu den von der Kirche getragenen Schulen) zu gewinnen.

Quelle: Vor- und frühreformatorische Schulordnungen und Schulverträge in deutscher und niederländischer Sprache, hrsg. v. J. Müller, 2 Bde. Sammlung selten gewordener pädagogischer Schriften früherer Zeit, hrsg. v. A. Israel und J. Müller, Heft 12 und 13, Zschopau 1885/86, S. 275 f. (wörtliche Übersetzung).

Bürgermeister, Schöffen und Rat der Stadt Wesel haben angenommen Meister Albert van der Heggen von Nimwegen zu ihrem Schulmeister und haben ihm ausgethan [verliehen] die Schule zu Wesel in solcher Gewohnheit, wie die von alters bis her verliehen gewesen ist, also daß er die Schüler soll lehren und weisen, wie ein guter Schulmeister seinen Schülern schuldig ist zu thun, und wie er meint, daß [es] der Stadt und seiner selbst Ehre sei und der Kinder und der Schüler Bestes. Und er soll mit den Schülern mit der Prozession zur Kirche und anders wohin singen gehen, wie es bisher gewöhnlich gewesen ist zu Wesel. Und so soll er wieder von den Kindern nehmen ebensolchen Lohn, wie man bisher davon gegeben und genommen hat, nämlich von jedem Kinde im halben Jahre drei alte Buddreger [d. i. etwa drei Stüber] oder ihren Wert in anderem Gelde; doch von den Kindern der Schöffen soll er keinen Lohn noch Schulgeld nehmen noch erheben. Und ferner nach

Wintersanfang da mag er sein Opfergeld oder sein Küchengeld fordern und nehmen von den Schülern, wie das bisher gewöhnlich gewesen ist. Und dazu soll ihm die Stadt geben alle Jahre zehn rheinische Gulden oder ihren Wert in anderem Gelde. Und wäre es, daß er irgend einen Mangel hätte an seinem Schulgelde bei jemandem, der innerhalb der Stadt Wesel wohnhaft wäre, das soll ihm die Stadt auspfänden lassen und ihm das Gepfändete oder Geld überliefern lassen. Ferner wäre es, daß jemand anders innerhalb der Stadt irgend eine Schule übernähme und Knaben lehrte, das soll ihm die Stadt sofort untersagen also, daß niemand anders Knabenschule zu Wesel haben noch halten soll, als der vorgenannte Meister Albert. Und diese vorstehende Übereinkunft soll angehen am nächst kommenden Osterfest und soll dauern und währen sechs Jahr darnach unantastbar und nach den sechs Jahren also lange, [bis] daß die Stadt oder vorgen. Meister Albert, einer dem andern das ein halb Jahr zuvor aufsagt; doch hat vorgen. Meister Albert dagegen gelobet, der Stadt Wesel zu dienen und ihr Schulmeister zu bleiben, so lange er gedenkt zu regieren und regieren will, sofern es die oben genannten Bürgermeister, Schöffen und Rat der Stadt Wesel wollen. Gegeben und vereinbart im Jahre des Herrn 1425 am Tage der heiligen 1100 Jungfrauen.

[3]

Johannes Bugenhagen

Braunschweigische Schulordnung in der Braunschweigischen Kirchenordnung (1528)

Johannes Bugenhagen, 1485–1558, Rektor der Stadtschule Treptow, kam 1521 nach Wittenberg, wurde hier Pfarrer an der Stadtkirche und später Professor an der Universität. Er war Luthers Freund und Seelsorger und arbeitete an seiner Bibelübersetzung mit.
Die Reformation machte in den evangelischen Gemeinden (in Verbindung mit der Entstehung des ev. Landeskirchenregiments) auch den Neuaufbau des Schulwesens notwendig. Bugenhagen hatte daran wesentlichen Anteil. Er ordnete zwischen 1528–1543 das Schul- und Kirchenwesen u. a. in Braunschweig, Hamburg, Lübeck, Göttingen, Osnabrück, Pommern, Dänemark und Holstein.

Quelle: Zur Geschichte der Volksschule, Band I: Volksschulordnungen 16. bis 18. Jahrhundert, hrsg. v. Th. Dietrich und J. G. Klink, Klinkhardts Pädagogische Quellentexte, Bad Heilbrunn 1964, S. 5 ff. Durchgesehen und verbessert nach dem Abdruck des Originals in Bd. I der Monumenta Germaniae

Paedagogica: Braunschweigische Schulordnungen von den ältesten Zeiten bis zum Jahre 1828, hrsg. v. F. Koldewey, Berlin 1886, S. 25 ff. B. Michael.

»Der ehrbaren Stadt Braunschweig christliche Ordnung, zu Diensten dem heiligen Evangelium, christlicher Liebe, Zucht, Frieden und Einigkeit. Darunter auch viele christliche Lehren für Bürger. Geschrieben durch Johann Bugenhagen, Pommern, 1528.«

Von den Schulen

Es ist heilig und christlich recht, wenn gesagt ist, daß wir unsere Kinderchen Christus zur Taufe bringen [sollen]. Aber, ach leider, wenn sie aufwachsen, und die Zeit kommt, daß man sie lehren soll, so ist niemand daheim. Niemand erbarmt sich der armen Kinder und lehrt sie, daß sie bei Christus bleiben möchten, dem sie in der Taufe geopfert sind. Niemand versäumt gern den Kinderchen die Taufe, wie es auch recht ist, aber wiederum, niemand bedenkt, daß es uns nicht alleine befohlen ist, die Kinder zu taufen, sondern auch, wenn die Zeit kommt, [sie] zu lehren; ebenso wie es vorn von der Taufe geschrieben steht.

Die getauften Kinderchen leben in der Gnade Gottes wie Adam und Eva vor der Sünde im Paradies, sie wissen nichts Gutes noch Böses; wiewohl sie unserer sündigen Natur halber zu Zorn und zum Bösen geneigt sind. Sie haben [aber] die Zusage Christi: Ihrer ist das Reich Gottes.

Wenn aber die Zeit kommt, daß sie beginnen vernünftig zu werden, so kommt auch die Schlange, wie zu Adam und Eva, und beginnt, die Kinder alle Untugend zu lehren und dazu die Vernunft dahin zu leiten, daß sie die Artikel des christlichen Glaubens lästern und den in der Taufe mit Christus gemachten Bund verachten. Dann ist es Zeit! Dann wird von uns gefordert, daß man sie [= die Kinder] lehren soll. Aber leider, man hält sie nicht an, daß sie Gottes Wort hören und lernen. Man lehrt sie auch nicht in den Häusern Gottesfurcht und [Gottes] Gebote. Man achtet nicht [darauf], daß sie das heilige Evangelium Christi lernen, um bei Christus zu bleiben, dem sie zuvor in der Taufe geopfert sind. Was hätte das anders für eine Meinung, wenn etwa die Leute also sagen wollten: Die Kinder, die wir Christus in der Taufe geopfert haben, sollen nun, wo sie aufwachsen, nicht die Seinen bleiben. Die Kleinen brachten wir ihm, denn er hat gesagt: Lasset die Kinderchen zu mir kommen. Die Großen aber soll er nicht haben. Wir wollen nicht wissen, daß er uns auch geboten hat, die Kinder zu lehren. Wir wollen nicht wissen, daß er gesagt hat Luk.11: Selig sind, die das Wort Gottes hören und bewahren; und Joh. 8: Wer von Gott ist, der hört Gottes Wort: Ihr seid nicht von Gott, darum höret ihr nicht Gottes Wort.

So kommt es denn, daß gottlose Eltern gottlose Kinder aufziehen. Wie sie von ihren Eltern gehalten [worden] sind, so halten sie fortan ihre Kinder. Böse Eier, böse Küken, daß ja also des Teufels Regiment, den Christus einen Fürsten der Welt genannt hat, stark und mächtig bleibe.

Es folgen Klagen über die Verderbtheit der Menschen.

Alle diese genannten Unglücke kommen daher, daß wir vergessen, ja auch nicht wissen den Verbund, den wir mit Christus in der Taufe geschlossen haben. [In der Taufe] sind wir gewaschen mit Christi Blut, geheiligt durch den Heiligen Geist, in dessen Gnade wir es annehmen, zu leben und zu sterben, bis am Jüngsten Tage unsere Taufe vollkommen werde; dann werden wir aller Sünde und alles Übels erst recht los sein. Unterdes hat der Heilige Geist stets mit den Christen zu schaffen, daß er sie lehre und fromm mache, wie wir es im Vaterunser auch erbitten und begehren, wenn wir es in der rechten Weise zu beten wissen. Warum wissen wir diese unsere Gnade nicht und vergessen sie, daß wir danach erdenken andere Wege zur Seligkeit? Man denkt nicht, daß man uns in Gottesfurcht und in der Erkenntnis Christi aufziehe nach Gottes Wort!

Darum ist hier zu Braunschweig durch den ehrbaren Rat und durch die ganze Gemeinde, vor allen anderen Dingen für nötig angesehen [worden], gute Schulen aufzurichten und darin ehrliche, redliche, gelehrte Magister und Gesellen zu besolden, Gott dem Allmächtigen zu Ehren, der Jugend zum Besten und zu Willen der ganzen Stadt. [In den Schulen] möge die arme, unwissende Jugend züchtig gehalten werden, die Zehn Gebote Gottes lernen, den Glauben des Vaterunser [und] die Sakramente Christi mit der Auslegung, so viel wie Kindern dient. Außerdem lernen, lateinische Psalmen zu singen und alle Tage aus der Schrift lateinische Lektionen zu lesen. Dazu ist die Schulkunst, daß man lerne, solches zu verstehen. Und nicht alleine das, sondern auch [daß] daraus mit der Zeit gute Schulmeister werden mögen, gute Prediger, gute Rechtsverständige, gute Ärzte, gute Gottesfürchtige, züchtige, ehrliche, redliche, gehorsame, freundliche, gelehrte, friedsame, nicht wilde, sondern fröhliche Bürger, die auch so fortan ihre Kinder zum Besten halten mögen und so fortan Kindeskind.

Solches will Gott von uns haben. Er wird auch mit seiner Gnade bei uns sein, daß solches wohl gedeihe und fortgehe. Die Juden lehrten ihre Kinder in den Häusern und hatten in allen Städten Schulen, die Synagogen genannt werden, damit sie ja den Moses wohl lernten und ihren Glauben aufrechterhielten (verantworten), weil die Juden noch nach ihrer Weise ihre Kinder lehrten. Bei uns Christen ist es ja eine Schande, daß wir Christus, auf den wir doch getauft sind, nicht recht zu erkennen lehren. Dazu ist es auch schade, daß wir die Jugend nicht solche

Künste lernen lassen, wodurch sie sich danach selbst und der Welt dienen könnte, zur Seligkeit der Seelen und zum guten Regimente in diesem Leben, [als dem] Lande und den Städten Dienende.

Geriete solcher unser Fleiß bei etlichen nicht wohl, so würde er doch bei vielen anderen geraten. Ein Baum, der viele gute Äpfel trägt, soll nicht darum abgehauen werden, weil zwei oder drei Äpfel wurmmadig sind. Das Gute muß man nicht darum nachlassen, weil es bei etlichen verloren ist.

Lateinische Jungenschulen

Zwei gute lateinische Jungenschulen werden für genug angesehen, und wie wohl es gering ist in solch einer Stadt, so will man doch diese beiden Schulen desto ehrlicher und fleißiger mit gelehrten Magistern und Gesellen halten, daß die Jugend sehr wohl dadurch versorgt sei.
Es folgt Näheres für die Schulen zu St. Martin und St. Katharinen.

Von der Besoldung der lateinischen Schulen

Wir wollen uns befleißigen, bei den Schulen redliche und genugsam gelehrte [= studierte] Gesellen zu halten, und nicht untüchtige und unverständige. Es ist darum billig, daß wir sie nicht wie Bettler halten, sondern ziemlich einen jeden nach seinem Werte besolden. Denn wir wissen sehr wohl, daß sie [des Soldes] bedürfen für Nahrung, Kleidung, Bettzeug, zum Kauf von Büchern und anderen anfallenden Not[wendigkeiten], die zuzeiten mehr kosten als Essen und Trinken.

Auch wenn eine so schwere Krankheit [auf sie] zukäme, daß sie ihren Sold nicht verdienen könnten, so wollen wir sie doch als unsere Diener in den Nöten nicht verlassen; denn es wäre unchristlich, [sie im Stiche zu lassen,] so lange bis sie es bessern konnten.

Und wenn sich uns auch redliche und gelehrte Gesellen anbieten, die ihrer Armut wegen wohl eine Zeitlang annehmen, was man ihnen geben will, so wollen wir einen solchen Vorteil doch nicht suchen, auf daß unsere Ordnung fest und beständig bleibe. Denn es hätte keinen Bestand, weil solche davonlaufen, wenn sie sich verbessern können, und sie warnen andere vor unseren Diensten. Dazu werden solche auch gerne unfleißig, verdrossen, saumselig und unlustig zur Arbeit bei den Kindern. Es geht nach dem Spruch: hölzerner Lohn, hölzerne Arbeit.

Man darf auch in diesen Zeiten alle Herumtreiber nicht leichtfertig annehmen, um Schwärmerei gegen das Evangelium unseres Herrn Jesu Christi zu vermeiden.

Wir wollen diese Ordnung von den Schulen und anderem nicht anwenden auf etliche [gewisse?] Personen oder Unverständige, sondern also, daß sie stets bleiben mögen. Dazu helfe uns Gott durch seine Gnade. Amen.

Auch wenn gute Besoldung vorhanden ist, so kann ein ehrbarer Rat und andere vom Rate und der Gemeinde Verordnete, als da sind die Schatzkastenherren aller Pfarren, die zu der Schule gehören, ungehindert den Gesellen Abschied geben, die für ihr Amt als nicht gelehrt genug befunden werden, oder die nicht fleißig sind oder sonst schändlich leben wollen. Sie werden an deren Stelle andere beschaffen. Andere werden um guter Belohnung willen deren Stelle gerne annehmen.

Wenn Ungelehrte bereits angenommen wurden, wie es den Annehmern [= Rat] wohl unterlaufen kann, soll man sie dabei [= in der Schule] behalten. Unfleißige, auch wenn sie gelehrt sind, schaffen den Kindern kein Frommen. Die Schändlichen geben der Stadt und der Jugend ein schlechtes Beispiel, was ja ungelitten sein soll bei Christen. Nichts lernen, ist besser, als das Böse zu lernen.
Es folgen Einzelheiten über Gehälter und Schulgeld.

Von der Wohnung der Schulpersonen

Die beiden Schulmeister sollen Herd und Küche etc. haben. Von den anderen Gesellen soll ein jeder eine Kammer und eine Stube haben. Solche Wohnungen zur redlichen und vorbenannten Notdurft der Schulmeister und Gesellen will der ehrbare Rat bauen und unterhalten, wie stets zuvor. Will aber ein Geselle sich verheiraten und kann in solcher Kammer nicht haushalten, weil dort weder Herd noch Küche ist, so soll das Kirchspiel, dessen Kirche der Geselle zugeordnet ist, eine Wohnung zu solcher Not verschaffen oder durch die Gemeindekasse verschaffen lassen.

Von der Arbeit in den Schulen

Mit der Arbeit und der Übung in den Schulen soll es mit der Zeit in der Hauptsache so gehalten werden, wie es Philipp Melanchthon in seinem Buche »Unterrichtung der Visitatoren, an die Pfarrherren etc.« beschrieben hat.
Es folgen unterrichtsorganisatorische und methodische Bestimmungen, danach der Abschnitt: Von den Kantoren in den Schulen.

Von dem Urteil des Schulmeisters über die Jungen

Wenn die Jungen in die Schule gegangen und zwölf Jahre alt geworden sind, so soll der Schulmeister den Eltern in gutem Glauben ansagen, wenn einige gar nichts gelernt haben.

Die anderen, die gut lernen können, soll er, wenn sie sechzehn Jahre alt sind, nach dieser Weise unterscheiden: Denjenigen, von denen er erkennt, daß sie, wiewohl für sich genugsam gelehrt und geschickt, nicht so geartet sind, daß sie in der Gemeinde fortan andere lehren könnten, denen rate er, daß sie fortan für sich üben, was sie gelernt haben und eine redliche und gottgefällige Nahrung [= Erwerb] nach der Welt Lauf erlernen. Die aber befunden werden – es werden die wenigsten sein –, daß sie geschickt werden können, andere zu lehren, und die imstande sind, ihre Kunst zu gebrauchen, diejenigen opfere man Gott, daß sie anderen Leuten im geistlichen und weltlichen Regimente dienen. Solcher Leute bedarf man! Einer [von ihnen] ist zu Zeiten dem gemeinen Besten besser als zehntausend andere. Das aber heißen wir hier Gott opfern – wiewohl wir alle sollen Gott geopfert sein – daß man solche nicht ins Handwerk lasse, außer wenn Not wäre, oder zu anderem weltlichen Handel, den Erwerb betreffend, sondern man sende sie fortan zum Studieren, solange sie dessen bedürfen, einen jeglichen zu den Künsten, zu denen er geneigt ist. Sind sie arm, so gebe man ihnen Hilfe mit solchem Bescheide, uns verpflichtet zu sein, für unseren Sold zu dienen, wenn wir sie aus dem Studium oder aus einem anderen Dienste zu uns fordern.

Man wird vielleicht auch bei uns fromme reiche Leute finden, die für solche gelehrten und geschickten Armen einen besonderen Sold machen werden, damit diese studieren mögen zum gemeinen Besten und zur Seligkeit vieler.

Wir haben unsere Kinder dahin gegeben, daß sie Pfaffen und Mönche wurden. Wäre es nicht besser, daß wir unsere Kinder mit unserem Vermögen Gott geben zu vieler Leute Nutzen und Seligkeit? Würden sie [auch] nicht die Reichsten sein, mit großen Häusern, Äckern und Höfen und Gelde, so würden sie doch die Nützlichsten sein, und Gott würde ihrer auch nicht in der »Nahrung« vergessen.

Daß die Schulen mögen beständig sein

Der Superintendent oder der oberste Prediger mit seinem Helfer, neben fünf Personen des Rates aus den fünf »Wickbelden« [= Stadtteilen] und neben den Schatzkastenherren sollen alle halben Jahre die Schulen visitieren, um zu sehen, ob es auch in allen Dingen nach der Ordnung, beim ersten angefangen, recht zugeht etc. Auch sollen keine Winkelschulen gestattet werden, durch die den rechten, guten Schulen Abbruch geschehen könnte, etc.

Von den deutschen Jungenschulen

Den beiden vom ehrbaren Rat der Stadt angenommenen deutschen Schulmeistern soll man jährlich aus dem gemeinen Schatzkasten Geschenke geben. Dafür sollen sie schuldig sein, ihre Jungen zu allen Zeiten etwas Gutes zu lehren aus dem Worte Gottes, die Zehn Gebote, den Glauben, das Vaterunser, von den beiden durch Christus eingesetzten Sakramenten mit kurzer Deutung und christliche Gesänge etc.

Sonst sollen ihnen die Jungen, die sie lehren, den Sold und Lohn für ihre Arbeit geben, desto reicher und mehr, als sie ja nicht so lange zu lernen brauchen wie die Lateinschüler, auch darum, weil solche Meister keinen anderen Sold haben.

Von den Jungfrauenschulen

Vier Jungfrauenschulen sollen gehalten werden, an vier Orten der ganzen Stadt wohlgelegen, damit die Jungfrauen nicht ferne von ihren Eltern gehen müssen. Die Schulmeisterinnen, die im Evangelium verständig sein [müssen] und einen guten Ruf haben, will der ehrbare Rat beschaffen und anstellen. Man gebe auch einer jeglichen aus der allgemeinen Schatzkasse Geschenke und lasse sie, als der ganzen Stadt christliche Dienerinnen, keine Not leiden. Dafür sollen sie wissen, daß sie der Stadt mit diesem Dienste verpflichtet sind.

Den Sold aber und den Lohn für ihre Arbeit sollen die Eltern der Jungfrauen, je vermögender desto reichlicher, alle Jahre und ein Teil des Jahreslohnes vierteljährlich bezahlen und zuzeiten etwas für die Küche [geben]! Denn solche Lehre bringt Mühe und Arbeit, wiewohl sie in geringerer Zeit ausgeführt wird. Denn die Jungfrauen brauchen nur lesen zu lernen, sie hören einige Deutungen der Zehn Gebote Gottes, aus dem Glauben und das Vaterunser, und was die Taufe und das Sakrament des Leibes und Blutes Christi ist; sie lernen auswendig aufsagen einige Sprüche aus dem Neuen Testament, von dem Glauben, von der Liebe und Geduld oder Kreuz und einige den Jungfrauen dienende Historien oder Geschichten, um ihre Erinnerung und ihr Gedächtnis zu üben, auch auf solche Weise das Evangelium Christi einzubilden. Außerdem lernen sie christliche Gesänge. Solches können sie in einem, zum längsten in zwei Jahren lernen. Darum mögen die Eltern bedenken, daß sie den Meisterinnen für diese Arbeit nicht zu wenig geben, wiewohl sie in kurzer Zeit getan ist.

Die Jungfrauen sollen eine Stunde, höchstens zwei Stunden des Tages zur Schule gehen. Die andere Zeit sollen sie überlesen [= wiederholen], außerdem den Eltern dienen, den Haushalt lernen und zusehen etc.

Von solchen Jungfrauen, die Gottes Wort gefaßt haben, werden danach nützliche, geschickte, fröhliche, freundliche, gehorsame, gottesfürchtige, nicht abergläubige und eigenköpfige Hausmütter, die ihr Volk [= Gesinde] in Zucht regieren können und die Kinder in Gehorsam, Ehre und Gottesfurcht aufziehen. Und die Kinder werden fortan ihre Kinder auch so aufziehen und so fortan Kindeskinder. Sollte aber dabei etwas nicht wohlgeraten, das muß man Gott regieren lassen. Wir sollten das Unsere tun, wie uns Gott befohlen hat. Oh, wie böse wäre es, wenn man diese gute Ursache für die unwissende Jugend nicht förderte.

So aber ein Bürger ganz arm wäre und wollte seine Tochter auch gerne lernen lassen, so spreche er mit den Vorstehern der Armenkasse in seiner Pfarre, daß sie solches wollten ausrichten um Gottes Willen etc.

Es folgt: Vom Singen und Lesen der Schulkinder in der Kirche.

[4]

Veit Ludwig von Seckendorff

Über Fürstenregiment und Schule (1656)

Veit Ludwig von Seckendorff, 1626–1692, Kanzler am Hofe Ernst des Frommen von Gotha, Berufung als Geheimer Rat nach Berlin, 1692 Kanzler der neugegründeten Universität Halle. Sein staatswissenschaftliches Hauptwerk »Teutscher Fürsten Stat« (1656) bildete lange Zeit die Grundlage für den staatswissenschaftlichen Unterricht an den deutschen Universitäten.

Quelle: V. L. von Seckendorff, Teutscher Fürsten Stat, Frankfurt/M. 1656 (Die Rechtschreibung wurde von den Herausgebern dem heutigen Gebrauch angeglichen).

In Teil I handelt der Vf. allgemeine Regeln ab für die Beschreibung eines Landes und seiner Bewohner als Grundlage für die Darstellung der Rechte und Pflichten des Fürsten in Teil II:

Von der landesfürstlichen Regierung, Hoheit und Botmäßigkeit insgemein

So schreiten wir nunmehr zu dem Hauptwerk selbst, da wir dann zuerst am nötigsten befinden zu melden, was denn die Landesregierung sei, worinnen sie bestehe. Wir wissen, Gott Lob, in deutschen Landen von keiner solchen Macht, welche von einem einzigen Menschen im Lande, der sich für den obersten hielte und die meiste Gewalt mit oder ohne Recht hätte, über die andern alle zu seinem Nutzen und Vorteil, nach seinem Willen und Belieben allein geführt und ausgeübt würde, wie etwa ein Herr über seine leibeigenen Knechte und Mägde zu gebieten pflegt und ihnen bald dieses, bald jenes, was ihm in seinem Hause Nutzen bringt oder wozu er Belieben trägt, anschafft.

Sondern es ist die landesfürstliche Regierung in den deutschen Fürstentümern und Landen wie fast in einer jeden rechtmäßig und wohlbestellten Polizei nichts anderes, als die oberste und höchste Botmäßigkeit des ordentlich regierenden Landesfürsten oder Herrn, welche von ihm über die Stände und Untertanen des Fürstentums, auch über das Land selbst und dessen zugehörige Sachen [zu Erhaltung] und Behauptung des gemeinen Nutzens und Wohlwesens im geist- und weltlichen Stande und zu Erteilung des Rechtens gebraucht und verführt wird.

Indem wir aber diese oberste Botmäßigkeit der Person des Landesherrn allein zuschreiben und sie dannenhero landesfürstlich oder landesherrlich nennen, so setzen wir dadurch beiseite alle anderen Personen in einem Lande, die wir vorher im ersten Teil beschrieben haben, obgleich dieselben auch mit gewisser Herrlichkeit und Botmäßigkeit entweder von dem Landesherrn selbst und dessen Vorfahren, oder auch von anderen fremden und auswärtigen Obrigkeiten belehnt und begabt sind, als ferne nämlich dieselben nach Herkommen der Lande nicht nur bloße Lehnsleute oder im Lande bezirket, sondern zugleich landsässig und Untertanen sind. Sintemal solchenfalls weder dem einen oder andern insonderheit, wie mächtig und reich er auch wäre, noch denselben miteinander dergleichen oberste Herrschaft und Regierung im Lande zukommt, sondern sie sind gegen den Landesherrn insgesamt und insonderheit für Untertanen zu achten. Dies gründet sich nun nächst dem uralten Herkommen auch in den meisten Orten darinnen, daß (1.) dem Landesherrn in den kaiserlichen Lehen, Briefen oder Confirmation der Regalien verliehen und gegeben werden: Fürstentum, Grafschaften, Herrschaften, Schlösser, Städte, Dörfer, Lande, Leute, Mannschaften, Lehenschaften, geistliche und weltliche, oberste und niederste Gerichte, Regalien, Zölle, Geleite, Münze, Bergwerke, Wildbann, Fischereien, rentengefallende Nutzungen, mit allen und jeglichen Obrigkeiten, Ehren, Würden, Freiheiten, Herrlichkeiten und allen Zugehörungen (in welchen sonderlich die Wörter Fürstentum, Land und Leute, alle und jegliche Obrigkeit, oberste und niederste Gerichte, Regalien, Herrlichkeiten, Ehren und Würden zu merken sind, welche keiner anderen Person im Lande können zugeeignet werden). (2.) [An-]erkennen solche Hoheit und landesfürstliche Regierung die anderen Stände und Untertanen des Landes, hohe und niedrige selbst, indem sie dem Landesfürsten nach altem schuldigen Herkommen, wenn er in die Regierung tritt, oder wenn sie im Lande ihr Eigentum zu verwalten antreten, mit einem leiblichen Eide die Untertänigkeit der Erbhuldigung schwören. Unter andern auch gemeiniglich mit diesen oder dergleichen Worten, daß sie ihm wollen getreue Huld gehorsam und gegenwärtig sein, und daß sie alles tun und lassen wollen, was getreuen Untertanen von Gottes und Rechts wegen gegen ihren Erbherrn und Landesfürsten zu tun und zu lassen wohl ansteht und gebührt. Dahingegen ein bloßer Lehnsmann [von] Rechts wegen nicht den Gehorsam, sondern nur die Treue und Gewärtigkeit zu Lehnsdiensten zu schwören pflegt, oder doch weiter nicht verbunden ist.

Man versteht und merkt auch diese Hoheit und Botmäßigkeit über das ganze Land und alle dessen Stände in denen Orten, wo dieselben alle landsässig sind, sonderlich daraus, daß der Landesfürst nicht allein einem Bürger oder Bauern oder einem Herrn oder Edelmann absonderlich, sondern allen insgesamt mit folgenden oder dergleichen Worten befiehlt: Wir gebieten allen unsern Prälaten, Grafen, Herren, denen von der Ritterschaft, Bürgermeistern, Richtern und Räten der Städte etc., Schultheißen, Dorfvorstehern etc. und insgemein allen unsern Untertanen, wes Standes oder Würden die seien. Wenn aber der Adel und höhere Stände ihre Befreiung von der landesfürstlichen Obrigkeit haben, so werden auch dieselben in solchen Ausschreiben nicht genannt. So pflegt auch kein Landstand heutzutage, obgleich solches vor alters nicht ungewöhnlich und etwa mehr ein Zeichen der Demut als der Hoheit gewesen, den Titel »von Gottes Gnaden« bei seinen Namen zu setzen, oder, wenn er gleich gräflichen Standes ist, sich, wenn er mit seinem Landesfürsten redet oder ihm schreibt, »Wir« [zu] heißen, wie der Landesfürst von sich zu schreiben pflegt und damit seinen höchsten, nach Gottes Willen habenden Regimentsstand und Vorzug vor seinen Untertanen [dem] üblichen Gebrauch nach erzeigt. Andere sonderbare Unterschiede und vorbehaltene Stücke und Anzeigungen, die wir an gehörigen Ort versparen und allhier von der landesfürstlichen Hoheit insgemein reden, zu schweigen.

Es besteht aber, wie gedacht, die landesfürstliche Regierung in [der] Erhaltung und Behauptung [des] gemeinen Nutzes und Wohlstandes in geistlichen und weltlichen Sachen.

Der letzte Zweck aller menschlichen Handlungen und Taten soll sein die Ehre Gottes, darzu das menschliche Geschlecht fürnehmlich erschaffen, insonderheit aber gebührt den hohen Obrigkeiten, welche Gottes Statthalter auf Erden sind, dahin zu sehen, daß ihres höchsten himmlischen Oberherrn Ehre in allen Dingen gesucht werde. Weil aber eben durch Treue und fleißige Ausrichtung ihres Amtes und Berufs, wie derselbe göttlichem Wort und den natürlichen und [im] Land üblichen

Rechten gemäß ist und zu geistlicher und leiblicher Wohlfahrt zielt, Gott dem Herrn selbst gehorsam Ehre und Dienst geleistet wird, so kann auch aus der Beschreibung dieser ihrer obliegenden landesfürstlichen Regierung der letzte Zweck von sich selbst erscheinen.

Insgemein begreift die Regierung, wie gedacht, geistliche und weltliche Sachen. Der geistlichen zwar haben sich die Landesherren [in] vorigen Zeiten wenig oder nicht annehmen dürfen, sondern dieselben sind hauptsächlich der Geistlichkeit und Klerisei nicht allein mit Lehren und Predigen, auch Reichung der Sakramente, welches eigentlich den Kirchendienern zusteht, sondern auch mit der obersten Aufsicht auf Kirchen und Schulen und was davon anhängig ist, geführt und bestellt worden. Nachdem aber vor hundert und etlichen Jahren, wie bekannt, ein großer Teil deutschen Landes sich zu der evangelischen Religion, in Augsburgischer Konfession begriffen, gewandt [hat] und das Amt oder die Gewalt der Bischöfe diesfalls gemäßigt worden [ist], haben damals die Fürsten und Stände dieser Konfession und nunmehr ihre Nachfolger die Regierung in geistlichen Sachen, soweit eine solche christlicher Obrigkeit zukommt und, wie nicht zu verleugnen, in den ersten und besten Zeiten der christlichen Kirchen von christlichen Kaisern und Königen auch gebraucht worden, wieder an sich genommen, von der wir hernach, wenn erst von dem weltlichen Regiment als dem bekanntesten, wird gehandelt worden sein, auch weiteren Unterricht hören werden.

In den weltlichen Regimentssachen aber erweist sich die landesfürstliche Hoheit und daher entspringende Regierung zu dem obigen Zweck des gemeinen Nutzes und Wohlstandes in nachfolgenden, also um besseren Verständnisses willen gesetzten, vier Hauptpunkten:

Erstlich läßt ein Landesherr ihm angelegen sein, und ist er auch zuvorderst befugt, den Stand, den ihm Gott verliehen, die dazu gehörige Ehre und Macht und alles dasjenige, was ihm dazu dient und Mittel gibt, in seinem gebührlichen Wesen vor Unordnung, Abgang und Verletzung zu erhalten, damit er das Ansehen und die Kräfte habe, den heilsamen Zweck in allen Ständen zu erreichen und seine Regierung über Land und Leute nutzbarlich spüren und wirken zu lassen.

Fürs andere hat er Macht, gute Gesetze und Ordnungen im Lande aufzurichten, dadurch Gerechtigkeit, Friede und Ruhe und das Vermögen des Landes und der Leute in Schwang gebracht, erhalten, das Böse gestraft und das Gute geschützt werde.

Drittens gehöret auch dem Landesfürsten die höchste Gerichtsbarkeit im Lande, nämlich zwischen seinen Untertanen, welche streitig sind, das Recht zu verordnen, und sonsten einem jeden nach Befindung der Sache und seines Verdienstes die Gebühr widerfahren zu lassen.

Viertens wird auch erfordert die Verordnung, Anstellung und Gebrauch derjenigen Mittel, wodurch die vorigen Stücke wider ungehorsame Untertanen oder auswärtige Feinde und Gewalt Übende können auf bedürfenden Fall ausgerichtet und gehandhabt werden.

Die folgenden Kapitel II–VII handeln von »den Begrenzungen der landesfürstlichen Hoheit und den Pflichten des Herrschers gegen seine Untertanen«.

Von dem andern Hauptpunkt der Regierung, welcher besteht in Aufrichtung guter Ordnung und Gesetze für die Wohlfahrt und gemeinen Nutz des Vaterlandes

Allhier ist nun ferner absonderlich aufzuführen, wohin doch solche Ordnungen in weltlichen Sachen gerichtet zu werden pflegen oder was sie betreffen. Insgemein zwar ist gedacht, daß dadurch Gerechtigkeit, Fried und Aufnehmen oder Wohlfahrt des Landes und der Leute gesucht werde.

Nun besteht aber die Gerechtigkeit, wie bekannt ist, auf diesen drei Hauptregeln, nämlich daß ein jedweder ehrbar und züchtig lebe, einem jeden dasjenige, was ihm gebühret, gebe und widerfahren lasse und niemand beleidige.

Der Friede oder die innerliche Ruhe des Landes und Sicherheit vor den Feinden fließt her aus der Gerechtigkeit, und die wird hinwiederum durch Frieden und Ruhe befördert, also daß diese beiden Stücke freilich nach der Lehre des Königs David einander küssen und eines ohne das andere nicht wohl bestehe. Endlich das Aufnehmen und die Wohlfahrt gründen sich zwar vornehmlich in den zwei vorhergehenden Gaben Gottes, erweisen sich aber auch absonderlich in guter Nahrung und Vermehrung der Leute und ihres Vermögens, Handels und Wandels. Der Hauptzweck dessen allen ist die heilsame Erhaltung der Polizei oder ganzen Regiments in seiner Ehre, Kraft und Hoheit, und das letzte Ziel ist die Ehre Gottes, wie wir anderswo auch vermeldet.

Nach diesem Absehen und auf diesen Grund, nicht aber auf Eigennutz, unbilligen Vorteil oder sonderbaren Personen zu gefallen, werden nun auch die Gesetze und Ordnungen eines Landes und Fürstentums billig eingerichtet.

Was aber die Untertanen, oder wie gedacht, ihre Personen und Sachen anbelangt, darunter ist das erste ein ehrbar und züchtiges Leben und Wandel. Es ist zwar sonsten zu einem weltlichen Regiment das Absehen der Gesetze mehr auf die anderen beiden Punkte der Gerechtigkeit und Abschaffung der groben Verbrechen, dadurch andere Leute an ihren Personen oder Gütern beleidigt werden, als etwa auf die innerliche Pflanzung der Tugenden des Gemüts, die einen jeden absonderlich angehen, gerichtet, und [es] wird die Unterweisung und Anführung zu guten Sitten und Tugenden nicht so leicht durch äußerlichen Zwang und Botmäßigkeit erhalten, sondern will eine stete Annehmung und Übung erfordern, welche bei den heidnischen alten Völkern der Griechen und Lateiner durch mancherlei Unterrichtung der Gelehrten, Philosophen und Poeten gesucht werden; aber zu einer christlichen Polizei kann und muß die Obrigkeit hierin auch weitergehen und nicht allein ihre Ordnung auf die groben äußerlichen Mißhandlungen, welche wider die menschliche Gesellschaft, Einigkeit und Frieden der Untertanen ganz offenbarlich streiten, sondern auch etwas weiters auf Pflanzung [von] Ehr und Tugend in den Gemütern und gemeinen Leben und Wandel richten. Weil aber nicht alle ungebührlichen Taten und Beginnen der Menschen, der großen Schwachheit nach, die uns anklebt, alsobald mit weltlicher gewisser Strafe zu belegen [ist], sondern gar viel auf eines jeden Verantwortung in seinem Gewissen und vor Gott, dem Höchsten, gestellt werden muß, so werden auch die allermeisten Tugenden und Laster, welche sonderlich einen jeden für sich angehen und nicht zu Nutz oder Schaden des Nächsten alsobald gereichen, mehr durch fleißige Ermahnung und bewegliche Unterweisung als durch Art eines weltlichen Gesetzes und darauf gesetzter Strafe den Untertanen eingebunden: also daß dieses erste Hauptgesetz der Gerechtigkeit eines ehrbaren und kurz zu sagen christlichen Wandels vornehmlich in die Kirchendisziplin, auch [in] die Auferziehung der Jugend zu Hause und in den Schulen, davon wir hernach reden wollen, als in das weltliche läuft. Gleichwohl aber sind auch etliche Stücke, die vornehmlich eines jeden Gemüt und Person betreffen, nachfolgend aber auch seinen Mituntertanen zu Ärgernis und Schaden gereichen können, in den Landesordnungen bedacht.

Es folgen Ausführungen zu den übrigen beiden Punkten der Gerechtigkeit und gehen dann über in Empfehlungen, wie der innere Friede und die Ruhe zwischen den Untertanen durch die Landesordnungen und Gesetze gefördert werden können:

... wenn nämlich 1. ein Landesherr die Gerechtigkeit in seinem Lande und gegen Freunde liebt und hegt, und also niemand beleidigt und benachteiligt, 2. keine Selbsttätlichkeit, so lange er des Rechtens genießen kann, vornimmt, noch den Seinigen gestattet, und 3. in guter Rüstung sitzt, [wird er] den Frieden und [die] Ruhe seines Landes wohl erwerben und erhalten können.

Der dritte Punkt, welcher durch gute Ordnung gefördert werden muß, ist nun die Erhaltung und Vermehrung der Leute und ihres Vermögens: Was die Leute betrifft, welche wir allhier nur ihrer Anzahl halben und weil durch ihre Menge alle Nahrung und Vermögen gesucht und erlangt wird, betrachten, geht der Zweck der Gesetze dahin, daß der Leute und Untertanen viel und dieselben auch gesund und also zu ihrer Verrichtung tauglich und geschickt sein mögen.

Es folgen ausführliche hygienische, bevölkerungspolitische und vor allem wirtschaftliche Ratschläge sowie die Darstellung der Gerichtsbarkeit des Landesfürsten und gebührlichen Aufsicht über die anderen Gerichte in seinem Lande (Kap. IX und X). Die folgenden Kapitel handeln »Von dem landesfürstlichen Regiment in geistlichen Sachen, worinnen solches insgemein besteht und wie weit es sich erstreckt«. In Kapitel XIV geht S. näher auf das Schulwesen ein:

Von Bestellung, Ordnung und Beschaffenheit der Schulen, hoher und niederer

Es bedarf keines weitläufigen Anführens, sondern ist allerdings bekannt und bei allen Völkern, die ihre Vernunft wohl gebrauchen, geschweige denn bei christlichen Polizeien zu jeder Zeit gänzlich dafür gehalten worden, daß an [der] Auferziehung der Jugend in einem Regiment sehr viel gelegen, ja daß von den Leuten selten ein anderes Leben, Tun und Wandel zu hoffen sei, als wozu sie von Kindesbeinen an erzogen und gewöhnt worden [sind]. Ist nun solche Erziehung und Gewöhnung gut und tauglich, so hat man sich auch redlicher und geschickter Leute beim Regiment in allen Ständen, widrigenfalls aber nicht anders als eines unartigen und wilden Wesens zu versehen.

Es pflegt sich aber ein jedes Land hierin nach der Art seiner Nahrung und meisten Verrichtung zu achten: Kriegerische und räuberische Völker, zum Exempel, werden ihre Kinder vornehmlich von Jugend auf zu Kriegsübungen gewöhnen; die sich [von] der Seefahrt nähren, werden sie bald zu Schwimmen, Fischen und Schiffen, andere anders anführen.

Betrachten wir aber den Zustand unseres Vaterlandes deutscher Nation, so ist zwar derselbe sehr veränderlich, also daß den wenigsten Eltern bekannt oder gewiß fürgesetzt ist, wozu sie ihre Kinder, sonderlich die Söhne, erziehen wollen. Die meisten stellen es auf die Zuneigung des Kindes selbst, und auf die begebenden Fälle und Gelegenheiten. Ein jeder aber, der ein Christ und seiner Vernunft mächtig ist, hat gleichwohl zu wünschen und dahin zu trachten, daß seine Kinder in zarten Jahren, da sie ohnedies zu anderen Verrichtungen unbequem sind, in der christlichen Religion wohl unterrichtet und auch zu solchen Dingen angewiesen werden, deren sie sich in allen Ständen, darein sie etwa Gott dermaleinst setzen möchte, wohl und nützlich gebrauchen können. Welches denn geschieht durch die Anführung der Jugend zu denen Schulen, darin solche beiderlei Stücke getrieben werden. Sintemal die Erkenntnis der wahren Religion in der Jugend nicht sowohl durch die öffentlichen Predigten, welche vornehmlich den Erwachsenen und Verständigen geschehen, als durch eigentliche, einfältige und stetige Unterweisung, Nachforschung und Aufsicht der dazu geschickten Personen gepflanzt wird. Solcher Ursachen halben werden die Schulen und das ganze Schulregiment, weil die Unterrichtung in christlicher Lehre dero erstes und wichtigstes Stück ist, billig für Werkstätten und Vorbereitungsörter der christlichen Kirchen geachtet, auch deren Verordnung und Bestellung für eine Verrichtung des geistlichen Regiments gehalten und dabei gleichwohl auf den ferneren Zweck, nämlich die Unterrichtung in anderen nützlichen Dingen und Wissenschaften auch mit gesehen.

Hieraus kann man nun leichtlich schließen, daß die erste und niederste, gleichwohl aber nötigste und unentbehrlichste Art der Schulen diejenige ist, darin solche beiden Stücke, nämlich der notdürftige Unterricht christlicher Lehre und die Erlernung gemeiner, zu allen Ständen erforderten Geschicklichkeiten, als da ist Lesen, Schreiben und dergleichen getrieben werden. Daher [haben] denn auch in den Landen der Augsburgischen Konfession die christlichen hohen Obrigkeiten vorlängst und sonderlich nach der Zeit der Reformation dahin gearbeitet, und bemühen sich auch noch stets löblich, daß es nicht leichtlich an keinem Ort des Landes, wo Leute beisammen wohnen und Kinder gezogen werden, an einer solchen Schule mangele oder ja dieselbe nicht ferne davon, sondern bequemlich gelegen und zu finden sei. Es sind auch vielerorts besondere Ordnungen und Schulverfassungen nicht allein aufgerichtet, sondern auch in öffentlichen Druck ausgegangen. [Es] besteht aber sonderlich und hauptsächlich was zum Behufe dieser Schulen geordnet werden kann darin:

1. daß in den Schulen gottesfürchtige, ehrbare, lehrhafte und geschickte Personen zu Schulmeistern verordnet werden sollen.

2. daß den Schulmeistern genugsamer Art und Weise in schriftlichen Ordnungen gezeigt wird, wie sie sich bei ihren Unterweisungen ververhalten sollen.

3. daß in Verordnung der Lektionen eine rechte Wahl und notwendiger Unterschied gehalten werde, damit das Nötige, als da ist sonderlich die Unterrichtung in christlicher Lehre zuförderst geschehe und dann die gemeinnützigen Stücke, Lesen, Schreiben, Rechnen, Singen und was etwa mehr in deutscher Sprache einem vernünftigen Menschen zu allerhand guter Nachricht in allen Ständen dienen kann, der Jugend beigebracht, Überfluß aber vermieden, und diejenigen, welche nach der Eltern Gelegenheit und ihrer Fähigkeit mehr wissen sollen, in die weiteren und höheren Schulen zu rechter Zeit geschafft werden.

4. daß man die Schulmeister dahin weise, daß sie bei der Jugend neben der Wissenschaft vornehmlich auf Pflanzung der Tugend, Got-

tesfurcht, Ehrbarkeit, Gehorsam, Demut, stilles und eingezogenes Wesen, Verträglichkeit, züchtige Gebärden, und was mehr christlich und löblich ist, ihr Absehen haben.

5. daß die Eltern, Vormünder und Pfleger der Jugend das Ihrige bei dem Schulwesen zutun, auch angewiesen und gehalten werden, daß sie die Jugend zu rechter Zeit und zum längsten im fünften Jahre ihres Alters in die Schule schicken, davon keineswegs abhalten, sie zu Hause nicht ärgern, sondern vielmehr zur Erholung und Beobachtung dessen, was sie in Schulen Gutes lernen, anweisen.

6. daß über die Schulen eine richtige Inspektion geführt werde, und sonderlich die Pfarrer jedes Orts auf ihre Schulmeister und die untergebene Jugend ein wachsames Auge haben, daß christlicher und nützlicher Ordnung allenthalben nachgelebt werde, wie dann sonderbare Verordnung hin und wieder getan ist; wie und wann die Erforschungen oder Examina der Jugend zu bequemen Gelegenheiten des Jahres, als da ist die Zeit vor der Ernte, angestellt, wie davon an den Generalsuperintendenten und ferner ans Consistorium Bericht geschehen und den ereignenden Mängeln abgeholfen werden soll.

7. muß auch die hohe und niedere Obrigkeit und deren Beamte und Bedien(ste)te über solchen Schulen halten: die hohe zwar nicht allein mit Verfassung guter Ordnung nach den bisher erzählten Stücken, sondern auch daß sie selbst Lust und Beliebung trage, in dem Consistorio öfters nach dem Schulwesen zu fragen, auf dessen Verbesserung zu gedenken und dem Mangel vor zu sein, nach tüchtigen Leuten zu trachten und ihnen genugsames Auskommen bei ihrem Dienst zu verschaffen, sie auch unerkannter Dinge solches ihres Dienstes nicht entsetzen lassen; die Beamten und Gerichtsverwalter aber, daß sie über den Schulordnungen steif halten, den Examinibus beiwohnen, die Schuldiener bei ihrem Amt, auch dabei gewöhnlicher Freiheit und Immuniter Schutz leisten, ihnen zu ihrer Besoldung, Erhaltung ihrer Wohnungen und Dienstgüter verhelfen und alle möglichste Förderung erzeigen.

Nächst dieser ersten und niedersten Art der Schulen, dergleichen fast in allen Dorfschaften und in Städten zu finden, sind nun auch zur Erlernung der lateinischen, auch wohl griechischen und hebräischen Sprache, sodann einer und anderer Geschicklichkeit, welche die Jugend, die einsten in Kirchen und Schulämtern oder bei Gerichten und Ratsstellen sich nützlich gebrauchen will, nicht entraten kann, noch weitere Lateinische Schulen, und dann Gymnasia oder Landesschulen, wie man's nennt, nötig. Die gemeinen Lateinischen Schulen sind nun von alters her in etlichen großen Flecken und Dörfern, meistens aber in allen Städten, angeordnet oder noch mit Nutzen zu fundieren. In den

Städten sind die Schulen in etliche Haufen oder Klassen eingeteilt und ihnen unterschiedliche Präzeptoren vorgesetzt, also daß die Jugend nach Unterschied des Alters und der Fähigkeiten ordentlich geführt, und die Knaben, die einerlei Geschicklichkeit haben, unter ihren Präzeptoren so lange gelassen und unterwiesen werden, bis sie nach stattgefundener Erforschung weiter in die höhere Klasse versetzt und endlich diejenigen, welche beim Studieren bleiben wollen, in das Gymnasium befördert werden können. Bei diesen Schulen müssen die vorher ausgeführten sieben Punkte in ihrer Gestalt besonders in acht genommen werden, und wird, je höher die Unterweisung steigt, je mehr und mehr fleißige Inspektion erheischt. Weil man auch in einem Regiment viel geschickter Leute bedarf, auch viel Zeit, Mühe und Kosten auf solche Schulen gewendet werden, und auch diejenigen, die hereingehen, nicht alle aufkommen und geraten, so sollen die Inspektoren und Präzeptoren der Schulen, also die Geistlichkeiten und die Unterobrigkeiten, billig bedacht sein, daß sie die Eltern, welche vermögend sind und deren Kinder feine Ingenia haben, dazu halten und bewegen, daß sie solche Kinder in den Schulen lassen, bis sie weiter und mehr in Erlernung der Sprachen und Wissenschaften fortkommen können. Wenn sie der Armut halber solches nicht tun können, haben sie es höheren Ortes zu des Landesherrn weiterer milder Verordnung und Hilfe zu berichten. Wenn auch nicht alle Schuljugend, die die Lateinischen Schulen besucht, zu hohen Wissenschaften gelangt, teils, daß sie nicht alle gleicher Fähigkeit sind oder Mittel haben, dem Studieren abzuwarten, auch, daß das gemeine Wesen allerlei Leute erfordert und nicht alle gelehrt zu hohen Diensten befördert werden können, so hat doch solche Schulunterweisung nicht geringen Nutzen, indem diejenigen, die einen Anfang von Sprachen und Wissenschaften, zu guten Sitten in Schulen angehalten und ihr Verstand zu etwas geübt worden, hernachmals, da sie etwa zu anderer Hantierung schreiten, dazu viel geschickter und hurtiger und im gemeinen Leben zu allerhand ehrlichen Handlungen und sonderlich in ihrem Vaterland zu Verrichtungen eines und anderen Dienstes besser zu gebrauchen sind. Es wäre daher zu wünschen, daß in den Stadtschulen oder etlichen Orten auf dem Lande neben den lateinischen Sprach- und Schulkünsten auch etwa in deutscher Sprache ein anderer Bericht der Jugend widerführe von anderen Dingen, die ein künftiger Hausvater, Bürger und Einwohner des Landes, von allerhand natürlichen und vernünftigen Sachen, Beschaffenheit des Landesregiments und Hauswesens in allen Ständen, mit Nutz wissen gebrauchen könnte.

Gleichwie aber in den gemeinen Stadtschulen, neben einer Unterweisung im Katechismus und in der Übung des Christentums, die lateinische Sprache nur so weit mit Nutzen getrieben wird, daß die Schüler nach den Erfordernissen der Sprachkunst oder der Grammatik etwas füglich zusammensetzen und leichte lateinische Schriften verstehen und erklären lernen, auch in der griechischen Sprache nur der erste Anfang gemacht wird, also fährt in der dritten Art der Schulen, nämlich im Gymnasium oder Land-Schule, die Ordnung der Unterweisung immer weiter fort.

Es folgen Angaben über die Unterrichtsgegenstände der Gymnasien (Latein, Griechisch, Hebräisch, Rhetorik, Logik, Physik, Mathematik, Welt- und Kirchengeschichte).

Ein Generalsuperintendent aber oder andere des Landesherrn geistliche und weltliche Räte führen nächst demselben in solchen Gymnasien die oberste Inspektion. Sie haben zu dem Zwecke gewisse Instruktionen, und es liegt ihnen ob, die Präzeptoren des Gymnasiums öfter zu visitieren und zu erforschen, wie sie dem für sie geschriebenen Methodenbuch nachgehen. Dergleichen Nachforschung haben sie auch auf Anzeigen der Präzeptoren bei den Schülern des Gymnasiums zu tun. Bei den Examen und bei der Versetzung der Schuljugend von einer Klasse zur anderen hat man auch fleißig nachzusehen, daß darin nach Ordnung verfahren werde. Ohne der Inspektoren Vorwissen und ehe der Studienkurs zu Ende gebracht ist, soll man auch keinen Schüler, zumal wenn er aus dem Lande gebürtig und zum Studieren tauglich ist, aus dem Gymnasium entlassen. Und was dergleichen Punkte mehr sind, welche man bei so wohl verfaßten Schulen in acht zu nehmen pflegt.

Es folgen Ausführungen über die Universitäten.

Der absolutistische Staat und seine Schule

[5]

FRIEDRICH DER GROSSE

Das Politische Testament (1752)

Friedrich II., 1712–1786, König von Preußen 1740–1786, Exponent des aufgeklärten Absolutismus, mit engem geistigen Kontakt zur französischen Aufklärung, machte Preußen zur europäischen Großmacht, bereitete dem Dualismus Preußen–Österreich den Weg. Innenpolitisch zentralistischer Ausbau des Staates, Förderung der bäuerlichen und adligen Landwirtschaft und der Gewerbe. Eingeleitete Maßnahmen zur Verbesserung des Schulwesens konnten sich infolge der Kriegslasten nicht voll entfalten.

Quelle: Friedrich der Große, Die Politischen Testamente, Übersetzt von Friedrich v. Oppeln-Bronikowski, mit einer Einführung von Gustav Berthold Volz, Berlin 1922, S. 3 ff.

Einleitung

Die erste Bürgerpflicht ist, seinem Vaterlande zu dienen. Ich habe sie in allen verschiedenen Lagen meines Lebens zu erfüllen gesucht. Als Träger der höchsten Staatsgewalt hatte ich die Gelegenheit und die Mittel, mich meinen Mitbürgern nützlich zu erweisen. Meine Liebe zu ihnen gibt mir den Wunsch ein, ihnen auch nach meinem Tode noch einige Dienste zu leisten. Doch bin ich nicht so anmaßend, zu glauben, daß mein Verhalten denen, die meinen Platz einnehmen werden, zur Richtschnur dienen soll. Ich weiß, daß der Augenblick des Todes den Menschen und seine Pläne vernichtet und daß alles in der Welt dem Gesetz des Wandels unterliegt. Mit der Abfassung dieses politischen Testaments verfolge ich daher keine andere Absicht, als einem Piloten gleich, der die stürmischen Zonen des politischen Meeres kennt, meine Erfahrungen der Nachwelt mitzuteilen. Ich will die Klippen angeben, die sie zu meiden hat, und die Häfen, wo sie Zuflucht finden kann. Ich lasse mich nicht auf kleine Einzelheiten ein, sondern behandle alle Gegenstände im Großen, da ich überzeugt bin, daß alle, die selbst das Staatsruder führen werden, mich zur Genüge verstehen.

Die Regierung beruht auf vier Hauptpfeilern:
auf der Rechtspflege, weiser Finanzwirtschaft, straffer Erhaltung der Mannszucht im Heere und endlich auf der Kunst, die geeigneten Maß-

nahmen zur Wahrung der Staatsinteressen zu ergreifen, das heißt, auf der Politik.
Gehen wir diese verschiedenen Zweige der Reihe nach durch.
Dieser Reihenfolge gemäß folgen Ausführungen über die Rechtspflege und Finanzwirtschaft (Kriegskasse, Domänenkasse, Urbarmachung, Kanäle, Manufakturen). Das folgende Kapitel trägt die Überschrift »Politik«.

Die Politik ist die Kunst, mit allen geeigneten Mitteln stets den eigenen Interessen gemäß zu handeln. Dazu muß man seine Interessen kennen, und um diese Kenntnis zu erlangen, bedarf es des Studiums, geistiger Sammlung und angestrengten Fleißes.

Die Politik der Herrscher zerfällt in zwei Teile. Der eine betrifft die innere Verwaltung; er umfaßt die Interessen des Staates und die Erhaltung des Regierungssystems. Der zweite Teil schließt das ganze politische System Europas in sich und verfolgt das Ziel, die Sicherheit des Staates zu befestigen und, soweit möglich (auf gewohnten und erlaubten Wegen), die Zahl der Besitzungen, die Macht und das Ansehen des Fürsten zu mehren.
Es folgen Überlegungen zur »inneren Politik«. In diesem Kapitel:

Einige politische Maximen, den Adel betreffend

Ein Gegenstand der Politik des Königs von Preußen ist die Erhaltung seines Adels. Denn welcher Wandel auch eintreten mag, er wird vielleicht einen reicheren, aber niemals einen tapfereren noch treueren Adel bekommen. Damit der Adel sich in seinem Besitz behauptet, ist zu verhindern, daß die Bürgerlichen adlige Güter erwerben, und zu veranlassen, daß sie ihre Kapitalien im Handel anlegen, so daß, wenn ein Edelmann seine Landgüter verkaufen muß, nur Edelleute sie erwerben.

Ebenso ist zu verhindern, daß der Adel in fremde Dienste geht. Vielmehr muß ihm patriotischer Sinn und Standesbewußtsein eingeflößt werden. Daran habe ich gearbeitet und während des Ersten Schlesischen Krieges mir alle mögliche Mühe gegeben, den gemeinschaftlichen Namen Preußen in Aufnahme zu bringen, damit die Offiziere lernen, daß sie alle, aus welcher Provinz sie auch stammen, als Preußen zu gelten haben, und daß aus dem gleichen Grunde alle Provinzen, obwohl voneinander getrennt, doch nur ein einziges Staatsgebilde ausmachen.

Es gehört sich, daß der Adel seine Dienste lieber seinem Vaterlande als irgendeiner anderen Macht widmet. Aus diesem Grunde sind gegen die Edelleute, die ohne Erlaubnis in fremde Dienste gehen, strenge Verordnungen erlassen. Da aber viele Edelleute Müßiggang und erbärmliches Leben dem Waffenruhm vorziehen, so sind denen, die dem

Staate dienen, Auszeichnungen und Vorrechte zu verleihen; denen aber, die nicht dienen, sind sie vorzuenthalten. Von Zeit zu Zeit sind die jungen Edelleute in Pommern, Ostpreußen und Oberschlesien zu versammeln, um sie unter die Kadetten zu stecken und darauf in die Armee einzustellen.

Städte und Bürger

Ich habe den Städten in den alten Provinzen die Freiheit gelassen, ihren Magistrat zu wählen, und mich in diese Wahlen nur dann eingemischt, wenn sie Mißbrauch damit trieben und einzelne Familien zum Nachteil der anderen alle Gewalt an sich rissen. In Schlesien habe ich ihnen das Wahlrecht genommen, damit sie die Schöffenstühle nicht mit Leuten besetzen, die dem Hause Österreich ergeben sind. Mit der Zeit und sobald die gegenwärtige Generation ausgestorben ist, kann man den Schlesiern ihr Wahlrecht unbesorgt wiedergeben.

Die Bauern

Ich habe den Bauern die Frondienste erleichtert, die sie ehedem zu leisten hatten. Statt sechs Tage in der Woche, wie früher, haben sie jetzt nur drei Tage zur Frone zu arbeiten. Das hat die dem Adel gehörenden Bauern aufgebracht, und sie haben sich an vielen Orten ihren Herren widersetzt. Der Herrscher soll das Gleichgewicht zwischen Bauer und Edelmann erhalten, so daß sie einander nicht zugrunde richten. In Schlesien, mit Ausnahme von Oberschlesien, geht es dem Bauer sehr gut. In Oberschlesien ist er ein Sklave. Man müßte ihn mit der Zeit freizumachen suchen. Ich habe auf meinen Domänen das Beispiel gegeben und damit begonnen, ihn auf gleichen Fuß mit dem niederschlesischen Bauern zu setzen.

Den Bauern ist zu verwehren, daß sie Ländereien von Adligen kaufen, und die Adligen sind am Bauernlegen zu verhindern. Denn die Bauern können nicht als Offiziere im Heere dienen, und die Adligen vermindern durch Erwerbung von Bauernland die Zahl der Einwohner und Ackerbauer.

Die Geistlichen und die Religion

Katholiken, Lutheraner, Reformierte, Juden und zahlreiche andere christliche Sekten wohnen in Preußen und leben friedlich beieinander. Wenn der Herrscher aus falschem Eifer auf den Einfall käme, eine dieser Religionen zu bevorzugen, so würden sich sofort Parteien bilden und heftige Streitereien ausbrechen. Allmählich würden Verfolgungen beginnen, und schließlich würden die Anhänger der verfolgten Religion ihr Vaterland verlassen, und Tausende von Untertanen würden unsere Nachbarn mit ihrem Gewerbefleiß bereichern und deren Volkszahl vermehren.

Für die Politik ist es völlig belanglos, ob ein Herrscher religiös ist oder nicht. Geht man allen Religionen auf den Grund, so beruhen sie auf einem mehr oder minder widersinnigen System von Fabeln. Ein Mensch von gesundem Verstand, der diese Dinge kritisch untersucht, muß unfehlbar ihre Verkehrtheit erkennen. Allein diese Vorurteile, Irrtümer und Wundergeschichten sind für die Menschen gemacht, und man muß auf die große Masse so weit Rücksicht nehmen, daß man ihre religiösen Gefühle nicht verletzt, einerlei, welchem Glauben sie angehören.

Nach Überlegungen über Strafen und Belohnungen, Geiz oder Verschwendung bei den Herrschern fragt Fr. d. Gr., ob »ein Fürst selbst regieren soll«.

In einem Staate wie Preußen ist es durchaus notwendig, daß der Herrscher seine Geschäfte selbst führt. Denn ist er klug, wird er nur dem Staatsinteresse folgen, das auch das seine ist. Ein Minister dagegen hat, sobald seine eigenen Interessen in Frage kommen, stets Nebenabsichten. Er besetzt alle Stellen mit seinen Kreaturen, statt verdienstvolle Leute zu befördern, und sucht sich durch die große Zahl derer, die er an sein Schicksal kettet, auf seinem Posten zu befestigen. Der Herrscher dagegen wird den Adel stützen, die Geistlichkeit in die gebührenden Schranken weisen, nicht dulden, daß die Prinzen von Geblüt Ränke spinnen, und das Verdienst ohne jene eigennützigen Hintergedanken belohnen, die die Minister bei allen ihren Handlungen hegen.

Ist es aber schon notwendig, daß der Herrscher die inneren Angelegenheiten seines Staates selber lenkt, um wieviel mehr muß er dann seine äußere Politik selbst leiten, die Allianzen schließen, die ihm zum Vorteil gereichen, seine Pläne selber entwerfen und in bedenklichen und schwierigen Zeitläuften seine Entschlüsse fassen.

Bei dem innigen Zusammenhang zwischen Finanzen, innerer Verwaltung, äußerer Politik und Heerwesen ist es unmöglich, einen dieser Zweige ohne Rücksicht auf die anderen zu behandeln. Sobald das geschieht, fahren die Fürsten schlecht.

Als negatives Beispiel verweist Fr. d. Gr. auf Frankreich. Positiv hebt sich dagegen eine »gut geleitete Staatsregierung« ab.

Eine gut geleitete Staatsregierung muß ein ebenso fest gefügtes System haben wie ein philosophisches Lehrgebäude. Alle Maßnahmen müssen gut durchdacht sein, Finanzen, Politik und Heerwesen auf ein gemeinsames Ziel steuern: nämlich die Stärkung des Staates und das Wachstum seiner Macht. Ein System kann aber nur aus einem Kopfe entspringen; also muß es aus dem des Herrschers hervorgehen. Trägheit, Vergnügungssucht und Dummheit: diese drei Ursachen hindern die Fürsten an ihrem edlen Berufe, für das Glück ihrer Völker zu wirken. Solche Herrscher machen sich verächtlich, werden zum Spott und Gelächter ihrer Zeitgenossen, und ihre Namen geben in der Geschichte höchstens Anhaltspunkte für die Chronologie ab. Sie vegetieren auf dem Throne, dessen sie unwürdig sind, und denken nur an das liebe Ich. Ihre Pflichtvergessenheit gegen ihre Völker wird geradezu strafbar. Der Herrscher ist nicht zu seinem hohen Rang erhoben, man hat ihm nicht die höchste Macht anvertraut, damit er in Verweichlichung dahinlebe, sich vom Mark des Volkes mäste und glücklich sei, während alles darbt. Der Herrscher ist der erste Diener des Staates. Er wird gut besoldet, damit er die Würde seiner Stellung aufrechterhalte. Man fordert aber von ihm, daß er werktätig für das Wohl des Staates arbeite und wenigstens die Hauptgeschäfte mit Sorgfalt leite.

Im Kapitel »Äußere Politik« behandelt Fr. d. Gr. die außenpolitischen Probleme der preußischen Monarchie. Diese Erwägungen lassen ihn nach dem »Verhalten gegenüber den Mächten Europas« fragen.

Ein erfahrener Staatsmann muß sich stets verschieden benehmen und sein Verhalten stets den Umständen anpassen, in denen er sich befindet, und den Menschen, mit denen er zu tun hat. In der Politik ist es ein großer Fehler, stets hochmütig aufzutreten und alles mit Gewalt durchsetzen zu wollen, aber auch stets sich sanftmütig und nachgiebig zu zeigen. Ein Mensch, dessen Benehmen immer das gleiche ist, wird bald durchschaut, und man darf sich nicht durchschauen lassen. Bleibt unser Charakter kein Geheimnis mehr, so sagen unsere Feinde: »Wir werden dies und jenes tun, dann wird er so und so handeln.« Und dabei täuschen sie sich nicht. Wer dagegen in seinem Benehmen wechselt, führt sie irre, und sie täuschen sich in ihren Annahmen. Ein so kluges Benehmen erfordert aber stete Selbstbeobachtung. Weit entfernt, seinen Leidenschaften nachzugeben, muß man unbedingt den Entschluß fassen, den das eigene Interesse vorschreibt. Die große Kunst besteht darin, seine Absichten zu verbergen. Zu dem Zweck muß man seinen Charakter verschleiern und nur maßvolle, durch Rechtsgefühl gedämpfte Festigkeit durchblicken lassen.

Es folgen Überlegungen über notwendige Eigenschaften der Unterhändler, Vorsichtsmaßnahmen im Inland, Erbschaften, Veränderungen, die in Europa eintreten können, Vormundschaften. In den »Schlußbetrachtungen« zieht Fr. d. Gr. ein Fazit auch für die äußere Politik.

Aus all diesen schon zu weitläufig behandelten Einzelheiten erseht Ihr jedenfalls, wie wichtig es ist, daß der König von Preußen selbständig regiert. Sowenig Newton in gemeinsamer Arbeit mit Leibniz und Descartes sein Gravitationsgesetz hätte entdecken können, sowenig kann ein politisches System aufgestellt werden und sich behaupten, wenn es nicht aus einem einzigen Kopfe hervorgeht. Es muß aus dem Geiste des Herrschers entspringen wie die gewaffnete Minerva aus Jupiters Haupt: das heißt, der Fürst muß sein System entwerfen und es selbst zur Ausführung bringen. Denn da seine eigenen Gedanken ihm mehr am Herzen liegen als die der anderen, so wird er seine Pläne mit dem Feuer betreiben, das zu ihrem Gelingen nötig ist, und so wird seine Eigenliebe, die ihn an sein Werk fesselt, auch dem Vaterlande zum Nutzen gereichen.

Alle Zweige der Staatsverwaltung stehen in innigem Zusammenhang. Finanzen, Politik und Heerwesen sind untrennbar. Es genügt nicht, daß eins dieser Glieder gut verwaltet werde; sie wollen es alle gleichermaßen sein. Sie müssen in gradgestreckter Flucht, Stirn an Stirn, gelenkt werden, wie das Viergespann im olympischen Wettkampf, das mit gleicher Wucht und gleicher Schnelle die vorgezeichnete Bahn zum Ziele durchmaß und seinem Lenker den Sieg gewann. Ein Fürst, der selbständig regiert, der sich sein politisches System gebildet hat, wird nicht in Verlegenheit geraten, wenn es einen schnellen Entschluß zu fassen gilt; denn er verknüpft alles mit dem gesteckten Endziel.

Die beiden letzten Kapitel behandeln das Heerwesen und die Erziehung des Thronfolgers.

[6]

General-Landschulreglement (1763)

1763 ordnete Friedrich II. ein in allen Provinzen Preußens geltendes Schulgesetz für die Landschulen an. Mit seiner Ausarbeitung wurde J. Hecker beauftragt. Nach mehrfacher Überarbeitung bestätigte der König die Vorlage und erließ sie noch im selben Jahr als General-Land-Schul-Reglement.

Quelle: Neue Sammlung Koenigl. Preuß. und Churfuerstl. Brandenburgischer, sonderlich in der Chur- und Marck-Brandenburg, wie auch anderen Provintzien, publicirten und ergangenen Ordnungen, Edicten, Mandaten, Rescripten etc. Vom Anfang des Jahres 1751 und folgenden Zeiten. Mit Koeniglicher Allergnädigsten Bewilligung und dero Academie der Wissenschaften, darueber ertheilten Privilegio, Berlin (1756–1822), Tom. 3, Sp. 265, Nr. 53.

Wir, Friderich, von Gottes Gnaden, Koenig in Preussen, Thun kund und fuegen hiemit jedermaenniglich zu wissen: Demnach Wir zu Unserm hoechsten Misfallen selbst wahrgenommen, daß das Schul-Wesen und die Erziehung der Jugend auf dem Lande bisher in aeußersten Verfall geraten, und insonderheit durch die Unerfahrenheit der mehresten Kuester und Schulmeister die jungen Leute auf den Doerfern in Unwissenheit und Dummheit aufwachsen: so ist Unser so wohlbedachter als ernster Wille, daß das Schul-Wesen auf dem Lande in allen unseren Provintzen auf einen bessern Fuß als bishero gesetzet und verfasset werden soll. Denn so angelegentlich Wir nach wiederhergestellter Ruhe und allgemeinem Frieden das wahre Wohlseyn Unserer Laender in allen Staenden Uns zum Augenmerck machen; so noethig und heilsam erachten Wir es auch zu seyn, den guten Grund dazu durch eine vernuenftige sowohl als christliche Unterweisung der Jugend zur wahren Gottesfurcht und andern nuetzlichen Dingen in den Schulen legen zu lassen. Diesemnach befehlen Wir hiedurch, und kraft dieses aus hoechsteigener Bewegung, Vorsorge und landes-vaeterlicher Gesinnung, zum Besten Unserer gesamten Unterhaltung, allen Regierungen, Consistoriis und uebrigen Collegiis Unsers Landes, welche dazu ihres Orts alles moegliche beytragen sollen, allergnaedigst und ernstlichst, auf nachstehendes General-Land-Schul-Reglement veste zu halten, und alles ins kuenftige darnach einzurichten, damit der so hoechstschaedlichen und dem Christenthum unanstaendigen Unwissenheit vorgebeuget und abgeholfen werde, um auf die folgende Zeit in den Schulen geschicktere und bessere Unterthanen bilden und erziehen zu koennen.

§ 1. Zufoerderst wollen Wir, daß alle Unsere Unterthanen, es moegen seyn Eltern, Vormuender oder Herrschaften, denen die Erziehung der Jugend oblieget, ihre eigene sowohl als ihrer Pflege anvertraute Kinder, Knaben oder Mädchen, wo nicht eher doch hoechstens vom fuenften Jahre ihres Alters in die Schulen schicken, auch damit ordentlich bis ins dreyzehnte und vierzehnte Jahr continuiren, und sie so lange zur Schule halten sollen, bis sie nicht nur das noethigste vom Christenthum gefasset haben, und fertig lesen und schreiben, sondern auch von demjenigen Red und Antwort geben koennen, was ihnen nach den von Unsern Consistoriis verordneten und approbirten Lehr-Buechern beygebracht werden soll.

§ 2. Selbst diejenige Herrschaften, welchen wegen des Dienst-Zwanges und des in Preussen sogenannten Schaarwercks die Kinder der Unterthanen auf gewisse Jahre vorzueglich dienen muessen, werden hiemit alles Ernstes erinnert, nach ihrer Pflicht dahin Sorge zu tragen, daß solche Kinder nicht eher den Schulen entzogen werden, bevor sie im Lesen fertig, im Christenthum einen guten Grund geleget, auch im Schreiben einen Anfang gemachet, und darueber Zeugniß vom Prediger und Schulmeister denen Visitatoribus vorgezeiget haben. Eltern und Vormuender muessen sich noch mehr und von selbst verpflichtet halten, ihre Kinder und Pflegekinder in den noethigen Stuecken genugsam und hinlaenglich unterrichten zu lassen.

§ 3. Sollten einige Kinder, entweder durch ihre eigene Faehigkeit, oder durch den angewandten Fleiß des Schulmeisters vor dem dreyzehnten oder vierzehnten Jahre es in den aufgegebenen Stuecken beym Lernen ziemlich weit gebracht haben, so stehet es doch nicht in der Eltern und Vormuender Willkühr, sie nach eigenem Gefallen aus der Schule zu nehmen und zu Hause zu behalten, sondern, wenn Superintendens, Praepositus oder Inspector, nach Anzeige des Predigers und auf das Zeugniß des Schulmeisters, die Profectus eines Kindes hinlaenglich befindet, so soll derselbe deshalb ein ordentliches Dimissoriale, welches auf obgedachte Zeugnisse gegruendet seyn muß, zu geben befugt seyn. Es muessen aber solche Kinder der Wiederholungs-Stunde des Sonntags nicht nur bey dem Prediger in der Kirche, sondern auch bey dem Schulmeister in der Schule fleißig beywohnen.

Es folgen genaue Anweisungen über Schulzeit, Schulbesuch, Sonntagsschule, Schulgeld, Schulverzeichnisse, Visitationen, Auswahl und Examen der Schulmeister, Durchführung des Unterrichts, Stundenpläne, Lehrbücher, Einhaltung der Disziplin, Schulaufsicht.

§ 26. Den Superintendenten und Inspectoribus, oder auch Praepositis und Ertz-Priestern jedes Crayses, befehlen Wir endlich hiedurch auf das aller nachdruecklichste, die gesamten Land-Schulen ihrer Inspection jaehrlich selbst zu bereisen, und mit aller moeglichen Attention den Zustand jeder Land-Schule genau zu examiniren und zu untersuchen, ob die Eltern und Vorgesetzte ihre Kinder und Untergebene, zur Schule gehalten, oder darinnen nachlaeßig gewesen? ob die Prediger im Besuch der Schulen und Beobachtung, ob angeregter Anordnungen zur Aufsicht ueber die Schulmeister ihrer Pflicht und Schuldigkeit angekommen? insonderheit, ob die Schulmeister die noethige Capacitaet haben, oder ob sie untuechtig sind, und was sonsten deshalb zu erinnern und zu verbessern stehe? Wovon denn gedachte Superintendenten und Inspectores ihre pflichtmaeßigen Berichte alljaehrlich an Unser hiesiges Ober-Consistorium zur weiteren Einsicht und Verfuegung einsenden sollen. Und zwar befehlen Wir, daß solches unausbleiblich geschehen solle, nicht nur in Ansehung Unserer Amts-Schulen auf dem Lande und in den Amts-Staedten, sondern auch bey denjenigen Land-Schulen, von welchen den Edelleuten oder Staedten das Jus Patronatus zustehet, um die untuechtigen Schulmeister dem Ober-Consistorio anzuzeigen, damit der Unwissenheit auf dem Lande abgeholfen und dem Verderben der Jugend vorgebeuget werde. Zu gleicher Zeit sollen dem Visitatori bey dem Schul-Examen diejenige Kinder vorgestellet werden, welche in den Schulen tuechtig geworden, vom Prediger zum Heil. Abendmahl naeher zubereitet zu werden, damit er sie woechentlich zur Catechisation in seinem Pfarr-Hause admittiren und im Christenthum gruendlich unterrichten moege.

Wie Wir denn hiemit die deshalb schon in vorigen Zeiten ergangene heilsame Verordnungen hiedurch erneuert und bestaetigt wissen wollen, insonderheit, daß sich kein Prediger unterstehen soll, Kinder die nicht von seinen Gemeinden sind, oder noch nicht lesen koennen, und von den Grund-Wahrheiten der Evangelischen Religion keinen richtigen und hinlaenglichen Begriff erlanget haben, zur Confirmation, und noch weniger zur Communion anzumahnen.

Es ergehet demnach an alle Landes-Regierungen, Consistoria, Patronen, Beamten und Gerichts-Obrigkeiten sowohl als an alle uebrige, welche nach dieser Unserer Verordnung mit den Schulen auf dem Lande sich in einem oder dem andern Stueck zu beschaeftigen haben, Unser so allergnaedigster als amtlicher Befehl, nach diesem General-Land-Schul-Reglement bey vorkommenden Streitigkeiten und entstehenden Processen oder angestellter Untersuchungen Sententionando sich allergehorsamst zu achten, und alles auf das schleunigste und beste in Gang zu bringen. Und damit sich niemand mit der Unwissenheit entschuldigen koenne, sondern jedermann wisse, was Unser Wille sey, so soll diese fuer die Land-Schulen Unserer gesammten Provintzien gemachte Verfassung ueberall gehoerig publiciret und bekannt gemacht, auch deshalb oeffentlich von den Cantzeln verlesen werden, damit derselben ueberall ein alleruntertaenigstes Genuegen geschehen moege. Urkundlich haben Wir dieses zu desto mehrerer Bekraeftigung Hoechsteigenhaendig unterschrieben und mit Unserm Koenigl. Insiegel bedrukken lassen. So geschehen und gegeben Berlin, den 12. August 1763.

Friederich
(L. S.)
C. L. Freyherr v. Danckelmann

[7]

Schulrechtliche Vorschriften des Allgemeinen Landrechts (1794)

Die Ausarbeitung des Allgemeinen Landrechts für die Preußischen Staaten wurde 1780 von Friedrich II. als Kodifikation des gesamten in Preußen geltenden Rechts befohlen; es trat 1794 in Kraft und bezieht sich auf Staats-, Stände-, Lehn-, Kirchen-, Schul-, Straf- und Privatrecht. (Titel XII des

2. Teiles ist Kirche und Schule gewidmet.) Seine Geltung erlosch mit dem Inkrafttreten des BGB (1. 1. 1900).

Quelle: Allgemeines Landrecht für die Preußischen Staaten vom 5. 2. 1794, Neue Ausgabe, zweiter Theil, zweiter Band, Berlin 1806, S. 181 ff.

§ 1. Schulen und Universitäten sind Veranstaltungen des Staats, welche den Unterricht der Jugend in nützlichen Kenntnissen und Wissenschaften zur Absicht haben.

§ 2. Dergleichen Anstalten sollen nur mit Vorwissen und Genehmigung des Staats errichtet werden.

§ 3. Wer eine Privaterziehungs- oder sogenannte Pensionsanstalt errichten will, muß bey derjenigen Behörde, welcher die Aufsicht über das Schul- und Erziehungswesen des Orts aufgetragen ist, seine Tüchtigkeit zu diesem Geschäfte nachweisen, und seinen Plan, sowohl in Ansehung der Erziehung, als des Unterrichts, zur Genehmigung vorlegen.

§ 4. Auch solche Privat- Schul- und Erziehungsanstalten sind der Aufsicht dieser Behörde unterworfen, welche von der Art, wie die Kinder gehalten und verpflegt, wie die physische und moralische Erziehung derselben besorgt, und wie ihnen der erforderliche Unterricht gegeben werde, Kenntniß einzuziehen befugt und verpflichtet ist.

§ 5. Schädliche Unordnungen und Mißbräuche, welche sie dabey bemerkt, muß sie der dem Schul- und Erziehungswesen in der Provinz vorgesetzten Behörde zur nähern Prüfung und Abstellung anzeigen.

§ 6. Auf dem Lande und in kleinern Städten, wo öffentliche Schulanstalten sind, sollen keine Neben- oder sogenannte Winkelschulen, ohne besondere Erlaubniß, geduldet werden.

§ 7. Aeltern steht zwar frey, nach den im Zweiten Titel enthaltenen Bestimmungen, den Unterricht und die Erziehung ihrer Kinder auch in ihren Häusern zu besorgen.

§ 8. Diejenigen aber, welche ein Gewerbe daraus machen, daß sie Lehrstunden in den Häusern geben, müssen sich wegen ihrer Tüchtigkeit dazu, bey der § 3. bezeichneten Behörde ausweisen, und sich von derselben mit einem Zeugnisse darüber versehen lassen.

§ 9. Alle öffentliche Schul- und Erziehungsanstalten stehen unter der Aufsicht des Staats, und müssen sich den Prüfungen und Visitationen desselben zu allen Zeiten unterwerfen.

§ 10. Niemand soll, wegen Verschiedenheit des Glaubensbekenntnisses, der Zutritt in öffentliche Schulen versagt werden.

§ 11. Kinder, die in einer andern Religion, als welche in der öffentlichen Schule gelehrt wird, nach den Gesetzen des Staats erzogen werden sollen, können dem Religionsunterrichte in derselben beizuwohnen nicht angehalten werden.

§ 12. Gemeine Schulen, die dem ersten Unterrichte der Jugend gewidmet sind, stehen unter der Direction der Gerichtsobrigkeit eines jeden Orts, welche dabey die Geistlichkeit der Gemeine, zu welcher die Schule gehört, zuziehen muß.

§ 13. Die Kirchenvorsteher einer jeden Gemeine, auf dem Lande und in kleinen Städten, so wie in Ermangelung derselben, Schulzen und Gerichte, ingleichen die Polizeimagisträte, sind schuldig, unter Direction der Obrigkeit und der Geistlichen, die Aufsicht über die äußere Verfassung der Schulanstalt, und über die Aufrechterhaltung der dabey eingeführten Ordnung zu übernehmen.

§ 14. Alle dabey bemerkten Mängel, Versäumnisse und Unordnungen, müssen sie der Obrigkeit und dem Geistlichen, zur nähern Untersuchung und Abstellung anzeigen.

§ 15. Die Obrigkeit und der Geistliche müssen sich nach den vom Staate ertheilten oder genehmigten Schulordnungen achten; und nichts, was denselben zuwider ist, eigenmächtig vornehmen und einführen.

Die §§ 16–21 beziehen sich auf die rechtliche Nutzung der Schulgebäude und Schulgrundstücke sowie des übrigen Vermögens der Schule.

§ 22. Die Bestellung der Schullehrer kommt in der Regel der Gerichtsobrigkeit zu.

§ 23. Durch wen diese Befugniß in Ansehung der auf Domainen- oder andern Königlichen Gütern zu bestellenden Schulmeister ausgeübt werde, ist nach den Verfassungen einer jeden Provinz bestimmt.

§ 24. Ueberall aber soll kein Schulmeister bestellt und angenommen werden, der nicht zuvor, nach angestellter Prüfung, ein Zeugniß der Tüchtigkeit zu einem solchen Amte erhalten hat.

§ 25. Es muß also jeder neu anzunehmende Schullehrer dem Kreisinspector oder Erzpriester angezeigt, und wenn er noch mit keinem Zeugnisse seiner Tüchtigkeit versehen ist, demselben zur Prüfung vorgestellt werden.

§ 26. Gemeine Schullehrer haben keinen privilegirten Gerichtsstand, sondern sind der ordentlichen Gerichtsobrigkeit des Orts unterworfen.

§ 27. Dieser gebührt, mit Zuziehung des geistlichen Schulvorstehers, auch die Aufsicht über ihre Amtsführung; und sie hat, wegen Ahndung der solchen gemeinen Schullehrern in ihrem Amte zur Last fallenden Vergehungen, eben die Rechte, welche in Ansehung der Kirchenbedienten den geistlichen Obern beigelegt sind.

§ 28. Dagegen finden auch in Ansehung der Schullehrer, wenn dieselben ihres Amts entsetzt werden sollen, die Vorschriften des vorhergehenden Titels Anwendung.

§ 29. Wo keine Stiftungen für die gemeinen Schulen vorhanden sind, liegt die Unterhaltung der Lehrer den sämmtlichen Hausvätern jedes Orts, ohne Unterschied, ob sie Kinder haben, oder nicht, und ohne Unterschied des Glaubensbekenntnisses ob.

§ 30. Sind jedoch für die Einwohner verschiedenen Glaubensbekenntnisses an Einem Orte mehrere gemeine Schulen errichtet: so ist jeder Einwohner nur zur Unterhaltung des Schullehrers von seiner Religionspartey beizutragen verbunden.

§ 31. Die Beiträge, sie bestehen nun in Gelde oder Naturalien, müssen unter die Hausväter nach Verhältniß ihrer Besitzungen und Nahrungen billig vertheilt, und von der Gerichtsobrigkeit ausgeschrieben werden.

§ 32. Gegen Erlegung dieser Beiträge sind alsdann die Kinder der Contribuenten von Entrichtung eines Schulgeldes für immer frey.

§ 33. Gutsherrschaften auf dem Lande sind verpflichtet, ihre Unterthanen, welche zur Aufbringung ihres schuldigen Beitrages ganz oder zum Theil auf eine Zeitlang unvermögend sind, dabey nach Nothdurft zu unterstützen.

§ 34. Auch die Unterhaltung der Schulgebäude und Schulmeister-Wohnungen muß, als gemeine Last, von allen zu einer solchen Schule gewiesenen Einwohnern ohne Unterschied getragen werden.

Die §§ 35–42 beziehen sich auf die Unterhaltung der Schulgebäude und auf Regelungen für den Umzug des Schulmeisters und seiner Familie.

§ 43. Jeder Einwohner, welcher den nöthigen Unterricht für seine Kinder in seinem Hause nicht besorgen kann, oder will, ist schuldig, dieselben nach zurückgelegtem Fünften Jahre zur Schule zu schicken.

§ 44. Nur unter Genehmigung der Obrigkeit, und des geistlichen Schulvorstehers, kann ein Kind länger von der Schule zurückgehalten, oder der Schulunterricht desselben, wegen vorkommender Hindernisse, für einige Zeit ausgesetzt werden.

§ 45. Zum Besten derjenigen Kinder, welche wegen häuslicher Geschäfte die ordinairen Schulstunden, zu gewissen nothwendiger Arbeit gewidmeten Jahreszeiten, nicht mehr ununterbrochen besuchen können, soll am Sonntage, in den Feierstunden zwischen der Arbeit, und zu andern schicklichen Zeiten, besonderer Unterricht gegeben werden.

§ 46. Der Schulunterricht muß so lange fortgesetzt werden, bis ein Kind, nach dem Befunde seines Seelsorgers, die einem jeden vernünftigen Menschen seines Standes nothwendigen Kenntnisse gefaßt hat.

§ 47. Die Schulaufseher müssen darauf Acht haben, daß der Schulmeister sein Amt mit Treue und Fleiß abwarte.

§ 48. Ihnen liegt es ob, unter Beistand der Obrigkeit, darauf zu sehen, daß alle schulfähige Kinder, nach obigen Bestimmungen (§ 43. *sqq.*), erforderlichen Falls durch Zwangsmittel, und Bestrafung der nachläßigen Aeltern, zur Besuchung der Lehrstunden angehalten werden.

§ 49. Der Prediger des Orts ist schuldig, nicht nur durch Aufsicht, sondern auch durch eignen Unterricht des Schulmeisters sowohl, als der Kinder, zur Erreichung des Zwecks der Schulanstalten thätig mitzuwirken.

§ 50. Die Schulzucht darf niemals bis zu Mißhandlungen, welche der Gesundheit der Kinder auch nur auf entfernte Art schädlich werden könnten, ausgedehnt werden.

§ 51. Glaubt der Schullehrer, daß durch geringere Züchtigungen der eingewurzelten Unart eines Kindes, oder dem überwiegenden Hange desselben zu Lastern und Ausschweifungen nicht hinlänglich gesteuert werden könne: so muß der der Obrigkeit und dem geistlichen Schulvorsteher davon Anzeige machen.

§ 52. Diese müssen alsdann, mit Zuziehung der Aeltern oder Vormünder, die Sache näher prüfen, und zweckmäßige Besserungsmittel verfügen.

§ 53. Aber auch dabey dürfen die der älterlichen Zucht vorgeschriebenen Gränzen nicht überschritten werden.

§ 54. Schulen und Gymnasia, in welchen die Jugend zu höhern Wissenschaften, oder auch zu Künsten und bürgerlichen Gewerben, durch Beibringung der dabey nöthigen oder nützlichen wissenschaftlichen Kenntnisse vorbereitet werden soll, haben die äußern Rechte der Corporationen.

§ 55. Diese Rechte werden durch die Schulcollegia, nach der eingeführten Schulordnung jedes Orts, ausgeübt.

§ 56. Dergleichen Schulen stehen unter der nähern Direction der dem Schul- und Erziehungswesen vom Staate vorgesetzten Behörde; welche besonders darauf sehen muß, daß der Unterricht zweckmäßig eingerichtet, und die Schule unter beständiger Aufsicht gehalten werde.

§ 57. Von den Gebäuden, Grundstücken, und Vermögen solcher Anstalten gilt alles, was in Ansehung der Kirchen und deren Vermögen im vorigen Titel verordnet ist.

§ 58. Doch sind Gymnasia und Realschulen, in Ansehung der Schenkungen und Vermächtnisse, den Einschränkungen der Kirchengesellschaften eben so wenig, wie die gemeinen Schulen, unterworfen.

§ 59. Wo die Bestellung der Lehrer und Schulaufseher nicht etwa gewissen Personen oder Corporationen, vermöge der Stiftung, oder eines besondern Privilegii zukommt, da gebührt dieselbe dem Staate.

§ 60. Auch da, wo die unmittelbare Aufsicht über dergleichen Schulen, oder die Bestellung der Lehrer, gewissen Privatpersonen oder Corporationen überlassen ist, können dennoch, ohne Vorwissen und Genehmigung der dem Schulwesen in der Provinz vorgesetzten Behörde, weder neue Lehrer bestellt, noch wesentliche Veränderungen in der Einrichtung des Schulwesens, und der Art des Unterrichts, vorgenommen werden.

§ 61. Zu Aufsehern müssen Leute von hinlänglichen Kenntnissen, guten Sitten, und richtiger Beurtheilungskraft gewählt werden.

§ 62. Diese müssen junge Leute, welche sich einer Lebensart, die gelehrte Kenntnisse erfordert, widmen, und zu dem Ende die Universität beziehen wollen; gleichwohl aber sich durch Geistesfähigkeiten und Anlagen zu einer gründlichen Gelehrsamkeit nicht auszeichnen, vom Studiren ernstlich abmahnen, und deren Aeltern oder Vormünder dahin zu vermögen suchen, daß sie dergleichen mittelmäßige Subjekte zu andern nützlichen Gewerben in Zeiten anhalten.

§ 63. Dagegen sollen junge Leute, welche vorzügliche Fähigkeiten und Anlagen zeigen, zur Fortsetzung ihrer Studien aufgemuntert und unterstützt werden.

§ 64. Kein Landeseingeborner, welcher eine öffentliche Schule besucht hat, soll ohne ein von den Lehrern und Schulaufsehern unterschriebenes Zeugniß über die Beschaffenheit der sich erworbenen Kenntnisse, und seines sittlichen Verhaltens, von der Schule entlassen werden.

§ 65. Die Lehrer bey den Gymnasiis und andern höhern Schulen, werden als Beamte des Staats angesehen, und genießen der Regel nach einen privilegirten Gerichtsstand.

§ 66. Rückständig gebliebenes Schulgeld, so wie bey gemeinen Schulen, der zum Unterhalte des Schullehrers zu leistende Beitrag, genießen, bey einem über das Vermögen der Aeltern entstandenen Concurse, das in der Concursordnung näher bestimmte Vorrecht.

Die §§ 67–129 handeln »von Universitäten« (innere Verfassung; Gerichtsbarkeit; Rechte der Lehrer; akademische Disziplin; akademische Zeugnisse). Mit dem § 129 enden die Schulartikel des Allg. Landrechts.

[8]

Johann Julius Hecker

Nachricht von einer Oeconomisch-Mathematischen Real-Schule (1747)

Johann Julius Hecker, 1707–1768, Studium der Theologie und Naturwissenschaften in Halle, Mitarbeiter A. H. Franckes am Pädagogium, Prediger und Inspektor am Königl. Militär-Waisenhaus in Potsdam, 1739 vom König zum Prediger an der Dreifaltigkeitskirche zu Berlin ernannt mit der Bestimmung, er möge sich »der Jugend recht annehmen«. 1747 richtete Hecker eine aus der Elementarschule sowie Realienklassen hervorgegangene Ökonomisch-Mathematische Realschule ein, die eng auf berufliche Bedürfnisse bezogen war. Die Realschule Heckers ist Vorläuferin der Realanstalten und Gewerbeschulen.

Quelle: J. J. Hecker, Sammlung der Nachrichten von den Schulanstalten bey der Dreyfaltigkeitskirche auf der Friedrichstadt in Berlin wie auch von gegenwärtiger Verfassung derselben nebst andern Beylagen, Berlin 1749, S. 33 ff.

§ 1. Seit dem es der göttlichen Vorsehung gefallen, uns durch die gesegnete Reformation das helle Licht des Evangelii in seinem unverfälschten Glantz wieder zu schencken und uns des unschätzbaren Kleinodes der Glaubens-Freyheit nicht länger entbehren zu lassen, sind schon manche wachsame und für das wahre Wohl der Jugend recht väterliche sorgende Männer mit löblichem Eifer bemühet gewesen, die Schulen auf einen bessern Fuß zu setzen und diese unentbehrliche Pflantz-Oerter in der Republic nach und nach brauchbarer zu machen. Eine solche Absicht bleibt viel zu gut und zu edel, als daß wir sie nicht unverändert mit gebührender Hochachtung und Erkentlichkeit nennen solten.

§ 2. Von besagten Schul-Anstalten finden wir in Teutschland bis itzo zwey Haupt-Arten. Nemlich die eine in grössern Städten, wo man die Jugend, welche sich mit der Zeit auf Universitäten einer von den vier bekanten Facultäten widmen will, in den dazu nöthigen Vorbereitungs-Wissenschaften unterrichtet; und die andere in kleinern Städten und auf dem Lande, wo man sich wegen der Umstände blos begnügen muß, der Jugend die Gründe des Christenthums beyzubringen und sie zum Lesen auch etwa zum nothdürftigen Schreiben und Rechnen, wenns hoch kömmt, anzuweisen. Beyde Arten behalten ihren unleugbaren Werth, wenn es dabey nicht an gehöriger Tüchtigkeit, Treue und Ordnung fehlet: wir glauben aber doch, daß noch eine dritte Art von Schulen könne angeleget werden, welche ohne Wiederspruch einen sehr starcken Einfluß in das gemeine Wesen hat, und nicht nur fast allen Ständen des Staats, sondern auch so gar dem Haupt desselben zu wichtigem Nutzen gereichen muß, wie wir dieses in der Folge gegenwärtiger Nachricht mit mehrerm zeigen wollen.

§ 3. Unter gemeldeter dritten Art verstehen wir demnach die Anlegung Oeconomischer und Mathematischer Real-Schulen, woran es in Teutschland zum merklichen Schaden vieler tausend Menschen bisher noch beständig gemangelt hat. Durch kluge Einrichtung solcher Schulen könten gleichwol manche junge Gemüther die nicht eigentlich studiren sollen, und die doch eine natürliche Fähigkeit besitzen sonst etwas leicht zu begreiffen, nach und nach angeführet werden, mit der Zeit in der Republic auf andere Weise besonders brauchbar zu seyn und künftig durch die Feder, durch die Handlung, durch Pachten, durch Wirthschaften auf dem Lande, durch schöne Künste, durch gute Manufacturen und Profeßionen sich wohl fortzubringen und als geschickte und geübte Mitglieder des gemeinen Wesens zu leben.

§ 4. Es haben freylich Männer von Einsicht, Erfahrung und reifem Nachdencken den Mangel einer Sache von so grosser Erheblichkeit schon längst mit Bedauren verspüret und selbigem durch verschiedene wohlgemeinte Vorschläge abzuhelfen gesuchet: allein sie sind durch allerhand oft unüberwindliche Hindernisse gezwungen worden, sich blos mit redlichen Wünschen zu begnügen. Doch was vormals nicht möglich geschienen, kann vielleicht nunmehro durch den Beystand des Höchsten, durch Hülfe hoher Gönner und durch unverdrossenen Fleiß getreuer Arbeiter wircklich geschehen: zumal da man die untadelhafte Absicht heget, junge Gemüther zur künftigen Ergreiffung solcher Lebens-Arten vorzubereiten, auf welche es in der Policey, was den Neruum rerum gerendarum oder das Wesentliche in einer Republic betrifft, hauptsächlich ankömmt.

§ 5. Man eröffnet demnach im Namen Gottes und unter hoher Genehmhaltung der Königl. Preuß. Herren Ober-Curatorum der Dreyfaltigkeits-Kirche, nemlich der wirklichen Geheimden auch dirigirenden Etats- und Krieges-Ministres Freyherrn von Happe und Freyherrn von Marschall Excell. Excell. imgleichen des Geheimden General-Ober-Finantz-Krieges- und Domainen-Raths Herrn von Beggerow Hochwohlgebornen hiemit dem Publico zum besten eine Oeconomisch-Mathematische Real-Schule, mit deren Einrichtung es durch die rühmliche Sorgfalt und heilsame Anordnungen Hochgedachter Herren Ober-Curatorum so weit gediehen ist, daß man unter göttlichem Segen in dem erst vor kurtzen auf der Friederichs-Stadt in der Koch-Strasse erkauften grossen Schul-Hause einen guten Anfang ungesäumt machen kann.

§ 6. Hindernisse haben sich bey der Sache allerdings hervorgethan: aber sie sind Gott lob! in so weit gehoben, daß man sich im Stande siehet, mit frölicher Hoffnung und getrostem Muth einen Anfang zu machen.

§ 7. Diese Oeconomische und Mathematische Real-Schule ist zwar mit den übrigen Schul-Anstalten bey der Dreyfaltigkeits-Kirche, von welchen vor einem halben Jahre eine gedruckte Nachricht ertheilet ward, und wobey wir nur noch hinzufügen, daß nicht nur eine dritte frantzösische sondern auch die dritte lateinische Classe angeordnet ist, freylich verbunden: indessen wird sie doch auch einigermassen davon unterschieden seyn, indem es gar wohl geschehen kann, daß iemand die erstere besucht, ohne daß er nothwendig alle andere Classen der Schul-Anstalten vorher durchgegangen haben muß.

§ 8. Den lateinischen Schulen thun wir durch unsere neue Einrichtung keinen Abbruch, weil wir nach dem gegenwärtigen Entwurf noch in der Verfassung zu bleiben gedencken, daß wir alle diejenigen, welche mehr als die historischen Auctores classicos treiben wollen, bey ihrem Vorsatz lassen. Unser Haupt-Vorhaben in unserer Oeconomischen und Mathematischen Real-Schule zielet auf solche junge Leute, welche, wie schon gedacht, dem Studiren nicht eigentlich gewidmet sind und die wir dennoch zu dem oben erwehnten Zweck, nemlich zur Feder, zur Handlung, zum Pachten, zum Wirthschaften auf dem Lande, zu schönen Künsten, zu den Manufacturen etc. etc. fähig und tüchtig finden, in ihren natürlichen Trieben zu stärcken und ihnen die zur Vorbereitung erforderliche erste Anleitungen zu geben bemühet seyn werden.

§ 9. Ausser den Sprach-Classen zur Erlernung der Teutschen, Lateinischen und Frantzösischen Sprachen, wie auch der Schreib- und gewöhnlichen Rechen-Classen, der Theologie, Historie, Anweisung zu wohlanständigen Sitten etc. will man noch folgende Classen, nachdem man sich um tüchtige und geübte Lehr-Meister beworben, auch zum Theil schon angenommen hat, nach und nach eröffnen, nemlich nebst dem Zeichnen die Mechanische, Geometrische und Architectur-Classe, ferner die Geographische, die Naturalien-Manufactur-Handlungs- und Oeconomische-Classe, und endlich die Curiositäten- oder *Extra*-Classe.

§ 10. Ehe wir uns zu einer ieden Classe insbesondere wenden, müssen wir vorher unsern Lesern von dem Nutzen solcher Schulen überhaupt noch so viel sagen, daß grosse Herren dadurch den wichtigen Vortheil gewinnen, in ihren Staaten geschickte Leute zu finden; daß sie selbige nicht erst mit schweren Kosten aus fremden Ländern dürfen verschreiben lassen; daß die Gelder, welche dergleichen Leute verdienen, im Lande bleiben; daß die Treue der Unterthanen gegen ihre Landes-Herren jederzeit einen merklichen Vorzug behält; daß die Profeßions-Verwandte, sie mögen Namen haben wie sie wollen, dadurch wohl vorbereitete Knaben in die Lehre bekommen und viel Mühe und Verdruß ersparen; daß junge Gemüther die sich der Handlung den Künsten, Handwercken etc. etc. widmen sollen, nicht erst, wie es sehr oft geschicht, zu spät und mit Schaden klug werden; daß sie, wenn sie sich auf Reisen begeben, im Stande sind, sich in entfernten Landen recht um das wesentliche zu bekümmern; daß sie in der Fremde mit Ersparung der Zeit und Unkosten das, was zu ihrem Zweck eigentlich dienet, bald erlernen; daß sie durch ihren Fleiß von der teutschen Nation den bittern und falschen Vorwurf der Ausländer ablehnen, als ob die Natur in Austheilung ihrer Gaben gegen uns allzu karg gewesen sey und daß sie, mit einem Wort, unserm Vaterlande Ehre, der Republic wahren Nutzen, sich selbst aber guten Vortheil bringen und endlich der Nachkommenschaft ein reitzendes Beyspiel hinterlassen, der edlen Bahn ihrer Vorfahren mit Vernunft, Eifer und Fleiß immer weiter nachzugehen.

Die folgenden §§ 11–18 enthalten Einzelbeschreibungen der in § 9 genannten Klassen, § 19 eine Zusammenfassung der Grundintentionen.

[9]

Aufklärung — anonymes Dokument der Zeit (1784)

Gedächtnisurkunde aus dem Jahre 1784, gefunden am 3. 11. 1856 im Turmknopf der Margaretenkirche zu Gotha. Im Text kommt die freiheitliche, optimistische und fortschrittliche Selbstdeutung der Aufklärung zum Ausdruck.

Quelle: Die Aufklärung, in ausgewählten Texten dargestellt und eingeleitet von Gerhard Funke, Stuttgart 1967.

Unsere Tage füllten den glücklichsten Zeitraum des 18. Jahrhunderts. Kaiser, Könige, Fürsten steigen von ihrer gefürchteten Höhe menschenfreundlich herab, verachten Pracht und Schimmer, werden Väter, Freunde und Vertraute ihres Volks. Die Religion zerreißt das Pfaffengewand und tritt in ihrer Göttlichkeit hervor. Aufklärung geht mit Riesenschritten. Tausende unserer Brüder und Schwestern, die in geheiligter Untätigkeit lebten, werden dem Staate geschenkt. Glaubenshaß und Gewissenszwang sinken dahin; Menschenliebe und Freiheit im Denken gewinnen die Oberhand. Künste und Wissenschaften blühen, und tief dringen unsere Blicke in die Werkstatt der Natur. Handwerker nähern sich gleich den Künstlern ihrer Vollkommenheit, nützliche Kenntnisse keimen in allen Ständen. Hier habt ihr eine getreue Schilderung unserer Zeit. Blickt nicht stolz auf uns herab, wenn ihr höher steht und weiter seht, als wir; erkennt vielmehr aus dem gegebenen Gemälde, wie sehr wir mit Mut und Kraft euren Standort emporhoben und stützten. Tut für eure Nachkommen ein Gleiches und seid glücklich.

II.
Die Französische Revolution – politisches und pädagogisches Programm

Einführung

Die Französische Revolution ist die entscheidende geschichtliche Zäsur, die die frühe Neuzeit von der Gegenwart trennt. Aufstände und Erhebungen hatte es auch vor der Französischen Revolution gegeben. Aber sie richteten sich nicht gegen die Grundlagen der bestehenden Herrschaftsordnung selbst, gegen Herrschaft schlechthin. Sie waren, wie immer auch die Einzelheiten ausgesehen haben mögen, Auflehnung gegen Unterdrückung, gegen ungerechte Herrschaft, wobei die Berufung auf das »gute alte Recht« und auf die sittliche Dimension des Politischen der Rechtfertigung diente. Die Französische Revolution aber, und das unterscheidet sie von allen früheren Versuchen, politischen Widerstand zu leisten, hat die grundlegende und totale Umgestaltung der öffentlichen Ordnung zum Ziel. In ihr manifestiert sich ein einheitliches und planmäßiges, von axiomatischen Feststellungen über die Natur des Menschen und von allgemeinen Prinzipien ausgehendes Denken, das die menschliche Existenz, das politische Gemeinwesen und seine Schule auf neue Fundamente stellen will.

1. Das politische Programm

a) Zur Entstehung der Polarität von Staat und Gesellschaft

Es wurde schon darauf hingewiesen, daß die ältere Herrschaftsordnung, so wie sie von der Antike her und durch das ganze Mittelalter hindurch aufgefaßt wurde, die Unterscheidung zwischen Gesellschaft und Staat, zwischen Mensch und Bürger, zwischen Privatrecht und öffentlichem Recht in dem uns heute geläufigen Sinne nicht kannte (vgl. S. 17 ff.). Die vormodern-alteuropäische Einheit des politischen Gemeinwesens hatte ihren Ursprung in der Gemeinsamkeit eines für die institutionelle Ordnung verbindlichen und durch die Personen der obrigkeitlichen Herrschaft repräsentierten sittlichen Imperativs. Da alle Stände in abgestufter Weise an dieser Herrschaft teilhatten, war jeder Bürger durch seine Zugehörigkeit zu seinem Stand immer auch eine öffentliche Person mit besonderen Rechten und Pflichten. Erst der Absolutismus schaffte die Voraussetzungen für die Unterscheidung von Staat und Gesellschaft, wie sie dann – unter neuer Blickrichtung – in der »Erklärung der Rechte des Menschen und des Bürgers« (Dok. I,

S. 110 ff.) programmatischen Ausdruck findet und zur Grundstruktur des öffentlichen Lebens erhoben wird.

Indem sich unter dem neuen Begriff der Souveränität auf der einen Seite alle bisher auf die Stände und freien Körperschaften verteilte Herrschaftsgewalt beim absoluten Monarchen konzentriert, bleiben auf der anderen Seite die dieser Herrschaftsgewalt Unterworfenen als politisch machtlose einzelne zurück, die dem Souverän gegenüber alle auf der gleichen Ebene stehen. Im Prinzip wird dadurch die überlieferte innere Gliederung des Herrschaftsverbandes aufgehoben und die Gleichheit aller als »Untertanen« gegenüber dem Souverän bewirkt. Auf diese Weise bildet sich eine neue eigene Sphäre heraus, der alles Politische entzogen ist, die »Gesellschaft«. Sie ist von Anfang an durch den Primat des Ökonomischen charakterisiert, sie ist Wirtschaftsgesellschaft. Dem absoluten Monarchen liegt daran, daß Wirtschaft, Handel und Gewerbe zum Nutzen des Staates prosperieren und die in diesen Bereichen tätigen Bürger gefördert werden, sofern sie nicht – wie noch 1837 der preußische Minister des Innern moniert – »an die Handlungen des Staatsoberhauptes den Maßstab (ihrer) beschränkten Einsicht anlegen und sich in dünkelhaftem Übermuthe ein öffentliches Urtheil über die Rechtmäßigkeit derselben anmaßen« (Dok. I, S. 254). Gerade dieser Gegensatz zwischen ökonomischer Macht und politischer Ohnmacht aber trägt dazu bei, daß die unter dem Absolutismus entstehende Wirtschaftsgesellschaft sich in besonderer Weise jener aufgeklärten und kritischen Ideenwelt öffnet bzw. sie selbst hervorbringt, die sich aus den Wirren der Glaubensstreitigkeiten emanzipiert und die die Vernunft zur »bestverteilten Sache der Welt« (Descartes) erklärt. In dieser Welt der Bildung, der Gleichheit und des unabhängigen Denkens werden alle überkommenen Standesunterschiede bedeutungslos, alle Herrschaftsansprüche fragwürdig. Das Recht des selbständigen Gebrauchs der Vernunft und der unbehinderten Entfaltung aller Kräfte gerade auch im Bereich des Ökonomischen ist allen Menschen in gleicher Weise gegeben. Um es zu realisieren, bedarf es der Freiheit.

Träger der unter dem Absolutismus entstehenden aufgeklärten Wirtschaftsgesellschaft ist das Bürgertum, der »Dritte Stand«. Er ist es, der sich – als Stand von Bildung und Besitz – schon vor der Revolution, in Abhebung sowohl gegen den seiner Schutz- und Schirmpflichten ledig gewordenen Adel als auch gegen die der Aufklärung sich widersetzende Geistlichkeit, zum repräsentativen Stand erklärt, zu einem Stand, der – nach dem bekannten Wort des Abbé Sieyès – alles sein muß, weil er alles in sich vereint, bisher aber nichts gewesen ist. Der »Dritte Stand«, so lautet die Forderung, ist die wahre Verkörperung der »Nation«, in seine Hände muß darum auch die Souveränität gelegt werden.

Die Französische Revolution ist die Revolution des »Dritten Standes«, die »bürgerliche Revolution«. Aber sie beseitigt nicht den Staat und dessen wesentliches Merkmal, die Souveränität, sondern nur das ancien régime, also jene Eigenschaften des absolutistischen Staates, die noch aus der älteren, sich personal verstehenden politischen Tradition stammen. Nicht der Souverän wird annulliert, sondern der Monarch. Ein neuer Souverän, der Dritte Stand, die »Nation«, tritt an die Stelle des alten, so wie es Rousseau in seinen Schriften ankündigte. Die politische Aufgabe des neuen Souveräns aber ist die Gewährleistung der gleichen Freiheit aller. Damit gehen also zwei Prinzipien, die sich bisher als unvereinbar gegenüberstanden, eine Verbindung ein: die Souveränität, wie sie die absolute Monarchie kennzeichnete, und die Freiheit, wie sie als Inbegriff aller dem Menschen als Menschen zukommenden Rechte durch Aufklärung und Rationales Naturrecht postuliert werden. Die »Erklärung der Menschen- und Bürgerrechte« ist der klassische Ausdruck dieser Verbindung. In ihr zeigt sich programmatisch das politische Selbstverständnis des Dritten Standes.

Jeder einzelne ist diesem Selbstverständnis gemäß »Mensch« und »Bürger« zugleich. Als Mensch ist er aufgerufen, in der Sphäre der Gesellschaft seine Individualität, seine freie Natur auf allen Lebensgebieten zu entfalten. Gesellschaft, »bürgerliche Gesellschaft«, ist also fortan der Name für den Bereich der Selbstbestimmung aller einzelnen, in dem jeder seines Glückes Schmied ist, mit anderen sich mißt und im freien Wettbewerb erprobt. Sie ist der Bereich der Bildung, des freien Gebrauchs der Vernunft, der ungehinderten ökonomischen und beruflichen Betätigung.

Diese Sphäre der freien Initiative wird als dem Menschen ursprünglich angesehen, sie genießt daher absolute Priorität. Da sie aber in sich selbst grenzenlos ist, birgt sie die Gefahr, daß der Gebrauch der Freiheit des einen zu einer Verletzung der Freiheit des anderen führen kann. Sie bedarf daher einer Ordnung, die das freie Spiel der Kräfte dem Zwang bestimmter Mindestregeln unterwirft. Die Gesellschaft versteht sich selbst als genuinen Bereich der Freiheit und deutet von diesem neuen Selbstverständnis her den überlieferten Staat für ihre Zwecke um: Er soll die allgemein-verbindliche Gewalt sein, die dafür sorgt, daß die unvermeidliche Beeinträchtigung des individuellen Freiheits- und Glücksstrebens möglichst gering bleibt. Staat und Gesellschaft werden so zu zwei unterschiedenen, aber sich ergänzenden Bereichen. Gesellschaft bedeutet die vom Staate dem Menschen frei- und anheimgegebene Sphäre der individuellen Selbstverwirklichung auf allen Lebensgebieten. Der Staat ist der Bereich der gesetzlichen Normierung der Gesellschaft und sorgt dafür, daß jeder einzelne möglichst ungeschmälert in den Genuß aller Rechte kommt, auf die er als Mensch Anspruch hat

Im Selbstverständnis des Dritten Standes ist also nicht mehr, wie im Absolutismus, der Staat die entscheidende Gewalt, die zur Quelle der Aktivität des allgemeinen Lebens werden soll, sondern die Gesellschaft der freien und in ihrer Freiheit gleichen einzelnen. Der Staat tritt hinter die Gesellschaft zurück. Das gilt insbesondere für die Freigabe der ökonomischen Betätigung.

b) Rousseaus politische Lehre und die »Erklärung der Menschen- und Bürgerrechte«

Die von der Französischen Nationalversammlung im August des Jahres 1789 beschlossene »Déclaration des Droits de l'Homme et du Citoyen« faßt die politischen Postulate des Dritten Standes in prägnanter Kürze zusammen. Sie übernimmt zwar Intentionen und Formulierungen aus den Unabhängigkeitserklärungen der amerikanischen Freiheitsbewegung, mischt sie aber mit dem modernen kontinentalen politischen Denken des Dritten Standes, das wesentlich von Rousseaus politischer Philosophie bestimmt ist. Da Rousseau somit zu den entscheidenden Wegbereitern der modernen Lebensverhältnisse gehört und in seinen Überlegungen in nuce fast alle in der Folgezeit aufbrechenden Probleme angelegt sind, soll im folgenden versucht werden, in einer knappen Skizze den gegenüber der älteren Theorie neuartigen Denkansatz Rousseaus und damit auch den inneren Zusammenhang der in der »Déclaration« verkündeten Prinzipien zu verdeutlichen.

Rousseau sieht sich einer geschichtlichen Wirklichkeit gegenüber, in der sich der Staat des Absolutismus in einer Herrschaftsform darstellt, deren subjektive Willkür und sittlich indifferente Omnipotenz er mit Nachdruck verwirft. Herrschaft erscheint ihm als Unterdrückung, als untertäniges Zwangsverhältnis und als Verstoß gegen die natürliche Bestimmung des Menschen. Diese sich am Absolutismus entzündende Empörung führt ihn zu der radikalen und Welt-bewegenden Frage, ob eine politische Ordnung unter den Menschen denkbar ist, die deren Beziehungen untereinander reguliert, ohne daß erneut Herrschaft von Menschen über Menschen ausgeübt wird und damit Abhängigkeit entsteht. Mit dieser Problemstellung wendet sich Rousseau nicht nur gegen das Willkürregiment absolutistischer Fürsten, sondern stellt prinzipiell auch die grundlegenden Vorstellungen der älteren politischen Theorie in Frage, die das politische Gemeinwesen immer als Herrschaftsverband begriff (vgl. S. 17 ff.). Er entwirft einen neuen Begründungszusammenhang des politischen Denkens, der zum Fundament für das kontinentale, demokratisch-rationale Verständnis der Politik und der politischen Organisation wird.

Natürliche Freiheit und Gleichheit

Im Unterschied zur älteren politischen Theorie, die den Menschen als ein von Natur aus in einer politischen Gemeinschaft mitlebendes Wesen begriff (vgl. S. 17 ff.), geht das politische Denken Rousseaus und der Déclaration vom einzelnen und freien Individuum aus: »Frei und gleich an Rechten werden die Menschen geboren und bleiben es«, heißt es in lapidarer Kürze in Artikel I der Déclaration (Dok. S. 110) fast gleichlautend mit dem ersten Satz des Contrat Social: »Der Mensch ist frei geboren ...« (Dok. I, S. 113). Individuelle Freiheit ist für Rousseau überhaupt das zentrale Bestimmungsmerkmal menschlicher Existenz. Sie bedeutet Autonomie, absolute Vollmacht jedes einzelnen über sich selbst. Sie bedeutet vor allem Abwesenheit von Herrschaft, Unabhängigkeit von jeder persönlichen Herrschaftsgewalt und damit Ablehnung jeder Art von Über- und Unterordnung, die aus gesellschaftlichen Unterschieden, also aus Ungleichheit, resultiert. Das Vorbild seines Freiheitsbegriffs findet sich in seiner Konzeption eines Naturstandes, in dem der Mensch unbeeinflußt seinem freien Willen folgend sich selbst verwirklicht. »Der natürliche Mensch *(l'homme naturel)* ist sich selbst alles. Er ist die ungebrochene Einheit *(l'unité numérique)*, das absolute Ganze *(l'entier absolu)*, das nur zu sich selbst und seinesgleichen eine Beziehung hat.«[1] Nicht also konkrete und spezifische Freiheiten innerhalb einer gegliederten Ordnung, wie sie die ältere Herrschaftsverfassung kannte, sind gemeint, wenn Rousseau von natürlicher Freiheit spricht. Freiheit bezieht sich nicht auf das Verhältnis und den Umgang von Personen in einer gegebenen Ordnung des Zusammenlebens. Sondern Freiheit wird von ihm verstanden als eine prinzipiell unbegrenzte, abstrakte, gleichsam vor-geschichtliche und vor-politische Qualität, die jedem einzelnen von Natur aus, d. h. vor jeder Beziehung zu anderen und vor jeder Zugehörigkeit zu einer politischen Ordnung, eigen ist. Der natürliche Mensch bedarf keiner Ergänzung von außen. Sein einziges Begehren richtet sich auf seine Selbsterhaltung. Er lebt mit sich selbst in der ungebrochenen Einheit seines Wesens, nur den ehernen Gesetzen der Natur unterworfen, eine Monade, die sich selbst genug ist. Totales Menschsein und totale Freiheit sind ein und dasselbe. In dieser Freiheit sind alle Menschen gleich.

Volkssouveränität – gesellschaftliche Freiheit und Gleichheit

Wenn die Menschen von Natur aus in ihrer Freiheit gleich sind und sie auf ihre natürliche Freiheit nicht verzichten können, ohne sich als Menschen aufzugeben, dann muß – so folgert Rousseau – jede poli-

[1] J. J. Rousseau, Emile oder über die Erziehung, Stuttgart 1963, S. 112.

tische Ordnung, die die Gleichheit der Freiheit nicht gewährleistet, auf rechtloser Gewalt beruhen. Mit dieser radikalen These stellt er, wie gesagt, nicht nur den absolutistischen Staat, sondern alle bisherige Herrschaftsordnung in Frage. Andererseits sieht er aber, daß der Austritt aus dem Naturstand endgültig vollzogen und eine vor-politische Existenz nicht möglich ist. In dieser Situation stellt sich für ihn die Frage, ob es möglich ist, durch eine neue Art der politischen Ordnung die wahre Natur des Menschen im gesellschaftlichen Zustand zu rekonstruieren, d. h., ob die natürliche Freiheit in gesellschaftliche Freiheit verwandelt werden kann. Rousseau sucht nach einer Möglichkeit, die politischen Beziehungen zwischen den Menschen so einzurichten, daß ihr Verhältnis frei von Herrschaft bleibt, er sucht nach einer Ordnung, in der es keine Abhängigkeit zwischen den Menschen gibt, in der jeder nur seinem eigenen Willen folgt: »Es ist eine Form der Vergesellschaftung *(forme d'association)* zu finden, die mit der gesamten gemeinsamen Kraft die Person und die Habe jedes Teilnehmers verteidigt und beschützt. In ihr soll sich jeder mit allen vereinigen und dennoch nur sich selbst gehorchen und ebenso frei bleiben wie zuvor. So lautet das Grundproblem, dessen Lösung der Gesellschaftsvertrag *(contrat social)* darstellt« (Dok. I, S. 116).

Da alle Menschen in ihrer Freiheit gleich sind und es niemals im freien Willen irgendeines Menschen liegen kann, seine Freiheit aufzugeben und ein Abhängigkeitsverhältnis einzugehen, kann eine politische Institution, die der menschlichen Natur nicht entgegensteht, nur das Produkt einer freien Vereinbarung sein, sie muß aus dem individuellen Willen des je einzelnen freien und gleichen Menschen hervorgehen. Jede rechtmäßige Ordnung unter den Menschen hat daher einen Vertrag zur Grundlage, den die Vertragsschließenden in völliger Freiheit und Gleichheit eingehen. Der Wille der Vertragspartner ist die Grundlage der aus dem Vertrag hervorgehenden politischen Ordnung, deren Zweck die optimale Sicherung der gleichen Freiheit aller Vertragspartner ist. »Der Zweck jeden politischen Zusammenschlusses«, lautet Artikel II der Déclaration, »ist die Bewahrung der natürlichen und unverjährbaren Menschenrechte«, d. h. der Freiheit. Die Gleichheit der Freiheit wird dadurch gewährleistet, daß ihre Grenzen durch eine allgemeinverbindliche Gesetzgebung für alle gleich bestimmt werden. »Die Freiheit« – so heißt es denn auch in Artikel IV – »besteht darin, alles tun zu können, was anderen nicht schadet. Also hat die Ausübung der natürlichen Rechte bei jedem Menschen keine anderen Grenzen als die, den anderen Mitgliedern der Gesellschaft den Genuß der gleichen Rechte zu sichern. Diese Grenzen können nur durch das Gesetz bestimmt werden« (Dok. I, S. 110 f.). Damit die Gesetze nicht Ausdruck persönlicher Herrschaft einzelner oder partikularer Gruppen sind, damit sie also nicht Sonderinteressen dienen und Ungleichheit hervorrufen, müssen sie den Willen aller Individuen ausdrücken, die den Grundvertrag abgeschlossen haben, d. h. alle Vertragspartner müssen für die Gesetzgebung »autorisiert« werden, denn wenn alle autorisiert werden, wird es letzten Endes niemand. Die auf diese Weise entstehenden Gesetze sind der unverfälschte Ausdruck des Gemeinwillens *(volonté générale)*. Da alle Vertragspartner unterschiedlos an der Gesetzgebung beteiligt sind und über das, was alle angeht, von allen entschieden wird, haben die Gesetze einen allgemeinverbindlichen Charakter *(général)*. Eine Benachteiligung einzelner ist ausgeschlossen. Wenn auch die Gesetze, indem sie Grenzen setzen, eine Beeinträchtigung der ursprünglichen Freiheit bedeuten – so werden doch alle in gleicher Weise beeinträchtigt und bleiben daher in gleicher Weise frei. Aus der *»liberté naturelle«* wird die *»liberté civile«*. Freiheit ist nichts anderes als Gehorsam gegenüber den Gesetzen, die man sich selbst gegeben hat. Jeder gehorcht nur sich selbst, wenn er sich den von ihm beschlossenen Gesetzen unterwirft. Folgerichtig heißt es in Artikel VI der Déclaration: »Das Gesetz ist der Ausdruck des allgemeinen Willens; alle Bürger haben das Recht, persönlich oder durch ihre Vertreter an seiner Schaffung mitzuwirken. Es muß für alle das gleiche sein, mag es nun beschützen oder bestrafen. Alle Bürger sind vor seinen Augen gleich« (Dok. I, S. 111).

Wichtigste Voraussetzung für eine solche absolut objektive, unparteiische Herrschaft der Gesetze ist das Vorhandensein einer ebenso unpersönlichen, neutralen, souveränen Macht, die die Durchsetzung und Einhaltung der Gesetze überwachen und erzwingen kann. Diese souveräne Macht muß, wenn sie keine neue Abhängigkeit bewirken soll, ebenso wie die Gesetze Ausdruck der Vereinigung der gesamten Kraft aller Vertragspartner sein. Im Mittelpunkt des Vertrages steht daher eine zentrale Klausel, die den Zusammenschluß aller Kräfte der Kontraktierenden bezwecken soll. »Recht verstanden gehen alle diese Klauseln auf eine zurück, nämlich die totale Übereignung *(aliénation totale)* jedes Teilhabers mit all seinen Rechten an die gesamte Gemeinschaft. Denn wenn jeder sich vollkommen hingibt, ist erstens die Lage für alle die gleiche, und wenn die Lage für alle die gleiche ist, hat keiner ein Interesse daran, sie den anderen beschwerlich zu machen« (Dok. I, S. 116). Diese Übereignung muß, wenn sie ihren Zweck erfüllen soll, aus freiem Willen und ohne Vorbehalt *(sans réserve)* geschehen, also total sein. Ist sie das, dann übereignet sich jeder, indem er sich an alle übergibt, niemandem, denn Einzelwille und Gemeinwille gehen ineinander auf. Frei sein heißt also etwas völlig anderes als im Naturstand, nämlich sich mit dem Gemeinwillen in Einklang befinden, mit ihm konform denken, handeln und entscheiden. Weil alle sich mit ihrer ganzen Macht und mit all ihren Rechten an die Gesamtheit entäußern, werden sie gleich, und indem sie das Entäußerte durch die Gesamtheit als Gemeinwille zurückerhalten, werden sie frei und damit (wieder) Menschen. Analog definiert Rousseau das Wesen des Vertrages: »Jeder von uns unterstellt der Gemeinschaft seine Person und all seine Macht unter der höchsten Leitung des Gemeinwillens *(volonté générale);* und wir als Körperschaft empfangen jedes Mitglied als vom Ganzen unabtrennbaren Teil« (Dok. I, S. 117).

Die Gründung des *corps politique* geht also aus dem freien Willensentschluß freier und gleicher einzelner hervor. Ihr Wille, übereinstimmen zu wollen, ist die Ursache der politischen Vereinigung und gibt ihr ihre Existenz. Der Staat ist das Produkt einer Zweckhandlung, deren Ziel die Umverteilung aller Gewalt und Anordnungsbefugnis ist. Wenn alle »Menschen« sich vertraglich verpflichten, darauf zu verzichten, ihre Rechte selbst zu verfolgen, erhalten sie im gleichen Akt als »Bürger« diese Rechte in neuer Form zurück. Nicht also die positive Zusicherung einer bestimmten Leistung oder eines bestimmten Verhaltens im Hinblick auf ein allen Vertragspartnern gemeinsames Moment der Lebensführung ist der Inhalt des Vertrages, sondern ein Generalverzicht, der jeden einzelnen in seiner Besonderheit als Mensch annulliert und ihn dadurch in das Ganze integriert. »Der bürgerliche Mensch *(l'homme civil)* ist nur eine Bruchzahl *(l'unité fractionnaire),* die von ihrem Nenner abhängig ist und deren Wert in ihrer Beziehung zum Ganzen besteht, das heißt, dem gesellschaftlichen Ganzen *(le corps social).* Die guten gesellschaftlichen Einrichtungen sind diejenigen, die es am besten verstehen, dem Menschen seine Natur zu nehmen *(dénaturer),* ihm seine absolute Existenz zu entziehen und ihm dafür eine relative zu geben und das Ich auf die Einheit der Gemeinschaft *(l'unité commune)* zu übertragen, so daß jeder Einzelne sich nicht nur als Eines, sondern als Teil der Einheit fühlt, der nur noch im Ganzen empfindungsfähig ist«[1].

Da dem Vertrag keine positive Zuwendung zugrunde liegt, sondern sein Zweck in der Bewahrung der je individuellen Freiheitssphären liegt, denkt jeder auch im Verzicht nur an sich selbst und an seine eigene Selbsterhaltung. »Die Verpflichtungen, die uns mit dem Gesellschaftskörper verknüpfen, sind nur verbindlich, weil sie gegenseitig sind, sie sind ihrer Natur nach so beschaffen, daß man bei ihrer Erfüllung nicht für den anderen arbeiten kann, ohne auch für sich selbst zu arbeiten. Warum ist der Gemeinwille immer der rechte, und warum wollen alle beständig das Glück eines jeden von ihnen, wenn nicht darum, weil es niemand gibt, der sich nicht dies Wort *jeder* zu eigen macht und nicht an sich selbst denkt, indem er für alle stimmt. Das

[1] Rousseau, Emile, a.a.O., S. 112.

beweist, daß die Rechtsgleichheit und der von ihr erzeugte Gedanke der Gerechtigkeit sich aus dem Vorzug ableiten, den sich jeder gibt – und infolgedessen aus der Natur des Menschen« (Dok. I, S. 121).

Die im Akt der *aliénation totale* wirklich werdende Willensgemeinschaft der Vertragspartner ist der neue Souverän. Weil politische Macht und Gesetzgebung Ausdruck des durch freie Willensübereignung zustande gekommenen Gemeinwillens sind, ist jeder einzelne Herrscher und Beherrschter zugleich. Als Glied des Volkssouveräns ist jeder Träger der Souveränität, d. h. Herrschender; als Beherrschter gehorcht er jenen Gesetzen, die er selbst in Freiheit »gewollt« hat: »Indem er sich mit allen vereinigt, gehorcht er dennoch nur sich selbst und bleibt ebenso frei wie zuvor«. Freiheit wird hinfort zu einem Attribut der Gleichheit, der gleichen Unterworfenheit unter die Gesetze: »Wer immer dem Gemeinwillen den Gehorsam verweigert, wird von der Gemeinschaft dazu gezwungen. Das bedeutet nichts anderes, als daß man ihn zwingen wird, frei zu sein« (Dok. I, S. 119), d. h. sich mit sich selbst und der gesellschaftlichen Ordnung im Einklang zu befinden.

Wenn es in Artikel III der Déclaration heißt: »Jegliche Souveränität liegt im Prinzip und ihrem Wesen nach in der Nation; keine Körperschaft und kein einzelner kann eine Autorität ausüben, die sich nicht ausdrücklich von ihr herleitet« (Dok. I, S. 111), so ist zwar – in Ansehung des Urhebers der Déclaration, des Dritten Standes – als Träger der Souveränität das Volk durch »la nation« ersetzt, aber es handelt sich dabei um das von Rousseau theoretisch konzipierte Prinzip der Volkssouveränität, das damit konstitutiv auch für die politische Wirklichkeit wird. Damit setzt sich ein Gedanke durch, den Rousseau mit denselben Worten charakterisiert, die auch der absolute Monarch als Souverän für sich in Anspruch nahm: Volkssouveränität ist die absolute, unveräußerliche und unteilbare höchste Entscheidungsgewalt, die »immer die rechte ist« und »schon allein dadurch, daß sie ist, immer alles ist, was sie sein muß« (Dok. I, S. 118).

Aus der knappen Nachzeichnung der grundlegenden Gedankenfolge des Contrat Social geht hervor, daß Rousseau keine wirklichen Verhältnisse beschreibt, sondern in einem Modell abstrakt entwickelt, wie eine Gesellschaft aussehen müßte, in der alle natürlich individuellen Forderungen erfüllt sein sollen, ohne daß der Charakter eines politischen Gemeinwesens aufgegeben wird. Dieses Modell kann als »theoretische Gewaltlösung« (Landshut) gekennzeichnet werden, denn die hier entwickelte politische Theorie entpuppt sich als eine Kette von Identifikationen: Freiheit – Gleichheit, Einzelwille – Gemeinwille, Herrscher – Beherrschter. Das höchste Gut des Menschen, die Freiheit, scheint für Rousseau nur in einer Art von herrschaftsloser Herrschaft bewahrt werden zu können, die ihm im Modell der Volkssouveränität vor Augen steht. Der Konflikt zwischen individueller Selbstbestimmung und obrigkeitlicher Verfügungsgewalt, Ausgang und Grundproblem des Contrat Social und der politischen Theorie des Dritten Standes, soll so gelöst werden.

Rousseaus Irritation

Ob diese im theoretischen Modell vorgetragene Lösung des Grundwiderspruchs zwischen Freiheit und Herrschaft im konkreten politischen Leben derart praktisch werden kann, daß keiner der Begriffe des Modells verdrängt wird, also z. B. *la souveraineté* nicht die Übermacht über *la liberté* gewinnt, ist allerdings eine bis heute offene und umstrittene Frage.

Rousseau selbst hat wiederholt gegenüber bestimmten Aspekten seines Modells und dessen Realisierungsmöglichkeit Zweifel geäußert. Sein genuin politisch-phänomenologisches Denken führt ihn ständig an die Grenzen seines rational-technologischen Denkens. Im Widerstreit beider Denkstrukturen stößt er auf Schwierigkeiten, die dann auch in der Folgezeit in dem Maße, wie das Programm der Französischen Revolution sich anschickt, die Wirklichkeit zu verändern, zu praktischen Problemen werden.

Ohne die Zusammenhänge zu vereinfachen, kann gesagt werden, daß alle Auseinandersetzungen in Politik und Pädagogik bis in unsere Gegenwart hinein auf das Spannungsverhältnis dieser beiden Denk- und Wirklichkeitsstrukturen zurückzuführen sind. Um die in der Folgezeit aufbrechenden Probleme in ihren prinzipiellen Voraussetzungen besser verstehen zu können, soll daher hier Rousseaus immanente Infragestellung seines eigenen Modells in einigen Aspekten angedeutet werden. Dazu ist es notwendig, nicht nur die programmatischen, das theoretische Wunsch-Modell darlegenden ersten Kapitel des Contrat Social heranzuziehen, sondern sich auch jener Aussagen zu vergewissern, in denen Rousseau die Praktizierbarkeit seines Modells bedenkt.

In seinem logisch schlüssigen Modell hatte Rousseau versucht, alle personalen Verhältnisse zu eliminieren. »Da kein Mensch eine natürliche Autorität *(autorité naturelle)* über seinesgleichen hat, und da die Gewalt kein Recht *(droit)* schafft, bleiben also die Konventionen *(conventions)* als Grundlage jeder rechtmäßigen Autorität *(autorité légitime)* unter den Menschen übrig (Dok. I, S. 114). Es ging ihm darum, durch »Autorisierung« aller jede Art von persönlicher Autorität und politischer Repräsentation zu beseitigen, damit kein Herrschaftsverhältnis den Menschen in seiner Freiheit beeinträchtigen könne. Jedoch wird ihm schon das Zustandekommen der *volonté générale* selbst zum Problem: »Oft besteht ein großer Unterschied zwischen dem Willen aller *(volonté de tous)* und dem Gemeinwillen *(volonté générale)*: dieser blickt nur auf das gemeinsame Interesse, jener blickt nur auf das private Interesse und stellt nur eine Summe von Sonderinteressen *(volontés particuliéres)* dar. Subtrahiert man aber von diesen nämlichen Willensentscheidungen das Mehr oder Weniger, das sich gegenseitig aufhebt, so bleibt als Summe, nach Abzug der Abweichungen, der Gemeinwille übrig« (Dok. I, S. 119 f.). Die gewünschte qualitative Veränderung wird durch ein Rechenexempel bewirkt. Rousseaus Bemühen, aus einer Summe von privaten Interessen einen »moralischen und kollektiven Körper« *(corps moral et collectif*, Dok. I, S. 117) zu machen, wird zu einem technischen Vorgang, der sein Ziel verfehlen muß. Durch technische Manipulation ist allenfalls eine äußere Vereinheitlichung zu erreichen, aber keine gemeinsame Grundüberzeugung zu stiften.

Spürt man bisher die Irritation Rousseaus gleichsam »zwischen den Zeilen«, so kommen ihm bei dem Versuch, sich die *autorité légitime* in der Funktion von Gesetzgebung und Regierung, d. h. eine Vielfalt von Personen als gesetzgebenden Souverän, vorzustellen, grundsätzliche Zweifel: ». . . Wie vermöchte eine blinde Menge, die oft nicht weiß, was sie will, weil sie selten weiß, was gut für sie ist, eine so große, so schwierige Unternehmung wie ein System der Gesetzgebung von sich aus durchzuführen? Von sich aus will das Volk immer das Gute, aber von sich aus sieht es das nicht immer. Der Gemeinwille ist immer recht, aber das Urteilsvermögen, das ihn lenkt, ist nicht immer erleuchtet. Man muß ihm die Dinge so vor Augen stellen, wie sie sind, manchmal wie sie ihm erscheinen sollen. Man muß ihm den guten Weg, den er sucht, zeigen, ihn vor der Verführung durch die Sonderwillen bewahren . . .« (Dok. I, S. 124).

Rousseau zweifelt also an der Fähigkeit des neuen Souveräns, das allgemeine Beste von sich aus artikulieren zu können. Er spürt, daß abstraktes Wollen als solches nicht ausreicht, weil es ohne ein inhaltliches Maß sich ungerichtet verliert. Er sucht daher nach einer Instanz, die die »blinde Menge« aufklärt, ihr den Weg zum Guten weist und sie als Einheit »verfaßt«, damit das Gute in der politischen Gemeinschaft nicht der Will-kür überlassen wird. Rousseau antwortet auf diese Problematik mit einer »Lösung«, die seinen deduktiven Gedankengang abrupt unterbricht, ihn sogar zerbricht: »Man sieht, woraus die Notwendigkeit eines Gesetzgebers *(législateur)* erwächst« (Dok. I, S. 125). Der Gesetzgeber – also eine Person (!) und darum eine im Modell gänzlich fremdartige Erscheinung – soll das Dilemma lösen, daß »der Gemeinsinn *(l'esprit social)*, der das Werk der Verfassung werden soll, schon die Verfassung selbst lenken (müßte, daß) die Menschen schon vor der Gesetzgebung sein (müßten), was sie durch sie werden sollen« (Dok. I, S. 126). Die Person des Gesetzgebers übernimmt die

Aufgabe, die in der rationalen Konstruktion von der *volonté générale* gelöst werden sollte, aber nicht gelöst werden kann.

Um das Werk, aus dem *homme naturel*, dem natürlichen Menschen, einen *homme civil*, einen bürgerlichen Menschen im Sinne der *aliénation totale* zu machen, erfüllen zu können, muß der Gesetzgeber ein in jeder Hinsicht außer-ordentlicher Mensch sein: *un homme extraordinaire*. Es muß außerhalb der Ordnung des politischen Gemeinwesens stehen und mit »einer Autorität von einer anderen Ordnung« ausgezeichnet sein. Der Gesetzgeber ist gut, gerecht, überlegen, besonnen und vorausschauend, d. h. er ist mit jenen Qualitäten ausgezeichnet, die in der älteren politischen Tradition Autorität und Herrschaft rechtmäßig machen. In seiner »überragenden Intelligenz« erkennt er die Ordnung. Er *ist* die Ordnung. Seine Gerechtigkeit ist eine Folge seiner Gutheit« (Dok. I, S. 125 f.). Der Gesetzgeber ist gleichsam der einzige wirkliche Mensch in Rousseaus Modell. Er kann urteilen und entscheiden, nicht nur wollen. Er bestimmt die ordnungsstiftenden Institutionen der Gesellschaft. Er hat eine ursprüngliche Autorität, die ihn als Gesetzgeber auszeichnet. Hatte Rousseau vorher aus allen Menschen das Besondere, das sie zu konkreten Menschen macht, herausgezogen, so kehrt es im Gesetzgeber gewissermaßen an einem Ort investiert zurück. Indem aber alles (gute) Menschliche in einem einzigen Menschen investiert ist, fehlt auch diesem wieder etwas, was den lebendigen Menschen auszeichnet. Er ist ein Übermensch, ein Gott, ein *être suprème*. Alles also, was in Rousseaus Abstraktion wegfiel, kehrt nun potenziert – und damit genauso unwahrhaft – wieder. Rousseau schneidet auseinander, was im wirklichen Menschen zusammengehört: Der Gesetzgeber wird ein *être suprème*, weil die Menschen ihrer menschlichen Eigenschaften entkleidet und als »abstrakte Menschen« *(homme abstrait: Emile)* behandelt werden.

Im Gesetzgeber verkörpert sich, was Rousseau eigentlich darstellen will: Eine *konkrete* und *menschliche* politische Ordnung. Da aber der Gesetzgeber nur einmalig in Aktion tritt, wird wiederum die Frage akut: Wodurch wird die nun einmal eingesetzte Ordnung erhalten? Was verbindet die Menschen untereinander? Was macht die Substanz ihrer Gemeinsamkeit aus? Diese im Zentrum aller politischen Theorie stehende Frage, auf die Rousseau am Ende des Contrat Social stößt, beantwortet er mit der Einführung der »bürgerlichen Religion *(religion civile)*. Sie soll das verbindende Element zwischen den Bürgern sein und jene Übereinstimmung bewirken, deren er auf dem Wege über den Willen nicht habhaft werden kann. Ihre Glaubensartikel werden vom Souverän festgelegt und notfalls mit Zwangsgewalt durchgesetzt. Erst ihre Annahme macht den einzelnen zum guten Bürger im Staat. »Ohne jemand zwingen zu können, sie zu glauben, kann er (der Souverän) jedweden, der sie nicht glaubt, aus dem Staat verbannen ... Und wenn einer, der sich öffentlich zu ebendiesen Dogmen bekannt hat, sich verhält, als wenn er sie nicht glaube, so soll er mit dem Tode bestraft werden. Er hat das größte Verbrechen begangen, er hat im Angesicht der Gesetze gelogen« (Dok. I, S. 129). Rousseau gibt dem »Gemeinwesen mit der Bürgerreligion ein Glaubensbekenntnis, das »Gemeinschaftsgefühle« *(sentiments de sociabilité)* stiften und auf diese Weise die Glieder fester binden soll. Mit ihr begründet er den Totalitätsanspruch der »politischen Maschine« *(machine politique*, Dok. I, S. 119) auf die Ganzheit des Menschen. Durch sie erhält der Contrat Social seine »heilige« Verbindlichkeit. Indem Rousseau von der »Heiligkeit des Gesellschaftsvertrages« *(sainteté du contrat social*, Dok. I, S. 118) spricht, macht er ihn unlösbar und hebt damit seinen Vertragscharakter auf. Die totale Bindung des einzelnen an die Entscheidungen des Souveräns erhält so ihre letzte Rechtfertigung.

Die Irritation Rousseaus macht deutlich, wo die künftigen Probleme liegen werden, wenn die von ihm konzipierte »theoretische Gewaltlösung« in der politischen Praxis Eingang findet. Er spürt deutlich, daß er – entgegen seiner ursprünglichen Absicht – auf dem Boden des absolutistischen Staates bleibt. Daher sucht er nach Elementen außerhalb seines Systems, um mit ihrer Hilfe der »politischen Maschine« Inhalt, Sittlichkeit, Gemeinsinn einzugeben[1]. Aber auch dieser Versuch scheitert und führt in letzter Konsequenz zu einer Verstärkung dessen, was er gerade beseitigen will: zur Abhängigkeit des Menschen von einer übermächtigen politischen Gewalt, zur Unfreiheit.

[1] Unter dieser Perspektive ist auch die politische Erziehungstheorie zu sehen, die Rousseau im »Emile« entwickelt. Die *politische* Dimension seines »Erziehungsromans« ist im deutschen Sprachgebiet noch weitgehend unerforscht. Sie ergibt sich aus der offenen Problematik des »Contrat Social«. Da Rousseau an der Fähigkeit des autorisierten Bürgers und neuen Souveräns, sich selbst zu regieren und als »homme« zugleich ein »citoyen« zu sein, zweifelt, stellt sich für ihn notwendig die Frage nach der Erziehung des Souveräns, d. h. des Volkes der Freien und Gleichen. Das Ziel der Erziehung wird ihm identisch mit der Sinnbestimmung des Gesellschaftsvertrages: Menschsein und Bürgersein, Freiheit und Gleichheit sollen integriert werden. Insofern ist der »Emile« das erste Buch über politische Erziehung, das sein Thema und seine Zielsetzung aus dem demokratischen Postulat der Souveränität des Volkes herleitet. Die Erziehung des Emile ist der gedachte Musterfall für die Erziehung des neuen Souveräns. Als »imaginärer Schüler« ist Emile das Paradigma für den Menschen schlechthin und für den Vertragspartner überhaupt. Eine genaue Analyse des politischen Gehalts des »Emile«, für die hier nicht der Ort ist, würde zeigen, wie sich die Grundsätze und Probleme der politischen Theorie Rousseaus in seiner Pädagogik widerspiegeln.

2. Das pädagogisch-schulpolitische Programm

Die in der »Déclaration« verkündeten politischen Postulate werden schon während der Revolution auf ihre schulpolitischen Konsequenzen hin durchdacht. In den Debatten der Nationalversammlung wird mit Leidenschaft davon gesprochen, daß eine Verwirklichung des politischen Programms der Revolution ohne tiefgreifende Einwirkung auf die Erziehung und die Organisation des Schulwesens nicht möglich ist. Die in den Revolutionsjahren in der Assemblée Nationale vorgetragenen Schulpläne gelten daher mit Recht als die Gründungsurkunden der modernen Bildungsplanung und Schulorganisation. In ihnen sind die regulativen Prinzipien der neu entstehenden Schulverfassung an ihrem Ursprung vorgezeichnet.

Zwei Entwürfe verdienen dabei besondere Beachtung: der »liberale« des Girondisten Condorcet (Dok. I, S. 130 ff.) und der »radikal-egalitäre« des Jakobiners Lepeletier (Dok. I, S. 135 ff.). Obgleich sich beide auf die Prinzipien der »Déclaration« berufen, kommen sie zu verschiedenen Ergebnissen und zu z. T. kontroversen Folgerungen für die Organisation, die Finanzierung und die innere und äußere Ordnung der Schule. Die in ihren Entwürfen enthaltene Spannung eröffnet den Problemhorizont für die schulpolitischen Kämpfe der Folgezeit.

a) »Liberale« Schulpolitik: Condorcet

In Condorcets »Bericht und Entwurf einer Verordnung über die allgemeine Organisation des öffentlichen Unterrichtswesens« kommen die schulpolitischen und schulpädagogischen Vorstellungen der französischen und darüber hinaus der europäischen Aufklärung zu ihrer Synthese. Condorcet ist von der »allgemeinen und stufenweise fortschreitenden Vervollkommnung des Menschengeschlechts« (Dok. I, S. 131) überzeugt. Nie zweifelt er daran, daß Vernunft anderes wollen kann als individuelles Glück, ermöglicht durch die Freiheit und die Gleichheit aller. Der Vernunft folgen, heißt für ihn nichts anderes, als dem Anspruch der ursprünglichen menschlichen Natur zu gehorchen. Die neue Organisation des Unterrichtswesens steht daher in einer langfristigen geschichtlichen Perspektive. Ein »aufgeklärtes« Bildungssystem soll dazu beitragen, »der Welt endlich eine Nation zu zeigen, in der Freiheit und Gleichheit für alle ein tatsächliches Gut sind, dessen sie sich zu erfreuen wissen und dessen Wert sie kennen« (S. 58). Condorcet war an der Ausarbeitung der »Déclaration« beteiligt, in der für ihn die unveränderlichen »Prinzipien der natürlichen Gerechtigkeit« und die »wesentlichen Rechte des Menschen« (S. 41)[1] ausgesprochen werden, die das Leben des einzelnen und sein Leben in der Gesellschaft bestimmen. Diese Menschenrechte stellen gleichsam ein »primum verum« dar, die natürliche und unverfälschte Wahrheit, deren auch der Zweifelnde gewiß sein kann. Natur und Gesellschaft – beide folgen allgemeinen und notwendigen Gesetzen. Wer vernünftig denkt, kann sie erkennen und sie sich verfügbar machen. Im Unterricht soll daher die Lehre der »Grundwahrheiten des menschlichen Zusammenlebens ihrer Anwendung vorangehen« (S. 24).

Für Condorcet ist die universale, vernunftgerechte Wahrheit der »Déclaration« die Grundlage seines politischen und pädagogischen Denkens. Daß alle Menschen von Natur aus frei und in ihren Freiheitsrechten gleich sind, daß die Bestimmung des Lebens beim je einzelnen liegt, ist für ihn eine unbezweifelbare Gewißheit. Die Rechte des Bürgers leitet Condorcet – wie Rousseau – von denen des Menschen ab. »Die Bürger sollen die Gesetze lieben, ohne aufzuhören, wahrhaft frei zu sein« (S. 41). Dieser Satz entspricht der Grundinteniton des Contrat Social. Die Hauptaufgabe der Schule besteht daher darin, jedes Kind als »Menschen« zur freien Selbstverwirklichung in der Sphäre der Gesellschaft zu befähigen und es zugleich in seine Rechte und seine Pflichten als künftiger »Bürger« des »corps politique« einzuführen. Wie Rousseau erwartet auch Condorcet, daß die Freiheit sich durch Gleichheit verwirklichen läßt: »unter den Bürgern eine tatsächliche Gleichheit herzustellen und die politische Gleichheit, die das Gesetz als berechtigt anerkannt hat, zu einer wirklichen zu machen«, das ist für ihn das »erste Ziel eines nationalen Unterrichtswesens« und zugleich für die »öffentliche Gewalt ein Gebot der Gerechtigkeit« (Dok. I, S. 131). Das Recht auf Unterricht und Bildung ist ein Menschenrecht, das sich unmittelbar aus Artikel I der Déclaration ergibt und nur in der freien Sphäre der Gesellschaft erfüllt werden kann. Die zu einer allgemeinverbindlichen Gewalt organisierte Gesellschaft, der Staat, hat die Aufgabe, durch die Schulgesetzgebung die Gleichheit dieses Menschenrechts zu garantieren (Artikel II und III). Nachdrücklich verlangt Condorcet, das gesamte öffentliche Schulwesen der Aufsicht der bisherigen politischen Autoritäten – bei denen »alles Privileg war« (S. 75) – zu entziehen und es einzig jener unbestechlichen und dem allgemeinen Willen gehorchenden Gewalt zu unterstellen, die das Volk selbst berufen hat (Artikel III). Nur die gesetzgebende Gewalt darf »ihre Autorität unmittelbar über das ganze Unterrichtssystem

[1] Die auf den folgenden Seiten im laufenden Text vorgenommene Kennzeichnung der Belegstellen bezieht sich auf die in Band 36 der Reihe »Kleine pädagogische Texte« (Weinheim 1966) erschienene Ausgabe von Condorcets »Bericht und Entwurf ...«

ausüben« (S. 76). Sie darf es, weil die von ihr beschlossenen Gesetze keinen Sonderinteressen Vorschub leisten. Auch für die Schulgesetzgebung gilt das allgemeine Prinzip: Die Gesetze bewirken das Gleichsein in der Freiheit, in der das Menschsein besteht (Artikel IV).

Aus den Postulaten der Vernunft – Freiheit und Gleichheit – leitet Condorcet eine Reihe von grundsätzlichen Forderungen an die Gesetzgebung für das öffentliche Unterrichtswesen ab:

1) sie soll alle Bildungsprivilegien verhindern und das Menschenrecht auf Unterricht, auf optimale Vervollkommnung aller Fähigkeiten und Fertigkeiten, für jedermann gewährleisten, welchen Alters, welchen Geschlechts und welcher Herkunft er auch sei;

2) sie soll die Vielfalt standes- und gruppenspezifischer Schulen einschränken und durch einen einheitlichen, durchgängig organisierten, horizontal gegliederten und durchlässigen Aufbau des öffentlichen Unterrichtswesens auch institutionell das gleiche Recht auf Unterricht garantieren;

3) sie soll keine berufs- und standesbezogene, sondern eine »allgemeine«, für alle gleiche Bildung herbeiführen, die auf ihren verschiedenen Stufen »das ganze System der menschlichen Kenntnisse« (Dok. I, S. 133) umfaßt und das Fundament für jede spätere Berufsausübung legt;

4) sie soll für eine aufgeklärte wissenschaftlich-rationale Lehrweise sorgen und alle Lehrinhalte ausscheiden, die zur Spekulation und zum Aberglauben Anlaß geben;

5) sie soll dafür bürgen, daß nicht Herkunft und Stand, sondern Begabung und Leistung der alleinige Maßstab für die Auslese und für die Zuordnung sozialer Positionen sind;

6) sie soll jeden Einfluß überlieferter geistlicher oder weltlicher Herrschaftsrechte und partikularer Interessen auf das Unterrichtswesen ausschalten.

Die neue Organisation der Schule bekommt damit ihre in die Zukunft weisende, emanzipatorische Perspektive: Wenn Vernunft gleichmäßig und gleichzeitig das Leben aller erleuchten soll, muß jedem einzelnen die Möglichkeit gesichert werden, »den ganzen Umfang seiner Talente, die er von der Natur empfangen hat, zu entfalten« (Dok. I, S. 131) und ohne Einschränkung an ihrem Fortschritt teilzunehmen. Da es die »erste Bedingung jeden Unterrichts ist, nur Wahrheiten zu lehren« (Dok. I, S. 132), haben sich alle überlieferten philosophischen Systeme, alle besonderen Dogmen der Religionen, alle ständischen Selbstauffassungen und politischen Sonderinteressen vor dem kritischen Richtstuhl der Vernunft zu behaupten. Nützliche Kenntnisse müssen möglichst gleichmäßig verbreitet werden, wenn die »glückverheißende Revolution« (S. 36) in Industrie und Gewerbe gelingen soll. Die Verwirklichung der Souveränität des Volkes ist darauf angewiesen, daß durch öffentliche Aufklärung so früh wie möglich die Einheit von Erkennen und Wollen und damit die Fähigkeit, in öffentlichen Kategorien zu denken und ihnen gemäß zu handeln, vorbereitet wird.

b) »Radikal-egalitäre« Schulpolitik: Lepeletier

Lepeletiers »Plan einer Nationalerziehung«, von Robespierre während der Zeit der Schreckensherrschaft dem Nationalkonvent vorgetragen, stellt die aufgeklärte, fortschrittlich-optimistische, »liberale« Schulkonzeption Condorcets in Frage oder besser: Er treibt durch radikales Weiterdenken die Dynamik der in ihr enthaltenen Prinzipien auf die Spitze. Nicht die Grundsätze der Déclaration sind falsch, so lautet der Haupteinwand, sondern ihre halbherzige Inangriffnahme. Wer die Freiheit will, muß die Gleichheit in sehr viel konsequenterer Weise ernst nehmen, als es bisher geschehen ist. Freie Selbstverwirklichung für alle kann es nur geben, wenn auch die tatsächlichen Lebensbedingungen es erlauben. Der Anspruch der Freiheit gebietet, auch die äußeren, materiellen Lebensverhältnisse der Menschen so zu verändern, daß sie der vollen Entfaltung aller Kräfte nicht mehr hindernd im Wege stehen. Daher darf die Gleichheit kein fernes Endziel sein, sondern mit ihrer Realisierung muß um der Freiheit willen sofort begonnen werden. Solange die Kinder noch den »bestehenden Vorurteilen und alten Irrtümern« (Dok. I, S. 137) überlassen bleiben, solange die Unterschiede zwischen Stadt und Land einen gleichmäßigen Unterricht für alle nicht gestatten, solange vor allem »die Schulen, so wie man sie Euch vorschlägt, in Wahrheit nur einer kleinen Zahl der unabhängigen Bürger Nutzen bringen ... (und die wohlhabenden) Eltern durch ihre Kinder reichlich die Früchte des Unterrichts sammeln, während ... für den Armen nur eine Nachlese möglich sein wird« (Dok. I, S. 137) – so lange bleibt das Schulsystem ungerecht und bestätigt die Unfreiheit. Wenn Gleichheit aber verwirklicht werden soll, dann muß der Anfang in der gleichen Erziehung für alle gemacht werden.

Lepeletiers Plan ist radikal. Er fordert eine die gesamte Existenz der Kinder umfassende Erziehung in staatlichen Internaten, die durch eine progressiv zu erhebende Steuer finanziert werden. Der Überfluß der Reichen soll den Besitzlosen zugute kommen. In diesen Internaten werden »alle Kinder, ohne Unterschied und Ausnahme, gemeinschaftlich erzogen, auf Kosten der Republik und (erhalten) alle unter dem heiligen Gesetz der Gleichheit dieselbe Kleidung, dieselbe Nahrung, denselben Unterricht, dieselbe Sorgfalt« (Dok. I, S. 138). Indem die Kinder durch eine »undurchdringliche Mauer von der unreinen Berührung mit den Vorurteilen unseres alten Geschlechts ferngehalten« (Dok. I, S. 142) werden, soll »alles, was die Republik ausmachen muß, in eine wahrhaft republikanische Form getan werden«: »Laßt uns eingedenk sein, daß wir Menschen erziehen, welche bestimmt sind, die Freiheit zu genießen, und daß es keine Freiheit gibt ohne Gehorsam gegen die Gesetze. Alle Tage und jeden Augenblick gebeugt unter das Joch einer bestimmten Regel, werden alle Zöglinge des Vaterlandes sich ausgebildet finden zur heiligen Abhängigkeit von den Gesetzen und den legitimen Gewalten« (Dok. I, S. 140).

Lepeletiers extrem egalitärer Plan entspricht in seinen radikalen Momenten dem Absolutheitsanspruch der »aliénation totale«, wie sie Rousseau als Kernstück des Gesellschaftsvertrages gefordert hatte. Erziehung soll den Grund legen für die völlige Konformität jedes einzelnen mit den Gesetzen des »corps politique«. Das ist nur möglich, wenn jeder unerwünschte Einfluß von außen ferngehalten wird und die Kinder im Medium der reinen Prinzipien aufwachsen. Da diese Prinzipien als in sich selbst einsichtige Wahrheiten der ursprünglichen Natur des Menschen adäquat sind, bedeutet die »heilige Abhängigkeit von den Gesetzen« und das Sich-Beugen unter das »Joch einer bestimmten Regel« keine Unfreiheit. Sie führen im Gegenteil zur Erfahrung der gesellschaftlichen Freiheit und damit zur Übereinstimmung mit dem Gemeinwillen. Totale Politik benötigt eine ebenso totale Erziehung.

3. Freiheit und Gleichheit als Grundprobleme für Staat, Gesellschaft und Schule: Tocqueville

Überblickt man die in der Französischen Revolution erhobenen Forderungen in ihrer Gesamtheit und in ihren wechselseitigen Beziehungen, so zeigt sich, wie der im Absolutismus einsetzende Prozeß in These und Gegenthese sich fortsetzt und in seiner Antriebskraft gesteigert wird. Die bisherige Analyse ergibt, daß höchst unterschiedliche, z. T. widersprüchliche Momente in ihm enthalten sind, die Chancen und Gefahren in sich bergen. Diese Divergenzen brechen im Laufe der weiteren geschichtlichen Entwicklung auf und bestimmen bis in unsere Gegenwart hinein die politischen, sozialen und schulpolitischen Auseinandersetzungen. Immer liegt den verschiedenen Auffassungen eine bestimmte Zuordnung der regulativen Prinzipien von Freiheit und Gleichheit, von Mensch und Bürger, von Allgemeinem und Besonderem zugrunde. In der Frage ihrer Zuordnung und Vereinbarkeit liegt das Ursprungsproblem, das die Französische Revolution ungelöst gleichsam als »Aufgabearbeit« (Fröbel) an die Geschichte weitergibt. Für Politik und Pädagogik wird es zur Grundfrage der theoretischen Vergewisserung und der künftigen Kontroversen.

Zu den ersten Denkern, denen die möglichen Konsequenzen der

durch die Französische Revolution ausgelösten Gesamtbewegung bewußt werden, zählt Alexis de Tocqueville. Obgleich er nicht zu ihren Programmatikern gehört, sondern bereits über die Folgen nachdenkt, bildet eine Auswahl aus seinen Schriften den Abschluß des Kapitels über die Französische Revolution (Dok. I, S. 143 ff.). Die von Tocqueville aufgeworfenen Fragen eröffnen den Problemhorizont für die weitere Entwicklung.

Tocqueville ist davon überzeugt, daß die Prinzipien der modernen Demokratie, wie sie sich in der Französischen Revolution in einer gewaltsamen Aktion erstmals durchzusetzen suchten, unaufhaltsam auf dem Wege sind, die überkommenen politisch-gesellschaftlichen Ordnungsstrukturen und Lebensverhältnisse von Grund auf zu verändern. Dominierender Faktor in dieser Entwicklung ist für ihn das Postulat der Gleichheit. »Man kann sich nicht vorstellen, daß unter den Menschen für immer in einem Punkt Ungleichheit besteht, in allen anderen aber Gleichheit; sie werden also irgendwann einmal in allen Punkten gleich sein. Nun sehe ich aber nur zwei Möglichkeiten, in der politischen Welt Gleichheit herrschen zu lassen: entweder müssen jedem Bürger Rechte gegeben werden oder sie dürfen keinem gegeben werden« (Quelle, S. 34). Was er neu entstehen sieht, die »demokratische« Gesellschaft, ist mit keiner früheren Gesellschaftsordnung zu vergleichen. »Man muß sich also hüten, die Gesellschaft, die in der Entstehung begriffen ist, nach den Vorstellungen zu beurteilen, die man aus der vergangenen geschöpft hat. Das wäre ungerecht, denn die beiden Gesellschaften, die so vielfach voneinander geschieden sind, sind unvergleichbar« (Dok. I, S. 170). Wenn sich die Gleichheit als primärer Zurechnungsbegriff, als regulatives Prinzip der sich abzeichnenden Entwicklung erweist, entsteht die Frage, wie sie sich auf die Freiheit auswirken wird. Dieses Problem steht im Mittelpunkt der Analysen Tocquevilles. Wird sich die Hoffnung der Französischen Revolution erfüllen, fragt er, daß sich mit der Gleichheit zugleich auch die Freiheit verwirklichen läßt? Wird der Übergang der Souveränität vom Monarchen auf das Volk das der Souveränität eigentümliche Merkmal der Absolutheit qualitativ verändern, wird also dem neuen Souverän eine sittliche Verpflichtungskraft eigen sein? Wie werden sich die Beziehungen der Menschen darstellen, wenn sie sich unter dem prinzipiellen Anspruch der Gleichheit gegenübertreten?

Tocquevilles (oft bestürzenden) Antworten kann hier nicht im einzelnen nachgegangen werden. Das Fazit seiner Analyse lautet: »Die Nationen unserer Zeit können die Gleichheit in ihrer Mitte nicht verhindern; aber es hängt von ihnen ab, ob die Gleichheit sie zur Knechtschaft oder zur Freiheit, zur Bildung oder zur Barbarei, zum Wohlstand oder zum Elend führt« (Dok. I, S. 171).

[10]

Erklärung der Rechte des Menschen und des Bürgers (1789)

Die »Déclaration des droits de l'homme et du citoyen« wurde am 26. 8. 1789 von der französischen Nationalversammlung angenommen und mit eigener Numerierung der ersten französischen Verfassung von 1791 vorangestellt. Die in der »Déclaration« verkündeten Grundsätze haben seither Eingang in fast alle modernen Verfassungen gefunden. Sie gehören zu den regulativen Prinzipien von Staat und Gesellschaft.

Quelle: Propyläen Weltgeschichte, hrsg. v. W. Goetz, Bd. 7, Berlin 1929, S. 46.

Präambel

Die als Nationalversammlung vereinigten Vertreter des Französischen Volkes betrachten die Unkenntnis der Menschenrechte, die Vergessenheit oder Mißachtung, in die sie geraten sind, als die einzigen Ursachen der öffentlichen Mißstände und der Verderbtheit der Regierungen. Daher haben sie beschlossen, in einer feierlichen Erklärung die angestammten, unveränderlichen und heiligen Rechte des Menschen darzutun, auf daß diese Erklärung jeglichem Gliede der menschlichen Gesellschaft ständig vor Augen sei und ihm seine Rechte und Pflichten für und für ins Gedächtnis rufe; auf daß die Handlungen der gesetzgebenden sowie die der ausübenden Gewalt jederzeit am Endzweck jeder politischen Einrichtung gemessen werden können und um so mehr Achtung finden mögen; auf daß die Forderungen der Bürger, nunmehr auf klare und unerschütterliche Prinzipien gegründet, stets der Aufrechterhaltung der Verfassung und dem Wohle aller dienen.

So erkennt und verkündigt die Nationalversammlung, angesichts des Höchsten Wesens und unter seinen Auspizien, die Rechte des Menschen und des Bürgers wie folgt:

I.

Frei und gleich an Rechten werden die Menschen geboren und bleiben es. Die sozialen Unterschiede können sich nur auf das gemeine Wohl gründen.

II.

Der Zweck jeden politischen Zusammenschlusses ist die Bewahrung der natürlichen und unverlierbaren Menschenrechte. Diese Rechte sind Freiheit, Eigentum, Sicherheit und Widerstand gegen Bedrückung.

III.

Jegliche Souveränität liegt im Prinzip und ihrem Wesen nach in der Nation; keine Körperschaft und kein einzelner kann eine Autorität ausüben, die sich nicht ausdrücklich von ihr herleitet.

IV.

Die Freiheit besteht darin, alles tun zu können, was anderen nicht schadet. Also hat die Ausübung der natürlichen Rechte bei jedem Menschen keine anderen Grenzen als die, den andern Mitgliedern der Gesellschaft den Genuß der gleichen Rechte zu sichern. Diese Grenzen können nur durch das Gesetz bestimmt werden.

V.

Das Gesetz hat nur das Recht, Handlungen zu verbieten, die der Gesellschaft schädlich sind. Was nicht durch Gesetz verboten ist, darf nicht verhindert werden, und niemand kann gezwungen werden, etwas zu tun, was das Gesetz nicht befiehlt.

VI.

Das Gesetz ist der Ausdruck des allgemeinen Willens; alle Bürger haben das Recht, persönlich oder durch ihre Vertreter an seiner Schaffung mitzuwirken. Es muß für alle das gleiche sein, mag es nun beschützen oder bestrafen. Alle Bürger sind vor seinen Augen gleich. Sie sind in der gleichen Weise zu allen Würden, Stellungen und öffentlichen Ämtern zugelassen, je nach ihrer Fähigkeit und ohne andere Unterschiede als ihre Tüchtigkeit und Begabung.

VII.

Niemand kann angeklagt, verhaftet und gefangen gehalten werden in anderen als den vom Gesetz festgelegten Fällen und in den Formen, die es vorschreibt. Wer Willkürakte anstrebt, befördert, ausführt oder ausführen läßt, ist zu bestrafen; aber jeder Bürger, der durch ein Gesetz gerufen oder erfaßt wird, muß augenblicklich gehorchen; durch Widerstand macht er sich schuldig.

VIII.

Das Gesetz darf nur unbedingt und offensichtlich notwendige Strafen festsetzen, und niemand darf bestraft werden, es sei denn kraft eines bereits vor seinem Delikt erlassenen, veröffentlichten und legal angewandten Gesetzes.

IX.

Jeder wird so lange als unschuldig angesehen, bis er als schuldig erklärt worden ist; daher ist, wenn seine Verhaftung als unerläßlich gilt, jede

Härte, die nicht dazu dient, sich seiner Person zu versichern, auf dem Gesetzeswege streng zu unterdrücken.

X.

Niemand darf wegen seiner Überzeugungen, auch nicht der religiösen, behelligt werden, vorausgesetzt, daß ihre Betätigung die durch das Gesetz gewährleistete öffentliche Ordnung nicht stört.

XI.

Die freie Mitteilung seiner Gedanken und Meinungen ist eines der kostbarsten Rechte des Menschen. Jeder Bürger darf sich also durch Wort, Schrift und Druck frei äußern; für den Mißbrauch dieser Freiheit hat er sich in allen durch das Gesetz bestimmten Fällen zu verantworten.

XII.

Die Sicherung der Menschen- und Bürgerrechte macht eine öffentliche Gewalt notwendig; diese Gewalt wird demnach zum Nutzen aller eingesetzt, nicht aber zum Sondervorteil derjenigen, denen sie anvertraut ist.

XIII.

Für den Unterhalt der öffentlichen Gewalt und für die Ausgaben der Verwaltung ist eine allgemeine Steuer vonnöten; sie ist gleichmäßig auf alle Bürger zu verteilen nach Maßgabe ihres Vermögens.

XIV.

Die Bürger haben das Recht, selbst oder durch ihre Vertreter die Notwendigkeit einer öffentlichen Auflage zu prüfen, sie zu bewilligen, ihren Gebrauch zu überwachen und ihre Teilbeträge, Anlage, Eintreibung und Dauer zu bestimmen.

XV.

Die Gesellschaft hat das Recht, von jedem öffentlichen Beauftragten ihrer Verwaltung Rechenschaft zu fordern.

XVI.

Eine Gesellschaft, deren Rechte nicht sicher verbürgt sind und bei der die Teilung der Gewalten nicht durchgeführt ist, hat keine Verfassung.

XVII.

Da das Eigentum ein unverletzliches und heiliges Recht ist, darf es niemandem genommen werden, es sei denn, daß die gesetzlich festgestellte öffentliche Notwendigkeit es augenscheinlich verlangt, und nur unter der Bedingung einer gerechten und im voraus zu entrichtenden Entschädigung.

[11]

JEAN-JACQUES ROUSSEAU

Über Volkssouveränität, Freiheit und Gleichheit (1762)

Jean-Jacques Rousseau, 1712–1778, gehört zu den Wegbereitern der Französischen Revolution und wirkt mit seinen politischen, pädagogischen und kulturphilosophischen Vorstellungen bis heute nachhaltig weiter. Er führte ein wechselhaftes Leben in Verbindung und in Distanz zum französischen Adel und zu den Aufklärern seiner Zeit. Seine radikalen und eigenwilligen Auffassungen trugen ihm Verfolgungen durch die Staats- und Kirchenbehörden ein. Schon zu seinen Lebzeiten hat sein Werk Zustimmung und Ablehnung erfahren.

Quelle: J. J. Rousseau, Staat und Gesellschaft (Contrat Social), übersetzt und kommentiert von K. Weigand, München 1959. Diese Übersetzung wurde von R. u. H. H. Schepp in etwas engerer Anlehnung an den Originaltext überarbeitet. Dabei wurden besonders einige politische Begriffe originalgetreuer übertragen. Zum besseren Verständnis wurden zusätzlich die wichtigsten theoretischen Schlüsselbegriffe in französischer Sprache eingeführt.

Der Gegenstand dieses ersten Buches

Der Mensch ist frei geboren, und überall liegt er in Ketten. Mancher hält sich für den Herrn der andern, der dennoch mehr Sklave ist als sie. Wie ist es zu dieser Veränderung gekommen? Ich weiß es nicht. Was kann sie rechtmäßig *(légitime)* machen? Ich glaube dieses Problem lösen zu können.

Wenn ich nur die Gewalt *(force)* und die daraus entspringende Wirkung in Betracht zöge, würde ich sagen: solange ein Volk zu gehorchen gezwungen ist und gehorcht, tut es gut daran; sobald es sein Joch abschütteln kann und es abschüttelt, tut es noch besser daran; denn wenn es seine Freiheit *(liberté)* durch dasselbe Recht, das sie ihm geraubt hat, zurückerlangt, ist es entweder berechtigt, sie sich wieder zu nehmen, oder man war nie berechtigt, sie ihm zu entziehen. Aber die gesellschaftliche Ordnung *(l'ordre social)* ist ein geheiligtes Recht, das allen anderen zur Grundlage dient. Indessen entstammt dieses Recht nicht der Natur *(nature)*, also ist es auf Konventionen *(conventions)* ge-

gründet. Es handelt sich darum, welche Konventionen das sind. Bevor ich aber von dem einen zum anderen gelange, muß ich beweisen, was ich eben vorgebracht habe.
Es folgen die Kapitel »Über die ersten Gemeinschaften« und »Über das Recht des Stärkeren«. Rousseau kommt zu dem Ergebnis:
Seien wir also darin einig, daß Stärke kein Recht schafft und daß man nur verpflichtet ist, den rechtmäßigen Mächten *(puissances légitimes)* zu gehorchen. So kehrt meine Grundfrage immer wieder zurück.

Über die Sklaverei

Da kein Mensch eine natürliche Autorität *(autorité naturelle)* über seinesgleichen hat, und da die Gewalt kein Recht *(droit)* schafft, bleiben also die Konventionen als Grundlage jeder rechtmäßigen Autorität *(autorité légitime)* unter den Menschen übrig.
In den folgenden Ausführungen setzt Rousseau sich mit Grotius über die Frage auseinander, ob ein einzelner oder ein Volk ihre Freiheit übereignen können. Er folgert:
Auf seine Freiheit verzichten heißt, auf seine Qualität als Mensch *(qualité d'homme)*, auf die Menschenrechte *(droits de l'humanité)*, ja sogar auf seine Pflichten verzichten. Für jemand, der auf alles verzichtet, ist keine Entschädigung möglich. Ein solcher Verzicht ist mit der Natur des Menschen nicht vereinbar. Seinen Handlungen jede Moralität *(moralité)* nehmen heißt: seinem Willen *(volonté)* jede Freiheit nehmen. Schließlich ist es eine nichtige und widersprüchliche Konvention, wenn man auf der einen Seite absolute Autorität *(autorité absolue)* und auf der anderen Seite einen Gehorsam ohne Grenzen festsetzt. Ist es nicht klar, daß man demjenigen gegenüber, von dem man mit Recht alles verlangen kann, zu nichts verpflichtet ist? Und zieht nicht diese bloße Verpflichtung ohne Gegenleistung, ohne Entsprechung die Nichtigkeit des Aktes nach sich? Denn welches Recht hätte mein Sklave gegen mich, wenn alles, was er hat, mir gehört? Wenn sein Recht mein Recht ist, ist dies mein Recht gegen mich ein Wort ohne Sinn.
Es folgt eine weitere Auseinandersetzung mit Grotius über die Frage, ob der Krieg als Ursprung des Rechts auf Sklaverei angesehen werden kann.

Daß man stets auf eine erste Konvention (première convention) zurückgehen muß

Wenn ich alles, was ich bisher zurückgewiesen habe, zugäbe, würden die Helfershelfer des Despotismus dadurch nicht weiterkommen. Stets wird ein großer Unterschied zwischen der Unterwerfung einer Menge *(multitude)* und der Lenkung einer Gesellschaft *(société)* sein. Wenn verstreut lebende Menschen nach und nach einem einzigen untertänig werden, so sehe ich darin, in welcher Zahl sie auch sein mögen, bloß einen Herrn und die Sklaven; ich sehe darin nicht ein Volk und sein Oberhaupt. Das ist, wenn man will, eine Ansammlung *(agrégation)*, aber keine Vereinigung *(association)*. Dabei gibt es weder Gemeinwohl *(bien public)* noch politische Körperschaft *(corps politique)*. Und hätte sich dieser Mann die halbe Welt unterworfen, bleibt er doch stets ein besonderer *(particulier)*; sein Interesse, das von dem der anderen getrennt ist, bleibt stets nur ein Privatinteresse *(intérêt privé)*. Wenn dieser Mensch ans Lebensende kommt, bleibt sein Imperium zerstückt und ohne Verbindung übrig – wie eine Eiche sich auflöst und in einen Aschenhaufen zusammenfällt, nachdem das Feuer sie verzehrt hat.

Ein Volk, sagt Grotius, kann sich einem König übergeben. Nach Grotius ist also ein Volk bereits ein Volk, bevor es sich einem König zu eigen gab. Selbst diese Übergabe ist ein gesellschaftlicher Akt *(acte civil)*; er setzt eine öffentliche Beratung voraus. Bevor man also den Akt untersucht, durch den ein Volk einen König ernennt, wäre es an dem, den Akt zu untersuchen, durch den ein Volk ein Volk ist. Denn dieser Akt geht notwendigerweise dem anderen vorher und ist die wahre Grundlage der Gesellschaft.

In der Tat, worin bestände – es sei denn, die Ernennung wäre einstimmig gewesen – für die Minderheit die Verpflichtung, sich der Mehrheit zu unterwerfen, wenn es keine vorhergehende Übereinkunft gäbe? Woher nehmen hundert, die einen Herrn wollen, das Recht, die Wahl für zehn zu treffen, die keinen wollen? Das Gesetz der Mehrheitsentscheidung ist selber eine Einrichtung nach Übereinkunft *(convention)* und setzt zumindest eine einmalige Einstimmigkeit *(l'unanimité)* voraus.

Über den Gesellschaftspakt (Du pacte social)

Ich setze voraus, daß die Menschen an jenen Punkt gelangt sind, an dem die ihrer weiteren Erhaltung im Naturzustand *(l'état de nature)* feindlichen Hindernisse durch ihren Widerstand den Sieg über die Kräfte davontragen, die jedes Individuum anwenden kann, um sich in diesem Zustand zu erhalten. Dann kann dieser primitive Zustand nicht mehr weiterbestehen. Das Menschengeschlecht würde zugrunde gehen, wenn es nicht seine Daseinsweise änderte.

Nun können die Menschen freilich keine neuen Kräfte erzeugen, sondern lediglich die vorhandenen vereinigen und lenken. Zu ihrer Erhaltung bleibt ihnen kein anderes Mittel übrig, als durch Zusammenschluß eine Summe von Kräften *(somme de forces)* zu bilden, die den

Widerstand überwinden kann. Diese müssen sie durch eine einzige Triebkraft in Gang setzen und zum Zusammenwirken bringen.

Diese Summe von Kräften kann nur aus dem Zusammentreffen mehrerer hervorgehen. Da aber die Kraft und die Freiheit jedes Menschen die Hauptmittel seiner Erhaltung *(conservation)* sind – wie wird er sie dann anderweitig einsetzen können, ohne sich zu schaden und ohne die Pflichten sich selbst gegenüber zu vernachlässigen? Im Rahmen meines Gegenstandes kann man dieser Schwierigkeit folgenden Ausdruck geben:

Es ist eine Form der Vergesellschaftung *(forme d'association)* zu finden, die mit der gesamten gemeinsamen Kraft die Person und die Habe jedes Teilhabers verteidigt und beschützt. In ihr soll sich jeder mit allen vereinigen und dennoch nur sich selbst gehorchen und ebenso frei bleiben wie zuvor. So lautet das Grundproblem, dessen Lösung der Gesellschaftsvertrag *(contrat social)* darstellt.

Die Klauseln dieses Vertrags sind vom Wesen des Aktes so sehr vorentschieden, daß die geringste Abänderung sie vergeblich und wirkungslos machen würde, so daß sie, obwohl sie vielleicht niemals wörtlich so formuliert worden sind, überall dieselben sind, überall stillschweigend angenommen und anerkannt sind, bis jeder – sobald der Gesellschaftspakt verletzt ist – wiederum seine ursprünglichen Rechte erhält und seine natürliche Freiheit *(liberté naturelle)* zurückerlangt, während er die vertragliche Freiheit *(liberté conventionelle)* verliert, um derentwillen er auf die natürliche verzichtete. Recht verstanden gehen alle diese Klauseln auf eine zurück, nämlich die totale Übereignung *(aliénation totale)* jedes Teilhabers mit all seinen Rechten an die gesamte Gemeinschaft. Denn wenn jeder sich vollkommen hingibt, ist erstens die Lage für alle die gleiche, und wenn die Lage für alle die gleiche ist, hat keiner ein Interesse daran, sie den andern beschwerlich zu machen.

Da überdies die Übereignung ohne Vorbehalt *(sans réserve)* geschieht, ist die Vereinigung so vollkommen, wie sie sein kann. Kein Teilhaber hat mehr etwas zurückzufordern. Denn wenn den einzelnen einige Rechte verblieben, würde jeder in einigen Punkten sein eigener Richter sein und dies bald für alle Punkte beanspruchen, da es keinerlei gemeinsamen Oberen gäbe, der zwischen ihnen und der Allgemeinheit *(le public)* das Urteil spräche. Der Naturzustand bestände weiter, und der Verband würde notwendigerweise tyrannisch oder wertlos sein.

Wenn sich jeder an alle übereignet, übereignet er sich letzten Endes an niemand. Da man über keinen Teilhaber ein anderes Recht erlangt, als man ihm selbst einräumt, gewinnt man den Gegenwert für alles, was man verliert, und mehr Kraft zur Erhaltung dessen, was man hat.

Wenn man also vom Gesellschaftspakt beiseite läßt, was nicht sein

Wesen betrifft, wird man finden, daß er auf folgende Begriffe zurückzuführen ist: Jeder von uns unterstellt der Gemeinschaft seine Person und all seine Macht unter der höchsten Leitung des Gemeinwillens *(volonté générale)*, und wir als Körperschaft empfangen jedes Mitglied als vom Ganzen unabtrennbaren Teil.

Im gleichen Augenblick erschafft dieser Akt der Vergesellschaftung an Stelle der Einzelperson jedes Vertragschließenden einen moralischen und kollektiven Körper *(corps moral et collectif)*, der sich aus ebensoviel Mitgliedern zusammensetzt, wie die Versammlung Stimmen hat. Dieser erhält durch diesen Akt seine Einheit *(unité)*, sein gemeinsames *Ich (moi commun)*, sein Leben und seinen Willen. Diese öffentliche Person, die sich auf solche Weise durch die Vereinigung aller anderen Personen bildet, nahm einstmals den Namen Stadt *(Cité Polis)* an und trägt jetzt den Namen *Republik* oder Gemeinwesen *(corps politique)*, der von seinen Mitgliedern, wenn er passiv ist, *Staat (état)*, wenn er aktiv ist, *Souverän*, wenn er mit seinesgleichen verglichen wird, *Macht* genannt wird. Was die Teilhaber betrifft, so nehmen sie gemeinschaftlich den Namen *Volk* an und nennen sich als einzelne *Staatsbürger (citoyens)*, insofern sie an der souveränen Autorität teilhaben. *Untertanen (sujets)*, insofern sie den Gesetzen des Staates unterworfen sind. Doch diese Begriffe verschmelzen oft miteinander, und der eine wird für den anderen gebraucht. Es genügt, wenn man sie zu unterscheiden weiß, wo sie im ganz strengen Sinn angewendet werden.

Vom Souverän (Du souverain)

Man sieht an dieser Formel, daß der Akt der Vereinigung eine wechselseitige Verpflichtung der Allgemeinheit mit den einzelnen in sich schließt und daß jedes Individuum, das ja sozusagen mit sich selbst einen Vertrag schließt, sich in doppelter Hinsicht verpflichtet findet, nämlich als Mitglied des Souveräns den einzelnen gegenüber und als Mitglied des Staats dem Souverän gegenüber. Indessen darf man hier nicht den Grundsatz des bürgerlichen Rechts anwenden, daß niemand an Verpflichtungen gebunden ist, die er mit sich selbst eingegangen ist, denn es ist ein großer Unterschied zwischen einer Verpflichtung gegenüber sich selbst oder gegenüber einem Ganzen, an dem man teilhat.

Außerdem ist zu berücksichtigen, daß die öffentliche Beratung, die alle Untertanen gegenüber dem Souverän zu verpflichten vermag – auf Grund der zwei verschiedenen Beziehungen, unter denen jeder von ihnen betrachtet wird – aus dem entgegengesetzten Grund den Souverän nicht gegenüber sich selbst verpflichten kann. Infolgedessen ist es wider die Natur des politischen Gemeinwesens, daß sich der Souverän ein Gesetz auferlegt, das er nicht brechen könnte. Da er sich nur unter ein und derselben Hinsicht betrachten kann, ist er mithin in der Lage eines einzelnen, der einen Vertrag mit sich selbst macht: woraus zu ersehen ist, daß es keinerlei Art eines für den ganzen Volkskörper verbindlichen Grundgesetzes *(loi fondamentale)* gibt, nicht einmal den Gesellschaftsvertrag. Das bedeutet nicht, daß dieser Körper sich nicht sehr wohl einem anderen gegenüber zu etwas verpflichten könnte, was den Vertrag nicht beeinträchtigt. Denn im Verhältnis zum Ausland wird er ein einfaches Wesen, ein Individuum.

Doch die politische Körperschaft oder der Souverän kann sich – da er sein Wesen nur aus der Heiligkeit des Vertrags *(sainteté du contrat)* herleitet – niemals, selbst anderen gegenüber, zu etwas verpflichten, was diesen ersten Akt beeinträchtigt, wie etwa einen Teil von sich selbst übereignen oder sich einem anderen Souverän unterwerfen. Die Verletzung des Aktes, durch den er existiert, wäre Selbstvernichtung; und was nichts ist, bringt nichts hervor.

Sobald diese Menschenmenge dergestalt zu einem Körper vereinigt ist, kann man keins der Glieder angreifen, ohne den Körper anzugreifen. Noch weniger kann man den Körper angreifen, ohne daß seine Glieder das zu spüren bekommen. Somit nötigen Pflicht und Interesse gleicherweise die beiden vertragschließenden Teile zu gegenseitiger Hilfe. Die nämlichen Menschen müssen versuchen, innerhalb dieses doppelten Bezugs alle Vorteile miteinander zu vereinigen, die davon abhängen.

Da indessen der Souverän nur aus den einzelnen, aus denen er sich zusammensetzt, gebildet ist, hat er kein dem ihrigen Interesse entgegengesetztes Interesse und kann es gar nicht haben. Infolgedessen hat die souveräne Macht keinen Schutz vor den Untertanen nötig, denn es ist unmöglich, daß der Körper all seinen Gliedern schaden wolle. Wir werden weiter unten sehen, daß er auch keinem als einzelnen schaden kann. Der Souverän ist schon allein dadurch, daß er ist, immer alles das, was er sein muß.

Doch mit den Untertanen gegenüber dem Souverän verhält es sich nicht so. Trotz des Gemeininteresses würde diesem nichts die Einhaltung ihrer Verpflichtungen verbürgen, wenn er nicht Mittel fände, um sich ihrer Treue zu versichern.

In der Tat kann jedes Individuum als Mensch einen Sonderwillen *(volonté particulière)* haben, der dem Gemeinwillen, den es als Staatsbürger hat, entgegengesetzt oder unähnlich ist. Sein Einzelinteresse *(intérêt particulier)* kann ihm etwas ganz anderes einflüstern als das Gemeininteresse *(intérêt commun)*. Seine absolute und von Natur aus unabhängige Existenz kann ihm das, was er der gemeinsamen Sache schuldet, wie eine willkürliche Steuer vor Augen stellen, deren

Wegfall für die andern eine geringere Einbuße wäre als die Mühe, die ihm die Bezahlung machte. Indem er die moralische Person *(personne morale)*, die den Staat konstituiert, als ein nur in der Vorstellung vorhandenes Wesen betrachtet, weil es kein Mensch ist, würde er die Rechte des Staatsbürgers genießen, ohne die Pflichten des Untertans erfüllen zu wollen. Das Umsichgreifen dieser Ungerechtigkeit würde den Ruin des politischen Gemeinwesens verursachen.

Damit also der Gesellschaftspakt keine leere Formel sei, schließt er stillschweigend folgende Verpflichtung ein, die allein den anderen Kraft verleihen kann: wer immer dem Gemeinwillen den Gehorsam verweigert, wird von der Gemeinschaft dazu gezwungen. Das bedeutet nichts anderes, als daß man ihn zwingen wird, frei zu sein. Denn daß jeder Staatsbürger sich dem Vaterland anheimgibt, ist die Bedingung dafür, daß er vor jeder persönlichen Abhängigkeit *(dépendance personelle)* bewahrt wird. Diese Bedingung ist es, die das Kunstwerk und den Betrieb der politischen Maschine *(machine politique)* zuwege bringt und die allein die gesellschaftlichen Verpflichtungen rechtmäßig macht, die ohne sie unsinnig, tyrannisch und enormsten Mißbräuchen ausgesetzt wären.

Es folgen die Kapitel »Über den Gesellschaftszustand« und »Über das staatliche Sachgut«. Der letzte Absatz lautet:

Ich beende dieses Kapitel und dieses Buch mit einem Hinweis, der für jedwedes gesellschaftliche System grundlegend ist. Der Grund-Pakt setzt nämlich – statt die natürliche Gleichheit zu zerstören – an die Stelle der von der Natur aus etwa zwischen den Menschen bestehenden physischen Ungleichheit eine moralische und rechtmäßige Gleichheit *(égalité morale et légitime)*. Zwar können sie an Stärke oder Genie ungleich sein, aber sie werden durch Konvention und Recht alle gleich.

Im 2. Buch erörtert Rousseau die Begriffe Souveränität, Gemeinwille, Gesetz, Volk. Er definiert zunächst die Souveränität als unveräußerlich (inaliénable) und unteilbar (indivisible) und fragt dann, ob der souveräne Gemeinwille irren kann.

Ob der Gemeinwille irren kann

Aus dem Vorhergehenden folgt, daß der Gemeinwille immer recht *(toujours droite)* hat und immer auf den öffentlichen Nutzen *(utilité publique)* abzielt. Aber es folgt daraus nicht, daß die Beratungen des Volkes jederzeit die gleiche Lauterkeit haben. Man will jederzeit sein Wohl, aber man sieht es nicht jederzeit. Man verdirbt das Volk niemals, aber man täuscht es oft, und allein dann scheint es zu wollen, was schlecht ist.

Oft besteht ein großer Unterschied zwischen dem Gesamtwillen *(vo-*

lonté de tous) und dem Gemeinwillen *(volonté générale)*: Dieser blickt nur auf das gemeinsame Interesse, jener blickt nur auf das private Interesse und stellt nur eine Summe von Sonderwillen *(volontés particulières)* dar. Subtrahiert man aber von diesen nämlichen Willensentscheidungen das Mehr oder Weniger, das sich gegenseitig aufhebt, so bleibt als Summe, nach Abzug der Abweichungen, der Gemeinwille übrig.

Wenn bei der Beratung des hinreichend informierten Volkes die Staatsbürger keinerlei Verbindung untereinander hätten, so würde sich aus der Vielzahl kleiner Abweichungen immer der Gemeinwille ergeben, und die Beratung wäre immer gut. Sobald sich jedoch Cliquen, Sonderverbände auf Kosten des großen Verbands bilden, wird der Wille jedes dieser Verbände in bezug auf seine Mitglieder ein Gemeinwille und in bezug auf den Staat ein Sonderwille. Man kann dann sagen, es gebe nicht mehr so viele Wähler wie Menschen, sondern lediglich so viele, wie es Verbände gibt. Die Abweichungen werden weniger zahlreich und liefern ein weniger gemeinschaftliches Ergebnis. Wenn zu guter Letzt einer dieser Verbände so groß ist, daß er alle anderen überflügelt, erhält man als Ergebnis keine Summe kleiner Abweichungen mehr, sondern eine einzige Abweichung. Dann gibt es keinen Gemeinwillen mehr, und die obsiegende Ansicht ist nur eine Sonderansicht. Um wirklich die Kundgabe des Gemeinwillens vor sich zu haben, ist also ausschlaggebend, daß es im Staat keine Sondergesellschaft *(société partielle)* gibt und jeder Staatsbürger seine eigene Meinung sagt.

Es folgen historische Beispiele. Rousseau fragt dann nach der Art und Verbindlichkeit der wechselseitigen Verpflichtungen im Gesellschaftskörper.

Über die Grenzen der Macht des Souveräns

Wenn der Staat oder die Stadt (*Cité*: Polis) nur eine Moralperson *(personne morale)* ist, deren Leben in der Einheit seiner Glieder besteht, und wenn die wichtigste seiner Sorgen seiner eigenen Erhaltung gilt, bedarf er einer umfassenden und zwingenden Kraft, um jeden Teil auf die für das Ganze passendste Weise bewegen und verwenden zu können. Wie die Natur jedem Menschen eine absolute Macht über all seine Glieder gibt, gibt der Gesellschaftspakt dem politischen Körper eine absolute Macht *(pouvoir absolu)* über all die seinigen. Und ebendiese Macht trägt vom Gemeinwillen gelenkt, wie gesagt, den Namen Souveränität.

Außer der öffentlichen Person *(personne publique)* haben wir indes die Privatpersonen, aus denen sie sich zusammensetzt, zu bedenken, deren Leben und Freiheit von Natur aus unabhängig von jener sind. Es handelt sich also darum, die wechselseitigen Rechte des Staatsbürgers und des Souveräns recht zu unterscheiden, sowie die Pflichten, welche die ersteren in ihrer Eigenschaft als Untertanen zu erfüllen haben, vom Naturrecht zu unterscheiden, das sie in ihrer Eigenschaft als Menschen genießen sollen.

Man gibt zu, daß all das, was jeder durch den Gesellschaftspakt von seiner Macht, seinen Gütern, seiner Freiheit übereignet, ganz allein jener Teil ist, dessen Gebrauch für die Gemeinschaft gewichtig ist, aber man muß auch zugeben, daß allein der Souverän Richter über diese Gewichtigkeit ist.

Der Staatsbürger schuldet dem Staat alle Dienste, die er ihm leisten kann, sobald der Souverän sie fordert, aber der Souverän kann seinerseits die Untertanen mit keiner der Gemeinschaft unnützen Kette beladen. Er kann es nicht einmal wollen: denn unter dem Gesetz der Vernunft *(loi de la raison)* geschieht nichts ohne Grund, nicht weniger als unter dem Gesetz der Natur *(loi de nature)*.

Die Verpflichtungen, die uns mit dem Gesellschaftskörper verknüpfen, sind nur verbindlich, weil sie gegenseitig sind, sie sind ihrer Natur nach so beschaffen, daß man bei ihrer Erfüllung nicht für den andern arbeiten kann, ohne auch für sich selbst zu arbeiten. Warum hat der Gemeinwille immer recht, und warum wollen alle beständig das Glück eines jeden von ihnen, wenn nicht darum, weil es niemand gibt, der sich nicht dies Wort *jeder* zu eigen macht und an sich selbst denkt, indem er für alle stimmt? Das beweist, daß die Rechtsgleichheit und der von ihr erzeugte Gedanke der Gerechtigkeit sich aus dem Vorzug ableiten, den sich jeder gibt – und infolgedessen aus der Natur des Menschen; ferner daß der Gemeinwille, um wahrhaft gemeinsam zu sein, dies ebenso in seinem Ziel wie in seinem Wesen sein muß, daß er von allen ausgehen muß, um auf alle angewendet zu werden, und daß er seine natürliche Richtigkeit verliert, sobald er nach einem individuellen und bestimmten Ziel strebt, weil wir dann – da wir über etwas Fremdes urteilen – keinerlei echtes Rechtsempfinden haben, das uns leitet.

In der Tat, sobald es sich um einen Vorfall oder um ein Sonderrecht über einen Punkt handelt, der nicht durch eine gemeinsame und vorhergegangene Konvention geregelt ist, wird die Angelegenheit strittig. Das ist ein Prozeß, bei dem die interessierten einzelnen die eine Partei bilden und die Allgemeinheit die andere, wo ich aber weder das Gesetz sehe, dem man folgen muß, noch den Richter, der befinden soll. Es wäre lächerlich, wenn man sich auf eine ausdrückliche Entscheidung des Gemeinwillens beziehen wollte, die nur der Schlußantrag einer der Parteien sein könnte und infolgedessen für die andere bloß ein fremder

Sonderwille ist, der in diesem Fall zum Unrecht getrieben wurde und dem Irrtum unterliegt. Ebensowenig wie ein Sonderwille den Gemeinwillen repräsentieren kann, kann der Gemeinwille seinerseits seine Natur behalten, wenn er eine Sondersache behandelt; er kann nicht als allgemeiner über einen Menschen oder über einen Vorfall befinden.

Es folgen historische Beispiele.

Es gilt also zu verstehen, daß weniger die Zahl der Stimmen den Willen gemeinsam macht als das Gemeinschaftsinteresse, das sie vereint. Denn in dieser Einrichtung unterwirft sich jeder notwendigerweise den Bedingungen, die er den anderen auferlegt. Das ist ein bewundernswerter Einklang zwischen dem Interesse und der Gerechtigkeit, der den gemeinsamen Beratungen einen Charakter von Billigkeit verleiht, die bei der Verhandlung jeder besonderen Angelegenheit verschwindet, und zwar mangels eines gemeinsamen Interesses, das die Norm des Richters mit der der Partei vereint und identifiziert.

Von welcher Seite auch immer man auf das Prinzip zurückgeht, stets gelangt man zur selben Schlußfolgerung, nämlich daß der Gesellschaftspakt eine derartige Gleichheit zwischen den Staatsbürgern einführt, daß sie alle die gleichen Bedingungen eingehen und alle gleiche Rechte genießen müssen. Somit verpflichtet oder begünstigt infolge des Wesens des Paktes jeder Souveränitätsakt, das heißt jeder echte Akt des Gemeinwillens, alle Staatsbürger gleicherweise, dergestalt daß der Souverän einzig und allein das Ganze der Nation *(corps de la nation)* kennt und keinen von denen, die es bilden, vorzieht. Was ist also ein Souveränitätsakt eigentlich? Nicht etwa eine Konvention des Höheren mit dem Niederen, sondern eine Konvention des Körpers mit jedem seiner Glieder: eine rechtmäßige Konvention, weil sie zur Grundlage den Gesellschaftsvertrag hat; eine gerechte, weil sie für alle gemeinsam ist; eine nützliche, weil sie kein anderes Ziel als das Allgemeinwohl *(bien général)* hat; und eine festgefügte, weil sie als Garanten die öffentliche Gewalt und die höchste Macht hat. Soweit die Untertanen nur solchen Konventionen unterworfen sind, gehorchen sie niemandem, sondern allein ihrem eigenen Willen. Wenn man fragt, bis wohin sich die wechselseitigen Rechte des Souveräns und des Staatsbürgers erstrecken, so fragt man, bis zu welchem Punkt diese sich mit sich selbst zu verpflichten vermögen, jeder gegenüber allen und alle gegenüber jedem von ihnen.

Man ersieht daraus, daß die souveräne Macht – so absolut (*absolu*), so geheiligt *(sacré)*, so unverletzlich *(inviolable)* sie auch ist – die Grenzen der allgemeinverbindlichen Konventionen nicht überschreitet noch überschreiten kann; ferner daß jeder Mensch vollkommen über das verfügen kann, was ihm von seinem Besitz und seiner Freiheit durch diese Konventionen gelassen worden ist. Der Souverän hat dergestalt niemals das Recht, einen Untertan mehr als einen andern zu belasten, weil dann die Angelegenheit eine besondere wird und daher seine Macht nicht mehr berechtigt ist.

Es folgen weitere Erläuterungen. Rousseau erörtert dann die Frage, ob der souveräne Gemeinwille auch das Recht über Leben und Tod habe. Er kommt zu einem zustimmenden Ergebnis.

Über das Gesetz (De la loi)

Durch den Gesellschaftspakt haben wir dem politischen Körper die Existenz und das Leben gegeben: Jetzt handelt es sich darum, ihm durch die Gesetzgebung *(législation)* die Bewegung und den Willen zu geben. Denn der erste Akt, durch den sich dieser Körper bildet und vereint, entscheidet noch nichts darüber, was er machen muß, um sich zu erhalten.

Nach einigen einführenden allgemein gehaltenen Überlegungen fragt Rousseau:

Was aber ist denn letztlich ein Gesetz? Solange man sich damit zufriedengeben wird, mit diesem Wort nur metaphysische Ideen zu verknüpfen, wird man weiterhin klug reden, ohne sich zu verstehen. Und wenn man gesagt hat, was ein Naturgesetz ist, wird man noch nicht besser verstehen, was ein Staatsgesetz ist.

Es folgen spezielle Erläuterungen. Danach kehrt R. wieder in seinen grundlegenden Gedankengang zurück.

Sobald jedoch das ganze Volk über das ganze Volk bestimmt, betrachtet es nur sich selbst. Wenn sich dann ein Bezug bildet, entsteht er zwischen dem Gesamtobjekt unter einem Gesichtspunkt und dem Gesamtobjekt unter einem anderen Gesichtspunkt – ohne jede Teilung des Ganzen. Dann ist die Materie, über die man befindet, genauso gemeinsam wie der Wille, der befindet. Eben diesen Akt nenne ich ein Gesetz.

Wenn ich sage, der Gegenstand der Gesetze sei stets allgemein, verstehe ich darunter, daß das Gesetz die Untertanen als Gesamtheit und die Handlungen als abstrakte betrachtet, daß es weder je einen Menschen als Individuum noch eine Tat als Sonderfall auffaßt. Somit kann das Gesetz wohl entscheiden, daß es Privilegien geben soll, aber es kann sie niemandem namentlich verleihen. Das Gesetz kann mehrere Klassen von Staatsbürgern schaffen, ja sogar die Qualitäten bezeichnen, die Anrecht auf diese Klassen geben, aber es kann nicht den und jenen zur Aufnahme benennen. Es kann eine Königsregierung und eine erbliche Thronfolge errichten, aber es kann weder einen König erwählen noch eine königliche Familie namhaft machen. Kurzum, jede Funktion, die sich auf einen individuellen Fall bezieht, steht nicht der legislativen Gewalt zu.

Im Lichte dieser Idee sieht man sofort ein, daß man weder länger zu fragen braucht, wem es zusteht, Gesetze zu machen, denn sie sind Akte des Gemeinwillens; noch ob der Regierungsführer über den Gesetzen steht, denn er ist Mitglied des Staats; noch ob das Gesetz ungerecht sein kann, denn niemand ist ungerecht gegen sich selbst; noch wie man zugleich frei und doch den Gesetzen unterworfen ist, denn sie sind nur Register unserer Willensentscheidungen *(registres de nos volontés)*.

Da das Gesetz die Allgemeinheit des Willens mit der Allgemeinheit des Gegenstandes vereint, wird auch ersichtlich, daß das, was ein Mensch – wer immer er auch sein möge – aus eigenem Antrieb befiehlt, kein Gesetz ist. Nicht einmal was selbst der Souverän über einen Sonderfall befiehlt, ist ein Gesetz, vielmehr ein Erlaß; also kein Akt der Souveränität, sondern der Verwaltung.

Ich nenne also jeden durch Gesetze gelenkten Staat, unter welcher Form der Verwaltung das auch geschehen möge, Republik. Denn allein dann regiert das öffentliche Interesse und gilt die öffentliche Sache etwas. Jede rechtmäßige Regierung ist republikanisch. Weiter unten werde ich ausführen, was eine Regierung ist.

Die Gesetze sind eigentlich nur die Bedingungen des gesellschaftlichen Zusammenschlusses. Ihr Urheber muß das den Gesetzen unterworfene Volk sein. Nur denen, die sich zusammenschließen, steht es zu, die Bedingungen der Gesellschaft zu bestimmen. Wie aber werden sie sie bestimmen? Etwa durch Einstimmigkeit, durch eine plötzliche Erleuchtung? Hat der politische Körper ein Organ, um seinen Willen verkünden zu können? Wer wird ihm die notwendige Voraussicht verleihen, um ihn in Gesetzesakte umzusetzen und ihn immer schon vorher bekanntzumachen? Oder wie wird er ihn im Augenblick der Not verkünden? Wie vermöchte eine blinde Menge, die oft nicht weiß, was sie will, weil sie selten weiß, was gut für sie ist, eine so große, so schwierige Unternehmung wie ein System der Gesetzgebung von sich aus durchführen? Von sich aus will das Volk immer das Gute, aber von sich aus sieht es das nicht immer. Der Gemeinwille hat immer recht, aber das Urteilsvermögen, das ihn lenkt, ist nicht immer erleuchtet. Man muß ihm die Dinge so vor Augen stellen, wie sie sind, manchmal wie sie ihm erscheinen sollen. Man muß ihm den guten Weg, den er sucht, zeigen, ihn vor der Verführung durch die Sonderwillen bewahren, ihm die fernen Orte und Zeiten näher vor Augen rücken, den Anreiz der gegenwärtigen und spürbaren Vorteile und die Gefahr der entfernten und verdeckten Schäden gegeneinander abwägen. Die einzelnen sehen das Gute und verwerfen es, die Allgemeinheit will das Gute und erkennt es nicht. Alle haben gleicherweise Wegweiser nötig.

Den einen muß man zur Pflicht machen, ihren Willen ihrer Vernunft anzupassen; die andere muß man lehren zu erkennen, was sie will. Dann ergibt sich aus der öffentlichen Aufklärung die Einheit von Erkennen und Wollen im Gesellschaftskörper, daraus dann das genaue Zusammenwirken der Teile und endlich die größte Stärke des Ganzen. [illegible]n sieht, woraus die Notwendigkeit eines Gesetzgebers erwächst.

[illegible]n Gesetzgeber (Du législateur)

[illegible] Nationen die Regeln der besten Gesellschaft sichtbar zu ma-[illegible]rfte es einer überlegenen Intelligenz, die alle Leidenschaften [illegible]en sähe und keiner unterläge, die keinerlei Verbindung mit [illegible]ur hätte und sie von Grund auf kennte, deren Glück von [illegible]gig wäre und die sich dennoch wohlwollend mit dem un-[illegible]. Schließlich müßte sie – da sie sich mit dem Fortschritt der [illegible]n zukunftsfernen Ruhm verschaffte – in einem Jahrhundert wirken und in einem anderen die Früchte pflücken können. Götter müßten es sein, die den Menschen Gesetze geben.
Es folgen historische Vergleiche.
Wer es zu unternehmen wagt, ein Volk zu bilden *(instituer)*, muß sich imstande fühlen, sozusagen die menschliche Natur zu verwandeln. Er muß jedes Individuum, das als solches ein vollkommenes und selbständiges Ganzes ist, in einen Teil eines größeren Ganzen umformen, von dem dieses Individuum in gewisser Hinsicht sein Leben und sein Wesen empfängt. Er muß die Konstitution des Menschen verschlechtern, um sie zu verstärken. Er muß an die Stelle einer physischen und unabhängigen Existenz, die wir alle von der Natur erhalten haben, eine partielle und moralische Existenz setzen. Kurzum: er muß dem Menschen seine eigenen Kräfte nehmen, um ihm solche zu geben, die ihm fremd sind und von denen er ohne die Hilfe anderer keinen Gebrauch machen kann. Je mehr diese natürlichen Kräfte erstorben und vernichtet sind, desto größer und dauerhafter sind die erworbenen, um so gefestigter und perfekter ist auch die Institution: Wenn dergestalt jeder Staatsbürger nichts ist und nur durch alle anderen etwas vermag und die durch das Ganze erworbene Kraft der Summe der natürlichen Kräfte aller Individuen gleich oder überlegen ist, kann man sagen, daß die Gesetzgebung auf dem höchsten Gipfel der Vollendung ist, den sie erreichen kann.

Der Gesetzgeber ist in jeder Hinsicht ein außergewöhnlicher Mensch *(homme extraordinaire)* im Staat. Wenn er es schon durch sein Genie sein muß, so ist er es nicht weniger durch seine Tätigkeit. Sie ist nicht Verwaltung, sie ist nicht Souveränität. Diese Tätigkeit, die die Republik verfaßt *(constituer)* geht nicht in ihre Verfassung ein: Sie ist eine besondere und höhere Funktion, die mit der menschlichen Herrschaft nichts gemein hat; denn wenn derjenige, welcher den Menschen befiehlt, nicht den Gesetzen befehlen darf, darf derjenige, welcher den Gesetzen befiehlt, auch nicht mehr den Menschen befehlen: Andernfalls würden diese Gesetze – als Diener seiner Leidenschaften – oft nur seine Ungerechtigkeiten verewigen. Er könnte nie vermeiden, daß Sondergesichtspunkte die Heiligkeit seines Werkes beeinträchtigen.

Es folgen historische Vergleiche.

Wer die Gesetze ausarbeitet, hat oder soll keinerlei gesetzgebendes Recht haben, und selbst das Volk kann, falls es wollte, sich dieses nicht mitteilbaren Rechts nicht entkleiden, denn nach dem Grundpakt verpflichtet nur der Gemeinwille die einzelnen, und man kann nie eher sicher sein, ob ein Einzelwille mit dem Gemeinwillen übereinstimmt, als bis man ihn den freien Wahlen des Volkes unterworfen hat. Ich habe das bereits gesagt, aber es ist nicht unnütz, es zu wiederholen.

So findet man im Werk der Gesetzgebung zwei unvereinbar erscheinende Dinge zugleich: ein über die menschliche Kraft hinausgehendes Unterfangen und zu seiner Ausführung eine Autorität, die keine ist.

Noch eine andere Schwierigkeit verdient Aufmerksamkeit. Die Weisen, die zum Pöbel in ihrer Sprache statt in der seinen sprechen wollen, vermögen sich nicht verständlich zu machen. Nun gibt es tausenderlei Arten von Gedanken, die unmöglich in die Sprache des Volkes zu übersetzen sind. Zu allgemeine Pläne und zu entlegene Gegenstände liegen gleicherweise außerhalb seiner Fassungskraft. Jedes Individuum schätzt keinen anderen Regierungsentwurf als den, der sich auf sein Einzelinteresse bezieht, und bemerkt daher schwerlich die Vorteile, die es von den ständigen Entbehrungen erhalten soll, welche die guten Gesetze auferlegen. Damit ein werdendes Volk die gesunden Grundsätze der Politik schätzen und die Grundregeln der Staatsräson befolgen könnte, müßte die Wirkung zur Ursache werden können, und müßte der Gemeinsinn *(l'esprit social)*, der das Werk der Verfassung werden soll, schon die Verfassung selbst lenken, müßten die Menschen schon vor der Gesetzgebung sein, was sie durch sie werden sollen. Da mithin der Gesetzgeber weder die Gewalt noch die Urteilsfähigkeit anwenden kann, ist es eine Notwendigkeit, daß er auf eine Autorität anderer Ordnung *(autorité d'un autre ordre)* zurückgreift, die ohne Zwang mitzuteilen und ohne Beweise zu überzeugen vermag.

Es folgen historische Vergleiche. Die folgenden Kapitel handeln »Über das Volk« (Größe des Volkes, Umfang des Staatsgebietes u. a. m.)

Über die verschiedenen Systeme der Gesetzgebung

Wenn man untersucht, worin das höchste Gut aller *(le plus grand bien de tous)*, das der Zweck jedes Systems der Gesetzgebung sein soll, genau besteht, wird man finden, daß es auf diese zwei Hauptgegenstände zurückgeht: die *Freiheit* und die *Gleichheit.* Auf die Freiheit, weil jede Abhängigkeit von einzelnen eine Kraftminderung des Staatskörpers bedeutet; auf die Gleichheit, weil die Freiheit ohne sie nicht bestehen kann.

Ich habe bereits gesagt, was die staatsbürgerliche Freiheit ist. Was die Gleichheit angeht, so darf man unter diesem Wort nicht verstehen, daß die Ausmaße der Macht und des Reichtums absolut die gleichen seien, sondern daß, was die Macht betrifft, diese keine Gewaltanwendung ermögliche, und nie anders als kraft des Amtes und der Gesetze ausgeübt werde, und daß, was den Reichtum betrifft, kein Staatsbürger wohlhabend genug sei, um einen andern bestechen zu können, und keiner so arm, um gezwungen zu sein, sich zu verkaufen. Das setzt von seiten der Großen Beschränkung der Vermögen und des Einflusses und von seiten der Kleinen Beschränkung der Habgier und der Genußsucht voraus.

Es folgen Hinweise zur Verwirklichung dieser Forderung. Das folg. Kap. behandelt die »Einteilung der Gesetze«. Im 3. Buch erörtert Rousseau Probleme der Regierung (Einsetzung der Regierung, Regierungsformen unter den Bedingungen verschiedener Länder, Kennzeichen guter und schlechter Regierungsformen u. a.) sowie Aufgabe und Funktion der Abgeordneten. Er kommt zu dem Ergebnis, daß die Wahrnehmung eines repräsentativen Mandats nicht möglich ist, weil die Souveränität nicht stellvertretend ausgeübt werden kann:

Sie besteht wesensmäßig im Gemeinwillen, und der Wille repräsentiert sich niemals: er ist er selbst oder er ist ein anderer; ein Mittleres gibt es nicht. Die Abgeordneten *(députés)* des Volkes sind also weder seine Repräsentanten *(représentants)* noch können sie es sein; sie sind nur seine Beauftragten *(commissaires)*; sie können nichts endgültig beschließen. Jedes Gesetz, das das Volk nicht in Person ratifiziert hat, ist nichtig; es ist kein Gesetz *[. . .]* Da das Gesetz nur die Verkündung des Gemeinwillens ist, ist klar, daß das Volk in der gesetzgebenden Gewalt nicht repräsentiert werden kann, aber es kann und muß das in der exekutiven Gewalt, die nur die auf das Gesetz angewandte Gewalt ist.

Im Mittelpunkt des 4. Buches steht die Frage, wie der Gemeinwille und damit die Einheit des Staates erhalten werden kann (Stimmrecht, Wahlen, Ernennungen u. a.). Das Buch schließt mit der Forderung nach einer »staatsbürgerlichen Religion«.

Über die staatsbürgerliche Religion (De la religion civile)

Rousseau geht aus von theokratisch regierten Gemeinwesen, in denen Theologie und Politik eine Einheit bilden und somit die Frage nach der substantiellen Einheit religiös beantwortet wird. Das Christentum läßt diese Einheit nicht mehr zu.

Das waren die Umstände, unter denen Jesus in die Welt kam und ein geistiges Königreich errichtete. Indem so das theologische System vom politischen System getrennt wurde, war der Staat nicht länger mehr eine Einheit. Das verursachte die inneren Spaltungen, deren Erschütterungen unter den christlichen Völkern nie aufgehört haben. Freilich, diese neue Idee eines Königreichs der anderen Welt ging den Heiden nie in den Kopf, und sie betrachteten die Christen stets als echte Rebellen, die unter der Maske heuchlerischer Unterwerfung nur den Augenblick erwarteten, um sich unabhängig und zu Herren zu machen, und um die Autorität geschickt zu usurpieren, die sie zu achten vorgaben, solange sie schwach waren. So stand es um die Ursache der Verfolgungen.

Was die Heiden befürchteten, ist eingetreten. Darauf hat alles ein anderes Gesicht angenommen. Die demütigen Christen haben die Sprache gewechselt, und bald sah man, wie dies vorgebliche Königreich der andern Welt unter einem sichtbaren Oberhaupt in dieser hier zum gewalttätigsten Despotismus wurde.

Da es indessen weiterhin eine Regierungsführung und bürgerliche Gesetze gab, entwickelte sich aus dieser doppelten Macht ein ständiger Konflikt über die Zuständigkeit, der in den christlichen Staaten jede gute Politik *(bonne politie)* unmöglich gemacht hat. Nie wurde endgültig geklärt, wem man mehr Gehorsam schulde, dem Herrn oder dem Priester.

Rousseau führt diesen Gedanken weiter aus. Er kommt zu dem Ergebnis:

Alles, was die gesellschaftliche Einheit zerreißt, taugt nichts. Alle Einrichtungen, die den Menschen mit sich selbst in Widerspruch setzen, taugen nichts.

Aber ich täusche mich, wenn ich von einer christlichen Republik spreche: Jedes der beiden Worte schließt das andere aus. Das Christentum predigt nur Knechtschaft und Unterwerfung. Sein Geist ist der Tyrannei nur zu günstig, als daß sie nicht immer Gewinn daraus geschlagen hätte. Die wahren Christen sind zu Sklaven geschaffen; sie wissen es und regen sich kaum darüber auf. Dieses kurze Leben ist in ihren Augen zu wenig wert.

Es folgen Bemerkungen über die Eigenschaften christlicher Soldaten.

Doch lassen wir die politischen Betrachtungen beiseite, kehren wir zum

Recht zurück, legen wir die Prinzipien dieses wichtigen Fragenkreises fest. Das Recht, das der Gesellschaftspakt dem Souverän über die Untertanen gibt, überschreitet, wie ich gesagt habe, nicht die Grenzen der öffentlichen Nützlichkeit. Die Untertanen sind also dem Souverän nur insoweit Rechenschaft über ihre Meinungen schuldig, wie diese Meinungen für die Gemeinschaft von Bedeutung sind. Freilich ist es für den Staat sehr bedeutsam, daß jeder Staatsbürger eine Religion habe, die ihn seine Pflichten lieben läßt. Aber die Dogmen dieser Religion interessieren sowohl den Staat als auch seine Mitglieder nur so weit, wie sie sich auf die Moral und auf die Pflichten beziehen, die ihr Bekenner gegenüber dem anderen zu erfüllen gehalten ist. Darüber hinaus kann jeder so viele Meinungen haben, wie es ihm paßt, ohne daß es dem Souverän zukommt, davon zu wissen. Denn da er für die andere Welt nicht zuständig ist, was immer auch das Schicksal der Untertanen in dem künftigen Leben sei, so ist das seine Sache nicht, wenn sie nur in diesem hier gute Staatsbürger sind.

Es gibt also ein rein staatsbürgerliches Glaubensbekenntnis, dessen Glaubensartikel festzulegen dem Souverän zusteht, zwar nicht geradezu als Dogmen der Religion, sondern als Gemeinschaftsgefühle *(sentiments de sociabilité)*, ohne die es weder möglich ist, ein guter Staatsbürger noch ein treuer Untertan zu sein. Ohne jemand zwingen zu können, sie zu glauben, kann er jedweden, der sie nicht glaubt, aus dem Staat verbannen. Er kann ihn nicht wegen Gottlosigkeit verbannen, aber als gesellschaftsfeindlich *(insociable)*, als unfähig, die Gesetze und die Gerechtigkeit aufrichtig zu lieben und im Notfall sein Leben seiner Pflicht zu opfern. Und wenn einer, der sich öffentlich zu eben diesen Dogmen bekannt hat, sich verhält, als wenn er sie nicht glaube, so soll er mit dem Tode bestraft werden. Er hat das größte Verbrechen begangen, er hat im Angesicht der Gesetze gelogen.

Die Dogmen der staatsbürgerlichen Religion müssen einfach, gering an Zahl, mit Präzision, ohne Erklärungen und Kommentare kundgetan sein. Die Existenz der mächtigen, vernünftigen, wohltätigen, vorsehenden und vorsorgenden Gottheit, das künftige Leben, die Glückseligkeit der Gerechten, die Bestrafung der Bösen, die Heiligkeit des Gesellschaftsvertrags und der Gesetze – das sind die positiven Dogmen. Was die negativen Dogmen angeht, so beschränke ich sie auf ein einziges, nämlich die Intoleranz. Sie gehört den Kulten an, die wir ausgeschlossen haben.

Meines Erachtens täuschen sich diejenigen, welche gesellschaftliche und theologische Intoleranz voneinander unterscheiden. Beiderlei Unduldsamkeit ist untrennbar. Man kann unmöglich mit Menschen in Frieden leben, die man für verdammt hält. Sie lieben hieße Gott hassen, der sie bestraft. Man ist unbedingt verpflichtet, sie wieder zu bekehren oder sie zu verfolgen. Überall wo die theologische Intoleranz zugelassen ist, kann sie unmöglich ohne gesellschaftliche Auswirkungen bleiben. Sobald sie welche hat, ist der Souverän nicht mehr Souverän, nicht einmal im Weltlichen. Von nun an sind die Priester die wahren Herren, die Könige sind nur noch ihre Beamten.

Jetzt, wo es keine abgeschlossene nationale Religion mehr gibt und geben kann, soll man alle jene Religionen dulden, welche die anderen dulden, soweit ihre Dogmen nicht im Gegensatz zu den Pflichten des Staatsbürgers stehen. Wer immer aber zu sagen wagt: außer der Kirche ist kein Heil, soll aus dem Staat verjagt werden, es sei denn, der Staat sei die Kirche und der Regierungsführer sei der Pontifex. Ein solches Dogma ist nur unter einer theokratischen Regierung gut, unter allen anderen ist es verderblich.

Es folgen historische Vergleiche.

[12]

CONDORCET

Bericht und Entwurf einer Verordnung über die allgemeine Organisation des öffentlichen Unterrichtswesens (1792)

Marie Jean Antoine Nicolas Caritat Marquis de Condorcet, 1743–1794, frz. Gelehrter, Enzyklopädist, Mitglied der Pariser Akademie der Wissenschaften und der Académie Française, 1774 Generalinspekteur der Staatsmünze. Condorcet schloß sich 1789 der Revolution an, gründete mit Siéyès die »Société de 1789«, wurde Abgeordneter und Vizepräsident des Konvents sowie Sprecher des Komitees für öffentlichen Unterricht; verfolgt von den Jakobinern. Der Schulplan wurde am 20. und 21. April 1792 der Gesetzgebenden Versammlung durch C. vorgetragen.

Quelle: Kleine Päd. Texte, Bd. 36, hrsg. von G. L. Furck, G. Geißler, W. Klafki und E. Siegel, mit einer Einleitung von H.-H. Schepp, Weinheim 1966, S. 20 ff. Übersetzung: R. Schepp.

Meine Herren,

allen Angehörigen des Menschengeschlechts die Mittel zugänglich zu machen, daß sie für ihre Bedürfnisse sorgen, ihr Wohlergehen sichern, ihre Rechte erkennen und ausüben, ihre Pflichten begreifen und erfüllen können;

jedem die Möglichkeit zu sichern, seine berufliche Geschicklichkeit zu vervollkommnen, sich für gesellschaftliche Funktionen vorzubereiten, zu denen berufen zu werden er berechtigt ist, den ganzen Umfang seiner Talente, die er von der Natur empfangen hat, zu entfalten und dadurch unter den Bürgern eine tatsächliche Gleichheit herzustellen und die politische Gleichheit, die das Gesetz als berechtigt anerkannt hat, zu einer wirklichen zu machen:

das muß das erste Ziel eines nationalen Unterrichtswesens sein; und unter diesem Gesichtspunkt ist es für die öffentliche Gewalt ein Gebot der Gerechtigkeit

den Unterricht so zu lenken, daß die Vervollkommnung der Kunstfertigkeiten den Lebensgenuß der Allgemeinheit der Bürger erhöht und den Wohlstand derer, die sie betreiben, steigert;

daß eine immer größere Zahl von Menschen fähig wird, die für die Gesellschaft notwendigen Funktionen gut zu erfüllen; und daß die ständig wachsenden Fortschritte der Erkenntnisse eine unerschöpfliche Quelle erschließen, die unseren Bedürfnissen hilft, die unsere Schmerzen heilt, die uns Mittel gibt für das individuelle Glück und den allgemeinen Wohlstand;

schließlich in jeder Generation die physischen, intellektuellen und moralischen Fähigkeiten auszubilden und dadurch zu jener allgemeinen und stufenweise fortschreitenden Vervollkommnung des Menschengeschlechts beizutragen, von der jede gesellschaftliche Institution als ihrem letzten Ziel geleitet werden soll:

das muß außerdem der Zweck des Unterrichts sein; und der öffentlichen Gewalt ist diese Pflicht durch das allgemeine Interesse der Gesellschaft, ja durch das Interesse der ganzen Menschheit auferlegt.

Aber als wir unter diesem doppelten Gesichtspunkt die gewaltige Aufgabe, die uns gestellt war, bedachten, empfanden wir von den ersten Schritten an, daß es einen Teil des allgemeinen Unterrichtssystems gibt, den man absondern konnte, ohne dem Ganzen zu schaden, ja, den loszulösen notwendig war, um die Verwirklichung des neuen Systems zu beschleunigen: nämlich die Einteilung und allgemeine Organisation der öffentlichen Unterrichtsanstalten.

In der Tat, wie auch die Meinungen sein mögen über die genaue Dauer jeder Schulstufe; über die Art des Unterrichts; über das Mehr oder Weniger an Autorität, die den Eltern erhalten bleibt oder den Lehrern eingeräumt wird; über die Zusammenfassung der Schüler in Internaten, die von der öffentlichen Gewalt eingerichtet werden; über die Möglichkeiten, mit dem eigentlichen Unterricht die Entwicklung der physischen und moralischen Fähigkeiten zu vereinen – die Organisation kann dieselbe sein; außerdem zwang die Notwendigkeit, den Standort für die Anstalten zu bestimmen und Elementarbücher abfassen zu lassen, lange bevor die Anstalten selbst tätig werden können, dazu, auf die gesetzliche Entscheidung über diesen Teil der uns anvertrauten Arbeit zu drängen.

Wir dachten, daß es in diesem allgemeinen Organisationsplan unsere erste Sorge sein müßte, die Erziehung einerseits so gleich und so allgemein zu verbreiten, andererseits so vollständig zu gestalten, wie die Umstände es erlauben; daß allen in gleicher Weise der Unterricht gegeben werden müsse, den auf alle auszudehnen möglich ist, aber keinem Teil der Bürger der höhere Unterricht verweigert werden dürfe, den man unmöglich der großen Masse der Individuen zuteil werden lassen kann; den einen Unterricht einzurichten, weil er für die nützlich ist, die ihn erhalten, und den anderen, weil er sogar denen nützt, die ihn nicht erhalten.

Da es die erste Bedingung jeden Unterrichts ist, nur Wahrheiten zu lehren, müssen die Anstalten, die die öffentliche Gewalt dafür weiht, so unabhängig wie möglich von aller politischen Autorität sein; da aber diese Unabhängigkeit nichtsdestoweniger nicht absolut sein kann, folgt aus demselben Prinzip, daß das Unterrichtswesen nur von der Versammlung der Repräsentanten des Volkes abhängig zu machen ist; denn da diese von allen Gewalten die unbestechlichste ist, am weitesten davon entfernt, von Sonderinteressen geleitet zu werden, da sie am meisten unter dem Einfluß der allgemeinen Meinung aufgeklärter Personen steht und weil von ihr überhaupt ihrem Wesen nach alle Veränderungen ausgehen, ist sie folglich der geringste Feind des Fortschritts der Erkenntnisse, widerspricht sie am wenigsten den Verbesserungen, die dieser Fortschritt herbeiführen soll.

Wir haben schließlich darauf geachtet, daß der Unterricht die Individuen nicht in dem Augenblick preisgeben darf, in dem sie die Schule verlassen; daß er vielmehr alle Altersstufen umfassen muß, daß es keine gibt, in der zu lernen nicht nützlich und möglich ist; und daß dieser Sekundär-Unterricht um so notwendiger ist, je engere Grenzen dem Unterricht in der Kindheit gezogen waren. Gerade hier liegt einer der Hauptgründe für die Unwissenheit, in die die armen Klassen der Gesellschaft heute gestoßen sind; die Möglichkeit, einen Anfangsunterricht zu erhalten, fehlt ihnen nicht weniger als die, seine Vorteile zu bewahren.

Wir wollten nicht, daß in Zukunft auch nur ein einziger Mensch im Reich sagen könnte: das Gesetz sichert mir vollständige Gleichheit der Rechte zu, aber man verweigert mir die Mittel, sie zu kennen. Ich soll nur vom Gesetz abhängig sein, aber meine Unwissenheit macht mich von allem abhängig, was mich umgibt. In meiner Kindheit hat man mich wohl gelehrt, was ich zu wissen bedurfte, aber da ich gezwungen war zu arbeiten, um zu leben, sind diese ersten Kenntnisse bald verblaßt, und es blieb mir nur der Schmerz, in meiner Unwissenheit nicht den Willen der Natur zu fühlen, sondern die Ungerechtigkeit der Gesellschaft. Wir glaubten, daß die öffentliche Gewalt den armen Bürgern sagen muß: das Vermögen eurer Eltern hat euch nur mit den unentbehrlichsten Kenntnissen versehen können; aber man sichert euch leicht zugängliche Mittel zu, diese zu bewahren und zu erweitern. Wenn die Natur euch Talente geschenkt hat: ihr sollt sie entwickeln können, und sie sollen nicht verlorengehen, weder für euch noch für das Vaterland.

Der Unterricht muß also universell sein, das heißt, er muß sich auf alle Bürger erstrecken. Er muß so gleichmäßig jedem zugute kommen, wie es die notwendige Begrenzung der Kosten, die Verteilung der Menschen auf dem Territorium und die mehr oder weniger lange Zeit, die die Kinder ihm widmen können, erlauben. Er muß auf seinen verschiedenen Stufen das ganze System menschlicher Kenntnisse umfassen und den Menschen in allen Lebensaltern die Möglichkeit sichern, ihre Kenntnisse zu bewahren oder neue zu erwerben.

Schließlich darf keine öffentliche Gewalt die Autorität, ja nicht einmal die Kompetenz besitzen, die Entwicklung neuer Wahrheiten und die Lehre neuer Theorien zu verhindern, die ihrer besonderen Politik oder ihren augenblicklichen Interessen widersprechen.

Dies sind die Prinzipien gewesen, die uns bei unserer Arbeit leiteten. Wir haben fünf Stufen des Unterrichts unterschieden, und zwar unter dem Namen: 1. Primärschulen; 2. Sekundärschulen; 3. Institute; 4. Lyzeen; 5. Nationale Gesellschaft der Wissenschaften und Künste.

In den folgenden Kapiteln beschreibt Condorcet Lage, Einrichtung, Lehrpläne und Unterrichtsweisen der verschiedenen Schulstufen. Er kritisiert das überkommene Unterrichtswesen und die überlieferten Inhalte des Unterrichts und plädiert für eine bevorzugte Stellung der Mathematik, der Naturwissenschaften, der politischen Wissenschaft und einer rationalen Morallehre.

Ihr schuldet der französischen Nation einen Unterricht, der auf der Höhe des Geistes des achtzehnten Jahrhunderts steht, jener Philosophie, die, indem sie die gegenwärtige Generation erleuchtet, schon die höhere Vernunft ankündigt, vorbereitet und ihr vorhergeht, zu der der unaufhaltsame Fortschritt des Menschengeschlechts die künftigen Generationen ruft.

Das sind unsere Prinzipien gewesen; und nach dieser vernunftgemäßen Philosophie, die frei ist von allen Ketten, befreit von jeder Autorität und jeder alten Gewohnheit, haben wir die Gegenstände des öffentlichen Unterrichts ausgewählt und eingeteilt. Nach eben dieser Philosophie haben wir die moralischen und politischen Wissenschaften als einen unerläßlichen Bestandteil des allgemeinen Unterrichts angesehen.

Wie könnte man in der Tat hoffen, jemals die Moral des Volkes zu heben, wenn man nicht der Moral der Menschen, die es aufklären können und die dazu berufen sind, es zu führen, eine exakte und strenge Analyse der moralischen Gefühle sowie der daraus entstehenden Anschauungen und der aus ihnen folgenden Prinzipien der Gerechtigkeit als Grundlage geben würde?

Gute Gesetze, sagt Platon, sind solche, die von den Bürgern mehr geliebt werden als das Leben. Wie sollten tatsächlich die Gesetze gut sein, wenn man zu ihrem Vollzug eine dem Willen des Volkes fremde Gewalt einsetzen und der Rechtsprechung den Beistand der Tyrannei leihen müßte? Aber damit die Bürger die Gesetze lieben, ohne aufzuhören, wahrhaft frei zu sein, und damit sie die Unabhängigkeit der Vernunft bewahren, ohne die die Begeisterung für die Freiheit nur eine Leidenschaft und keine Tugend ist, müssen sie diese Prinzipien der natürlichen Gerechtigkeit, diese wesentlichen Rechte des Menschen kennen, von denen die Gesetze nur die Ableitung oder die Anwendung sind.

Es folgen Hinweise für den Unterricht in den Instituten und Erörterungen der Grundlagen der Morallehre.

Die Prinzipien der Moral, die in den Schulen und in den Instituten gelehrt werden, sollen die sein, die – gegründet auf unsere natürlichen Gefühle und auf die Vernunft – allen Menschen in gleicher Weise zukommen. Weil die Verfassung das Recht jedes Individuums auf Wahl seines Glaubens anerkennt und eine vollständige Gleichheit zwischen allen Einwohnern Frankreichs herstellt, gestattet sie es auf keinen Fall, im öffentlichen Unterricht eine Lehre zuzulassen, die die Kinder einer Gruppe von Bürgern zurückweist und die dadurch die Gleichheit der gesellschaftlichen Vorteile zerstört und besonderen Dogmen eine mit der Freiheit der Meinungen unvereinbare bevorzugte Stellung gibt. Es war also unbedingt notwendig, die Moral von den Prinzipien jeder speziellen Religion zu trennen und im öffentlichen Unterricht nicht die Lehre irgendeines religiösen Glaubens zuzulassen. Sie alle können in den Gotteshäusern von ihren eigenen Predigern gelehrt werden.

In den nächsten Kapiteln stellt Condorcet die 4. und 5. Stufe des öffentlichen Unterrichtswesens vor: Lehrinhalte, Auswahl der Studenten und Professoren, Art des Unterrichts, Gliederung und Zuordnung der wissenschaftlichen Disziplinen, Verhältnis von Theorie und Praxis, Unabhängigkeit der wissenschaftlichen Anstalten in Forschung und Lehre.

Condorcets »Bericht und Entwurf ...« schließt mit einem Blick in die Zukunft:

Den Plan, den wir der Nationalversammlung vorlegen, ist nach der Prüfung des gegenwärtigen Standes der Aufklärung in Frankreich und

Europa zusammengestellt worden; er berücksichtigt, was uns jahrhundertelange Betrachtungen über den Gang des menschlichen Geistes in den Wissenschaften und den Künsten haben lehren können; und er entspricht schließlich den neuen geistigen Fortschritten, die man erwarten und voraussehen kann.

Wir haben zu erforschen versucht, was zuverlässiger dazu beitragen könnte, dem menschlichen Geist einen festeren Gang zu verleihen und seine Fortschritte zu beschleunigen.

Es wird ohne Zweifel eine Zeit kommen, in der die durch Autorität eingesetzten gelehrten Gesellschaften überflüssig und folglich gefährlich sein werden, in der sogar jede öffentliche Unterrichtsanstalt nutzlos werden wird: Das wird jene Zeit sein, wo kein allgemeiner Irrtum mehr zu fürchten ist, wo alle Ursachen, die das Interesse oder die Leidenschaften zugunsten von Vorurteilen beeinflussen, ihre Wirkung eingebüßt haben; wo sich die Aufklärung gleichmäßig auf alle Orte desselben Gebietes wie auf alle Klassen derselben Gesellschaft ausgebreitet hat; wo alle Wissenschaften und ihre Anwendungsgebiete vom Joch allen Aberglaubens wie vom Gift falscher Doktrinen befreit sind; wo jeder Mensch endlich in seinem eigenen Wissen und in der Redlichkeit seines Geistes ausreichend Waffen findet, alle Listen der Scharlatane zurückzuweisen: Aber diese Zeit ist noch fern; unsere Aufgabe muß es sein, sie vorzubereiten und den Beginn dieser Epoche schneller herbeizuführen; und wenn wir daran arbeiten, diese neuen Einrichtungen zu schaffen, sind wir gezwungen, uns unaufhörlich damit zu beschäftigen, jenen glücklichen Augenblick schneller herbeizuführen, in dem sie alle überflüssig werden.

[13]

Michel Lepeletier

Plan einer Nationalerziehung (1794)

Louis-Michel Lepeletier de Saint-Fargeau, 1760–1793, vom Adel für die Generalstände gewählt, Wechsel zu den Jakobinern, 1790 Präsident der Assemblée constituante, Mitglied des Konvents. Er verfaßte einen Plan für die öffentliche Erziehung in Frankreich, in dem, unter dem Primat der Gleichheit, zum erstenmal Erziehungsforderungen vom Standpunkt der Besitzlosen aufgestellt werden.

Quelle: Robert Alt (Hrsg.), Erziehungsprogramme der Französischen Revolution, Mirabeau–Condorcet–Lepeletier, Berlin/Leipzig 1949, S. 121 ff.

Lepeletier geht davon aus, daß die drei vorrangig in der Nationalversammlung erörterten Gegenstände – Verfassung, Zivilgesetze, öffentliche Erziehung – auf der »gleiche(n) Stufe der Bedeutung und Schwierigkeit« stehen. Er bezieht sich zunächst auf den von Condorcet vorgetragenen Schulplan.

Der öffentliche Unterricht ist schon der Gegenstand einer interessanten Diskussion gewesen, und die Art und Weise, wie man diesen Gegenstand behandelt hat, macht der Versammlung Ehre und verspricht Frankreich schöne Früchte. Dennoch aber gestehe ich, daß das, was bisher über diesen Gegenstand gesagt worden ist, nicht der Idee entspricht, die ich mir von einem vollendeten Erziehungsplan gebildet habe. Ich habe gewagt, einen umfassenderen Gedanken zu fassen, und habe mich bei dem Anblick, bis zu welchem Grade das Menschengeschlecht durch das Laster unseres alten sozialen Systems herabgesunken ist, von der Notwendigkeit überzeugt, daß wir eine gänzliche Regeneration hervorrufen und, wenn ich mich so ausdrücken darf, ein ganz neues Volk schaffen müssen.

Menschen zu formen und die menschlichen Kenntnisse zu verbreiten, das sind die beiden Teile des Problems, welches wir zu lösen haben. Das erste macht das Wesen der Erziehung aus, das zweite das des Unterrichts. Wenn letzterer, obwohl er allen angeboten wird, dennoch durch die Natur der Dinge das exklusive Eigentum eines kleinen Teils der Gesellschaft wird, infolge der Verschiedenheit der Berufe und Talente, so muß dagegen die Erziehung ein Gemeingut aller sein und über alle ihre Wohltaten verbreiten.

Mit dem Unterricht hat sich das Komitee schon beschäftigt und Euch nützliche Gesichtspunkte vorgehalten; die Frage nach der Erziehung hat es aber ganz und gar unberührt gelassen. Kurz, der Plan des öffentlichen Unterrichts, den das Komitee entworfen hat, scheint mir sehr genügend; aber das Komitee hat sich nicht mit der Erziehung beschäftigt. Das ganze System des Komitees beruht darauf, daß vier Stufen des Unterrichts eingerichtet werden sollen, nämlich Primärschulen, Sekundärschulen, Institute, Lyzeen. In den drei letzten finde ich einen Plan, der sehr weise entworfen ist für die Erhaltung, Fortpflanzung und die Verbesserung der menschlichen Kenntnisse. Diese drei Grade eröffnen dem Unterricht eine reiche Quelle, und ich finde zugleich in ihnen die passenden Mittel, um die Talente derjenigen Bürger zu unterstützen, welche sich den Wissenschaften und Künsten widmen wollen. Aber vor diesen höheren Stufen, welche nur für eine geringe Zahl Menschen nützlich werden können, suche ich einen allgemeinen Unterricht für alle, der den Bedürfnissen aller angemessen ist, welcher die Schuld der Republik gegen alle ist, mit einem Wort, ich suche eine

Erziehung, welche wahrhaft und allgemein national ist, und ich bekenne, daß der erste Grad der Schule, welchen das Komitee unter dem Namen Primärschule Euch vorlegt, mir weit davon entfernt scheint, alle diese Vorteile zu bieten.

Außerdem bemerke ich zu meinem großen Bedauern, daß bis zum sechsten Jahr das Kind dem bewachenden Auge des Gesetzgebers entschlüpft und daß dieser wichtige Abschnitt des Lebens den bestehenden Vorurteilen und den alten Irrtümern überlassen bleibt. Im sechsten Jahr fängt das Gesetz an, seinen Einfluß auszuüben; aber dieser Einfluß ist nur partiell, momentan, und nach der Natur der Dinge kann er sich nur auf den geringsten Teil der Nation erstrecken. Nach dem Plane des Komitees sollen ungefähr 20 000 bis 25 000 Primärschulen errichtet werden, das heißt ungefähr eine solche Schule für die Quadratmeile. Hier macht sich aber die erste Ungleichheit fühlbar; denn die Kinder, welche in Städten wohnen, wo die Primärschule ist, werden viel leichter, öfter und beständiger vom Unterricht profitieren, während im Gegenteil diejenigen, welche auf dem Lande und in Dörfern wohnen, infolge der lokalen Schwierigkeiten, der Jahreszeiten und einer Menge anderer Umstände die Schule nicht so fleißig besuchen können.

Es folgt ein rechnerischer Beleg für diese Behauptung.

Eine weit größere Ungleichheit entsteht aber infolge des verschiedenen Vermögens der Eltern, und hier haben die Wohlhabenden, das heißt der kleinste Teil der Nation, den ganzen Vorteil. Diese bedürfen nicht der Arbeit des Kindes, um es zu ernähren, und können es also leicht alle Tage und mehrere Stunden am Tage in die Schule schicken. Aber können die Armen das?

Es folgt eine Schilderung der Familiensituation der armen Kinder.

Demnach würden die Schulen, so wie man sie Euch vorschlägt, in Wahrheit nur einer kleinen Zahl der unabhängigen Bürger Nutzen bringen; auf der einen Seite würden die Eltern durch ihre Kinder reichlich die Früchte des Unterrichts sammeln, während auf der andern für den Armen nur eine Nachlese möglich sein wird.

Lepeletier kritisiert an den vorliegenden Plänen zur Primarerziehung die Vernachlässigung der Leibeserziehung und Gesundheitspflege sowie die nur auf die Schule beschränkte moralische Erziehung. Er will »für das Heil der Republik eine größere Bestimmung fassen«:

Laßt uns wagen, ein Gesetz zu machen, welches alle diese Hemmnisse aus dem Wege räumt, welches die vollendetsten Erziehungspläne leicht macht, welches alle diese schönen Institutionen ins Leben ruft, ein Gesetz, welches doch gemacht sein wird binnen zehn Jahren, wenn wir uns der Ehre berauben, es gemacht zu haben, ein Gesetz ganz zugunsten des Armen, weil es ihm mitteilt vom Überfluß des Reichtums, welches der Reiche selbst billigen muß, sobald er nur nachdenkt, welches er lieben muß, sobald er Gefühl hat. Dieses Gesetz besteht darin, eine Erziehung zu gründen, die wahrhaft national, republikanisch, in Form und Wirkung gemein für alle und allein imstande ist, das Menschengeschlecht zu regenerieren, sowohl am Leibe wie an der Seele; mit einem Wort, es ist dieses Gesetz die Errichtung der öffentlichen Erziehung. Laßt uns das heilbringende Prinzip einer solchen heilig halten; aber zugleich verstehen, diejenigen Modifikationen an dasselbe heranzubringen, welche der gegenwärtige Stand der Geister und das industrielle Interesse der Republik erheischen möchten!

Ich verlange, daß Ihr dekretiert, daß vom fünften bis zwölften Jahre für die Knaben, vom fünften bis elften für die Mädchen, alle Kinder, ohne Unterschied und ohne Ausnahme, gemeinschaftlich erzogen werden sollen auf Kosten der Republik und daß alle unter dem heiligen Gesetz der Gleichheit dieselbe Kleidung, dieselbe Nahrung, denselben Unterricht, dieselbe Sorgfalt erhalten.

Was die Art und Weise betrifft, wie ich Euch vorschlagen werde, die Last dieser Einrichtung zu verteilen, so wird sie fast ganz auf den Reichen fallen, für den Armen soll die Taxe kaum fühlbar sein. Ihr werdet also die Vorteile einer progressiven Auflage, die Ihr einzurichten wünscht, erreichen; ohne Störung und Ungerechtigkeit werdet Ihr die enormen Ungleichheiten des Vermögens, deren Existenz eine öffentliche Schmach ist, verwischen.

In aller Kürze will ich nun die Vorteile, die Details und die Mittel zur Ausführung des Planes, den ich Euch vorlege, auseinandersetzen.

Es folgen Ratschläge für die häusliche Erziehung der Kleinkinder und Überlegungen über die Einführung der allgemeinen Internatserziehung.

Hier tritt uns eine Frage von großer Bedeutung entgegen. Soll die öffentliche Erziehung obligatorisch sein für die Eltern oder sollen die Eltern nur das Recht haben, nach Belieben von dieser Nationalwohltat profitieren zu dürfen? Darauf antworte ich: dem Prinzip nach und für das öffentliche Wohl müssen alle Eltern verpflichtet sein, ihre Kinder der Nationalerziehung hinzugeben, und in wenigen Jahren müssen sie alle verpflichtet sein! Aber bei den gegenwärtigen Verhältnissen wird es Euch vielleicht passend scheinen, nur ganz allmählich die Geister an die Reinheit der Maxime unserer neuen Konstitution zu gewöhnen. Nur mit Bedauern schlage ich Euch das vor und stelle Eurer Weisheit eine Modifikation anheim, von der es mein innerster Wunsch ist, daß Ihr sie nicht für notwendig haltet. Sie besteht darin, zu dekretieren, daß von jetzt an in vier Jahren die öffentliche Erziehung von den Eltern beliebig benutzt werden kann; aber wenn dieser Zeitraum verflossen ist, sobald wir, wenn ich mich so ausdrücken darf, die republikanische Stärke und Reife erlangt haben werden, so verlange ich, daß jeder, welcher seine Kinder der öffentlichen Erziehung verweigert, seiner Bürgerrechte beraubt wird während der ganzen Zeit, die er sich weigert, diese Bürgerpflicht zu erfüllen, und daß er außerdem das Doppelte bezahle an der Kindersteuer, von der ich später sprechen werde.

Es folgen Angaben über die Beschaffung der Gebäude und die Zahl der Kinder und Lehrer.

Ich verfahre nur in großen Zügen und entwickle nicht die Art, wie man die Gebäude, die Ernennung, die Verteilung der Lehrer und Lehrerinnen, die innere Ordnung des Hauses zu beschaffen hat; alle diese Details werden den Gegenstand besonderer Reglements ausmachen. – Dagegen eile ich, die interessanteste Frage meiner Arbeit zu beantworten, worunter ich das System der Erziehung verstehe, wie es bei dem öffentlichen Unterricht befolgt werden soll.

Hier vermeide ich jede abstrakte Theorie, die gelehrten Untersuchungen über die Natur des Menschen, über die physische und moralische Perfektionalität desselben, über den Ursprung und die Ursachen seiner Neigungen, Leidenschaften, Tugenden, Laster. Mögen Forscher, mögen Metaphysiker über diese großen Fragen nachsinnen, ich gestehe, daß ich nur einfache und klare Ideen liebe. Ich suche eine gute Methode, die nützlich ist, gute Mittel, die man handhaben kann, gute Resultate, die einleuchtend sind. Daß hier nichts geistreich, daß dagegen alles nützlich sei! Ich bin immer der Meinung gewesen, daß in der Politik, der Gesetzgebung, der Nationalökonomie zu feine, zu verwickelte und, wenn ich mich so ausdrücken darf, zu vollendete Konzeptionen geringen Nutzen haben. Man muß allgemeine Wirkungen hervorrufen, sie massenhaft erzeugen, und wenn ich dahin gelange, die Existenz einer Summe von Vorteilen, die für die Gesellschaft im ganzen und das Individuum im einzelnen fühlbar sind, realisiert zu haben, so werde ich glauben, der Menschheit und meinem Vaterlande gute Dienste geleistet zu haben.

Laßt uns nicht vergessen, was der Gegenstand dieser ersten für alle gemeinschaftlichen und für alle gleichen Erziehung ist. Wir wollen den Kindern diejenigen physischen und moralischen Geschicklichkeiten geben, die für jeden notwendig sind, wie auch seine besondere Stellung sein mag. Wir bilden die Kinder nicht für diese oder jene Bestimmung; man muß sie ausrüsten mit den Vorteilen, deren Nützlichkeit den Menschen aller Stände gemein ist. – Kurz, wir präparieren, um so zu sprechen, einen ersten Stoff, den wir wesentlich gutzumachen beabsichtigen, bei dem wir die Elemente dergestalt herausarbeiten, daß er, wenn er aus unsern Händen hervorgegangen ist, die besonderen Modifikationen der verschiedenartigen Berufe, aus denen die Republik besteht, anzunehmen imstande ist. Das ist das Problem, welches wir zu lösen haben, und hier teile ich die Art und Weise mit, wie ich glaube, daß wir mit Nutzen vorwärtsschreiten können.

Es folgen Angaben über die Gesundheitserziehung. Lepeletier hebt dann die Bedeutung der Arbeitserziehung hervor.

Nächst der Kraft und der Gesundheit ist dasjenige Gut, welches die öffentliche Erziehung allen schuldig ist, weil es für alle von unschätzbarem Nutzen ist, die Gewöhnung an die Arbeit. Ich spreche hier nicht von dieser oder jener Industrie, sondern ich verstehe darunter im allgemeinen den Mut, eine beschwerliche Arbeit zu unternehmen, jene Tätigkeit bei der Ausführung, jene Beharrlichkeit in der Verfolgung der Sache, jene Ausdauer bis zum Ziele, welche den tätigen Menschen charakterisiert. Bildet solche Menschen, und die Republik, bald zusammengesetzt aus diesen kräftigen Elementen, wird in ihrem Busen die Früchte des Ackerbaus und der Industrie um das Doppelte wachsen sehen. Bildet solche Menschen, und Ihr werdet beinahe alle Verbrecher verschwinden sehen. Bildet solche Menschen, und der abscheuliche Anblick des Elends wird Eure Blicke nicht mehr treffen. Erzeugt in Euren jungen Zöglingen diesen Geschmack, dieses Bedürfnis, dieses Gewohntsein an Arbeit, und ihre Existenz ist gesichert, sie hängen dann nur von sich selber ab.

Ich habe diesen Teil der Erziehung für einen der wichtigsten gehalten. In der Tagesbeschäftigung wird alles übrige Nebensache, die Händearbeit wird die Hauptbeschäftigung sein. Eine geringe Anzahl Stunden wird davon befreit sein; alle Mittel, welche die Menschen in Bewegung setzen können, sollen angewandt werden, um den Eifer unserer arbeitsamen Jugend zu entzünden. Die Familienväter, die Zöglinge, die Lehrer, alle werden durch das Gesetz, welches ich Euch proponiere, dabei interessiert werden, die möglichst größte Masse von Arbeit in den Werkstätten der Kinder zu produzieren.

Lepeletier beschreibt die verschiedenen Tätigkeiten der Kinder in der Landwirtschaft und in den Manufakturen. Er lobt dann die Vorteile einer »exakten Disziplin« »für das Glück unseres sozialen Lebens«.

Laßt uns eingedenk sein, daß wir Menschen erziehen, welche bestimmt sind, die Freiheit zu genießen, und daß es keine Freiheit gibt ohne Gehorsam gegen die Gesetze. Alle Tage und jeden Augenblick gebeugt unter das Joch einer bestimmten Regel, werden alle Zöglinge des Vaterlandes sich ausgebildet finden zur heiligen Abhängigkeit von den Gesetzen und den legitimen Gewalten. Betrachtet den jungen Soldaten, ehe er diente, und dann, wenn er nur einige Zeit gedient hat. Er ist nicht mehr derselbe Mensch, und dennoch ist diese Veränderung das Werk einiger Monate militärischer Disziplin. Wie sollte dieses Mittel nicht noch wirksamer sein, wenn man es auf die zarten und biegsamen Organe der Kindheit anwendet, mit Weisheit handhabt und mit Geschick und Verstand in Tätigkeit treten läßt.

Ohne eine gemeinschaftliche und nationale Erziehung ist es unmöglich, die beiden wichtigen Gewohnheiten hervorzurufen, die ich soeben entwickelt habe. Zwei Stunden in der Schule würden kaum das Werk beginnen, und die Unabhängigkeit am übrigen Tage würde jede Wirkung verwischen. Ohne Nationalerziehung müßt Ihr darauf verzichten, das zu bilden, was ich die Sitten der Kindheit nenne, welche nach meinem Plan bald die Sitten der Nation ausmachen werden; und ich verstehe darunter die Soziabilität, den Charakter, eine Sprache, welche nicht roh ist, die Haltung und Führung eines freien Menschen, endlich die freimütigen Manieren, welche gleich entfernt sind von Verfeinerung und bäuerischem Wesen. Es ist notwendig, daß unter gleichen Bürgern derselben Republik diese verschiedenen Vorteile der Erziehung über alle verteilt werden; denn man hat gut reden, diese Nuancen, wenn sie existieren, erzeugen unberechenbare Unterschiede und rufen zu harte Ungleichheiten unter den Menschen hervor.

Ich weiß nicht, ob ich mich irre; aber es scheint mir, als ob alle diese Eigenschaften, die ich bisher aufgezählt habe, eine reiche Quelle von Vorteilen für die Kinder und den Staat sind; es sind die wahren Fundamente einer heilbringenden Erziehung; ohne sie gibt es keine Erziehung. Wenn wir sie nicht in der Kindheit allen Bürgern verschaffen, dann wird die Nation niemals neu geboren werden. Und von allen diesen angegebenen Eigenschaften und Gewöhnungen finde ich keine einzige in dem System des Komitees angegeben. Es ist diesem Plan ganz fremd, Gewöhnungen zu erzeugen. Nützlichen Unterricht bietet er allen an; aber Unterricht reicht nicht aus, um »Menschen« zu machen.

Jetzt will ich denn das Wesen des Unterrichts abhandeln, die einzige Partie der Erziehung, welche das Komitee abgehandelt hat, und hier werde ich meinen Weg machen im Einverständnis mit demselben.

Es folgen Hinweise auf die Inhalte des Unterrichts, auf die notwendige Trennung von allgemeiner Morallehre und spezieller religiöser Unterweisung.

Bisher habe ich den Gegenstand, den ich behandle, nur unter dem Gesichtspunkte der Erziehung betrachtet; jetzt will ich ihn Euch unter einem andern sehr wichtigen Gesichtspunkte darstellen, unter dem der Staatsökonomie.

Die Not der Armut verringern, den Überfluß des Reichtums verringern, ist ein Ziel, wohin alle unsere Institutionen gerichtet sein müssen; aber sowohl die Gerechtigkeit wie die Klugheit müssen unsere Schritte begleiten. Nur Schritt für Schritt kann man hier vorwärtsgehen, jedes heftige Mittel ist unzulässig. Denn heilig ist das Eigentum, und dieses Recht hat durch Euer erstes Dekret eine neue und authentische Garantie erhalten. Das angenehmste und wirksamste Mittel aber, den immensen Unterschied des Vermögens aufzuheben und die bizarre Ungleichheit, welche der Zufall des Eigentums unter die Bürger geworfen hat, wiedergutzumachen, besteht in dem Modus der Verteilung der öffentlichen Lasten. Es demjenigen leicht machen, der wenig hat, und das Gewicht vorzugsweise auf dem Reichen ruhen lassen, darin besteht die ganze Theorie, und eine sehr glückliche und leichte Anwendung dieser Theorie finde ich in der neuen Charte, welche resultieren wird aus der Einführung der öffentlichen Erziehung.

Kurz: das Kind des Armen soll erzogen werden auf Kosten des Reichen, so aber, daß alle den Beitrag liefern in einem gerechten Verhältnis, dergestalt, daß man die Armen nicht die Demütigung fühlen läßt, welche der Empfang einer Wohltat hervorruft.

Lepeletier beschäftigt sich eingehend mit den Möglichkeiten der Finanzierung und Verwaltung der öffentlichen Erziehung. Zum Schluß gibt er eine Zusammenfassung seines Plans:

Es soll also von dem fünften bis zum zwölften Jahre, das heißt in dieser Lebenszeit, welche so entscheidend ist für die physische und moralische Natur des Menschen, der Eindruck, die Gewöhnung, alles, was die Republik ausmachen muß, in eine wahrhaft republikanische Form getan werden. Dort in gleicher Weise behandelt und ernährt, gekleidet und belehrt, soll die Gleichheit für die jungen Zöglinge nicht eine besondere Theorie, sondern eine fortwährend tätige Praxis sein. Eine ganz neue, arbeitsame, geregelte, disziplinierte Masse soll sich also bilden und welche eine undurchdringliche Mauer von der unreinen Berührung mit den Vorurteilen unseres alten Geschlechts ferngehalten hat. Also alle gemeinschaftlich und ohne äußere Sorgen sollen sie durch die Munifizenz der Nation denselben Unterricht, dieselben Kenntnisse empfangen, und die zufälligen Umstände der Entfernung der Heimat und der Armut der Eltern sollen keinem die Wohltat des Vaterlandes vereiteln. Der Armut wird also das gegeben, was ihr fehlt, der Reichtum eines Teiles seines Überflusses beraubt, und ohne Krisis und große Erschütterung werden, ohne daß man es merkt, diese zwei Krankheiten des Staatskörpers verschwinden.

Lange hat man sich nach der Gelegenheit gesehnt, einer zahlreichen und bedeutenden Partei der Gesellschaft zu Hilfe zu kommen; die Revolutionen der drei letzten Jahre haben viel getan für die übrigen Klassen der Menschen, aber fast nichts für die notwendigste, für die Proletarier, deren einziges Eigentum in der Arbeit besteht. Allerdings ist die Feudalität zerstört, aber nicht für sie; denn sie besitzen nichts auf dem frei gemachten Boden. Die Kontributionen sind gerechter verteilt worden; aber gerade durch ihre Armut waren sie nicht kontributionsfähig, mithin war für sie die infolge der gerechteren Verteilung der Kontributionen eingetretene Erleichterung kaum fühlbar. Allerdings ist ferner die bürgerliche Gleichheit wiederhergestellt; aber Unterricht und Erziehung wird ihnen nicht zuteil; sie tragen das ganze Gewicht des Titels: »Bürger«, aber haben sie in Wahrheit die Fähigkeit für die Ehre, auf die der Bürger Anspruch machen kann? *[. . .]* Hier ist die Revolution des Armen, aber eine sanfte und friedliche Revolution, eine Revolution, welche sich durcharbeitet, ohne das Eigentum und die Gerechtigkeit zu verletzen. Adoptiert die Kinder der armen Bürger, und es existiert für sie keine Not mehr. Adoptiert ihre Kinder, und Ihr bringt ihnen Hilfe in dem teuersten Gebiet ihres Daseins. Oh, daß diese jungen Bäume in die nationale Baumschule verpflanzt werden, daß derselbe Boden ihnen nahrhafte Säfte zuführe, daß eine kräftige Kultur sie ausbilde, daß sie, wie durch die Strahlen eines wohltätigen Gestirns belebt, wachsen, gedeihen und um die Wette vorwärts eilen unter den Augen und dem süßen Einfluß des Vaterlandes!

Lepeletier beendet seinen Plan mit einer kurzen Skizze der Möglichkeiten einer nachschulischen Weiterbildung.

[14]

ALEXIS DE TOCQUEVILLE

Über Freiheit, Gleichheit und Herrschaft (1835)

Alexis de Tocqueville, 1805–1859, Richter, Historiker und Politiker, Mitglied der Akademie der moralischen und politischen Wissenschaften sowie der Académie française; 1831/32 ausgedehnte Reise durch die Vereinigten Staaten von Amerika zum Studium der dort entstehenden demokratischen Gesellschaftsverfassung, 1839 Mitglied der Deputiertenkammer, nach der Februarrevolution von 1848 Mitglied der Konstituante und der Legislative (gemäßigt liberal), 1849 Außenminister. Nach dem Staatsstreich Louis Napoleons vorübergehend verhaftet, zog sich dann ins Privatleben zurück. Tocqueville bemühte sich als einer der ersten, die von der Französischen Revolution ausgehenden Bewegungen als Gesamtvorgang zu begreifen und zu analysieren.

Quelle: A. d. Tocqueville, Das Zeitalter der Gleichheit, Auswahl aus Werken und Briefen, übersetzt und herausgegeben von S. Landshut, Köln und Opladen 1967, S. 3 ff., »Über die Demokratie in Amerika«.

Einleitung zur »Demokratie in Amerika«

Unter all dem Neuen, das während meines Aufenthalts in den Vereinigten Staaten meine Aufmerksamkeit auf sich zog, ist mir nichts so lebhaft aufgefallen wie die Gleichheit der gesellschaftlichen Verhältnisse. Sogleich war mir der mächtige Einfluß offensichtlich, den diese Tatsache ersten Ranges auf den Gang der Gesellschaft ausübt. Sie gibt dem öffentlichen Geist eine bestimmte Richtung, den Gesetzen einen bestimmten Charakter, den Regierenden neue Grundsätze und den Regierten eigentümliche Gewohnheiten.

Bald erkannte ich, daß eben diese Tatsache ihren Einfluß weit über die politischen Zustände und die Gesetze hinaus erstreckt und daß sie ihre Herrschaft über die bürgerliche Gesellschaft nicht weniger geltend macht als über die Regierung: Sie schafft Meinungen, bewirkt Stimmungen, regt Gewohnheiten an, und was sie nicht selbst hervorbringt, verändert sie.

Je mehr ich mich also in das Studium der amerikanischen Gesellschaft vertiefte, desto mehr erkannte ich in der Gleichheit der gesellschaftlichen Verhältnisse die Ur-Tatsache, von der sich jede einzelne Tatsache herzuleiten schien, und immer wieder stieß ich auf sie als auf einen zentralen Punkt, bei dem alle meine Beobachtungen landeten.

Als dann meine Gedanken sich zu unserem Weltteil zurückwandten, schien es mir, als bemerkte ich dort etwas dem Schauspiel Entsprechendes, das mir die Neue Welt bot. Ich bemerkte, daß die Gleichheit der gesellschaftlichen Verhältnisse, ohne schon jenen extremen Grad erreicht zu haben wie in den Vereinigten Staaten, sich ihm doch mit jedem Tag mehr näherte; und eben die Demokratie, wie sie die amerikanische Gesellschaft beherrschte, schien mir in Europa rasch der Herrschaft entgegenzueilen.

Da faßte ich die Idee zu dem vorliegenden Buch.

Eine große demokratische Revolution vollzieht sich in unserer Mitte; jedermann bemerkt sie, aber nicht jeder beurteilt sie in der gleichen Weise. Die einen betrachten sie als etwas Neues und hoffen, da sie sie für etwas Zufälliges halten, sie noch aufhalten zu können. Anderen aber erscheint sie als unwiderstehlich, weil sie sie als die beständigste, die älteste und die dauerhafteste Tatsache ansehen, die in der Geschichte bekannt ist.

Es folgen Ausführungen über die geschichtlichen Ursprünge der demokratischen Revolution, unter denen Tocqueville die katholische Kirche, die Jurisprudenz, das Geld- und Handelswesen, Literatur und Bildung und die absolute Monarchie hervorhebt.

Überall sieht man, wie die verschiedensten Ereignisse im Leben der Völker sich zugunsten der Demokratie ausgewirkt haben; alle Menschen haben ihr durch ihre Handlungen den Weg bereitet: die einen, deren Absicht es war, ihren Erfolg zu fördern; aber auch die anderen, die keineswegs daran dachten, ihr dienlich zu sein; diejenigen, die für sie kämpften, und selbst diejenigen, die sich als ihre Feinde erklärten; alle miteinander wurden in dieselbe Bahn getrieben, und alle haben zusammengearbeitet, die einen wider Willen, die anderen unbewußt, blinde Werkzeuge in den Händen Gottes.

Die allmähliche Entwicklung zur Gleichheit der gesellschaftlichen Verhältnisse ist also ein Faktum der Vorsehung, dafür zeugen ihre wesentlichen Merkmale: sie ist universal, sie ist beständig, sie entzieht sich täglich der menschlichen Macht; alle Ereignisse und alle Menschen dienen dieser Entwicklung.

Kann man sich vernünftigerweise vorstellen, daß eine gesellschaftliche Bewegung, die so weit herkommt, durch die Bemühungen einer Generation aufgehalten werden könnte? Glaubt man etwa, daß die Demokratie, nachdem sie die Feudalität vernichtet und die Könige besiegt hat, vor den Bürgern und den Reichen zurückweichen wird? Wird sie jetzt haltmachen, da sie so stark geworden ist und ihre Gegner so schwach?

Wohin geht es also mit uns? Niemand kann das sagen; denn schon fehlt uns der Anhalt für einen Vergleich: In der christlichen Welt unserer Tage sind die gesellschaftlichen Stände einander mehr angeglichen als je zu irgendeiner Zeit und in irgendeinem anderen Land der Welt; so hindert die Größe dessen, was schon zur Tatsache geworden ist, vorauszusehen, was noch kommen kann.

Das ganze vorliegende Buch ist unter der Wirkung einer Art religiösen Erschreckens geschrieben worden, das der Anblick dieser unwiderstehlichen Revolution in der Seele des Verfassers ausgelöst hat, einer Revolution, die seit so vielen Jahrhunderten über alle Hindernisse hinwegschreitet, und die wir auch heute noch inmitten der Trümmer, die sie hinterlassen hat, weiter vordringen sehen.

Es folgen Hinweise auf die unwiderstehliche Gewalt des Gleichheitspostulats in Vergangenheit und Zukunft. Daraus ergeben sich neue Aufgaben für die politische Wissenschaft.

Die Demokratie zu erleuchten, wenn möglich sie in ihren Glaubensgrundsätzen zu bestärken, ihre Sitten zu läutern, ihre Bewegungen zu regulieren, Stück um Stück ihren Mangel an Erfahrung durch das Wissen um ihre Sache, ihre blinden Instinkte durch die Einsicht in ihr wahres Interesse zu ersetzen; ihre Regierung den Bedingungen von Zeit und Ort anzupassen; sie den Umständen und den Menschen gemäß zu ändern: das ist die erste Pflicht, die in unseren Tagen den führenden Personen der Gesellschaft auferlegt ist.

Eine ganz neue Welt bedarf einer neuen politischen Wissenschaft.

In den folgenden Ausführungen gibt Tocqueville einen Rückblick auf die aristokratische gegliederte Gesellschaft und fragt, wie eine demokratische Gesellschaft aussehen könnte.

Diese so gegliederte Gesellschaft vermochte fest und dauerhaft, mächtig und vor allem glanzvoll zu sein.

Aber da vermischen sich die Stände; die Scheidewände zwischen den Menschen fallen; die Besitzungen werden aufgeteilt, die Macht verteilt sich, die Kenntnisse breiten sich aus, die Intelligenz wird gleichmäßiger; der Zustand der Gesellschaft wird demokratisch, und in friedlicher Weise macht sich die Herrschaft der Demokratie in Institutionen und Sitten geltend.

So stelle ich mir eine Gesellschaft vor, in der alle das Gesetz als ihr eigenes Werk ansehen, es lieben und sich ihm ohne Sträuben unterwerfen, eine Gesellschaft, in der die Autorität der Regierung als notwendig, aber nicht als göttlich geachtet wird, in der die Liebe zum Oberhaupt des Staates nicht eine leidenschaftliche Ergebenheit des Gemütes, sondern ein abgewogenes und vernünftiges Gefühl ist. Da jeder seine Rechte hat und sicher ist, daß sie gewahrt werden, so würde sich zwischen allen Klassen ein männliches Vertrauen und eine Art gegenseitiger Gutwilligkeit befestigen, ebenso fern von allem Ehrgeiz wie von aller Niedrigkeit.

Über seine wahren Interessen aufgeklärt, würde das Volk verstehen, daß man, um die Wohltaten der Gesellschaft zu genießen, sich ihren Anforderungen unterwerfen muß. Die freie Vereinigung der Bürger würde dann an die Stelle der persönlichen Macht der Adeligen treten, und der Staat wäre vor Tyrannei und Willkür geschützt.

Es ist mir klar, daß in einem demokratischen Staat von solcher Verfassung die Gesellschaft keineswegs ohne Bewegung sein wird; doch können die Bewegungen des gesellschaftlichen Ganzen geregelt und fortschrittlich sein; wenn man hier weniger Glanz antrifft als unter der Aristokratie, so wird man auch weniger Elend finden; die Genüsse werden hier weniger verfeinert und das Wohlergehen allgemeiner sein, das Wissen weniger großartig und die Unwissenheit seltener; die Gefühle weniger kraftvoll und die Gewohnheiten milder; man wird hier mehr Untugenden und weniger Verbrechen begegnen.

Bei allem Mangel an Enthusiasmus und Glaubenseifer werden Wissenschaft und Erfahrung den Bürger manchmal zu großen Opfern veranlassen; da jeder so schwach ist wie der andere, ist er in gleicher Weise auf seinen Nachbarn angewiesen; und da er weiß, daß er dessen Unterstützung nur erhalten kann, wenn er ihm selbst seine Hilfe leiht, so wird er mühelos begreifen, daß sein besonderes Interesse mit dem allgemeinen Interesse zusammenfällt.

Die Nation als Ganzes wird weniger großartig, weniger glanzvoll, vielleicht weniger stark sein; aber die Mehrzahl der Bürger wird sich größerer Wohlhabenheit erfreuen und das Volk sich friedlich erweisen, nicht, weil es keine Besserung erhofft, sondern weil es sich des Guten zu erfreuen weiß.

Wenn in einer solchen Ordnung der Dinge auch nicht alles gut und sinnvoll wäre, so hätte sich die Gesellschaft doch wenigstens alles zu eigen gemacht, was sie an Sinnvollem und Gutem zu bieten hat, und die Menschen hätten, wenn sie schon die gesellschaftlichen Vorteile, die die Aristokratie aufzuweisen hat, für immer aufgeben, aus der Demokratie alle Vorzüge übernommen, die diese für sie bereithaben kann.

Was aber haben wir, als wir die gesellschaftliche Verfassung unserer Vorfahren aufgaben, als wir ihre Institutionen, ihre Ideen und ihre Sitten über den Haufen warfen, statt dessen eingeführt?

In den folgenden Kapiteln gibt Tocqueville eine kritische Analyse der möglichen Auswirkungen der Gleichheit.

Die Vorliebe für die Gleichheit

Wenn die Lebensbedingungen ungleich sind und zwischen den Menschen Unterschiede bestehen, dann gibt es einige sehr gebildete, sehr unterrichtete, kraft ihrer Intelligenz sehr mächtige einzelne, und eine sehr unwissende und beschränkte Menge. Menschen, die in aristokratischen Epochen leben, neigen also verständlicherweise dazu, sich in ihren Ansichten an der überlegenen Einsicht eines einzelnen oder einer Klasse zu orientieren, sind aber kaum bereit, die Unfehlbarkeit der Masse anzuerkennen.

Das Gegenteil tritt in den Zeiten der Gleichheit ein. In dem Maße, in dem die Bürger sich einander angleichen und ähnlicher werden, verringert sich bei jedem die Neigung, einem bestimmten Menschen oder einer bestimmten Klasse blindlings Glauben zu schenken. Die Geneigtheit zum Glauben an die Masse nimmt zu und mehr und mehr ist es die öffentliche Meinung, die die Welt regiert.

Die allgemeine Meinung ist bei den demokratischen Völkern nicht nur der einzige Kompaß, der dem einzelnen für sein Denken bleibt; sie hat bei diesen Völkern auch eine unendlich viel größere Macht als bei jedem anderen. In Zeiten der Gleichheit schenken die Menschen, gerade weil sie sich so gleich sind, einander keinen Glauben mehr; aber eben diese Ähnlichkeit verleiht ihnen ein fast unbegrenztes Vertrauen in das Urteil des Publikums; denn da sie alle auf derselben Bildungsstufe stehen, erscheint es ihnen unwahrscheinlich, daß die Wahrheit nicht auf der Seite der größeren Zahl zu finden sein sollte.

Wenn der Mensch, der in den demokratischen Ländern lebt, sich als einzelner mit allen in seiner Umgebung vergleicht, empfindet er voller Stolz, daß er jedem von ihnen gleich ist; sobald er sich aber die Gesamtheit seiner Mitmenschen vor Augen stellt und sich selbst neben dieser großen Gemeinschaft sieht, ist er auch schon von der eigenen Bedeutungslosigkeit und Schwäche überwältigt.

Gerade die Gleichheit, die ihn von jedem seiner Mitbürger als einzelnen unabhängig macht, liefert ihn vereinzelt und schutzlos der Wirkung der großen Zahl aus.

Die Öffentlichkeit besitzt also bei den demokratischen Völkern eine einzigartige Macht, von der sich die aristokratischen Nationen nicht einmal in der Vorstellung ein Bild zu machen vermochten. Sie überzeugt nicht von ihren Anschauungen, sie zwingt sie auf und prägt sie den Gemütern durch einen gewaltigen geistigen Druck aller auf den Verstand des einzelnen ein.

Es folgen Ausführungen über die Funktion der Öffentlichkeit in den Vereinigten Staaten.

So wird die geistige Autorität andersartig sein, nicht aber geringer, und weit entfernt von der Annahme, daß sie einmal aufhören müsse, vermute ich, daß sie leicht zu stark werden und schließlich gar die Tätigkeit des individuellen Verstandes auf engere Grenzen beschränken wird, als es der Größe und dem Glück der Menschheit förderlich ist. Mir ist völlig klar, daß die Gleichheit zwei Richtungen einschlagen kann: eine, die den Geist jedes Menschen neuen Gedanken öffnet, und die andere, die ihn dahin bringt, daß er am liebsten gar nichts mehr denkt. Und ich kann mir vorstellen, wie die Demokratie unter der Wirkung bestimmter Gesetze die geistige Freiheit erstickt, der die gesellschaftlichen Voraussetzungen der Demokratie an sich entgegenkommen, so daß der menschliche Geist, nachdem er alle Fesseln zerbrochen hat, die ihm Klassen oder Menschen einst auferlegten, sich eng an den Gemeinwillen der großen Zahl ketten wird.

Wenn die demokratischen Völker alle die verschiedenen Gewalten, die den Verstand des einzelnen über Gebühr behinderten oder lähmten, durch die absolute Gewalt einer Mehrheit ersetzten, dann hätte sich nur die Art des Übels geändert. Die Menschen hätten keineswegs die Möglichkeit gefunden, unabhängig zu leben; sie hätten nur eine neue Seite der Knechtschaft entdeckt. Das muß – ich kann es nicht oft genug wiederholen – allen tief zu denken geben, denen die Freiheit des Geistes heilig ist, und die nicht nur den Despoten, sondern die Despotie hassen. Mir jedenfalls liegt wenig daran, zu wissen, wer mich unterdrückt, wenn ich spüre, wie sich die Hand der Gewalt mir auf die Stirn legt, und ich stecke meinen Kopf nicht bereitwilliger ins Joch, nur weil Millionen Arme es mir entgegenstrecken ...

Die erste und heftigste Leidenschaft, welche die Gleichheit der gesellschaftlichen Bedingungen entfacht, ist, was keiner Erwähnung bedarf, die Liebe zu eben dieser Gleichheit. Es wird also niemand überraschen, daß ich zuerst über sie spreche.

Daß diese leidenschaftliche Sehnsucht nach Gleichheit in unserer Zeit und vor allem in Frankreich die Herzen der Menschen von Tag zu Tag stärker erfüllt, hat jeder beobachtet. Hundertmal ist behauptet worden, daß der Mensch unserer Tage sich ungleich leidenschaftlicher und anhaltender für die Gleichheit entflamme als für die Freiheit; doch ist man meiner Ansicht nach den letzten Gründen dafür noch nicht genügend nachgegangen. Ich will es versuchen.

Man kann sich einen äußersten Punkt vorstellen, an dem Freiheit und Gleichheit sich berühren und ineinander übergehen.

Ich gehe von der Annahme aus, daß alle Bürger sich an der Regierung beteiligen und jeder das gleiche Recht hat, sich an ihr zu beteiligen.

Da sich dann keiner von seinen Mitmenschen unterscheidet, wird niemand eine tyrannische Gewalt ausüben können; die Menschen werden völlig frei sein, weil sie alle völlig gleich sind; und sie werden alle vollständig gleich sein, weil sie alle ganz frei sind. Dieses Ideal streben die demokratischen Völker an.

Es ist die vollendetste Form, die die Gleichheit auf Erden annehmen kann; doch gibt es tausend andere, die zwar nicht ganz so vollkommen sind, den Völkern darum aber nicht weniger am Herzen liegen.

Die Gleichheit kann in der bürgerlichen Gesellschaft hergestellt sein, ohne doch in der politischen Welt zu herrschen. Alle können das Recht haben, sich den gleichen Freuden zu widmen, in die gleichen Berufe einzutreten, sich an den gleichen Orten zu begegnen; mit einem Wort, auf die gleiche Art zu leben und mit den gleichen Mitteln Reichtum zu erwerben, ohne auch in gleicher Weise an der Regierung beteiligt zu sein.

Sogar in der politischen Welt kann eine Art Gleichheit eingeführt werden, auch wenn es keine politische Freiheit gibt. Jeder steht auf gleicher Stufe mit allen seinen Mitmenschen, mit Ausnahme eines einzigen, der unterschiedslos Herr über alle ist und so unter allen die Handlanger seiner Macht auswählt.

Es wäre nicht schwer, sich noch mehrere andere Voraussetzungen auszudenken, unter denen sich eine beträchtliche Zahl leicht mit mehr oder weniger freien Einrichtungen verbinden kann, aber auch mit Einrichtungen, die keineswegs frei sind.

Obwohl die Menschen nicht absolut gleich werden können, ohne völlig frei zu sein, und die Gleichheit infolgedessen in ihrem höchsten Stadium mit der Freiheit zusammenfällt, hat man doch allen Grund, beide gegeneinander abzuheben.

Das Gefallen, das die Menschen an der Freiheit haben, und das, welches sie an der Gleichheit empfinden, sind, genau betrachtet, getrennte Dinge, und ich scheue mich nicht, hinzuzufügen, daß sie bei den demokratischen Völkern zwei grundverschiedene Dinge sind.

Wer genügend Aufmerksamkeit aufbringt, wird sehen, daß sich in jedem Zeitalter eine besondere und beherrschende Tatsache findet, an die sich die anderen anknüpfen. Diese Tatsache ruft fast immer einen Grundgedanken oder eine entscheidende Leidenschaft wach, die dann schließlich alle Gefühle und alle Ideen in ihren Bann zieht und mitreißt. Sie ist wie der große Strom, dem jeder der Bäche in der Umgebung zuzufließen scheint.

Die Freiheit hat sich den Menschen in verschiedenen Zeiten und unter verschiedenen Formen offenbart; sie war nie ausschließlich an eine bestimmte gesellschaftliche Ordnung gebunden, und man begegnet ihr auch außerhalb der Demokratien. Sie kann also nicht das besondere Wesen der demokratischen Jahrhunderte ausmachen.

Die besondere und beherrschende Tatsache, die diese Jahrhunderte kennzeichnet, ist die Gleichheit des gesellschaftlichen Standes; die entscheidende Leidenschaft, die die Menschen in diesen Zeiten bewegt, ist die Liebe zu dieser Gleichheit.

Man frage nicht, welchen besonderen Reiz die Menschen demokratischer Zeitalter darin sehen, als Gleiche miteinander zu leben, noch welche besonderen Gründe sie haben können, sich so hartnäckig an die Gleichheit zu klammern, mehr als an die anderen Güter, die die Gesellschaft ihnen bietet: Die Gleichheit bildet das Wesensmerkmal der Epoche, in der sie leben; das allein erklärt zur Genüge, daß sie sie allem vorziehen.

Unabhängig von diesem Grund gibt es aber noch verschiedene andere, die zu allen Zeiten die Menschen gewöhnlich dazu bestimmen werden, der Gleichheit den Vorzug vor der Freiheit zu geben.

Wenn es einem Volk jemals gelingen sollte, die Gleichheit, die in seiner Mitte herrscht, zu beseitigen oder auch nur abzuschwächen, so wird es nur durch lange und mühsame Anstrengungen dazu kommen. Es müßte dann seine Gesellschaftsordnung erneuern, seine Gesetze aufheben, seine Ideen wandeln, seine Gewohnheiten wechseln und seine Sitten ändern. Um jedoch die politische Freiheit zu verlieren, genügt es schon, sie nicht festzuhalten, und schon entgleitet sie.

Den Menschen liegt also nicht nur an der Gleichheit, weil sie ihnen kostbar ist; sie klammern sich auch an sie, weil sie glauben, daß sie immer bestehenbleiben muß.

Es gibt niemand, der so beschränkt und so leichtfertig wäre, nicht zu erkennen, daß die politische Freiheit in ihrer Übersteigerung die Ruhe, die ererbten Güter, das Leben des einzelnen Bürgers gefährden kann. Hingegen sehen nur die aufmerksamen und weitblickenden Menschen die Gefahren, die uns von der Gleichheit drohen, und meist vermeiden sie es, darauf hinzuweisen. Sie wissen, daß das Unglück, das sie kommen sehen, noch fern ist, und beruhigen sich damit, daß es nur die künftigen Generationen treffen wird, derentwegen sich die gegenwärtige Generation keine Sorgen macht. Die Schäden, welche die Freiheit manchmal anrichtet, treten sofort auf; sie sind allen sichtbar, und alle nehmen mehr oder weniger Anstoß an ihnen. Die Schäden, welche die äußerste Gleichheit hervorrufen kann, treten nur langsam zutage; sie schleichen sich allmählich in die Gesellschaft ein; man bemerkt sie nur dann und wann, und wenn sie am schlimmsten geworden sind, hat die Gewohnheit bereits bewirkt, daß man sie nicht mehr empfindet.

Die Wohltaten, welche die Freiheit verschafft, zeigen sich nur im Lauf der Zeit, und die Ursache, aus der sie entstanden sind, wird leicht übersehen.

Die Vorteile der Gleichheit sind sofort spürbar, und man sieht sie täglich aus ihrer Quelle entspringen.

Die politische Freiheit bereitet einer gewissen Anzahl von Bürgern von Zeit zu Zeit erhabene Genugtuung.

Die Gleichheit verschafft jedem Menschen täglich eine Menge bescheidener Befriedigungen. Die Reize der Gleichheit werden in jedem Augenblick empfunden und sind allen zugänglich; die edelsten Herzen sind nicht unempfindlich für sie, und die vulgärste Seele genießt sie. Die Leidenschaft, welche die Gleichheit entzündet, muß also heftig und zugleich allgemein sein.

Die Menschen könnten sich der politischen Freiheit nicht erfreuen, ohne sie mit einigen Opfern zu erkaufen, und sie erwerben sie sich immer nur durch große Anstrengungen. Aber die Freuden, welche die Gleichheit verschafft, bieten sich von selbst an. Jedes der kleinen Ereignisse des persönlichen Lebens scheint sie auszulösen, und um sie zu kosten, braucht man nur zu leben.

Es folgen Hinweise auf den Absolutismus in Europa, der die Freiheit beseitigte und die Gleichheit herbeiführte, während es Absolutismus in den Vereinigten Staaten nicht gab und die Freiheit sich aus der Ungebundenheit der ersten Siedler ergab.

Isolierung der einzelnen als Folge der Gleichheit

Ich habe gezeigt, wie in den Epochen der Gleichheit jeder Mensch seine Überzeugungen in sich selbst zu gewinnen sucht, und will nun darlegen, wie in solchen Epochen alle seine Gefühle nur auf das eigene Ich gerichtet sind.

Individualismus ist ein moderner Ausdruck, der aus einer neuen Idee entstanden ist. Unsere Väter kannten nur den Egoismus.

Der Egoismus ist eine leidenschaftliche und übersteigerte Liebe zum eigenen Ich, die eben den Menschen treibt, alles nur auf sich zu beziehen und sich selbst vor alles zu stellen.

Der Individualismus ist ein besonnenes und ruhiges Gefühl, das jeden Bürger geneigt macht, sich aus der Masse seiner Mitmenschen zu lösen und sich mit seiner Familie und seinen Freunden abseits zu halten; so weit, daß er, wenn er sich einmal auf diese Weise eine eigene kleine Gesellschaft gebildet hat, die große Gesellschaft gern sich selbst überläßt.

Der Egoismus entsteht aus einem blinden Instinkt; der Individualismus entwickelt sich eher aus einem verkehrten Urteil als aus einem entarteten Gefühl. Seine Wurzel liegt ebenso in der Schwäche des Geistes wie in den Lastern des Herzens.

Der Egoismus erstickt den Keim aller Tugenden, der Individualismus bringt zunächst nur die Quelle der gesellschaftlichen Tugenden zum Versiegen; im Laufe der Zeit aber greift er alle anderen an, zerstört sie und geht schließlich im Egoismus auf.

Der Egoismus ist ein Laster, das so alt ist wie die Welt. Es gehört sowenig zu einer bestimmten Gesellschaftsform wie zu einer anderen.

Der Individualismus ist seinem Ursprung nach demokratisch und droht sich im selben Maße zu entwickeln, wie die gesellschaftlichen Verhältnisse sich angleichen.

Bei den aristokratischen Völkern bleiben die Familien jahrhundertelang im gleichen Stand und häufig auch am gleichen Ort. Dadurch werden sozusagen sämtliche Generationen zu Zeitgenossen. Der Mensch kennt fast immer seine Ahnen und achtet sie; er glaubt schon seine Urenkel um sich zu sehen, und er liebt sie. Bereitwillig legt er sich beiden gegenüber Pflichten auf und wird sich häufig veranlaßt sehen, seine persönlichen Freuden den Wesen zu opfern, die nicht mehr oder noch nicht am Leben sind.

Die aristokratischen Einrichtungen tragen außerdem dazu bei, jeden Menschen eng an einige seiner Mitbürger zu binden.

Da in einem aristokratischen Volk die Klassen stark unterschieden und in sich geschlossen sind, wird jede von ihnen für den, der ihr angehört, zu einer Art kleinem Vaterland, überschaubarer und von höherem Wert als das große.

Da in den aristokratischen Gesellschaften alle Bürger auf einen ganz bestimmten Platz gestellt und die einen den anderen übergeordnet sind, so ergibt sich daraus weiter, daß jeder von ihnen immer einen Menschen über sich weiß, dessen Schutz er braucht, und unter sich jemand findet, dessen Hilfe er in Anspruch nehmen kann.

Menschen, die in aristokratischen Epochen leben, sind daher eigentlich immer durch ein enges Band mit etwas verbunden, was außerhalb ihrer selbst liegt, und sind oft bereit, sich selbst zu vergessen. Gewiß ist der allgemeine Begriff des Mitmenschen in diesen Epochen verschwommen, und man kommt zu solchen Zeiten kaum einmal auf den Gedanken, sich der Sache der Menschheit zu widmen; aber man opfert sich häufig für bestimmte Menschen auf. In den demokratischen Epochen hingegen, in denen die Pflichten jedes einzelnen gegenüber der Menschheit sehr viel klarer ausgesprochen sind, wird die Hingabe an einen

Menschen viel seltener: Das Band menschlicher Zuneigung dehnt sich aus und wird schwach.

Bei den demokratischen Völkern kommen unaufhörlich neue Familien aus dem Nichts hervor, andere sinken unaufhörlich wieder dahin ab, und alle, die bleiben, verändern ihren Charakter; der Faden, an dem die Zeit wirkt, reißt jeden Augenblick ab, und die Spur der Generationen erlischt. Wer vorausgegangen ist, wird schnell vergessen, und den Kommenden gilt kein Gedanke. Nur die Allernächsten finden Aufmerksamkeit.

Indem jede Klasse sich der anderen nähert und mit ihr vermischt, werden ihre Mitglieder einander gleichgültig und stehen wie Fremde einander gegenüber. Die Aristokratie hatte aus allen Bürgern eine lange Kette geformt, die von Bauern bis zum König reichte; die Demokratie zerreißt diese Kette und legt sie in lauter einzelne Glieder auseinander.

Je stärker die Lebensverhältnisse sich angleichen, um so größer wird die Zahl der einzelnen, die weder reich noch mächtig genug sind, um auf das Schicksal ihrer Mitmenschen einen starken Einfluß auszuüben, sich aber doch genügend Bildung und Wohlstand erworben oder erhalten haben, um auf niemand angewiesen zu sein. Diese Menschen schulden niemand etwas, sie erwarten sozusagen von niemand etwas; es wird ihnen zur Gewohnheit, sich immer losgelöst von allen anderen zu betrachten, und sie bilden sich gern ein, daß ihr Geschick ausschließlich in ihrer Hand läge.

So bewirkt die Demokratie nicht nur, daß jeder Mensch seine Vorfahren vergißt, sondern sie verbirgt ihm auch seine Nachkommen und trennt ihn von seinen Zeitgenossen; sie verweist ihn unablässig auf sich allein und droht, ihn schließlich ganz in die Einsamkeit des eigenen Herzens einzuschließen.

Die Despotie, die ihrem Wesen nach furchtsam ist, sieht in der Isolierung der Menschen das sicherste Pfand für ihren Bestand und ist meist sorgfältig darauf bedacht, sie zu isolieren. Kein Laster des menschlichen Herzens kommt ihr so gelegen wie der Egoismus: Ein Despot verzeiht den Untertanen leicht, daß sie ihm nicht zugetan sind, wenn sie es nur untereinander nicht sind. Er verlangt von ihnen nicht, daß sie ihm bei der Staatsführung helfen; es genügt ihm, daß sie keinen Anspruch erheben, selbst die Regierung zu übernehmen. Alle, die den Anspruch erheben, in gemeinsamer Bemühung der Allgemeinheit zu Wohlstand zu verhelfen, bezeichnet er als Störenfriede und unruhige Geister, und wer sich ganz in sich selbst zurückzieht, gilt ihm, in Umkehrung des natürlichen Wortsinnes, als guter Bürger.

So sind die Laster, welche die Despotie weckt, genau die gleichen, welche die Gleichheit begünstigt. Sie beide ergänzen und unterstützen einander auf verhängnisvolle Weise.

Die Gleichheit stellt die Menschen nebeneinander ohne eine gemeinsame Bindung, die ihnen Mäßigung auferlegte. Die Despotie richtet Schranken zwischen ihnen auf und trennt sie voneinander. Sie begünstigt sie, gar nicht mehr an ihre Mitmenschen zu denken, und rechnet ihnen die Gleichgültigkeit als eine Art öffentlicher Tugend an.

Die Despotie, die zu allen Zeiten gefährlich ist, ist darum in den demokratischen Epochen besonders zu fürchten.

Es läßt sich leicht einsehen, daß die Menschen gerade in diesen Epochen der Freiheit besonders bedürfen.

Sobald die Bürger sich gezwungen sehen, sich mit den öffentlichen Angelegenheiten zu befassen, werden sie notwendigerweise immer wieder aus ihrem persönlichen Interessenkreis fortgezogen und gezwungen, von sich selbst abzusehen . . .

Viele Menschen in Frankreich sehen in der Gleichheit der gesellschaftlichen Verhältnisse ein erstes Unglück und in der politischen Freiheit ein weiteres. Wenn sie gezwungen sind, sich mit dem einen abzufinden, so bemühen sie sich wenigstens, dem anderen zu entgehen. Ich dagegen behaupte, daß es nur ein wirksames Mittel gibt, die Schäden zu bekämpfen, die die Gleichheit anrichten kann: die politische Freiheit . . .

Wenn alle Vorrechte der Geburt und des Vermögens aufgehoben sind, wenn alle Berufe allen offenstehen und jeder aus eigener Kraft in jedem Beruf zur höchsten Spitze aufsteigen kann, dann scheint sich dem Ehrgeiz der Menschen eine großartige und leicht zu bewältigende Laufbahn zu eröffnen, und sie sind geneigt, sich einzubilden, daß sie zu Großem berufen seien. Das aber ist ein Irrtum, den die Erfahrung täglich korrigiert. Gerade die Gleichheit, die jedem Bürger erlaubt, sich kühnen Hoffnungen hinzugeben, macht jeden Bürger als einzelnen schwach. Indem sie seine Wünsche sich frei entfalten läßt, beschneidet sie zugleich von allen Seiten seine Kräfte.

Jeder ist nicht nur für sich machtlos, er stößt auch bei jedem Schritt auf ungeheuere Hindernisse, die er zuerst nicht bemerkt hatte.

Sie haben die lästigen Vorrechte einiger ihrer Mitmenschen beseitigt und geraten in den Wettkampf aller. Die Beschränkung hat weniger ihre Stelle als ihre Form geändert. Wenn die Menschen sich ungefähr gleich sind und alle denselben Weg einschlagen, ist es für den einzelnen sehr schwer, schnell vorwärts zu kommen und durch die einförmige Menge zu dringen, die ihn umgibt und bedrängt.

Dieser ständige Widerspruch zwischen den Instinkten, welche die Gleichheit weckt, und den Möglichkeiten, welche sie zu deren Befriedigung bietet, quält und ermüdet die Herzen.

Man kann sich vorstellen, daß Menschen einen bestimmten Grad der Freiheit erreicht haben, an dem sie vollauf Genüge finden. Dann erfreuen sie sich ohne Beunruhigung und ohne Übereifer ihrer Unabhängigkeit. Niemals aber werden Menschen eine Gleichheit schaffen, die ihnen genügt.

Ein Volk kann noch so große Anstrengungen machen, es wird ihm nicht gelingen, die gesellschaftlichen Verhältnisse bei sich vollkommen gleich zu machen; und sollte es das Unglück haben, diese absolute und vollständige Nivellierung zu erreichen, wird immer noch die Ungleichheit der geistigen Fähigkeiten bestehen bleiben, die, unmittelbar von Gott gegeben, sich stets der gesetzlichen Regelung entziehen wird.

So demokratisch auch die gesellschaftliche Ordnung und die politische Verfassung eines Volkes sein mögen, man kann doch damit rechnen, daß jeder seiner Bürger in seinem nächsten Umkreis einiges entdecken wird, was ihn beherrscht, und man kann voraussehen, daß er seine Augen wie gebannt nur nach dieser Stelle wenden wird. Wenn die Ungleichheit das allgemeine Gesetz einer Gesellschaft ist, dann fallen die größten Ungleichheiten gar nicht mehr auf, aber schon die geringsten verletzen, wenn alles ungefähr auf der gleichen Stufe steht. Aus diesem Grunde wird das Verlangen nach Gleichheit immer unersättlicher, je größer die Gleichheit ist.

In den demokratischen Völkern werden die Menschen mühelos eine gewisse Gleichheit erhalten; sie werden niemals die erreichen können, nach der sie sich sehnen. Sie entzieht sich ihnen täglich, ohne jemals ihren Blicken zu entschwinden, und reizt sie gerade durch ihr Zurückweichen, ihr weiter nachzujagen. Stets glauben sie, daß sie sie fassen können, und immer wieder entgleitet sie ihrem Griff. Sie haben sie nahe genug vor Augen, um ihren Zauber zu kennen, sie erreichen sie nicht vollständig genug, um sich ihrer erfreuen zu können, und sie sterben, bevor sie ihre Reize voll gekostet haben . . .

Es folgen Ausführungen über die Beziehungen zwischen wirtschaftlichem Wohlstand und politischer Freiheit:

In der Tat gibt es einen sehr gefährlichen Abschnitt im Leben der demokratischen Völker.

Wenn die Freude an materiellen Genüssen sich bei einem dieser Völker schneller entwickelt als die Bildung und die Gewohnheiten der Freiheit, dann kommt ein Augenblick, in dem die Menschen beim Anblick dieser neuen Güter, nach denen sie schon die Hände ausstrecken, hingerissen und wie von Sinnen sind. Nur von dem Bestreben erfüllt, sich Reichtum zu erwerben, sind sie sich nicht mehr des engen Bandes bewußt, das den persönlichen Reichtum eines jeden von ihnen mit dem Wohlstand aller verknüpft. Solchen Bürgern brauchen die Rechte, die sie besitzen, gar nicht mehr genommen zu werden; sie lassen sie sich bereitwillig entgleiten. Die Ausübung ihrer politischen Pflichten erscheint ihnen als ärgerliche Störung, die sie von ihrem Gewerbe ablenkt. Handelt es sich darum, ihre Vertreter zu wählen, der Autorität Unterstützung zu leihen, gemeinsam die gemeinsame Sache zu betreiben, so fehlt es ihnen an Zeit; sie glauben diese so kostbare Zeit nicht mit sinnlosen Arbeiten vergeuden zu sollen. Das alles sind für sie müßige Spielereien, die sich für ernsthafte, mit den wichtigen Aufgaben des Lebens beschäftigte Männer nicht ziemen. Diese Leute glauben sich an die Lehre vom Interesse zu halten, machen sich aber davon nur eine verschwommene Vorstellung und vernachlässigen, um ihren sogenannten Geschäften besser nachgehen zu können, das wichtigste von allem, nämlich: Herr über sich selbst zu bleiben.

Da die arbeitenden Bürger sich nicht mit den öffentlichen Angelegenheiten befassen wollen und eine Klasse, die diese Aufgabe übernehmen und damit ihre Mußezeit ausfüllen könnte, nicht besteht, ist der Platz der Regierung eigentlich unbesetzt.

Wenn in diesem kritischen Augenblick ein geschickter Ehrgeiziger die Macht an sich reißt, entdeckt er, daß der Weg zu allen Usurpationen offensteht.

Er braucht nur eine Zeitlang darauf zu achten, daß alle materiellen Interessen gedeihen, dann wird man ihm alles übrige leicht nachsehen. Vor allem muß er Ruhe und Ordnung sichern. Menschen, deren Sinnen und Trachten sich auf materielle Genüsse richtet, finden gewöhnlich, daß die Unruhe der Freiheit den Wohlstand stört, bevor sie sich bewußt werden, wie sehr die Freiheit dazu verhilft, sich Wohlstand zu erwerben; und sobald der geringste Laut öffentlicher Erregung in den Kreis der kleinen Freuden ihres Privatlebens dringt, schrecken sie auf und beunruhigen sich; lange Zeit hindurch hält die Furcht vor der Anarchie sie in einem ständigen Zustand der Schwebe, stets bereit, beim ersten Aufruhr die Freiheit fortzuwerfen.

Ich gebe durchaus zu, daß der öffentliche Friede ein hohes Gut ist; ich will aber nicht übersehen, daß alle Völker gerade auf dem Weg über Ruhe und Ordnung zur Tyrannei gekommen sind. Daraus folgt sicherlich nicht, daß die Völker den öffentlichen Frieden gering schätzen sollen; aber er darf ihnen nicht alles sein. Eine Nation, die von ihrer Regierung nur die Aufrechterhaltung der Ordnung verlangt, ist im Grunde ihres Herzens schon Sklave; sie ist der Sklave ihres Wohlstandes, und die Bahn für den Mann, der sie in Fesseln legen soll, ist dann frei.

Die Despotie der Parteien ist nicht weniger gefährlich als die eines Menschen.

Wenn sich die Masse der Bürger nur mit Privatangelegenheiten befassen will, brauchen auch die kleinsten Parteien die Hoffnung nicht aufzugeben, das Steuer der öffentlichen Angelegenheiten in die Hand zu bekommen.

Dann sieht man nicht selten auf der großen Bühne der Welt, genau wie in unseren Theatern, wie eine kleine Anzahl an die Stelle der Menge tritt. Sie allein spricht im Namen einer abwesenden oder gleichgültigen Masse; sie allein handelt inmitten der allgemeinen Unbeweglichkeit; sie entscheidet, nach ihrer Laune, über alle Dinge, sie ändert die Gesetze und vergewaltigt die Sitten nach ihrem Belieben; und man ist überrascht, wenn man sieht, wie ein großes Volk so wenigen schwachen und unwürdigen Häusern anheimfallen kann ...

Gleichheit und Konzentration der Macht

Die Gleichheit, welche die Menschen voneinander unabhängig macht, bewirkt, daß sie die Gewohnheit und Neigung annehmen, in ihren persönlichen Handlungen ausschließlich ihrem Willen zu folgen. Diese vollständige Unabhängigkeit, deren sie sich ihren Mitmenschen gegenüber und in der Praxis des privaten Lebens ständig erfreuen, läßt sie jede Autorität mit mißbilligendem Blick betrachten und flößt ihnen bald den Gedanken an politische Freiheit und die Liebe zu ihr ein. Menschen, die in einer solchen Zeit leben, werden also durch ein natürliches Schwergewicht zu freien Institutionen hingezogen. Man braucht nur einen von ihnen wahllos herauszugreifen, man braucht nur, wenn möglich, bis zu seinen primitiven Instinkten vorzudringen: Man wird entdecken, daß ihm unter den verschiedenen Regierungen diejenige zuerst vor Augen steht und am meisten gilt, deren Führer er gewählt hat und deren Tätigkeit er kontrolliert.

Von allen politischen Wirkungen, welche die Gleichheit der gesellschaftlichen Verhältnisse auslöst, ist es dies Verlangen nach Unabhängigkeit, das zunächst ins Auge fällt und die ängstlichen Geister am meisten erschreckt. Man kann noch nicht einmal sagen, daß sie dabei ganz unrecht hätten, denn die Anarchie trägt in demokratischen Ländern erschreckendere Züge als anderswo. Da die Bürger keinerlei Einfluß aufeinander haben, sieht es so aus, als müsse in dem Augenblick, in dem die staatliche Macht entfällt, die sie alle an ihrem Platz hält, die Unordnung auch sofort ihren Höhepunkt erreichen, und als werde sich das gesellschaftliche Gefüge, da die Bürger nach allen Seiten auseinanderlaufen, plötzlich in Staub auflösen.

Dennoch bin ich überzeugt, daß die Anarchie nicht das schlimmste Übel ist, das die demokratischen Epochen zu fürchten haben, sondern das geringste.

Die Gleichheit löst nämlich zwei Bestrebungen aus: Die eine führt die Menschen unmittelbar in die Unabhängigkeit und kann sie plötzlich bis zur Anarchie treiben, die andere bringt sie auf einem längeren, verborgeneren, aber sicheren Weg in die Knechtschaft.

Die erste erkennen die Völker leicht und wehren sich gegen sie; von der anderen lassen sie sich mitziehen, ohne sie zu bemerken; auf sie hinzuweisen, ist besonders wichtig.

Ich persönlich bin weit davon entfernt, der Gleichheit die Unfügsamkeit zum Vorwurf zu machen, die sie erzeugt; ich rechne ihr gerade dies besonders hoch an. Ich bewundere es, wie sie jedem Menschen jene dunkle Vorstellung von politischer Unabhängigkeit und die instinktive Neigung zu ihr tief in Geist und Herz einsenkt und damit das Heilmittel gegen das Übel vorbereitet, das sie erzeugt. Von dieser Seite her bin ich ihr zugetan.

Die Idee konkurrierender Gewalten, die sich zwischen den Herrscher und die Untertanen einfügen, tauchte ganz von selbst in der Vorstellungswelt der aristokratischen Völker auf, weil diese Gewalten aus Persönlichkeiten oder Familien bestanden, die durch Geburt, Bildungsgrad, Reichtum hervorragten und zum Befehlen bestimmt zu sein schienen. Aus entgegengesetzten Gründen liegt eben dieser Gedanke selbstverständlich dem Geist der Menschen in den Epochen der Gleichheit fern; hier läßt er sich nur künstlich einführen und nur mühsam aufrechterhalten; dagegen erfassen sie, sozusagen ohne darüber nachzudenken, die Idee einer einzigen und zentralen Gewalt, die alle Bürger aus eigener Kraft lenkt.

Überdies öffnet sich der Verstand der demokratischen Völker in Politik wie in Philosophie und Religion begeistert den einfachen und allgemeinen Ideen. Komplizierte Systeme widerstreben ihm, und er gefällt sich in der Vorstellung von einer großen Nation, deren Bürger alle einem einzigen Vorbild ähneln und von einer einzigen Gewalt beherrscht werden.

Nächst der Idee einer einzigen zentralen Gewalt ist es die Idee einer einheitlichen Gesetzgebung, die sich dem menschlichen Geist in Zeiten der Gleichheit mit der größten Selbstverständlichkeit anbietet. Da jeder zwischen sich und seinem Nachbarn kaum einen Unterschied sieht, will ihm schwer einleuchten, warum die Vorschrift, die für den einen gilt, nicht auch ebenso für alle anderen zutrifft. Die geringsten Vorrechte widerstreiten seiner Vernunft. Die leichteste Ungleichheit in den politischen Einrichtungen eines und desselben Volkes verletzt ihn, und eine einheitliche Gesetzgebung erscheint ihm als die erste Voraussetzung für eine gute Regierung. Im Gegensatz dazu finde ich, daß gerade dieser Begriff einer einheitlichen, alle Glieder des gesellschaftlichen Ganzen bindenden Norm dem menschlichen Geist in aristokratischen Epochen so gut wie unvorstellbar ist. Entweder er kommt gar nicht auf einen solchen Gedanken oder er verwirft ihn.

Es folgt ein Vergleich mit Amerika.

Bei allen verblaßt der Begriff der Zwischengewalten und geht verloren.

Die Idee eines bestimmten einzelnen angestammten Rechts verschwindet schnell aus dem menschlichen Geist; die Idee eines allmächtigen und gleichsam einzigen Rechtes der Gesellschaft nimmt ihren Platz ein. Diese Ideen schlagen um so tiefer Wurzeln und werden um so mächtiger, je stärker die Verhältnisse sich angleichen und die Menschen sich ähnlicher werden; die Gleichheit bringt sie hervor, und sie wiederum beschleunigen den Fortschritt der Gleichheit.

In Frankreich, wo die Revolution, von der ich spreche, weiter gediehen ist als bei irgendeinem anderen Volk Europas, haben sich diese Ansichten die gesamte Intelligenz erobert. Wer aufmerksam auf die Stimme unserer verschiedenen Parteien hört, wird feststellen, daß es keine gibt, die sich ihrer nicht angenommen hätte. Die meisten finden, daß die Regierung nicht richtig handele; alle aber sind der Meinung, daß sie ununterbrochen tätig sein und alles in die Hand nehmen müsse. Selbst diejenigen, die sich am wildesten befehden, sind sich doch immer noch in diesem Punkt einig. Die Einheit, die Allgegenwart, die Allmacht der gesellschaftlichen Gewalt, die Einheitlichkeit ihrer Gesetze bilden den hervorstechenden Zug, der alle in unserer Zeit entstandenen politischen Systeme charakterisiert. Man entdeckt sie noch auf dem Grund der abseitigsten Utopien. Auch im Traum noch jagt der menschliche Geist diesen Bildern nach. Wenn diese Ideen dem Geist des einzelnen Bürgers ohne weiteres selbstverständlich sind, so fügen sie sich noch leichter der Vorstellungswelt der Fürsten ein.

Während sich die alte gesellschaftliche Ordnung Europas wandelt und auflöst, bilden sich die Herrscher ganz neue Überzeugungen von ihren Zuständigkeiten und ihren Pflichten; sie begreifen zum erstenmal, daß die Zentralgewalt, die sie repräsentieren, aus sich selbst und nach einem einheitlichen Plan alle Angelegenheiten und alle Menschen verwalten kann und muß. Diese Auffassung, die, wie ich zu behaupten wage, sich bei den Königen in Europa vor unserer Zeit noch nie gebildet hatte, nistet sich tief in den Gedanken dieser Fürsten ein; dort hält sie sich, inmitten der Bewegung aller anderen.

Die Menschen unserer Zeit sind also sehr viel weniger gespalten, als man sich einbildet; sie streiten sich unentwegt, in wessen Hände die Souveränität gelegt werden soll; aber sie einigen sich schnell über die Pflichten und Rechte der Souveränität. Alle fassen die Regierung auf als eine einzige, ungeteilte, planende und schöpferische Macht.

Es folgen Überlegungen über die Gründe dieses Vorgangs:

Da in Zeiten der Gleichheit niemand verpflichtet ist, seinem Nächsten Beistand zu leisten, und auch niemand das Recht hat, von seinem Nächsten viel Unterstützung zu erwarten, ist jeder zugleich unabhängig und schwach. Diese beiden Momente, die weder getrennt betrachtet noch verwechselt werden dürfen, lösen in dem Bürger der Demokratien sehr entgegengesetzte Reaktionen aus. Seine Unabhängigkeit erfüllt ihn mitten unter seinesgleichen mit Vertrauen und Stolz, und seine Schwäche weckt zeitweilig in ihm das Bedürfnis nach fremder Hilfe, die er von keinem der anderen erwarten kann, da sie alle machtlos und gleichgültig sind. In dieser äußersten Not richtet sich sein Blick ganz von selbst auf jenes überragende Wesen, das sich allein inmitten der allgemeinen Niederung erhebt. Auf dieses verweisen ihn unaufhörlich seine Bedürfnisse und Wünsche, und in ihm sieht er schließlich die einzige und gegebene Stütze seiner persönlichen Schwäche.

Damit wird vollends verständlich, was häufig bei demokratischen Völkern der Fall ist, daß Menschen, die nur mit soviel Unbehagen jemand über sich ertragen, geduldig einen Herrn hinnehmen und stolz und unterwürfig zugleich erscheinen.

Der Haß, mit dem die Menschen dem Privileg begegnen, wächst in dem Maße, wie diese Privilegien an Zahl und Bedeutung abnehmen, und man könnte fast sagen, daß die demokratischen Leidenschaften stärker aufflammen, sobald sie weniger Nahrung finden. Den Grund für dieses Phänomen habe ich bereits angegeben. Wenn alle Bedingungen ungleich sind, verletzt auch die größte Ungleichheit nicht, während inmitten allgemeiner Gleichförmigkeit die geringste Abweichung empörend wirkt; ihr Anblick wird um so unerträglicher, je vollständiger die Gleichförmigkeit ist. Darum ist es nur natürlich, daß die Gleichheitsliebe ständig mit der Gleichheit selbst wächst; wer sie befriedigt, gibt ihr neue Nahrung.

Der unauslöschliche und immer stärker entfachte Haß der demokratischen Völker auf die geringsten Privilegien fördert in einzigartiger Weise die allmähliche Konzentration aller politischen Rechte in den Händen des einzigen Repräsentanten des Staates. Der Souverän, notwendigerweise und unbestritten über allen Bürgern stehend, erregt niemandes Neid, und jeder vermeint, alle Vorrechte, die er ihm zugesteht, seinen Mitmenschen zu entziehen.

Der Mensch demokratischer Epochen gehorcht dem Nachbar, der ihm gleichgestellt ist, nur mit äußerstem Widerwillen; er weigert sich, ihm eine überlegene Einsicht zuzutrauen; er mißtraut seiner Gerechtigkeit und betrachtet seine Macht voller Eifersucht; er fürchtet und mißachtet ihn; mit Vergnügen läßt er ihn in jedem Augenblick die gemeinsame Abhängigkeit spüren, in der sie beide zu demselben Herrn stehen.

Jede Zentralgewalt, die sich diesen natürlichen Instinkten anpaßt, liebt die Gleichheit und begünstigt sie; denn die Gleichheit erleichtert in besonderem Maße die Tätigkeit einer solchen Macht, dehnt ihren Umfang aus und sichert sie.

Ebenso läßt sich sagen, daß die Einförmigkeit das Ideal jeder zentralen Regierung ist; sie erspart ihr die Überprüfung unzähliger Einzelheiten, mit denen sie sich zu beschäftigen hätte, wenn die Norm den Menschen angepaßt werden müßte, anstatt alle Menschen unterschiedslos unter die gleiche Norm zu stellen. Daher schätzt die Regierung, was die Bürger schätzen, und haßt unwillkürlich, was auch sie hassen. Diese Gemeinsamkeit der Gefühle, die in demokratischen Nationen jeden einzelnen und den Herrscher immer wieder in der gleichen Erwägung eint, schafft eine geheime und bleibende Zuneigung zwischen ihnen. Angesichts ihrer Neigungen verzeiht man der Regierung ihre Fehler, trotz ihrer Überschreitungen oder Irrtümer entzieht ihr die Öffentlichkeit nur widerwillig ihr Vertrauen und kehrt sich ihr wieder zu, sobald sie sie ruft. Die demokratischen Völker hassen zwar häufig die Vertreter der zentralen Gewalt; sie selbst aber schätzen sie immer.

So bin ich auf zwei verschiedenen Wegen an dasselbe Ziel gelangt. Ich habe gezeigt, daß die Gleichheit den Menschen den Gedanken einer einzigen einheitlichen und starken Regierung nahelegt. Eben habe ich dargestellt, daß sie ihnen den Geschmack daran vermittelt; nach einer solchen Regierung verlangen also die Nationen unserer Zeit. Die natürliche Neigung ihres Geistes und ihres Herzens treibt sie dazu, und es genügt schon, daß sie dieser Neigung nachgeben, um das Ziel ihres Verlangens zu erreichen.

Ich bin der Überzeugung, daß die individuelle Unabhängigkeit und die lokalen Freiheiten in den kommenden demokratischen Zeiten immer ein künstliches Produkt sein werden. Die natürliche Regierungsform wird die Zentralisation sein.

Welche Art von Despotismus die demokratischen Nationen zu befürchten haben

Tocqueville beginnt mit einer Rückschau auf ältere Formen des Despotismus und fragt dann, ob es auch in demokratischen Nationen Despotismus geben kann.

Ich glaube also, daß die Art von Unterdrückung, die den demokratischen Völkern droht, in nichts der Unterdrückung gleichen wird, die es früher in der Welt gegeben hat; noch nicht einmal die Vorstellung davon könnten unsere Zeitgenossen in ihrer Erinnerung finden. Ich suche vergeblich nach einem Ausdruck, der die Vorstellung, die ich mir davon bilde, genau wiedergibt, und sehe davon ab. Die alten Begriffe Despotismus, Tyrannei passen nicht. Die Sache ist neu, ich muß also versuchen, sie zu umschreiben, da ich sie nicht benennen kann.

Ich will mir also vorstellen, mit welch neuen Merkmalen der Despotismus in der Welt auftreten könnte: Ich sehe eine zahllose Menge einander ähnlicher und gleicher Menschen, die sich ohne Unterlaß um sich selbst bewegen, um sich kleine und vulgäre Freuden zu verschaffen, die ihre Seele ausfüllen. Jeder von ihnen sondert sich ab und verhält sich dem Schicksal aller anderen gegenüber wie ein Fremder. Seine Kinder und seine persönlichen Freunde sind für ihn die ganze Menschheit. Was seine übrigen Mitbürger anbetrifft, so befindet er sich zwar neben ihnen, aber er sieht sie nicht. Er berührt sie, aber er empfindet sie nicht. Er existiert nur in sich und für sich allein, und wenn ihm auch noch eine Familie geblieben ist, so kann man doch sagen, daß er kein Vaterland mehr hat.

Über ihnen allen aber erhebt sich eine ungeheure Vormundschaftsgewalt, die allein sich damit befaßt, ihre Annehmlichkeiten zu sichern und über ihr Ergehen zu wachen. Sie ist absolut, ins einzelne gehend, regelmäßig, vorausschauend und milde. Sie wäre der väterlichen Gewalt zu vergleichen, wenn wie bei dieser das Ziel die Erziehung zum erwachsenen Menschen wäre; aber sie sucht im Gegenteil, den Menschen unabänderlich im Zustand der Kindheit zu halten. Sie sieht es gern, wenn die Bürger es sich gut gehen lassen, vorausgesetzt, daß sie an nichts anderes denken. Sie arbeitet gern für ihr Wohlergehen; aber sie will allein dafür tätig sein und allein darüber befinden. Sie sorgt für ihre Sicherheit, sieht ihre Bedürfnisse voraus und sichert sie, fördert ihre Vergnügungen, führt ihre wichtigsten Angelegenheiten, leitet ihre Arbeit, regelt ihre Nachfolge, verteilt ihre Erbschaften; könnte sie ihnen nicht völlig die Last zu denken und die Mühe zu leben abnehmen?

Auf diese Weise macht sie mit jedem Tag den Gebrauch des freien Willens sinnloser und seltener, verengt sie den Spielraum der eigenen Betätigung des Willens, entzieht sie jedem Bürger Stück auf Stück und schließlich die Verfügung über sich selbst. Auf all dies hat die Gleichheit die Menschen vorbereitet: Sie hat sie geneigt gemacht, es hinzunehmen und oft sogar, es als eine Wohltat zu betrachten.

Wenn so die souveräne Gewalt jeden einzelnen der Reihe nach in ihre mächtigen Hände genommen und ihn nach ihrem Belieben geknetet hat, breitet sie ihre Arme über die ganze Gesellschaft aus. Sie bedeckt sie in ihrer ganzen Ausdehnung mit einem Netz kleiner und verwickelter Regeln von peinlicher Genauigkeit und Einförmigkeit, durch das hindurch selbst die originellsten und kräftigsten Geister sich nicht mehr Luft verschaffen können, um aus der Menge herauszutreten. Sie bricht den Willen nicht mit Gewalt, sondern weicht ihn auf, macht ihn biegsam und lenkt ihn. Selten zwingt sie zu einer Handlung, aber sie steht ständig dem Handeln im Wege; sie zerstört nicht, aber sie hindert, daß etwas entsteht; sie tyrannisiert nicht, aber sie stört, sie engt ein, sie höhlt aus, sie erstickt, sie stumpft ab und bringt schließlich jede Nation dazu, nur noch eine Herde furchtsamer und fleißiger Tiere zu sein, deren Hirt die Regierung ist.

Ich war immer davon überzeugt, daß diese Art der geregelten, milden und friedlichen Knechtschaft, die ich soeben beschrieben habe, sich besser, als man glaubt, mit einigen äußeren Formen der Freiheit vertragen könnte, und daß es nicht unmöglich sein sollte, diese Freiheit selbst im Schatten der Volkssouveränität herzustellen.

Unsere Zeitgenossen stehen ständig unter der Wirkung zweier einander feindlicher Vorlieben: Sie haben den Wunsch, geführt zu werden, und das Verlangen, frei zu bleiben. Unfähig, eine dieser entgegengesetzten Neigungen zu unterdrücken, bemühen sie sich, beide zugleich zu befriedigen. Sie stellen sich eine einheitliche, vormundschaftliche, allmächtige Gewalt vor, die aber von den Bürgern gewählt wird. Sie wollen die Zentralisation mit der Volkssouveränität verbinden. Das verschafft ihnen einige Beruhigung. Der Gedanke, daß sie selbst ihren Vormund gewählt haben, tröstet sie über die Vormundschaft. Jeder läßt es sich nun gefallen, daß er gebunden wird, denn er sieht ja, daß es weder ein Mensch noch eine Klasse ist, sondern das Volk selbst, das das Ende der Fessel hält.

In diesem System treten die Bürger für einen Augenblick aus ihrer Abhängigkeit heraus, um ihren Herrn zu bestimmen und wieder zurückzutreten. Es gibt heute viele Leute, die sich leicht mit dieser Art Kompromiß zwischen Volkssouveränität und Verwaltungs-Despotismus abfinden, und die glauben, die Freiheit der Person genügend gesichert zu haben, wenn sie sie der allgemeinen Gewalt ausliefern. Mir genügt das nicht. Die Natur des Herrn bekümmert mich weniger als der Gehorsam.

Ich bestreite indessen nicht, daß eine solche Verfassung nicht unendlich derjenigen vorzuziehen wäre, die alle konzentrierte Gewalt in die Hände eines Mannes oder einer unverantwortlichen Körperschaft legte. Von allen verschiedenen Formen, die der demokratische Despotismus annehmen könnte, wäre diese sicher die schlimmste.

Möglichkeiten der Demokratie, ihre despotischen Gefahren einzuschränken

Ich glaube, daß es leichter ist, ein absolutes und despotisches Regime bei einem Volk einzuführen, in dem Gleichheit des gesellschaftlichen Standes herrscht, als bei jedem anderen, und ich denke, daß, wenn einmal ein solches Regime bei einem solchen Volk eingeführt ist, es nicht nur die Menschen unterdrücken, sondern auf die Dauer auch einem jeden einige der wesentlich zum Menschen gehörenden Attribute entreißen würde.

So scheint mir der Despotismus in einem demokratischen Zeitalter besonders bedrohlich.

Ich glaube, ich hätte die Freiheit zu allen Zeiten geliebt, aber in unserer Zeit empfinde ich eine besondere Neigung, sie zu verehren.

Andererseits bin ich überzeugt, daß all die Schiffbruch erleiden werden, die in den kommenden Jahrhunderten versuchen sollten, die Autoritäten auf Privilegien und Aristokratie zu gründen. Alle, die die Autorität in die Reihen einer einzigen Klasse ziehen und dort festhalten wollen, werden scheitern. Es gibt in unseren Tagen keinen Souverän, der geschickt und stark genug wäre, den Despotismus durch die Wiederherstellung dauernder Unterscheidungen unter den Untertanen zu begründen; es gibt auch keinen so weisen und so mächtigen Gesetzgeber, der imstande wäre, freie Einrichtungen aufrechtzuerhalten, wenn er sich nicht an die Gleichheit als oberstes Prinzip und Symbol hält. Es ist daher unumgänglich, daß alle unsere Zeitgenossen, die die Unabhängigkeit und die Würde ihrer Mitmenschen herstellen und sichern wollen, sich als Freunde der Gleichheit erweisen, und das einzig taugliche Mittel, sich als dieser Freund zu erweisen, ist es, ein solcher zu sein: Davon hängt der Erfolg ihres erhabenen Unternehmens ab.

So handelt es sich nicht darum, eine aristokratische Gesellschaft wiederherzustellen, sondern die Freiheit aus dem Schoß der demokratischen Gesellschaft, in der zu leben Gott uns bestimmt hat, hervorgehen zu lassen.

Diese beiden ersten Wahrheiten scheinen mir einfach, klar und fruchtbar, und sie führen mich natürlich zu der Überlegung, welche Art von freier Regierung sich bei einem Volk mit Gleichheit des gesellschaftlichen Standes einrichten läßt.

Aus der Verfassung der demokratischen Nationen selbst und ihren Bedürfnissen folgt, daß die Gewalt des Souveräns bei ihnen gleichförmiger, zentralisierter, ausgedehnter, eindringender, mächtiger sein muß als anderswo. Die Gesellschaft ist hier tätiger und kräftiger, der einzelne untergeordneter und schwächer: Die eine vermag mehr, der andere weniger; das muß so sein.

Man darf also nicht erwarten, daß der Bereich der persönlichen Unabhängigkeit in den demokratischen Ländern jemals so weit sein wird wie in den aristokratischen. Aber das ist auch nicht wünschenswert. Denn bei den aristokratischen Nationen wird die Gesellschaft oft einem einzelnen und der Wohlstand der größten Zahl der Großartigkeit einiger weniger geopfert. Es ist sowohl notwendig wie wünschenswert, daß die zentrale Gewalt, die ein demokratisches Volk leitet, tätig und mächtig sei. Es kann sich nicht darum handeln, sie schwach und untätig zu machen, sondern nur darum, sie am Mißbrauch ihrer Rührigkeit und Stärke zu verhindern.

In den folgenden Ausführungen fragt Tocqueville, wie die Freiheit der Bürger gegenüber der Staatsgewalt erhalten werden kann.

Anstatt alle Verwaltungsbefugnisse, die man den Korporationen und dem Adel entzieht, allein dem Souverän zu überantworten, könnte man einen Teil unteren Körperschaften anvertrauen, die für eine gewisse Zeit aus einfachen Bürgern gebildet werden; auf diese Weise wird die Freiheit des Bürgers besser gesichert sein, ohne daß seine Gleichheit angetastet wird.

Ich stimme ohne weiteres damit überein, daß es in einer Epoche der Gleichheit wie der unseren ungerecht und unvernünftig wäre, ein erbliches Beamtentum einzusetzen. Aber nichts hindert daran, an seine Stelle in einem gewissen Umfang gewählte Beamte zu setzen. Die Wahl ist ein demokratisches Verfahren, das die Unabhängigkeit des Beamten gegenüber der Zentralgewalt ebenso, wenn nicht besser, sichert, als dies die Erblichkeit bei den aristokratischen Völkern zu tun vermag.

Ich bin fest davon überzeugt, daß es unmöglich ist, in der Welt eine neue Aristokratie zu gründen, aber mir scheint, daß die einfachen Bürger, indem sie sich vereinigen, in der Lage sind, sehr wohlhabende, sehr einflußreiche, sehr starke Gebilde zu schaffen, mit einem Wort: aristokratische Personen.

Auf diese Weise ließen sich einige der größten politischen Vorzüge der Aristokratie ohne ihre Ungerechtigkeiten und ihre Gefahren erreichen. Eine politische, industrielle, kommerzielle und selbst eine wissenschaftliche oder literarische Vereinigung ist ein gebildeter und mächtiger Bürger, der sich weder nach Belieben zwingen noch im Verborgenen unterdrücken läßt, und der in der Verteidigung seiner eigenen Rechte gegen die Zumutungen der Gewalt die Freiheit der Gemeinschaft bewahrt.

Ein Bürger, der unterdrückt wird, besitzt heute nur ein Mittel der Verteidigung: Er muß sich an die ganze Nation wenden und – wenn sie ihn nicht hört – an die Menschheit. Er kann sich nur eines Mittels bedienen, der Presse. Daher ist bei demokratischen Völkern die Freiheit der Presse unendlich viel kostbarer als bei allen anderen. Sie allein ist ein Gegenmittel gegen die meisten Übel, die die Gleichheit mit sich bringen kann. Die Gleichheit isoliert und schwächt den Menschen, aber die Presse stellt jedem eine mächtige Waffe zur Seite, deren sich der Schwächste und der noch so Vereinzelte bedienen kann. Die Gleichheit entblößt jeden einzelnen der Stütze seiner Nächsten; aber die Presse erlaubt ihm, alle seine Mitbürger und jeden Seinesgleichen zu Hilfe zu rufen. Die Buchdruckerkunst, die den Fortschritt der Gleichheit befördert hat, ist zugleich eines ihrer besten Heilmittel.

Ich glaube, daß die Menschen, die in einer Aristokratie leben, schlimmstenfalls die Freiheit der Presse entbehren können. Aber die Bewohner demokratischer Länder können es nicht. Um in ihnen die persönliche Unabhängigkeit zu garantieren, möchte ich mich nicht auf die großen politischen Versammlungen, auf die parlamentarischen Vorrechte, auf die Erklärung der Volkssouveränität verlassen.

Dies alles kann bis zu einem gewissen Punkt mit der persönlichen Knechtschaft Hand in Hand gehen; aber diese Knechtschaft könnte nie vollständig sein, solange die Presse frei ist. Die Presse ist im ausgezeichneten Sinne das demokratische Instrument der Freiheit.

Über die rechtsprechende Gewalt läßt sich etwas Ähnliches sagen.

Es gehört zum Wesen der rechtsprechenden Gewalt, sich mit Einzelinteressen zu befassen und aus freien Stücken ihre Aufmerksamkeit kleinen Gegenständen zuzuwenden, die man ihrer Beachtung darbietet; es gehört außerdem zum Wesen dieser Gewalt, nicht von sich aus den Unterdrückten zu Hilfe zu kommen, sondern ständig auch dem Bescheidensten unter ihnen zur Verfügung zu stehen. Wie schwach man ihn sich auch vorstellen mag, er kann immer den Richter zwingen, seine Klage anzuhören und ihr zu entsprechen: Das gehört zum Wesen der rechtsprechenden Gewalt selbst. Eine solche Gewalt kommt also den Forderungen der Freiheit insbesondere in einer Zeit entgegen, in der Auge und Hand des Souveräns sich ständig mit den kleinsten Einzelheiten der menschlichen Tätigkeiten befassen, und in der die einzelnen Bürger, zu schwach, um sich selbst zu schützen, zu allein sind, als daß sie auf die Hilfe ihrer Mitbürger zählen könnten. Die Macht der Gerichte war zu allen Zeiten die stärkste Garantie für die persönliche Unabhängigkeit. Dies trifft aber vor allem für die demokratischen Epochen zu. Hier befinden sich die Rechte und Interessen der einzelnen Bürger immer in Gefahr, wenn die rechtsprechende Gewalt nicht im gleichen Maße wächst und sich ausdehnt, in dem die gesellschaftlichen Verhältnisse sich nivellieren.

Die Gleichheit flößt den Menschen gewisse Neigungen ein, die der Freiheit höchst gefährlich sind, und die der Gesetzgeber immer im Auge behalten muß. Ich will hier nur die hauptsächlichsten erwähnen.

In demokratischen Zeiten haben die Menschen nur wenig Verständnis für die Nützlichkeit der Formen; sie empfinden eine instinktive Mißachtung für sie. Ich habe an anderer Stelle die Gründe angeführt. Die Formen reizen sie zur Verachtung und häufig zum Haß. Da sie im allgemeinen nur auf leichte und unmittelbare Genüsse aus sind, so werfen sie sich mit Heftigkeit auf jeden Gegenstand ihres Verlangens; die geringsten Hemmungen bringen sie außer sich. Dieses Verhalten, das sie auch auf das politische Leben übertragen, macht sie unwillig gegenüber den Formen, die sie jeden Tag in der Verfolgung einiger ihrer Pläne aufhalten oder hemmen.

Es ist aber gerade diese Störung, als welche die Menschen in der Demokratie die Formen auffassen, die der Freiheit so sehr zugute kommt, da ihr Hauptverdienst darin besteht, als Schranke zwischen dem Starken und dem Schwachen, der Regierung und den Regierten zu dienen, den einen aufzuhalten und dem anderen Zeit zur Besinnung zu geben. Je tätiger und mächtiger der Souverän ist, und je gleichgültiger und schwächlicher die einzelnen werden, um so unentbehrlicher sind die Formen. Daher bedürfen die demokratischen Völker der Formen mehr als andere und achten sie natürlich weniger. Diese Tatsache verdient sehr ernst genommen zu werden. Es gibt nichts Erbärmlicheres als die hochfahrende Verachtung, die die meisten unserer Zeitgenossen für Fragen der Form zeigen; denn in unserer Zeit haben auch die geringfügigsten dieser Fragen eine Bedeutung erhalten, die sie bisher nicht hatten. Manche der großen Interessen der Menschheit sind damit verbunden.

Wenn ein Staatsmann in aristokratischen Zeiten mitunter ungestraft die Formen verachten und sich häufig über sie hinwegsetzen konnte, so glaube ich, daß die heutigen Führer der Völker auch die geringste Form mit Respekt beachten müssen und sie niemals ohne eine gebieterische Notwendigkeit, die sie dazu verpflichtet, vernachlässigen dürfen. In den Aristokratien war man im Hinblick auf die Formen geradezu abergläubisch; wir müssen sie in aufgeklärter und besonnener Weise pflegen.

Eine andere, sehr natürliche und sehr gefährliche Neigung der demokratischen Völker verführt sie dazu, die individuellen Rechte zu mißachten und ihnen wenig Gewicht beizulegen.

Im allgemeinen halten die Menschen an einem Recht fest und respektieren es seiner Bedeutung wegen oder auf Grund seiner alten Geltung. Die persönlichen Rechte, die man bei demokratischen Völkern antrifft, sind gewöhnlich von geringer Bedeutung, sehr neu und unbeständig; so kommt es, daß man sie häufig ohne Zwang opfert, und daß man sie fast immer ohne Bedenken verletzt.

Daraus folgt, daß bei eben diesen Völkern und zu diesen Zeiten, in denen die Menschen unwillkürlich die persönlichen Rechte gering schätzen, die Rechte der Gesellschaft dementsprechend an Umfang und Beständigkeit gewinnen. Das heißt, daß die Menschen gerade dann weniger Wert auf Rechte der einzelnen Person legen, wenn es am notwendigsten wäre, das Wenige, was von ihnen noch geblieben ist, festzuhalten und zu verteidigen.

Gerade in unserem Zeitalter der Demokratie also müssen die wahren Freunde der Freiheit und der menschlichen Größe ständig wachsam und bereit sein, zu verhindern, daß die Macht der Gesellschaft nicht leichtsinnig die persönlichen Rechte einer Anzahl von Personen zugunsten der Durchführung ihrer allgemeinen Pläne opfert. In solchen Zeiten ist kein Bürger so gering, daß es nicht höchst gefährlich wäre, ihn unterdrücken zu lassen, noch ein persönliches Recht so unbedeutend, daß man es ungestraft der Willkür ausliefern dürfte. Das hat einen einfachen Grund: Wird in einer Zeit, in der das allgemeine Bewußtsein von der Bedeutung und der Heiligkeit der Menschenrechte durchdrungen ist, das persönliche Recht eines einzelnen verletzt, so schadet man zwar nur demjenigen, den man dieses Rechtes beraubt; aber die Verletzung eines solchen Rechtes bedeutet in unseren Tagen zugleich einen grundsätzlichen Verderb der allgemeinen Gesittung und eine Gefährdung der gesamten Gesellschaft. Denn die Idee solcher Rechte selbst neigt bei uns unablässig dazu, beeinträchtigt zu werden und verlorenzugehen.

Es gibt bestimmte Gewohnheiten, gewisse Ideen und gewisse Laster, die einem revolutionären Zustand eigentümlich sind, und die eine langandauernde Revolution unfehlbar erzeugt und verbreitet, welches auch immer ihre besondere Eigentümlichkeit, ihr Ziel und ihr Schauplatz sein mag.

Wenn eine Nation in einem kurzen Zeitraum ihre Führer, ihre Meinungen und Gesetze mehrfach gewechselt hat, so werden ihre Angehörigen schließlich Geschmack an der ständigen Bewegung finden und sich daran gewöhnen, daß mit Hilfe der Gewalt jede Veränderung rasch durchzusetzen ist. Sie werden dann natürlich allen Formen, deren Ohnmacht sie jeden Tag erleben, mit Geringschätzung begegnen und werden nur mit Ungeduld die Herrschaft einer Norm ertragen, über die man so häufig vor ihren Augen hinweggegangen ist.

Da die üblichen Begriffe der Billigkeit und des Anstandes all das Neue, das die Revolution täglich schafft, nicht mehr zu erklären und zu rechtfertigen vermögen, so hält man sich an das Prinzip des gesellschaftlich Nützlichen, erfindet man das Dogma von der politischen Notwendigkeit und gewöhnt sich leicht daran, das Interesse des einzelnen ohne Bedenken zu opfern und die persönlichen Rechte mit Füßen zu treten, um das allgemeine Ziel, das man sich gesetzt hat, sicherer zu erreichen.

Tocqueville kommt zu dem Ergebnis:

Der öffentlichen Gewalt nicht zu enge, aber sichtbare und unverrückbare Grenzen zu stecken; der einzelnen Person bestimmte Rechte zu geben und ihr den unbestrittenen Genuß dieser Rechte zu garantieren; dem einzelnen das wenige an Unabhängigkeit, Kraft und Originalität zu erhalten, was ihm noch geblieben ist; ihm in der Gesamtheit einen Stand zu geben und ihn ihr gegenüber zu stützen: Das scheint mir die vornehmste Aufgabe des Gesetzgebers in der kommenden Zeit zu sein.

Zusammenfassende Betrachtung

Bevor ich endgültig den Gang der Beobachtungen abschließe, den ich durchmessen habe, möchte ich mit einem letzten Blick all die verschiedenen Züge umfassen können, die das Gesicht der Neuen Welt kennzeichnen, und mir schließlich ein Urteil über den allgemeinen Einfluß bilden, den die Gleichheit auf das menschliche Schicksal ausüben muß. Aber die Schwierigkeit eines solchen Unternehmens läßt mich zögern. Angesichts der Größe eines solchen Gegenstandes fühle ich, wie mein Blick sich trübt und mein Gedanke unsicher wird.

Diese neue Gesellschaft, die ich zu zeichnen versucht habe, und über die ich mir ein Urteil bilden möchte, ist erst im Begriff zu entstehen. Noch hat sie nicht Zeit gehabt, eine bestimmte Form anzunehmen. Die große Revolution, durch die sie geschaffen wurde, dauert noch fort, und in den Ereignissen unserer Tage ist es fast unmöglich, zu entscheiden zwischen dem, was mit der Revolution selbst vorübergehen, und dem, was nach ihr bleiben wird.

Die Welt, die sich herausbildet, ist noch zur Hälfte den Trümmern der Welt verhaftet, die versinkt, und inmitten der ungeheuren Verwirrung, in der die menschlichen Angelegenheiten sich darbieten, könnte niemand sagen, was von den alten Einrichtungen und überkommenen Sitten sich erhalten, und was schließlich verschwinden wird.

Wenn auch die Revolution, die sich in den gesellschaftlichen Verhältnissen, den Gesetzen, den Vorstellungen, den Empfindungen der Menschen vollzieht, noch weit von ihrem Abschluß entfernt ist, so könnte man doch schon jetzt ihr Werk mit nichts vergleichen, was die Welt bisher gesehen hat.

Ich gehe Jahrhundert um Jahrhundert zurück, bis in das entfernteste Altertum: Ich finde nichts, was dem ähnlich wäre, was sich unter meinen Augen vollzieht. Da die Vergangenheit die Zukunft nicht mehr zu erhellen vermag, so bewegt sich der Geist in der Finsternis.

Indessen, mitten in diesem so weitläufigen, so neuen, so verworrenen Bild erkenne ich schon einige Grundzüge, die sich abzeichnen. Ich will sie andeuten:

Ich sehe, daß das Gute und das Schlechte sich einigermaßen gleichmäßig in der Welt verteilen. Die großen Reichtümer verschwinden, die Zahl der kleinen Vermögen wächst. Die Wünsche und die Genüsse vervielfältigen sich. Es gibt keine außerordentliche Wohlhabenheit mehr, aber auch kein unheilbares Elend. Ehrgeiz ist eine allgemeine Regung, aber es gibt wenig großen Ehrgeiz mehr. Jeder einzelne ist für sich und schwach. Die Gesellschaft ist unternehmend, vorsorgend und stark. Die einzelnen vollbringen nur kleine Dinge, der Staat ungeheure.

Kraftvolle Persönlichkeiten findet man nicht, aber angenehme Sitten und humane Gesetze. Trifft man auch leidenschaftliche Ergebenheit, höchste, strahlende und reine Tugend wenig an, so sind doch die Gewohnheiten gesetzt, Gewalttätigkeit ist selten und Grausamkeit fast unbekannt. Das Leben der Menschen verlängert sich und ihr Besitz wird sicherer. Es ist zwar schmucklos, aber auch sehr reibungslos und friedlich. Es gibt wenig sehr feine oder sehr grobe Freuden, wenig Geschliffenheit der Umgangsformen und wenig Grobschlächtigkeit des Geschmacks. Man begegnet kaum einem umfassend gebildeten Menschen, aber auch keiner ganz unwissenden Bevölkerung. Die großen Geister werden seltener, aber die Aufklärung wird allgemeiner. Der menschliche Geist entwickelt sich durch die kleinen vereinigten Bemühungen aller und nicht durch den mächtigen Antrieb einiger weniger. Das Geschaffene ist weniger vollendet, aber reicher an Früchten. Alle Bindungen der Rasse, der Klasse, des Vaterlandes lassen nach, aber der große Verband der allgemeinen Menschheit wird enger.

Wenn ich unter all diesen verschiedenen Zügen nach demjenigen Ausschau halte, der mir als der allgemeinste und treffendste erscheint, so sehe ich, daß das gleiche, was an den Vermögen zu bemerken ist, sich ebenso in tausend anderen Formen darstellt. Alle Extreme mildern sich und gleichen sich aus. Alles, was herausragt, macht irgendeinem Mittleren Platz, das zugleich weniger groß und weniger klein, weniger glänzend und weniger finster ist, als was die Welt bisher sah.

Es folgen Hinweise auf die gänzliche Neuartigkeit der sich entwikkelnden demokratischen Gesellschaft.

Man muß sich also hüten, die Gesellschaft, die in der Entstehung begriffen ist, nach den Vorstellungen zu beurteilen, die man aus der vergangenen geschöpft hat. Das wäre ungerecht, denn die beiden Gesellschaften, die so vielfach voneinander verschieden sind, sind unvergleichbar.

Es wäre ebenso wenig sinnvoll, von den Menschen unserer Zeit die besonderen Tugenden zu verlangen, die ein Ergebnis der gesellschaftlichen Verhältnisse ihrer Vorfahren waren, da doch diese Verhältnisse selbst untergegangen sind und in ihrem Untergang alles Gute und zugleich alles Schlechte mitgenommen haben, dessen Träger sie waren.

Aber unsere Zeit hat noch wenig Verständnis für diese Dinge.

Mir fällt auf, wie viele meiner Zeitgenossen eine Auswahl treffen möchten zwischen den Einrichtungen, den Meinungen, den Vorstellungen, die sich aus der aristokratischen Verfassung der alten Gesellschaft ergaben; sie würden gern die einen aufgeben und die anderen behalten, um sie mit sich in die neue Welt hinüberzunehmen. Mir scheint, daß sie ihre Zeit und ihre Kräfte an eine zwar ehrenwerte, aber fruchtlose Arbeit verschwenden. Es handelt sich nicht mehr darum, die besonderen Vorzüge zu erhalten, die die gesellschaftliche Ungleichheit den Menschen verschafft, sondern das wertvolle Neue zu sichern, das die Gleichheit zu bieten vermag. Wir sollen nicht danach streben, uns unseren Vätern anzugleichen, sondern uns um die uns eigene Größe und das uns eigene Glück bemühen.

Was mich anbetrifft, da ich jetzt zu diesem letzten Abschluß meines Gedankengangs gelangt bin und nun von fern, aber in einem Überblick all die verschiedenen Erscheinungen erfasse, die ich auf dem Wege gesondert betrachtet habe, so fühle ich mich ebenso bedrängt von Befürchtungen wie voll von Hoffnungen. Ich sehe große Gefahren, die möglicherweise heraufbeschworen werden, große Übelstände, die sich vermeiden oder einschränken lassen, und ich werde immer sicherer in dem Gedanken, daß die demokratischen Nationen, um in Ehren zu gedeihen, dies nur zu wollen brauchen.

Ich weiß wohl, daß einige meiner Zeitgenossen den Gedanken geäußert haben, die Völker seien auf dieser Welt niemals die Meister ihres Schicksals, sie seien zwangsläufig irgendeiner unüberwindlichen und vernunftlosen Macht unterworfen, dem Resultat früherer Ereignisse, der Rasse, dem Boden, dem Klima.

Das sind falsche und kraftlose Lehren, die nur geeignet sind, schwache Menschen und kleinmütige Nationen zu erzeugen. Die Weisheit Gottes hat das menschliche Geschlecht weder ganz unabhängig noch ganz sklavisch geschaffen. Es ist wahr, daß sie um jeden Menschen einen Ring zieht, den er nicht zu überschreiten vermag; aber in seinem weiten Umkreis ist der Mensch machtvoll und frei; so auch die Völker.

Die Nationen unserer Zeit können die Gleichheit in ihrer Mitte nicht verhindern; aber es hängt von ihnen ab, ob die Gleichheit sie zur Knechtschaft oder zur Freiheit, zur Bildung oder zur Barbarei, zum Wohlstand oder zum Elend führt.

III.
Die Schule in der Polarität von Staat und Gesellschaft

Einführung

In der Einleitung des vorigen Kapitels wurde die Französische Revolution als das Kardinalereignis der neueren Geschichte bezeichnet und ihr politisches und pädagogisches Programm analysiert. Die Darstellung der weiteren Entwicklung muß daher von der Frage ausgehen, wie sich die Postulate der Französischen Revolution auswirken und welche Veränderungen sie hervorbringen.

So schwierig es ist, auf die Frage nach dem historisch bedeutsamen Ergebnis der Französischen Revolution eine bündige Antwort zu geben, so einhellig dürfte die Überzeugung sein, sie habe ihre Wirkung noch nicht vollendet. Denn die Revolution als geschichtliches Ereignis erhält im Bewußtsein der nachfolgenden beiden Jahrhunderte weniger ihre Bedeutung von den Resultaten, die sich noch unmittelbar auf das damalige Geschehen zurückführen lassen, als vielmehr von der Kraft der durch sie verkündeten Prinzipien, die die Welt verändert haben und noch verändern. Unter den drei Forderungen »Freiheit, Gleichheit, Brüderlichkeit« schreibt ihr scharfsichtigster Analytiker, Alexis de Tocqueville, der Gleichheit nicht allein die dominierende, sondern auch eine solche universale und totale Wirkungsmacht zu, daß er für sie kein Ziel noch Ende ihres Sichgeltendmachens anzugeben weiß: Das Prinzip der Gleichheit ist unendlich. Es wird zur Leitidee der Entwicklung für das 19. und 20. Jahrhundert: »Wer glaubt, die vollständige Gleichheit auf die Dauer im politischen Bereich herstellen zu können, ohne zugleich auch eine Art von Gleichheit in der bürgerlichen Gesellschaft einzuführen, scheint mir einen gefährlichen Irrtum zu begehen« (Quelle, S. 128 f.).

Der Verlauf des 19. Jahrhunderts bietet eine faszinierende Illustration dafür, wie unter der Forderung der Gleichheit nach und nach, so wie die Lebensverhältnisse von ihr erfaßt werden, alles Unterscheidende und Gliedernde abgebaut wird. Dieser Vorgang wird als fortschreitende Emanzipationsbewegung gedeutet, als Demokratisierung, deren Rechtfertigung und Maß die Vermehrung an Gleichheit hergibt.

Es ist hier nicht der Ort, diesen Prozeß, der sich aus der ihm innewohnenden Dynamik selbst fortzeugt, in allen Einzelheiten zu verfolgen. Es muß für eine Übersicht genügen, ihn in den Bereichen Gesellschaft, Staat und Schule nachzuzeichnen. Mit einiger Vereinfachung der Entwicklung und ihrer sie leitenden Tendenzen dürften Beginn, Mitte und Ausgang des Jahrhunderts in folgende Stationen gefaßt werden können: 1. Die Politisierung der bürgerlichen Gesellschaft bis zur Mitte des 19. Jahrhunderts, 2. Staat und Gesellschaft in der Zeit des Konstitutionalismus, 3. Staat und Gesellschaft im Kaiserreich, 4. die Schule im Spannungsfeld staatlicher und gesellschaftlicher Kräfte.

Während in den Einführungen zu den beiden vorangegangenen Kapiteln vorwiegend die theoretischen Prinzipien herausgearbeitet wurden, liegt das Schwergewicht der folgenden Ausführungen mehr auf den Auswirkungen dieser Prinzipien im Zusammenhang der historischen Entwicklung.

1. Die Politisierung der bürgerlichen Gesellschaft bis zur Mitte des 19. Jahrhunderts

a) Die Entstehung der bürgerlichen Gesellschaft in Deutschland

Im sozialgeschichtlichen Zusammenhang betrachtet gewinnt die Französische Revolution ihre Bedeutung als Epochenscheide dadurch, daß sie einen tiefgreifenden sozialen Wandel schlagartig sichtbar werden läßt, ihn unerhört beschleunigt und verstärkt: die Entwicklung der bürgerlichen Gesellschaft (vgl. Einführung zu Kapitel II, S. 91 ff.). Ebenso wie in Frankreich nimmt auch in den deutschen Ländern der Dritte Stand die Erklärung der Menschen- und Bürgerrechte mit großer Zustimmung auf. Die Herausforderung der alten Verhältnisse durch die neuen Ordnungsprinzipien bewirkt allein durch deren ideelle Kraft die politische Aktivierung der Schicht von Bildung und Besitz. Wie in Frankreich weiß sich auch in Deutschland die bürgerliche Gesellschaft als Träger von Freiheit, Einheit und Fortschritt, als »die Nation«.

Auch der bestehende Staat wird mit der Frage konfrontiert, wieweit er seinen Zweck darin sieht, Freiheitsrechte zu gewähren und zu gewährleisten (vgl. Art. II der Déclaration). Da die Antwort des absolutistischen Staates seiner inneren Gesetzlichkeit nach negativ ausfallen mußte, war die politische Aktivierung der bürgerlichen Gesellschaft eine notwendige Folge. Sie zeigt sich vor allem im Entstehen der Klassengesellschaft und in dem Bemühen der verschiedenen Klassen, auf die Machtmittel des Staates Einfluß zu gewinnen und sie ihren Zwecken dienstbar zu machen.

b) Anfänge der Klassengesellschaft

In der Erklärung der Menschen- und Bürgerrechte, in der die bürgerliche Gesellschaft ihr Selbstverständnis und ihre politischen Hoffnungen auf das genaueste abgebildet findet, wird allen Menschen als Menschen, ungeachtet ihrer Herkunft, ihrer sozialen Stellung und ihres Geschlechts, das Recht zur freien Selbstverwirklichung auf allen Lebensgebieten uneingeschränkt zugesprochen. Sobald dieses zunächst nur postulierte Prinzip jedoch als Maßstab zur Beurteilung ihrer Chancen, in ihrer konkreten Lebenssituation ihre Rechte zu verwirklichen, herangezogen wird, zeigt sich, daß sich die angesprochenen Individuen im Hinblick auf die Realisation dieses fundamentalen Menschenrechts in höchst unterschiedlichen Ausgangslagen befinden. Freiheit und Gleichheit erscheinen für viele reduziert auf ihre Geltung als formale Prinzipien: die einzelnen sind gleich hinsichtlich der Freiheit, von ihren Gaben und Talenten Gebrauch zu machen, aber sie sind faktisch ungleich, weil ihnen in ihrer Lage die Möglichkeiten politischer oder materieller Art oder gar beide fehlen. Dieser Widerspruch zwischen Anspruch und Wirklichkeit, zwischen Recht und Sein, bleibt nicht verborgen, am wenigsten den davon Betroffenen, und daraus entspringt das eigentliche Motiv für die Umbildung der Gesellschaft zur Klassengesellschaft. In dem Maße, wie sich die Menschen ihrer Lage bewußt werden und sich – mit anderen vergleichend – in ähnlicher Position finden, formieren sich innerhalb der Gesellschaft »Klassen«.

Dieser Vorgang erstreckt sich in Deutschland bis in die zweite Hälfte des 19. Jahrhunderts, ohne daß sich exakt Anfang und Ende bestimmen lassen. Als soziales Vorbild wirkt die Standesgliederung, wie sie sich unter dem Absolutismus entwickelt hat, als die Stände ihrer ursprünglichen politischen Funktion entkleidet werden und sich zu Berufsständen umwandeln (vgl. Einführung zu Kap. I, S. 24 ff.). Sowohl die bestehenden Stände als auch die nicht-ständischen Schichten, die erst später zu einem politisch-gesellschaftlichen Bewußtsein gelangen, sehen sich gezwungen, unter den Herausforderungen durch die Prinzipien der Déclaration sich neu zu begreifen. Je nach ihrer ökonomischen, sozialen und politischen Situation reagieren sie in unterschiedlicher Weise: Die unter dem Absolutismus privilegierte Schicht, der Adel, verhält sich größtenteils ablehnend, weil sie unter dem Anspruch der Gleichheit um ihre Vorrechte und ihren Einfluß fürchtet. – Das Bürgertum als Schicht von Bildung und Besitz sieht sich vor allem durch die Freiheitsforderungen der Déclaration in seinem Selbstverständnis bestätigt und leitet daraus seine politischen und wirtschaftlichen Ansprüche gegenüber der politischen Gewalt ab. Der junge Wilhelm von Humboldt hat diesen Gedanken am konsequentesten entfaltet in seinen »Ideen zu einem Versuch, die Grenzen der Wirksamkeit des Staates zu bestimmen«. Aus dem Denken des Rationalen Naturrechts bestimmt er als das bewegende Moment der bürgerlichen Gesellschaft nicht die Gleichheit, sondern die »ungebundenste Freiheit« jedes einzelnen, »sich aus sich selbst in seiner Eigentümlichkeit zu entwickeln ...

nach dem Maße seines Bedürfnisses und seiner Neigung, nur beschränkt durch die Grenzen seiner Kraft und seines Rechts« (Quelle, S. 69). – Als neue Schicht formiert sich in der ersten Hälfte des 19. Jahrhunderts das Kleinbürgertum. Wie später der Vierte Stand, die Arbeiterschaft, empfindet es die Diskrepanz zwischen postulierten Rechten und realer Situation besonders stark. Neben dem Verlangen nach politischer Mitsprache richtet sich sein Interesse deshalb darauf, die wirtschaftliche Position so zu verbessern, daß es von einem gesicherten Fundament her ohne Abhängigkeit von den anderen Schichten auf allen Lebensgebieten seine Rechte wahrnehmen und seinen Einfluß geltend machen kann. Infolgedessen muß das Kleinbürgertum auf Distanzierung von den beiden anderen Schichten dringen und eine »Gesinnung« fördern, die, wie der Führer der rheinischen liberalen Bewegung, David, Hansemann, u. a. schreibt, »die Gleichheit höher stellt als die Freiheit« (Dok. I, S. 238). – Von demselben Grundsatz her, wenn auch viel nachdrücklicher, definiert der Vierte Stand, die Arbeiterschaft, sein soziales und politisches Selbstverständnis. Im Vergleich zu den anderen Schichten muß er sich, der nichts besitzt als seine Arbeitskraft, ausgeschlossen fühlen von den Möglichkeiten menschlicher Selbstverwirklichung. Deshalb artikuliert er radikaler als das Kleinbürgertum das Prinzip der Gleichheit, das er über den politischen Bereich hinaus vor allem auf seine sozialen und kulturellen Verhältnisse bezieht. Diese Akzentuierung bringt Wilhelm Liebknecht auf ihr Prinzip: »Überhaupt liegt der menschliche Fortschritt in der Annäherung an die Gleichheit, Freiheit ist eine Phrase, die alles Mögliche umhüllt, Gleichheit ist ein Prinzip« (Dok. I, S. 474).

Indem also die bestehende Gesellschaft sich mit den Forderungen der Erklärung der Menschen- und Bürgerrechte konfrontiert sieht, bildet sie sich in ihren Grundlagen zu einer Klassengesellschaft um. Die Klassen unterscheiden sich voneinander durch wirtschaftliche Lage, berufliche Situation, politische Interessen, schichtenspezifisches Bewußtsein, Bildung und Lebensformen. Sie treten zueinander in ein spannungsvolles, zum Teil feindliches Verhältnis. Ihre Interessen prallen aufeinander, sobald sie sich politisch durchzusetzen suchen.

Die Entstehung der Klassen wird begleitet von einer Reihe von Vorgängen, welche teils als Voraussetzungen, teils als Folgen auf den Prozeß einwirken. In unmittelbarer Verbindung zur Französischen Revolution entzieht das Gleichheitsaxiom der überkommenen Gliederung der Stände mit ihrer hierarchischen Verteilung der Rechte jede Legitimation. Der Grundsatz der Gleichheit nimmt der traditionalen Gliederung den Charakter des Selbstverständlichen, Gottgewollten, Unveränderbaren und setzt an die Stelle schicksalhafter Hinnahme des Standes und der Stellung das Bewußtsein möglicher Veränderung durch den politischen Willen. Daneben vollzieht sich durch die Aufsprengung zahlreicher rechtlicher Bindungen die Verwandlung großer Teile bislang familien- oder persongebundenen Eigentums in beweglichen, d. h. veräußerbaren bzw. erwerbbaren Besitz. Infolgedessen entstehen gegenüber der unveränderlichen Standeszugehörigkeit soziale Auf- und Abstiegsprozesse entsprechend den wechselnden Besitzverhältnissen. Diese wiederum reflektieren den Erfolg oder Mißerfolg der Erwerbstätigkeit, welche mehr und mehr in Verbindung mit dem Freiheitsgrundsatz zum eigentlichen Motor des Geschehens wird. Soll die Struktur dieser Gesellschaft erfaßt werden, kann man sie unter den Voraussetzungen dieser Zeit nicht länger durch etwas so Konstantes wie den Begriff des Standes zutreffend beschreiben. Die in sich selbst dynamisch gewordene Gesellschaft wird deshalb unterteilt in Klassen, für die als Zuordnungskriterium die variablen Besitzverhältnisse gelten. Denn sie vor allem sind die realen Bedingungen für die Möglichkeit individuellen Glückstrebens, freier Selbstverwirklichung, sozialer Mobilität, persönlicher Bildung, wie sie als Recht dem einzelnen in der Déclaration zugesprochen sind.

c) Zur Analyse von Staat und Gesellschaft bei Hegel, Stein und Marx

Das Neuartige dieser Erscheinungen erregt die Aufmerksamkeit vieler Zeitgenossen. Aus der Fülle der Untersuchungen und Deutungen, die den bewegenden Kräften sowie den sozialen und politischen Auswirkungen des Umbruchs der Gesellschaftsstruktur gelten, ragen die von Hegel, Stein und Marx hervor. Sie sind zwar demselben Grundphänomen zugewandt, haben aber unterschiedliche Stadien des gesellschaftlichen Wandels vor Augen, so daß sich in gewisser Weise in dem Nacheinander ihrer Analysen ein Stück der Entwicklung zur Klassengesellschaft widerspiegelt (vgl. Dok. I, S. 241 ff., S. 263 ff., S. 359 ff.).

Hegel, der als erster den Wandel der ständischen Ordnung zur bürgerlichen Erwerbsgesellschaft analysiert, hebt als das bewegende Element der Gesellschaft die selbstsüchtigen Zwecke des je einzelnen hervor: »Die konkrete Person, welche sich als *besondere* Zweck ist, als ein Ganzes von Bedürfnissen und eine Vermischung von Naturnotwendigkeit und Willkür, ist das *eine* Prinzip der bürgerlichen Gesellschaft« (Dok. I, S. 242). Als zweites Prinzip betont er die allseitige Verflochtenheit der Bedürfnisse der einzelnen durch ihre gegenseitige Vermittlung und Befriedigung. Hegel erkennt, daß sich auf diese Weise zwar ein System allseitiger Abhängigkeit begründen läßt, aber keine innere Einheit und Verbindlichkeit zwischen den konkurrierenden Individuen. Um diesem Mangel zu begegnen, greift er auf ein Moment zurück, das innerhalb seiner eigenen Analyse der bürgerlichen Gesellschaft als etwas Fremdes erscheint: auf die überlieferten Korporationen und Stände. Sie sollen sowohl die innere Kohärenz der bürgerlichen Gesellschaft gewährleisten als auch zwischen dieser Gesellschaft und dem Staat, den Hegel noch im Sinne der älteren politischen Theorie als das Allgemeine und Gemeinsame – »die Wirklichkeit der sittlichen Idee« (Dok. I, S. 246) – versteht, vermitteln. Insofern bekommen die Stände bei Hegel eine doppelte Bedeutung: einerseits sind sie als Berufsstände Gliederungskörperschaften der Gesellschaft, andererseits verbindet er mit ihnen Aufgaben und Leistungen, die nicht aus den selbstsüchtigen Zwecken der Gesellschaft resultieren, sondern deren letzter Grund in den allgemeinen Zwecken des Gemeinwesens liegt.

Lorenz von Steins Gesellschaftslehre bezieht sich auf ein fortgeschritteneres Stadium der Entwicklung der bürgerlichen Gesellschaft. Innerhalb der Vielfalt der gesellschaftlichen Beziehungen erkennt er als neues Gliederungselement die Klassen und definiert sie vorrangig durch das Merkmal des Besitzes. Seine Reflexionen über die Gesetze der Güterbewegung führen ihn zu der Einsicht, daß die bürgerliche Gesellschaft in ihrer Grundverfassung durch »zwei große Klassen« bestimmt ist: einerseits durch die Inhaber von Grund-, Geld- oder industriellem Besitz, andererseits durch die nichtbesitzenden Abhängigen, die lediglich über Arbeitskraft verfügen und sich deshalb dem Willen und den Verfügungsmöglichkeiten der Kapitalbesitzer ausliefern müssen. Zwischen diesen antagonistischen Klassen, deren Anziehung und Abstoßung das Leben der Gesellschaft ausmacht, gibt es für L. v. Stein als vermittelnde Instanz nur den Staat, dem er es zur Aufgabe macht, den Gleichheitsgrundsatz auch in den ökonomischen Beziehungen zu gewährleisten. Der Staat ist es, der für den sozialen Ausgleich und für den inneren Frieden sorgen soll. Dabei ist sich L. v. Stein der Schwierigkeit dieses politischen Auftrages bewußt. Er erkennt als einer der ersten, daß der Staat keine Stellung außerhalb der Gesellschaft einnehmen kann und sich daher in seiner Realität gewandelt hat. Er ist nicht mehr, wovon Hegel noch ausgehen konnte, der Repräsentant einer übergreifenden Gemeinsamkeit, sondern »seine wirkliche Verfassung ist die Konsequenz oder die Erscheinung der Gesellschaftsordnung im Organismus der Staatsgewalt«, d. h. daß »eine bestimmte Klasse der Gesellschaft die Herrschaft über die Staatsgewalt ausschließlich in Händen hat« (Dok. I, S. 286 f.).

Karl Marx geht in seiner »Anatomie der bürgerlichen Gesellschaft« denselben Entwicklungstendenzen nach, die auch das Denken L. v. Steins herausforderten. Auch er beschreibt die Gesellschaft als eine ökonomisch bestimmte Klassengesellschaft und den Staat als »die Form, in welcher die Individuen einer herrschenden Klasse ihre gemeinsamen Interessen geltend machen«, also als Klassenstaat. Aber er verdichtet die bei L. v. Stein mehr phänomenologisch gewonnenen Einsichten zu einer geschlossenen Theorie, in der er die Entwicklungsgesetze der bürgerlichen Gesellschaft und die sie leitenden Prinzipien in einer kritischen Analyse radikal zu Ende zu denken versucht. Marx geht davon aus, daß den Klassenverhältnissen eine Gravitation innewohnt, die den Klassenkampf auf eine letzte Entscheidung zutreibt. Das Proletariat, die Verkörperung der absoluten Besitzlosigkeit und der äußersten menschlichen Entfremdung, wird sich die ökonomischen und politischen Machtmittel des Kapitals und des von ihm beherrschten Staates aneignen und damit die Voraussetzung für die Überwindung der Klassen überhaupt schaffen. In der »klassenlosen Gesellschaft« wird die Selbstentfremdung aufgehoben, der Mensch in seine ursprüngliche Natur eingesetzt und die Gleichheit der Freiheit wiederhergestellt.

Die von Hegel, Stein und Marx analysierten Phänomene der Veränderung der Gesellschaft knüpfen an die von Tocqueville aufgeworfenen Grundfragen an: Wie wird sich die Gesellschaft in ihrer Struktur ändern, wenn ihre überlieferte Ordnung sich unter den Auswirkungen der Postulate der Französischen Revolution auflöst, und in welche politische Verfassung wird sie eintreten?

2. Staat und Gesellschaft in der Zeit des Konstitutionalismus

Bei der Beschreibung der Entwicklung der bürgerlichen Gesellschaft zur Klassengesellschaft zeigte sich, wie durch die Berufung auf die Prinzipien von Freiheit und Gleichheit die Art des Wandels der Gesellschaft schon vorgezeichnet ist. Die Veränderung erfaßt nach und nach entsprechend der den Prinzipien innewohnenden Unendlichkeit alle Lebensverhältnisse. Nicht nur werden, wie bereits dargestellt, die sozialen Unterschiede einer Generalrevision unterzogen, sondern auch die politischen Herrschaftsverhältnisse müssen sich der Frage stellen, von welcher Grundlage her sie sich legitimieren.

a) Die Entstehung des Verfassungsstaates

Es gehört zu den großen Entdeckungen von Stein und Marx, daß Staat und Herrschaft sich nicht länger aus sich selbst begründen können, sondern in einem Auftragsverhältnis zu den Kräften der Gesellschaft stehen. Dieser Gedanke, daß sich der Staat in funktionaler Abhängigkeit von der Gesellschaft befindet, nimmt das in der Déclaration vorgezeichnete Verhältnis von Staat und Gesellschaft auf und konkretisiert es im Begriff der Klassenherrschaft und des Klassenstaates.

Am Beginn dieser Entwicklung steht der Anspruch des Dritten Standes auf politische Mitwirkung. Wie auch in Deutschland die Rezeption der Menschenrechte und der zugehörigen Staatsauffassung durch das Bürgertum erfolgt, belegen u. a. die Schriften von W. von Humboldt, J. W. Süvern, C. v. Rotteck, D. Hansemann und ebensosehr die Gegenschriften, z. B. von C. L. von Haller oder die Beschlüsse und Protokolle der verschiedenen Fürstenversammlungen (vgl. Dok. I, Abschnitt III, 1). Die Politisierung des Bürgertums erfolgt faktisch durch eine Reihe von Revolutionen in den 30er Jahren, deren Höhepunkt die Revolution von 1848 bildet. Da auf dem Boden der Volkssouveränität Herrschaft nicht anders zu begründen ist als durch den Volkswillen, richten sich die Forderungen in ihrer generellen Intention gegen die traditionale Fürstenherrschaft. Je nach dem Grad der Konsequenz, mit der das Prinzip der Volkssouveränität geltend gemacht wird, reichen sie von radikal-republikanischen Vorstellungen bis zu den gemäßigt-vermittelnden Konzeptionen einer konstitutionellen Monarchie (vgl. Dok. I, Abschnitt III, 1 und 2). Angesichts der konkreten Machtverhältnisse gewinnen die Befürworter der konstitutionellen Monarchie den größten Einfluß. Sie behalten die gegebene Fürstenherrschaft bei und versuchen, ihr nachträglich ein demokratisch-vertragliches Fundament zu substituieren und sie auf dieser neuen Grundlage zu legitimieren. Darum wird die Frage der »Konstitution«, des »Staatsgrundgesetzes« oder der »Verfassung« zum Angelpunkt der Auseinandersetzungen zwischen den monarchisch-legitimistischen und den bürgerlich-demokratischen Kräften.

Obgleich sich die Fürsten nach Kräften bemühen, zu den alten Verhältnissen zurückzukehren und ihr fürstliches Herrscheramt als erbliches, vom Volkswillen unabhängiges Recht, als Recht göttlicher Fügung festzuhalten, können sie die Veränderungen im Bewußtsein und die Verwandlung der politischen Verhältnisse nicht ungeschehen machen. Indem sie den demokratischen Souveränitätsanspruch anerkennen und ihre Herrschaftsrechte für ihre Person und ihr Haus auf dieses neue Fundament stellen, begeben sie sich im Prinzip ihres überlieferten Selbstverständnisses als Souverän »von Gottes Gnaden«. Das Fürstenamt wird mediatisiert und in ein Auftragsverhältnis »im Namen des Volkes« umgewandelt.

Weil aber zugleich die Fürsten und ihre legitimistischen Anhänger auf ihren angestammten Herrscherrechten beharren und sich ihre Intentionen ebenfalls in der Verfassung niederschlagen, entsteht ein unversöhnlicher Widerspruch: In die Verfassung der konstitutionellen Monarchie gehen zwei unvereinbare Legitimationsprinzipien ein (vgl. Dok. I,

S. 290 ff.). Wenn z. B. die Erblichkeit des monarchischen Herrscheramtes, die Unverletzlichkeit der Person des Herrschers, die Einheit von Staatsoberhaupt und Regierung sowie die Verantwortung der Minister allein dem Monarchen gegenüber in den Verfassungen verankert werden, dann widerstreiten diese Festlegungen dem demokratischen Gedanken der Kontrolle von Macht und Herrschaft ebenso wie dem der Auswechselbarkeit der Machtträger. Es ist nur eine Frage der Zeit, wann die konstitutionelle Verfassung an ihren inneren Spannungen zerbricht und sich das demokratische Legitimationsprinzip der Volkssouveränität durchsetzt.

Indem das politisch aktiv gewordene Bürgertum vom demokratischen Prinzip her an die vorgefundenen politischen Herrschaftsverhältnisse die Grundfrage nach ihrer Legitimation stellt, artikuliert es zugleich die klassischen demokratischen Forderungen nach Garantie der Menschenrechte, parlamentarischer Regierungsform, Teilung der Gewalten, Gleichheit der politischen Rechte, Ausdehnung des Wahlrechts u. a. m. Sie bilden den Hintergrund für die Auseinandersetzungen in den Verfassungskämpfen der ersten Hälfte des 19. Jahrhunderts sowie für das Ringen der Parteien um das Mehr oder Weniger an Demokratisierung in Staat, Gesellschaft und Schule bis in unser Jahrhundert.

Ein erster Höhepunkt in dieser Entwicklung ist die »bürgerliche« Revolution von 1848. Es ist hier nicht der Raum, den Kontroversen um die Verfassungsartikel im einzelnen nachzugehen (vgl. Dok. I, S. 290). Insgesamt betrachtet machen sich als bestimmende Momente der gesamten Verfassung die politischen und ökonomischen Ziele der Schicht von Besitz und Bildung geltend. Der Akzent liegt auf der verfassungsmäßigen Sicherung der »Grundrechte des deutschen Volkes« im Sinne formaler Freiheitsrechte und auf der Gewährleistung möglichst uneingeschränkter wirtschaftlicher Tätigkeit. Für diese Aufgaben werden die Machtmittel der zentralen Reichsgewalt in Anspruch genommen. Dagegen steht der Gesichtspunkt der Gleichheit noch im Hintergrund. Zwar wird durch die Verfassung die Gleichheit der Stände und Geschlechter hergestellt, aber die Behandlung der Eigentumsverhältnisse und der Ausbildungsmöglichkeiten zeigt, wie wenig die faktische Überwindung der Benachteiligung der unteren Klassen in den Blick tritt. Insofern erweist sich im Sinne von Stein und Marx die durch die Verfassung aufgerichtete Ordnung als »staatliche Herrschaft der in der Gesellschaft herrschenden Klasse« (Dok. I, S. 282).

Trotz des Scheiterns der bürgerlichen Revolution von 1848 kann aus der Rückschau gesagt werden, daß der Demokratisierungsprozeß ein erstes politisches Ziel erreicht hat: die Verfassung, das klassische Zeugnis demokratischer Gesellschaften. Sie tritt zunächst als Grundvertrag zwischen dem souveränen Volk und den regierenden Häusern der Fürsten in Kraft.

b) Parlament, Parteien und Verbände

Damit der Volkswille sich artikulieren und politisch relevant werden kann, sehen alle Verfassungen als Institution der Willensbildung das Parlament vor. Seiner Idee nach soll in ihm die Vielfalt der in der Gesellschaft vorhandenen Standpunkte und Meinungen zur Sprache kommen und sich durch die Debatten zum mehrheitlichen, d. h. regierenden Willen formieren, der der Regierung und Verwaltung Art und Maß ihres Handelns vorschreibt. Was also politisch wirksam werden will, muß sich organisieren und Gruppen bilden, die gemeinsam agieren, um sich schließlich als Mehrheit durchsetzen zu können. So kommt es zur Entstehung von Parteien, die sich zunächst – so noch in der Frankfurter Nationalversammlung 1848 – innerhalb des Parlaments als wechselnde Gruppierungen von Abgeordneten bilden. Der Abgeordnete wird als unmittelbarer Fürsprecher für die Nation und das Allgemeinwohl begriffen. Er repräsentiert sie in seiner Person, ist darum an keinen Auftrag gebunden und kann sich frei bestimmten Sachauffassungen mit seinem Votum anschließen.
Später organisieren sich die Parteien außerhalb des Parlaments, um Sitze im Parlament zu erringen und auf dem Wege über die Abgeordneten ihre Forderungen in die Gesetzgebung einzubringen. Damit bahnt sich eine Entwicklung an, durch die Abgeordnete und Parlament ihre selbständige Stellung als Repräsentation der Nation verlieren. Sie werden zu Organen des Wählerwillens und entscheiden entsprechend der Zusammensetzung nach Parteien bzw. als Vertreter von Interessen, die sich in den Parteiprogrammen artikulieren. Diese Parteien sind ein augenfälliges Indiz für die Politisierung und Demokratisierung der Gesellschaft. Als freie gesellschaftliche Zusammenschlüsse nehmen sie die Interessen der verschiedenen Klassen auf und bringen sie in ihren Programmen als politische Forderungen zum Ausdruck (vgl. Dok. I, Abschnitt III, 2 und 3). Insofern spiegelt die Differenzierung der Parteien nach Rechts, Mitte, Links die Klassenschichtung und das Klassenbewußtsein wider. Schematisch gesehen ergibt sich seit der zweiten Hälfte des 19. Jahrhunderts folgendes Bild: Der konservativen Richtung, die eine ausgeprägte Gegenposition zu den Prinzipien der Französischen Revolution vertritt, stehen der Adel sowie die Krone und ihre Anhänger besonders nahe. – Die Liberalen zeigen eine geringere Geschlossenheit als Partei. Im Zentrum ihres Selbstverständnisses steht das Prinzip der Freiheit in seiner politischen, sozialen, wirtschaftlichen und kulturellen Bedeutung. Ihrer Partei sind vor allem die An-

gehörigen des Großbürgertums, der Schicht von Besitz und Bildung, zuzurechnen. – Den Übergang von der im engeren Sinne liberalen zur sozialistischen Richtung bildet die Schicht des Kleinbürgertums, die im liberal-demokratischen Gedankengut stärker die republikanische Verfassung und das Prinzip der Gleichheit betont. – Die Sozialisten legen den Akzent auf die Ausdehnung des ursprünglich nur politisch gemeinten Gleichheitsprinzips auch auf die sozialen Gegebenheiten der Gesellschaft. Der Vierte Stand fordert politische Rechte sowie Eigentum, Bildung und Wohlfahrt für alle. – Im Unterschied zu den genannten Parteien kann die Zentrumspartei nicht als eine Klassenpartei angesehen werden. Sie entsteht aus den Auseinandersetzungen der katholischen Kirche mit dem Staat um die Erhaltung des kirchlichen Einflusses auf die Bereiche von Kultus und Schule und kann daher Angehörige aller Klassen für ihre Zwecke gewinnen. – Eine der evangelischen Kirche nahestehende ähnlich starke eigene Partei bildet sich vor dem Ersten Weltkrieg nicht. Ihre gleichsam staatskirchliche Stellung bringt die evangelische Kirche in den protestantischen Ländern in die Nähe der monarchisch-konservativen und liberalen Kräfte, deren Klasseninteresse auf die Erhaltung der bestehenden politischen Herrschaftsverhältnisse gerichtet ist.

Neben den politischen Parteien, die ihre Forderungen und Aufgaben überwiegend aus den Interessen der ihnen entsprechenden Bevölkerungsklassen ableiten, formieren sich ebenfalls außerhalb des Parlaments Vereinigungen und Verbände, deren Ziele sich vorwiegend aus der beruflichen Situation ihrer Mitglieder ergeben. Sie sind zwar oft in vielfältiger Weise mit den Parteien verbunden, verfolgen aber dennoch eigene Forderungen und politische Konzeptionen, die sie durch die Parteien nicht immer hinreichend gedeckt sehen. In diesem Zusammenhang sind die seit der Jahrhundertmitte entstehenden Lehrervereine hervorzuheben (Dok. I, S. 382 ff.).

Diese hier nur kurz vorgestellten politischen Richtungen und Verbände bestimmen in wechselnden Konstellationen das politisch-soziale Kräftefeld in Staat und Gesellschaft bis in die Zeit nach der Jahrhundertwende. Im folgenden soll schwerpunktartig dargestellt werden, wie sich unter der Herausforderung durch neue Fragen die Strukturen in Gesellschaft und Staat verändern.

3. Staat und Gesellschaft im Kaiserreich

Das Wiedererstarken der konservativ-restaurativen Kräfte nach der Revolution von 1848 führt zu einem Zurückdrängen aller auf Demokratisierung gerichteten Tendenzen. Am schwersten werden die radikal-demokratischen und sozialistischen Gruppen betroffen (vgl. Dok. I, S. 308 ff.). Die in der Bevölkerung überwiegende Zustimmung zu den Bemühungen um die nationale Einigung in Verbindung mit der sprunghaft wachsenden Industrialisierung und wirtschaftlichen Prosperität läßt diesen Vorgang im Bewußtsein der Öffentlichkeit vorerst zurücktreten. Unter der Oberfläche wachsender wirtschaftlicher und politischer Macht verstärken sich indessen die sozialen und politischen Spannungen und drängen auf Ausgleich.

a) Die Reichsverfassung 1871

Die Reichsverfassung von 1871 (Dok. I, S. 386 ff.) verkörpert unübersehbar die Dominanz der monarchisch-konservativen Kräfte und verfehlt damit die fällige Anpassung der politischen Strukturen an den erreichten Grad der Demokratisierung der Gesellschaft. Trotz des scheinbaren Rückgriffs auf das Verfassungswerk der Nationalversammlung von 1848 verweist der dynastisch-obrigkeitliche Gesamtcharakter der Reichsverfassung eher auf den Geist der Reaktionszeit nach den Freiheitskriegen als auf die liberalen Bestrebungen des Vormärz. Denn die wichtigsten demokratischen Verfassungsgrundsätze – Menschenrechte, Volkssouveränität, parlamentarische Kontrolle der Regierung, gleiches Wahlrecht für alle, Budgetrecht des Parlaments, Gewaltenteilung – finden keinen Eingang in die Reichsverfassung. Gänzlich ausgeschlossen bleiben die sozialen Rechte, wie sie besonders von der Arbeiterschaft verlangt werden. Insgesamt betrachtet und auf den Zusammenhang von Klassenzugehörigkeit und verfassungsmäßiger Machtzuweisung befragt, entspricht die Reichsverfassung zunächst vorwiegend den Interessen der dynastisch-adligen Oberschicht und weniger denen des wirtschaftlich erstarkten Großbürgertums, obgleich in seinem Sinne eine Reihe wirtschaftspolitischer Bestimmungen getroffen werden (Dok. I, S. 387 f.). Zur Zeit der Reichsgründung zeigt sich noch ein deutliches Übergewicht ständischer Residuate, während sich in der Folgezeit die konservative Oberschicht und das liberale Großbürgertum infolge einer zunehmenden Übereinstimmung der wirtschaftlichen und politischen Interessen gegenseitig annähern und die eigentlich staatserhaltende und staatsbestimmende Klasse bilden (Dok. I, S. 428 ff.). Damit rückt das Großbürgertum von seiner politischen Leitidee einer demokratischen Verfassung und parlamentarischen Regierung ab und trägt dazu bei, die überlieferten Herrschaftsverhältnisse zu stabilisieren. Nicht zuletzt ist es diese Konzentration von Macht und Besitz – bei gleichzeitiger Zunahme des sozialen Elends –, durch die die in der Gesellschaft vorhandenen Spannungen so verschärft werden, daß die nationale Einigung, die ebenfalls eine der dominanten Zielsetzungen des Bürgertums bildet, äußerlich bleibt und keine innere Befriedung zur Folge hat.

b) Die Wandlung zur Industriegesellschaft

Die sozialen Gegensätze spitzen sich nach der Reichsgründung durch einen umfassenden gesellschaftlichen Strukturwandel außerordentlich zu. Die bis dahin noch überwiegend agrarisch-handwerklich bestimmte Lebensweise wird durch die rasch expandierende Industrialisierung tiefgreifend verändert. Dieser vielschichtige Prozeß wird u. a. bestimmt durch eine schnelle Zunahme der Bevölkerung in Verbindung mit ausgedehnten Wanderungsbewegungen vom Land in die Städte und von den östlichen Provinzen in den Westen. Bevölkerungszunahme, Verstädterung und Binnenwanderung sind sowohl Folge als auch Bedingung des einzigartigen Wachstums der Industrie und der wirtschaftlichen Prosperität (vgl. Dok. I, S. 521). Das Deutsche Reich wird zu einer der größten Wirtschaftsmächte der Welt.

Diese Entwicklung stärkt zwar den machtpolitischen Einfluß des Reiches nach außen, trägt aber nicht zu einer Minderung der Klassengegensätze im Innern bei. Während sich die politisch-ökonomische Macht bei einer dünnen Oberschicht akkumuliert, vermehrt sich die Anzahl der Lohnabhängigen in bisher nicht gekannter Weise und führt zur Proletarisierung großer Teile der Bevölkerung (vgl. Dok. I, S. 521). Daraus entstehen soziale Spannungen, die mehr und mehr zum Mittelpunkt der innenpolitischen Auseinandersetzungen werden (vgl. Dok. I, S. 408 ff.), zumal sich die Arbeiterschaft durch die Gründung einer eigenen Massenpartei politisch formiert und mehr soziale und politische Rechte fordert (vgl. Dok. I, S. 455 ff.). Neben dem raschen Anwachsen der untersten Bevölkerungsschicht, der Industriearbeiterschaft, vollzieht sich auch bei den mittleren Schichten im Gefolge der Industrialisierung eine merkliche Veränderung. Während eine Anzahl von Gewerbetreibenden zum Unternehmer aufsteigt, verliert ein größerer Teil durch die steigende Mechanisierung der Produktion seine Existenzgrundlagen und sinkt ins Proletariat ab. Diese Abwanderungen werden aber ausgeglichen durch neue Berufe, die die Industrialisierung hervorbringt: industriebezogene Dienstleistungen des Verkaufs, der Reparatur, des Transports und der Verwaltung. Diese Berufsgruppen ordnen sich selbst zwischen den sich polarisierenden Klassen der konservativ-liberalen

Oberschicht und des Proletariats dem »Mittelstand« zu. Sie prägen eine eigene Mentalität aus, die sich in den Programmen der mittelständischen Parteien niederschlägt.

c) Die »soziale Frage«

Die Gliederung der Gesellschaft in drei Schichten gibt Aufschluß über die bestehende Machtverteilung im Kaiserreich. Die Oberschicht beweist ihre Klassenherrschaft dadurch, daß z. B. der Anteil des Adels in den politischen, militärischen und administrativen Entscheidungsorganen unverhältnismäßig hoch ist. Das Großbürgertum eröffnet sich mit Hilfe seines Reichtums den Zugang zu diesem privilegierten Stand. Im mächtigsten Bundesland des Reiches, in Preußen, trägt das Dreiklassenwahlrecht dazu bei, daß die bestehenden Herrschaftsverhältnisse unangefochten bleiben. Es zeigt sich jetzt auch in der politischen Realität, daß der Klassenstaat nicht in der Lage ist, eine dem Widerstreit der gesellschaftlichen Kräfte übergeordnete allgemeine Aufgabe wahrzunehmen, um soziale Gerechtigkeit und ein menschenwürdiges Dasein für jeden zu ermöglichen. Das wird unter den Gegebenheiten des Kaiserreiches exemplarisch deutlich an der widerspruchsvollen Weise, in der der Staat der Arbeiterschaft begegnet.

Als die politisch und sozial weitgehend recht- und machtlose Arbeiterschaft sich als Partei organisiert, um politischen Einfluß zu gewinnen und auf diesem Wege ihre Vorstellung einer gerechteren Gesellschaftsordnung durchzusetzen, fragt der Staat nicht – aus seiner Verantwortung für die Gesamtheit heraus – nach den tieferen Ursachen und Motiven der Arbeiterbewegung, die sich nicht nur ökonomisch ausgebeutet und verelendet, sondern auch aus dem Leben der Nation ausgeschlossen sieht. Er reagiert vorwiegend als Klassenstaat, der sich in seinen Herrschaftspositionen bedroht sieht, mit Abwehr und weniger mit gerechtem Ausgleich zum Abbau der sozialen und politischen Spannungen. Auf der einen Seite unterdrückt er durch unnachsichtige Verfolgung mit dem »Gesetz gegen die gemeingefährlichen Bestrebungen der Sozialdemokratie« (1878) den Einfluß der Arbeiterpartei, wobei die radikal-revolutionären Strömungen ihm einen gewissen Anlaß bieten. Auf der anderen Seite versucht er, anstelle einer umfassenden und tiefgreifenden sozialen Neuordnung, durch eine patriarchalisch bestimmte »Sozialgesetzgebung« (1883–1889) die ärgsten sozialen Nachteile zu beheben.

Die »soziale Frage« erweist sich als eines der Kernprobleme der politischen Auseinandersetzungen im Kaiserreich. Sie bezieht sich nicht nur auf Arbeits- und Eigentumsverhältnisse, sondern schließt eine Fülle weiterer Aspekte ein, u. a. soziale Sicherheit und Wohlfahrt, politische

Gleichberechtigung und Mitbestimmung und nicht zuletzt die Gleichheit der Bildungsmöglichkeiten. Auf die leitenden Prinzipien von Freiheit und Gleichheit bezogen, ist also eine Schwerpunktverlagerung festzustellen: Ging es dem sich emanzipierenden Bürgertum um die Garantie formaler Freiheitsrechte durch die staatliche Gewalt, so beruft sich die Arbeiterschaft auf den Gleichheitsgrundsatz als substantielle Voraussetzung für die eigene Emanzipation, um von ihren Freiheitsrechten überhaupt Gebrauch machen zu können. Mit anderen Worten: Der Demokratisierungsprozeß soll auch materiell in die Sphäre der Gesellschaft eingreifen und von hier her dem Staat neue Aufgaben zuweisen. In der Tendenz zeichnet sich eine Entwicklung ab, die das Verhältnis von Staat und Gesellschaft, wie es die Déclaration postulierte, verändert: Der Staat soll nicht nur allen die Freiheit als gleiches Recht sichern, sondern auch jedem ihre Wahrnehmung durch gleiche soziale Voraussetzungen ermöglichen. Daß der Staat diese neue soziale Aufgabe nur erfüllen kann, wenn er – entgegen der ursprünglichen Intention der Déclaration – sich eine Verfügungsgewalt über die Produkte, Tätigkeiten und Möglichkeiten der Gesellschaft aneignet, ist eine zunächst nicht intendierte Folge, die auf einen Abbau der Polarität von Staat und Gesellschaft hinauslaufen muß. Unter diesem prinzipiellen Aspekt ist selbst die Sozialgesetzgebung im Kaiserreich in ihren Auswirkungen als ein Schritt auf dem Wege zum »Sozialstaat« zu interpretieren.

4. Die Schule im Spannungsfeld staatlicher und gesellschaftlicher Kräfte

In den vorhergehenden Ausführungen über die Polarität von Staat und Gesellschaft ist versucht worden, sehr gerafft nachzuzeichnen, welche tiefgreifenden Veränderungen die Französische Revolution und die industrielle Revolution in den sozialen und politischen Verhältnissen Deutschlands ausgelöst haben.

Auch die Schule wird in diesen Wandel aller Verhältnisse hineingezogen. Nichts belegt deutlicher ihre Abhängigkeit von Staat und Gesellschaft als die Geschichte des 19. Jahrhunderts. Es gibt keine Macht noch Gruppe, die die Schule nicht für sich in Anspruch zu nehmen versucht.

In einem groben Überblick lassen sich analog der Entwicklung in Staat und Gesellschaft folgende Schwerpunkte bestimmen: Die Bemühungen des Bürgertums um eine Reform der Schule und die Gegenwirkungen der politischen Reaktion – Die Auseinandersetzungen um die Schule in der bürgerlichen Revolution von 1848 – Die staatlichen Restriktionen in der zweiten Restaurationsepoche – Die Schule im Klassen- und Kulturkampf des Kaiserreichs.

a) Die Schule zwischen Reform und Reaktion

Mit der Rezeption der Erklärung der Menschen- und Bürgerrechte übernimmt das deutsche Bürgertum nicht nur deren grundlegende politische Intentionen (vgl. S. 176), sondern auch die in ihren Prinzipien angelegte »Bildungsidee« der freien Selbstverwirklichung des Menschen. Gegenüber der ständisch bestimmten, auf Nützlichkeit und Untertanengesinnung abzweckenden Erziehung der Schule des Absolutismus wird damit ein neues Bildungsmotiv geltend gemacht, das ebenso pädagogisch wie politisch gemeint ist.

Unter den deutschen Verhältnissen erfährt dieses Bildungsprinzip eine eigentümliche Ausprägung, die sich für die preußischen Reformen vor allem mit den Namen W. v. Humboldt und J. W. Süvern verbindet. Als strukturierende Momente ihrer »neuhumanistischen« Konzeption sind drei aufeinander bezogene Grundgedanken hervorzuheben: die Idee der freien Selbstverwirklichung des einzelnen in der Form der allgemeinen Menschenbildung, der durchgängige Aufbau der Schule gemäß dieser »organisierenden Idee« und die Rückbindung der Bildung an die Einheit der Nation.

Mit dem Begriff der allgemeinen Menschenbildung zielt Humboldt auf eine dem Menschen als »Menschen« zukommende höchste Entfaltung aller seiner Kräfte entsprechend den »Hauptfunktionen seines Wesens« (Dok. I, S. 211). Sie soll den einzelnen befähigen, durch Erkenntnis der Grundkategorien der wichtigsten Wissens- und Lebensgebiete und durch umfassende Ausbildung seiner formalen Fähigkeiten sowohl zukünftige berufliche Spezialisierungen erwerben zu können als auch seinen politisch-bürgerlichen Aufgaben gerecht zu werden. In diesem Sinne »kennt der gesamte Unterricht daher auch nur ein und dasselbe Fundament« (Dok. I, S. 211). Seine verschiedenen Stufen in aufeinander aufbauenden Schularten sind nichts anderes als die sich steigernden qualitativen Entfaltungen dieser allgemeinen und gemeinsamen Grundlage. Indem alle Schüler, wenn auch unter unterschiedlichen Ansprüchen, immer auf dasselbe Fundament bezogen bleiben, werden sie, meint Humboldt, »in (ihrem) Gemüth ursprünglich gleich gestimmt«, so daß Kommunikation und Konsensus, trotz aller individuellen Besonderungen, nicht verlorengehen. Damit ist der pädagogisch-politische Weg bezeichnet, der zu der bürgerlichen Vorstellung der Nation als »Bildungsgemeinschaft« führt. Ihrer Idee nach ist sie auf eine Gemeinsamkeit gegründet, an der jeder einzelne teilhaben kann, weil die allgemeine Bildung ihm den Zugang zu ihr eröffnet. In der wahren Bildung koinzidieren Mittel und Zweck – die beste Bildung zum »Menschen« ist zugleich auch die beste Bildung zum »Bürger«. Allgemeine Menschenbildung ist in diesem Sinne immer auch politische Bildung und die gebildete Gesellschaft, die Nation, das beste Unterpfand des Staates zu seiner inneren Erneuerung, Einheit und Wohlfahrt.

Mit dieser Korrespondenz von allgemeiner Menschenbildung und Nationalbildung, die auch als durchgehendes Motiv den Süvernschen Schulgesetzentwurf bestimmt (Dok. I, S. 214 ff.), zielt das Bürgertum die pädagogischen Konsequenzen aus seinem politischen Selbstverständnis. Gegenüber den auf äußere Vereinheitlichung und politische Entmündigung gerichteten Intentionen des absolutistischen Obrigkeitsstaates betont es das Recht des einzelnen auf »freie Entfaltung seiner Persönlichkeit«. Es erwartet vom Staat, dieses Recht durch eine allgemeinverbindliche Schulgesetzgebung für jedermann zu sichern. Dem Prinzip nach wird damit die Schule zwar der Sphäre der Gesellschaft zugeordnet und dem inhaltlichen Einfluß des Staates entzogen, aber faktisch wird dadurch die Verstaatlichung intensiviert. Auf die damit entstehende Frage, welches Moment angesichts der dissoziativen Tendenzen des Freiheitsprinzips innerhalb der Gesellschaft das Verbindende und Verbindliche sichert, antwortet das Bürgertum mit der Erwartung, daß die allgemeine Menschenbildung aus sich selbst heraus sozial integrierende Wirkungen hervorbringt und auf diese Weise die Einheit der Nation gewährleistet.

In der Reformbewegung des frühen 19. Jahrhunderts bilden also nach dem politischen Selbstverständnis des Bürgertums im Begriff der »Nation« Staat und Gesellschaft eine Einheit, die sich durch Bildung und Schule herstellen und erhalten soll. Dadurch werden Bildung und Schule unter dem Aspekt der Freiheit zu wesentlichen Faktoren der politischen Emanzipation des Bürgertums.

Die freiheitlich-demokratischen und nationalen Ideen, die sich in den mannigfaltigen Reformversuchen auf fast allen Gebieten des öffentlichen Lebens in Deutschland kundtun, bleiben nicht ohne Widerstand. Gegen die Liberalisierungsbewegungen formieren sich monarchisch-konservative Gegenkräfte, die zu den vorrevolutionären Zuständen einer patriarchalisch-christlich betonten Herrschaftsordnung zurückkehren wollen (vgl. Dok. I, S. 250 ff.). Sie richten ihr Augenmerk argwöhnisch auf jede freiere Regung im politischen und gesellschaftlichen Leben (vgl. Dok. I, S. 250 ff.). Durch gezielte Niederhaltung der Volksbildung versuchen sie, der Ausbreitung des »irreligiösen« und »revolutionären Geistes« entgegenzuwirken und Schule und Erziehung erneut an die hergebrachten Abhängigkeiten zu binden. Diesen Bemühungen der Restauration ist aber bereits durch die Zeitsituation der Boden entzogen. Weder läßt sich das, was nur in der gelebten Überlieferung der ursprünglichen Herrschaftsordnung verbindliche Kraft zwischen Herrschenden und Beherrschten besaß, unmittelbar restaurieren, noch weniger aber, dem Zuge der Zeit folgend, rational, d. h. durch theoretische Deduktion aus dem Prinzip einer Souveränität »von Gottes Gnaden« herstellen. Wenn die restaurativen Kräfte dennoch die Oberhand gewinnen, dann nicht durch die Überzeugungskraft ihrer politisch-pädagogischen Auffassungen, sondern durch den Einsatz der sich in ihren Händen befindlichen staatlichen Machtmittel (vgl. Dok. I, S. 250 ff.).

b) Die Schule in der bürgerlichen Revolution

Der für den politischen Bereich – im engeren Sinne des Wortes – schon dargestellte und analysierte Vorgang der Politisierung der Gesellschaft (vgl. S. 176 ff.) wiederholt sich auch für Schule und Erziehung. Je mehr die gesellschaftlichen Gruppen um die Macht im Staate konkurrieren, desto stärker wird die Schule selbst zum Instrument beharrender oder fortschrittlicher Bestrebungen.

In der Revolution von 1848 zeigt sich zum erstenmal die ganze Breite der widerstreitenden Interessen, die sich in ihrer Grundkonstellation bis zum Ersten Weltkrieg und darüber hinaus erhalten. Ohne im einzelnen auf die Schul- und Erziehungsforderungen in den politischen Programmen und Verbandsforderungen einzugehen, läßt sich zusammenfassend feststellen, daß sie sich weitgehend aus den Grundpositionen der einzelnen Richtungen ergeben (vgl. Dok. I, Kap. III, 2): Während die Konservativen die eigentliche Gegenposition zu jeder freiheitlich-demokratischen Schulpolitik beziehen und eine ständisch-obrigkeitliche, in enger Bindung an die Kirchen stehende Schule wünschen, nehmen die Liberalen den Gedanken einer »allgemeinen Menschen-, Bürger- und Nationalbildung« wieder auf, der in einer »von der Kirche unabhängigen« Schule als »Staatsanwalt« (Dok. I, S. 345) seine institutionelle Ausprägung finden soll. – Die demokratischen und sozialistischen Richtungen artikulieren darüber hinaus die Gleichheit der Bildungsmöglichkeiten auch im materiellen Sinne. Sie fordern eine »Volksschule«, in der alle Kinder »ohne Unterschied des Standes«, also unbeeinträchtigt von allen sozialen Vorgegebenheiten, unterrichtet werden (Dok. I, S. 369), damit jedem die Möglichkeit zum sozialen Aufstieg eröffnet wird. – Für die Kommunisten liegt der Akzent auf dem Klassencharakter von Schule und Bildung. Sie sehen im bestehenden Schulsystem ein Mittel der herrschenden Klasse, die unteren Volksklassen in Abhängigkeit zu halten. Deshalb verstehen sie ihre revolutionäre

Schulpolitik schon früh als Teil des proletarischen Kampfes, der auch »die Erziehung dem Einfluß der herrschenden Klasse entreißen« soll (K. Marx). – Das schulpolitische Programm der Lehrer, besonders der Volksschullehrer, deren verschiedene Verbände sich im Gefolge der Revolution zum »Allgemeinen Deutschen Lehrerverein« zusammenschließen, stimmt in den Hauptforderungen mit den liberalen und demokratischen Auffassungen überein. Es erhält sein besonderes Gewicht dadurch, daß die Lehrer die akademische Lehrerbildung verlangen, die sie für eine zeitgemäße Volksbildung als unabdingbar ansehen. – Eine besondere Stellung nimmt in den schulpolitischen Auseinandersetzungen der Revolution die katholische Kirche ein, die sich gegen die Tendenz einer ausschließlichen Verstaatlichung der Schule ebenso nachdrücklich zur Wehr setzt wie gegen die aufklärerisch-fortschrittliche Volksbildung. Das der Kirche nach beiden Seiten gleichermaßen dienliche Motiv erwächst aus der Sorge um die zunehmende Säkularisierung der Erziehung und ihrer Institutionen. Gegegenüber der sich ausbreitenden Verstaatlichung hebt die Kirche ihre überlieferten Rechte an der Schule hervor, gegenüber einem als unchristlich angesehenen emanzipatorischen Erziehungsverständnis hält sie am Primat des Elternrechts fest und gegenüber einer weltanschaulichen Neutralisierung der Schulerziehung betont sie deren konfessionelle Ausrichtung. Mit dieser Auseinandersetzung beginnt eine für die weitere Schulpolitik außerordentlich komplizierte Frage. Sie besteht in einer doppelten Schwierigkeit des Staates: Er soll der Kirche – oder anderen Partikularitäten der Gesellschaft – überlieferte Rechte an der Schule garantieren und gleichzeitig als Souverän die Schulhoheit uneingeschränkt wahrnehmen; ferner soll er das Recht des Kindes auf freie Selbstentfaltung durch seine Gesetzgebung gewährleisten und ebenfalls das Recht der Eltern auf Erziehung ihrer Kinder sichern, also zwei Rechtspositionen wahren, die beide den Menschenrechten zugerechnet werden, die aber miteinander in Konflikt geraten können.

Die schulpolitischen Kämpfe in der Revolution von 1848 zeigen das Kräftefeld und die Konfliktmöglichkeiten der künftigen Entwicklung auf. Indem der Staat sich immer mehr als Ausdruck der in der Gesellschaft dominierenden Kräfte erweist, verstärkt sich die politische Bedeutung der Schule, gerade weil sie mehr und mehr »zur Veranstaltung des Staates« wird. Durch ihre Brauchbarkeit für die Zwecke der Herrschaftssicherung zieht sie, in Zustimmung oder Ablehnung, die Interessen der in Staat und Gesellschaft um politische Macht konkurrierenden Institutionen und Organisationen auf sich, d. h. sie wird in einer neuartigen Weise zum »politicum«.

c) *Die staatlichen Restriktionen in der zweiten Restaurationsepoche*

Das Scheitern der bürgerlichen Revolution von 1848 führt zu weitreichenden Folgen, die aber erst nach und nach hervortreten. Zwar bleiben die konstitutionellen Verfassungen in den Staaten des Deutschen Bundes größtenteils erhalten, werden aber z. B. in Preußen (Dok. I, S. 298 ff.) wesentlich eingeschränkt. Wie sehr alle Entwicklungen zu demokratisch-freiheitlichen Verhältnissen zurückgeworfen werden, zeigt sich beispielhaft an den einschneidenden Maßnahmen, die in der Schulpolitik ergriffen werden.

Der Schlüssel zum Verständnis der Schulpolitik zwischen Revolution und Reichsgründung liegt in der Furcht der dynastisch-konservativen regierenden Klasse vor der Umschichtung der Gesellschaft und der Veränderung der politischen Machtverhältnisse. Unübersehbar wird der Staat jetzt selbst Partei und verficht, im Bunde mit den ihm nahestehenden gesellschaftlichen Gruppen und Mächten, partikulare Interessen gegen andere Ansprüche aus der Gesellschaft. Unter den ihm verfügbaren Mitteln versichert er sich in weitestem Umfange der Dienste der Schule. So versucht z. B. der preußische Staat durch Revision der Schulartikel der Verfassung (Dok. I, S. 300 f.), Aussetzung des versprochenen Unterrichtsgesetzes (Dok. I, S. 496 f.), rigorose Beschränkungen der Volksbildung und der seminaristischen Lehrerbildung sowie deren Klerikalisierung (Dok. I, S. 314 ff.), ferner durch ähnliche Maßnahmen im mittleren und höheren Schulwesen die oppositionellen Kräfte zu treffen und in ihren Wirkungsmöglichkeiten zu beeinträchtigen. In ähnlicher Weise werden in anderen deutschen Staaten gegen Lehrer und Schule Vorwürfe erhoben und rechtliche Maßnahmen zur geistigen Bevormundung ergriffen (Dok. I, S. 311 ff.). Auf diesem Wege kommt es zu dem für die zweite Jahrhunderthälfte charakteristischen und folgenschweren »Bündnis von Thron und Altar«, dessen Gewicht besonders nachteilig auf der Volksschule und ihren Lehrern lastet.

d) *Die Schule im Klassen- und Kulturkampf des Kaiserreichs*

Die Schulpolitik im Kaiserreich, das unter preußischer Führung steht, entspricht in ihren Grundzügen der Entwicklung der politisch-gesellschaftlichen Verhältnisse, unter denen drei Momente noch einmal hervorgehoben werden sollen (vgl. S. 186 ff.): die politische Herrschaft bleibt in der Hand einer dynastisch-adligen, sich aus dem Großbürgertum ergänzenden Oberschicht; die Gesellschaft wandelt sich zur Industriegesellschaft; die Arbeiterschaft gewinnt ihr Selbstbewußtsein und formiert sich zu einem bestimmenden politisch-gesellschaftlichen Faktor

Die sich in diesen Vorgängen abzeichnenden divergierenden Tendenzen prägen sich vor allem in zwei Richtungen aus, die in unterschiedlichem Maße Eingang in die Schule finden. Durch die steigenden Anforderungen infolge der Industrialisierung, des wirtschaftlichen Aufschwungs, der steigenden Weltgeltung Deutschlands sowie einer gewissen Liberalisierung der Gesellschaft ergeben sich für die Schule notwendige didaktische, soziale und organisatorische Veränderungen. Dagegen werden, um die überkommenen Gesellschafts- und Herrschaftsstrukturen zu bewahren, die politischen Funktionen der Schule nach wie vor benutzt, den bestehenden Staat durch Gesinnungsbildung zu stützen und die Einflußnahme innenpolitischer Gegner abzuwehren. Diese beiden bestimmenden Richtungen, die zudem in einem inneren Zusammenhang stehen, treten sehr deutlich in der preußischen Schulpolitik hervor, die wiederum als Beispiel für die Gesamtentwicklung dienen soll.

Auf didaktischem Gebiet bahnt sich eine Modernisierung der Inhalte der Schulbildung an. Der liberale Kultusminister Falk hebt 1872 mit den »Allgemeinen Bestimmungen« die als einengend und überholt empfundenen Stiehlschen Regulative auf und paßt Gliederung und Unterrichtsgegenstände der Volksschule zeitgemäßeren Anforderungen an (vgl. Dok. I, S. 394 ff.). – Die gleichzeitig erlassenen Lehrpläne für die »Mittelschule« kommen den Erwartungen des mittelständischen Bürgertums entgegen, eine Schule »für die Bedürfnisse des gewerblichen Lebens« (Dok. I, S. 399 ff.) mit einer über die Volksschule hinausgehenden Bildung zu besitzen. – Entscheidende Schritte werden mit der Einrichtung eines beruflichen Bildungswesens getan. – Die höheren Schulen folgen der Tendenz zur Anpassung an die Zeiterfordernisse erst nach den Schulkonferenzen 1890 und 1900, als die höheren Realanstalten den altsprachlichen humanistischen Gymnasien gleichgestellt werden. Nachdrücklich setzt sich der Kaiser für die Modernisierung der höheren Bildung ein und fordert u. a. die Verstärkung der Naturwissenschaften und der modernen Fremdsprachen, damit der Entwicklung zur Industriegesellschaft und Wirtschaftsnation Rechnung getragen werde (vgl. Dok. I, S. 414 ff.). – Nach längeren Widerständen werden auch höhere Mädchenschulen geschaffen, die ebenfalls die Hochschulreife verleihen und dem Verlangen der Frauenverbände nach Gleichberechtigung entgegenkommen (vgl. Dok. I, S. 421 ff., S. 425 ff.).

So setzen sich in allen Zweigen des Schulwesens neuere Auffassungen durch, mit denen den gesellschaftlichen Veränderungen entsprochen werden soll. Den unteren Klassen bringen sie Verbesserungen für die Volksbildung, indem die mehrklassige Volksschule zur Regelschule erklärt, die Ausrüstung mit Lehrgegenständen modernisiert und im Umfang beträchtlich erweitert und nicht zuletzt die Lehrerbildung an den Seminaren akademischen Lehr- und Lernformen angenähert wird (vgl.

Dok. I, S. 394 ff.). – Neben der Förderung der Bildung für die Masse der Bevölkerung erfolgt mit der Neuordnung des Mädchenschulwesens ebenfalls eine aufschlußreiche Maßnahme in der Schulpolitik. Gestützt auf das Gleichheitsprinzip können sich die Frauen mit ihren Emanzipationsforderungen nach politischer, sozialer und rechtlicher Gleichstellung im Bildungsbereich so weit durchsetzen, daß das Bildungsmonopol des Mannes für das Hochschulstudium durchbrochen wird. Wenn auch das Mädchenschulwesen noch weiterhin durch zahlreiche Einschränkungen benachteiligt bleibt (vgl. Dok. I, S. 425 ff.), ist doch der Wandel in der Einstellung zum Verhältnis der Geschlechter hinsichtlich Ausbildung und Berufstätigkeit unübersehbar.

Die Veränderungen in allen Schularten und -zweigen lösen auch schulorganisatorische Konsequenzen aus. Dieselben Bestimmungen, die die Unterrichtsinhalte neu fassen und der Bildung ein anderes Anspruchsniveau und zum Teil eine neue Richtung geben, enthalten auch Vorschriften zur Vereinheitlichung des Schulwesens. Zwar bleiben die einzelnen Schularten ihrem Herkommen nach und übereinstimmend mit der Klassenschichtung voneinander getrennt, aber jede Schulart wird in sich von der Zentralverwaltung her normiert, so daß im gesamten Staatsgebiet weitgehend gleiche Bedingungen herrschen: Die höheren Schulen, einschließlich des Mädchenschulwesens, werden auf wenige Typen beschränkt, die einander gleichgestellt sind, die vielfältigen Unterrichtsanstalten zwischen Volks- und höheren Schulen unter dem Namen »Mittelschule« einheitlich zusammengefaßt, für den Bereich der Volksschulen die dreiklassige zur Regelschule erhoben.

Die Wirkungen der auf verschiedenen Ebenen verlaufenden Maßnahmen sind jedoch mehrdeutig, sie bringen im ganzen Fortschritte, zugleich aber hemmen sie auch raschere oder eigenständige Entwicklungen partieller Art durch den Zwang zum Gleichmaß. So finden die Anpassungsleistungen weithin Zustimmung, weniger dagegen wird ihre herrschaftsstabilisierende Funktion erkannt. Dabei fördert gerade die egalisierende zentralistische Verwaltung den Einfluß des Staates auf die Schule. Deutlich treten die Motive der Systemerhaltung und der Abwehr aller entgegengerichteten Ansprüche in den Auseinandersetzungen mit der katholischen Kirche im »Kulturkampf«, in den Schritten gegen die Sozialisten und schließlich in dem Versuch, den Gedanken einer Nationalbildung wiederzubeleben, hervor.

Bald nach der Reichsgründung brechen im Kulturkampf die seit 1850 schwelenden Differenzen zwischen Staat und Kirche wegen der kirchlichen Rechte wieder auf (s. S. 185) und weiten sich schnell auf die Schulpolitik aus (Dok. I, S. 392 ff.). Im Ergebnis zeigt sich eine weitere Verstaatlichung der Schule, von der nicht nur die Kirchen, sondern auch die unteren Verwaltungsebenen in ihrer Selbständigkeit betroffen werden. Auch im Schulbereich duldet die Allgewalt des Staates keine Ausnahme von seinen direkt eingreifenden Kompetenzen. Staatliche Souveränität und Interessenwahrung der herrschenden gesellschaftlichen Partikularität verbinden sich gegen andere gesellschaftliche Mächte und Ansprüche. Die konsequente Verstaatlichung der Schule manifestiert nicht allein den machtpolitischen Anspruch des Staates, sondern ebensosehr sein Bestreben nach Geschlossenheit des Systems. Die scharfen Formulierungen im Gründungsprogramm der Zentrumspartei beleuchten klar diese Situation und die Triebkräfte der einen wie der anderen Seite (vgl. Dok. I, S. 492 ff.).

Die Parteilichkeit des Staates und die Einschaltung aller seiner Machtmittel zur Bekämpfung der ihm widerstreitenden Ideen und Kräfte äußert sich nicht minder stark wie gegen die katholische Kirche in den Versuchen zur Unterdrückung der sozialdemokratischen Partei (vgl. S. 188). Das mehrfach verlängerte Sozialistengesetz erhält durch kaiserliche Erlasse und Reden gleichsam ein pädagogisches Pendant (Dok. I, S. 408 ff., S 414 ff.), denn auch die Schule ist »nutzbar zu machen, um der Ausbreitung kommunistischer und sozialistischer Ideen entgegenzuwirken« (Dok. I, S. 409). Bei einer Analyse dieser Verlautbarungen zeigt sich, daß dem Kaiser, wie der Oberschicht überhaupt (vgl. S. 188), offenbar der tiefere Durchblick auf die Ursachen und Motive der Arbeiterbewegung mangelt. Die pädagogischen Empfehlungen des Kaisers zielen auf politische Indoktrination mit Hilfe vaterländischer Gesinnungsbildung zur Erhaltung der bestehenden »Abstufungen« in Herrschaft, Gesellschaft und Schule (vgl. Dok. I, S. 409). Daß in diesen Auffassungen die Haltung der staatstragenden Oberschicht artikuliert wird, läßt ein Vergleich mit den Programmen der ihr nahestehenden Parteien erkennen (vgl. Dok. I, S. 428 ff.).

Obgleich die Inanspruchnahme der Schule als Kampfmittel gegen die organisierte Arbeiterbewegung in der Absicht erfolgt, die vorhandenen Macht- und Sozialstrukturen zu bewahren und durch ein entsprechend ausgebildetes Bewußtsein zu stabilisieren, ist in den Äußerungen des Kaisers eine Fragestellung enthalten, die über die aktuelle Situation hinausweist. Wenn der Kaiser angesichts der Spaltung der Gesellschaft in Klassen und Konfessionen und der drohenden Auseinanderentwicklung der Schulen nach einer alles Trennende überwindenden Beziehung zwischen den einzelnen sucht und in diesem Zusammenhang »das Deutsche«, »das Nationale« oder »das Vaterländische« als integrierendes Moment hervorhebt und es als Bildungsziel allen Schularten zuweist, dann berührt er, trotz aller Unzulänglichkeiten und Einseitigkeiten seiner Antworten, wiederum jene politisch-pädagogische Grundproblematik, auf die schon wiederholt hingewiesen wurde und die die politisch-pädagogische Reflexion seit ihren Anfängen begleitet (s. S.

17 ff.): Was stiftet die Einheit des Gemeinwesens? Wie können Bildung und Erziehung diese Einheit bewahren und mit Leben erfüllen?

5. Zum Problem der Einheit des politischen Gemeinwesens

Mit dem Entstehen der Polarität von Staat und Gesellschaft stellt sich diese Frage in neuer Weise. Durch das ganze 19. Jahrhundert hindurch und bis in die Gegenwart wird sie in den Beziehungen zwischen Staat, Gesellschaft und Schule zum entscheidenden Zurechnungsmoment für den Beitrag der Pädagogik zur Einheit des politischen Gemeinwesens. Erkannte die ältere Theorie das verbindende Element zwischen den Mitgliedern eines Gemeinwesens in einer für alle verbindlichen Idee der Lebensführung, einer »regula vivendi«, für die jeder nach seinem Stande zu erziehen war (s. S. 19), so mußte mit der Heraufkunft des Absolutismus das politische Zusammenleben in neuer Weise begründet werden. Die Einheit des Gemeinwesens leitete sich nun nicht mehr aus einer für alle geltenden sittlichen Verpflichtungskraft ab, sondern aus der summa potestas des absoluten Willens des Souveräns (s. S. 24). Dieser abstrakten Verfügungsgewalt, die sich lediglich aus sich selbst begründete, waren alle einzelnen in gleicher Weise untertan. Ihre »Einheit« machte die gleiche Unterworfenheit unter den souveränen Willen aus. Im Absolutismus gewann das Souveränitätsprinzip, verkörpert in der Person des Monarchen, seine erste geschichtliche Konkretion. Indem die Schule zu den Tugenden des Gehorsams, des Fleißes und der Zucht erzog, förderte sie die Untertänigkeit und damit die Unterwürfigkeit unter die Normen eines für alle gleichen Reglements. Die substantielle Einheit wurde durch formale »Gleichschaltung« ersetzt.

Gegen diese Entmündigung richtete sich die politische Emanzipation des Dritten Standes, die in der Déclaration ihren theoretischen Ausdruck fand. Aber weder das Prinzip der individuellen Freiheit noch das Prinzip der Gleichheit vermochten eine Gemeinsamkeit der je einzelnen zu begründen. In der Sphäre der Gesellschaft lag alle Sinnbestimmung des Lebens beim Individuum, seine Freiheit enthielt kein sozial integrierendes Moment.

Aber auch dem Staat lag keine Gemeinsamkeit zugrunde, weil er weder eigene Dignität hatte – seine Aufgabe leitete sich aus der Gesellschaft gemäß dem Formalprinzip der Wahrung der gleichen Freiheit aller her – noch aus der Kundgabe der Einzelwillen ein inhaltlicher

Konsensus erwachsen konnte (s. S. 101). Das politische Prinzip der Volkssouveränität, das die Verwirklichung der Menschenrechte auf Freiheit und Gleichheit optimal ermöglichen sollte, stieß so auf Schritt und Tritt an seine eigenen Grenzen. Je reiner sich im Demokratisierungsprozeß die regulativen Prinzipien von Freiheit und Gleichheit in ihrem Formalcharakter herausbildeten, desto stärker wurde die Abwesenheit eines »substantiell Allgemeinen« (Hegel) zum Problem.

Dieses Dilemma stand schon Rousseau beim Durchdenken seines neuen politischen Modells vor Augen (s. S. 102 f.) und aktualisierte sich mit der Französischen Revolution. Wenn in der Déclaration gefordert wurde, »die Souveränität ruht in der Nation« (Verf. von 1793: »im Volk«) – ein Grundsatz, der in alle demokratischen Verfassungen Eingang fand – dann wird immer schon ein Minimum an Solidarität im Bewußtsein der Gesamtheit stillschweigend vorausgesetzt. Solidarität ist aber nicht identisch mit äußerer, »technischer« Vereinheitlichung. In dieser Schwierigkeit, angesichts der Polarität von Staat und Gesellschaft nur schwer ein substantielles einheitstiftendes Moment finden zu können, wird die Frage nach der politischen Einheit und wie sie zu erhalten sei zu einem Kardinalproblem politisch-pädagogischen Denkens und Handelns. Die »Antworten« des 19. Jahrhunderts reichen, je nach dem Ort, den der Antwortende selbst in der Polarität von Staat und Gesellschaft einnimmt, von der bürgerlichen Nationalerziehung im Sinne Humboldts und Süverns bis zur Marxschen Totalkritik mit der Zielvorstellung der klassenlosen Gesellschaft, und selbst der veräußerlichte Nationalismus vaterländischer Gesinnungsbildung spiegelt diese Problematik. Sie wird ungelöst an das 20. Jahrhundert weitergegeben.

1.
Der Kampf der bürgerlichen Gesellschaft um Staat und Schule

a) Versuche zur Staats- und Bildungsreform

[15]

Wilhelm von Humboldt

Ideen zu einem Versuch, die Grenzen der Wirksamkeit des Staates zu bestimmen (1792)

Wilhelm von Humboldt, 1767–1835, Gelehrter und Staatsmann, Augenzeuge der Französischen Revolution, 1801–1808 preußischer Gesandter beim Vatikan, 1809 Leiter der Sektion für Kultus und Unterricht im preußischen Innenministerium, konzipierte eine Nationalerziehung im Sinne der liberalen preußischen Reform, die sich vor allem auf Gymnasium und Universität auswirkte. 1810–1816 Vertreter Preußens in Wien, 1819 Sitz und Stimme im preußischen Staatsministerium, sein entschlossenes Auftreten gegen die Karlsbader Beschlüsse führte 1819 zu seiner Demission.

Quelle: Wilhelm von Humboldt, Werke in fünf Bänden, Bd. I, Schriften zur Anthropologie und Geschichte, Darmstadt 1960, S. 56 ff.

Wilhelm von Humboldt geht von der Frage aus, »zu welchem Zwek die ganze Staatseinrichtung hin arbeiten, und welche Schranken sie ihrer Wirksamkeit sezen soll?«.

Denn die wichtige Untersuchung der Grenzen der Wirksamkeit des Staats muss – wie sich leicht voraussehen lässt – auf höhere Freiheit der Kräfte, und grössere Mannigfaltigkeit der Situationen führen. Nun aber erfordert die Möglichkeit eines höheren Grades der Freiheit immer einen gleich hohen Grad der Bildung, und das geringere Bedürfniss, gleichsam in einförmigen, verbundenen Massen zu handeln, eine grössere Stärke und einen mannigfaltigeren Reichthum der handlenden Individuen. Besizt daher das gegenwärtige Zeitalter einen Vorzug an dieser Bildung, dieser Stärke, und diesem Reichthum, so muss man ihm auch die Freiheit gewähren, auf welche derselbe mit Recht Anspruch macht.

Ebenso sind die Mittel, durch welche die Reform zu bewirken stände, einer fortschreitenden Bildung, wenn wir eine solche annehmen, bei weitem angemessener. Wenn sonst das gezükte Schwerdt der Nation die physische Macht des Beherrschers beschränkt; so besiegt hier Aufklärung und Kultur seine Ideen, und seinen Willen, und die umgeformte Gestalt der Dinge scheint mehr sein Werk, als das Werk der Nation zu sein. Wenn es nun schon ein schöner, seelenerhebender Anblik ist, ein Volk zu sehen, das im vollen Gefühl seiner Menschen und Bürgerrechte seine Fesseln zerbricht; so muss – weil, was Neigung oder Achtung für das Gesez wirkt, schöner und erhebender ist, als was Noth und Bedürfniss erpresst – der Anblik eines Fürsten ungleich schöner und erhebender sein, welcher selbst die Fesseln löst und Freiheit gewährt, und diess Geschäft nicht als Frucht seiner wohlthätigen Güte, sondern als Erfüllung seiner ersten, unerlasslichen Pflicht betrachtet. Zumal da die Freiheit, nach welcher eine Nation durch Veränderung ihrer Verfassung strebt, sich zu der Freiheit, welche der einmal eingerichtete Staat geben kann, eben so verhält, als Hofnung zum Genuss, Anlage zur Vollendung.

Es folgt ein Rückblick auf »die Geschichte der Staatsverfassungen«. In diesem Zusammenhang hebt W. v. H. die Unterschiede zwischen den älteren und den neueren Staaten hervor.

In den älteren Staaten sind fast alle Einrichtungen, welche auf das Privatleben der Bürger Bezug haben, im eigentlichsten Verstande politisch. Denn da die Verfassung in ihnen wenig eigentliche Gewalt besass, so beruhte ihre Dauer vorzüglich auf dem Willen der Nation, und es musste auf mannigfaltige Mittel gedacht werden, ihren Charakter mit diesem Willen übereinstimmend zu machen. Eben diess ist noch jezt in kleinen republikanischen Staaten der Fall, und es ist daher völlig richtig, dass – aus diesem Gesichtspunkt allein die Sache betrachtet – die Freiheit des Privatlebens immer in eben dem Grade steigt, in welchem die öffentliche sinkt, da hingegen die Sicherheit immer mit dieser gleichen Schritt hält. Oft aber sorgten auch die älteren Gesezgeber, und immer die alten Philosophen im eigentlichsten Verstande für den Menschen, und da am Menschen der moralische Werth ihnen das höchste schien, so ist z. B. Platos Republik, nach Rousseaus äusserst wahrer Bemerkung, mehr eine Erziehungs- als eine Staatsschrift. Vergleicht man hiermit die neuesten Staaten, so ist die Absicht, für den Bürger selbst und sein Wohl zu arbeiten, bei so vielen Gesezen und Einrichtungen, die dem Privatleben eine oft sehr bestimmte Form geben, unverkennbar. Die grössere innere Festigkeit unsrer Verfassungen, ihre grössere Unabhängigkeit von einer gewissen Stimmung des Charakters der Nation, dann der stärkere Einfluss bloss denkender Köpfe –, die, ihrer Natur nach, weitere und grössere Gesichtspunkte zu fassen im Stande sind – eine Menge von Erfindungen, welche die gewöhnlichen Gegenstände der Thätigkeit der Nation besser bearbeiten oder benuzen lehren, endlich und vor allem gewisse Religionsbegriffe, welche den Regenten auch für das moralische und künftige Wohl der Bürger gleichsam verantwortlich machen, haben vereint dazu beigetragen, diese Veränderung hervorzubringen. Geht man aber der Geschichte einzelner Polizei-Geseze und Einrichtungen nach, so findet man oft ihren Ursprung in dem bald wirklichen, bald angeblichen Bedürfniss des Staats, Abgaben von den Unterthanen aufzubringen, und insofern kehrt die Aehnlichkeit mit den älteren Staaten zurük, indem insofern diese Einrichtungen gleichfalls auf die Erhaltung der Verfassung abzwekken. Was aber diejenigen Einschränkungen betrift, welche nicht sowohl den Staat, als die Individuen, die ihn ausmachen, zur Absicht haben; so ist und bleibt ein mächtiger Unterschied zwischen den älteren und neueren Staaten. Die Alten sorgten für die Kraft und Bildung des Menschen, als Menschen; die Neueren für seinen Wohlstand, seine Habe und seine Erwerbfähigkeit. Die Alten suchten Tugend, die Neueren Glükseligkeit. Daher waren die Einschränkungen der Freiheit in den älteren Staaten auf der einen Seite drükkender und gefährlicher. Denn sie griffen geradezu an, was des Menschen eigenthümliches Wesen ausmacht, sein inneres Dasein; und daher zeigen alle ältere Nationen eine Einseitigkeit, welche (den Mangel an feinerer Kultur, und an allgemeinerer Kommunikation noch abgerechnet) grossentheils durch die fast überall eingeführte gemeinschaftliche Erziehung, und das absichtlich eingerichtete gemeinschaftliche Leben der Bürger überhaupt hervorgebracht und genährt wurde. Auf der andren Seite erhielten und erhöheten aber auch alle diese Staatseinrichtungen bei den Alten die thätige Kraft des Menschen. Selbst der Gesichtspunkt, den man nie aus den Augen verlor, kraftvolle und genügsame Bürger zu bilden, gab dem Geiste und dem Charakter einen höheren Schwung. Dagegen wird zwar bei uns der Mensch selbst unmittelbar weniger beschränkt, als vielmehr die Dinge um ihn her eine einengende Form erhalten, und es scheint daher möglich, den Kampf gegen diese äusseren Fesseln mit innerer Kraft zu beginnen. Allein schon die Natur der Freiheitsbeschränkungen unsrer Staaten, dass ihre Absicht bei weitem mehr auf das geht, was der Mensch besizt, als auf das, was er ist, und dass selbst in diesem Fall sie nicht – wie die Alten – die physische, intellektuelle und moralische Kraft nur, wenn gleich einseitig, üben, sondern vielmehr ihr bestimmende Ideen, als Geseze, aufdringen, unterdrükt die Energie, welche gleichsam die Quelle jeder thätigen Tugend, und die nothwendige Bedingung zu einer höheren und vielseitigeren Ausbildung ist. Wenn also bei den älteren Nationen grössere Kraft für die Einseitigkeit schadlos hielt; so wird in den neueren der Nachtheil der geringeren Kraft noch durch Einseitigkeit erhöht.

In den letzten Abschnitten der Einleitung verweist W. v. H. auf wei-

tere Unterschiede zwischen »den Alten und Neueren«. Er fragt dann nach dem »wahren Zwek des Menschen«, den zu verwirklichen auch die Aufgabe des Staates sei.

Der wahre Zwek des Menschen – nicht der, welchen die wechselnde Neigung, sondern welchen die ewig unveränderliche Vernunft ihm vorschreibt – ist die höchste und proportionirlichste Bildung seiner Kräfte zu einem Ganzen. Zu dieser Bildung ist Freiheit die erste, und unerlässliche Bedingung. Allein außer der Freiheit erfordert die Entwikkelung der menschlichen Kräfte noch etwas andres, obgleich mit der Freiheit eng verbundenes, Mannigfaltigkeit der Situationen.

In den folgenden Kapiteln erörtert W. v. H. die Frage, wie dieser »wahre Zwek des Menschen«, der mit dem »Wohl der Bürger« korrespondiert, unter den Bedingungen der neueren Staaten realisiert werden kann. Für die öffentliche Staatserziehung lautet das Ergebnis:

Schon diesen wenigen Bemerkungen zufolge erscheint, um zuerst von demjenigen moralischen Mittel zu reden, was am weitesten gleichsam ausgreift, öffentliche, d. i. vom Staat angeordnete oder geleitete Erziehung wenigstens von vielen Seiten bedenklich. Nach dem ganzen vorigen Raisonnement kommt schlechterdings Alles auf die Ausbildung des Menschen in der höchsten Mannigfaltigkeit an; öffentliche Erziehung aber muss, selbst wenn sie diesen Fehler vermeiden, wenn sie sich bloss darauf einschränken wollte, Erzieher anzustellen und zu unterhalten, immer eine bestimmte Form begünstigen. Es treten daher alle die Nachtheile bei derselben ein, welche der erste Theil dieser Untersuchung hinlänglich dargestellt hat, und ich brauche nur noch hinzuzufügen, dass jede Einschränkung verderblicher wird, wenn sie sich auf den moralischen Menschen bezieht, und dass, wenn irgend etwas Wirksamkeit auf das einzelne Individuum fordert, diess gerade die Erziehung ist, welche das einzelne Individuum bilden soll. Es ist unläugbar, dass gerade daraus sehr heilsame Folgen entspringen, dass der Mensch in der Gestalt, welche ihm seine Lage und die Umstände gegeben haben, im Staate selbstthätig wird, und nun durch den Streit – wenn ich so sagen darf – der ihm vom Staat angewiesenen Lage, und der von ihm selbst gewählten, zum Theil er anders geformt wird, zum Theil die Verfassung des Staats selbst Aenderungen erleidet, wie denn dergleichen, obgleich freilich auf einmal fast unbemerkbare Aenderungen, nach den Modifikationen des Nationalcharakters, bei allen Staaten unverkennbar sind. Diess aber hört wenigstens immer in dem Grade auf, in welchem der Bürger von seiner Kindheit an schon zum Bürger gebildet wird. Gewiss ist es wohlthätig, wenn die Verhältnisse des Menschen und des Bürgers soviel als möglich zusammenfallen; aber es bleibt diess doch nur alsdann, wenn das des Bürgers so wenig eigenthümliche Eigenschaften fordert, dass sich die natürliche Gestalt des Menschen, ohne etwas aufzuopfern, erhalten kann – gleichsam das Ziel, wohin alle Ideen, die ich in dieser Untersuchung zu entwikkeln wage, allein hinstreben. Ganz und gar aber hört es auf, heilsam zu sein, wenn der Mensch dem Bürger geopfert wird. Denn wenn gleich alsdann die nachtheiligen Folgen des Misverhältnisses hinwegfallen; so verliert auch der Mensch dasjenige, welches er gerade durch die Vereinigung in einen Staat zu sichern bemüht war. Daher müsste, meiner Meinung zufolge, die freieste, so wenig als möglich schon auf die bürgerlichen Verhältnisse gerichtete Bildung des Menschen überall vorangehen. Der so gebildete Mensch müsste dann in den Staat treten, und die Verfassung des Staats sich gleichsam an ihm prüfen. Nur bei einem solchen Kampfe würde ich wahre Verbesserung der Verfassung durch die Nation mit Gewissheit hoffen, und nur bei einem solchen schädlichen Einfluss der bürgerlichen Einrichtung auf den Menschen nicht besorgen. Denn selbst wenn die leztere sehr fehlerhaft wäre, liesse sich denken, wie gerade durch ihre einengenden Fesseln die widerstrebende, oder, troz derselben, sich in ihrer Grösse erhaltende Energie des Menschen gewänne. Aber diess könnte nur sein, wenn dieselbe vorher sich in ihrer Freiheit entwikkelt hätte. Denn welch ein ungewöhnlicher Grad gehörte dazu, sich auch da, wo jene Fesseln von der ersten Jugend an drükten, noch zu erheben und zu erhalten? Jede öffentliche Erziehung aber, da immer der Geist der Regierung in ihr herrscht, giebt dem Menschen eine gewisse bürgerliche Form. Wo nun eine solche Form an sich bestimmt und in sich, wenn gleich einseitig, doch schön ist, wie wir es in den alten Staaten, und vielleicht noch jezt in mancher Republik finden, da ist nicht allein die Ausführung leichter, sondern auch die Sache selbst minder schädlich. Allein in unsren monarchischen Verfassungen existirt – und gewiss zum nicht geringen Glük für die Bildung des Menschen – eine solche bestimmte Form ganz und gar nicht. Es gehört offenbar zu ihren, obgleich auch von manchen Nachtheilen begleiteten Vorzügen, dass, da doch die Staatsverbindung immer nur als ein Mittel anzusehen ist, nicht soviel Kräfte der Individuen auf diess Mittel verwandt zu werden brauchen, als in Republiken. Sobald der Unterthan den Gesezen gehorcht, und sich und die Seinigen im Wohlstande und einer nicht schädlichen Thätigkeit erhält, kümmert den Staat die genauere Art seiner Existenz nicht. Hier hätte daher die öffentliche Erziehung, die, schon als solche, sei es auch unvermerkt, den Bürger oder Unterthan, nicht den Menschen, wie die Privaterziehung, vor Augen hat, nicht Eine bestimmte Tugend oder Art zu sein zum Zwek; sie suchte vielmehr gleichsam ein Gleichgewicht aller, da nichts so sehr, als gerade diess, die Ruhe hervorbringt und erhält, welche eben diese Staaten am eifrigsten beabsichtigen. Ein solches Streben aber gewinnt, wie ich schon bei einer andren Gelegenheit zu zeigen versucht habe, entweder keinen Fortgang, oder führt auf Mangel an Energie; da hingegen die Verfolgung einzelner Seiten, welche der Privaterziehung eigen ist, durch das Leben in verschiedenen Verhältnissen und Verbindungen jenes Gleichgewicht sichrer und ohne Aufopferung der Energie hervorbringt.

Will man aber der öffentlichen Erziehung alle positive Beförderung dieser oder jener Art der Ausbildung untersagen, will man es ihr zur Pflicht machen, bloss die eigene Entwikkelung der Kräfte zu begünstigen; so ist diess einmal an sich nicht ausführbar, da was Einheit der Anordnung hat, auch allemal eine gewisse Einförmigkeit der Wirkung hervorbringt, und dann ist auch unter dieser Voraussezung der Nuzen einer öffentlichen Erziehung nicht abzusehen. Denn ist es bloss die Absicht zu verhindern, dass Kinder nicht ganz unerzogen bleiben; so ist es ja leichter und minder schädlich, nachlässigen Eltern Vormünder zu sezen, oder dürftige zu unterstüzen. Ferner erreicht auch die öffentliche Erziehung nicht einmal die Absicht, welche sie sich vorsezt, nemlich die Umformung der Sitten nach dem Muster, welches der Staat für das ihm angemessenste hält. So wichtig und auf das ganze Leben einwirkend auch der Einfluss der Erziehung sein mag; so sind doch noch immer wichtiger die Umstände, welche den Menschen durch das ganze Leben begleiten. Wo also nicht alles zusammenstimmt, da vermag diese Erziehung allein nicht durchzudringen. Ueberhaupt soll die Erziehung nur, ohne Rüksicht auf bestimmte, den Menschen zu ertheilende bürgerliche Formen, Menschen bilden; so bedarf es des Staats nicht. Unter freien Menschen gewinnen alle Gewerbe besseren Fortgang; blühen alle Künste schöner auf; erweitern sich alle Wissenschaften. Unter ihnen sind auch alle Familienbande enger, die Eltern eifriger bestrebt für ihre Kinder zu sorgen, und, bei höherem Wohlstande, auch vermögender, ihren Wünschen hierin zu folgen. Bei freien Menschen entsteht Nacheiferung, und es bilden sich bessere Erzieher, wo ihr Schiksal von dem Erfolg ihrer Arbeiten, als wo es von der Beförderung abhängt, die sie vom Staat zu erwarten haben. Es wird daher weder an sorgfältiger Familienerziehung, noch an Anstalten so nüzlicher und nothwendiger gemeinschaftlicher Erziehung fehlen. Soll aber öffentliche Erziehung dem Menschen eine bestimmte Form ertheilen, so ist, was man auch sagen möge, zur Verhütung der Uebertretung der Geseze, zur Befestigung der Sicherheit so gut als nichts gethan. Denn Tugend und Laster hängen nicht an dieser oder jener Art des Menschen zu sein, sind nicht mit dieser oder jener Charakterseite nothwendig verbunden; sondern es kommt in Rücksicht auf sie weit mehr auf die Harmonie oder Disharmonie der verschiedenen Charakterzüge, auf das Verhältniss der Kraft zu der Summe der Neigungen u. s. f. an. Jede bestimmte

Charakterbildung ist daher eigner Ausschweifungen fähig, und artet in dieselben aus. Hat daher eine ganze Nation ausschliesslich vorzüglich eine gewisse erhalten, so fehlt es an aller entgegenstrebenden Kraft, und mithin an allem Gleichgewicht. Vielleicht liegt sogar hierin auch ein Grund der häufigen Veränderungen der Verfassung der alten Staaten. Jede Verfassung wirkte so sehr auf den Nationalcharakter, dieser, bestimmt gebildet, artete aus, und brachte eine neue hervor. Endlich wirkt öffentliche Erziehung, wenn man ihr völlige Erreichung ihrer Absicht zugestehen will, zu viel. Um die in einem Staat nothwendige Sicherheit zu erhalten, ist Umformung der Sitten selbst nicht nothwendig. Allein die Gründe, womit ich diese Behauptung zu unterstüzen gedenke, bewahre ich der Folge auf, da sie auf das ganze Bestreben des Staats, auf die Sitten zu wirken, Bezug haben, und mir noch vorher von einem Paar einzelner, zu demselben gehöriger Mittel zu reden übrig bleibt. Oeffentliche Erziehung scheint mir daher ganz ausserhalb der Schranken zu liegen, in welchen der Staat seine Wirksamkeit halten muss.

[16]

SÜVERN/STEIN

Entwurf einer »Proklamation an sämtliche Bewohner des preußischen Staates« (1808)

Johann Wilhelm Süvern, 1775–1829, Gymnasialdirektor in Thorn und Elbing, Professor für Philologie und Geschichte in Königsberg, 1809–1818 Geheimer Staatsrat in der Unterrichtssektion des preußischen Innenministeriums. Er versuchte, auf dem Wege über die Schulgesetzgebung, die Humboldtsche Bildungsreform zu verwirklichen. Zusammen mit dem Freiherrn von Stein und anderen preußischen Reformern arbeitete er an der inneren Erneuerung Preußens mit.
Heinrich Friedrich Karl Freiherr vom und zum Stein, 1757–1831, seit 1780 im preußischen Staatsdienst, Oberpräsident aller westfälischen Kammern, 1804 Finanzminister, 1807 vom König in Ungnaden entlassen, nach dem Tilsiter Frieden erneute Berufung, Minister bis 1808. 1812 vom Kaiser Alexander nach Petersburg berufen, 1813–1814 Präsident der Zentralverwaltung im Hauptquartier der verbündeten Truppen, 1815 einflußreich auf dem Wiener Kongreß. Mit Steins Tätigkeit verbinden sich weitschauende Reformpläne (Bauernbefreiung, Städteordnung, Neuordnung der Verwaltungsbehörden),

die aber durch die Gegenwirkung der Reaktion nur zum Teil ausgeführt wurden.

Quelle: Staat und Erziehung in der preußischen Reform 1806–1819, ausgewählt und eingeleitet v. K. E. Jeismann, Historische Texte – Neuzeit, hrsg. v. R. Kosolleck u. R. Vierhaus, Heft 7, Göttingen 1969, S. 26 ff.

Ein Jahr ist bereits verflossen, treue und geliebte Untertanen, seit Eure Erwartungen und Hoffnungen auf die Verbesserung der Staatsverfassung und Verwaltung gespannt sind. Umstände, die ihr kennt, haben schleunige Erfüllung dieser Hoffnungen, unserer aller Wünsche zuwider, gehindert. Daß sie aber nicht leer und grundlos sind, mag eine kurze Übersicht dessen, was schon geschehen ist und noch geschehen soll, Euch dartun.

Es ist mein aufrichtiger Wunsch und ernstliches Bestreben, die vom Kriege und seinen Folgen Eurem Wohlstande geschlagenen Wunden zu heilen und Euch wieder zu beglücken, auch in den Stand zu setzen, ungehindert und frei, obgleich in gesetzlicher Ordnung, tun zu können alles, was Eure Wohlfahrt gründet und fördert, damit ihr, von Liebe und Dank durchdrungen, dem Staate innig Euch anschließt, welcher dies Glück Euch gewährt und sichert.

Lästige Schranken des freien Gewerbes und Güterverkehrs sind deshalb schon zerbrochen (Edikt vom 9. Oktober v. J.) und die bisher darin geschiedenen Stände zu gleichen Rechten gestellt. Ich selbst habe einem Vorrechte, das Euch alle beschränkte, dem Mühlenregale, in dieser Hinsicht entsagt (Verordnung vom 29. März d. J.) und in dem harten Mühlenzwang eine Last vernichtet, welche die Dürftigsten unter Euch gerade am schwersten drückte. – Und jegliches Hindernis der freien Tätigkeit und des Gewerbefleißes, ob es auch durch Gewohnheit und Alter in den Meinungen vieler geheiligt und vom Eigennutz verteidigt würde, soll also weggeräumt, jeglicher Gewerbszwang soll, wie noch vor kurzem an einigen Zünften geschehen ist (Edikt vom 20. Oktober d. J.), so überall verbannt werden.

Was aber höher und köstlicher ist als Gewerbe und Verkehr, die Freiheit der Personen, ist allen Bürgern Meines Staates ohne Unterschied verkündet. Das geschah, als Ich die Erbuntertänigkeit aufhob (d. 9. Oktober v. J.), und dadurch einen Stand freier Landbauer schuf, dessen Fleiß neuen Segen über Euch alle verbreiten wird. So werden nur freie Leute hinfort Meine Lande bewohnen! Auch eines sichern Eigentums froh machen will Ich jeden Landmann, so viel an Mir liegt. Was Ich in dieser Hinsicht allen Domänenbauern Meines Staates zu gewähren entschlossen bin, mögt ihr sehen aus dem, was den Domänenbauern hiesiger Provinzen schon verliehen worden, denn ihre vorher nur benutzten Güter habe Ich ihnen zu freiem Eigentum geschenkt

(Edikt vom 27. Juli d. J.), wodurch die Anzahl freier Gutsbesitzer allein in Ostpreußen, Westpreußen und Litauen allein um 47 000 Familien vermehrt ist.

Und aller Rechte, die freien Männern zustehn, soll nunmehr der Landmann, soll jeder Bürger Meines Staats genießen. – Damit Ihr selbst an der Verwaltung Eurer Angelegenheiten durch Beratung fortan teilhaben mögt, soll die ständische Verfassung erweitert und vervollkommnet werden.

Wackere Männer aus Eurer Mitte sollen zugeordnet werden den Behörden jeder Provinz und Euch insgesamt vertreten, und Gelehrte, Sachkundige und Künstler aller Art Ratgeber sein in jedem Zweige der Verwaltung. In Eure eigenen Hände, Bürger der Städte, wird man Euer Gemeinwesen geben und lossprechen Eure Obrigkeiten von der beschwerlichen Vormundschaft der Kammern. Ihr selbst werdet Eure Obrigkeiten wählen, die Verwaltung des Vermögens Eurer Städte wird Eurer Leitung und Aufsicht mit anvertraut werden, damit ihr Euch freuet ihres durch Eure eigene Tätigkeit erhöhten Flors.

Wo nur ein Unterschied der Rechte zwischen Bürgern und Bauern obwaltet – er soll fallen!

Keinen mehr soll seine Religion ausschließen von Ämtern und Würden, sondern überall werden gleich sein alle christlichen Religionsverwandten, in ihren Ansprüchen auf Ämter im Staat.

Ausgeglichen werden soll jede Unebenheit der Gesetze und Rechtspflege, aufhören jede besondere Gerichtsbarkeit; denn die Gerichtsbarkeit ist Ausfluß der obersten Gewalt, nicht der Grundherrschaft, und alle Bürger des Staats sollen gleich stehen vor dem Recht und Gesetz.

Schon seht Ihr alle ausschließlichen Ansprüche vernichtet im Soldatenstande. Nur die begründeteren Ansprüche des Verdienstes, des persönlichen Werts und der Kenntnisse sollen künftig hier gelten und durch sie dem Geringsten und Ärmsten wie dem Vornehmsten und Reichsten die höchsten Stufen soldatischer Ehre und Macht offen stehen. Keine entehrende Behandlung mehr soll den Verteidiger des Vaterlandes niederschlagen und abstumpfen, keine schmähliche Leibesstrafe den Mann von Ehrgefühl abschrecken, der heiligen Pflicht, fürs Vaterland die Waffen zu tragen, die allen Bürgern gemein ist, willig nachzukommen.

Auch die Verwaltung Eurer Angelegenheiten und die Geschäftsführung zu vereinfachen und zu beschleunigen, von der obersten Behörde bis zu der untersten, auch darauf ist Euer König bedacht. Mein ernster Wille ist, daß künftig nicht mehr geschrieben denn gehandelt, nicht mehr soviel Zeit mit leeren Förmlichkeiten verschwendet werde. Was in dieser Hinsicht beschlossen, auch bekannt zu machen, ist dieses Orts nicht. Aber zu seiner Zeit soll es geschehen. Kein Zweig der Staatsverfassung und Verwaltung ist, dem nicht wichtige Verbesserungen bevorstehen.

Um aber zu verhüten, daß Ihr über dem Zeitlichen und seiner Besorgung das Ewige nicht aus den Augen verliert, wird Mein besonderes und vornehmstes Augenmerk sein die Religion und ihre Übung. Damit dieser innerste Lebensquell, aus welchem Kraft zu allen Menschen- und Bürgerpflichten entspringt, nie in Euch versiege, wird man sorgsam wachen über die Heiligkeit des Gottesdienstes, gleichwie über des Standes Reinigkeit und Unsträflichkeit, welche dem Dienste der Religion ausschließlich sich widmet und durch Lehre und Beispiel Vorgänger und Erzieher der Erwachsenen sein soll, und sein Ansehen und Würde, ohne Unterschied der Konfessionen, schützen und mehren.

Und die Erziehung der Jugend zu einem kräftigen Geschlechte, worin die erhabenen Zwecke des Staats sich erhalten und fortentwickeln, ist bereits Gegenstand ernsthafter Beschäftigungen der dazu angeordneten Behörde und wird es ferner sein. Der schon längst vorbereiteten gleichmäßigen Nationalbildung, auf einen neuen und sichern Grund gestützt, soll endlich die preußische Jugend sich zu erfreuen haben. Den Mut und Eifer der zu diesem ehrwürdigen Geschäft berufenen Männer soll Meine teilnehmendste Fürsorge auch für ihr äußeres Wohl beleben. Aus dem Allen wird Euer Glück, mit dem Euren das Glück des Staats und in der Erfüllung Meiner sehnlichsten Wünsche zugleich das Meine verjüngt aufblühn. Nicht lange mehr – ein mit dem Kaiser von Frankreich geschlossener Vertrag gibt Mir die frohe Aussicht – so werde Ich die Verwaltung Meiner gesamten Staaten wieder antreten und Meine tätige Fürsorge über alle Teile Meines Volks wieder ausdehnen, wie Meine landesväterliche Liebe auch in der Ferne sie immerdar umfaßt hat. Teure Bürger meines Reichs, Ich vertraue fest Eurer Liebe, Eurer standhaften Treue – vertraut auch Ihr fernerhin Eurem wohlmeinenden Könige! Gebt der Welt das schöne Beispiel eines durch Unglück zwar gebeugten, aber um so fester vereinten, um so inniger an seinen Fürsten geschlossenen Volks. Und dem Staate erfleht vom Himmel ein heiteres Los, damit er bald werden könne, wie er zu werden strebt, und wir unsere Hoffnungen herrlich erfüllt sehen!

[17]

W. v. Humboldt

Litauischer Schulplan (1809)

Gutachten Humboldts vom 27. 9. 1809, geschrieben auf einer Inspektionsreise in Litauen. Es faßt einige Grundgedanken der neuhumanistischen Bildungsreform zusammen.

Quelle: Wilhelm von Humboldt, Werke in fünf Bänden, Bd. IV, Schriften zur Politik und zum Bildungswesen, Darmstadt 1964, S. 187 ff.

Wenn ich, mit Vorbeilassung alles Details, gleich auf das Wesentliche des Plans gehe, so weicht er in den Hauptgesichtspunkten weit von den bisherigen Grundsätzen der Section ab; in der Ausführung nach der örtlichen Lage würde diese Abweichung grösstentheils wieder verschwinden. Allein es ist dennoch ebenso nothwendig, als mit denkenden Männern erfreulich, auch über die Grundsätze zu discutiren. Von ihnen hängt der Geist ab, in dem auch auf demselben Wege gewirkt wird, und dieser macht offenbar durch seine innere Kraft durchaus verschieden, was den äussren Einrichtungen nach, Eins und dasselbe scheint.

Die Abweichung nun liegt in dem Begriffe der Bürgerschulen, welche in dem Plane als eine eigne, ihrem Begriff und Zweck nach abgegränzte Gattung von Schulen, und selbst wo sie das nicht sind, (für den Gelehrten) als ein besonderes Stadium des Unterrichts betrachtet werden.

Die durch die wirkliche Ausführung wieder herbeigeführte Uebereinstimmung würde daraus entstehen, dass doch nur in Lyk Bürger und Gelehrtenschule getrennt seyn sollten, sonst aber nah und enge verbunden wären.

Die Frage über die Zulässigkeit abgesonderter Bürger- oder Realschulen scheint weitläufig und schwierig zu erörtern. Sie hat zwei verschiedene Systeme hervorgebracht, wovon man das realistische neulich, in Baiern, so weit getrieben hat, dass man beinahe RealUniversitäten aufstellt.

Alle Schulen aber, deren sich nicht ein einzelner Stand, sondern die ganze Nation, oder der Staat für diese annimmt, müssen nur allgemeine Menschenbildung bezwecken. – Was das Bedürfniss des Lebens oder eines einzelnen seiner Gewerbe erheischt, muss abgesondert, und nach vollendetem allgemeinen Unterricht erworben werden. Wird beides vermischt, so wird die Bildung unrein, und man erhält weder vollständige Menschen, noch vollständige Bürger einzelner Klassen.

Denn beide Bildungen – die allgemeine und die specielle – werden durch verschiedene Grundsätze geleitet. Durch die allgemeine sollen die Kräfte, d. h. der Mensch selbst gestärkt, geläutert und geregelt werden; durch die specielle soll er nur Fertigkeiten zur Anwendung erhalten. Für jene ist also jede Kenntniss, jede Fertigkeit, die nicht durch vollständige Einsicht der streng aufgezählten Gründe, oder durch Erhebung zu einer allgemeingültigen Anschauung (wie die mathematische und ästhetische) die Denk- und Einbildungskraft, und durch beide das Gemüth erhöht, todt und unfruchtbar. Für diese muss man sich sehr oft auf in ihren Gründen unverstandene Resultate beschränken, weil die Fertigkeit da seyn muss, und Zeit oder Talent zur Einsicht fehlt. So bei unwissenschaftlichen Chirurgen, vielen Fabrikanten u. s. f. Ein Hauptzweck der allgemeinen Bildung ist, so vorzubereiten, dass nur für wenige Gewerbe noch unverstandene, und also nie auf den Menschen zurück wirkende Fertigkeit übrigbleibe.

Die Organisation der Schulen bekümmert sich daher um keine Kaste, kein einzelnes Gewerbe, allein auch nicht um die gelehrte – ein Fehler der vorigen Zeit, wo dem Sprachunterricht der übrige geopfert, und auch dieser – mehr der Qualität, als Quantität nach – zum äussern Bedarf (in Erlangung der Fertigkeit des Exponirens und Schreibens) nicht zur wahren Bildung (in Kenntniss der Sprache und des Alterthums) getrieben wurde.

Der allgemeine Schulunterricht geht auf den Menschen überhaupt, und zwar

als gymnastischer
    ästhetischer
    didaktischer und in dieser letzteren Hinsicht wieder
        als mathematischer
            philosophischer, der in dem Schulunterricht nur durch die Form der Sprache rein, sonst immer historisch-philosophisch ist, und
            historischer

auf die Hauptfunktionen seines Wesens.

Dieser gesammte Unterricht kennt daher auch nur Ein und dasselbe Fundament. Denn der gemeinste Tagelöhner, und der am feinsten Ausgebildete muss in seinem Gemüth ursprünglich gleich gestimmt werden, wenn jener nicht unter der Menschenwürde roh, und dieser nicht unter der Menschenkraft sentimental, chimärisch, und verschroben werden soll.

Eher könnte es scheinen, dass bei der allmählig fortschreitenden Bildung die Methode insofern verschieden seyn müsste, als sich das Ziel derselben durch Unterricht als weit oder nahe gesteckt voraussehen lässt. Allein auch hier scheint mir der Unterschied nicht bedeutend.

Bleibt man fest dabei stehen, Zahl und Beschaffenheit der Unterrichtsgegenstände nach der Möglichkeit der allgemeinen Bildung des Gemüths in jeder Epoche zu bestimmen, und jeden Gegenstand immer so zu behandeln, wie er am meisten und besten auf das Gemüth zurückwirkt, so muss eine ziemliche Gleichheit herauskommen. Auch Griechisch gelernt zu haben könnte auf diese Weise dem Tischler ebenso wenig unnütz seyn, als Tische zu machen dem Gelehrten. Indess lässt kleine Verschiedenheiten allerdings die Wahl des Stoffes, da jede Form nur an einem Stoffe geübt werden kann, zu und auf diese wird in der Folge auch Rücksicht genommen werden. Auch können die grellen Contraste immer vermieden werden, und es braucht nie dahin zu kommen, dass ein Handwerker Griechisch, kaum lateinisch gelernt habe.

Die Gränze des Unterrichts, da wo derselbe nicht seinen Endpunkt, die Universität, als die Emancipation vom eigentlichen Lehren (da der UniversitätsLehrer nur von fern das eigene Lernen leitet) erreicht, kann nun durch nichts andres bestimmt werden, als durch die zu allem Unterricht nöthigen Bedingungen Kraft und Zeit. Soweit der Schüler das eine hergiebt, und zum andern Mittel hat, so weit kann der Lehrer ihn führen, und soweit muss der Staat dafür sorgen, dass er gebracht werden könne.

Die Pflicht der Schulbehörde bei der Organisation des Schulwesens ist nun, zu verhüten, dass der Schüler einen Weg mache der ihm unnütz seyn würde, wenn er ihn nun nicht auch noch weiter verfolgte. Leider aber ist dies fast immer jetzt bei unsern Schulen der Fall, wenn einer in *tertia* oder *secunda* stecken bleibt. Es wird aber nie Statt haben, wenn man (wie auf den sehr guten Schulen schon jetzt geschieht) beim Unterricht nicht auf das Bedürfniss des Lebens, sondern rein auf ihn selbst, auf die Kenntniss, als Kenntniss, auf die Bildung des Gemüths und im Hintergrunde auf die Wissenschaft sieht. Denn im Gemüth und in der Wissenschaft (die nur sein von allen Seiten vollständig gedachtes Object ist) steht jeder einzelne Punkt mit allen vorigen und künftigen in Contact, ist kein Anfang und kein Ende, ist alles Mittel und Zweck zugleich, und also jeder Schritt weiter Gewinn, auch wenn unmittelbar dahinter eherne Mauern gezogen würden.

Sind diese Grundsätze richtig und kommt man nun von ihnen auf die verschiedenen Gattungen der Schulen (Specialschulen immer ganz abgesondert), so ist wieder das erste und wichtigste Princip die Einheit und Continuität des Unterrichts in seinen natürlichen Stadien, da jede Theilung der Anstalt da, wo der Unterricht keine natürliche Theilung kennt, seine Folge zerreißt, Verschiedenheit in der Behandlung und dem Geiste derselben hervorbringt, und selbst die Lehrer, die nur bis zu einem willkührlich angenommenen Punkt führen sollen, ungewiss und verwirrt macht.

Als natürliche Stadien aber kann ich nur anerkennen:

den Elementarunterricht
den Schulunterricht
den Universitätsunterricht.

Der Elementarunterricht umfasst bloss die Bezeichnung der Ideen nach allen Arten, und ihre erste und ursprüngliche Classification, kann aber, ohne Nachtheil, in dem Stoff zu dieser Form in Natur- und Erdkenntniss mehr oder minder Gegenstände mit aufnehmen. Er macht es erst möglich, eigentlich Dinge zu lernen, und einem Lehrer zu folgen.

Der Schulunterricht führt den Schüler nun in Mathematik, Sprach- und Geschichtskenntniss bis zu dem Punkte wo es unnütz seyn würde, ihn noch ferner an einen Lehrer und eigentlichen Unterricht zu binden, er macht ihn nach und nach vom Lehrer frei, bringt ihm aber alles bei, was ein Lehrer beibringen kann.

Der Universität ist vorbehalten, was nur der Mensch durch und in sich selbst finden kann, die Einsicht in die reine Wissenschaft. Zu diesem SelbstActus im eigentlichsten Verstand ist nothwendig Freiheit, und hülfereich Einsamkeit, und aus diesen beiden Punkten fliesst zugleich die ganze äussere Organisation der Universitäten. Das Kollegienhören ist nur Nebensache, das Wesentliche, dass man in enger Gemeinschaft mit Gleichgestimmten und Gleichaltrigen, und dem Bewusstseyn, dass es am gleichen Ort eine Zahl schon vollendet Gebildeter gebe, die sich nur der Erhöhung und Verbreitung der Wissenschaft widmen, eine Reihe von Jahren sich und der Wissenschaft lebe.

Uebersieht man diese Laufbahn von den ersten Elementen bis zum Abgang von der Universität, so findet man, dass, von der intellectuellen Seite betrachtet, der höchste Grundsatz der Schulbehörde (den man aber selten aussprechen muss) der ist: die tiefste und reinste Ansicht der Wissenschaft an sich hervorzubringen, indem man die ganze Nation möglichst, mit Beibehaltung aller individuellen Verschiedenheiten, auf den Weg bringt, der, weiter verfolgt, zu ihr führt, und zu dem Punkte, wo sie und ihre Resultate nach Verschiedenheit der Talente und Lagen, verschieden geahndet, begriffen, angeschaut, und geübt werden können, und also den Einzelnen durch die Begeisterung, die durch die reine Gesammtstimmung geweckt wird, zu Hülfe kommt.

Es folgen kritische Einlassungen mit dem von W. v. H. eingangs erwähnten Plan.

[18]

J. W. Süvern

Promemoria und Entwurf eines allgemeinen Gesetzes über die Verfassung des Schulwesens im preußischen Staat (1817—1819)

Süverns Unterrichtsgesetzentwurf hat nie Gesetzeskraft erlangt. Die Realisierung scheiterte am Widerstand restaurativer Kräfte, besonders des katholischen Episkopats. Dennoch hat er die schulgeschichtliche Entwicklung in Preußen und in anderen deutschen Staaten beeinflußt und auch auf die Schulgesetzgebung im Ausland (z. B. Schweden) eingewirkt.

Quelle: Die Gesetzgebung auf dem Gebiete des Unterrichtswesens in Preußen. Vom Jahre 1817 bis 1868. Actenstücke mit Erläuterungen aus dem Ministerium der geistlichen, Unterrichts- und Medicinal-Angelegenheiten, Berlin 1869, S. 7 ff. und S. 15 ff.

Promemoria

Jeder Staat wirkt durch seine ganze Verfassung, Gesetzgebung und Verwaltung erziehend auf seine Bürger ein, ist gewissermaßen eine Erziehungsanstalt im Großen, indem er unmittelbar durch alles, was von ihm ausgeht, seinen Genossen eine bestimmte Richtung und ein eigenthümliches Gepräge des Geistes wie der Gesinnung giebt. Die Vergangenheit und die Gegenwart bieten unzählige Beweise dar, wie die Verfassung und Regierung ganzer Staaten, und nicht minder einzelner Verwaltungszweige in anderen, auf die Denkungsart und Sitten, die Würde und Kraft der Staatsbürger einen vortheilhaften oder nachtheiligen, erhebenden oder erschlaffenden und erniedrigenden Einfluß äußern.

Gesetzgeber und Lenker der Staaten, welche dies erkannt, und danach ein festes Ziel, wonach dahin durch die gesammte Organisation und Leitung derselben die Bürger geführt werden sollten, klar in's Auge gefaßt hatten, sahen zugleich ein, daß zu einer solchen National-Erziehung im Großen die National-Jugend-Erziehung vorbereiten, und des ganzen Werkes Grund legen müsse, und begründeten deswegen ein mit ihrem ganzen System für die erstere übereinstimmendes System der letzteren. Keiner hat dies auffallender und einseitiger gethan, als in alten Zeiten Lykurgus, in neuern die römische Hierarchie durch die Jesuiten, und in den neuesten Napoleon.

Auch in allem, was neuerdings in der Organisation und Verwaltung des Preußischen Staats geschehen ist, offenbart sich ein ähnliches erziehendes Streben im Großen. Es ist um so wichtiger, gehaltvoller und viel versprechender, je freier es von den Zwecken irgend einer einseitigen mechanischen Einzwängung und Abrichtung gehalten wird, je mehr es auf freie Entwickelung der Nationalkräfte, die ja nichts anders als allgemein menschliche unter der besonderen Form der Nationalität sind, gerichtet ist.

Soll dieses Streben, auf dessen Lebendigkeit und Dauer so sehr die weiteren Fortschritte des Staates im Innern und im Aeußern beruhen, einen festen, sein Gelingen verbürgenden Grund haben, so muß dieser in der Jugend des Volks gelegt werden. Alles wird der Staat in und mit seinen Bürgern erreichen können, wenn er sorgt, daß sie alle in Einem Geiste von Jugend auf für seine großen Zwecke, deren eigentlicher Gegenstand ja ihre eigene Gesammtheit ist, gebildet, dadurch zugleich schon früh innerlich consolidirt werden.

Will er dies, so ist das erste Erforderniß, daß er die allgemeinen Principien, wonach er zunächst in seinen öffentlichen Unterrichts- und Erziehungs-Anstalten die Bildung seiner Jugend angelegt, und alles, was darauf Bezug hat, eingerichtet wissen will, einfach und klar gesetzlich aufstellt. Wird nach denselben verfahren, wofür die Verwaltung zu sorgen hat, so wird das öffentliche Erziehungswesen dann Stamm und Muster auch für die Privaterziehung werden, und indem der Staat ebenfalls bestimmt, inwiefern die Privat-Lehr- und Erziehungsanstalten öffentlicher Aufsicht unterzuordnen sind, wird er seinen Zwecken entgegengesetzte Richtungen der letztern verhüten können. Daß der Preußische Staat hiezu schreite, ist um so nothwendiger, als er aus so verschiedenen Theilen besteht, denen es an aller gemeinschaftlichen Bindung in Ansehung der Jugenderziehung fehlt, und die in derselben weit auseinander gehen werden, wenn der Staat sie nicht zur Uebereinstimmung führt, so weit sie in diesem Zweige seiner Organisation möglich ist.

Noch ist nichts vorhanden, was als gemeinsame Basis dienen könnte.
Es folgen Überlegungen zur Rechtslage und zur Notwendigkeit, zuerst die allgemeinen Prinzipien aufzustellen.
Das größte Bedenken würde man tragen müssen, eine allgemeine Schulordnung für den Preußischen Staat zu erlassen, könnte die Meinung dabei sein, mit ihr ins Einzelnste des Gegenstandes zu dringen, durch die genauesten materiellen Bestimmungen alle möglichen Fälle zu erschöpfen, oder das ganze Unterrichts- und Erziehungswesen durch Vorschriften und Formen so zu binden, daß es in überall gleicher Einförmigkeit in den Gang einer Maschine dadurch gebracht würde. Die Beschaffenheit des aus so mannigfaltigen Theilen bestehenden Preußischen Staats, deren Bewohner an Stamm, Sprache, Religion, Sitte, Lebensart, Gewerben, Verbindungen mit anderen Ländern und natür-

lichen Verhältnissen ihrer Wohnsitze, einander durchaus nicht gleich sind, würde ein so thörichtes Unternehmen nicht minder verbieten, als die Natur der Sache, die am wenigsten jetzt bei dem dermaligen lebendigen Regen im Erziehungswesen eine so mechanische Einengung verträgt, und bei der es, wenn in andern Zweigen der Staatsverwaltung vielleicht nur auf Gesetze und Befehl von oben, so in ihr auf die Einsicht und den guten Willen aller, die daran arbeiten und Theil haben – und das ist ja das ganze Publikum – bei weitem am meisten ankommt. Aber so nothwendig die sorgsamste Berücksichtigung des Eigenthümlichen und Besonderen hierbei ist, so wenig man hier darauf ausgehen muß, ein äußeres mechanisches Thun und Gehorchen allein zu erzielen, eben so nothwendig ist wieder die Vereinigung all' des Mannigfaltigen unter gemeinschaftlichen Principien, damit es ein Ganzes werde und die Uebereinstimmung in ihm herrsche, die alle Gliedmaaßen des Staatskörpers durchdringen soll neben aller freien Entwickelung der Eigenthümlichkeit eines jeden, eben so nothwendig ist es, daß in dem verständlichen Buchstaben eines Gesetzes deutlich dem ganzen Volke vor Augen trete und zu ihm rede der Geist, den der Staat in dieser Wurzel seiner Existenz anregen, mit dem er von Jugend auf sein ganzes Volk erfüllen, in dem er alle seine Glieder verschmelzen will. Das ist ja eben die große Aufgabe und der schöne Zweck des Preußischen Staats, der aus der Natur seiner Zusammensetzung fließt, einen Organismus darzustellen, worin jeder kleine Staatstheil, als Provinz, als Standesherr, als Vasall, als Kommune, sein Leben und seine Regsamkeit für sich haben, der eigenthümlichen Entwickelung seiner Kräfte sich freuen, und ihres Genusses froh werden kann, aber alles gediegen zu einem großen Körper zusammengewachsen ist, und nur um so freudiger sich an ihn schließt, je tiefer es fühlt, wie innig sein besonderes Bestehen durch das Bestehen mit dem Ganzen bedingt ist. Dadurch kann der Preußische Staat Muster einer in deutschem Geiste gedachten, und darin den Deutschen einzig angemessenen Verfassung des ganzen Deutschlands werden. In diesem Geiste sollte denn auch eine allgemeine Schulordnung das gemeinsame Lebensprincip in diesem Zweige der Verwaltung durch das Ganze hin verbreiten, seiner Ausbildung Charakter und Richtung geben, die Provinzial-Schul-Ordnungen sollten den Grundriß dieser Ausbildung nach den verschiedenen Provinzial-Verhältnissen modificirt darstellen, und sie nach den speciellen Bedingungen der Ortschaften und Gemeinden zu leiten, würde das Geschäft der der Ausführung näher und am nächsten stehenden Behörden sein.

Es folgen Aufzählung der Hauptabteilungen des Gesetzes sowie der zu beteiligenden Behörden und Schlußabsatz, der den leitenden Gedanken wiederholt.

Entwurf eines allgemeinen Gesetzes über die Verfassung des Schulwesens im preußischen Staate

Wir *Friedrich Wilhelm*, von Gottes Gnaden, König von Preußen etc. haben Unsere Absicht, das ganze öffentliche Unterrichts- und Bildungswesen im preußischen Staate nach einem umfassenden Plan zu ordnen *[...]* bereits an den Tag gelegt. *[...]* Wir setzen demnach fest und verordnen wie folget:

I. Allgemeine Grundbestimmungen

§ 1. Als öffentliche und allgemeine werden diejenigen Schulen und Erziehungsanstalten anerkannt, welche die allgemeine Bildung des Menschen an sich, und nicht seine unmittelbare Vorbereitung zu besondern einzelnen Berufsarten bezwecken, aus öffentlichen oder von ihren Stiftern der öffentlichen Aufsicht und Verwaltung übergebenen Mitteln, entweder vom Staate unmittelbar, oder von öffentlichen Genossenschaften, Instituten oder einzelnen Personen gegründet sind und unterhalten werden, unter öffentlicher Aufsicht und Leitung, und jedem nach bestimmten allgemeinen und besonderen Bedingungen zur Benutzung offen stehen.

§ 2. Die öffentlichen allgemeinen Schulen sollen mit dem Staate und seinem Endzwecke in dem Verhältnisse stehen, daß sie, als Stamm und Mittelpunkt für die Jugenderziehung des Volks, die Grundlage der gesamten Nationalerziehung bilden. Die Erziehung der Jugend für ihre bürgerliche Bestimmung auf ihre möglichste allgemein-menschliche Ausbildung zu gründen, sie dadurch zum Eintritt in die Staatsgemeinschaft zweckmäßig vorzubereiten und ihr treue Liebe für König und Staat einzuflößen, muß ihr durchgängiges eifriges Bestreben sein.

§ 3. Dieser Aufgabe zu entsprechen, sollen sie die allgemeine Jugendbildung vom Anfange des Schulunterrichts bis zu der Grenze, wo die Universität sie aufnimmt, durch drei wesentliche Stufen durchführen.

Auf der ersten dieser Stufen soll sich die Schule mit der ersten methodischen Entwicklung der menschlichen Anlagen und Hervorbringung der inmittelst derselben zu gewinnenden Einsichten, Kenntnisse und Fertigkeiten beschäftigen, dem Bildungsbedürfnisse der unteren Volksklasse in den Städten und auf dem Lande genügen, und *allgemeine Elementarschule* heißen.

Auf der zweiten soll sie die Bildung des Knabenalters bis zu der Grenze fortführen, wo sich die Fähigkeit und Bestimmung entweder zu weiterer wissenschaftlicher Ausbildung oder zu besonderer Vorbereitung für ein bürgerliches Gewerbe zu entscheiden pflegt. *Die Schulen dieser zweiten Stufe* sollen *allgemeine Stadtschulen* heißen.

Auf der dritten Stufe soll sie jenes Geschäft so weit fortsetzen, bis der Grund allgemein-wissenschaftlicher und sittlicher Bildung, sei es für die höheren und besonderen Studien der Universität, oder unmittelbar fürs praktische Leben, gelegt ist. Jede Schule, welche bis zu diesem Ziele führt, soll *Gymnasium* heißen. Die höheren Bildungsanstalten, welche Ritterakademien, Pädagogien, Athenäen, Lyzeen usw. genannt werden, sollen in Ansehung des Unterrichts und der Disziplin nach denselben Grundsätzen, wie die Gymnasien, jede indes in ihren eigentümlichen Formen eingerichtet sein.

§ 4. Alle diese Stufen müssen auf ihren Endzweck so fest gerichtet sein, daß sie zusammen wie eine einzige große Anstalt für die National-Jugendbildung betrachtet werden können. Es muß daher ihre ganze Anlage auf einem in sich übereinstimmenden System der letzteren beruhen, welches sie in innerem Zusammenhange untereinander erhält, und keiner Stufe eine Abweichung von dem allgemeinen wesentlichen Charakter des Ganzen gestattet. Vermöge desselben muß jede Stufe ihren eigenen Zweck verfolgen, weil aber dieser in dem allgemeinen Endzwecke enthalten ist, zugleich auf die nächste höhere Stufe vorbereiten können.

§ 5 enthält Einzelbestimmungen zu § 4.

§ 6. Was aber die Rücksichten anlangt, welche Geschlecht, Sprache, Religion, Stand und künftiger Beruf der Jugend zu erfordern scheinen oder wirklich erfordern, so wird darüber erklärt und bestimmt:

1. Für die dem weiblichen Geschlecht notwendige allgemeine Bildung sind so viel wie möglich abgesonderte Anstalten einzurichten, welche in dem Umfang ihres inneren Wirkens den allgemeinen Elementar- und in höherer Stufe den allgemeinen Stadtschulen gleich stehen. Die allgemeinen Grundsätze des Unterrichts und der Disziplin, welche für die Elementar- und Stadtschulen gelten, gelten auch für die Mädchenschulen, nur muß in diesen eine andere Behandlung, wie das Geschlecht sie erfordert, und eine demselben angemessene Form des Unterrichts in denjenigen Lehrgegenständen, wo eine Verschiedenheit hierin nötig ist, eintreten.

2. Die allgemeine Verfassung der Schulen gilt für alle Völkerstämme, die der preußische Staat vereinigt.

Sollten einige nicht deutsche Schulen in das vorzuzeichnende System des Unterrichts und der Disziplin nicht gleich passen, so müssen sie eben wie diejenigen deutschen, bei welchen derselbe Fall eintritt, allmählich dafür ausgebildet werden.

In allen Schulen fremder Sprachen ohne Ausnahme muß neben der Landessprache ein nach der Stufe der Schule vollständiger Unterricht in der deutschen Sprache allen Schülern erteilt, und keinem Lehrer oder Schüler darf gewehrt werden, sich ihrer im Umgang in der Schule zu bedienen. Die nähere auf die Sprach- und Namensverschiedenheit zu nehmende Rücksicht bleibt aber den Schulordnungen der Provinzen, in welchen Menschen verschiedener Stämme und Sprachen zusammenwohnen, überlassen.

3. Der Konfessionsunterschied der christlichen Schulen begründet die wesentlichste innere Verschiedenheit der Schulen in dem, was den Religionsunterricht und die religiöse Erbauung anbetrifft. Diese nämlich richten sich in jeder Schule evangelischer und katholischer Konfession nach der Lehre und dem Geiste derjenigen Kirche, der die Genossenschaft, für welche die Schule bestimmt ist, angehört.

Da aber der herrschende Geist jeder Schule eines christlichen Staats dasjenige sein muß, was alle Konfessionen vereinigt, Frömmigkeit nämlich und wahre Gottesfurcht, so kann sie auch Kinder anderer christlichen Konfessionen, als von welcher sie selbst ist, aufnehmen. Beeinträchtigung dieser Kinder wegen ihrer Konfession muß durch den Geist der Schule und durch die Aufseher und Lehrer derselben ebenso sorgfältig verhütet, als Anstoß und Ärgernis beim Unterricht nicht nur in der Religion, sondern auch in allen anderen Fächern vermieden werden.

Keine Schule darf zur Hinüberziehung der Kinder in eine andere Konfession gemißbraucht, deswegen dürfen Kinder von anderer Religion oder Konfession auch nicht zur Teilnahme an dem Religionsunterricht und den religiösen Erbauungen der Schule wider ihrer Eltern und häuslichen Vorgesetzten oder wider ihren eigenen Willen angehalten, sondern muß es in solchen Fällen beides für sie durch Lehrer ihrer Konfession oder Religion besonders besorgt werden. Wo dies nicht möglich sein sollte, wird es um so mehr Gewissenspflicht ihrer Eltern oder Angehörigen, falls sie die Kinder von dem Religionsunterricht und den religiösen Erbauungen der Schule zurückhalten, auf andere Weise dafür zu sorgen.

Die außerdem noch erforderlichen näheren Festsetzungen über die Konfessionsverhältnisse, und zwar der in den preußischen Staat aufgenommenen christlichen Sekten insonderheit, in Ansehung der Schulen, sollen in den Provinzial-Schulordnungen enthalten sein, dabei aber sowohl die jenen im preußischen Staate für ihre Gemeindeschulen zugesicherten Rechte, als auch das, sich auch über gedachte Schulen erstreckende Oberaufsichtsrecht des Staates beachtet werden.

Die Aufnahme von Kindern jüdischer Religion wird den christlichen Schulen gestattet; es gelten aber auch in Hinsicht ihrer die oben in Beziehung auf die Kinder anderer Konfessionen gegebenen Bestimmungen. Jüdische Schulen dürfen dagegen keine christlichen Kinder aufnehmen.

4. Die Bestimmung besonderer höherer oder niederer Schulen und Erziehungsanstalten für einzelne Stände kann unbeschadet der eigentümlichen äußeren Bedingungen ihrer Stiftung doch keine wesentliche Abweichung von der inneren Verfassung sämtlicher allgemeinen Schulen und den Grundsätzen derselben begründen.

So kann auch andererseits der verschiedene Stand und künftige bürgerliche Beruf der einer allgemeinen Schule übergebenen Zöglinge deren Verfassung nicht ändern.

Die öffentliche allgemeine Schule hat auf jeder ihrer Stufen zunächst nur danach zu streben, daß sie die allgemeine Bildung ihrer Schüler innerhalb der ihr gezogenen Grenze recht gründlich fördere, um jeden derselben so weit zu führen, daß er nach Fähigkeit, Neigung und Verhältnissen zur besonderen Anleitung für irgend eine äußere Bestimmung übergehen und, je besser im allgemeinen vorbereitet, dieser mit desto mehr Selbsttätigkeit, Einsicht und Geschick sich widmen kann.

Inwiefern aber Spezialschulen für die besonderen Berufszweige des Soldaten, des Ökonomen, des Bergmanns, des Fabrikanten, des Kaufmanns, des Seefahrers, des Künstlers usw. schon bestehen oder noch zu stiften sind, ist für jede dieser Schulen besonders das Nötige bestimmt worden oder wird noch bestimmt werden; in dieser allgemeinen Verordnung sind sie nicht mitbegriffen.

§ 7. Nach diesen Grundbestimmungen soll die Schule als allgemeine Bildungsanstalt den ganzen Menschen umfassen, sowohl von seiten des die Bildung des Wissens und Könnens bezweckenden Unterrichts, als auch der die praktische Bildung zur sittlichen Tätigkeit in sich begreifenden Disziplin, die aber beide in der Ausübung nicht voneinander getrennt, sondern wechselseitig miteinander verflochten und am tiefsten durch die Bildung der Religiosität, welche dem ganzen Erziehungswerke der Schule den Schlußstein geben muß, vereinigt sind.

§ 8. Jede Schule muß als ihre höchste und wichtigste Aufgabe betrachten, zu helfen, daß die Jugend für ihre ewige Bestimmung so erzogen werde, daß das Gefühl derselben mit der Einsicht in ihre Beschaffenheit und in das Verhältnis des Menschen zu Gott, worauf sie gegründet ist, im Geiste des Christentums, gleich lebendig in ihr wirken, damit sie Kraft gewinne, dieser Bestimmung gemäß zu leben, und alle Zwecke und Bestrebungen ihr unterzuordnen.

Die Schule muß deswegen ihre Zöglinge in den Geist wahrer Religiosität und Frömmigkeit schon früh zu erheben und in ihm zu befestigen, hierin, so viel an ihr liegt, die häusliche Erziehung zu unterstützen oder, wo es nötig ist, zu ergänzen und ihrem eigenen Wirken auf die Jugend dadurch Einheit und dauernden Gehalt zu geben suchen. Was sie hierfür durch den Religionsunterricht vornehmlich und die Disziplin zu leisten vermag, muß noch auf andere Weise, insbesondere durch die Beibehaltung oder Erneuerung mancher guten, vordem in allen Schulen üblichen, Sitte verstärkt werden.

Es folgen Einzelbestimmungen.

§ 9. Die Disziplin ist in allen Schulen nach folgenden Grundbestimmungen einzurichten und zu handhaben. Sie erstreckt sich:

1. in Ansehung ihres Gegenstandes nicht bloß auf alles, was vom Schüler zur Förderung des Unterrichts und seines Erfolges zu leisten ist, sondern auf dessen ganzes Verhalten.

Ziffer 2–5 betr. Verhalten inner- und außerhalb der Schule.

6. Durch den steigenden Anteil, welcher den Schülern nach der Reife ihres Alters, unter mehrerer oder minderer Einmischung der Lehrer, an der Erhaltung der Ordnung und des Geschäftsganges unter sich gestattet wird, sollen die Knabenschulen eine Verfassung erhalten, die ihre Zöglinge frühzeitig gewöhnen kann, sich als uneigennützige und tätige Glieder eines größeren Ganzen zu betrachten.

§ 10. Der Unterricht soll sich beziehen auf die Bildung des Denk- und Erkenntnisvermögens wie des Gemütes, der Sinne und der Kräfte des Körpers an und für sich sowohl als für bestimmte Fertigkeiten.

Glaubens- und Sittenlehre, Sprache, Form und Zahl, Natur und Menschenwelt, allgemeine Leibes- und Sinnesübungen, wie die Übungen der besonderen Organe für den Gesang, die Darstellung durch Zeichnen und das ihm verwandte Schönschreiben sollen im allgemeinen seine Gegenstände und Bestandteile sein.

In den unteren Schulen soll noch hinzutreten Anleitung zum Gewerbefleiße, deren Stelle jedoch in Fabrik- und Manufakturgegenden die unbeschadet des allgemeinen Unterrichts (s. unten § 38, 3.) zu gestattende Beschäftigung der Jugend in den Werkstätten vertreten wird.

In allen Mädchenschulen ohne Ausnahme muß in weiblichen Handarbeiten, in jeder nach Maßgabe des Bedürfnisses der Schülerinnen, Unterricht erteilt werden.

In Ansehung der allgemeinen Leibesübungen insonderheit ist zu beachten, daß sie lediglich als ein ergänzender Teil des ganzen Erziehungssystems der Schule und diesem untergeordnet gehalten, von allem bloß Künstlichen und Übertriebenen frei, dagegen einfach, in zweckmäßiger Stufenfolge, mit Rücksicht auf die allmähliche Entwicklung, auf die Gesundheit und Kraft des jugendlichen Körpers, Geistes und Gemütes gehalten werden.

§ 11. Der Kreis des Unterrichts, den die allgemeine Elementarschule beschreibt, soll den Grundriß des Unterrichtssystems vorzeichnen, welches die Schule durch alle ihre Stufen hinauf ausführt. Er umfaßt:
Es folgt Ziff. 1 ff. mit den Unterrichtsgegenständen der allgemeinen Elementarschule als Erläuterung zu § 10.

Es folgen §§ 12–16 mit den Unterrichtsgegenständen der allgemeinen Stadtschule und des Gymnasiums sowie mit Bestimmungen über Versetzung und Entlassung der Schüler, Zeugnisse, Unterrichtszeiten und Lehrbücher.

§ 17. Sämtlichen Lehrern der öffentlichen allgemeinen Schulen wird hier nur im allgemeinen zur Pflicht gemacht, sich einer solchen Methode in jedem Lehr- und Übungsfache zu befleißigen, welche, an die Entwicklungsgesetze der menschlichen Natur sich anschließend, nicht sowohl ein mechanisches Können oder Wissen hervorzubringen, als inneres Leben zu wecken, an dieses jede Einsicht und Fertigkeit zu knüpfen und den Menschen selbst zu bilden vermag.

Den sachkundigen Schulvorstehern kommt es zu, auch auf die Methode der Lehrer acht zu haben, wo es nötig ist, durch Erinnerung, Belehrung und Rat zu helfen, Verkehrtheiten aber nicht zu dulden, sondern, wenn Vorstellungen dagegen nichts fruchten, den vorgesetzten Behörden zur Veranlassung ernsterer Maßregeln Anzeige davon zu machen.

§ 18. Wieviel Lehrer jede öffentliche allgemeine Schule notwendig braucht, um ihrer Bestimmung genügen zu können und in welchem Verhältnis die Lehrer derselben Schule untereinander stehen müssen, soll in der nach § 23 zu erlassenden Anweisung näher bestimmt werden.

Unter Lehrern, die von Liebe zu ihrem Berufe durchdrungen sind, wie alle Lehrer sein sollten, wird sich dies Verhältnis von selbst zu einem nur von einem Geiste belebten, nur auf einen Zweck gerichteten freien Vereine gestalten.

Inwiefern es aber äußerer Bestimmungen bedarf, ist es so anzuordnen, daß die Lehrer, alle aufs leichteste, ohne sich einander hinderlich zu werden und ohne vereinzelt willkürlich zu handeln, zu dem Zwecke ihrer Anstalt zusammenwirken können und daß die Bildung eines jeden Schülers in steter Einheit und gleichmäßigem Fortschritt erhalten wird.

Demzufolge wird im allgemeinen festgesetzt:

1. Die Direktoren oder Rektoren sind es, an welche sich in Ansehung des gesamten Bildungsgeschäfts der Schulen und alles dessen, was mit

ihm zusammenhängt, sowohl der Staat und die von ihm bestellten leitenden und aufsehenden Behörden, als auch die Eltern der Schüler und das Publikum zunächst wenden und halten und durch welche hinwieder die Angelegenheiten der Schule mit jenen verhandelt werden.

2. Eben diese sind bestimmt, jeder in seiner Schule alle einzelnen Teile ihres Bildungsgeschäfts, durch stete Hinlenkung auf ihren gemeinsamen Zweck in Einheit zu erhalten. Die Anordnung alles dessen, was hierzu gehört, nach den Vorschriften des Staates und die Verteilung der darin enthaltenen Geschäfte geht daher von ihnen aus, so wie die nächste Aufsicht über die gesamte Ausführung des Angeordneten ihnen zusteht.

3. Sämtliche ordentliche Lehrer jeder Anstalt treten dagegen bei der Anordnung beratend zu, kommen in regelmäßigen Konferenzen mit dem Direktor zusammen und beratschlagen in denselben alles, was dem inneren Leben, der guten Ordnung und dem Wohl der ganzen Anstalt zuträglich und der geistigen und physischen Erziehung des Schülers, soweit die Schule darauf Einfluß haben kann, heilsam ist; überlegen außerdem einzelne schwierige Fälle der Ausführung gemeinschaftlich und wirken zur Ausführung, jeder in einem bestimmten freieren Kreise, zusammen mit dem Direktor, unter des letzteren Aufsicht, der sich kein Lehrer entziehen darf.

4. Die außerordentlichen und Hilfslehrer befolgen die Anweisungen des Direktors oder Rektors und nehmen als Zeugen an den Beratungen zwischen ihm und den ordentlichen Lehrern teil, um so destomehr mit dem Ganzen in Einklang wirken zu können.

5. Für gewöhnliche Stadt- und Elementarschulen soll den ihnen nächst vorgesetzten Aufsehern das obliegen, was nach obigem den Direktoren und Rektoren der höheren Schulen für diese zukommt.

§ 19. Die Eltern und häuslichen Vorgesetzten sind berechtigt, von der Schule, welcher sie ihre Kinder und Pfleglinge anvertrauen, Auskunft zu verlangen, wie das Erziehungs- und Unterrichtsgeschäft an diesen wahrgenommen wird und welchen Fortgang es hat. Um aber häufigen Nachfragen zuvor zu kommen, sind Einrichtungen zu treffen, durch welche sie die nötige Auskunft von Zeit zu Zeit unaufgefordert von den Schulen erhalten können.

Beschwerden, welche sie etwa über die Schulen und ihre Lehrer zu führen haben, sollen auch von deren nächsten Aufsichtsbehörden sorgfältig untersucht und wenn sie gegründet sind, sollen die Schulen, nötigenfalls mit Zuhilfenahme der höheren Staats- und der richterlichen Behörden, ernstlich angehalten werden, der von ihnen übernommenen Verbindlichkeit gewissenhaft nachzukommen.

§ 20. Gegenseitig ist, wer ein Kind einer öffentlichen Schule oder Erziehungsanstalt übergibt, auch verpflichtet und übernimmt, auch ohne schriftliches oder mündliches Versprechen die Verbindlichkeit, dasselbe auf keine Weise an genauer Befolgung ihrer Ordnung, in welchem Stücke es auch sei, zu hindern, vielmehr nachdrücklich dazu anzuhalten, es mit den benötigten Unterrichtsmitteln jederzeit vollständig zu versehen oder zu sorgen, daß es durch Unterstützung damit versehen werde und selbst alles, was der Anstalt und ihren Lehrern gebührt, immer pünktlich und gut zu leisten.

Zu der Ordnung der öffentlichen allgemeinen Schule gehört vornehmlich auch, daß jeder Schüler derselben alles dasjenige lerne und mit Fleiß treibe, was um seiner allgemeinen Ausbildung willen im Unterrichtssystem der Schule den Bestimmungen dieses Gesetzes gemäß, vorgezeichnet und wozu er, vermöge der Stufe, die er in der Schule erreicht hat, fähig ist. Willkürliche Entziehung des Schülers von irgend einem Unterrichtszweige darf seinen Eltern oder häuslichen Vorgesetzten nicht gestattet werden. Wenn aber Eltern oder häusliche Vorgesetzte dringende Gründe haben, Dispensation ihres Kindes oder Pflegebefohlenen von einem Unterrichtszweige zu wünschen, so haben sie diese der nächsten Aufsichtsbehörde (§§ 86 bis 89) vorzutragen, welche sie untersuchen muß, und nach den ihr gewordenen höheren Instruktionen zu entscheiden ermächtigt ist. Ebenso haben junge Leute von reiferem Alter zu verfahren, welche den Unterricht eines Gymnasiums nur in einem oder wenigen Fächern zu benutzen wünschen.

Widersetzlichkeit gegen die Schulordnung überhaupt soll Eltern und häuslichen Vorgesetzten durchaus nicht nachgesehen und in Fällen, wo sie sich äußert, soll zunächst die Ortsschulbehörde zu Hilfe genommen werden.

§ 21. Die allgemeine Schule als Nationalanstalt muß auch eine möglichst große Öffentlichkeit haben. Jede Schule muß daher dem, welcher sie näher kennen lernen will, Gelegenheit dazu darbieten. Zu dem Ende sollen von allen Knabenschulen ohne Ausnahme, damit durch häufige Besuche während des Unterrichts dieser nicht leide, außer den oben § 14 erwähnten nicht öffentlichen Versetzungsprüfungen, alle Jahre öffentliche Prüfungen, aus welchen der Geist der Schule und was sie im ganzen leistet, beurteilt werden kann, angestellt, auch soll von der Einrichtung und dem Fortgange der höheren Schulen durch einzelne Gelegenheitsschriften der Direktoren, Rektoren oder Lehrer und von dem Zustande des Schulwesens ganzer Bezirke und Provinzen durch die Behörden von Zeit zu Zeit öffentlich Nachricht gegeben werden.

Feierlichkeiten, wobei sich die Schule dem Publikum darstellt, als öffentliche Redeakte und dergleichen, zu veranstalten, wird jeder Anstalt nach ihrer Verfassung frei stehen. Allgemeinere Veranlassung zu solchen Festen können die durch merkwürdige Ereignisse für den preußischen Staat bezeichneten Tage geben und auch öffentliche Leibesübungen an ihnen veranstaltet werden.

Mit der für ein stilles häusliches Wirken von Natur bestimmten weiblichen Schuljugend sollen gar keine öffentlichen Redeübungen vorgenommen, und Prüfungen allein in Gegenwart der Schulvorsteher und der Angehörigen der Schülerinnen ohne alle öffentliche Einladung gehalten werden.

§ 22. Wenn aber die öffentliche allgemeine Schule bestrebt sein soll, das zu leisten, was der Staat für seine Bürger von ihr zu fordern berechtigt ist, so fordert sie dagegen von jedermann ehrerbietige Anerkennung in ihrer Würde als heilige Werkstätte der Erziehung, und für alle Lehrer und Lehrerinnen diejenige Achtung, welche Personen, die sich einem so verdienst- und mühevollen Geschäft widmen, gebührt, sie fordert bereitwillige Unterstützung und Förderung der für ihren Zweck nötigen Einrichtungen, und genaue Erfüllung der ihr auch von denen, welche ihr keine Kinder anvertrauen, gesetzlich zukommenden Leistungen. In diesen ihren gerechten Ansprüchen sämtliche öffentliche allgemeine Schulen und ihr Personal kräftig zu schützen, die Lehrer vor Beeinträchtigung, insonderheit in ihren amtlichen Verrichtungen oder wegen derselben, sicherzustellen, und in vorkommenden Fällen ihnen ganz dieselbe Hilfe und Genugtuung, wie anderen öffentlichen Beamten zu verschaffen, werden alle öffentlichen Behörden, jede in ihrem Wirkungskreise, hierdurch gemessenst angewiesen.

Zu desto wirksamerer religiöser Erinnerung der Schulen an ihre große Bestimmung und des Volkes an seine Pflichten gegen die Schule sollen nicht nur die Geistlichen aller christlichen Konfessionen jede sich darbietende schickliche Gelegenheit, vornehmlich die Kirchen- und Schulvisitationen, benutzen, sondern es sollen auch zu obigem Zwecke die durch frühere Gesetze schon angeordneten, und in mehreren Gegenden eingeführten Schulpredigten jährlich am Michaelis-Sonntage oder, wo es hergebracht ist, an anderen Sonntagen, in allen Kirchen Unseres ganzen Staates ohne Ausnahme, bei feierlichem Gottesdienste und in Gegenwart der Ortsschulbehörden, und der Schulen in Lehrern und Schülern, gehalten werden. In den Gegenden, wo außerdem auch am Sonntage Miserikordias Domini Schulpredigten stattfinden, können auch diese beibehalten werden.

Behörden, Geistliche und Lehrer müssen aber zusammen wirken, das Band zwischen dem Volke und der Schule immer fester und so innig zu knüpfen, daß diese immer mehr als ein ergänzender Bestandteil des öffentlichen Lebens vom Volke betrachtet und als solcher von ihm getragen, gepflegt und gefördert werde.

§ 23. Der obersten Unterrichtsbehörde Unseres Staates tragen Wir hierdurch auf, eine ausführliche Anweisung, wie die öffentlichen allgemeinen Schulen in allen Beziehungen, hauptsächlich aber in Hinsicht auf die Anlage des Unterrichts, den obigen Bestimmungen über ihre Verfassung gemäß, einzurichten sind, an die Provinzial-Unterrichtsbehörden zu erlassen, sowie diesen, nach gedachter näheren Anweisung bei Einrichtung der Schulen zu verfahren.

[19]

Carl von Rotteck

Das demokratische Prinzip (1837)

Carl Wenzeslaus von Rotteck, 1775–1840, Professor der Geschichte und der Staatswissenschaften an der Universität Freiburg i. Br., 1819 Abgeordneter der 1. Kammer und neben Welcker Wortführer der liberalen Opposition in Süddeutschland. 1832 wurde er seiner Professur enthoben, die von ihm gegründeten Publikationen (»Der Freisinnige«, »Allg. politische Annalen«) unterdrückt. Das von ihm zusammen mit Welcker herausgegebene »Staatslexikon« fand weite Verbreitung und zählt zu den wichtigsten Werken des vormärzlichen Liberalismus.

Quelle: W. Mommsen, Deutsche Parteiprogramme, Deutsches Handbuch der Politik, Bd. 1, 2. Auflage München 1964, S. 93 ff.

Demokratisches Prinzip; demokratisches Element und Interesse; demokratische Gesinnung. Es hat sich in der neuesten Zeit eine hier ängstlich, dort terroristisch ausgesprochene *Scheu* vor *demokratischer* Gesinnung oder Richtung – sei es Theorie oder Praxis – kundgetan, und bei der fast babylonischen *Sprachverwirrung,* welche infolge des blind leidenschaftlichen politischen Parteikampfes eintrat, sind die Benennungen *Demokrat, Demagog und Revolutionär* fast für gleichbedeutend erklärt oder geachtet worden.
Es folgen Beispiele.

Zur Feststellung des Urteils hierüber tut jedoch vor allem die *Verdeutlichung des Begriffs von Demokratie, demokratischem Prinzip* und *demokratischem Elemente* not.

Das *demokratische Prinzip* gilt uns keineswegs für gleichbedeutend mit *Volksherrschaft* oder gar mit *Pöbelherrschaft* und keineswegs für einen Gegensatz der *Monarchie,* sondern wir verstehen darunter bloß die auf der Idee eines *Gesamtrechts* des zur Staatsgesellschaft vereinigten, aus vernunftrechtlich vollbürtigen Mitgliedern bestehenden *Volkes* beruhende *Richtung* nach tunlichst zu verwirklichender *Gemeinschaftlichkeit* der Ausübung solchen Rechts, folglich auch nach *gleichheitlicher Teilnahme* aller sowohl an den der Gesamtheit zukommenden *politischen* Rechten als an den von solcher Gesamtheit zu gewährleistenden gemein *bürgerlichen* und *menschlichen* Rechten. Die Frage: *wieviel* politisches Recht einem Volke, je nach dessen besondern Verhältnissen, Lagen und Kulturstufen, wirklich gebühre oder unbedenklich könne gewährt werden, bleibt dabei noch unerörtert. Das demokratische Prinzip ist befriedigt oder erscheint als verwirklicht, wenn nur oder *insofern* jenes Mehr oder Weniger solchen *Rechts* allen (natürlich vollbürtigen) Mitgliedern *gleichheitlich* oder *gemeinsam* zugeteilt, d. h., wenn oder insofern der Grundsatz des gleichen Rechts im Gegensatz der *Bevorrechtung* in Herrschaft gesetzt ist. Es ist daher nichts weniger als unvereinbar mit der – versteht sich *konstitutionellen,* d. h. durch Volksrecht beschränkten – *Monarchie,* vielmehr derselben *befreundet,* indem nämlich ein monarchisches Haupt als ganz vorzugsweise geeignet erscheint, ja durch selbsteigenes Interesse aufgefordert ist, das Recht der *Volksgesamtheit* zu ehren und die *Gleichheit* der Rechte aller Staatsangehörigen zu schirmen, und indem gerade da, wo der Thron mit hinreichend Gewalt ausgestattet ist, eine weitere Beschränkung des gemeinen Volksrechts, namentlich durch *aristokratisches Vorrecht,* als *unnötig,* demnach auch als *verwerflich* erscheint. Ja, es läßt sich mit Wahrheit behaupten, daß, da eine *reine* Demokratie, zumal in einem etwas größeren und kultivierteren Staate, fast *unmöglich,* ihre Ausartung nämlich in *Ochlokratie* oder *Anarchie* kaum vermeidlich, und daher beim Abgang eines monarchischen Hauptes ihre Beschränkung durch ein *aristokratisches* Element unentbehrlich, auch in der Regel von selbst *faktisch aufkommend,* dann aber der wahren Freiheit sehr gefährlich ist, daß, sagen wir, in solchen Staaten das demokratische Prinzip sich weit sicherer und der Vollständigkeit annähernder unter der (konstitutionell) *monarchischen* Regierungsform verwirklichen lasse als unter jeder andern. Übrigens ist wenigstens *einige* Herrschaft dieses Prinzips nicht einmal mit der *absoluten* Monarchie, ja selbst nicht mit der *despotischen* Einherrschaft unverträglich, nur daß freilich hier von Gemeinschaft der *politischen* Rechte – deren nämlich der Despot an niemandem außer ihm selbst anerkennt – die Rede nicht sein kann, sondern bloß von der jedenfalls auch höchst kostbaren (wiewohl dann freilich unbeschirmten und von dem guten Willen des Despoten abhängigen) *Gleichheit* der *bürgerlichen* und *rein menschlichen* Rechte. *Kluge* Fürsten, eben wenn sie nach Uneingeschränktheit oder größerer Selbständigkeit rangen, haben darum – wie die Geschichte in unzähligen Beispielen lehrt – ihr Streben ganz vorzugsweise auf Schwächung oder Unterdrückung der *Aristokratie,* mittels Beschirmung oder Bekräftigung der *gemeinen Freiheit* und mittels Einführung mehr oder minder vollkommener *Rechtsgleichheit* gerichtet, d. h. eben, haben beim *demokratischen* Prinzip Schutz gegen das ihnen so gefährliche *aristokratische gesucht.*

Als eigentlichen Gegensatz des demokratischen Prinzips haben wir daher nur das *aristokratische* zu erkennen. Nur diese zwei stehen gegeneinander in wesentlichem Widerspruch. Jenes nämlich besteht in der *Gleichheit* der *Rechte* und *Pflichten,* dieses in *Privileg* und *Bevorrechtung;* soweit *jenes* herrscht, ist *dieses* ausgeschlossen; und wo dieses sich geltend macht, da hat es das andere verdrängt. Das *monarchische* und das demokratische Prinzip können gar wohl *neben*einander bestehen, ja sie mögen sich wechselseitig unterstützen. Das *aristokratische* aber ist die bare *Verneinung* des demokratischen, so wie dieses der Todfeind von jenem. Nach dem Begriff und Wesen beider strebt jedes notwendig nach der *Vernichtung* des andern; vor Erreichung dieses Zieles sind sie nimmer befriedigt. Doch mag eine *Teilung der Herrschaft* unter ihnen stattfinden, so daß jedes in einer *besonderen Sphäre* walte oder auf einen besonderen Rechtsboden sich behaupte, und daß ein Friede oder Waffenstillstand zwischen beiden erhalten werde, entweder durch ein *Gleichgewicht* der gegenseitigen Kräfte oder durch eine dritte, den Friedeszustand unter ihnen schirmende (wie namentlich die *monarchische*) Macht, oder endlich durch eine infolge von was immer für faktischen Verhältnissen und Umständen sich bildende und gefühlte *Notwendigkeit* oder *Heilsamkeit* der Teilung.

Bei jeder solchen *Teilung* der Herrschaft *verliert* natürlich ein jedes der zwei Prinzipien für sich selbst genauso viel, als es dem andern *einräumt* oder zu überlassen genötigt ist. Es geht dieses aus dem sich entgegengesetzten oder wechselseitig ausschließenden *Begriff* der beiden hervor. Dasselbe jedoch ist nicht oder wenigstens nicht gleichmäßig der Fall bei einer Teilung mit dem *monarchischen* Prinzip. Dieses nämlich erstreckt seine eigenen Ansprüche niemals über die Sphäre des *politischen Rechtes* hinaus, und kann also ohne irgendeine Gefahr oder Verlust (vielmehr zum eigenen Vorteil) die *ganze* kostbare Sphäre der *bürgerlichen* und rein *menschlichen* Rechte der Herrschaft des *demokratischen* Prinzips überlassen. (Selbst die etwa in dieser Sphäre für die *Person* des – *über* dem Volke stehenden – Monarchen angesprochenen *Privilegien* lassen den Grundsatz von der *Rechtsgleichheit* im *Volke* unangetastet.) Und dann wird (wie wir schon früher bemerkten) naturgemäß durch die – nach *guten Verfassungsgrundsätzen* – dem *monarchischen* Prinzip von Seite des demokratischen zu machende Einräumung die Notwendigkeit einer Selbstbeschränkung durch *Aristokratie* verringert oder aufgehoben, mithin auf dieser Seite weit mehreres und Kostbareres gewonnen, als auf der andern *abgetreten.*

Ist bei irgendeiner Teilung oder Mischung der Herrschaft ein entscheidendes *Übergewicht* einem der verschiedenen Prinzipien zugefallen oder verblieben, so wird die Benennung des dergestalt entstandenen Machtverhältnisses gewöhnlich von dem *vorherrschenden Prinzip* entnommen. In der Tat jedoch wird kaum jemals eines zur *Alleinherrschaft* gelangen. *Einige* Mischung oder Teilung tritt fast naturnotwendig immer ein, und alsdann wird der dabei den einzelnen Prinzipien zugefallene oder verbliebene *Raum* oder *Teil* mit dem Namen *Element* bezeichnet. Das *demokratische* Element unterscheidet sich demnach vom *demokratischen Prinzip* dadurch, daß dieses den *Grundsatz*, d. h. die *Forderung* und *Richtung* nach demokratischen Einrichtungen und Gesetzen (in Staat, Gemeinde oder auch andern gesellschaftlichen Verbindungen) ausdrückt, jenes dagegen in dem hier oder dort solchem Grundsatz wirklich zuteil gewordenen oder verbliebenen, mehr oder minder geräumigen, positiven *Rechtsboden* oder auch bloß *faktischen*, mehr oder minder mächtigen *Einfluß* besteht. Das demokratische Prinzip *fordert* demnach, wo es sich nicht völlig in Herrschaft setzen kann, mindestens die Einsetzung oder Beibehaltung und Pflege eines ihm angehörigen und seine Idee *annähernd* oder nach Tunlichkeit verwirklichenden oder wenigstens vor der Ertötung bewahrenden *Elements*, und in der Erstrebung solches Zieles, d. h. in der tunlichsten Bekräftigung, Beschirmung und Ausdehnung dieses Elements sowie in der Entfernthaltung oder Unterdrückung aller ihm feindseligen Einflüsse und Kräfte besteht sein *Interesse*.

Zur *näheren Charakteristik* des demokratischen Prinzips dienen die nachstehenden Sätze:

1. Die *Demokratie* ist in jeder Gesellschaft, also auch in jener des Staates, *von selbst vorhanden*, d. h. die ohne weitere positive Einsetzung schon unmittelbar aus dem Vereinigungsakt hervorgehende Verfassung. Sie ist nichts anderes als die durch das *natürliche* Organ ausgeübte Herrschaft des *gesellschaftlichen Gesamtwillens*. Damit ein *aristokratisches* oder ein *monarchisches* Haupt in die rechtliche Erscheinung und Wirksamkeit trete, ist eine der Schließung des Gesellschaftsvertrages *nachfolgende*, jedenfalls eine dem Begriff nach davon gesonderte positive *Festsetzung* vonnöten. Aristokratie und Monarchie sind *künstliche* Personifikationen der Gesellschaftsgewalt, nur die *Demokratie* ist die *natürliche* und daher *ursprüngliche*. Ja, es läßt sich die rechtliche Errichtung einer Aristokratie oder Monarchie theoretisch gar nicht anders denken als mittels Annahme einer derselben *vorausgegangenen Demokratie*, d. h. eines von der *Volksgesamtheit*, als dem ursprünglichen Inhaber der Gewalt, gefaßten Beschlusses oder erlassenen Gesetzes, vermöge welches dieselbe die ihr naturgemäß zustehenden Gewalt an eines jener künstlichen Organe *übertrug*. Mag auch *faktisch*

hier und da die Sache sich anders verhalten, mögen aristokratische und monarchische Staaten sich *ohne* Volksbeschluß, etwa durch Gewalt oder Schrecken, etwa durch religiöse Unterwürfigkeit, etwa durch allmählichen Anschluß ringsumher wohnender Schutzbedürftiger usw. gebildet haben: einen wahren Rechtsboden als *Staaten* konnten sie für das vernünftige Urteil erst erhalten durch die Voraussetzung einer früher oder später eingetretenen – wenn nicht ausdrücklich, doch wenigstens stillschweigenden, d. h. durch die Tat erklärten – Gewaltsübertragung oder Genehmhaltung von Seite der *Gesamtheit.*

2. Die monarchische und die aristokratische Form, als rein positive, mithin zufällige Einsetzungen, können *hinweggedacht* werden oder *aufhören,* ohne daß darum auch der Staat aufhöre. Die Demokratie dagegen, d. h. das *demokratische Prinzip* oder die Idee der rechtlichen *Herrschaft des Gesamtwillens* gehört zum *Wesen* des Staates und kann n i c h t hinweggedacht werden, ohne den Staat aufzuheben oder ihn in ein ganz anderes Verhältnis (etwa das zwischen Herren und Knechten oder zwischen Überwindern und Besiegten usw.) zu verwandeln. Deshalb waltet auch das demokratische Prinzip vermöge selbständigen Rechtsanspruchs *überall* und *immer,* wo irgendein von Aristokratie und Monarchie noch unerfüllter Raum übriggeblieben ist, und tritt ebenso von selbst *wieder in Herrschaft,* wo immer die positiv eingesetzte Form *zerfällt* oder *aufhört.* Mit dem Erlöschen eines regierenden Hauses, mit der Auflösung eines aristokratischen Körpers ist sofort die Demokratie wiederhergestellt. Während der Dauer der positiv eingesetzten Form hatte sie bloß geschlummert, den künstlichen Organen einstweilen den Ausdruck des Gesamtwillens überlassend. Nun diese ermangeln oder in ihrer Wirksamkeit beschränkt werden – tritt unmittelbar und in gleichem Maße das natürliche Organ wieder in Kraft. Ebenso die *Rechtsgleichheit.* Dieselbe ist – dem Anspruch oder der vernünftigen Forderung nach – der *ursprüngliche,* demnach einer eigenen *Statuierung* gar nicht bedürfende, auch der rechtlich *perennierende,* d. h. nur *teilweise* und zeitliche Beschränkung zulassende Zustand. Rechts*ungleichheit* dagegen sind stets nur *Ausnahmen* und müssen eigens *statuiert* werden, wenn sie gültig bestehen sollen; und die Rechtskraft der Statuierung ist in ihrer Dauer abhängig von demselben (wahren oder vorausgesetzten) *Gesamtwillen,* welchem allein sie gültig entfließen konnte. Das demokratische Prinzip nun – auch hier wieder identisch mit dem *Vernunftrecht* – widerstrebt jeder Ungleichheit, die nicht auf Gründen beruht, welchen der vernünftige Gesamtwille beipflichten muß, und verlangt die Wiederherstellung der Gleichheit, d. h. die Wiederaufhebung der Ungleichheit, sobald jene Gründe aufhören oder von Gegengründen überwogen werden.

3. Nicht nur *theoretisch* oder in der *Idee* ist das demokratische Prin-

zip im Wesen des Staates begründet, sondern es ist auch seine wenigstens annähernd entsprechende Verwirklichung eine unerläßliche Forderung an den Rechtsstaat. Der Regierung, als dem bloß künstlichen Organ des Gesamtwillens, muß ein natürliches gegenüberstehen, d. h. es muß das Volk in öffentlichen Angelegenheiten eine zählende, wenigstens eine Beachtung ansprechende Stimme haben, wenn nicht die Herrschaft eine d e s p o t i s c h e, mithin den Rechtsstaat aufhebende sein soll. Freigewählte, das Volk in Wahrheit vorstellende *repräsentative Körper*, d. h. Versammlungen echter Volksvertreter, und *freie Presse* machen solches unentbehrliche natürliche Organ überall aus, wo nicht die Kleinheit der Gesellschaft die tagtägliche Versammlung sämtlicher Gesellschaftsglieder erlaubt. Doch strebt das *demokratische Prinzip* in seiner vernünftigen Anwendung stets mehr nach dem Wesen als nach der Form, d. h. nach einer die Herrschaft des wahren Gesamtwillens *tunlichst verbürgenden Personifikation* mehr als nach *streng allgemeinem Stimmrecht*, und nach der den verschiedenen faktischen und im Rechte begründeten Verhältnissen angepaßten, sonach *wahren Gleichheit* mehr als nach der rücksichtslosen *äußern* oder *handgreiflichen*.

4. Daher erlaubt, ja fordert dieses Prinzip nicht nur die Ausschließung aller n a t ü r l i c h U n v o l l b ü r t i g e n vom Stimmrecht, sondern es widerstreitet auch nicht der naturgemäß nach der Verschiedenheit des Talentes, der moralischen Kraft, des Vermögens usw. sich richtenden faktischen Ungleichheit des politischen Einflusses wie der Teilnahme an den sozialen Genüssen. Es zieht ferner (wenigstens in den Staaten von bedeutenderem Umfang) einen durch weise geregelte freie Wahl gebildeten V o l k s a u s s c h u ß der allgemeinen Stimmgebung vor und ehrt nicht nur die schon vernunftrechtlich bestehenden oder gültig ins Dasein tretenden Ungleichheiten der rechtlichen Zustände (nach Rechtsfähigkeit, Besitztum und gegenseitigen Verpflichtungen), sondern es verträgt sich selbst mit der aus G r ü n d e n d e s a l l g e m e i n e n W o h l e s, also im Einklang mit dem vernünftigen Gesamtwillen, geschehenden positiven Statuierung noch weiterer Ungleichheiten, insofern dieselben fortwährend w i d e r r u f l i c h bleiben durch eben den Gesamtwillen, der sie ins Leben rief.

Nur j e n e B e v o r r e c h t u n g oder Begünstigung, die sich als *selbständiges*, auch *wider den Gesamtwillen* zu behauptendes Recht geltend machen will, widerstreitet dem demokratischen Prinzip. Und ebenso widerstreitet demselben jede auf die *Forterhaltung* der die Bevorrechtung in Schutz nehmenden Gründe gerichtete Sorgfalt. Es verlangt vielmehr, daß diese Gründe so schnell und vollkommen als möglich aufgehoben und dergestalt die Hindernisse der allgemeinen Rechtsgleichheit beseitigt werden. Es verlangt also zumal die Verbreitung der politischen Bildung und überhaupt der Intelligenz unter allen Klassen des Volkes, und ebenso tunlichst allen Klassen gleichmäßig freigegebene Teilnahme an den Wohltaten der Gesellschaft. Es allein, durch die von ihm fortwährend unterhaltene Verteidigung des natürlichen Rechtes gegen das demselben Abbruch tuende historische Recht, verheißt den Mängeln und Verderbnissen der gesellschaftlichen Einrichtungen Abhilfe und Heilung; in ihm ganz vorzugsweise offenbart sich der neue, edlere *Zeitgeist*.

5. Das demokratische Prinzip, durch seine energische Erhebung wider das aristokratische, hat die französische Revolution hervorgebracht, und der zwischen beiden Prinzipien auf Tod und Leben geführte Streit ist bis auf den heutigen Tag der Hebel aller großen Bewegungen, der Erklärungsgrund aller Haupterscheinungen auf dem welthistorischen Schauplatz geblieben. Die *Throne* sind dabei meist nur als *Schutzherren der Aristokratie* mit in den Streit gezogen worden und nur in *dieser Eigenschaft* haben sie mitunter Anfeindung oder bedeutenden Angriff erfahren. Hätten sie sich an die Spitze des Zeitgeistes, als Verbündete des demokratischen Prinzips gegen das aristokratische gestellt, der Strom der Revolution, nachdem er das gehässige *Vorrecht* verschlungen, wäre ohne weitere Zertrümmerung vorübergerauscht, und das System des gleichen, d. h. des *vernünftigen Rechts* wäre zur beglückenden Herrschaft über die zivilisierte *Welt* gelangt. Nachdem aber die durch des Thrones Macht gestärkte Adelsmacht sich trotzig dem Strome entgegengeworfen: dann erst nahmen die durch den Widerstand erzürnten und aus ihrem natürlichen Bett hinausgedrängten Wogen ihren weit verheerenden, unheilvollen Lauf. Und so emsig und angestrengt man überall Dämme baue, um den Gefürchteten zu bändigen: er wird aller künstlichen Wehren Sieger werden und nur alsdann wieder ruhig dahinfließen, wenn er das seinem natürlichen Lauf entgegenstehende Hindernis, nämlich das *Prinzip der Bevorrechtung*, hinweggespület.

6. Das demokratische Prinzip, nach seiner bisher gegebenen Charakterisierung ist es also durchaus nicht zu verwechseln mit dem r e p u b l i k a n i s c h e n. Dieses nämlich geht allernächst und ganz eigentlich auf die Staatsform, d. h. auf die Personifikation der Staatsgewalt; jenes geht auf das W e s e n des R e c h t s, d. h. auf die Rechtsgleichheit (wohlbemerkt: nicht *unbedingte* und *materielle* Gleichheit, sondern bloß *formelle* und *faktisch bedingte*, also im allgemeinen bloß Gleichheit der *angeborenen* Rechte und Gleichheit der *Erwerbsrechte* – nämlich gleiches Recht zu *erwerben*, und *unter Voraussetzung gleicher Tatsachen auch Gleichheit der daraus fließenden Folge* – woraus dann, da solche Tatsachen äußerst verschieden sind, natürlich im besonderen eine mannigfaltige *Ungleichheit* an *erworbenen* Rechten hervorgeht) . . .

Das *republikanische* Prinzip, nach seinem allgemeinen Begriff, führt den Krieg nur gegen die *Monarchie;* aber es duldet die *Aristokratie* in seinem Schoße; ja, es kann sich derselben, wofern nicht die *allereinfachsten* Lebensverhältnisse im Staate obwalten, kaum jemals abwehren. Und es verträgt auch in der *Privatrechtlichen Sphäre* die mannigfaltigste *Rechtsungleichheit,* wie selbst die *Sklaverei* und mancherlei andere Ungebühr des historischen Rechts. *Venedig* und *Bern* (vor der neuesten Verfassungsänderung) mit vielen anderen Republiken und mit den vielen von *Patriziern* regierten ehemaligen Reichsstädten (die ja gleichfalls – ob auch nur halbsouveräne – Republiken waren), sodann außer den meisten *alten Republiken* auch die Hälfte der heutigen *nordamerikanischen* Bundesstaaten sind dessen lautsprechende Zeugen. Das *republikanische* Prinzip also, nicht minder als das *monarchische,* bedarf der Veredlung durch das mit ihnen zu verbindende *demokratische*; aber zwischen dem *republikanisch-demokratischen* und *monarchisch-demokratischen* Prinzip können, in bezug auf die Vorzüglichkeit des einen oder des andern, nur die konkreten Verhältnisse bestimmter Völker und Zeiten den Ausschlag geben. Für die jetzigen Völker Europas insbesondere scheint – auch abgesehen von dem historischen Recht, dessen Umsturz hier ohne die schrecklichste Revolution nicht zu denken wäre – das *monarchisch-demokratische* Prinzip das weitaus vorzüglichere, zumal auch als das der Herrschaft des *rein demokratischen* Prinzips die meiste Bürgschaft darbietende, während das *republikanisch*-demokratische den Staat mit unaufhörlichen Stürmen bedroht und gar leicht entweder zur Ochlokratie und Anarchie oder zur Tyrannei eines Usurpators führt. Nur der Verlust *aller Hoffnung,* eine aufrichtige Befreundung des monarchischen mit dem demokratischen Prinzip erringen zu können, also namentlich nur die bleibende Identifizierung (oder wenigstens Verschmelzung) des monarchischen Prinzips mit dem *aristokratischen,* oder nur eine entschieden hervortretende allgemeine Richtung der Throne nach *Absolutismus* folglich nach Ertötung des demokratischen Prinzips, könnte die Anhänger des letzten aus Freunden des *konstitutionell-monarchischen* Systems in Freunde der *Republik* umwandeln. Den Fall solcher *Verzweiflung* an der Möglichkeit eines aufrichtigen Friedensschlusses ausgenommen, können die Throne für die längste Zeit der Anhänglichkeit der demokratisch Gesinnten gewiß sein. Denn wahrlich! *Robespierres* Schrekkensherrschaft war *nicht* im Sinn des *demokratischen,* d. h. des der Rechtsgewährung für *alle* zugewandten Prinzips, das mit dem Jakobinismus ebensowenig gemein hat als mit dem chinesischen Absolutismus.

Aus diesen Betrachtungen ergibt sich von selbst, ob das demokratische Prinzip in der Tat – so wie die aristokratische und die servile Partei behauptet – ein für die wirklichen Staaten *gefährliches,* ein die

Ruhe und Wohlfahrt Europas bedrohendes, ein die Throne zur heftigsten Gegenwehr aufforderndes sei. Wir sagen vielmehr: nur aus der aufrichtigen *Befreundung* mit diesem Prinzip kann das Heil, können Versöhnung und Friede hervorgehen. Es will mehr nicht, als daß *gegenüber der Regierung das Volk* für *etwas zähle*, d. h. auf einem *eigenen, gesicherten Rechtsboden* stehe, und daß unter seinen Gliedern *keine anderen Ungleichheiten gelten*, als welche entweder Tatsachen der *Natur*, oder notwendige Folgen der *freien rechtlichen Wechselwirkung*, oder endlich dem *wahren Gesamtwillen* entsprechende, folglich durch das *Gesamtinteresse* bedingte Statuierungen sind. Es ist hiernach in bezug auf die Staatsverfassung oder Regierungsform kein anderes als das *konstitutionelle* Prinzip, und in bezug auf die gesamte übrige politische und Rechtsgesetzgebung kein anderes als jene des *Vernunftsrechts*. Wer ihm – nach dieser Begriffsbestimmung – sich entgegenstellt, der widerstrebt also der Autorität der *Vernunft* und will an ihre Stelle die *Gewalt* oder das blinde *Vorurteil* oder das *egoistische Interesse* des Hochmuts, der Anmaßung, überhaupt der Begierlichkeit einzelner durch das historische Recht begünstigter Klassen setzen; er will das Volk, d. h. die Masse der Nation, in fortwährender *politischer Unmündigkeit* erhalten, alle folgenden Geschlechter für die Torheiten, Sünden oder das Unglück der längst begrabenen büßen lassen und ihnen, neben dem *Genusse* der nach dem Gesetze der Vernunft allen in die menschliche und bürgerliche Gesellschaft Eingetretenen *gleichmäßig* gebührenden Rechte und Freiheiten, auch noch die *Kenntnis* derselben, überhaupt also mit der *Menschen-* und *Bürgerwürde* auch *Licht und Selbstgefühl* entziehen und den im Plane der Weltregierung gelegenen *Voranschreiten der Menschheit* engherzig und vermessen mit List oder Machtgebot sich entgegensetzen. *Dieses* Beginnen allerdings ist gefährlich, nicht aber das *demokratische Prinzip*. Man gestatte diesem die auf dem Wege der friedlichen und gesetzlichen *Reform* zu bewirkende Entwicklung, und für die Throne wie für die Völker ist das Heil gesichert.

Ist das demokratische Prinzip ein unverwerfliches und heilsames, so muß auch die *demokratische Gesinnung* eine gute und des Beifalls der Wohlgesinnten würdige sein. Sie ist die der tunlichen Verwirklichung des demokratischen Prinzips – in Staat, Gemeinde und wie immer benannten Körperschafts- und gemeingesellschaftlichen Verhältnissen – liebend zugewendete Geistes- und Gemütsrichtung. Sie ist weder eine revolutionäre, ochlokratische oder jakobinische noch eine anarchische noch eine antimonarchische Gesinnung; sie ist so wie ihr Prinzip bloß der den einleuchtendsten, *ewigen Rechtswahrheiten* gebührende Tribut, dessen Verweigerung also, wo nicht entschuldbare Befangenheit oder Unkunde obwalten – nur aus anmaßender Selbstsucht oder aus niederträchtiger Selbstwegwerfung fließen kann. Ganz vorzüglich schön und liebenswürdig, auch heilbringend ist die demokratische oder bürgerfreundliche Gesinnung bei *Königen*, obschon diese in der Regel dafür die Anfeindung der Aristokraten – so wie einst der große *Kasimir III.* in Polen, welchen die Edlen spottend den *»Bauernkönig«* nannten, und in neuer Zeit der unsterbliche Kaiser Joseph II., über dessen Grab noch die Verwünschungen des Adels und der Priesterschaft schallten – zu ernten haben.

Auch auf das *Staaten-* oder *Völkerrecht*, auch auf *Staatenbund* und *Staatensystem* findet das demokratische Prinzip einige Anwendung. Auch hier nämlich besteht es in tätiger, etwa auch vertragsmäßig und grundgesetzlich bekräftigter Anerkennung der *Rechtsgleichheit*. Hierdurch wird zwar die der *Präponderanz* der Macht *natürlich* zukommende *faktische Überlegenheit* in Rat und Tat nicht ausgeschlossen, ja selbst nicht in den einzelnen Gliedern eines Staatenbundes nach dem Verhältnis der Macht zu erteilenden *Stimmenzahl* oder *Gewichtigkeit* (wie etwa auch in *Privat*-Gesellschaften, unbeschadet dem demokratischen Prinzip, die Stimmenzahl nach jener der *Aktien* mag verteilt werden): wohl aber jeder mit der *gleichen Freiheit* aller unverträgliche Anspruch, jedes den Anspruch einer *Obergewalt* mit sich führende Recht, wie jenes der Bevormundung, der Intervention usw., endlich auch jedes solchen Anspruch verkündende und als wirkliches *Recht* behauptete *Zeremoniell*.

[20]

David Hansemann

Jedermann ist unfrei (1840)

David Hansemann, 1790–1864, Wirtschaftspolitiker und Staatsmann, führender Liberaler des preußischen Rheinlandes. 1845 Mitglied des rheinischen Provinziallandtages, 1848 nach den Märzkämpfen in Berlin für kurze Zeit preußischer Finanzminister. Nach der Entlassung des Gesamtministeriums leitete er bis 1851 die Zentralnotenbank des preußischen Staates und gründete später die Diskonto-Gesellschaft in Berlin.

Quelle: J. Hansen, Rheinische Briefe und Akten zur Geschichte der politischen Bewegung 1830–1850, Bd. I, Essen 1919, S. 197 ff. Bei dem nachfolgenden Text handelt es sich um eine Denkschrift über Preußens Lage und Politik, die Hansemann im August/September 1840 anfertigte.

§ 1. Das viele Regieren oder das Einmischen der Staatsverwaltung in zu viele Gegenstände ist Regel geworden. Den Beamten unbewußt, haben sie sich der Neigung hingegeben, die mannigfaltigsten Gegenstände, welche füglich dem Ermessen der Privatpersonen und Korporationen überlassen werden könnten, nach eigener Ansicht zu entscheiden oder vielmehr nach Billigkeit zu ermessen. In der Rheinprovinz bestehen zwar Verwaltungsgesetze, die dem »billigen Ermessen« (oder einer billigen Willkür) Grenzen setzen; aber die Abhängigkeit der Kommunalverwaltung von den Bezirksregierungen, der letzteren fast unbeschränkter Einfluß auf die Ernennung der Bürgermeister und Gemeinderäte, zum Teil auch das wirkliche und anerkannte Wohlwollen der Regierungsbehörden haben es dahin gebracht, daß das »billige Ermessen« auch dort vorherrscht, und daß in einem oder andern Regierungsbezirke die Bürgermeister sich selten innerhalb der von den Gesetzen ihnen gegebenen Befugnisse zu benehmen wissen, sondern vielmehr bei den meisten Vorfallenheiten eine Bescheidung von der Regierung einholen.

In den östlichen Provinzen soll zwar die preußische Städteordnung für die Verwaltung der Städte eine größere Freiheit gewähren. Da aber der Regierung das Polizeiwesen zusteht und eine Menge Gegenstände aus polizeilichen Rücksichten betrachtet werden können, ist dadurch den Regierungen ein weiter Spielraum gelassen. Dazu kommt denn, daß durch die bestehende Justizeinrichtung und durch langes Herkommen jedermann an das viele Regieren gewöhnt ist, daß auf dem Lande keine die kommunale Unabhängigkeit sichernde Gemeindeordnung besteht, und daß bei dem Mangel an allgemeinen Verwaltungsgesetzen die Regierungen Gelegenheit genug zum »billigen Ermessen« finden.

§ 2. In den Tagesblättern wird nicht nur die unabhängige Besprechung höherer politischer Angelegenheiten, sondern auch jede freimütige Diskussion über örtliche Gegenstände der Kommunal- und Bezirksverwaltung gehemmt. Selbst über Wahlen für die Kreis- und Provinzialstände darf in Tagesschriften nicht diskutiert werden. *Ruhe* und keine *Parteien* wollen die Regierungsbehörden. Dieser Wille erfüllt sich denn auch so vollständig, daß in den größeren Städten die Urwähler sich meistens um die Wahl der ständischen Abgeordneten wenig bekümmern, und mitunter 60 Wahlherren von 30 oder noch weniger Urwählern gewählt worden sind. Auch an den Wahlen für die Handelsgerichte und Handelskammern nehmen häufig nur wenige Berechtigte Anteil.

§ 3. So wenig auch die Staatsregierung bis jetzt durch die provinzialständischen Verhandlungen in Verlegenheit gebracht werden konnte, scheint es doch, als wenn sie die Erwählung unabhängiger und fähiger

Männer in die Stände scheue. So will man wenigstens in der Rheinprovinz eine für dieselbe erlassene, nicht publizierte Ministerialerläuterung der Wahlordnung deuten, wonach Advokaten, Bankiers, Notare und Regierungsräte nicht als Abgeordnete der Landgemeinden erwählt werden sollen.

§ 4. Mit wenigen Ausnahmen sind den Provinzialständen nur Gegenstände untergeordneter Bedeutung zur Beratung vorgelegt worden. Das Interesse, welches an den Verhandlungen dieser Stände stattfinden könnte, wird dadurch getötet, daß dafür die Öffentlichkeit untersagt ist und erst spät magere Auszüge bei Gelegenheit der Erlassung der Landtagsabschiede bekanntgemacht werden. Da nun auch alle Verhandlungen über Gesetze in der Hauptstadt geheim gehalten werden und überdem nur Staatsdiener hieran Anteil nehmen, so wird solchergestalt das Interesse aller, die nicht gerade diesem Stande angehören, um so mehr von öffentlichen Angelegenheiten abgewendet. Die Besorgung der letzteren ist ein ausschließliches Privilegium des Beamtenstandes.

§ 5. Obgleich in einem Staate, wo die gesetzgebende und vollziehende Gewalt unbeschränkt vom Monarchen ausgeübt wird, *grundsätzlich* kein gesicherter Rechtszustand und insbesondere keine vollständige formelle Garantie der persönlichen Freiheit besteht, so hat man sich dabei doch in Preußen beruhigt in dem Bewußtsein, daß die Gesetze im allgemeinen eine solche Garantie faktisch gewähren, und daß der Monarch nur in den dringendsten Fällen und aus den erheblichsten Ursachen Ausnahmen dieser Gesetze anordne. Durch die Allerhöchste Kabinettsordre vom 9. April 1838 wird aber grundsätzlich die persönliche Freiheit jedes Untertanen dem billigen Ermessen des Ministers des Innern und der Polizei anheim gegeben, indem derselbe beauftragt wird, »Personen, welche Erlasse auswärtiger geistlicher Oberen, ihrer Agenten und Geschäftsführer an preußische Untertanen überbringen, übersenden, oder in der Absicht ihrer Verbreitung mit Umgehung der Behörden weiterbefördern, sowie alle diejenigen, welche *solcher Absicht durch mündliche* oder schriftliche *Mitteilung* Vorschub leisten, überall, wo sie betroffen werde, ohne Unterschied, sie mögen geistlichen oder weltlichen Standes und Landesuntertanen sein oder nicht, sofort von Polizei wegen, unter Vorbehalt weiterer Untersuchung und Bestrafung, verhaften und nach Bewandtnis der Umstände in eine Festung abliefern zu lassen«. *[...]*

§ 6. So ist denn jedermann grundsätzlich unfrei und politisch unmündig, und die große Mehrzahl trägt keineswegs ein reges Verlangen nach einem formell gesicherten Rechtszustande und nach Mündigkeit, einen einzigen, im vierten Kapitel berührten Punkt ausgenommen (§ 21).

Diese Art von Zufriedenheit des Volkes gefällt manchem Beamten vortrefflich und wird als Beweis angeführt, wie doch die preußischen Zustände die sichersten und zufriedenstellendsten in Europa wären. Ja, ich erkenne gern und freudig an, daß sie ein vollgültiger Beweis der Humanität einer das materielle Wohl berücksichtigenden Sorgfalt und mancher andern guten Eigenschaft unserer Staatsregierung sind; aber die schlimmen Seiten des beschriebenen Zustandes fehlen auch nicht. Diese sind überhaupt: Mangel an scharfer Urteilsfähigkeit; Unkenntnis und Gleichgültigkeit des Volks über Angelegenheiten nicht nur des Staats, sondern sogar des Bezirks und der Gemeinde, so daß ein größeres Interesse an den Zuständen des Auslandes als an denen des Inlandes genommen wird; Mangel an einer wahren Vaterlandsliebe und einem lebendigen Nationalgefühl; kurz Indifferentismus und ein Materialismus, der alle höheren auf das Vaterland gerichteten Regungen des Geistes tötet.

Ausbildung der Verfassung

§ 7. Welchen Gang die Staatsregierung eigentlich in der Ausbildung der Verfassung befolgen will, ist seit zwanzig Jahren mehr und mehr unerkennbar geworden, und es scheint danach, als wenn sie darüber mit sich selbst nicht einig wäre. Dies ist auch erklärbar, weil die Einflüsse, welche den Staatswillen entscheiden, sehr verschiedener Art sind.

Auf der einen Seite die Beamten! Diese, und zwar gerade die fähigsten, setzen die Idee des Staates obenan und wollen dieser Idee eine harmonische Herrschaft verschaffen, so daß die verschiedenen Zustände und Verhältnisse, mit geringen Modifikationen, nach dieser Idee sich fügen sollen. Im allgemeinen huldigen die Beamten, von welchen hier die Rede, hinsichtlich der bürgerlichen Rechte der Untertanen und der Entwicklung der Staatskräfte den liberalen Ansichten, so jedoch, daß sie die konstitutionelle repräsentative Verfassung nicht wünschen und zum Teil ihr sehr abgeneigt sind, dagegen aber die liberalen Ansichten durch einen aufgeklärten Beamtenstand verwirklichen wollen. Die Gesinnung der Bewohner der Rheinprovinzen schließen am meisten den vorstehenden Ansichten sich an; denn von der großen Mehrzahl der Rheinpreußen gilt die den Franzosen beigelegte Eigenschaft, daß sie die Gleichheit höher stellen als die Freiheit.

Auf der andern Seite steht eine Partei, die den zerstörenden Ideen der Philosophie des 18. Jahrhunderts, insbesondere der Gleichmacherei oder dem demokratischen Prinzipe, entgegenarbeiten will. Diese Partei scheut nicht, mitunter das Wort »Freiheit«, jedoch nur schüchtern, auszusprechen. Sie will dem Besondern, dem Eigentümlichen nicht nur, wo es sich erhalten hat, Dauer sichern, sondern es auch wieder ins Leben rufen, wo die Allgewalt der Verhältnisse und der Ideen des Jahrhunderts es bereits untergraben hatten. Vorzüglich der Adel ist in dieser Partei rührig. Nur wenige aus seiner Mitte mögen die höheren Ideen begreifen, welche durch die vorstehende Tendenz ausgebildet werden könnten. Die meisten von ihnen sind nur darauf bedacht, sich der Leistung von Staatslasten zum Nachteil ihrer übrigen Mitbürger zu entziehen und patrimoniale Vorrechte des Mittelalters zu behaupten oder, wenn solche verloren sind, wieder zu erlangen; übrigens sind sie schmiegsam und gefügig nach oben hin. Nach Ausweis der landständischen Verhandlungen sind die Ansichten dieser Partei in der Provinz Brandenburg am meisten bemerkbar; daß der Adel dieser Provinz wegen ihrer geographischen Lage dem Sitze der Staatsregierung am nächsten ist, mag auf den Gang der letzteren bei verschiedenen Veranlassungen nicht ohne Einfluß geblieben sein.

Es ist also bis jetzt zwischen den beiden Parteien kein Kampf um Freiheit gewesen, sondern nur darum, ob bei der unumschränktesten Landeshoheit vermittelst eines einflußreichen, aus allen Volksklassen hervorgehenden Beamtenstandes die Idee der einträglichsten, die materiellen Staatskräfte am meisten hebenden Volkswirtschaft verwirklicht, oder ob, dieser Idee entgegengesetzt, ebenfalls bei unumschränkter Landeshoheit, einem einzelnen nicht zahlreichen Stande das Recht beigelegt werden soll, einem Teile der Staatslasten sich zu entziehen und in gewissem Grade eine direkte oder indirekte Herrschaft über andere Volksklassen auszuüben, oder auch zur Erlangung eines größern Einflusses vorzugsweise höhere und untere Staatsanstellungen zu erlangen, wogegen dann die Eigentümlichkeit anderer Genossenschaften erhalten oder neu gebildet werden soll.

In gewisser Beziehung kann man diesen Kampf der beiden Parteien auch als einen Kampf der Demokratie und Aristokratie betrachten. Eigentümlich ist hierbei, daß seit geraumer Zeit die zuletzt bezeichnete Partei offensiv verfährt, so daß das Wirken der erstern mehr darin bestanden hat, gesetzliche Bestimmungen und Einrichtungen, die ihren Ansichten zuwider liefen, zu verhüten, als diese letzteren durch Erlassung neuer Gesetze deutlich zu zeigen. Wenn die Verhandlungen über Gesetzgebung öffentlich wären, so würde diese Eigentümlichkeit stärker hervortreten, als es jetzt der Fall ist.

Es folgen Belege zum Inhalt des vorigen Paragraphen, dann das Kapitel »Verschiedene Verwaltungsgegenstände«. Das nächste Kapitel handelt über »Kirchliche Angelegenheiten«.

Im § 63 faßt Hansemann seine »Grundansichten« zusammen:

Um den Leser zum Verständnis der Grundansichten zu führen, auf welchen die gegenwärtige Abhandlung beruht, zeichne ich mit wenigen Zügen die Freiheit, welche nach meiner Überzeugung für die Bildung und den Charakter des Volks, sowie für die sozialen Zustände der verschiedenen Provinzen zur Erreichung der im vorigen Paragraphen angegebenen höheren Zwecke angemessen ist:

1. Die Freiheit sei graduiert.
2. Die bürgerliche Freiheit in einem gewissen Grade sei allen Staatsangehörigen gemein.
3. Doch sei ein gewisser Grad bürgerlicher Freiheit nicht allen Staatsangehörigen eigen.
4. Die politische Freiheit soll weit mehr Stufen haben: Erbliche politische Rechte; andere nicht erbliche, in deren Genuß jeder Staatsbürger gelangt, sobald er sich in einer gewissen sozialen Lage befindet; Wahlrechte für die Gemeindevertretung, für die Bezirksstände, für die Reichsstände; politische Rechte anderer Art.
5. Die Sittlichkeit des Volks und Besitztum sind die stärksten Grundlagen der Freiheit und die besten Garantieen ihrer Dauer.
6. Die Freiheit muß auch dem großen Talent politische Geltung verschaffen, selbst dann, wenn Besitztum nicht damit verbunden ist.
7. Die Verbindung gleichartiger Elemente – das genossenschaftliche Prinzip, also die Sonderung – ist der Freiheit förderlich und hilft ihre Dauer sichern.
8. Damit Vernunft und Fähigkeit herrschen, muß der politische Einfluß der höheren und wohlhabenden Volksklassen stärker sein, als der von den übrigen Volksklassen auszuübende.
9. Die Freiheit ist nicht die Gleichheit der Rechte. Sie ist die Herrschaft des Gesetzes, die freie Bewegung des Individuums in seiner Sphäre, das Ringen nach einer höheren Sphäre, die dem Individuum durch die Staatseinrichtungen zugesicherte Erreichbarkeit der höchsten politischen Rechte, der Kampf der Interessen und der Meinungen.
10. Damit das rege Leben der Freiheit Dauer habe und sich nicht durch Gewaltherrschaft töte, müssen starke Kräfte konservatorisch wirken.
11. Das aristokratische wie auch das genossenschaftliche Prinzip ist konservatorisch.
12. Die erbliche Monarchie ist der Schlußstein und die Grundveste des politischen Gebäudes. Wie Preußen der Freiheit zur Erhebung und Sicherung seiner Nationalkraft bedarf, so bedarf es zu seiner Existenz einen mächtigen, einflußreichen und hochgestellten Thron.

[21]

G. W. F. Hegel

Gesellschaft, Staat und Stände (1821)

Georg Wilhelm Friedrich Hegel (1770–1831) studierte im Tübinger Stift gemeinsam mit Schelling und Hölderlin Philosophie und Theologie, war danach Hauslehrer, ab 1801 Privatdozent in Jena, dann 1808–1816 Rektor des Gymnasiums in Nürnberg; folgte einem Ruf nach Heidelberg und 1818 nach Berlin. Er gilt als bedeutendster Philosoph des 19. Jh. durch die Vollendung des deutschen Idealismus.

Quelle: Grundlinien der Philosophie des Rechts, hrsg. v. J. Hoffmeister, Philosophische Bibliothek Meiner, Bd. 124 a, 4. Auflage Hamburg 1955.

Hegels »Grundlinien einer Philosophie des Rechts« (1821) beabsichtigen mit der Erörterung von »Naturrecht und Staatswissenschaften im Grundrisse« die Darlegung des Zusammenhangs von Recht, Staat und Sittlichkeit als die Wirklichkeit des Vernünftigen. Zur Erkenntnis dessen ist die in den mannigfachen Erscheinungen der Institutionen menschlicher Gemeinschaft eingehüllte Idee erkennend zu begreifen, um ihre Wirklichkeit zu ermessen. Philosophie sei, ihre Zeit in Gedanken erfaßt. Demgemäß widmet Hegel dem neuen Phänomen der Gesellschaft seine besondere Aufmerksamkeit und versucht, ihr Prinzip zu bestimmen.

Der von Hegel entworfenen Einteilung nach wird der Gedankengang angesetzt beim abstrakten Recht des einzelnen und über die Stufen der Moralität zur Sittlichkeit entwickelt, als deren Substantialität die Familie, die bürgerliche Gesellschaft und der Staat erscheinen.

Übergang der Familie in die bürgerliche Gesellschaft

§ 181. Die Familie tritt auf natürliche Weise, und wesentlich durch das Prinzip der Persönlichkeit in eine *Vielheit* von Familien auseinander, welche sich überhaupt als selbständige konkrete Personen und daher äußerlich zueinander verhalten. Oder die in der Einheit der Familie als der sittlichen Idee, als die noch in ihrem Begriffe ist, gebundenen Momente, müssen von ihm zur selbständigen Realität entlassen werden; – die Stufe der *Differenz*. Zunächst abstrakt ausgedrückt, gibt dies die Bestimmung der *Besonderheit*, welche sich zwar auf die *Allgemeinheit* bezieht, so daß diese die, aber nur noch *innerliche*, Grundlage und deswegen auf formelle in das Besondere nur *scheinende* Weise ist. Dies Reflexionsverhältnis stellt daher zunächst den Verlust der Sittlichkeit dar, oder, da sie als das Wesen notwendig *scheinend* ist (Encykl. der philos. Wissensch. § 64 ff., § 81 ff.), macht es die *Erscheinungswelt* des Sittlichen, *die bürgerliche Gesellschaft* aus.

Die Erweiterung der Familie als Übergehen derselben in ein anderes Prinzip ist in der Existenz teils die ruhige Erweiterung derselben zu einem Volke, – einer *Nation*, die somit einen gemeinschaftlichen natürlichen Ursprung hat, teils die Versammlung zerstreuter Familiengemeinden, entweder durch herrische Gewalt, oder durch freiwillige, von den verknüpfenden Bedürfnissen und der Wechselwirkung ihrer Befriedigung eingeleitete Vereinigung.

Die bürgerliche Gesellschaft

§ 182. Die konkrete Person, welche sich als *besondere* Zweck ist, als ein Ganzes von Bedürfnissen und eine Vermischung von Naturnotwendigkeit und Willkür, ist das *eine Prinzip* der bürgerlichen Gesellschaft, – aber die besondere Person als wesentlich in *Beziehung* auf andere solche Besonderheit, so daß jede durch die andere und zugleich schlechthin nur als durch die Form der *Allgemeinheit, das andere Prinzip, vermittelt* sich geltend macht und befriedigt.

§ 183. Der selbstsüchtige Zweck in seiner Verwirklichung, so durch die Allgemeinheit bedingt, begründet ein System allseitiger Abhängigkeit, daß die Subsistenz und das Wohl des Einzelnen und sein rechtliches Dasein in die Subsistenz, das Wohl und Recht aller verflochten, darauf gegründet und nur in diesem Zusammenhange wirklich und gesichert ist. – Man kann dies System zunächst als den *äußeren Staat*, – *Not-* und *Verstandesstaat* ansehen.

§ 184. Die Idee in dieser Entzweiung erteilt den *Momenten eigentümliches Dasein*, – der *Besonderheit* das Recht, sich nach allen Seiten zu entwickeln und zu ergehen, und der Allgemeinheit das Recht, sich als Grund und notwendige Form der Besonderheit, sowie als die Macht über sie und ihren letzten Zweck zu erweisen. – Es ist das System der in ihre Extreme verlorenen Sittlichkeit, was das abstrakte Moment der *Realität* der Idee ausmacht, welche hier nur als die *relative Totalität* und *innere Notwendigkeit* an dieser äußeren *Erscheinung* ist.

§ 185. Die Besonderheit für sich, einerseits als sich nach allen Seiten auslassende Befriedigung ihrer Bedürfnisse, zufälliger Willkür und subjektiven Beliebens, zerstört in ihren Genüssen sich selbst und ihren substantiellen Begriff; andererseits als unendlich erregt, und in durchgängiger Abhängigkeit von äußerer Zufälligkeit und Willkür, sowie

von der Macht der Allgemeinheit beschränkt, ist die Befriedigung des notwendigen, wie des zufälligen Bedürfnisses zufällig. Die bürgerliche Gesellschaft bietet in diesen Gegensätzen und ihrer Verwickelung das Schauspiel ebenso der Ausschweifung, des Elends und des beiden gemeinschaftlichen physischen und sittlichen Verderbens dar.
Eine längere Anmerkung bringt historische Betrachtungen zu dem oben entwickelten Prinzip.

§ 186. Aber das Prinzip der Besonderheit geht eben damit, daß es sich für sich zur Totalität entwickelt, in die *Allgemeinheit* über, und hat allein in dieser seine Wahrheit und das Recht seiner positiven Wirklichkeit. Diese Einheit, die wegen der Selbständigkeit beider Prinzipien auf diesem Standpunkte der Entzweiung (§ 184) nicht die sittliche Identität ist, ist eben damit nicht als *Freiheit,* sondern als *Notwendigkeit,* daß das *Besondere* sich zur *Form der Allgemeinheit* erhebe, in dieser Form sein Bestehen suche und habe.

§ 187. Die Individuen sind als Bürger dieses Staates *Privatpersonen,* welche ihr eigenes Interesse zu ihrem Zwecke haben. Da dieser durch das Allgemeine vermittelt ist, das ihnen somit als *Mittel erscheint,* so kann er von ihnen nur erreicht werden, insofern sie selbst ihr Wissen, Wollen und Tun auf allgemeine Weise bestimmen und sich zu einem *Gliede* der Kette dieses Zusammenhanges machen. Das Interesse der Idee hierin, das nicht im Bewußtsein dieser Mitglieder der bürgerlichen Gesellschaft als solcher liegt, ist der *Prozeß,* die Einzelnheit und Natürlichkeit derselben durch die Naturnotwendigkeit ebenso als durch die Willkür der Bedürfnisse, zur *formellen Freiheit* und formellen *Allgemeinheit des Wissens und Wollens* zu erheben, die Subjektivität in ihrer Besonderheit zu *bilden.*
Es folgt eine erläuternde Anmerkung.

§ 188. Die bürgerliche Gesellschaft enthält die drei Momente:

A. Die Vermittelung des *Bedürfnisses* und die Befriedigung des *Einzelnen* durch seine Arbeit und durch die Arbeit und Befriedigung der Bedürfnisse *aller Übrigen,* – das System der *Bedürfnisse.*

B. Die Wirklichkeit des darin enthaltenen Allgemeinen der *Freiheit,* der Schutz des Eigentums durch die *Rechtspflege.*

C. Die Vorsorge gegen die in jenen Systemen zurückbleibende Zufälligkeit und die Besorgung des besonderen Interesses als eines *Gemeinsamen,* durch die *Polizei* und *Korporation.*

In den §§ 189–198 erläutert Hegel zu A das System der Bedürfnisse a) nach den Arten der Bedürfnisse und ihrer Befriedigung sowie b) die Arten der Arbeit und kommt c) zur Darlegung des Vermögens, aus der er die »Stände« ableitet.

§ 201. Die unendlich mannigfachen Mittel und deren ebenso unendlich sich verschränkende Bewegung in der gegenseitigen Hervorbringung und Austauschung *sammelt* durch die ihrem Inhalte inwohnende Allgemeinheit und *unterscheidet* sich in *allgemeinen Massen,* so daß der ganze Zusammenhang sich zu *besonderen Systemen* der Bedürfnisse, ihrer Mittel und Arbeiten, der Arten und Weisen der Befriedigung und der theoretischen und praktischen Bildung, – Systemen, denen die Individuen zugeteilt sind, – zu einem Unterschiede *der Stände,* ausbildet.

§ 202. Die Stände bestimmen sich nach *dem Begriffe* als der *substantielle* oder unmittelbare, der reflektierende oder *formelle,* und dann als der *allgemeine* Stand.

§ 203. a) Der *substantielle* Stand hat sein Vermögen an den Naturprodukten eines *Bodens,* den er bearbeitet, – eines Bodens, der ausschließendes Privateigentum zu sein fähig ist und nicht nur unbestimmte Abnutzung, sondern eine objektive Formierung erfordert. Gegen die Anknüpfung der Arbeit und des Erwerbs an *einzelne* feste Naturepochen und die Abhängigkeit des Ertrags von der veränderlichen Beschaffenheit des Naturprozesses macht sich der Zweck des Bedürfnisses zu einer *Vorsorge* auf die Zukunft, behält aber durch ihre Bedingungen die Weise einer weniger durch die Reflexion und eigenen Willen vermittelten Subsistenz, und darin überhaupt die substantielle Gesinnung einer unmittelbaren auf dem Familienverhältnisse und dem Zutrauen beruhenden Sittlichkeit.
Es folgt die Veranschaulichung durch einen kurzen historischen Rückblick.

§ 204. b) Der *Stand des Gewerbes* hat die *Formierung* des Naturprodukts zu seinem Geschäfte und ist für die Mittel seiner Subsistenz an seine *Arbeit,* an die *Reflexion* und den Verstand, sowie wesentlich an die Vermittelung mit den Bedürfnissen und den Arbeiten anderer angewiesen. Was er vor sich bringt und genießt, hat er vornehmlich *sich selbst,* seiner eigenen Tätigkeit zu danken. – Sein Geschäft unterscheidet sich wieder, als Arbeit für einzelne Bedürfnisse in konkreterer Weise und auf Verlangen Einzelner, *in den Handwerksstand,* – als abstraktere Gesamtmasse der Arbeit für einzelne Bedürfnisse aber eines allgemeineren Bedarfs, *in den Fabrikantenstand,* – und als Geschäft des Tausches der vereinzelten Mittel gegeneinander vornehmlich durch das allgemeine Tauschmittel, das Geld, in welchem der abstrakte Wert aller Waren wirklich ist, in den *Handelsstand.*

§ 205. c) Der *allgemeine Stand* hat *die allgemeinen Interessen* des gesellschaftlichen Zustandes zu seinem Geschäfte; der direkten Arbeit für die Bedürfnisse muß er daher entweder durch Privatvermögen oder dadurch enthoben sein, daß er vom Staat, der seine Tätigkeit in Anspruch nimmt, schadlos gehalten wird, so daß das Privatinteresse in seiner Arbeit für das Allgemeine seine Befriedigung findet.

§ 206. Der *Stand,* als die sich objektiv gewordene Besonderheit, teilt sich so einerseits nach dem Begriffe in seine allgemeinen Unterschiede. Andererseits aber, welchem besonderem Stande das *Individuum* angehöre, darauf haben Naturell, Geburt und Umstände ihren Einfluß, aber die letzte und wesentliche Bestimmung liegt in *der subjektiven Meinung* und *der besonderen Willkür,* die sich in dieser Sphäre ihr Recht, Verdienst und ihre Ehre gibt, so daß, *was* in ihr durch *innere Notwendigkeit* geschieht, zugleich durch *die Willkür vermittelt* ist und für das subjektive Bewußtsein die Gestalt hat, das Werk seines Willens zu sein.
Es folgt eine Anmerkung.

§ 207. Das Individuum gibt sich nur Wirklichkeit, indem es in das *Dasein* überhaupt, somit in die *bestimmte Besonderheit* tritt, hiermit *ausschließend* sich auf eine der *besonderen* Sphären des Bedürfnisses beschränkt. Die sittliche Gesinnung in diesem Systeme ist daher die *Rechtschaffenheit,* und die *Standeslehre,* sich und zwar aus eigener Bestimmung durch seine Tätigkeit, Fleiß und Geschicklichkeit zum Gliede eines der Momente der bürgerlichen Gesellschaft zu machen und als solches zu erhalten, und nur durch diese Vermittelung mit dem Allgemeinen für sich zu sorgen, sowie dadurch in seiner Vorstellung und der Vorstellung anderer *anerkannt* zu sein. – Die *Moralität* hat ihre eigentümliche Stelle in dieser Sphäre, wo die Reflexion [des Individuums] auf sein Tun, der Zweck der besonderen Bedürfnisse und des Wohls herrschend ist und die Zufälligkeit in Befriedigung derselben auch eine zufällige und einzelne Hilfe zur Pflicht macht.
In den §§ 208–254 folgt die Überleitung zum Abschnitt B »Rechtspflege«, darauf zum Abschnitt C »Polizei und Korporation«, der schließlich zu einer Abwägung der Korporation gegenüber der Familie führt und in der Notwendigkeit des Staates mündet.

§ 255. Zur *Familie* macht die *Korporation* die zweite, die in der bürgerlichen Gesellschaft gegründete *sittliche* Wurzel des Staats aus. Die erstere enthält die Momente der subjektiven Besonderheit und der objektiven Allgemeinheit in *substantieller* Einheit; die zweite aber diese Momente, die zunächst in der bürgerlichen Gesellschaft zur *in sich reflektierten* Besonderheit des Bedürfnisses und Genusses und zur *abstrakten* rechtlichen Allgemeinheit entzweit sind, auf *innerliche* Weise vereinigt, so daß in dieser Vereinigung das besondere Wohl als Recht und verwirklicht ist.

Heiligkeit der Ehe und die Ehre in der Korporation sind die zwei Momente, um welche sich die Desorganisation der bürgerlichen Gesellschaft dreht.

§ 256. Der Zweck der Korporation als beschränkter und endlicher hat seine Wahrheit, – sowie die in der polizeilichen äußerlichen Anordnung vorhandene Trennung und deren relative Identität, – in dem an und für sich *allgemeinen Zwecke* und dessen absoluter Wirklichkeit; die Sphäre der bürgerlichen Gesellschaft geht daher in den *Staat* über. Stadt und Land, – jene der Sitz des bürgerlichen Gewerbes, der in sich aufgehenden und vereinzelnden Reflexion, dieses der Sitz der auf der Natur ruhenden Sittlichkeit, – die im Verhältnis zu anderen rechtlichen Personen ihre Selbsterhaltung vermittelnden Individuen und die Familie machen die beiden noch ideellen Momente überhaupt aus, aus denen der Staat als ihr wahrhafter *Grund hervorgeht.* – Diese Entwickelung der unmittelbaren Sittlichkeit durch die Entzweiung der bürgerlichen Gesellschaft hindurch zum Staate, der als ihren wahrhaften Grund sich zeigt, und nur eine solche Entwickelung ist der *wissenschaftliche Beweis* des Begriffes des Staats. – Weil im Gange des wissenschaftlichen Begriffes der Staat als *Resultat* erscheint, indem er sich als *wahrhafter* Grund ergibt, so *hebt* jene *Vermittelung*, und jener Schein sich ebensosehr zur *Unmittelbarkeit auf.* In der Wirklichkeit ist darum der *Staat* überhaupt vielmehr das *Erste*, innerhalb dessen sich erst die Familie zur bürgerlichen Gesellschaft ausbildet, und es ist die Idee des Staates selbst, welche sich in diese beiden Momente dirimiert; in der Entwickelung der bürgerlichen Gesellschaft gewinnt die sittliche Substanz ihre *unendliche Form,* welche die beiden Momente in sich enthält: 1. der unendlichen *Unterscheidung* bis zum für-sich-seienden *Insichsein* des Selbstbewußtseins, und 2. der Form der *Allgemeinheit,* welche in der Bildung ist, der Form des *Gedankens,* wodurch der Geist sich in *Gesetzen* und *Institutionen,* seinen *gedachten Willen,* als *organische* Totalität objektiv und wirklich ist.

Der Staat

§ 257. Der Staat ist die Wirklichkeit der sittlichen Idee – der sittliche Geist als der *offenbare,* sich selbst deutliche, substantielle Wille, der sich denkt und weiß und das, was er weiß und insofern er es weiß, vollführt. An der *Sitte* hat er seine unmittelbare, und an dem *Selbstbewußtsein* des Einzelnen, dem Wissen und Tätigkeit desselben seine vermittelte Existenz, sowie dieses durch die Gesinnung in ihm, als seinem Wesen, Zweck und Produkte seiner Tätigkeit, seine *substantielle Freiheit* hat.
Es folgt eine Anmerkung.

§ 258. Der Staat ist als die Wirklichkeit des substantiellen *Willens*, die er in dem zu seiner Allgemeinheit erhobenen besonderen *Selbstbewußtsein* hat, das an und für sich *Vernünftige*. Diese substantielle Einheit ist absoluter unbewegter Selbstzweck, in welchem die Freiheit zu ihrem höchsten Recht kommt, sowie dieser Endzweck das höchste Recht gegen die Einzelnen hat, deren *höchste Pflicht* es ist, Mitglieder des Staats zu sein.

Wenn der Staat mit der bürgerlichen Gesellschaft verwechselt und seine Bestimmung in die Sicherheit und den Schutz des Eigentums und der persönlichen Freiheit gesetzt wird, so ist *das Interesse der Einzelnen als solcher* der letzte Zweck, zu welchem sie vereinigt sind, und es folgt hieraus ebenso, daß es etwas Beliebiges ist, Mitglied des Staates zu sein. – Er hat aber ein ganz anderes Verhältnis zum Individuum; indem er objektiver Geist ist, so hat das Individuum selbst nur Objektivität, Wahrheit und Sittlichkeit, als es ein Glied desselben ist. Die *Vereinigung* als solche ist selbst der wahrhafte Inhalt und Zweck, und die Bestimmung der Individuen ist, ein allgemeines Leben zu führen; ihre weitere besondere Befriedigung, Tätigkeit, Weise des Verhaltens hat dies Substantielle und Allgemeingültige zu seinem Ausgangspunkte und Resultate. – Die Vernünftigkeit besteht, abstrakt betrachtet, überhaupt in der sich durchdringenden Einheit der Allgemeinheit und der Einzelnheit, und hier konkret dem Inhalte nach in der Einheit der objektiven Freiheit, d. i. des allgemeinen substantiellen Willens, und der subjektiven Freiheit als des individuellen Wissens und seines besondere Zwecke suchenden Willens – und deswegen der Form nach in einem nach *gedachten, d. h. allgemeinen* Gesetzen und Grundsätzen sich bestimmenden Handeln. – Diese Idee ist das an und für sich ewige und notwendige Sein des Geistes. – Welches nun aber der *historische* Ursprung des Staates überhaupt, oder vielmehr jedes besonderen Staates, seiner Rechte und Bestimmungen sei oder gewesen sei, ob er zuerst aus patriarchalischen Verhältnissen, aus Furcht oder Zutrauen, aus der Korporation u. s. f. hervorgegangen, und wie sich das, worauf sich solche Rechte gründen, im Bewußtsein als göttliches, positives Recht oder Vertrag, Gewohnheit und so fort gefaßt und befestigt habe, geht die Idee des Staates selbst nicht an, sondern ist in Rücksicht auf das wissenschaftliche Erkennen, von dem hier allein die Rede ist, als die Erscheinung eine historische Sache; in Rücksicht auf die Autorität eines wirklichen Staates, insofern sie sich auf Gründe einläßt, sind diese aus den Formen des in ihm gültigen Rechts genommen. – Die philosophische Betrachtung hat es nur mit dem Inwendigen von allem diesem, dem *gedachten Begriffe* zu tun. In Ansehung des Aufsuchens dieses Begriffes hat *Rousseau* das Verdienst gehabt, ein Prinzip, das nicht nur seiner Form nach (wie etwa der Sozialitätstrieb, die göttliche Autorität), son-

dern dem Inhalte nach *Gedanke ist*, und zwar das *Denken* selbst ist, nämlich den *Willen* als Prinzip des Staats aufgestellt zu haben. Allein indem er den Willen nur in bestimmter Form des *einzelnen* Willens (wie nachher auch Fichte) und den allgemeinen Willen nicht als das an und für sich Vernünftige des Willens, sondern nur als das *Gemeinschaftliche*, das aus diesem Willen *als bewußtem* hervorgehe, faßte: so wird die Vereinigung der Einzelnen im Staat zu einem *Vertrag*, der somit ihre Willkür, Meinung und beliebige, ausdrückliche Einwilligung zur Grundlage hat, und es folgen die weiteren bloß verständigen, das an und für sich seiende Göttliche und dessen absolute Autorität und Majestät zerstörenden Konsequenzen. Zur Gewalt gediehen, haben diese Abstraktionen deswegen wohl einerseits das, seit wir vom Menschengeschlechte wissen, erste ungeheure Schauspiel hervorgebracht, die Verfassung eines großen wirklichen Staates mit Umsturz alles Bestehenden und Gegebenen, nun ganz von vorne und vom *Gedanken* anzufangen und ihr bloß das *vermeinte Vernünftige* zur Basis geben zu *wollen*, andererseits, weil es nur ideenlose Abstraktionen sind, haben sie den Versuch zur fürchterlichsten und grellsten Begebenheit gemacht.
Es folgt eine ausführliche Auseinandersetzung mit von Hallers »Restauration der Staatswissenschaften« (1834).

§ 259. Die Idee des Staates hat: a) *unmittelbare* Wirklichkeit und ist der individuelle Staat als sich auf sich beziehender Organismus, – *Verfassung* oder *inneres Staatsrecht;*

b) geht sie in das *Verhältnis* des einzelnen Staates zu anderen Staaten über, – *äußeres Staatsrecht;*

c) ist sie die allgemeine Idee als *Gattung* und absolute Macht gegen die individuellen Staaten, der Geist, der sich im Prozesse der *Weltgeschichte* seine Wirklichkeit gibt.

Das innere Staatsrecht

§ 260. Der Staat ist die Wirklichkeit der konkreten Freiheit; die *konkrete Freiheit* aber besteht darin, daß die persönliche Einzelnheit und deren besondere Interessen sowohl ihre vollständige *Entwickelung* und die *Anerkennung ihres Rechts* für sich (im Systeme der Familie und der bürgerlichen Gesellschaft) haben, als sie durch sich selbst in das Interesse des Allgemeinen teils *übergehen*, teils mit Wissen und Willen dasselbe, und zwar als ihren eigenen *substantiellen Geist* anerkennen und für dasselbe als ihren *Endzweck tätig* sind, so daß weder das Allgemeine ohne das besondere Interesse, Wissen und Wollen gelte und vollbracht werde, noch daß die Individuen bloß für das letztere als Privatpersonen leben, und nicht zugleich in und für das Allgemeine wollen und eine dieses Zwecks bewußte Wirksamkeit haben. Das Prinzip der modernen Staaten hat diese ungeheure Stärke und Tiefe, das Prinzip der Subjektivität sich zum *selbständigen Extreme* der persönlichen Besonderheit vollenden zu lassen und zugleich es in die *substantielle Einheit zurückzuführen* und so in ihm selbst diese zu erhalten.

§ 261. Gegen die Sphären des Privatrechts und Privatwohls, der Familie und der bürgerlichen Gesellschaft ist der Staat einerseits eine *äußerliche* Notwendigkeit und ihre höhere Macht, deren Natur ihre Gesetze, sowie ihre Interessen untergeordnet und davon abhängig sind; aber andererseits ist er ihr *immanenter* Zweck und hat seine Stärke in der Einheit seines allgemeinen Endzwecks und des besonderen Interesses der Individuen, darin, daß sie insofern *Pflichten* gegen ihn haben, als sie zugleich Rechte haben.

b) Gegenwirkungen der politischen Reaktion

[22]

Die Karlsbader Beschlüsse gegen Universitäten, Preßfreiheit und politische Betätigung (1819)

Die Karlsbader Beschlüsse wurden im August 1819 auf Ministerkonferenzen der deutschen Bundesstaaten gefaßt und im September durch Beschluß des Bundesrats in Frankfurt in Kraft gesetzt. Sie richteten sich besonders gegen die nach den Freiheitskriegen an den deutschen Universitäten entstandenen Burschenschaften und erstickten durch strenge Überwachung aller Universitäten, durch Verbot von Studentenverbindungen, verschärfte Zensur und durch die Einsetzung einer »Zentralkommission zur Untersuchung aller revolutionären Umtriebe« jede oppositionelle Bewegung.

Quelle: E. R. Huber (Hrsg.), Dokumente zur deutschen Verfassungsgeschichte, Bd. 1, Deutsche Verfassungsdokumente 1803–1850, Stuttgart 1961, S. 90 ff.

1. Provisorischer Bundesbeschluß über die in Ansehung der Universitäten zu ergreifenden Maßregeln

§ 1. Es soll bei jeder Universität ein mit zweckmäßigen Instructionen und ausgedehnten Befugnissen versehener, am Orte der Universität residirender, außerordentlicher landesherrlicher Bevollmächtigter, entweder in der Person des bisherigen Curators oder eines andern, von der Regierung dazu tüchtig befundenen Mannes angestellt werden.

Das Amt dieses Bevollmächtigten soll sein, über die strengste Vollziehung der bestehenden Gesetze und Disciplinar-Vorschriften zu wachen, den Geist, in welchem die akademischen Lehrer bei ihren öffentlichen und Privatvorträgen verfahren, sorgfältig zu beobachten, und demselben, jedoch ohne unmittelbare Einmischung in das Wissenschaftliche und die Lehrmethoden eine heilsame, auf die künftige Bestimmung der studierenden Jugend berechnete Richtung zu geben, endlich Allem, was zur Beförderung der Sittlichkeit, der guten Ordnung und des äußern Anstandes unter den Studierenden dienen kann, seine unausgesetzte Aufmerksamkeit zu widmen.

Das Verhältniß dieser außerordentlichen Bevollmächtigten zu den akademischen Senaten soll, so wie alles, was auf die nähere Bestimmung ihres Wirkungskreises und ihrer Geschäftsführung Bezug hat, in den ihnen von ihrer obersten Staatsbehörde zu ertheilenden Instructionen, mit Rücksicht auf die Umstände, durch welche die Ernennung dieser Bevollmächtigten veranlaßt worden ist, so genau als möglich festgesetzt werden.

§ 2. Die Bundesregierungen verpflichten sich gegeneinander, Universitäts- und andere öffentliche Lehrer, die durch erweisliche Abweichung von ihrer Pflicht oder Ueberschreitung der Grenzen ihres Berufes, durch Mißbrauch ihres rechtmäßigen Einflusses auf die Gemüther der Jugend, durch Verbreitung verderblicher, der öffentlichen Ordnung und Ruhe feindseliger oder die Grundlagen der bestehenden Staatseinrichtungen untergrabender Lehren, ihre Unfähigkeit zu Verwaltung des ihnen anvertrauten wichtigen Amtes unverkennbar an den Tag gelegt haben, von den Universitäten und sonstigen Lehranstalten zu entfernen, ohne daß ihnen hierbei, so lange der gegenwärtige Beschluß in Wirksamkeit bleibt, und bis über diesen Punkt definitive Anordnungen ausgesprochen sein werden, irgend ein Hinderniß im Wege stehen könne. Jedoch soll eine Maßregel dieser Art nie anders, als auf den vollständig motivirten Antrag des der Universität vorgesetzten Regierungs-Bevollmächtigten oder von demselben vorher eingeforderten Bericht beschlossen werden.

Ein auf solche Weise ausgeschlossener Lehrer darf in keinem andern Bundesstaate bei irgend einem öffentlichen Lehr-Institute wieder angestellt werden.

§ 3. Die seit langer Zeit bestehenden Gesetze gegen geheime oder nicht autorisirte Verbindungen auf den Universitäten sollen in ihrer ganzen Kraft und Strenge aufrechterhalten, und insbesondere auf den seit einigen Jahren gestifteten, unter dem Namen der allgemeinen Burschenschaft bekannten Verein um so bestimmter ausgedehnt werden, als diesem Verein die schlechterdings unzulässige Voraussetzung einer fortdauernden Gemeinschaft und Correspondenz zwischen den verschiedenen Universitäten zum Grunde liegt. Den Regierungs-Bevollmächtigten soll in Ansehung dieses Punktes eine vorzügliche Wachsamkeit zur Pflicht gemacht werden.

Die Regierungen vereinigen sich darüber, daß Individuen, die nach Bekanntmachung des gegenwärtigen Beschlusses erweislich in geheimen oder nicht autorisirten Verbindungen geblieben oder in solche getreten sind, bei keinem öffentlichen Amte zugelassen werden sollen.

§ 4. Kein Studirender, der durch einen von dem Regierungs-Bevollmächtigten bestätigten oder auf dessen Antrag erfolgten Beschluß eines akademischen Senats von einer Universität verwiesen worden ist, oder der, um einem solchen Beschlusse zu entgehen, sich von der Universität entfernt hat, soll auf einer andern Universität zugelassen, auch überhaupt kein Studierender ohne ein befriedigendes Zeugniß seines Wohlverhaltens auf der von ihm verlassenen Universität von irgend einer andern Universität aufgenommen werden.

2. Provisorische Bestimmungen hinsichtlich der Freiheit der Presse

§ 1. Solange als der gegenwärtige Beschluß in Kraft bleiben wird, dürfen Schriften, die in der Form täglicher Blätter oder heftweise erscheinen, deßgleichen solche, die nicht über 20 Bogen im Druck stark sind, in keinem deutschen Bundesstaate ohne Vorwissen und vorgängige Genehmhaltung der Landesbehörden zum Druck befördert werden.
Es folgen genaue Ausführungsbestimmungen.

3. Beschluß betreffend der Bestellung einer Centralbehörde zur nähern Untersuchung der in mehreren Bundesstaaten entdeckten revolutionären Umtriebe

Art. 1. Innerhalb vierzehn Tagen, von der Fassung gegenwärtigen Beschlusses an zu rechnen, versammelt sich in der Stadt und Bundesfestung Mainz eine aus sieben Mitgliedern, mit Einschluß eines Vorsitzenden, zusammengesetzte, außerordentliche, von dem Bunde ausgehende Central-Untersuchungs-Commission.

Art. 2. Der Zweck dieser Commission ist gemeinschaftliche, möglichst gründliche und umfassende Untersuchung und Feststellung des Thatbestandes, des Ursprungs und der mannigfachen Verzweigungen der gegen die bestehende Verfassung und innere Ruhe, sowohl des ganzen Bundes, als einzelner Bundesstaaten, gerichteten revolutionären Umtriebe und demagogischen Verbindungen, von welchen nähere oder entferntere Indicien bereits vorliegen, oder sich in dem Laufe der Untersuchung ergeben möchten.
Es folgen genaue Ausführungsbestimmungen.

[23]

Schlußprotokoll der Wiener Conferenz über die revolutionären Umtriebe in Deutschland (1834)

Von Januar bis Juni 1834 versammelten sich die Bevollmächtigten der dem Engeren Rat des Bundestags angehörenden Regierungen, um der um Freiheit und Einheit kämpfenden oppositionellen Bewegung endgültig und vollständig

Herr zu werden. Das Ergebnis dieser Wiener Ministerkonferenzen war ein geheimes Protokoll von »Sechzig Artikeln«, das erst 1843 bekannt wurde. Verschiedene dieser Artikel, z. B. Überwachung der Universitäten, wurden vom Bundestag zu formellen Bundesgesetzen erhoben.

Quelle: C. Welcker, Wichtige Urkunden für den Rechtszustand der deutschen Nation, Mannheim 1845, S. 350 ff.

Die souveränen Fürsten und freien Städte Deutschlands haben in pflichtmäßiger Fürsorge für Erhaltung der durch die Bundesakte bestimmten und durch die Schlußakte ausgebildeten Verfassung des deutschen Bundes, wie für die durch diese Grundgesetze verbürgte Sicherung der landesherrlichen Autorität und der öffentlichen Ordnung und Ruhe in den einzelnen Bundesstaaten, endlich in dem festen Entschlusse, den in Deutschland bestehenden Rechtszustand gegen jeden Versuch zu dessen Verletzung durch alle in ihren Rechten wie in ihren Pflichten liegenden Mittel gewissenhaft zu bewahren, zur Berathschlagung über die zur Erreichung dieses gemeinsamen Zweckes von allen Regierungen gleichmäßig festzuhaltenden Grundsätze und zu treffenden Maaßregeln nachstehende Bevollmächtigte ernannt, nämlich: etc. etc. – welche zu Wien, nach geschehener Auswechselung ihrer richtig befundenen Vollmachten, in Cabinetsconferenzen zusammengetreten und zu einer einhelligen definitiven Vereinbarung über folgende Artikel gelangt sind:

Art. 1. Das im Art. 57 der Wiener Schlußakte anerkannte Grundprincip des deutschen Bundes, gemäß welchem die gesammte Staatsgewalt in dem Oberhaupte des Staats vereinigt bleiben muß und der Souverän durch eine landständische Verfassung nur in der Ausübung bestimmter Rechte an die Mitwirkung der Stände gebunden werden kann, ist in seinem vollen Umfange unverletzt zu erhalten. Jede demselben widerstrebende, auf eine Theilung der Staatsgewalt abzielende Behauptung ist unvereinbar mit dem Staatsrechte der im deutschen Bunde vereinigten Staaten, *und kann bei keiner deutschen Verfassung in Anwendung kommen.*

Die Regierungen werden demnach eine mit den Souveränitätsrechten unvereinbare Erweiterung ständischer Befugnisse in keinem Falle zugestehen.

Art. 2. Wenn Stände, in der Absicht ihre Befugnisse zu erweitern, Zweifel über den Sinn einzelner Stellen der Verfassungsurkunden erregen sollten, so werden die Regierungen, die den obigen Grundsätzen entsprechende Deutung aufrecht erhalten. Sollten die Stände sich bei dieser Deutung nicht beruhigen, so wird die betreffende Regierung den

erhobenen Anstand auf dem im folgenden Artikel zur Entscheidung solcher Irrungen bezeichneten Wege zur Erledigung bringen.
Art. 3. Für den Fall, daß in einem Bundesstaate zwischen der Regierung und den Ständen über die Auslegung der Verfassung oder über die Grenzen der bei Ausübung bestimmter Rechte des Regenten den Ständen eingeräumten Mitwirkung, namentlich durch Verweigerung der zur Führung einer den Bundespflichten und der Landes-Verfassung entsprechenden Regierung erforderlichen Mittel, Irrungen entstehen, und alle verfassungsmäßigen und mit den Gesetzen vereinbarlichen Wege zu deren genügenden Beseitigung ohne Erfolg eingeschlagen worden sind, verpflichten sich die Bundesglieder, als solche, gegen einander, ehe sie die Dazwischenkunft des Bundes nachsuchen, die Entscheidung solcher Streitigkeiten durch Schiedsrichter auf dem in den folgenden Artikeln bezeichneten Wege zu veranlassen.

Die folgenden Artikel enthalten Verabredungen zur Einschränkung der überlieferten Rechte der Stände, zur Verstärkung der Zensur und zur Überwachung der Universitäten.

[24]

Amtlicher Verweis Elbinger Bürger durch den preußischen Minister des Innern (1837)

Der amtliche Verweis wurde von dem konservativen preußischen Innenminister von Rochow, 1792–1847, ausgesprochen, weil die Bürger der Stadt Elbing eine Beifallsadresse an ihren Landsmann, den Professor Albrecht in Göttingen, einen der protestierenden »Göttinger Sieben«, gerichtet hatten.

Quelle: Karl Biedermann, Dreißig Jahre deutscher Geschichte, 1840–1870, Band I, Breslau und Leipzig o. J., S. 21.

Dem Unterthan ziemt es nicht, an die Handlungen des Staatsoberhauptes den Maßstab seiner beschränkten Einsicht anzulegen und sich in dünkelhaftem Uebermuthe ein öffentliches Urtheil über die Rechtmäßigkeit derselben anzumaßen; die Unterzeichner der Adresse hätten daher in dem Benehmen der göttinger Professoren nicht eine Vertheidigung der gesetzmäßigen Ordnung, sondern nur ein unziemliches Auflehnen, ein vermessenes Unternehmen erblicken sollen.

[25]

Carl Ludwig von Haller

Über zweckmäßige Schulanstalten (1834)

Carl Ludwig von Haller, 1768–1854, Professor für Staatsrecht und vaterländische Geschichte sowie Mitglied des Großen Rats in Bern, 1820 Übertritt zum Katholizismus, darauf Verlust aller Ämter. 1825 kam Haller in das französische Außenministerium, nach der Julirevolution kehrte er in die Schweiz zurück und war Mitglied des Großen Rates von Solothurn. Haller gehörte zu den wichtigsten Vertretern der konservativ-reaktionären Richtung in der Restaurationszeit, der er in seinen staatsrechtlichen Schriften den Namen gab.

Quelle: Restauration der Staats-Wissenschaft, Bd. 5, Winterthur 1834, S. 216 ff.

In dem vorigen Band haben wir unter die Bestandtheile oder doch unter die wesentlichen Erfordernisse und Nebeninstitute jeder Kirche auch noch die Anlegung religioser Schulanstalten und die milden Stiftungen für Kranke, Arme und Unglückliche gezählt, ihre Allgemeinheit in allen geistlichen Gesellschaften erwiesen, vorzüglich aber gezeigt, daß keine derselben so mannigfaltige, so umfassende und so zweckmäßige Institute dieser Art gestiftet hat als die christliche Kirche. Ihre Errichtung und Besorgung ist nicht nur pflichtmäßig, sondern auch für die Häupter und Vorsteher der Kirche selbst nothwendig und schicklich, theils weil die Gemeinnützigkeit solcher Anstalten jedermann in die Augen leuchtet, folglich allgemeine Achtung erwirbt und das Ansehen der Geistlichen befestiget, theils weil die Erziehung der Jugend, die Pflege der Kranken und die Unterstützung der Armen mannigfaltige Veranlassung giebt, die religiosen Wahrheiten und Pflichten eindringend darzustellen, auf zahlreiche Menschen-Classen zu wirken mit denen man sonst wenig in Berührung käme, und selbst alle anderen Wissenschaften und Künste zum Vehikel der Lehre zu machen. Da die religiose Gesellschaft fortdauren und es derselben nie weder an Lehrern noch an Jüngern mangeln soll, so muß es nothwendig zweyerley kirchliche Schul- und Erziehungs-Anstalten geben: solche die zum Zweck haben, künftige würdige Lehrer und Priester zu bilden und andere die bestimmt sind die Jugend in dem nämlichen Glauben zu unterrichten, und selbst die Erwachsenen auf mancherley Art darin zu stärken und zu befestigen. *[. . .]*

Die bey jeder Pfarrey errichteten *Kinder-* oder *Christen-Schulen* sind allerdings schon einer großen Aufmerksamkeit würdig, um die religiosen Grundsätze früh in das Gemüth der Kinder aller Classen einzuprägen. Die Schullehrer sind des Pfarrers Gehülfen, und sollen also, mit dem Beyfall der Gemeinde die das Beneficium giebt, von ihm ernannt und beaufsichtiget werden, damit unter ihnen Friede, Einigkeit und treues Zusammenwirken bestehe, wie dieses auch vormals in der ganzen Christenheit geschehen ist. Normal-Schulen oder Seminarien zu Bildung solcher Schullehrer sind keineswegs nothwendig, da für einen so beschränkten Unterricht keine große Gelehrte erfordert werden, und der Pfarrer unter seinen bessern Zöglingen, oder den erwachsenen Gemeindsgenossen stets die tüchtigen Subjekte wird zu finden wissen. (Diese Normalschulen sind auch nur in unsern Tagen von der antichristlichen Sekte empfohlen und eingeführt worden, um alle Schullehrer in dem nämlichen irreligiösen und revolutionären Geiste zu bilden, und durch dieselben sogar das Landvolk zu verderben.) Der Unterricht muß hier nur auf wenige und unentbehrliche Gegenstände beschränkt werden, auf solche die allen Menschen ohne Ausnahme zu wissen nöthig sind, die von den Kindern aller Stände und Geschlechter gefasset werden können, und zu deren Erlernung sie auch die gehörige Muße haben. Dazu gehören nun, außer den religiösen Wahrheiten und Pflichten, höchstens noch die Kunst zu lesen, zu schreiben, und einige Fertigkeit im Rechnen und Singen, wobey die auszuwählenden Muster abermal dazu dienen können, nicht nur den Verstand zu bilden, sondern auch das Herz zu rühren, und für alles Gute empfänglich zu machen. Wer Lust, Anlage und Mittel zu Erlernung höherer Künste und Wissenschaften hat, dem bleibt der Weg dazu allerdings offen: aber es ist nicht nur unmöglich und unvernünftig, sondern im hohen Grade schädlich, solche Wissenschaften und Künste denjenigen aufzudringen, denen die Talente dazu mangeln, oder denen sie zu ihrem künftigen Berufe nicht nöthig sind, und auf diese Art nur aufgeblähte, mit ihrem Stand unzufriedene Halbwisser, eitle und verkehrte Sophisten, die gefährlichste aller Menschenclassen, zu bilden. Am allermeisten aber ist beharrlich und mit Nachdruck darauf zu dringen, daß diese Elementar-, Land- oder Christen-Schulen, ohne Einmischung der weltlichen Behörden, (die von solchen Dingen wenig verstehen, und leicht irre geführt werden können) stets unter dem ausschließenden Einfluß der Kirche, *von der allein sie gestiftet worden sind*, verbleiben, und mithin nicht einer fremden, gegen die Religion selbst feindseligen Sekte überliefert werden, die mit ihrem Geschrey nach Verbesserung der Landschulen und des Gehalts der Landschullehrer, nichts verbessert, sondern im Gegentheil alles verschlimmert, und nur allein zur Absicht hat, sich jener Landschulen zu bemächtigen, das Christenthum in denselben zu untergraben, dabey irreligiöse Lehrer anzustellen, der Jugend Ungebundenheit von allen Pflichten, Haß gegen alle geistliche und weltliche Obere einzuflößen, falsche Begriffe über Kirche und Staat beyzubringen, Uneinigkeit zwischen den Pfarrern und den Schullehrern zu pflanzen, und am Ende sogar die erstern ganz zu verdrängen. Ein abscheulicherer Plan ist wohl kaum je ausgebrütet worden, als diese Verderbniß und Entchristlichung aller Land- und Volksschulen, welche unter dem heuchlerischen Namen von Verbesserung, in Frankreich, in Deutschland, in der Schweiz und anderswo mit einer Hartnäckigkeit durchgesetzt worden ist, die allein hätte Mißtrauen erwecken sollen, und gegen welche man sich dennoch am wenigsten verwahrt hat. Worin diese sogenannte Verbesserung bestehen solle, ward nie gesagt; aber allemal war es auf Verdrängung des Christenthums und auf Beförderung revolutionärer Grundsätze abgesehen, zu welchem Ende dann vorerst *tüchtige* Schullehrer gebildet werden mußten. Man führte in denselben schlechte Bücher ein, und besonders ward die Naturgeschichte auf eine monstruöse Weise zu Beförderung des Atheismus und zu Erschütterung des Ansehens der heil. Schrift mißbraucht. Damit ja keine Schule unverdorben bliebe, wurden sie alle unter weltliche *Erziehungsräthe* oder Schuldirektionen gesetzt, deren Mitglieder (etwa mit Ausnahme eines einzigen, der den übrigen zum Deckmantel dienen mußte) aus den erklärtesten Feinden der Religion und des Staats bestanden, und offenbare Häupter der revolutionären Faktion wurden zu *Schulinspektoren* ernannt. Um den Widerstand der Gemeinden und der Hausväter zu besiegen, nahm man ihnen größtentheils die Besoldung der Schullehrer nebst andern Kosten ab, und bürdete sie den Fürsten und andern Obrigkeiten auf, welche auch hier die Mittel zu ihrem eigenen Ruin hergeben mußten. Kein Geld ward und wird noch jetzt zu diesem revolutionären Zweck gespart. Dazu ist man unabläßig bemüht noch neue Nebenhülfsmittel zu schaffen. Alle Bußen für Uebertretung von Polizey-Reglementen, die sonst etwa dem Verleider, oder den Armen zukamen, müssen jetzt für die Volksschulen verwendet werden, und während man den Pfarrern, die doch auch das Volk unterrichten, den letzten Groschen zu entziehen sucht, sie ihrer Dotationen beraubt, und ihnen sogar die geringen Stolgebühren mißgönnt, so kann man hingegen nie genug Besoldungen auf diese neuen antichristlichen Schullehrer häufen; ein Umstand, der doch auch hätte die Augen öffnen sollen, wenn man nicht immer vorsetzlich blind seyn wollte.

Wachsen die Kinder heran, sollen sie bald einen Beruf ergreifen, an den Versammlungen der Gläubigen und den Hülfsmitteln der Kirche Theil nehmen, so müssen sie etwas ausführlicher in allen Religionswahrheiten unterrichtet werden, und zwar nach kurzen aber zusammenhängenden Lehrbüchern (Katechismen), die sich vorerst dem Gedächtniß, sodann dem Verstande einprägen, und deren Inhalt ihnen zwar möglichst erklärt wird, den sie aber doch großentheils auf Autorität der Lehrer, auf das Zeugniß der Kirche annehmen sollen, damit der Gehorsam, die Unterwerfung unter ein höheres Gesetz und eine höhere Vernunft, als die Quelle aller Tugenden geübt werde und, nach der Ordnung der Natur, der Glaube dem Wissen vorangehe, das spätere Wissen aber des Glaubens Belohnung sey.

Auf die untern Land- oder sogenannten Elementar-Schulen können und sollen in jedem bedeutenden Orte die höhern *Litterar-Schulen* oder *Kollegien* folgen, für alle diejenigen welche sich entweder dem geistlichen Stande, oder sonst einer gelehrten Berufsart widmen, und daher zu einem höhern wissenschaftlichen Unterricht vorbereitet werden müssen. Auch diese Schulen sind nur von der Kirche gestiftet worden, und sollten daher nach ehmaliger allgemeinen Uebung, mit Ausnahme einiger Hülfslehrer, ausschließend nur von Geistlichen besorgt werden, theils weil sie überhaupt die Gelehrtesten sind, und zum Unterrichte der Jugend mehr Muße und Tüchtigkeit, auch wegen ihrem ehlosen Stande mehr uneigennützigen Eifer und Liebe zu den Zöglingen haben, theils weil die Religion, als Erkenntniß der obersten Wahrheit und der obersten Pflicht, zu allen Dingen gut ist, und alle Wissenschaften durchdringen soll. Die Unterrichts-Gegenstände müssen auch in diesen Litterarschulen nicht zu sehr vervielfältiget werden, theils weil sie den meisten Zöglingen nicht nöthig sind, und ihnen nur die Köpfe verwirren, ja sogar Eckel und Ueberdruß gegen die Wissenschaften veranlassen würden, theils weil dazu die Zeit mangelt, und man bey allzuvielem Lernen nur oberflächlich, oder gar nichts lernt. Religion, die allen Menschen nöthig ist, und gelehrte Sprachen, in denen die besten wissenschaftlichen Werke verfasset sind, und die auch zur Erlernung aller andern Sprachen, so wie zu einer richtigen Schreibart helfen, machen hier ebenfalls die Hauptsache aus, und mit ihnen kann man allerdings noch fortgesetzte Uebung oder höhern Unterricht in denjenigen Vorkenntnissen oder Hülfsmitteln verbinden, die beynahe allen Ständen und Berufsarbeiten nöthig, oder wenigstens nützlich sind. (Z. B. Schreiben, Rechnen, Geographie, Mathematik, etwas Vokalmusik, einige Leibesübungen u. s. w.) In der Folge bleibt nach dieser Vorbereitung jedem überlassen sich diejenigen höhern Kenntnisse oder mechanischen Künste zu erwerben, zu denen er Lust und Talente hat, oder deren er zu seinem künftigen Fortkommen in der Welt bedarf. Aber es wäre auch hier ungereimt und zweckwidrig, die Jugend aller Stände mit zu vielem und verschiedenartigem Unterricht überladen zu wollen, ihr, nebst den allgemeinen Vorkenntnissen, noch gleichsam alle angenehmen Talente und Fertigkeiten, höhere Wissenschaften, z. B. politische Geschichte, das unerschöpfliche Reich der Naturkunde, oder gar, nach der lächerlichen Meynung neuerer Pädagogen, noch Ackerbau, Künste, Handwerke und Handel lehren zu wollen: als ob die Wirthschaft und das Beyspiel des Landmanns, die Werkstätte des Künstlers und Handwerkers, das Comtoir des Kaufmanns nicht die beste dießörtige Schule wäre, und jene Kenntnisse nicht alldort von jedem, der sie bedarf, durch Unterricht, Uebung und Prüfung erworben werden könnten. Es giebt freylich noch mancherley andere und nützliche Schulen, aber die kirchlichen oder Litterarschulen sollen sich auf dasjenige beschränken, wozu sie bestimmt sind; die Kirche nimmt auch hier nur auf das Allgemeine, auf die Bedürfnisse aller Menschen Rücksicht, und die Muster welche sie zu Einrichtung solcher Schulen gegeben hat, sind wahrlich bisher nicht übertroffen worden.

[26]

FRIEDRICH WILHELM III.

Über Volksbildung und Schule (um 1840)

Friedrich Wilhelm III., 1770–1840, König von Preußen 1797–1840. Pflichttreu, aber unselbständig und ohne tieferes Verständnis für die Ereignisse seiner Zeit, ließ er die inneren Reformen Steins, Scharnhorsts, Humboldts u. a. geschehen, um den Reststaat Preußen nach dem Zusammenbruch von 1806/07 zu retten, verzichtete aber nach dem Wiederaufstieg Preußens auf eine aktive Fortführung der Reformen.

Quelle: R. Eylert, Charakterzüge und historische Fragmente aus dem Leben des Königs von Preußen Friedrich Wilhelm III., Magdeburg 1843, S. 372 ff.

Ich befinde mich dabei in Hinsicht auf die laut und immer lauter werdende Forderung des Zeitgeistes für die Volksbildung durch Verbesserung der Schulen in einer *fatalen Lage,* die mich *schon oft inquietirt hat.* Allerdings ist Volksbildung die Basis, auf welcher die Volkswohlfahrt ruhen muß. Ein vernachlässigtes, rohes, unwissendes Volk kann kein gutes, also auch kein glückliches Volk sein.

Darum habe ich auch in dieser Parthie gern den Zügel schießen lassen, und gegeben und bewilliget, so viel nur möglich ist und der Staatshaushalt zuläßt, – höre auch mit Vergnügen viel Rühmen von den Fortschritten in den Preußischen Landen. Es hat mich in diesen Tagen *eine curiose statistische Parallele amüsirt, nach welcher,* verglichen mit andern Ländern, in den meinigen die meisten Kinder Unterricht erhalten; dagegen es Gegenden in Europa geben soll, wo noch gar keine Schulen existiren.

Wo sie im besten, blühendsten Zustande sich befinden, drängen sich mir doch allerlei *Zweifel und Bedenklichkeiten auf.* Kann und darf man bei der Volksbildung fragen: hat dieselbe Grenzen oder nicht? Hat sie keine Grenzen, so darf man auch nicht eingreifen, aufhalten, hemmen, und muß die Sache gehen lassen, wohin und wie weit sie will und kann. *Das möchte ich doch nicht unbedingt zugeben!* Schwieriger aber wird noch die Antwort, wenn man Grenzen statuirt und dann fragt: *Wo liegen sie?* und können sie abgesteckt werden? Es ist darüber von den Herren so viel *Pro* und *Contra* geschrieben und mir auch zugeschickt, daß ich fast *confus geworden bin.* Man kann's fast nicht mehr übersehen. Habe viel darüber in Königsberg mit dem *Professor Zeller* gesprochen, und nachher hat mich das, was der Director *Snethlage dawider und gegen Pestalozzi geschrieben,* turbirt; es ist sehr übel, wenn die Herren, welche die Sache studiren und betreiben, unter sich uneins sind und oft sogar das Gegentheil behaupten, so daß der Eine dasselbe als heilsam empfiehlt, was der Andere als schädlich verwirft. *So Etwas macht müde und verdrießlich, daß man die Lust daran verlieren und es ganz aufgeben sollte. Das darf man aber nicht thun; die Sache ist zu wichtig.*

Ich habe darüber *meine absonderlichen Gedanken;* weiß aber wohl, daß ich damit nicht *mehr durchkomme.* Der selige, würdige Bischof Sack hat mal etwas Aehnliches in einer Druckschrift aufgestellt, ist aber arg getadelt und mit dem jetzigen Lieblingswort *»Obscurant« bezeichnet worden; und er war doch ein klarer Mann, der es mit allen Menschen wohl meinte.*

Meine Meinung ist die: Jeder Mensch, ohne Ausnahme, hat in jedem Stande *als Mensch* eine zweifache Bestimmung: eine für den Himmel, die Ewigkeit; die andere für die Erde, seinen irdischen Beruf. Als moralisches, unsterbliches Wesen betrachtet, giebt es für seine sittliche Bildung gar *keine* Grenzen; die ihm geöffnete Laufbahn ist eine *unendliche* und ohne Aufhören soll er trachten, immer besser, das heißt: Gott immer wohlgefälliger und dem Heilande immer an reiner Gesinnung ähnlicher zu werden. Nie ist er so gut, daß er nicht noch besser werden könnte, also auch nicht sollte. Und je moralisch-besser er ist, und wachsend wird, desto ruhiger und zufriedener, desto brauchbarer und gemeinnützlicher ist er auch. Die Perfectibilität der menschlichen Natur ist mir das Höchste in ihr, und der klarste Beweis, daß sie von Gott ist, und, von ihm angezogen, wieder zu ihm will und soll. In dieser Hinsicht ist mir *Stabilität,* die man in unsern Tagen mit dem *erschrecklichen Worte »Verdummung«* bezeichnet, in der Seele zuwider, und Alles, was hier Fortschritt heißt, ist mir willkommen, hat stets meine lebhafteteste Theilnahme gefunden, und wird, so lange ich lebe und regiere, meine bereitwilligste Unterstützung finden. In dieser Hinsicht kann in Schulen und Kirchen, und durch sie, nie zuviel, nie genug geschehen. Hier zu wecken, anzuregen und zu fördern, wie und wo es nur geschehen kann, ist Verdienst. Alle *Schulmänner und Geistlichen, die in dieser reinen Sphäre etwas geleistet, habe ich darum gern, und mehr wie früher geschehen, ausgezeichnet.*

So weit ist Alles schön und gut. Aber in dem andern Punkte, den irdischen Beruf betreffend, da bin ich anderer Meinung und *muß widersprechen.* Die irdische Bestimmung des Menschen gestaltet sich nach der *Lage,* in welcher er geboren ist, nach den Verhältnissen, in welchen er sich befindet, nach den Anlagen und Fähigkeiten, die ihm verliehen sind, und nach den Neigungen, in welchen er einen bestimmten Beruf wählt. Für *diesen Beruf* soll und muß er geweckt, belehrt und gebildet werden, so daß er alle Kenntnisse und technischen Fertigkeiten besitze, und (ich habe hier vorzüglich die mittlere und untere Volksklasse im Auge) sei es als Kaufmann, als Fabrikant, als Handwerker, als Oekonom, als Bauer, als Tagelöhner, als Knecht, *(ein Jeder auf seiner Stufe)* das wisse, was er wissen muß, um seines Berufes froh und Andern nützlich werden zu können.

Man erzeigt aber ihm und der menschlichen Gesellschaft keine Wohlthat, wenn man über die Grenzen seines Standes und Berufes hinaus ihn belehrt, und ihm Kenntnisse beibringt, die er nicht braucht, und Ansprüche und Bedürfnisse anregt und weckt, welche zu befriedigen seine Lage nicht gestattet. Alles kann der Mensch doch nicht lernen, dazu ist des Wissenswürdigen zuviel, und das Leben zu kurz. *Jeder lerne nur gründlich und ganz, was er für seinen Beruf wissen muß. Das Mehr ist für den Lebenszweck nicht förderlich, sondern störend und hinderlich. Es nimmt und verdrängt die Ruhe, Gelassenheit und Beschränktheit, die alle mechanischen Berufsarten, wenn sie gelingen sollen, verlangen und voraussetzen.* Das Wissen über die Grenzen des Standes und Berufes hinaus macht vorlaut, anmaßend, raisonnirsüchtig. Es führt auf den unglücklichen Standpunkt der Vergleichung und macht, geweckt vom Gefühl gleicher Menschenrechte, unbillig im Urtheil und mißvergnügt in der Stimmung. Statt sich behaglich in seinen Grenzen abzuschließen, erweitern sich dann die Kreise der Wünsche, und das Leben wird unstät und unruhig. *Man vermißt, was man nicht hat, und genießt nicht, was man hat. Keine Ordnung in der Welt kann bestehen ohne Unterordnung;* verträgt man diese ungern, indem man wähnt, für etwas Höheres geschickt zu sein, so wird das Band der Vorgesetzten und Untergebenen, welches das häusliche und öffentliche Leben zusammenhält, locker, und Allen, die sich bei gesteigerten Ansprüchen ungern fügen und biegen, eine drückende Fessel.

Offenbar ist über das jetzt lebende Geschlecht ein trüber Geist der *Unruhe und Aufgeregtheit, der Zerrung und des Jagens, gekommen.*

Ein Stand will es dem andern gleich und zuvor thun und ein jeder über seine Grenzen hinaus. Woher dieser Drang mit seinen Stacheln?

Bei der immer herrschender werdenden Neigung zum sinnlichen Lebensgenusse und der daraus nothwendig hervorgehenden, immer größer werdenden Armuth, fermentirt zugleich *ein Gährungsstoff von unten herauf*, der hier und da *schon eine drohende Gestalt bekommt und dessen Explosion ich nicht erleben mag.*

Ist das Gefühl gleicher Menschenrechte geweckt, muß da nicht in gleichem Maße auch die Kraft geweckt und ausgebildet werden, die, wie *die Rechte*, so auch die *Pflichten, heiliget?* Geschieht Jenes, aber Dieses nicht, was wird da das Resultat sein? Die größte Gefahr unserer Zeit ist der mit der Intelligenz wachsende Pauperismus.

Die Cultur der Intelligenz nach allen Richtungen durch Volksschulen ist nicht zu tadeln; aber sie darf nicht das höchste, nicht das letzte Ziel sein. Auf Tüchtigkeit im Berufe, Charakter und Leben, darauf, und *darauf allein, kommt zuletzt Alles an.*

2.
Verfassungs- und Schulkämpfe in der bürgerlichen Revolution 1848

a) Der Kampf um die politische Verfassung und um die Neuordnung der Schule

[27]

LORENZ VON STEIN

Gesellschaft, Klassen und Staat (1849)

Jakob Lorenz von Stein, 1815–1890, nach juristischen und philosophischen Studien zunächst in dänischen Diensten, bald Professor in Kiel, votierte gegenüber Dänemark für die Unabhängigkeit Schleswig-Holsteins und mußte das Land verlassen. Nach Jahren journalistischer Tätigkeit in München folgte ein Ruf auf den Lehrstuhl für Nationalökonomie in Wien. Verfasser zahlreicher Abhandlungen zu rechtlichen, wirtschaftlichen und politischen Grundfragen, u. a. einer umfassenden »Verwaltungslehre«. Mit der »Geschichte der sozialen Bewegung in Frankreich« – Urfassung 1842, dann mehrfach überarbeitet – erwies sich Stein neben Marx in der Auseinandersetzung mit den Interpretationen Hegels als einer der großen Soziologen des 19. Jh., die das Phänomen der Gesellschaft beispielhaft analysierten.

Quelle: L. v. Stein, Geschichte der sozialen Bewegung in Frankreich von 1789 bis auf unsere Tage, 3 Bde., Bd. I: Der Begriff der Gesellschaft und die soziale Geschichte der Französischen Revolution bis zum Jahre 1830, Ausgabe von G. Salomon (1921), Neudruck Hildesheim 1959.

Unsere Gegenwart hat begonnen, eine Reihe von Erscheinungen zu beobachten, für welche man früher weder im gewöhnlichen Leben noch in der Wissenschaft einen Platz hatte. Nicht als ob sie nicht vorhanden gewesen wären; allein wo sie auftraten, betrachtete man sie als Ausnahmen, die nicht aus selbständigen Kräften hervorgegangen seien, und vergaß sie über den allerdings verständlicheren Folgen, die sie in anderen Gebieten des Lebens hervorriefen. Die neuere Zeit aber ist durch gewaltige Ereignisse belehrt worden, daß jene Erscheinungen auf einer, die ganze Existenz der Völker, ja sogar die jedes einzelnen durchdringenden Kraft beruhen; daß sie in einem inneren, notwendigen Zusammenhange stehen, und daß die menschliche Erkenntnis, mit ihnen sich beschäftigend, bei einer von jenen Entdeckungen angelangt ist, die uns gleichsam hinter der bisher bekannten Welt und ihrer Ordnung einen anderen noch großartigeren Organismus von Kräften und Elementen erkennen lassen, und für die man im Anfange von jeher nur Zweifel und ein gewisses Staunen, aber weder einen Namen noch ein Gesetz zu haben pflegt. Unsere Zeit zeichnet sich durch solche Entdeckungen der elementaren Grundkräfte auf allen Gebieten aus; wir haben in wenig Jahren beispiellose Fortschritte in allen Teilen der Erkenntnis gemacht: auch die Erkenntnis des menschlichen Lebens hat in jenen Erscheinungen ein neues Gebiet gefunden, und dasselbe mit einem alten Namen bezeichnet.

Es ist dies die *Gesellschaft,* ihr Begriff, ihre Elemente und ihre Bewegungen.

Diesem so ganz neuartigen Phänomen, meint Stein, wäre zu seiner Erkenntnis eine neue Wissenschaft, die Wissenschaft von der Gesellschaft, zuzuordnen, deren Grundzüge im folgenden entwickelt werden.

Der Begriff der Gesellschaft

Die Ordnung der menschlichen Gemeinschaft

Das besondere Gut, als Eigentum des einzelnen, zwingt ihn zunächst, weil er durch dieses Gut seine materielle Entwickelung finden soll, seine besten Kräfte der Bearbeitung dieses Gutes zuzuwenden. Die Verwertung desselben wird zur Lebensaufgabe des einzelnen; sie bemächtigt sich seiner Individualität, und identifiziert sie bis zu einem gewissen Grade gänzlich mit der besonderen, durch diese Lebensaufgabe geforderten Tätigkeit. Es ist eine der beachtenswertesten Erscheinungen, daß die natürlichen Objekte, die der Mensch mit seiner Arbeit bezwingt zu seinem Dienste, fast ebensoviel Einfluß auf ihn äußern, als er auf sie hat; der Begriff des Lebens, die selbständige Betätigung des Gegenstandes innerhalb der Herrschaft der Persönlichkeit gilt auch in dieser engsten Sphäre. Wie verschieden ist nicht die ganze Anschauungsweise irdischer Dinge, je nachdem die Beschäftigung eine verschiedene ist? Der Landmann, der Städter, der Nomade, der Arbeiter, der Aufseher, der Gelehrte, der Künstler, wie ganz anders betrachtet jeder von ihnen die Welt? Wie verschieden ist das, was er in ihr sucht, von ihr fordert, in ihr entbehrt, von ihr genießt? Wie verschieden die Kraft, die Kenntnis, die Arbeit, die bei jedem von ihnen vorhanden sein muß? Und doch ist sein individuelles Verhalten nicht aus seiner Individualität, sondern aus der Eigentümlichkeit des Gutes entsprungen, dessen wirtschaftlicher Verwaltung sein Leben gewidmet ist. Hier liegt ein weites, reiches, noch unbetretenes Gebiet der Untersuchung vor uns; doch das ist unzweifelhaft, daß die besondere Aufgabe im Güterleben zunächst die Besonderheit der individuellen Persönlichkeit erzeugt und bedingt.

Wenn nun aber zweitens das Gut die äußere Vollendung der Persönlichkeit enthält, und doch als vereinzeltes im Eigentume erscheint, so muß auch das *Maß*, in welchem der einzelne Güter besitzt, in einem bedingenden Verhältnis zu der Entwickelung der Persönlichkeit stehen. Das größere Maß des Besitzes muß demnach ein größeres Maß dieser Entwickelung, das geringere ein geringeres erzeugen. Es ist wahr, daß einzelne machtvolle Persönlichkeiten stets diesen Grundsatz für sich aufheben werden; allein der Regel nach wird der Besitz durch die Verschiedenheit seines Umfanges auch eine Verschiedenheit der individuellen Entwickelung bedingen.

In diesen Sätzen liegt nun die Brücke zwischen dem bloßen Güterleben und dem Leben der Persönlichkeit. Schon hier erscheint das letztere bedingt und gestaltet durch das erstere; die Herrschaft des ersteren über das letztere fast so groß als die umgekehrte. Allein die Gewalt, welche das Gut über die Persönlichkeit hat, ist damit nicht erschöpft.

Indem nämlich die Lebensaufgabe des einzelnen in der Güterbewegung seine Individualität der bestimmten Arbeit mehr oder weniger, aber immer bis zu einem nicht geringen Grade unterordnet, macht sie ihn zwar tauglicher zur Erreichung seines besonderen Zweckes, aber auch weniger tauglich für jeden anderen. Sie fesselt ihn daher an diese bestimmte Aufgabe; sie macht es ihm schwer oder gar nicht möglich, zu einer anderen, wenn auch edleren und vorteilhafteren, überzugehen. Da nun dies Güterleben das Leben der Persönlichkeiten überall umfaßt, so wird natürlich die Stellung, welche dem einzelnen durch jene Lebensaufgabe angewiesen ist, zur Stellung seiner Persönlichkeit unter den übrigen Persönlichkeiten überhaupt. Allerdings ist seine rein menschliche Bestimmung eine unendliche; allein diese Unendlichkeit geht auf diese Weise unter in der Begrenzung durch das Verhältnis zu den übrigen. Allerdings scheint es dem einzelnen vollkommen frei zu stehen, welchen Gang seiner inneren und äußeren Entwickelung er einschlagen will: allein die Betätigung dieser Entwickelung, seine Lebensbeschäftigung selber, bestimmt ihn und hält ihn auf der Bahn fest, die er einmal betreten hat. Er wird, weil er ein anderes schlechter versteht und tut, und mithin durch dieses andere weniger erwirbt, es nicht zu seiner Lebensaufgabe machen, wenn er es auch lieber täte. Er ist *nicht* mehr Herr seiner irdischen Laufbahn; sie ist Herr über ihn. Das Gesetz, daß das einmal gründlich Erlernte sich der Individualität unterwirft und das Maß des Erwerbs bedingt, hebt die Willkür jedes einzelnen auf; es bindet mit einer, wir möchten sagen elementaren Gewalt das freie Individuum an seine Lebenssphäre.

Nun aber stehen, nach den Regeln des Güterlebens, die einzelnen Beschäftigungen in einem organischen Verhältnis zueinander. Die organisch geordnete Güterwelt hat bestimmte große Zweige, die selbst wieder in Unterabteilungen bis in das einzelne sich hineinziehen. Indem nun das Individuum mit seiner Lebenstätigkeit eine bestimmte Aufgabe hat, tritt es durch dieselbe fast unwiderruflich an einer ganz bestimmten Stelle in diesen Organismus hinein; und diese Stelle kann es nicht wieder verlassen. So wird, und hier erscheinen die Gesetze des Güterlebens zuerst als bedingend für die Ordnung der freien Persönlichkeiten, der Organismus der Güterbewegung zur *Ordnung der menschlichen Gemeinschaft*.

Diese Ordnung aber findet in dem Wesen der Persönlichkeit, welche ihr unterworfen ist, das ihr eigentümliche, von jeder anderen Ordnung sie unterscheidende Moment. Jeder einzelne ist, wie gezeigt, von dem Erwerb der Güter in seiner persönlichen Entwickelung *abhängig*. Nun bildet nach dem Gesetze der Güterbewegung stets ein Teil und Glied derselben die Voraussetzung für den anderen. Mithin macht dies Gesetz auch *jeden einzelnen* in seinem Güterleben und also auch in seiner Entwickelung von demjenigen abhängig, was die Voraussetzung seines Erwerbes durch seine Lebenstätigkeit bildet. Da nun aber alle Güter im Eigentume sind, und das Eigentum das Gebiet des freien persönlichen Einzelwillens bildet, so ist auch dasjenige, was die Voraussetzung des Erwerbes des einen bildet, im Eigentume, und mithin in dem Willen des anderen. Folglich nun wird durch jenes Gesetz die eine Persönlichkeit *abhängig* von der anderen, die Voraussetzung ihres Erwerbs besitzenden. Jene Ordnung der menschlichen Gemeinschaft ist daher, indem sie auf der Güterbewegung beruht, die *Ordnung der Abhängigkeit* der einen von der anderen in der menschlichen Gemeinschaft.

Nun liegt es in dem unabänderlichen Wesen von Stoff, Arbeit und Bedürfnis, daß die Arbeit den Stoff voraussetzt, um überhaupt da zu sein und für das Bedürfnis Wert zu haben. Und hier nun ergibt sich das Axiom, von welchem jene ganze Ordnung ihre eigentliche und wahre Gestalt bekommt. *Jeder* einzelne hat Arbeitskraft; aber der Stoff ist ein begrenzter. Da nun der Stoff im Eigentume ist, so folgt, daß seine Beschränktheit nur für einzelne einen *bestimmten* Anteil, und einen solchen auch nur für einen *Teil* der Gemeinschaft möglich macht. Diejenigen nun, welche auf diese Weise den Stoff der Arbeit als Eigentum besitzen, besitzen damit die allgemeine Voraussetzung des Erwerbs für alle, welche kein Eigentum haben. Da nun die letzteren in der Verwertung ihrer Arbeitskraft von der Voraussetzung, dem Stoffe, abhängig sind, und dieser Stoff Eigentum ist, das sie ohne den Willen der

Eigentümer nicht bearbeiten können, so ergibt sich, daß alle diejenigen, welche nichts als Arbeitskraft haben, von denjenigen *abhängig sind, welche ein Eigentum besitzen.*

Mithin ist die Ordnung der menschlichen Gemeinschaft, welche auf der Güterbewegung und ihren Gesetzen beruht, im wesentlichen stets und unabänderlich *die Ordnung der Abhängigkeit derer, welche nicht besitzen, von denen, welche besitzen.* Das sind die beiden großen Klassen, die unbedingt in der Gemeinschaft erscheinen, und deren Existenz durch keine Bewegung der Geschichte und durch keine Theorie hat aufgehoben werden können. Solange das Erzeugnis ein Gut, und das Erarbeitete ein Eigentum bleibt, so lange wird jener Gegensatz allein die beiden großen Pole der menschlichen Gemeinschaft bilden, deren Annäherung und Abstoßung das *Leben* dieser Gemeinschaft sein wird.

Erst auf dieser Grundlage nun gewinnen die früheren Sätze ihre Gestalt. Jene beiden großen Massen der Besitzenden und Nichtbesitzenden nämlich sind nicht zwei ungeordnete Teile der Gemeinschaft; jeder für sich bildet wieder einen selbständigen Organismus.

Der Begriff der Gesellschaft

Das, was soeben mit allgemeiner Bezeichnung der Besitz genannt worden ist, ist keine ununterschiedene Masse. Der Stoff, den das Eigentum enthält und mithin auch der Besitz selber, ist mannigfach verschieden. Wir unterscheiden *drei* große Klassen desselben: Grundbesitz, Geldbesitz, industrieller Besitz oder Besitz an sogenanntem stehendem oder festem Kapital. Jede dieser Klassen hat wieder sehr verschiedene Arten: so der Grundbesitz den eigentlichen Landbesitz, das Recht auf Abgabe von aller Art von Pachtung, den Häuserbesitz, Miete usw.; so der Geldbesitz den Besitz von einem unaufkündbaren Kapital, das bloß Renten trägt, und den Besitz von arbeitendem Geldkapital; endlich der industrielle Besitz den Besitz von Fabriken, Maschinen, Schiffen, Lagern usw. Wenn es nun wahr ist, daß der Besitz die Lebensaufgabe und mithin die Individualität beherrscht, so werden die verschiedenen Arten des Besitzes bei den verschiedenen Besitzern eine besondere, durch die Eigentümlichkeit des Besitzes bedingte eigentümliche Individualität und Lebensordnung derselben erzeugen. Da aber ferner alle diese Arten des Besitzes gemeinsam in dem *Werte* ihre Gleichartigkeit und ihr Maß haben, so ergibt sich, daß die Ordnung der Besitzungen und mithin auch der Besitzenden untereinander bedingt wird durch *das Maß des Wertes, welches jeder Besitz* hat. Innerhalb der Klasse der Besitzenden bedingt also die Art des Besitzes die individuelle Lebenssphäre des einzelnen, das *Maß* desselben die Ordnung der Besitzenden untereinander.

In entsprechender Weise gibt es eine Menge der verschiedensten Arbeiten; und die Arbeit hat noch mehr als der Besitz die Kraft, die an sich freie Individualität unter ihre Eigentümlichkeit zu beugen. Die *Art* der Arbeit bedingt daher auch hier die Gestalt der persönlichen Entwickelung. Allein die Ordnung der Arbeit beruht nicht auf ihrem Maße; in ihr entscheidet ein anderes. Der Begriff der Arbeit enthält zwei Momente; die geistige und die materielle Tätigkeit des Menschen. Je nachdem die erste oder die zweite vorherrscht, unterscheiden wir die *freie* und die *mechanische* Arbeit; jene die edlere und einträglichere, diese die minder edle und weniger einträgliche. Die Natur dieser Arbeiten ordnet die mechanische Arbeit zuerst der freien unter; dann aber ist die *Leitung* der Arbeit wiederum innerhalb der arbeitenden Tätigkeit eine selbständige Aufgabe, die sich die wirkliche Arbeit aller Art ihrerseits unterordnet. So entsteht in der Klasse der Gemeinschaft, welche als die nichtbesitzende auf die Arbeit angewiesen ist, durch die Arbeit selber eine Ordnung der Persönlichkeiten, die nicht minder groß und wichtig ist als die der Besitzenden.

Nun entfalten sich hier eine Reihe von Verhältnissen, welche das Ineinandergreifen nicht bloß der einzelnen Gruppen jener beiden Klassen, sondern beider Klassen selber in lebendiger Bewegung zeigen und stets neue Verhältnisse erzeugen. Das wichtigste unter ihnen ist dasjenige, nach welchem *bestimmte Arten von Arbeiten bestimmten Arten von Besitzungen* angehören. Da nämlich die Arbeit die Existenz des Arbeiters, die Art und das Maß des Besitzes das Leben des Besitzenden bedingen, so muß jenes Zusammengehören auch die *Individuen* der nichtbesitzenden Klasse mit dem *bestimmten* Besitze, und folglich auch mit dem *Eigentümer* dieses Besitzes verbinden. Die Abhängigkeit der Arbeit vom Stoffe wird damit zur Abhängigkeit des Arbeitenden von dem einzelnen Besitzenden; der letztere nimmt gleichsam die Persönlichkeit des ersteren in sich auf, und obwohl er ihn beherrscht, verbindet ihn doch das Bedürfnis mit dem Abhängigen; aus dem anfänglich rein äußern Verhältnis wird ein inneres, und neue Namen, neue Tatsachen im Leben der Gemeinschaft, neue Begriffe entstehen. Dies Verhältnis ist zunächst im Gebiete des Grundbesitzes äußerlich das des Herrn und des Dieners, das Leutewesen, das Gesindewesen, das sich vermöge der Natur des Besitzes nur bei Grundbesitzungen und im häuslichen Leben erzeugen kann. Das innere Verhältnis, das aus der gegenseitigen Abhängigkeit und Dienstleistung entsteht, ist die Treue und die Anhänglichkeit, welche die Abhängigkeit veredelt. Bei dem Fabrikwesen entsteht dies alles nicht, weil hier nicht der persönliche Herr seinen Diener, sondern die über individueller Willkür stehende strenge Ordnung der Arbeit den Arbeiter beherrscht. Noch anders ist es im sogenannten Geschäftsleben, wo der Arbeitende mehr Gehilfe und Mandatar als ein

Diener des Herrn ist. Diese verschiedenen Formen des Zusammenlebens nun sind es, in welchen der allgemeine Grundsatz der Abhängigkeit der Nichtbesitzenden von den Besitzenden praktisch zur Erscheinung kommt; sie sind gleichsam die wirkliche Gestalt, der Leib derselben und bilden daher auch das Gebiet, auf welchem einerseits die Untersuchungen über das Wesen derselben vorgenommen werden müssen, auf welchem aber auch andererseits sich die Bewegungen zeigen, die innerhalb dieses Lebens der menschlichen Gemeinschaft stattfinden. Erst durch sie wird der Organismus dieser Gemeinschaft aus einer logischen Forderung zu einer Tatsache.

Und sie bilden daher denn auch den Punkt, wo jene rein theoretischen Sätze ihre Bewahrheitung und ihre Beobachtung im täglichen Leben finden können. Um sie zu verstehen, braucht ein jeder nur im allerengsten Kreise um sich her zu suchen. Vom obersten bis zum niedrigsten wird jeder finden, daß die Ordnung, die ihn umgibt, keine andere ist als die angegebene; daß er selber gerade in dieser Ordnung seinen persönlichen Platz findet; hier ist es, wo jeder an sich und an seinen Nächsten erfahren kann, ob nicht wirklich die besondere Lebensaufgabe die Individualität bildet, ob nicht der Nichtbesitzende vom Besitzenden abhängig ist, und ob diese Abhängigkeit nicht je nach der Art des Besitzes, dem der Abhängige dient, eine charakteristisch verschiedene ist. Die Betrachtung und Beschreibung jener Ordnung bietet ein weites Feld dar, das um so reicher ist, je weniger man es bisher bearbeitet hat, und um so wichtiger, je tiefer es in das persönlichste Leben hineingreift, je unwiderstehlicher es das an sich Freieste, die Persönlichkeit des Menschen, erfaßt. Die Zeit wird kommen, wo man dies Gebiet der höchsten Anstrengung der menschlichen Wissenschaft wert achten wird; diese Zeit ist nahe; ihre Basis ist die Erkenntnis, daß die Persönlichkeit die höchste Bestimmung des ganzen Erdenlebens ist.

Doch fehlt jener Ordnung noch ein Moment. Ist nicht, wenn dann auch die einmal gefundene Stellung das ganze äußere Leben der Persönlichkeit bedingt, wenigstens die Wahl dieser Stellung eine freie? Und wenn dann auch jene Ordnung eine feste und für die Willkür unverrückbare ist, weil sie aus den Elementen des Besitzes und der Arbeit hervorgeht, die mit ihrer Natur und mit ihrem Umfang weit über den einzelnen hinausgreifen, ist dann nicht wenigstens der einzelne befähigt, für seine Persönlichkeit sich in dieser Ordnung dahin zu stellen, wohin Lust und Individualität ihn treiben?

Nein. Mitten in jener Ordnung besteht noch eine andere Macht, deren Bestimmung man bisher fast allein im Gebiete der Moral und des Rechts gesucht hat, und die demnach gerade im Leben der Gemeinschaft nicht mehr das einzelne Individuum, sondern die ganzen Geschlechter an die einmal eingenommene Stellung in jener Ordnung fesselt. Diese Macht ist die *Familie*. Die Familie erzieht die Kinder; und da die Stellung der Familie durch die des Mannes gegeben ist, so gibt jene den Kindern die Erziehung, welche durch die Stellung des Familienhauptes möglich und, wir möchten sagen, natürlich wird. Die Voraussetzungen für die Erreichung eines Platzes in jener Ordnung der Gemeinschaft müssen dem einzelnen durch die Familie gegeben werden; diese Voraussetzungen sind Besitz und geistige oder körperliche Arbeitskraft; es ist natürlich, daß eine Familie ihren Kindern nur das Maß und die Art dieser Voraussetzungen mitgeben kann, welche sie selber besitzt. So reicht die Lage der Familie weit über das Leben des einzelnen Familienhauptes hinaus; sie beherrscht auch noch die Zukunft ihrer Nachkommen, und wenngleich einzelne wohl die Lebenssphäre durchbrechen, welche ihnen ihre Familie teils unwillkürlich, teils gezwungen, teils mit gutem Bewußtsein vorschreibt, so ist in der Regel die Stellung und das Los der einen Familie entscheidend für das derjenigen Familien, welche aus ihr hervorgehen. Ein Blick in das wirkliche Leben wird dies bestätigen. Mit wenigen Ausnahmen werden die Kinder der Landwirte wieder Landwirte, die Kinder der industriellen Unternehmer und Besitzer wieder Unternehmer und Besitzer, die Kinder der Arbeiter wieder Arbeiter, ja gewöhnlich sogar arbeiten sie in demselben Fache, in dem ihr Vater gearbeitet hat. Nur die Ausgezeichneten und Glücklicheren gehen von einer Klasse zur andern über; aber die ausgezeichneten Gaben sind nicht minder selten als das ausgezeichnete Glück.

Auf diese Weise nun wird die Ordnung des Güterlebens zu einer Ordnung der Menschen und ihrer Tätigkeit, und diese wiederum durch die Familie zu einer dauernden Ordnung der Geschlechter. Die Gemeinschaft der Menschen, die in der Persönlichkeit des Staats die organische Einheit ihres *Willens* findet, hat in jener Ordnung eine ebenso feste, ebenso großartige, ebenso mächtige organische Einheit ihres *Lebens;* und diese organische Einheit des menschlichen Lebens, durch die Verteilung der Güter bedingt, durch den Organismus der Arbeit geregelt, durch das System der Bedürfnisse in Bewegung gesetzt und durch die Familie und ihr Recht an bestimmte Geschlechter dauernd gebunden, ist die *menschliche Gesellschaft*. Alle jene Momente haben mithin erst im Begriffe der Gesellschaft ihren Ausgangspunkt; keins derselben genügt an sich, um das menschliche Leben zu verstehen, denn keins umfaßt ganz das Individuum mit seinem ganzen Leben. Erst in dem Begriffe der Gesellschaft ist das konkrete Dasein der einzelnen Persönlichkeit wirklich erfüllt; erst durch den Begriff der Gesellschaft erhalten die Begriffe und Wissenschaften von den Gütern, von der Arbeit, von der Einzel- und Volkswirtschaft, von der Familie und dem

Recht ihren höchsten gemeinschaftlichen Gesichtspunkt, denn erst hier reichen sie an den höchsten Punkt des irdischen Lebens, das Individuum und die Erfüllung seiner Bestimmung.

Die Prinzipien des Staats und der Gesellschaft

Der Begriff des Lebens der Gemeinschaft

Er wird bei Stein abgeleitet vom Leben des einzelnen, das nicht zu seiner Bestimmung gelangt, außer im Leben der Gemeinschaft. Sie ist somit der notwendige Gegensatz zum Leben des einzelnen, zugleich aber ein selbständiges, vom einzelnen unabhängiges Leben.

Gewiß ist, daß jenes Ganze, welches die Gegensätze umfaßt, die *menschliche Gemeinschaft* ist. Welches nun ist in dieser Gemeinschaft das Persönliche, und welches ist das Nichtpersönliche?

Der vorige Abschnitt hat es unzweifelhaft gezeigt. Ganz offenbar ist das Persönliche, Selbstbestimmende in ihr der *Staat*, der persönliche Organismus des allgemeinen Willens. Das Nichtpersönliche, das, was seinen Organismus und seine Bewegung mithin nicht vom allgemeinen Willen empfängt, und demnach eine allgemeine und feste Ordnung der Gemeinschaft der Menschen aufstellt auf der Basis der *natürlichen* Lebenselemente, ist nichts anderes als die *Gesellschaft. Staat und Gesellschaft* bilden ihrem innersten Wesen nach nicht bloß zwei verschiedene Gestaltungen des menschlichen Daseins, sondern sie sind eben die *beiden Lebenselemente aller menschlichen Gemeinschaft.*

Indem nun das Wesen des Lebens ein beständiges Ringen des persönlichen, selbstbestimmten Elementes mit dem Unpersönlichen, dem Natürlichen enthält, so ergibt sich, daß der Inhalt des Lebens der menschlichen Gemeinschaft *ein beständiger Kampf des Staats mit der Gesellschaft, der Gesellschaft mit dem Staate sein muß*. Ist das richtig, was wir gesetzt haben, so wird eine volle Auflösung des Unpersönlichen in das Persönliche, oder die volle, ungestörte Harmonie zwischen Staat und Gesellschaft, ein Zustand mithin, in welchem die Gesellschaft in den Staat aufgegangen wäre, für Menschen ebenso unerreichbar sein *müssen*, als es das Göttliche überhaupt ist. Ein absoluter *Friede* zwischen beiden ist durch den Begriff des Lebens selber ausgeschlossen. Und ebenso gewiß ist es, daß die volle Auflösung des Persönlichen in das Unpersönliche, der Untergang der selbständigen Staatsidee in die Gesellschaft und ihre Ordnung, der *Tod* der Gemeinschaft ist. Den Tod kennt die Erde. Es gibt keine vollendeten Völker, aber es gibt wohl tote Völker. Das sind diejenigen, in denen es keinen Staat mehr gibt, das ist, wie es sogleich klar werden wird, in denen die Staatsgewalt absolut in den Händen der Gesellschaft ist. Der Charakter des Lebens eines Volkes aber ist eben der beständige Kampf zwischen Staat und Gesellschaft.

Es folgen Überlegungen zur Geschichtsschreibung.

Indes kehren wir zurück. Wir haben gesagt, daß das Leben der menschlichen Gemeinschaft aus dem beständigen Stoß und Gegenstoß von Staat und Gesellschaft besteht, daß dieser lebendige Gegensatz den wahren Inhalt aller inneren Geschichte der Völker bildet, daß wir ihn in den kleinsten wie in den größten Bewegungen des öffentlichen Lebens immer in neuer Gestalt, aber immer mit seiner alten Kraft wiederfinden. Wenn dem so ist, so genügt es offenbar nicht zu sagen, daß der Staat das persönliche, die Gesellschaft das unpersönliche Element der Gemeinschaft ist. Beide sind gleich lebendig, beide wollen ein Bestimmtes; hat nun jedes derselben ein ihm eigentümliches Prinzip, das dem des anderen entgegensteht, und welches ist dasselbe? Es ist klar, daß die Antwort auf diese Frage für den Inhalt des Lebens der Gemeinschaft entscheidend sein muß.

Das Prinzip des Staats

Wir betreten in den nun folgenden beiden Abschnitten ein Gebiet, für welches wir uns die größte Aufmerksamkeit des Lesers ausbitten möchten. Wir glauben sagen zu dürfen, daß, wenn diese gut verstanden sind, die weitere Entwickelung fast von selber klar werden wird.

Wenn man von dem Prinzip eines lebendigen Dinges redet, so versteht man darunter den Hauptgrundsatz, nach welchem es das ihm Äußerliche betrachtet und in Beziehung auf dasselbe handelt. Ein solches Prinzip hat der Staat in Beziehung auf die einzelnen Persönlichkeiten, welche seinen Körper bilden. Es kann aber dasselbe überall nicht willkürlich angenommen werden, sondern es folgt als ein Notwendiges aus der Natur des Dinges selber. Welches Prinzip nun setzt die Natur des Staats dem Staate in Beziehung auf das Leben der Staatsbürger und die durch dieselben gebildete Gesellschaft?

Der Staat ist die zur persönlichen Einheit erhobene Gemeinschaft des Willens aller einzelnen, die als Tat des Staats erscheint. Nun ergibt die Natur der einzelnen Persönlichkeiten die Tatsache, daß diese einzelnen auf *verschiedenen* Stufen ihrer persönlichen Entwickelung stehen. Da nun alle diese einzelnen die Staatspersönlichkeit bilden, so folgt, daß die Stufe der Entwickelung, auf welcher diese einzelnen stehen, zur Stufe der Entwickelung des *Staats selber* wird. Die Anwendung ist klar. Je mehr intelligente Bürger ein Staat hat, desto intelligenter ist er selber; je mehr reiche er besitzt, desto reicher ist er; je mehr kräftige er erzeugt, desto kräftiger wird er sein. Wenn dagegen die Summe der geistigen, physischen oder materiellen Güter, welche die Bürger eines

Staats besitzen, rückwärts geht, so geht auch der Staat rückwärts. Soviel weniger seine Bürger vermögen, soviel weniger vermag er selber; je weiter jene vorwärts schreiten, desto weiter schreitet er selber vorwärts. Dies ist gewiß verständlich. Es folgt mithin der hochwichtige Satz, *daß das Maß der Entwickelung aller einzelnen zum Maße der Entwikkelung des Staats selber wird.*

Nun ist der Staat als höchste Persönlichkeit zur höchsten Entwickelung bestimmt, und besitzt für dieselbe die höchste Fähigkeit in seiner höchsten Gewalt. Um diese seine Bestimmung, die höchste Entwickelung seines eigenen Lebens zu erreichen, wird er daher dem eben aufgestellten Satz zufolge die Entwickelung, das ist das Fortkommen, den Reichtum, die Kraft und Intelligenz *aller* einzelnen *durch seine eigene höchste Gewalt anstreben müssen;* denn indem er für alle sorgt, sorgt er, jenem Satze zufolge, *für sich;* ja er hat, indem er die Einheit von Persönlichkeiten ist, gar keinen anderen Weg, seine eigene höhere Fortbildung zu erreichen.

Diese Aufgabe, welche mithin aus dem Begriffe des Staats hervorgeht und deshalb nicht von ihm geändert werden kann, ist also die *notwendige* Aufgabe für seine Tätigkeit. Oder sie ist, mit einem Worte ausgedrückt, sein *Prinzip.*

Auf welchem Wege nun wird er diese seine höchste Aufgabe erreichen, die Verwirklichung seines Prinzips zu erstreben suchen?

Der Staat ist als selbständige Persönlichkeit zunächst ein Organismus, der ebensowenig geändert werden kann als der Organismus seines Leibes. Er besteht aus Teilen: Gemeinden, Landschaften, Provinzen usw., deren jeder ein eigentümliches Leben hat. Sein Wille bildet sich, wie in der Persönlichkeit überhaupt, organisch durch die Beratung zum Beschlusse; für die Ausübung dieses Willens besitzt er in der bewaffneten Macht die Kraft, welche dem persönlichen Willen Gehorsam erzwingt.

Da nun er selber die höchste Form des persönlichen Lebens ist, so folgt, daß die Teilnahme aller einzelnen an der Bildung dieses Willens, an dem Organismus der Persönlichkeit des Staats in das Leben des einzelnen ein höheres, freieres, lebendigeres Element hineinbringen muß, als der einzelne für sich jemals würde erreichen können. Die lebendige Teilnahme der Bürger des Staats am Willen des Staats erhebt unter allen Dingen am meisten den einzelnen über den engen, und deshalb ihn selber beengenden Kreis seines Einzellebens; sie ist die Bedingung der vollen Entfaltung persönlicher Würde, persönlicher Kraft.

Will mithin der Staat als Verwirklichung seines Prinzips die höchste Entwickelung aller einzelnen, so muß er zuvörderst die organische Teilnahme seiner Bürger an seinem Willen, oder höher erfaßt, die

Identität des geistigen Lebens seines eigenen Organismus mit dem jedes einzelnen erreichen. Er muß dieses um seinetwillen, weil die Gesamtheit menschlicher Einsicht immer größer ist als die höchste Einsicht des einzelnen; er muß es um des einzelnen willen, weil die wahre Erhebung immer nur durch die Teilnahme an einem Höheren gegeben werden kann; er muß es um seines Prinzips willen, weil diese Erhebung des einzelnen zu seiner eigenen Entwickelung wird.

Dieser Organismus der Teilnahme der einzelnen an dem ganzen inneren Organismus des Staats, namentlich an der Bildung und Bestimmung des persönlichen Staatswillens, nennt man die *Verfassung des Staats.* Das Recht des einzelnen auf diese Teilnahme ist seine staatliche *Freiheit.* Das Prinzip des Staats fordert daher eine *Verfassung* für alle und Freiheit für den einzelnen, als die erste Voraussetzung und zugleich als die erste Form seiner Verwirklichung. – Dies ist der erste Inhalt jenes Prinzips.

Der Wille des Staats, als die rein persönliche Selbstbestimmung, fordert aber seinen Gegenstand: indem er den Gegenstand bestimmt, wird er zur Tat, die wir in ihrer Wiederholung die Tätigkeit nennen. Diese Tätigkeit des Staats, indem sie durch die Organe des Staats geschieht, und mithin das eigentlich äußerliche Leben des Staats bildet, heißt die *Verwaltung des Staats.* Jeder Staat, stehe er auf welcher Stufe er wolle, hat eine Verwaltung.

Indem nun das Prinzip des Staats die Erhebung aller einzelnen durch den Staat und seine Tätigkeit notwendig fordert, wie dies gezeigt ward, gibt dasselbe dieser Verwaltung des Staats ihre wahre Aufgabe. Sie muß, soll sie der Idee des Staats und mithin der Idee der Persönlichkeit überhaupt entsprechen, wesentlich dahin streben, mit den Mitteln des Staats die höchste Entwickelung aller einzelnen zu fördern. Die Verwaltung des Staats erreicht demnach ihre reinste, idealste, durch das Prinzip des Staats gebotene Gestalt, wenn sie das Leben *aller* Staatsbürger zu ihrer einzigen Aufgabe machte. Sie wird eine um so schlechtere sein, je größer die Zahl und Not derer ist, welche sie vernachlässigt; sie wird in dem Grade vollkommener, je mehr sie imstande ist, allen die Mittel zur höchsten persönlichen Entwickelung darzubieten. Dies ist mithin der zweite Inhalt des Staatsprinzips.

Wenn es nun richtig ist, daß jenes Staatsprinzip mit seinem soeben dargelegten zweifachen Inhalt, der Verfassung und der Verwaltung, nicht etwa ein willkürlich vom Staate angenommenes, sondern ganz notwendig in seiner Natur liegendes, mithin ein *absolutes* für den Staat ist, so folgt, daß der Staat die Verwirklichung desselben anstreben *muß;* selbst scheinbar ohne es zu wollen, sehr oft ohne es zu wissen, arbeitet er diesem Ziel entgegen; denn es ist seine Natur so und nicht anders zu handeln.

Es folgen geschichtliche Hinweise auf die Entwicklung der absoluten Staaten und des Königtums in ihrem Verhältnis zum Prinzip des Staates.

Auf der Basis jenes Prinzips läßt sich nun eine vollkommene, harmonische Idee des Staats entwickeln. Es ist nicht schwer, eine Form der absoluten Verfassung, und eine Aufgabe der wahren Verwaltung als Ideal hinzustellen. Warum aber gelingt es denn dem Staat so selten, beides zu erreichen? Was reißt ihn mit seiner Gewalt fort in oft entgegengesetzter Richtung, was hält ihn fest, wo er vorwärts schreiten sollte? Offenbar, wenn dies geschieht, so kann es nicht *durch ihn* geschehen; arbeitete er rein aus sich selber heraus, so würde er ganz unmöglich tun, was seiner Natur widerspricht. Er hat daher in sich und gegen sich ein anderes als er selber. Dies andere ist bereits bezeichnet, es ist die Gesellschaft. Hat denn nun die Gesellschaft ein anderes Lebensprinzip als der Staat, und welches ist sein Inhalt?

Das Prinzip der Gesellschaft

Während viele und große Männer seit Jahrhunderten nach dem Prinzip des Staats gesucht haben, hat niemand an das Dasein eines Prinzips der Gesellschaft gedacht. Wie ist es überhaupt möglich, daß etwas, was nicht selber ein persönliches Ganze ist, ein Prinzip für seine Bewegung haben könne?

Dennoch ist dem so. Und erst durch dies Prinzip wird der Begriff der Gesellschaft, den wir dargelegt haben, ein lebendiger.

Auch der Organismus der Gesellschaft geht aus dem Bedürfnis der einzelnen Persönlichkeit hervor, und auch sie dient ihrer Bestimmung, der vollen und harmonischen persönlichen Entwickelung. Allein während der Staat für diesen Zweck die einzelnen zur persönlichen Einheit zusammenfaßt, ordnet die Gesellschaft sie als einzelne dem einzelnen unter. Während daher der Staat die Erreichung der menschlichen Bestimmung durch die Einheit will, setzt die Gesellschaft dieselben durch den einzelnen. In der Gesellschaft ist es daher das *Verhältnis des einzelnen zum anderen einzelnen*, das die Grundlage aller Entwickelung bildet.

Da nun der einzelne mit seiner individuellen Kraft für die Erreichung seines Zieles wenig vermag, so muß er, um für sich seine Entwickelung zu erreichen, die Kraft anderer einzelner herbeiziehen, und sie *für seine eigenen Zwecke verwenden.* Es ist klar, daß jeder einzelne um so reicher, mächtiger, glücklicher ist, je mehr andere ihm dienend gehorchen und seinen Willen ausführen.

Es folgen Ausführungen über Herr und Diener

Dieser Dienst nun setzt aber eine *Abhängigkeit* voraus. Die Abhängigkeit, als die Unterordnung des einzelnen persönlichen Lebens unter ein anderes, beruht auf dem Besitze der Mittel, durch welche sich der einzelne dem einzelnen unterordnet. Da nun der Abhängige und Dienende für den Herrn eine Verdoppelung seines Willens und seiner Kraft, diese Verdoppelung selber aber die Voraussetzung der Erreichung seiner persönlichen Bestimmung ist, so wird in der menschlichen Gemeinschaft *der Erwerb der Mittel, welche den einen von dem anderen abhängig machen,* die Lebensaufgabe jedes einzelnen sein; nicht zufällig und willkürlich, sondern notwendig und ganz unvermeidlich; denn in diesen Mitteln und in der von ihnen erzeugten Abhängigkeit anderer wird ja eben das Höchste selber, die persönliche Bestimmung erreicht. Daß dem aber tatsächlich so ist, das beweist das tägliche Leben in jedem Beispiele; nur daß es seltener bemerkt wird, weil es eben ein durchaus natürliches ist.

Auf diese Weise erheben sich Erwerb, Besitz und Abhängigkeit, welche die Gemeinschaft zur Gesellschaft machen, zu ihrer wahren Bedeutung. Sie sind nicht mehr Tatsachen, sondern Elemente der persönlichen Entwickelung; die Gesellschaft selber ist nicht bloß eine Ordnung der Persönlichkeiten, sondern diese Ordnung deutet ihrerseits die verschiedenen Stufen jener Entwickelung unter den Menschen an. Jetzt erst wird die Gesellschaft mit ihrer Organisation als eine *notwendige* erscheinen; und nun wird es einleuchten, weshalb der einzelne mit so unermüdlicher Tätigkeit nach einer höheren Stelle in der Gesellschaft sucht; denn es ist damit diese scheinbar rein äußerliche Stellung für ihn notwendig der *Grad seiner eigenen* persönlichen Vollendung.

Demnach ist in aller Gesellschaft jene Tätigkeit, welche die Mittel der eigenen Unabhängigkeit und der fremden Abhängigkeit erwirbt, die das Leben aller einzelnen beherrscht. Sie ist mithin das bewegende Element in der Gesellschaft. Sie ist dabei natürlich eine unendlich verschiedenartige bei den verschiedenen Menschen und in den verschiedenen Lagen des Lebens. Allein ihr Wesen liegt in demjenigen, was sie in allen ihren verschiedenen Arten immer wieder erzeugt; und dies Moment ist das Bewußtsein, daß sie dazu dient, dem einzelnen das Mittel seiner persönlichen Vollendung, die Abhängigkeit anderer, zu verschaffen. Dieses, alle menschliche nach außen gerichtete Tätigkeit beherrschende, allgegenwärtige, in jedem einzelnen lebendige, seine ganze gesellschaftliche Stellung bedingende Bewußtsein nennen wir *das Interesse. Das Interesse,* indem es den Mittelpunkt der Lebenstätigkeit *jedes* einzelnen in Beziehung auf jeden anderen, mithin der ganzen gesellschaftlichen Bewegung abgibt, ist daher *das Prinzip der Gesellschaft.*

Während daher die, durch die Verteilung des Besitzes gegebene Abhängigkeit die konkrete Gestalt der Gesellschaft gibt, gibt das Interesse das bewegende Prinzip derselben. Und wie das Prinzip des Staats sich in Verfassung und Verwaltung zu einem Systeme entfaltet, so hat auch dieser Begriff des Interesses sein eigentümliches System.

Zuerst steht das Interesse derer, welche durch den Besitz andere von sich abhängig sehen, dem Interesse dieser Abhängigen direkt entgegen. Jene erste Klasse der Gesellschaft will die Abhängigkeit vermehren und befestigen, diese will sie aufheben. Dies ist der allgemeine Charakter jeder Gesellschaft. Seine Gestalt gewinnt er mithin an den Bedingungen, welche die Verteilung des Besitzes und mit ihr das Verhältnis der Abhängigkeit regeln.

Das führt Stein des näheren aus für den notwendig entstehenden Gegensatz zwischen Besitzenden und Nichtbesitzenden wie zwischen den Besitzern untereinander wegen der Verschiedenheit der Arten der Besitztümer.

Zum anderen behandelt er in einem Exkurs das System der Interessen als »das erste *Gebiet der Wissenschaft der Gesellschaft«.*

Und hieran nun schließt sich ein Satz von der äußersten Wichtigkeit, dessen Verständnis nunmehr leicht sein wird.

Wir haben gesetzt, daß das Prinzip des Staats die *Erhebung aller* einzelnen zur vollsten Freiheit, zur vollsten persönlichen Entwickelung ist. Es ist ferner gezeigt, daß das Prinzip der Gesellschaft die *Unterwerfung* der einzelnen unter die anderen einzelnen, die Vollendung des einzelnen durch die Abhängigkeit des anderen ist. Was folgt aus diesen Sätzen?

Entschieden das, *daß das Prinzip des Staats mit dem Prinzip der Gesellschaft in direktem Widerspruch steht.* Es ist demnach *wahr*, was im Anfange als ganz allgemeiner Satz aufgestellt ward, daß in der menschlichen Gemeinschaft zwei durchaus entgegengesetzte Pole vorhanden sind, welche sich abstoßen und sich bekämpfen; es ist wahr, daß diese beiden Pole, der Staat und die Gesellschaft, das Leben der menschlichen Gemeinschaft bilden, eben weil sie einander entgegengesetzt sind; es folgt, daß dies Leben nur erkannt werden kann, indem das Wesen und die Kraft jener beiden Elemente genau erkannt sind. Und da ferner dies lauter ganz allgemeine Sätze sind, so folgt weiter, daß jener das Leben der Gemeinschaft bildende Gegensatz nicht etwa zu einer bestimmten Zeit, an einem bestimmten Orte, sondern daß derselbe immer und allenthalben gegenwärtig ist, und daß er die Erklärung *aller* Zustände bildet, die wir als Zustände der Gemeinschaft bezeichnen. Ja, ist das richtig, was bisher gesagt ward, so muß unsere unmittelbare Gegenwart in ihrem tiefsten Kerne selber eben jenen Kampf dieser beiden Mächte enthalten. Daß dem aber wirklich so ist, wird die folgende Geschichte zeigen.

Es folgt noch einmal ein Rekurs auf die Gesellschaftswissenschaft.

Entstehung und Begriff der Unfreiheit

Der Ausgangspunkt der Unfreiheit

Wir brauchen wohl kaum zu erwähnen, daß wir im folgenden nicht von einer besonderen Staatsform noch auch von all den Fragen reden, die darauf Bezug haben könnten. Wir sprechen vom reinen Begriff des Staats, in dem Sinne, in welchem er als die Wirklichkeit der sittlichen Idee bezeichnet ist. Nur von ihm aus hat das Folgende seinen Sinn.

Es ist das Wesen eines jeden, zur Einheit verbundenen Gegensatzes, daß jeder Teil sich durch seine eigene Macht zur Herrschaft über den anderen zu erheben sucht. Wenn nun Staat und Gesellschaft im Gegensatze stehen, so wird notwendig aus diesem bloßen Gegensatze eine Bewegung hervorgehen, in welcher sich beide gegenseitig zu unterwerfen streben. Und diese Bewegung ist damit der nächste und äußerlich am erkenntlichsten auftretende Inhalt des Lebens der menschlichen Gemeinschaft. Ihr Gang aber liegt in dem Wesen der beiden entgegengesetzten Elemente.

Der reine Begriff des Staates enthält, als die allgemeine Persönlichkeit, die Vielheit der einzelnen Persönlichkeiten *ohne Unterscheidung*. In allen begrifflichen Untersuchungen ist der einzelne dem Staate gegenüber stets als dem anderen *gleich* und *frei* gesetzt.

Allein die Gesamtheit der Angehörigen eines Staates, von denen jenes Prinzip der Freiheit gilt, sind eben *dieselben* Persönlichkeiten, welche die gesellschaftliche Ordnung der Gemeinschaft bilden. Nun zeigen die Entwickelung des Begriffs und die Darstellung der tatsächlichen Gesellschaft, daß diese Vielheit weder als eine gleiche gedacht werden kann, noch daß sie eine gleiche ist. Wir sehen vielmehr in der Gesellschaft stets als ihr allgemeinstes und unabänderliches Verhältnis eine *herrschende*, und eine *abhängige* Klasse.

Auf diese Weise lebt in jedem Staate, indem er eben eine Gesellschaft enthält, jener Gegensatz zwischen dem Prinzip des Staats und der Gesellschaft. Jedes Staatsleben ist mithin die Wirklichkeit jenes Widerspruches. Jeder Staat wird von ihm ergriffen, jeder Staat muß ihn bekämpfen. Und so entsteht unmittelbar die Frage für ihn, wie er sich zu den Elementen der Gesellschaft, wie diese sich zu ihm verhalten.

Da nun nach den voraufgegangenen Nachweisungen Reichtum, Macht und Glück des Staats von dem Wohlsein seiner einzelnen Staatsbürger bedingt ist, so ist allerdings in dieser Gesellschaft die Lage der herrschenden und mächtigen Klasse für sich betrachtet, in voller Harmonie mit der Staatsidee. An sich muß der Staat wünschen, daß diese Klasse existiere; er muß sie, weil in ihren einzelnen Mitgliedern dies

Ideal der äußeren Lage der Persönlichkeit verwirklicht ist, schützen und erhalten.

Allein ebenso entschieden ist die Lage der abhängigen Klasse im Widerspruche mit der Idee des Staats. Es ist klar, daß das Dasein der Abhängigen den Staat selber zum Teil – wenn die Zahl der Abhängigen steigt, oft zum großen Teil abhängig macht; wir werden sogleich sehen, von wem; es ist ferner die rechte Entfaltung des staatlichen Lebens nicht möglich, wenn derselbe Tausende einschließt, die niemals zur Entwickelung ihrer individuellen Anlagen, niemals zur rechten Erreichung ihrer Bestimmung gelangen können. Der Staat muß daher die Existenz dieser Klasse aufheben; denn nicht das Dasein der Gesellschaft als solcher, sondern nur das Dasein dieser abhängigen, unfreien Klasse steht mit den Forderungen seiner Idee im Widerspruch.

Der Staat aber, als ein lebendiges und seiner Aufgabe sich bewußtes Wesen, hat den Willen und die Kraft, an der Lösung dieses Widerspruches zu arbeiten. Der Weg, den er für diese Lösung einzuschlagen hat, ist seinem Prinzip nach ein einfacher. Wir haben gesehen, daß die Verwirklichung des Staatsprinzips überhaupt durch Verfassung und Verwaltung geschieht. Der Staat wird daher, um die Abhängigkeit der niederen Klasse zu heben, zuerst in der Verfassung die *Gleichheit des öffentlichen Rechts* als obersten Rechtsgrundsatz aufstellen; in der Verwaltung wird er die *Hebung der niederen Klassen* zum wesentlichen Gegenstande seiner Tätigkeit machen. Es ist nicht nötig, die einzelnen Maßregeln, durch welche dies erreicht wird, hier darzulegen; die Aufstellung des Prinzips wird genügen.

Indem nun aber die Existenz der gegebenen gesellschaftlichen Ordnung immer auf der Erhaltung jener Abhängigkeit beruht, so geht jede Maßregel, welche eins von jenen beiden Zielen verfolgt, im allgemeinen gegen die gegebene gesellschaftliche Ordnung, im besonderen aber gegen die *gesellschaftliche Lage der herrschenden* Klasse. Gerade mit dieser tritt daher der Staat in scharfen Gegensatz, und in diesem Gegensatze resümiert sich der Widerspruch des Staatsprinzips mit dem Prinzipe der Gesellschaft. Denn die herrschende Klasse ist es, welche um der abhängigen willen ihre bisherige Herrschaft und die tausend Genüsse, die sich an dieselbe schließen, verlieren muß, wenn die Bestrebungen des Staats siegen; sie ist es sogar, die, da sie die reichere ist, die materiellen Mittel dazu hergeben wird, um durch die Hebung der niederen Klasse ihre eigenen Vorzüge einzubüßen. *Sie* ist daher ihrer Natur nach die wahre Gegnerin der reinen Staatsidee, denn sie ist durch das Auftreten derselben gefährdet, wie das innere Wesen der Verhältnisse und wie die Beispiele der Geschichte es lehren.

Was ist die Folge dieses eigentümlichen Gegensatzes? Sie ist mit einem Worte zu sagen: da die höhere Klasse der Gesellschaft die Natur der Staatsidee weder ändern, noch die Staatsgewalt aufheben, noch auch ihr widerstehen kann, so sucht sie, um die Konsequenzen dieser Natur von sich abzuweisen, *sich so sehr als möglich ausschließlich der Staatsgewalt zu bemächtigen.* Dies ist das erste natürliche Gesetz aller Bewegung zwischen Staat und Gesellschaft.

Wie die herrschende Gesellschaftsklasse sich der Staatsgewalt bemächtigt

Ausgelassen sind in den folgenden Abschnitten die breiten Erörterungen allgemeiner Art, mit denen das Problem noch einmal verdeutlicht wird.

Wenn es wahr ist, daß die herrschende Klasse der Gesellschaft sich um ihres eigenen Interesses willen der Staatsgewalt bemächtigen muß, so entsteht die Frage, ob diese Staatsgewalt *an sich die Macht hat,* sich gegen die Gewalt dieser Klasse zu verteidigen, und wenn sie es nicht hat, *in welcher Weise* sich die letztere der Staatsgewalt wirklich bemächtigt. *[...]*

Der Staat ist, wie der Begriff der Persönlichkeit, deren Vollendung er enthält, zunächst ein reiner Begriff. Sein Dasein ist daher ein abstraktes. Er hat keine Erscheinung für sich, nichts, was nur er selber wäre, keinen durch ihn allein erzeugten Ausdruck seiner Existenz. Dem einzelnen erscheint er nur in der Notwendigkeit, einen Staat haben zu müssen. Ein jeder fühlt das Bedürfnis nach einer höheren Macht, nach einem höchsten menschlichen Willen, nach einer höchsten Tätigkeit. Damit diese aber wirklich werde, muß sie sich durch die wirklichen einzelnen äußern; sie muß in dem Individuum ihre Organe suchen.

Diese wirklichen Individuen aber stehen alle selber mitten in der Gesellschaft, und diese Gesellschaft ist es, welche ihre individuelle Stellung beherrscht. Indem also der Staat die Bestimmung seines Willens und die Ausführung seiner Beschlüsse dem einzelnen übergeben muß, wird überhaupt das gesellschaftliche Leben notwendig und unvermeidlich in das Leben des Staats hineingetragen; denn die einzelnen, indem sie zur Teilnahme am Staatsleben übergehen, bringen ihre sozialen Forderungen, Hoffnungen und Ansichten mit in Verfassung und Verwaltung hinein. Und so ergibt es sich, daß die Staatsidee im wirklichen Staat eben darum niemals rein erscheint, weil der ganze Geist, das ganze Leben des letzteren mit den sozialen Elementen von vorneherein durchdrungen ist.

Wenn nun, wie gesagt ward, die herrschende Klasse der Gesellschaft notwendig darnach streben muß, sich der Staatsgewalt in ihrem eigenen Interesse zu bemächtigen, und wenn diese Staatsgewalt ebenso notwendig in den Händen der Individuen ist, welche selber schon der

Gesellschaft angehören, so beantwortet sich die Frage gleichsam von selbst, ob der Staat an sich die Macht habe, dem Andrange der nach der Gewalt strebenden Klasse zu widerstehen. Da er selber aber durch lauter Persönlichkeiten vertreten ist, welche gesellschaftlich bereits ihre Stellung haben, und welche also schon unabhängig vom Staate entweder der herrschenden oder abhängigen Klasse angehören, so folgt, daß der Staat unvermögend ist, eine Stellung *außerhalb* der Gesellschaft einzunehmen, und daß er daher nicht minder unvermögend ist, den Elementen, welche in dieser Gesellschaft die Ordnung der Gemeinschaft entscheiden, sich zu entziehen. Durch diese innige und durchaus unvermeidliche Verschmelzung des Staats mit der Gesellschaft verliert daher der erstere alle Macht, sich dem Drange der in der letzteren herrschenden Klasse selbständig zu widersetzen. Seinem Begriffe nach der Herrschende, ist er in der Wirklichkeit der *Gehorchende*. Und er wird natürlich folgerecht um so entschiedener und einseitiger gehorchen, je entschiedener und schärfer die Herrschaft der einen gesellschaftlichen Klasse über die andere ausgeprägt ist.

Dies nun ist ein Satz von der größten Wichtigkeit für alle Betrachtung des Staatslebens. Ist er nämlich wahr, so fällt damit zugleich die oft gehörte Forderung hinweg, daß der Staat allein den Kampf mit der Gesellschaft beginnen, daß der Staat allein die Gesellschaft ändern solle. Er ist es, der die ganze Bewegung der Freiheit und Unfreiheit dem Staate nimmt, und *sie in die Gesellschaft hineinträgt*. Die Gesellschaft wird durch ihn der *wahre Quell aller Freiheit und Unfreiheit;* und das Folgende ist von allen Seiten nur die weitere Entwickelung dieses Satzes.

Wir haben den organischen Inhalt der Staatsidee als die Staatsverfassung und Staatsverwaltung bezeichnet. Wenn nun die herrschende Klasse die Staatsgewalt überhaupt unwiderstehlich ergreift, so muß sie natürlich dies tun, indem sie eben in Verfassung und Verwaltung ihre Herrschaft über den Staat organisiert und sichert. Und dies nun, die notwendige Konsequenz des obigen Satzes, erfüllt sich in folgender Weise:

Die Verfassung ist ihrem Begriffe nach der Organismus des Staatswillens oder die Form, in welcher sich der einheitliche Staatswille aus dem vielfältigen Willen des Volkes bildet. Soll also zuerst der Staatswille nun der Gesellschaft unterworfen werden, so muß jener Organismus entweder so eingerichtet sein, daß an dieser Bildung des Staatswillens die abhängige Klasse des Volkes überhaupt keinen Teil nimmt, oder so, daß der Wille der höheren gesellschaftlichen Klasse den Willen der abhängigen und untergeordneten überwiegt.

Dies nun geschieht dadurch, daß nicht mehr die reine, außerhalb der sozialen Unterschiede gedachte einzelne Persönlichkeit als solche zu jener Teilnahme berechtigt, sondern daß *Bedingungen* für diese Teilnahme aufgestellt werden, *deren Erfüllung nur in der Macht der höheren Klasse der Gesellschaft liegt.*

Die nächste und verständlichste dieser Bedingungen, in welcher der Charakter dieser Verfassungen am deutlichsten erscheint, beruht natürlich auf dem Elemente, welches am einfachsten und verständlichsten die Klassen der Gesellschaft scheidet, dem *Besitze.* Die Form, welche dies am deutlichsten zeigt, da in ihr der Besitz als solcher zur Bedingung der Teilnahme am Staatswillen wird, ist der *Zensus.* Mit dem Zensus beginnen daher *alle* Verfassungen, und auf den Zensus kommen sie zurück, je reiner der soziale Charakter aller Verfassung hervortritt. Auch die folgende Geschichte wird dies an seinem Orte zeigen.

Allein der Zensus ist so wenig die absolut allgemeine und notwendige Form der konkreten Verfassung, als der Besitz selber in seinem Inhalt einfach ist. Es kann auch eine bestimmte Art des Besitzes, es kann ein bestimmt *berechtigter* Besitz, es kann ein geistiger Besitz zur Bedingung gemacht werden. Diejenige Entwickelung des Staatslebens nun, welche irgendeine Art oder irgendein Maß des Besitzes zur Bedingung der Teilnahme am Staatswillen macht, ist die *Verfassungsgeschichte* des Staats; die Verschiedenheit des Besitzes bildet den wahren Inhalt der *Verschiedenheit der Verfassungen* selber. Immer aber wird, durch den inneren Zusammenhang von Gesellschaft und Verfassung erzeugt, der Satz notwendig gelten, daß, wenn in einer *Gesellschaft* eine bestimmte Art oder ein bestimmtes Maß von Besitz die herrschende Klasse von der abhängigen scheidet, alsdann auch nicht jede beliebige Art und jedes Maß, sondern nur *diejenige* Art und nur *dasjenige* Maß zur *Teilnahme am Staatswillen* berechtigen, welche in der Gesellschaft die Herrschaft der besitzenden Klasse begründen. Um dies klar zu machen, erinnern wir an das Prinzip der Lehnsverfassung, wo nur ein bevorrechteter Grundbesitz den Adel zur Vertretung berechtigte. Mehrere Beispiele wird die Folge zeigen.

Dies ist mithin das Prinzip, auf welchem in der *Verfassung* die staatliche Herrschaft der in der Gesellschaft herrschenden Klasse beruht. Durch dies Prinzip bemächtigt sie sich der Gewalt und erhält sie dieselbe.

Das zweite Gebiet des Staatslebens ist die *Verwaltung.* Die Verwaltung enthält ihrem Begriffe nach mehr als die Verfassung. Diese ist der Organismus der inneren Selbstbestimmung des Staatswillens; jene ist der Organismus, mit welchem dieser Staatswille die Mannigfaltigkeit des äußeren Lebens ergreift und nach seiner Bestimmung ordnet. In ihm erscheinen daher bestimmte allgemeine und dauernde Funktionen des Staats. Diese können je nach der Entwickelungsstufe des Staats mehr oder weniger ausgebildet sein, aber sie sind immer wenigstens im

Keime vorhanden. Die Vollziehung dieser Funktionen geschieht, ihrer Natur gemäß, durch dauernde Organe des Staatswillens. Diese Organe handeln im Namen des Staats und besitzen daher auch für jede ihrer einzelnen Handlungen die ganze Gewalt und die Autorität des Staats. Ihre Aufgabe ist in der Regel bestimmt; um so genauer natürlich, je weiter der Staatsorganismus selber entwickelt ist. Aber innerhalb dieser Aufgabe haben sie die ganze Freiheit und das ganze Recht des Staats, über die Anwendung des allgemeinen Staatswillens auf den einzelnen Fall zu entscheiden. Ihre Macht ist daher groß; sie ist, als Gesamtheit betrachtet, in der Tat die größte Macht in der menschlichen Gemeinschaft.

Diese Organe des Staats, wie sie soeben charakterisiert sind, bilden zusammen den Begriff des *Amtes*. Die Staatsverwaltung geschieht durch das *Amt*. Im Amte erscheint der durch die Verfassung gegebene Staatswille als die äußere, wirkliche Selbstbestimmung des persönlichen Staats, das Organ der Herrschaft über die äußere Welt.

Soll nun die herrschende Gesellschaftsklasse sich der Gewalt des Staats bemächtigen, so muß sie, um in der Staatsverwaltung zu herrschen, sich demnach das *Amt* unterwerfen.

Dies nun geschieht zunächst und im allgemeinen, abgesehen von den Individuen, dadurch, daß die Übertragung des Amtes an das Individuum, den Beamteten, an persönliche Bedingungen gebunden wird, welche nur durch die Mitglieder der herrschenden Klasse erfüllt werden können und über deren Vorhandensein die Mitglieder der herrschenden Klasse entscheiden, in entsprechender Weise wie dies in der Verfassung der Fall ist. Allein dabei bleibt die herrschende Klasse selten oder nie stehen. Die soeben aufgestellte Regel für die Erlangung eines Amtes folgt aus dem Interesse der ganzen herrschenden Klasse. Dies Interesse ist aber auch zugleich ein individuelles für jedes Mitglied derselben. Wo nun die Herrschaft jener Klasse im ganzen gesichert ist, da tritt das individuelle Interesse in jedem einzelnen Falle als entscheidend auf, und die Besetzungen der Ämter geschehen alsbald nach rein persönlichen Verhältnissen, Verwandtschaft, Reichtum, Einfluß, Verbindungen und anderen Beziehungen. Der Regel nach ist dies zweite unvermeidlich, wo das erstere eingetreten ist. Und auf diese Weise bekommt dann die herrschende Klasse zunächst die Organe der Staatsverwaltung in ihre Gewalt.

Schon dadurch ist dieselbe im wesentlichen die Herrin der Staatsverwaltung. Die wirkliche Tätigkeit jener Organe nun oder die wirkliche Verwaltung hat damit die Kraft schon verloren, unabhängig von den Einflüssen der gesellschaftlichen Herrschaft die wahre Idee des Staates zu vertreten. Gehorchend dem Willen der verfassungsmäßigen und in den Händen der herrschenden Klasse befindlichen Gesetzgebung, besetzt

mit den Gliedern dieser Klasse, umgeben von ihren Elementen, dient sie im ganzen wie im einzelnen ihrer Macht. Und auf diesem Punkte ist der Satz dann erfüllt und verwirklicht, daß die g a n z e Staatsgewalt in allen ihren Beziehungen und Teilen nicht der Gesellschaft im allgemeinen, auch nicht dem Volke als solchem, sondern der herrschenden Klasse in der Gesellschaft anheimfällt.
Somit ist der Inhalt der ersten, gleichsam elementaren Bewegung zwischen Staat und Gesellschaft gegeben. Allein ganz offenbar kann dieselbe dabei nicht stehen bleiben. Denn betrachten wir das Obige genauer, so ist jene Bemächtigung nur noch rein im *negativen Sinne* aufgefaßt. Sie ist nur noch ein Ausschließen der abhängigen Klasse von der Staatsgewalt, ein Kampf *gegen* die höhere Natur der staatlichen Idee und ihre gefürchtete Anwendung auf das Interesse der herrschenden Klasse. Die Staatsgewalt aber vermag mehr. Sie kann und soll nicht bloß Schaden verhüten, sie kann auch positiv nützen. So wie daher jene Klasse die Staatsgewalt hat, entsteht eine neue Bewegung im Staatsleben, im Gebrauch der Staatsgewalt, im *positiven Interesse der herrschenden Klasse*. Auch diese Bewegung, im einzelnen mannigfach verschieden, hat im ganzen ihre feste Ordnung.

Die positive Entwickelung der gesellschaftlichen Herrschaft. Das gesellschaftliche Recht. Der Stand und das Standesrecht. Die Kaste

Der Zustand des Staats, den wir soeben beschrieben haben, ist kein ursprünglicher, sondern er ist nur eine Konsequenz aus dem Wesen der gesellschaftlichen Elemente. Die absolute Grundlage jener Herrschaft, ohne welche sie nicht da sein kann, liegt in den gesellschaftlichen Verhältnissen. Soll daher nun, nachdem die herrschende Klasse vom Staate Besitz ergriffen, eine Anwendung der Gewalt desselben im Interesse jener Klasse erfolgen, so muß sich natürlich diese Anwendung auf die Grundlagen der sozialen Stellung selber beziehen, durch welche wiederum jener Besitz der Staatsgewalt gesichert wird. Dies positive Gesetz jener Herrschaft ist eine unabweisbare Regel für ihre wirkliche Tätigkeit.

Da nun der Staat in Verfassung und Verwaltung organisiert ist, und beide der herrschenden Klasse gehorchen, so ergibt sich, daß die Gesetzgebung und die Anwendung der gegebenen Gesetze von der herrschenden Klasse im Interesse ihrer *gesellschaftlichen* Herrschaft, auf welcher ihre politische beruht, bestimmt werden; das ist, daß in Verfassung und Verwaltung in jeder Beziehung die Staatsgewalt zur *Erhaltung und Förderung derjenigen gesellschaftlichen Zustände angewandt* wird, auf denen eben die Herrschaft der herrschenden Klasse, die Abhängigkeit der abhängigen beruht.

Dies ist das unabänderliche Prinzip aller öffentlichen Gewalt in jedem Staate, in welchem eine Klasse der Gesellschaft sich ausschließlich der Staatsgewalt bemächtigt hat. Die Ausführung dieses Prinzips besteht in der beständigen, unter allen Verhältnissen wiederholten Anwendung eines Grundsatzes, der eigentlich die Ordnung der Gesellschaft gleichsam stillschweigend unter seinen Händen entstehen läßt. Die genaue Beobachtung desselben bei den einzelnen Staaten ist das einzige Mittel, das *wahre Verhältnis der verschiedenen gesellschaftlichen Klassen zueinander*, das sich, wie gesagt, stets in ihrem Verhältnis zur Staatsgewalt ausdrückt, richtig zu erkennen. Darum möchten wir die Aufmerksamkeit besonders auf diesen Grundsatz hinlenken.
Es folgen Anwendungen des Prinzips auf die Entstehung der Stände, Zünfte und Kasten.

Der Begriff der Unfreiheit

Über keinen Begriff hat von jeher so unendliche Unklarheit geherrscht als über den Begriff der Freiheit und der Unfreiheit. Es ist nicht unsere Sache, denselben auf das Gebiet des rein inneren Lebens zu verfolgen. Aber auch in Recht und Staat hat man sich niemals über das Wesen der Freiheit und Unfreiheit einigen können.

Das nun lag daran, daß man niemals nach demjenigen gesucht hat, was die Unfreiheit *entstehen läßt*. Denn wie in der Tat kann ich denn ein Ding anders begreifen, als indem ich seine tieferen Gründe erkenne? Nach diesen Gründen aber hat man nicht gesucht und nicht suchen können, weil man den Begriff der Gesellschaft nicht gekannt hat.

Wenn wir den Staat als die höchste Gestalt der Idee der Persönlichkeit und sein Lebensprinzip als die Aufgabe anerkennen, die höchste Vollendung jedes einzelnen durch seine Gewalt herbeizuführen, so ergibt sich, daß der Staat als solcher, seinem innersten Wesen nach, *frei* ist. Die Freiheit, das ist die vollste Selbstbestimmung jedes einzelnen, ist das Prinzip des Staats; der Staat *kann* gar nicht unfrei sein. Kein Punkt ist in der reinen Staatsidee, von welchem die Unfreiheit entstehen könnte; der Begriff des Staates ist gar nicht imstande, eine Verfassung oder eine Verwaltung zu erzeugen, die unfrei wäre. Es ist daher ein absolutes Mißverständnis, in dem unfreien Staate den Staat als solchen zu verklagen oder anzugreifen; er ist im Gegenteil die persönliche Wirklichkeit der sittlichen Idee, der persönlichen Freiheit.

Allein indem nun dieser Staat in Berührung tritt mit seinem Staatskörper, der Gesellschaft, und indem diese Gesellschaft sofort seine Gewalt für sich in Anspruch zu nehmen trachtet, entsteht ein wesentlich anderes Verhältnis.

Das Lebensprinzip der ganzen Gesellschaft, und mithin auch das jeder einzelnen Klasse derselben, ist das Interesse. Der Inhalt des Interesses geht dahin, die gegebene gesellschaftliche Stellung zu behaupten oder zu bessern. Jede bessere gesellschaftliche Stellung beruht nun aber darauf, daß andere in anderen Stellungen von ihr abhängig sind. Das Interesse löst sich daher stets in das Streben auf, diese Abhängigkeit entweder hervorzurufen, oder die hervorgerufene zu sichern oder zu vergrößern. Wer nun abhängig ist, der muß mit seiner Arbeit dienen und den Gewinn dem geben, von welchem er abhängig ist. Die Abhängigkeit entzieht daher selber eben die Elemente der persönlichen Selbständigkeit und Freiheit dem Abhängigen. Jenes Prinzip der Gesellschaft läßt also, indem es eine Klasse frei und selbständig macht, die zweite unfrei und unselbständig.

Indem nun die erste, in der Gesellschaft herrschende Klasse sich der Staatsgewalt bemächtigt, Privilegium, Stand und Kaste erzeugt und Verfassung und Verwaltung nach ihrem Interesse einrichtet, trägt sie etwas in den Staat hinein, was ohne sie nicht da sein würde; der Staat gewährleistet durch diese seine neue Gestalt ein Element, das ihm und seiner höheren Idee widerspricht; er berechtigt und beschützt mit seiner Gewalt die Abhängigkeit, während seine wahre Natur den Kampf gegen dieselben fordert. Der Staat wird damit ein Diener einer Macht, welche in Prinzip und Ziel ihm direkt entgegentritt; er sieht seine eigenste Natur gleichsam umgekehrt, er steht mit sich selber in Widerspruch; sein Wille ist nicht länger sein wahrer Wille, er hat sich und sein Wesen an das Prinzip der Abhängigkeit verloren, und hat mit seinem Recht das geheiligt, was seine Idee verdammt, die Herrschaft eines Teiles über den anderen Teil, die Herrschaft des Interesses über die unbeschränkte Entwickelung der freien Persönlichkeit – er ist *unfrei* geworden.

Dies ist mithin der Begriff der Unfreiheit. Die Unfreiheit entsteht, wenn die Staatsgewalt gezwungen wird, einem besonderen gesellschaftlichen Interesse zu dienen. Sie ist eine *rechtliche* Unfreiheit, wenn der Staat die Herrschaft eines solchen Sonderinteresses, die ohne ihn nur eine Tatsache ist und daher von jedem bekämpft werden kann, zu einem für jeden unantastbaren Recht macht. Sie ist eine *politische* Unfreiheit, *wenn eine bestimmte Klasse der Gesellschaft die Herrschaft über die Staatsgewalt ausschließlich in Händen hat.* Der unfreie Staat ist daher derjenige, in welchem dies geschehen ist. Eine unfreie Verfassung ist nach demselben Begriffe eine solche, welche die Ausschließlichkeit oder doch das Übergewicht dieser Herrschaft organisch geordnet und gesetzmäßig eingeführt hat. Ein unfreier Charakter ist der, welcher sich in dieser somit gesetzten Abhängigkeit wohl befindet. Es ist daher nun klar, wo die Unfreiheit liegt und wie sie entsteht. Sie liegt in der durch die Gesellschaft notwendig bedingten Abhängigkeit, und diese Abhängigkeit, an sich ein Natürliches, wird zur Unfreiheit, so wie der Staat sie als Prinzip der Verfassung anerkennt. Alle Unklarheit über Freiheit und Unfreiheit entsteht demnach nicht aus dem Staat, sondern aus der Gesellschaft und ihrem Verhältnisse zum Staate; das rechte Bewußtsein über die wahre Freiheit und Unfreiheit und über die Mittel, die letztere zu bekämpfen, beginnt erst da, wo man den das ganze Staatsrecht beherrschenden Grundsatz erkannt hat, daß die abstrakte oder rein theoretische Verfassung zwar aus dem reinen Begriff des Staats hervorgeht, aber auch nur für diesen Gültigkeit hat, während die *wirkliche Verfassung die Konsequenz oder die Erscheinung der Gesellschaftsordnung im Organismus der Staatsgewalt ist.*

Wenn dem nun so ist, so ergibt sich als eine notwendige Folge jenes Satzes die ernste Wahrheit, daß die Unfreiheit im Leben der menschlichen Gemeinschaft *notwendig und unvermeidlich ist.* Denn auf ihr beruht die Gesellschaft und auf der Gesellschaft die Verfassung. So wie es in der reinen, absolut aus dem Begriff des Staats hervorgehenden Verfassung kein Element der Unfreiheit gibt, so gibt es nach dem Obigen keine denkbare *wirkliche Verfassung*, die nicht die Unfreiheit, die durch den Staat anerkannte Abhängigkeit, in einer oder anderer Weise, in einem oder anderem Maße in sich enthielte. Das ist der von Rousseau dunkel geahnte Sinn seiner Worte, daß die Republik nur für die Götter gemacht sei; die absolute Republik, die absolut freie Verfassung ist eben ein für das wirkliche Leben Unmögliches, weil auch sie eine Gesellschaft, und diese eine Abhängigkeit und einen Kampf der Herrschenden um den ausschließlichen Besitz der Staatsgewalt als ihre Grundlage enthält. Das Leben der menschlichen Gemeinschaft beruht im Gegenteil auf der beständigen Bewegung der letzteren nach der Verwirklichung ihrer Herrschaft, mithin auf einem beständigen Kampfe der Unfreiheit.

Dieser Gedankengang wird noch einmal abgeleitet an der Herrschaft von Ständen und Kasten.

Das Prinzip und die Bewegung der Freiheit

Der Ausgangspunkt

Nach einer allgemeinen Einleitung stellt Stein sich folgendes Problem:

Die meisten Menschen, indem sie den Untergang der Freiheit in der menschlichen Gemeinschaft sehen, pflegen sich, und fast immer mit einem unmittelbaren Gefühl, dem Staate und seiner Verfassung zuzuwenden. Sie fühlen, daß der Staat seiner Idee nach der Träger der Freiheit, und daß seine Verfassung, eben weil sie von der Gesellschaft abhängig ist, der Ausdruck der Freiheit ist. Sie fordern daher gewöhnlich zunächst vom Staate als solchem, daß er allein und durch sich die Freiheit geben und sie in der Verfassung gesetzlich ordnen solle.

Diese Forderung beruht auf dem großen Irrtum, als ob der Staat als solcher überhaupt die Fähigkeit habe, der Gewalt und den Forderungen der Gesellschaft zu widerstehen.

Wir haben schon einmal das wahre Verhältnis hervorgehoben. Es ist nur zu gewiß, daß der reine Staat diese Fähigkeit *nicht* hat; seine Ohnmacht ist die Ohnmacht alles Abstrakten und Idealen, das im einzelnen konkreten Falle der Wirklichkeit gegenüber steht. Der Staat hat keine wirkliche Existenz außer der Gesellschaft; jeder seiner Bürger wie seiner Diener gehört, und zwar ehe er noch in den eigentlichen Staatsdienst hineintritt, schon durch Geburt, Erziehung und gesellschaftliche Aussichten einer bestimmten Abteilung der Gesellschaft an; wer und was soll denn die reine Idee des Staats vertreten? Sein Wille personifiziert sich in Personen, welche den Mittelpunkt ihres Lebens in der Gesellschaft außer ihm finden; seine Tätigkeit wird durch dieselben Personen geleitet, welche an der Anwendung derselben zum Nutzen der einzelnen Klassen ein persönliches Interesse haben; er hat kein einziges Organ, das er eigentlich ganz das seinige nennen könnte; – *womit* denn sollte er der Herrschaft der Gesellschaft Widerstand leisten, und womit sollte er, allein und aus sich selber heraus, und noch dazu schon von derselben gesellschaftlichen Ordnung beherrscht, die er ändern sollte, seine Gewalt über diese Gesellschaft manifestieren, sich durch sich selber helfen? Es ist unmöglich. Der Staat ist ohnmächtig, die Herrschaft der Gesellschaft von sich abzuhalten; einmal ihr unterworfen, ist er noch ohnmächtiger, gegen sie anzukämpfen und sein Prinzip der Freiheit gegen die gesellschaftliche Unfreiheit aufrecht zu halten.

Dies nun ist besonders für eine bekannte und nicht unmächtige Partei in aller Bewegung von Staat und Gesellschaft gesagt. Das ist diejenige, die noch immer der Hoffnung ist und bleibt, daß man den Sieg der Freiheit allein durch eine, der reinen Idee des Staats möglichst entsprechende Verfassung erringen und sichern könne. Das ist nichts anderes als der Glaube, daß der Staat die Macht habe, die gesellschaftliche Unfreiheit durch einen Akt seines Willens zu bewältigen. Diese Partei, die dies meint, ist die *demokratische*. Wir werden ihr in unserer Geschichte noch öfter begegnen, und es wird sich jedesmal zeigen, wie viel sie für einen Augenblick, wie wenig sie für die Dauer vermag. Ihr Recht und ihre Gewalt besteht in der abstrakt richtigen Auffassung der Staatsidee; ihr Unrecht aber in der vollständigen Verkennung des Wesens und der Macht der Gesellschaft. Indem sie sich absolut an die Idee des ersteren anschließt, macht sie ihr Schicksal zu dem seinigen, und damit teilt sie die Unmacht und den Fall jener Ideen, sobald die Gesellschaft mit ihrer Ordnung auftritt. Sie hat eben dadurch große Versehen begangen; allein vergessen wir nicht, daß sie bis zur jüngsten Zeit mit der Bewegungspartei in der Gesellschaft selber identisch war. Als selbständige ist sie erst, zum großen Teil ohne es zu wissen, in der jüngsten Zeit aufgetreten; und kaum aufgetreten, hat sie ihre ungemeine Schwäche erkannt. Sie wird aber von dem Augenblick an eine andere werden, wo sie die *Machtlosigkeit der Staatsidee der Gesellschaftsordnung gegenüber* erkennt. Durch diese Erkenntnis ist sie bereits zum Teil einem anderen Elemente in die Arme geworfen, zum Teil wird sie es werden. Und dies Element ist dasjenige, welches der Gesellschaft wie dem von ihr beherrschten Staate gegenüber die wahre Grundlage der Freiheit, des einzigen Lebens der Persönlichkeit vertritt.

Wenn nämlich der Staat aus sich selber heraus sich nicht helfen, und die Gesellschaft ihrem Prinzip nach nicht frei sein kann, so wird die Möglichkeit des wahren Fortschritts notwendig in einem Moment liegen müssen, das über beiden stehend, mächtiger als beide ist.

Es kann nicht zweifelhaft sein, welches dies höhere, beide Erscheinungen umfassende Element ist. Beide sind für das begriffliche Erkennen entstanden aus dem Wesen der *Persönlichkeit.* Dies Bedürfnis, die *höhere Bestimmung* der Persönlichkeit rief die Vielheit, die Einheit dieser Vielheit im Staate, die Ordnung derselben in der Gesellschaft hervor. Man kann Staat und Gesellschaft auf verschiedene Weise sich zur Anschauung bringen; allein *denken* kann man sie nur als Bedingungen für die Erreichung jener Bestimmung. Solange sie daher dieser Bestimmung dienen, so lange erfüllen sie den wahren Zweck ihres Daseins; wenn sie es nicht tun, treten sie mit dem Höheren, in dessen Namen sie gleichsam leben, in Widerspruch, und dann ist es auch eben nur dies Höhere, welches sie mit seiner Macht wiederum bewältigen kann, daß sie zu ihrer Bestimmung zurückkehren.

Die Persönlichkeit und ihre Bestimmung ist es daher, welche, mächtiger als Staat und Gesellschaft, beide der Freiheit wieder dienstbar macht. Und mit diesem Satze beginnt eigentlich erst das zweite große Gebiet in der Lehre von der Bewegung der Gesellschaft und des Staats: Es ist die Bewegung der Freiheit, welche der unfreien Bewegung entgegentritt.

Allein dieser Begriff der Persönlichkeit als Grundlage und Ausgangspunkt der freiheitlichen Entwickelung ist, so hingestellt, ein abstrakter und schwer faßlicher; das Gebiet dagegen, welches er beherrscht, ein weites und mannigfach verschiedenes. Es wird daher das Folgende verständlicher, wenn wir die drei Grundsätze, nach welchen die arbeitende Bewegung desselben sich richtet, voraufstellen.

Da die Unfreiheit durch die Natur der gesellschaftlichen Ordnung gegeben, und diese mächtiger ist als das Organ der Freiheit, der Staat und seine Idee, so folgt, daß, wie die Entwickelung der Unfreiheit und Abhängigkeit, so auch die Bewegung der Freiheit nicht im Gebiete des Staatslebens, sondern *in dem Gebiete der gesellschaftlichen Ordnung* beginnen und verlaufen muß. Dies ist das erste Prinzip für die *freie* Geschichte der Gesellschaft.

Da aber zweitens die gesellschaftliche Ordnung die staatliche Ordnung bestimmt und beherrscht, so ergibt sich, daß, wenn jene in ihren Elementen im Sinne der Freiheit wirklich durch die Arbeit der Persönlichkeit umgestaltet ist, alsbald *eine Umgestaltung der Staatsverfassung und alles gesellschaftlichen Rechts erfolgen muß.* Diese kann auf zwei Wegen geschehen, entweder durch die *Reform,* oder durch die *Revolution;* beide haben ihren eigentümlichen Charakter und ihren eigentümlichen Verlauf. Es liegt aber im Wesen jenes Satzes selber, daß jede Umgestaltung des öffentlichen Rechts nur dann wahren Sinn und Bestand haben kann, wenn die bisher bestehenden Elemente der gegebenen gesellschaftlichen Ordnung *wirklich* umgestaltet sind; diese Umgestaltung ist die notwendige Voraussetzung jeder Veränderung der Verfassung.

Da endlich drittens der Staat seiner Idee nach das Prinzip der Freiheit vertritt, so *beginnt* jene Veränderung stets mit einer Hinwendung der freiheitlichen gesellschaftlichen Elemente zur Staatsidee und mit der *Aufstellung neuer staatsrechtlicher Begriffe und Theorien;* und aus demselben Grunde ist die Bewegung erst dann abgeschlossen, wenn jene Elemente wirklich die neue, von ihnen geforderte Verfassung erhalten haben.

Dies sind die drei Prinzipien, nach denen die Bewegung der Freiheit der Bewegung zur Unfreiheit entgegenarbeitet. Wir haben sie jetzt im einzelnen zu verfolgen.

[28]

Verfassungsentwurf der Siebzehn (1848)

Am 10. 3. 1848 beschloß die für die auswärtigen, militär. und inneren Verhältnisse des Deutschen Bundes zuständige Bundesversammlung, einen Ausschuß einzusetzen, der eine Revision der Bundesverfassung vorbereiten sollte. In Übereinstimmung mit dem Stimmenverhältnis des Engeren Rates der Bundesversammlung sollte der Ausschuß aus 17 »Männern des allgemeinen Vertrauens« bestehen. Am 27. 4. 1848 legte der Siebzehner-Ausschuß der Bundesversammlung einen Entwurf für eine neue Reichsverfassung vor. Der Entwurf macht die grundlegenden Intentionen und Schwierigkeiten deutlich, die die Beratungen über ein Reichsgrundgesetz bestimmten. Auf die Diskussionen in der Frankfurter Nationalversammlung hatte er erheblichen Einfluß.

Quelle: E. R. Huber, Dokumente zur deutschen Verfassungsgeschichte, Band I, Stuttgart 1961, S. 284 ff.

Vorwort

Aus einem treulich fortgesetzten Bemühen ist uns am Ende eine Arbeit erwachsen, die der besonnenen Pflege und einer zeitigenden Frühlingssonne gar sehr bedarf, wenn aus ihr etwas zum Heile des Vaterlandes erblühen soll. Nicht bloß, daß wir die ungeheure Kühnheit, ja Vermessenheit empfanden, durch wenige scharf einschneidende Paragraphen tausendjährige Schäden heilen zu wollen, unter uns ergab sich, daß wir es nur geradezu gestehen, als wir den Hauptorganen der neuen Staatsbildung nachfragten, mannigfache Meinungsverschiedenheit, und es sind hochwichtige Entscheidungen allein durch Mehrheiten, überwiegende freilich, getroffen. Was uns indeß immer wieder zu neuer Gemeinsamkeit des Eifers zusammenführte, war unsere volle begeisterte Einstimmigkeit in *einem* Punkte. Dieses Deutschland, welches die vielhundertjährigen Strafen seiner Entzweiung getragen hat, muß seine Volks- und Staatseinheit jetzt erreichen, unverzüglich, bevor noch das zweite Jahrhundert seit jenem Frieden abläuft, welcher seine Schwäche heilig spricht. Niemand in der Welt ist so mächtig, ein Volk von über vierzig Millionen, welches den Vorsatz gefaßt hat, sich selbst fortan anzugehören, daran zu verhindern; niemand auch dürfte nur wünschen, es zu seyn, und wenn durch Ereignisse, in welchen wir Alle die Waltung einer höheren Hand verehren, Vieles von dem, was früher allein die Sehnsucht des Vaterlandsfreundes erreichte, heute in die nächste Nähe gerückt ist, – wehe der Staatskunst, die in solchem Augenblicke die alten Netze der Täuschung wieder auswerfen wollte, sie würde sich ihr eigenes Grab graben. Darum sind die Artikel über die Bedeutung des Reichs, über die Grundrechte des Deutschen Volks und die Competenz des Reichsgerichts mit großer Einmüthigkeit genehmigt. Allein die Notwendigkeit, welche in den Sachen belegen ist, führte die Mehrzahl der Versammlung einen starken Schritt weiter. Niemand in ihrer Mitte verbarg sich, daß in jener Zerstückelung, welche für unser Vaterland so traurige Früchte getragen hat, dennoch zugleich vielfältige Keime verborgen liegen, welche unzertreten bleiben müssen, wenn unsere Zukunft fröhlich gedeihen soll. Die Bedeutung unserer Dynastien ist durch die Stürme weniger Wochen nicht entblättert, und eine edle Scham hat uns Deutsche behütet, denen zur Seite zu treten, welche aus dem Mißbrauche der Macht, wozu die Versuchung in jeder Menschenbrust liegt, die Nothwendigkeit folgern wollen, jede hervorragende Größe als ein Hinderniß der Freiheit zu beseitigen. An unsere Fürstenhäuser knüpft sich nicht bloß die alte Gewohnheit des Gehorsams, welche sich durchaus nicht beliebig anders wohin übertragen läßt, sondern in Wahrheit die einzige Möglichkeit, dieses weitschichtige, vielgestaltige Deutschland allmälig in die Staatseinheit einzuführen, die sich aus höheren Gründen nicht länger entbehren läßt. Wenn es gewiß ist, daß eine Einheit in der Art, wie sie in anderen europäischen Reichen obwaltet, sich auf Deutschem Boden nur durch eine unabsehliche Reihe von Gewaltthaten und Freveln, deren Verantwortlichkeit kein reiner Vaterlandsfreund auf sich nehmen möchte, erreichen ließe, so würde eben so gewiß am erreichten Ziele das Gefühl einer völligen Verödung und Rathlosigkeit die Deutschen Gemüther bewältigen; denn es wäre ein plötzlicher leichtsinniger Bruch mit unserer ganzen Vergangenheit. Steht so die Erblichkeit nicht bloß in der Gewissenhaftigkeit und der Gesinnung der Deutschen, sondern auch in ihren politischen Überzeugungen fest, so hat sich doch über die Frage, ob das künftige Oberhaupt Deutschlands ebenfalls erblich zu berufen sey, die Versammlung der Siebenzehner nicht zur Einstimmigkeit vereinbaren können. Die Auffassung der Mehrzahl aber, die im Fortgange der Berathung stärker anwuchs, ist diese: Von der Zeit an, da ein Reichsgrundgesetz dem Deutschen Volk die Reichseinheit und seinen einzelnen Staaten eine Fülle der edelsten Freiheiten, wie sie noch kein Volk der Erde in so kurzem Kampfe erwarb, gewährleistet, Freiheiten, deren noch weiteren Fortschritt nichts hemmen wird, es wäre denn die eigene Besonnenheit, von dieser Zeit an muß für jeden Vaterlandsfreund die Bewahrung solcher unschätzbaren Güter vor umwälzenden Strebungen die Hauptsache seyn. Knüpft sich nun unser vielverzweigtes Volksleben wesentlich an den Fortbestand der Dynastien Deutschlands, so darf das Reichsoberhaupt, welches über dem Ganzen zu walten berufen ist, ebenfalls nur ein gleichartig erbberechtigtes seyn. Verlassen von dieser Eigenschaft, welche die Wurzel jeder menschlichen Macht bildet, würde es ungleich berechtigt denjenigen gegenüberstehen, welche, um der Wohlfahrt des Ganzen willen, die Verpflichtung anerkannt haben, ihre Erbmacht seiner Hoheit unterzuordnen. Es würde eben darum, wenn von Haus aus mächtig, das Reichsregiment als eine vergängliche Nebenaufgabe, nur allenfalls zu Hauszwecken nutzbar, betrachten und behandeln; ohne Hauslande aber an den höchsten Platz gestellt, wie könnte ein solches, bloß mit den Fictionen der Macht bekleidetes Reichsoberhaupt nur anders, als in den erblichenDynastien seine geborenen Gegner erblicken? Je kraftvoller ein solches Reichsoberhaupt auf den ihm übertragenen Rechten hielte, um so gewisser sähe sich das Deutsche Volk in den verderblichsten inneren Zwiespalt, den gefährlichsten Kampf der Pflichten hineingerissen. Nicht unwahrscheinlich würde die eine und untheilbare Republik, mit einem Präsidenten an der Spitze, den Sieg davon tragen, aber sicherlich nur auf einem mit Deutschem Bürgerblute bespritzten Pfade; denn es ist eine Fabel, die allein in der verzehrenden Unruhe der letzten Wochen vorübergehenden Glauben finden konnte, als sey aus den Herzen der Deutschen die Geltung ihrer Fürstenhäuser auf einmal verschwunden. Diese werden vielmehr in dem Volksbewußtseyn eine um so freundlichere Stätte finden, weil sie dem allgemeinen Wohle schmerzliche Opfer gebracht haben. Darum darf der Anfang unserer neuen Ordnung keineswegs mit der Bestellung eines wechselnden Oberhauptes gemacht werden, und die Mehrzahl unserer Versammlung hat, indem sie den fünften Paragraphen genehmigte, mit sicherer Überzeugung jede Richtung zu diesem Ziele hin aus ihrem Plan entfernt, denn der Gedanke, daß sich späterhin wohl auf eine Bahn zurückkommen lasse, die man, in schwankender Zeit schwankend gesinnt, jetzt zu betreten zagt, gehört den verderblichsten aller Täuschungen an. Was in dieser Richtung gelingen soll, muß unverzüglich geschehen. Wenn Deutschlands einträchtiger Fürstenrath der großen Maiversammlung zu Frankfurt am Main einen Deutschen Fürsten seiner Wahl als erbliches Reichsoberhaupt zur Annahme zuführt, dann werden Freiheit und Ordnung auf Deutschem Boden sich versöhnt die Hände reichen und fürder nicht voneinander lassen.

Entwurf des Deutschen Reichsgrundgesetzes

Da nach der Erfahrung eines ganzen Menschenalters der Mangel an Einheit in dem Deutschen Staatsleben innere Zerrüttung und Herabwürdigung der Volksfreiheit, gepaart mit Ohnmacht nach Außen hin, über die Deutsche Nation gebracht hat, so soll nunmehr an die Stelle des bisherigen Deutschen Bundes eine auf Nationaleinheit gebaute Verfassung treten.

Art. I. Grundlagen

§ 1. Die zum bisherigen Deutschen Bunde gehörigen Lande, mit Einschluß der neuerdings aufgenommenen Preußischen Provinzen und des Herzogthums Schleswig bilden fortan ein Reich (Bundesstaat).
§ 2. Die Selbständgkeit der einzelnen Deutschen Staaten wird nicht aufgehoben, aber, so weit es die Einheit Deutschlands fordert, beschränkt. Diese Beschränkung liegt theils darin, daß einzelne Staatsangelegenheiten fortan ausschließlich der Reichsgewalt anheimfallen (s. Art. II), theils darin, daß dem Volke gewisse Grundrechte und Einrichtungen von Reichswegen gewährleistet werden (s. Art. IV).

Art. II. Bedeutung des Reichs

§ 3. Der Reichsgewalt steht fortan ausschließlich zu:

a) die völkerrechtliche Vertretung Deutschlands und der einzelnen Deutschen Staaten nach Außen, mithin das Recht der Verträge und des gesammten diplomatischen Verkehrs zu diesem Zweck; ingleichen die Ueberwachung der von den einzelnen Staaten unter sich oder mit dem Auslande abzuschließenden Verträge. (Ständige Gesandtschaften zwischen den einzelnen Staaten finden nicht weiter statt.);

b) das Recht über Krieg und Frieden;

c) das Heerwesen, beruhend auf stehendem Heere und Landwehr, und auf dem Grundsatz der allgemeinen Wehrpflicht ohne Stellvertretung;

d) das Festungswesen;

e) die Sicherung Deutschlands zur See durch eine Kriegsflotte und Kriegshäfen;

f) das Zollwesen, so daß das ganze Reich ein Zollgebiet bildet;

g) das Postwesen;

h) Gesetzgebung und Oberaufsicht über Wasserstraßen, Eisenbahnen und Telegraphen;

i) Ertheilung von Erfindungspatenten, die sich auf das ganze Reich erstrecken;

k) die Gesetzgebung im Gebiete des öffentlichen und Privatrechts, in so weit eine solche zur Durchbildung der Einheit Deutschlands erforderlich ist, wohin insbesondere ein Gesetz über Deutsches Heimathsrecht und Staatsbürgerrecht, so wie ein Gesetz über ein für ganz Deutschland gleiches Münz-, Maaß- und Gewichtssystem gehört;

l) die Gerichtsbarkeit in dem unten (§ 24) bezeichneten Umfange;

m) die Verfügung über sämmtliche Zoll- und Posteinkünfte und, sofern diese und sonstige Reichseinnahmen (Taxen, Concessionsgelder usw.) nicht ausreichen, die Belegung der einzelnen Staaten mit Reichssteuern.

Art. III. Verfassung des Reichs

§ 4. Die Fülle der Reichsgewalt ist in dem Reichsoberhaupte und dem Reichstage vereinigt. Die Verwaltung einzelner Zweige derselben geschieht durch eigene Reichsbehörden, an deren Spitze Reichsminister stehen; die Gerichtsbarkeit insbesondere übt ein Reichsgericht aus.

A. das Reichsoberhaupt

§ 5. Die Würde des Reichsoberhaupts (Deutschen Kaisers) soll, um der Sicherstellung der wahren Wohlfahrt und Freiheit des Deutschen Volks willen, erblich seyn.

§ 6. Das Reichsoberhaupt residirt zu Frankfurt a. M.; es bezieht eine mit dem Reichstage zu vereinbarende Civilliste.

§ 7. Der Kaiser hat die vollziehende Gewalt in allen Angelegenheiten des Reichs, ernennt die Reichsbeamten und die Officiere des stehenden Heeres und der Marine, so wie die Stabsofficiere der Landwehr; deßgleichen verfügt er über die Vertheilung des stehenden Heeres. Auch zur Ertheilung von Erfindungspatenten (§ 3 i) bedarf es der Zustimmung des Reichstags nicht.

§ 8. Dem Kaiser steht die außerordentliche Berufung (vgl. § 18), die Vertagung, Schließung und Auflösung des Reichstags zu. Die Beschlüsse des Reichstags erhalten durch seine Verkündigung verbindliche Kraft für alle Theile des Reichs. Er erläßt die zur Vollziehung der Reichsgesetze nöthigen Verordnungen. Das Recht des Vorschlags und der Zusimmung zu den Gesetzen theilt er mit dem Reichstage.

§ 9. Der Kaiser übt diee völkerrechtliche Vertretung Deutschlands und der einzelnen Deutschen Staaten aus. Von ihm werden die Gesandten und Consuln ernannt und bei ihm beglaubigt. Er schließt die Verträge mit auswärtigen Staaten und überwacht die Verträge der einzelnen Deutschen Staaten (§ 3 a). Er entscheidet über Krieg und Frieden.

§ 10. Der Kaiser ist unverletzlich und unverantwortlich, dagegen müssen alle von ihm ausgehenden Verfügungen von wenigstens einem der Reichsminister unterzeichnet werden zum Zeichen der Verantwortlichkeit desselben für die Zweck- und Gesetzmäßigkeit der Verfügung. Der Mangel einer solchen Unterschrift macht die Verfügung ungültig.

B. Der Reichstag

§ 11. Der Reichstag besteht aus zwei Häusern, dem Oberhause und dem Unterhause.

§ 12. Das Oberhaus besteht aus höchstens 200 Mitgliedern, nämlich:

1. aus den regierenden Fürsten. Sie haben das Recht, einen Stellvertreter zu schicken, der aber im Laufe einer Sitzungsperiode nicht abgerufen werden darf;

2. aus einem Abgeordneten von jeder der vier freien Städte, welche die Regierungen mindestens für die Dauer einer Sitzungsperiode schikken;

3. aus Reichsräthen, welche aus dem Kreise der bewährten Verdienste des Vaterlandes von den einzelnen Staaten auf 12 Jahre gewählt werden, so daß alle vier Jahre ein Drittel austritt. Die Wahlberechtigung ist unter den einzelnen Staaten mit Rücksicht auf deren Bevölkerung vertheilt. In Staaten, die nur einen Reichsrath schicken, steht das Wahlrecht den Ständen und in den freien Städten den gesetzgebenden Körpern; in solchen, die mehrere schicken, steht es zur Hälfte den Stän-

den, zur Hälfte den Regierungen zu; die Reichsräthe müssen dem Staate, von dem sie gewählt werden, angehören und das 40. Lebensjahr vollendet haben.

§ 13. Das Unterhaus besteht aus Abgeordneten des Volks, welche auf sechs Jahre gewählt werden, so daß alle zwei Jahre ein Drittel austritt. Auf je 100 000 Seelen der wirklichen Bevölkerung kommt ein Abgeordneter, jedoch so, daß auch Staaten von geringerer Volkszahl einen Abgeordneten schicken und ein Ueberschuß von wenigstens 50 000 Seelen ebenfalls zu einem Abgeordneten berechtigt. Die Wahl geschieht durch das Volk (nicht durch die Ständeversammlungen), ob aber direct oder indirect (durch Wahlmänner) bleibt der Gesetzgebung der einzelnen Staaten überlassen. Wähler ist jeder volljährige selbständige Staatsangehörige, mit Ausschluß der wegen eines entehrenden Verbrechens Verurtheilten; wählbar jeder Wahlberechtigte nach vollendetem 30. Lebensjahre, ohne Unterschied des Deutschen Staates, dem er angehört. Die näheren Bestimmungen bleiben einer von Reichswegen zu erlassenden Wahlordnung vorbehalten. Beamte bedürfen zur Annahme der auf sie gefallenen Wahl keiner Genehmigung.

§ 14. Die Reichsräthe und die Mitglieder des Unterhauses beziehen Reise- und Tagesgelder aus der Reichscasse.

§ 15. Jedes Mitglied des Reichstags, mit Einschluß der § 12 Nr. 1 und 2 erwähnten Stellvertreter und Abgeordneten, vertritt ganz Deutschland und ist an Instructionen nicht gebunden.

§ 16. Zur Gültigkeit eines Reichstagsbeschlusses gehört die Uebereinstimmung beider Häuser. Das Recht des Gesetzesvorschlags, der Beschwerde und der Adresse, deßgleichen die Anklage der Minister steht jedem Hause für sich zu. Der Voranschlag des Reichshaushalts ist stets zuerst dem Unterhause zur Beschlußnahme vorzulegen, deren Ergebniß das Oberhaus nur im Ganzen verwerfen, in den einzelnen Ansätzen nicht verändern darf.

§ 18–25 betreffen technische Regelungen der Sitzungen des Reichstages, das Immunitätsrecht der Abgeordneten sowie Bestimmungen über das Reichsgericht.

Art. IV. Grundrechte des Deutschen Volkes

§ 25. Das Reich gewährleistet dem Deutschen Volke folgende Grundrechte, welche zugleich der Verfassung jedes einzelnen Deutschen Staats zur Norm dienen sollen:

a) eine Volksvertretung mit entscheidender Stimme bei der Gesetzgebung und der Besteuerung, und mit Verantwortlichkeit der Minister gegen die Volksvertreter;

b) Oeffentlichkeit der Ständeversammlungen;

c) eine freie Gemeindeverfassung auf Grundlage selbständiger Verwaltung in Gemeindeangelegenheiten;

d) Unabhängigkeit der Gerichte, Unabsetzbarkeit der Richter außer nach Urtheil und Recht; Oeffentlichkeit und Mündlichkeit des Gerichtsverfahrens mit Schwurgerichten, in Criminalsachen und bei allen politischen Vergehen; Vollziehbarkeit der rechtskräftigen Erkenntnisse Deutscher Gerichte im ganzen Gebiete des Reichs;

e) Gleichheit aller Stände in Betreff der Staats- und Gemeindelasten und der Amtsfähigkeit;

f) allgemeine Bürgerwehr;

g) freies Versammlungs- und Vereinsrecht, mit Vorbehalt eines Gesetzes gegen den Mißbrauch;

h) unbeschränktes Petitionsrecht sowohl der Einzelnen als der Körperschaften;

i) das Recht jedes Betheiligten, Beschwerde über gesetzwidriges Verfahren einer Behörde, nach vergeblichem Anruf der vorgesetzten Behörden, an die Landstände und, sofern eine Verletzung von Reichsgesetzen behauptet wird, an eines der Häuser des Reichstags mit der Bitte um Verwendung zu bringen;

k) Preßfreiheit ohne irgend eine Beschränkung durch Censur, Concessionen und Cautionen; Aburtheilung der Pressvergehen durch Schwurgerichte;

l) Unverbrüchlichkeit des Briefgeheimnisses unter gesetzlicher Normirung der bei Criminal-Untersuchungen und in Kriegsfällen nothwendigen Beschränkungen;

m) Sicherstellung der Person gegen willkürliche Verhaftung und Haussuchung durch eine Habeas-Corpus-Acte;

n) Berechtigung aller Angehörigen des Deutschen Reichs, in jedem einzelnen Staate und an jedem Orte ihren Aufenthalt zu nehmen, und unter den nämlichen Bedingungen, wie die Angehörigen des betreffenden Staats, Grundstücke zu erwerben und Gewerbe zu betreiben;

o) Auswanderungsfreiheit;

p) Freiheit der Wahl des Berufs und der Bildung dazu im In- und Auslande;

q) Freiheit der Wissenschaft;

r) Freiheit des Glaubens und der privaten und öffentlichen Religionsübung; Gleichheit aller Religionsparteien in bürgerlichen und politischen Rechten;

s) Freiheit volksthümlicher Entwickelung, insbesondere auch der nicht deutschen Volksstämme durch Gleichberechtigung ihrer Sprache in Rücksicht auf Unterricht und innere Verwaltung.

Art. V. Gewähr des Reichsgrundgesetzes

§ 26. Das Reichsoberhaupt leistet beim Antritt seiner Regierung einen Eid auf das Reichs-Grundgesetz vor dem versammelten Reichstage, der bei jedem Thronwechsel unverzüglich und ohne Berufung in der Art zusammen tritt, wie er das letzte Mal versammelt gewesen ist.

§ 27. Die Reichsminister und die übrigen Beamten des Reichs, ingleichen das Reichsheer, werden auf das Reichs-Grundgesetz vereidigt.

§ 28. Den in den einzelnen Staaten vorgeschriebenen Verpflichtungen auf die Landesverfassung wird die Verpflichtung auf das Reichs-Grundgesetz beigefügt.

§ 29. Zu Abänderungen des Reichs-Grundgesetzes ist die Uebereinstimmung des Reichstags mit dem Reichsoberhaupte, in jedem Hause die Anwesenheit von wenigstens drei Viertel der Mitglieder und eine Stimmenmehrheit von drei Viertel der Anwesenden erforderlich.

§ 30. Alle Bundesbeschlüsse, Landesgesetze und Verträge zwischen einzelnen Deutschen Staaten sind, insoweit sie mit einer Bestimmung des Reichs-Grundgesetzes im Widerspruch stehen, hiermit außer Kraft gesetzt.

[29]

Verfassungsurkunde für den Preußischen Staat (1850)

(Die revidierte Verfassung)

In den Monaten zwischen der Auflösung der Nationalversammlung und der Verkündigung der neuen Verfassung für Preußen gab es harte Auseinandersetzungen zwischen der christlich-konservativen Partei, die die Rückkehr zu der ständischen Monarchie vor 1848 verlangte, und den liberalen und demokratischen Parteien, die die in der Revolutionszeit errungenen Rechte bewahren wollten. Wichtigster Gegenstand des Streites war die von König Friedrich Wilhelm IV. im Dezember 1848 in Kraft gesetzte, aber relativ liberale sog. oktroyierte Verfassung. Das im Mai 1849 durch königliche Verordnung eingeführte Drei-Klassen-Wahlrecht sicherte für die 2. Kammer eine konservative Mehrheit, so daß die Revision der oktroyierten Verfassung im Sinne der konservativen Kräfte, denen auch der König nahestand, vonstatten ging. Am 31. 1. 1850 fertigte der König die revidierte Verfassung aus. Sie trat mit der Verkündung am 2. 2. 1850 in Kraft und behielt bis zur Novemberrevolution 1918 ihre Geltung.

Quelle: Quellen zum Staatsrecht, Bd. 1, Deutsche Verfassungsrechte im Zeitalter des Konstitutionalismus (1806–1918), Tübingen 1949, S. 209 ff.

Wir *Friedrich Wilhelm* von Gottes Gnaden, König von Preußen etc. etc. thun kund und fügen zu wissen, daß Wir, nachdem die von Uns unterm 5. Dezember 1848 vorbehaltlich der Revision im ordentlichen Wege der Gesetzgebung verkündigte und von beiden Kammern Unseres Königreichs anerkannte Verfassung des Preußischen Staats der darin angeordneten Revision unterworfen ist, die Verfassung in Uebereinstimmung mit beiden Kammern endgültig festgestellt haben.
Wir verkünden demnach dieselbe als Staatsgrundgesetz, wie folgt:

Titel I. Vom Staatsgebiete

Art. 1. Alle Landestheile der Monarchie in ihrem gegenwärtigen Umfange bilden das preußische Staatsgebiet.
Art. 2. Die Grenzen des Staatsgebiets können nur durch ein Gesetz verändert werden.

Titel II. Von den Rechten der Preußen

Art. 3. Die Verfassung und das Gesetz bestimmen, unter welchen Bedingungen die Eigenschaft eines Preußen und die staatsbürgerlichen Rechte erworben, ausgeübt und verloren werden.

Art. 4. Alle Preußen sind vor dem Gesetze gleich. Standesvorrechte finden nicht statt. Die öffentlichen Aemter sind, unter Einhaltung der von den Gesetzen festgestellten Bedingungen, für alle dazu Befähigten gleich zugänglich.

Art. 5. Die persönliche Freiheit ist gewährleistet. Die Bedingungen und Formen, unter welchen eine Beschränkung derselben, insbesondere eine Verhaftung zulässig ist, werden durch das Gesetz bestimmt.

Art. 6. Die Wohnung ist unverletzlich. Das Eindringen in dieselbe und Haussuchungen, sowie die Beschlagnahme von Briefen und Papieren, sind nur in den gesetzlich bestimmten Fällen und Formen gestattet.

Art. 7. Niemand darf seinem gesetzlichen Richter entzogen werden. Ausnahmegerichte und außerordentliche Kommissionen sind unstatthaft.

Art. 8. Strafen können nur in Gemäßheit des Gesetzes angedroht oder verhängt werden.

Art. 9. Das Eigenthum ist unverletzlich. Es kann nur aus Gründen des öffentlichen Wohles gegen vorgängige in dringenden Fällen wenigstens vorläufig festzustellende Entschädigung nach Maßgabe des Gesetzes entzogen oder beschränkt werden.

Art. 10. Der bürgerliche Tod und die Strafe der Vermögens-Einziehung finden nicht statt.

Art. 11. Die Freiheit der Auswanderung kann von Staatswegen nur in Bezug auf die Wehrpflicht beschränkt werden.
Abzugsgelder dürfen nicht erhoben werden.

Art. 12. Die Freiheit des religiösen Bekenntnisses, der Vereinigung zu Religionsgesellschaften (Art. 30 und 31) und der gemeinsamen häuslichen und öffentlichen Religionsübung wird gewährleistet. Der Genuß der bürgerlichen und staatsbürgerlichen Rechte ist unabhängig von dem religiösen Bekenntnisse. Den bürgerlichen und staatsbürgerlichen Pflichten darf durch die Ausübung der Religionsfreiheit kein Abbruch geschehen.

Art. 13. Die Religionsgesellschaften, so wie die geistlichen Gesellschaften, welche keine Korporationsrechte haben, können diese Rechte nur durch besondere Gesetze erlangen.

Art. 14. Die christliche Religion wird bei denjenigen Einrichtungen des Staates, welche mit der Religionsübung im Zusammenhange stehen, unbeschadet der im Art. 12 gewährleisteten Religionsfreiheit, zum Grunde gelegt.

Art. 15. Die evangelische und die römisch-katholische Kirche, so wie jede andere Religionsgesellschaft, ordnet und verwaltet ihre Angelegenheiten selbstständig und bleibt im Besitz und Genuß der für ihre Kultus-, Unterrichts- und Wohlthätigkeitszwecke bestimmten Anstalten, Stiftungen und Fonds.

Art. 16. Der Verkehr der Religionsgesellschaften mit ihren Oberen ist ungehindert. Die Bekanntmachung kirchlicher Anordnungen ist nur denjenigen Beschränkungen unterworfen, welchen alle übrigen Veröffentlichungen unterliegen.

Art. 17. Ueber das Kirchenpatronat und die Bedingungen, unter welchen dasselbe aufgehoben werden kann, wird ein besonderes Gesetz ergehen.

Art. 18. Das Ernennungs-, Vorschlags-, Wahl- und Bestätigungsrecht bei Besetzung kirchlicher Stellen ist, so weit es dem Staate zusteht, und nicht auf dem Patronat oder besonderen Rechtstiteln beruht, aufgehoben.
Auf die Anstellung von Geistlichen beim Militär und an öffentlichen Anstalten findet diese Bestimmung keine Anwendung.

Art. 19. Die Einführung der Civil-Ehe erfolgt nach Maßabe eines besonderen Gesetzes, was auch die Führung der Civilstandsregister regelt.

Art. 20. Die Wissenschaft und ihre Lehre ist frei.

Art. 21. Für die Bildung der Jugend soll durch öffentliche Schulen genügend gesorgt werden.

Eltern und deren Stellvertreter dürfen ihre Kinder oder Pflegebefohlenen nicht ohne den Unterricht lassen, welcher für die öffentlichen Volksschulen vorgeschrieben ist.

Art. 22. Unterricht zu ertheilen und Unterrichtsanstalten zu gründen und zu leiten, steht Jedem frei, wenn er seine sittliche, wissenschaftliche und technische Befähigung den betreffenden Staatsbehörden nachgewiesen hat.

Art. 23. Alle öffentlichen und Privat-Unterrichts- und Erziehungs-Anstalten stehen unter der Aufsicht vom Staate ernannter Behörden.

Die öffentlichen Lehrer haben die Rechte und Pflichten der Staatsdiener.

Art. 24. Bei der Einrichtung der öffentlichen Volksschulen sind die konfessionellen Verhältnisse möglichst zu berücksichtigen.

Den religiösen Unterricht in der Volksschule leiten die betreffenden Religions-Gesellschaften.

Die Leitung der äußeren Angelegenheiten der Volksschule steht der Gemeinde zu. Der Staat stellt, unter gesetzlich geordneter Betheiligung der Gemeinden, aus der Zahl der Befähigten die Lehrer der öffentlichen Volksschulen an.

Art. 25. Die Mittel zur Errichtung, Unterhaltung und Erweiterung der öffentlichen Volksschule werden von den Gemeinden und, im Falle des nachgewiesenen Unvermögens, ergänzungsweise vom Staate aufgebracht. Die auf besonderen Rechtstiteln beruhenden Verpflichtungen Dritter bleiben bestehen.

Der Staat gewährleistet demnach den Volksschullehrern ein festes, den Lokalverhältnissen angemessenes Einkommen.

In der öffentlichen Volksschule wird der Unterricht unentgeltlich ertheilt.

Art. 26. Ein besonderes Gesetz regelt das ganze Unterrichtswesen.

Art. 27. Jeder Preuße hat das Recht, durch Wort, Schrift, Druck und bildliche Darstellung seine Meinung frei zu äußern.

Die Censur darf nicht eingeführt werden; jede andere Beschränkung der Preßfreiheit nur im Wege der Gesetzgebung.

Art. 28. Vergehen, welche durch Wort, Schrift, Druck oder bildliche Darstellung begangen werden, sind nach den allgemeinen Strafgesetzen zu bestrafen.

Art. 29. Alle Preußen sind berechtigt, sich ohne vorgängige obrigkeitliche Erlaubniß friedlich und ohne Waffen in geschlossenen Räumen zu versammeln.

Diese Bestimmung bezieht sich nicht auf Versammlungen unter

freiem Himmel, welche auch in Bezug auf vorgängige obrigkeitliche Erlaubniß der Verfügung des Gesetzes unterworfen sind.

Art. 30. Alle Preußen haben das Recht, sich zu solchen Zwecken, welche den Strafgesetzen nicht zuwiderlaufen, in Gesellschaften zu vereinigen.

Das Gesetz regelt, insbesondere zur Aufrechterhaltung der öffentlichen Sicherheit, die Ausübung des in diesem und in dem vorstehenden Artikel (29) gewährleisteten Rechts.

Politische Vereine können Beschränkungen und vorübergehenden Verboten im Wege der Gesetzgebung unterworfen werden.

Art. 31. Die Bedingungen, unter welchen Korporationsrechte ertheilt oder verweigert werden, bestimmt das Gesetz.

Art. 32. Das Petitionsrecht steht allen Preußen zu. Petitionen unter einem Gesammtnamen sind nur Behörden und Korporationen gestattet.

Art. 33. Das Briefgeheimnis ist unverletzlich. Die bei strafgerichtlichen Untersuchungen und in Kriegsfällen nothwendigen Beschränkungen sind durch die Gesetzgebung festzustellen.

Art. 34. Alle Preußen sind wehrpflichtig. Den Umfang und die Art dieser Pflicht bestimmt das Gesetz.

Art. 35. Das Heer begreift alle Abtheilungen des stehenden Heeres und der Landwehr.

Im Falle des Krieges kann der König nach Maßgabe des Gesetzes den Landsturm aufbieten.

Art. 36. Die bewaffnete Macht kann zur Unterdrückung innerer Unruhen und zur Ausführung der Gesetze nur in den vom Gesetze bestimmten Fällen und Formen und auf Requisition der Civilbehörde verwendet werden. In letzterer Beziehung hat das Gesetz die Ausnahmen zu bestimmen.

Art. 37. Der Militär-Gerichtsstand des Heeres beschränkt sich auf Strafsachen und wird durch das Gesetz geregelt. Die Bestimmungen über die Militär-Disziplin im Heere bleiben Gegenstand besonderer Verordnungen.

Art. 38. Die bewaffnete Macht darf weder in noch außer dem Dienste berathschlagen oder sich anders, als auf Befehl versammeln. Versammlungen und Vereine der Landwehr zur Berathung militärischer Einrichtungen, Befehle und Anordnungen sind auch dann, wenn dieselbe nicht zusammenberufen ist, untersagt.

Art. 39. Auf das Heer finden die in den Art. 5, 6, 29, 30 und 32 enthaltenen Bestimmungen nur in so weit Anwendung, als die militärischen Gesetze und Disziplinarvorschriften nicht entgegenstehen.

Art. 40. Die Errichtung von Lehen und die Stiftung von Familien-

Fideikommissen ist untersagt. Die bestehenden Lehen und Familien-Fideikommisse sollen durch gesetzliche Anordnung in freies Eigenthum umgestaltet werden. Auf Familien-Stiftungen finden diese Bestimmungen keine Anwendung.

Art. 41. Vorstehende Bestimmungen (Artikel 40) finden auf die Thronlehen, das Königliche Haus- und Prinzliche Fideikommiß, sowie auf die außerhalb des Staats belegenen Lehen und die ehemals reichsunmittelbaren Besitzungen und Fideikommisse, insofern letztere durch das deutsche Bundesrecht gewährleistet sind, zur Zeit keine Anwendung. Die Rechtsverhältnisse derselben sollen durch besondere Gesetze geordnet werden.

Art. 42. Das Recht der freien Verfügung über das Grundeigenthum unterliegt keinen anderen Beschränkungen, als denen der allgemeinen Gesetzgebung. Die Theilbarkeit des Grundeigenthums und die Ablösbarkeit der Grundlasten wird gewährleistet.

Für die todte Hand sind Beschränkungen des Rechts, Liegenschaften zu erwerben und über sie zu verfügen, zulässig.

Aufgehoben ohne Entschädigung sind:

1. die Gerichtsherrlichkeit, die gutsherrliche Polizei und obrigkeitliche Gewalt, so wie die gewissen Grundstücken zustehenden Hoheitsrechte und Privilegien;
2. die aus diesen Befugnissen, aus der Schutzherrlichkeit, der früheren Erbunterthänigkeit, der früheren Steuer- und Gewerbe-Verfassung herstammenden Verpflichtungen.

Mit den aufgehobenen Rechten fallen auch die Gegenleistungen und Lasten weg, welche den bisherigen Berechtigten dafür oblagen.

Bei erblicher Ueberlassung eines Grundstückes ist nur die Uebertragung des vollen Eigenthums zulässig; jedoch kann auch hier ein fester ablösbarer Zins vorbehalten werden.

Die weitere Ausführung dieser Bestimmungen bleibt besonderen Gesetzen vorbehalten.

Titel III. Vom Könige

Art. 43. Die Person des Königs ist unverletzlich.

Art. 44. Die Minister des Königs sind verantwortlich. Alle Regierungsakte des Königs bedürfen zu ihrer Gültigkeit der Gegenzeichnung eines Ministers, welcher dadurch die Verantwortlichkeit übernimmt.

Art. 45. Dem Könige allein steht die vollziehende Gewalt zu. Er ernennt und entläßt die Minister. Er befiehlt die Verkündigung der Gesetze und erläßt die zu deren Ausführung nöthigen Verordnungen.

Art. 46. Der König führt den Oberbefehl über das Heer.

Art. 47. Der König besetzt alle Stellen im Heere, sowie in den übrigen Zweigen des Staatsdienstes, sofern nicht das Gesetz ein Anderes verordnet.

Art. 48. Der König hat das Recht, Krieg zu erklären und Frieden zu schließen, auch andere Verträge mit fremden Regierungen zu errichten. Letztere bedürfen zu ihrer Gültigkeit der Zustimmung der Kammern, sofern es Handelsverträge sind, oder wenn dadurch dem Staate Lasten oder einzelnen Staatsbürgern Verpflichtungen auferlegt werden.

Art. 49. Der König hat das Recht der Begnadigung und Strafmilderung.

Zu Gunsten eines wegen seiner Amtshandlungen verurtheilten Ministers kann dieses Recht nur auf Antrag derjenigen Kammer ausgeübt werden, von welcher die Anklage ausgegangen ist.

Der König kann bereits eingeleitete Untersuchungen nur auf Grund eines besonderen Gesetzes niederschlagen.

Art. 50. Dem Könige steht die Verleihung von Orden und anderen mit Vorrechten nicht verbundenen Auszeichnungen zu.

Er übt das Münzrecht nach Maßgabe des Gesetzes.

Art. 51. Der König beruft die Kammern und schließt ihre Sitzungen. Er kann sie entweder beide zugleich oder auch nur eine auflösen. Es müssen aber in einem solchen Falle, innerhalb eines Zeitraums von sechzig Tagen nach der Auflösung die Wähler und innerhalb eines Zeitraums von neunzig Tagen nach der Auflösung die Kammern versammelt werden.

Art. 52. Der König kann die Kammern vertagen. Ohne deren Zustimmung darf diese Vertagung die Frist von dreißig Tagen nicht übersteigen und während derselben Session nicht wiederholt werden.

Art. 53. Die Krone ist, den Königlichen Hausgesetzen gemäß, erblich in dem Mannsstamme des Königlichen Hauses nach dem Rechte der Erstgeburt und der agnatischen Linealfolge.

Art. 54. Der König wird mit Vollendung des achtzehnten Lebensjahres volljährig.

Er leistet in Gegenwart der vereinigten Kammern das eidliche Gelöbniß, die Verfassung des Königreichs fest und unverbrüchlich zu halten und in Uebereinstimmung mit derselben und den Gesetzen zu regieren.

Art. 55. Ohne Einwilligung beider Kammern kann der König nicht zugleich Herrscher fremder Reiche sein.

Art. 56–59 betreffen die Regelung der Regentschaft.

Titel IV. Von den Ministern

Art. 60. Die Minister, so wie die zu ihrer Vertretung abgeordneten Staatsbeamten haben Zutritt zu jeder Kammer und müssen auf ihr Verlangen zu jeder Zeit gehört werden.

Jede Kammer kann die Gegenwart der Minister verlangen.

Die Minister haben in einer oder der anderen Kammer nur dann Stimmrecht, wenn sie Mitglieder derselben sind.

Art. 61. Die Minister können durch Beschluß einer Kammer wegen des Verbrechens der Verfassung-Verletzung, der Bestechung und des Verrathes angeklagt werden. Ueber solche Anklage entscheidet der oberste Gerichtshof der Monarchie in vereinigten Senaten. So lange noch zwei oberste Gerichtshöfe bestehen, treten dieselben zu obigem Zwecke zusammen.

Die näheren Bestimmungen über die Fälle der Verantwortlichkeit, über das Verfahren und über die Strafen werden einem besonderen Gesetze vorbehalten.

Titel V. Von den Kammern

Art. 62. Die gesetzgebende Gewalt wird gemeinschaftlich durch den König und durch zwei Kammern ausgeübt.*

Die Uebereinstimmung des Königs und beider Kammern ist zu jedem Gesetze erforderlich.

Finanzgesetz-Entwürfe und Staatshaushalts-Etats werden zuerst der zweiten Kammer vorgelegt; letztere werden von der ersten Kammer im ganzen angenommen oder abgelehnt.

Art. 63. Nur in dem Falle, wenn die Aufrechterhaltung der öffentlichen Sicherheit, oder die Beseitigung eines ungewöhnlichen Nothstandes es dringend erfordert, können, insofern die Kammern nicht versammelt sind, unter Verantwortlichkeit des gesammten Staats-Ministeriums, Verordnungen, die der Verfassung nicht zuwiderlaufen, mit Gesetzeskraft erlassen werden. Dieselben sind aber den Kammern bei ihrem nächsten Zusammentritt zur Genehmigung sofort vorzulegen.

Art. 64. Dem Könige, so wie jeder Kammer, steht das Recht zu, Gesetze vorzuschlagen.

Gesetzesvorschläge, welche durch eine der Kammern oder den König verworfen worden sind, können in derselben Sitzungsperiode nicht wieder vorgebracht werden.

* Gemäß Gesetz vom 30. Mai 1855 erhielt die Erste Kammer die Bezeichnung »das Herrenhaus« und die zweite Kammer die Bezeichnung »das Haus der Abgeordneten«.

Art. 65. Die erste Kammer besteht

a) aus den großjährigen Königlichen Prinzen;

b) aus den Häuptern der ehemals unmittelbaren reichsständischen Häuser in Preußen – und aus den Häuptern derjenigen Familien, welchen durch Königliche Verordnung das nach der Erstgeburt und Linealfolge zu vererbende Recht auf Sitz und Stimme in der ersten Kammer beigelegt wird. In dieser Verordnung werden zugleich die Bedingungen festgesetzt, durch welche dieses Recht an einen bestimmten Grundbesitz geknüpft ist. Das Recht kann durch Stellvertretung nicht ausgeübt werden und ruht während der Minderjährigkeit oder während eines Dienstverhältnisses zu der Regierung eines nichtdeutschen Staats, ferner auch so lange der Berechtigte seinen Wohnsitz außerhalb Preußens hat;

c) aus solchen Mitgliedern, welche der König auf Lebenszeit ernennt. Ihre Zahl darf den zehnten Theil der zu a und b genannten Mitglieder nicht übersteigen;

d) aus neunzig Mitgliedern, welche in Wahlbezirken, die das Gesetz feststellt, durch die dreißigfache Zahl derjenigen Urwähler (Artikel 70), welche die höchsten direkten Staatssteuern bezahlen, durch direkte Wahl nach Maßgabe des Gesetzes gewählt werden;

e) aus dreißig, nach Maßgabe des Gesetzes von den Gemeinderäthen gewählten Mitgliedern aus den größeren Städten des Landes.

Die Gesammtzahl der unter a bis c genannten Mitglieder darf die Zahl der unter d und e bezeichneten nicht übersteigen.

Eine Auflösung der ersten Kammer bezieht sich nur auf die aus Wahl hervorgegangenen Mitglieder.**

Art. 66. Die Bildung der ersten Kammer in der Art. 65 bestimmten Weise tritt am 7. August des Jahres 1852 ein.

Bis zu diesem Zeitpunkt verbleibt es bei dem Wahlgesetze für die erste Kammer vom 6. Dezember 1848.

Art. 67. Die Legislaturperiode der ersten Kammer wird auf sechs Jahre festgesetzt.

Art. 68. Wählbar zum Mitgliede der ersten Kammer ist jeder Preuße, der das vierzigste Lebensjahr vollendet, den Vollbesitz der bürgerlichen Rechte in Folge rechtskräftigen richterlichen Erkenntnisses nicht

** Die Artikel 65–68 wurden durch das Gesetz vom 7. Mai 1853 aufgehoben und durch folgende Bestimmung ersetzt:

»Die Erste Kammer wird durch Königliche Anordnung gebildet, welche nur durch ein mit Zustimmung der Kammern zu erlassendes Gesetz abgeändert werden kann.

Die Erste Kammer wird zusammengesetzt aus Mitgliedern, welche der König mit erblicher Berechtigung oder auf Lebenszeit beruft.«

verloren und bereits fünf Jahre lang dem Preußischen Staatsverbande angehört hat.

Die Mitglieder der ersten Kammer erhalten weder Reisekosten noch Diäten.

Art. 69. Die zweite Kammer besteht aus 350 Mitgliedern. Die Wahlbezirke werden durch das Gesetz festgestellt. Sie können aus einem oder mehreren Kreisen oder aus einer oder mehreren der größeren Städte bestehen.

Art. 70. Jeder Preuße, welcher das fünf und zwanzigste Lebensjahr vollendet hat und in der Gemeinde, in welcher er seinen Wohnsitz hat, die Befähigung zu den Gemeindewahlen besitzt, ist stimmberechtigter Urwähler.

Wer in mehreren Gemeinden an den Gemeindewahlen Theil zu nehmen berechtigt ist, darf das Recht als Urwähler nur in *einer* Gemeinde ausüben.

Art. 71. Auf jede Vollzahl von zweihundert und fünfzig Seelen der Bevölkerung ist ein Wahlmann zu wählen. Die Urwähler werden nach Maaßgabe der von ihnen zu entrichtenden direkten Staatssteuern in drei Abtheilungen eingetheilt, und zwar in der Art, daß auf jede Abtheilung ein Drittheil der Gesammtsumme der Steuerbeträge aller Urwähler fällt.

Die Gesammtsumme wird berechnet:

a) gemeindeweise, falls die Gemeinde einen Urwahl-Bezirk für sich bildet;

b) bezirksweise, falls der Urwahl-Bezirk aus mehreren Gemeinden zusammengesetzt ist.

Die erste Abtheilung besteht aus denjenigen Urwählern, auf welche die höchsten Steuerbeträge bis zum Belaufe eines Dritttheils der Gesammtsteuer fallen.

Die zweite Abtheilung besteht aus denjenigen Urwählern, auf welche die nächst niedrigeren Steuerbeträge bis zur Grenze des zweiten Dritttheils fallen.

Die dritte Abtheilung besteht aus den am niedrigsten besteuerten Urwählern, auf welche das dritte Dritttheil fällt.

Jede Abtheilung wählt besonders und zwar ein Dritttheil der zu wählenden Wahlmänner.

Die Abtheilungen können in mehrere Wahlverbände eingetheilt werden, deren keiner mehr als fünfhundert Urwähler in sich schließen darf.

Die Wahlmänner werden in jeder Abtheilung aus der Zahl der stimmberechtigten Urwähler des Urwahlbezirks ohne Rücksicht auf die Abtheilungen gewählt.

Art. 72. Die Abgeordneten werden durch die Wahlmänner gewählt.

Das Nähere über die Ausführung der Wahlen bestimmt das Wahlgesetz, welches auch die Anordnung für diejenigen Städte zu treffen hat, in denen an Stelle eines Theils der direkten Steuern die Mahl- und Schlachtsteuer erhoben wird.

Art. 73. Die Legislaturperiode der zweiten Kammer wird auf drei Jahre festgesetzt.

Art. 74. Zum Abgeordneten der zweiten Kammer ist jeder Preuße wählbar, der das dreißigste Lebensjahr vollendet, den Vollbesitz der bürgerlichen Rechte in Folge rechtskräftigen richterlichen Erkenntnisses nicht verloren und bereits drei Jahre dem preußischen Staatsverbande angehört hat.

Es folgen Art. 75–82 mit Regelungen der Geschäftsordnung sowie 83 bis 85 die Stellung der Abgeordneten betreffend, danach Titel VI–IX zu den Komplexen Richterliche Gewalt, Staatsbeamte, Finanzen, Kommunalverbände. In den Übergangsbestimmungen am Ende lautet der letzte Art. der Verfassung:

Art. 119. Das im Art. 54 erwähnte eidliche Gelöbniß des Königs, so wie die vorgeschriebene Vereidigung der beiden Kammern und aller Staatsbeamten, erfolgen sogleich nach der auf dem Wege der Gesetzgebung vollendeten gegenwärtigen Revision dieser Verfassung (Art. 62 und 108).

Friedrich Wilhelm

[30]

Ansprache Friedrich Wilhelms IV. an die versammelten Kammern und eidliches Gelöbniß auf die Verfassung (1850)

Friedrich Wilhelm IV., 1795–1861, König von Preußen 1840–1858. Bei seinem Regierungsantritt von großen Hoffnungen begleitet, versagte er sich den Wünschen nach einer Gesamtverfassung, die die Monarchie in eine konstitutionelle verwandeln sollte. Erst die Revolution von 1848 veranlaßte ihn zu Zugeständnissen an die liberalen Reformer. Die ihm vom Frankfurter Parlament angebotene Kaiserkrone lehnte er ab. Sein Versuch einer Union der deutschen Fürsten unter Preußens Führung scheiterte 1850 in Olmütz. Seit 1849 geriet die Regierung mehr und mehr unter konservativen und reaktionären Einfluß. Wegen einer Erkrankung wurde Friedrich Wilhelm IV. 1857 regierungsunfähig.

Die Ansprache an die versammelten Kammern hielt der König am 6. 2. 1850 nach Inkrafttreten der revidierten preußischen Verfassung.

Quelle: Reden, Proklamationen und Ordres Sr. Majestät des Königs Friedrich Wilhelm IV. Vom Schlusse des Vereinigten Ständischen Ausschusses, am 6. März 1848, bis zur Enthüllungsfeier des Denkmals Friedrich des Großen am 31. Mai 1851, Berlin 1851, S. 66 ff.

Meine Herren!
Ich bitte um Ihre Aufmerksamkeit. Was Ich sagen werde, sind Meine eigensten Worte, denn Ich erscheine heute vor Ihnen, wie nie zuvor und nie hernach. Ich bin hier, nicht um die angeborenen und ererbten heiligen Pflichten des Königlichen Amtes zu üben (die hocherhaben sind über dem Meinen und Wollen der Parteien); vor Allen nicht gedeckt durch die Verantwortlichkeit Meiner höchsten Räthe, sondern *als Ich selbst allein*, als ein Mann von Ehre, der sein Theuerstes, sein Wort geben will, ein Ja, *vollkräftig* und *bedächtig*. Darum Einiges zuvor. – Das Werk, dem Ich heute Meine Bestätigung aufdrücken will, ist entstanden in einem Jahre, welches die Treue werdender Geschlechter wohl mit Thränen, aber vergebens wünschen wird, aus unserer Geschichte hinauszuringen. In der Form, in der es ihnen vorgelegt worden, ist es allerdings das Werk aufopfernder Treue von Männern, die diesen Thron gerettet haben, gegen die Meine Dankbarkeit nur mit Meinem Leben erlöschen wird; aber es wurde so in den Tagen, in welchen, im buchstäblichen Sinne des Wortes, das Dasein des Vaterlandes bedroht war. Es war das Werk des Augenblicks und es trug den breiten Stempel seines Ursprungs. Die Frage ist gerechtfertigt, wie Ich, bei solcher Betrachtung, diesem Werke die Sanktion geben könne? Dennoch *will* Ich es, weil Ich es kann, und, daß Ich es kann, verdank Ich Ihnen allein, Meine Herren. Sie haben die bessernde Hand daran gelegt, Sie haben Bedenkliches daraus entfernt, Gutes hineingetragen und Mir durch Ihre treffliche Arbeit und durch die Aufnahme Meiner letzten Vorschläge *ein Pfand gegeben*, daß Sie die von der Sanktion begonnene Arbeit der Vervollkommnung auch nachher nicht lassen wollen und daß es unserem vereinten redlichen Streben auf verfassungsmäßigem Wege gelingen wird, es den Lebensbedürfnissen Preußens immer entsprechender zu machen. Ich *darf* dies Werk bestätigen, *weil Ich es in Hoffnung kann*. Das erkenne Ich mit allerwärmstem Danke gegen Sie, Meine Herren, und Ich sprech' es gerührt und freudig aus, *Sie haben* den Dank des Vaterlandes verdient. Und so erklär' Ich, Gott ist deß Zeuge, daß Mein Gelöbniß auf die Verfassung treu, wahrhaftig und ohne Rückhalt ist. Allein, Leben und Seegen der Verfassung, das fühlen Ihre und alle edlen Herzen im Lande, hängen von der Erfüllung unabweislicher Bedingungen ab.

Sie, Meine Herren! müssen Mir helfen und die Landtäge nach Ihnen und die Treue Meines Volkes müssen mir helfen wider *die*, so die

Königlich verliehene Freiheit zum Deckel der Bosheit machen und dieselbe gegen ihren Urheber kehren, gegen die von Gott eingesetzte Obrigkeit; wider *die*, welche diese Urkunde gleichsam als Ersatz der göttlichen Vorsehung, unserer Geschichte und der alten heiligen Treue betrachten möchten: alle guten Kräfte im Lande müssen sich vereinigen in Unterthanentreue, in Ehrfurcht gegen das Königthum und diesen Thron, der auf den Siegen unserer Heere ruht, in Beobachtung der Gesetze, in wahrhaftiger Erfüllung des Huldigungs-Eides, so wie des neuen Schwurs *»der Treue und des Gehorsams gegen den König und des gewissenhaften Haltens der Verfassung«*; mit einem Worte: seine Lebensbedingung ist die, *daß Mir das Regieren mit diesem Gesetze möglich gemacht werde* – denn in Preußen muß der König regieren, und Ich regiere nicht, weil es also Mein Wohlgefallen ist, Gott weiß es, sondern weil es Gottes Ordnung ist; darum aber *will Ich auch regieren.* – Ein freies Volk unter einem freien Könige, das war Meine Losung seit zehn Jahren, das ist sie heut und soll es bleiben, so lange Ich athme.

Ehe Ich zur Handlung des Tages schreite, werde Ich zwei Gelöbnisse vor Ihnen erneuern. Das gebietet Mir der Blick auf die zehn verflossenen Jahre Meiner Regierung.

Zum Ersten erneuere, wiederhole und bestätige Ich feierlich und ausdrücklich die Gelöbnisse, die Ich vor Gott und Menschen bei den Huldigungen zu Königsberg und hier geleistet habe! – Ja! Ja! – Das will Ich, so Gott Mir helfe!

Zum Zweiten erneuere, wiederhole und bestätige Ich feierlich und ausdrücklich das heilige Gelöbniß, welches Ich am 11. April 1847 ausgesprochen: »Mit Meinem Hause dem Herren zu dienen.« – Ja! Ja! – Das will Ich, so Gott Mir helfe! – Dies Gelöbniß steht über Allen andern, es muß in einem Jeden enthalten sein und alle anderen Gelöbnisse, sollen sie anders Werth haben, wie lauteres Lebenswasser durchströmen.

Jetzt aber und indem Ich die Verfassungs-Urkunde Kraft Königlicher Machtvollkommenheit hiermit bestätige, gelobe Ich feierlich, wahrhaftig und ausdrücklich vor Gott und Menschen, die Verfassung Meines Landes und Reiches fest und unverbrüchlich zu halten und in Uebereinstimmung mit ihr und den Gesetzen zu regieren. – Ja! Ja! – das will Ich, so Mir Gott helfe!

Und nun befehle Ich das bestätigte Gesetz in die Hände des Allmächtigen Gottes, dessen Walten in der Geschichte Preußens handgreiflich zu erkennen ist, auf daß Er aus diesem Menschen-Werke ein Werkzeug des Heils machen wolle für unser theures Vaterland: nämlich der Geltendmachung Seiner heiligen Rechte und Ordnungen! Also sei es!

[31]

Rescript des Kgl.-evgl. Consistoriums in Württemberg, wegen Betheiligung der Volksschullehrer an unruhigen Bewegungen (1849)

Die evgl. Konsistorien, nach der Reformation vom Landesherrn zur Wahrnehmung der kirchlichen Gerichtsbarkeit und zur Aufsicht über das Kirchenwesen eingesetzt, nahmen im 19. Jahrhundert den Charakter von kirchlichen Behörden an, deren Vertreter jedoch Staatsbeamte blieben. Der überkommenen geistlichen Schulaufsicht gemäß, unterstanden die Volksschullehrer ihrer Kontrolle.

Quelle: Pädagogische Revue, Bd. 23, 1849, S. 329 f.

Stuttgart, den 17. August. Das k. *evangelische Consistorium* hat unterm Heutigen an die Decanatämter Folgendes erlassen:

»Nach vielfältigen Nachrichten haben sich bei den unruhigen Bewegungen und politischen Ausschweifungen der letzten Monate besonders auch Angehörige des *Volksschullehrerstandes* betheiligt, wie denn auch einzelne Lehrer deßhalb zur gerichtlichen Untersuchung gezogen worden sind. Insbesondere trifft nach der öffentlichen Meinung auch jüngere, unständige Lehrer häufig der Vorwurf, daß sie sich mit besonderem Eifer den Wühlereien einer auf den Umsturz hinzielenden Partei angeschlossen haben. Es wird daher auf Anordnung des k. Ministeriums des Kirchen- und Schulwesens dem Decanatamt zur Eröffnung an die Volksschullehrer seines Bezirks Nachstehendes zu erkennen gegeben: So gewiß den Lehrern ebenso wie allen Staatsbürgern das Recht freier Meinungsäußerung über Zustände des öffentlichen Lebens zusteht, so entschieden kann und muß von ihnen verlangt werden, daß sie in ihren politischen Urtheilen und Handlungen innerhalb derjenigen Grenzen der Besonnenheit und Mäßigung, der Sitte und des Anstandes sich halten, welche ihr nächster Beruf der Jugendbildung und die bei ihrem Amtsantritt übernommene heilige Verpflichtung in sich schließt. Sie sollen pflanzen und bauen, nicht zerstören und niederreißen; sollen der Jugend mit der Furcht Gottes Achtung vor dem Gesetze und der von Gott verordneten Obrigkeit (Röm. 13), Gehorsam und Bescheidenheit einpflanzen und selbst als Vorbilder in diesen Tugenden ihr vorleuchten, nicht aber im Dünkel ihrer Weisheit sich zu Weltverbesserern aufwerfen, und das Volk, wohl gar die unreife und unerfahrene Jugend, wie es schon geschehen, gegen das Bestehende aufreizen. Schon das leidenschaftliche politische Parteitreiben, auch wenn es nicht gegen die bestehende Staatsverfassung gerichtet ist, hat für den Lehrer seine großen Nachtheile und Gefahren. Es bringt ihn in der Regel zu einem

Theil der Gemeinde in eine schiefe Stellung, raubt ihm die Achtung und das Vertrauen von Seiten mancher Eltern und mittelbar der Kinder, und erzeugt in ihm selbst, statt ihn zu seinem Berufe zu erfrischen und zu beleben, vielmehr eine schädliche Aufregung und Gereiztheit, eine die Lehrkraft lähmende Zerrissenheit und Unzufriedenheit, geschweige, daß er noch die zu seiner eigenen pädagogischen Fortbildung und zur Vorbereitung auf seine Schulpensen erforderliche Zeit fände, oder überhaupt Lust dazu hätte. Wenn aber dieses Treiben sogar Aufruhr und Empörung gegen die Staatsverfassung und ihre Organe sich zum Ziel setzt; wenn in trauriger Begriffsverwirrung die Auflösung der gesetzlichen Ordnung als Verdienst und Tugend gepriesen; wenn Schullehrer sich an die Spitze von der Regierung gehässigen Clubbs stellen und wohl gar dieselben im Schullocal bis in die tiefe Nacht um sich versammeln; wenn der politische Fanatismus zur Rohheit und Brutalität wird, und allen Begriffen von Recht und Wahrheit, Treue, Zucht und Sitte Hohn spricht, wie nach den Erfahrungen der Oberschulbehörde da und dort vorgekommen ist, dann werden die Lehrer statt der Bildner und Erzieher – die Verderber des Volks, und tragen dazu bei, daß ein ganzer ehrenwerther Stand durch das berufswidrige Treiben Einzelner der Gefahr ausgesetzt wird, in der öffentlichen Achtung gar sehr zu verlieren. Die Oberschulbehörde verkennt nicht, hat vielmehr mit Freuden wahrgenommen, daß ein namhafter Theil der Volksschullehrer, und zwar der tüchtigsten und durchgebildetsten, mitten in der politischen Gährung die dem Jugendlehrer geziemende sittliche Haltung, Mäßigung und Besonnenheit gezeigt und trotz der hämischen Angriffe selbst von Amtsbrüdern bewahrt hat, und das Decanat erhält den Auftrag, denjenigen Lehrern seines Bezirks, welche diese Anerkennung verdienen, dieselbe auch ausdrücklich zu erkennen zu geben. Dagegen hat es diejenigen, zumal jüngeren Lehrer, welche zu berufswidrigen Reden und Handlungen sich haben hinreißen lassen, mit nachdrücklichem Ernste zu ermahnen und zu warnen, indem die Regierung, welche die Bildung und sittliche Hebung des Volkes zu ihren wichtigsten Aufgaben rechnet, nicht geschehen lassen darf, daß die Jugend durch gefährliche Grundsätze und schlimmes Beispiel von Lehrern verdorben werde. Zu diesem Behufe hat das Decanat besonders auf die unständigen Lehrer ein wachsames Auge zu richten, und jedes berufswidrige Treiben sogleich zur Anzeige zu bringen, um mit Nachdruck dagegen einschreiten zu können. Uebrigens hat die Oberschulbehörde das Vertrauen, daß die durch so mancherlei äußere Einflüsse und Beispiele verblendeten und verführten Lehrer zur Einsicht und Besonnenheit zurückkehren und mit ungetheiltem Eifer ihrem nächsten Berufe sich wieder zuwenden werden. Mögen Alle ihren Ruhm darin suchen, durch Heranbildung einer gottesfürchtigen und bescheidenen, für ihren zeitlichen und ewigen Beruf wohl befähigten Jugend und durch das Vorbild eines rechtschaffenen und christlichen Wandels an der bürgerlichen Wohlfahrt unsers Volkes und Landes und damit zugleich am Reiche Gottes als treue Arbeiter des Herrn, der sie in seinen Dienst berufen hat, zu bauen.« (Schw. M.)

Stuttgart. Wie das Consistorium, so hat auch der k. *katholische Kirchenrath* an die Schullehrer eine Verwarnung wegen unstatthafter Politik erlassen. (Sie lautet im Wesentlichen wie die obige.) (D. V. Bl.)

[32]

Ansprache Friedrich Wilhelms IV. an die Seminarlehrer (1849)

In Preußen gab es 1837 45 Lehrerseminare. Sie galten als liberal und den emanzipatorischen Bestrebungen gegenüber aufgeschlossen. Die Ansprache vor den Seminardirektoren und -lehrern hielt der König im Februar 1849 noch vor Auflösung der Deutschen Nationalversammlung anläßlich einer vom Geheimrat Stiehl einberufenen Konferenz, die den Auftrag hatte, ein Unterrichtsgesetz vorzubereiten und die Lehrerbildung neu zu regeln. Die 1854 erlassenen sog. Stiehlschen Regulative gehen auf die Beschlüsse dieser Konferenz zurück.

Quelle: Proklamationen, Erlasse und Ordres Sr. Majestät des Königs Friedrich Wilhelm IV. Vom Schlusse des Vereinigten Ständischen Ausschusses, am 6. März 1848, bis zur Enthüllung des Denkmals Friedrich des Großen am 31. Mai 1851, Berlin 1851, S. 52.

All' das Elend, das im verflossenen Jahre über Preußen hereingebrochen, ist Ihre, einzig Ihre Schuld, die Schuld der Afterbildung, der irreligiösen Menschenweisheit, die Sie als echte Weisheit verbreiten, mit der Sie den Glauben und die Treue in dem Gemüthe Meiner Unterthanen ausgerottet und deren Herzen von Mir abgewandt haben. Diese pfauenhaft aufgestutzte Scheinbildung habe Ich schon als Kronprinz aus innerster Seele gehaßt und als Regent Alles aufgeboten, um sie zu unterdrücken. Ich werde auf dem betretenen Wege fortgehen, ohne Mich irren zu lassen; keine Macht der Erde soll Mich davon abwendig machen. Zunächst müssen die Seminarien sämmtlich aus den großen Städten nach kleinen Orten verlegt werden, um den unheilvollen Einflüssen eines verpesteten Zeitgeistes entzogen zu werden. Sodann muß das ganze Treiben in diesen Anstalten unter die strengste Aufsicht kommen. Nicht den Pöbel fürchte Ich, aber die unheiligen Lehren einer modernen frivolen Weltweisheit vergiften und untergraben Mir Meine

Bureaukratie, auf die bisher Ich stolz zu sein glauben konnte. Doch so lange Ich noch das Heft in Händen führe, werde Ich solchem Unwesen zu steuern wissen.

[33]

FERDINAND STIEHL

Regulativ betreffend den Unterricht in den preußischen Volksschulen (1854)

Anton Wilhelm Ferdinand Stiehl, 1812–1878, Seminarlehrer, Seminardirektor in Neuwied, ab 1844 im preußischen Kultusministerium in der Volksschulverwaltung tätig. 1848–1850 Mitglied der konservativen Fraktion in der Kammer. Stiehl war der Verfasser der 1854 vom Minister v. Raumer erlassenen vielbekämpften drei Regulative über die Ausgestaltung der evangelischen Lehrerseminare, über die Vorbildung der evangelischen Seminarpräparanden und über Einrichtung und Unterricht der evangelischen einklassigen Elementarschule. Die in konservativem und protestantisch-orthodoxem Geist abgefaßten Regulative wurden 1872 durch die »Allgemeinen Bestimmungen« ersetzt.

Quelle: Die drei preußischen Regulative, vom 1., 2. und 3. Oktober 1854 über Einrichtungen des evgl. Seminar-, Präparanden- und Elementar-Schulunterrichts. Im amtlichen Auftrag zusammengestellt von A. W. F. Stiehl, Berlin 1868, S. 61 ff.

Durch das Regulativ vom 1. d. M. für den Unterricht in den evangelischen Schullehrer-Seminarien der Monarchie ist der Vorbildung der Lehrer, mit steter Berücksichtigung des Bedürfnisses der Elementarschule und des durch sie erreichbaren Zieles der Volkserziehung, Richtung und Maaß vorgezeichnet.

Die in diesem Regulativ ausgesprochenen Grundsätze und die zur Befolgung für den Seminar-Unterricht gegebenen Vorschriften werden in den meisten Beziehungen *auch für die bereits im Amte befindlichen Lehrer* Antrieb und Richtschnur sein.

Nach diesem Regulativ ergeben sich für die evangelische einklassige Elementarschule *derjenige Unterrichtsbereich und diejenigen Unterrichtsziele*, welche in den folgenden Grundzügen zum Anhalt für die Schulverwaltung und Schulaufsicht, sowie zur Befolgung für die Lehrer niedergelegt sind.

Es folgen Bestimmungen über äußere Einrichtungen der Schulen, Neubauten, Schülerzahl, Schulzeit.

Das aber ist im Allgemeinen als Grundsatz festzuhalten, *daß die Schule auch in ihrer äußeren Einrichtung sich*, soweit es ihr Hauptzweck gestattet, *dem Leben und seinen Bedürfnissen anschließe*. Ein starrer Mechanismus, welcher verlangte, daß das gesammte andere Leben sich nach ihm zu richten habe, würde mit den doch nicht zu beseitigenden Bedingungen und faktischen Zuständen des bürgerlichen Lebens und der Familie in einen Zwiespalt gerathen, der zuletzt immer das Gedeihen der Schule und ihre Wirksamkeit beeinträchtigte. Die Schule wird unter steter Festhaltung ihrer wesentlichen Zielpunkte der Wirklichkeit die gebührende Berücksichtigung zukommen lassen und in Festsetzung ihrer Unterrichtsstunden und Ferien nach Ausdehnung, Tages- und Jahreszeit, soweit es irgend ihr eigener Zweck gestattet, sich den örtlichen und einzelnen Bedürfnissen und Verhältnissen nach Möglichkeit anschließen. Die umsichtige und nachhaltige Mitwirkung der Ortsbehörde, und namentlich des Pfarrers ist dabei von wesentlicher Bedeutung.

Für die *innere* und *geistige Thätigkeit* der Schule ist in der neuesten Zeit ein wichtiger Wendepunkt eingetreten. Die Gedankenbewegung, welche schon seit längerer Zeit bald in größerer bald in minderer Klarheit auf dem Gebiete der Volksbildung und Volkserziehung hervortrat, ist in vielen und wichtigen Beziehungen zu einem Abschlusse gediehen.

Es ist daher an der Zeit, das Unberechtigte, Ueberflüssige und Irreführende auszuscheiden und an seiner Stelle dasjenige nunmehr auch amtlich zur Befolgung vorzuschreiben, was von denen, welche die Bedürfnisse und den Werth einer wahrhaft christlichen Volksbildung kennen und würdigen, seit lange als nothwendig gefühlt, von treuen und erfahrenen Schulmännern als dem Volke wahrhaft frommend und als ausführbar erprobt worden ist.

Die Elementarschule war der geistigen Richtung des Jahrhunderts, von welcher sie ihre größere Ausbreitung und ihre Neugestaltung empfangen, gefolgt. Wie aber das gesammte Leben des Zeitalters an einer Grenzlinie angekommen ist, wo ein entscheidender Umschwung nöthig und wirklich geworden; *so muß die Schule*, wenn sie nicht in Festhaltung eines überwundenen Gegensatzes wirkungslos werden und untergehen soll, *in die berechtigte neue Bewegung Lebenempfangend und fördernd eintreten*.

Der Gedanke einer allgemein menschlichen Bildung durch formelle Entwickelung der Geistesvermögen an abstraktem Inhalt hat sich durch die Erfahrung als wirkungslos oder schädlich erwiesen.

Das Leben des Volkes verlangt seine Neugestaltung auf Grundlage und im Ausbau seiner ursprünglich gegebenen und ewigen Realitäten auf dem Fundament des Christenthums, welches Familie, Berufskreis,

Gemeinde und Staat in seiner kirchlich berechtigten Gestaltung durchdringen, ausbilden und stützen soll. Demgemäß hat die Elementarschule, in welcher der größte Theil des Volkes die Grundlage, wenn nicht den Abschluß seiner Bildung empfängt, nicht einem abstrakten System, oder einem Gedanken der Wissenschaft, sondern dem praktischen Leben in Kirche, Familie, Beruf, Gemeinde und Staat zu dienen, und für dieses Leben vorzubereiten, indem sie sich mit ihrem Streben auf dasselbe gründet und innerhalb seiner Kreise bewegt. *Das Verständniß und die Uebung des dahin gehörenden Inhalts, und dadurch Erziehung ist Zweck;* die *Methode* ist nur ein Mittel, welches keinen selbstständigen Werth hat; die *formelle Bildung* ergiebt sich durch Verständniß und Uebung des berechtigten Inhalts von selbst; ohne Rücksicht auf den Inhalt, oder einem verkehrten Inhalt nachstrebend, wirkt sie schädlich und zerstörend.

Von diesen Gesichtspunkten aus wird es weiterhin für die Elementarschule weniger auf die Ausarbeitung und Anordnung neuer und anderer Lehrgänge ankommen, *als vielmehr auf eine richtige Auswahl und feste Begrenzung der Unterrichtsgegenstände, sowie auf eine zweckmäßige Einrichtung der Schule,* wie sie in ihrer Bestimmung als Anstalt zur Erziehung der heranwachsenden Jugend begründet ist.

Nach beiden Richtungen hin kommen für die einzelnen Unterrichtsgegenstände folgende Grundzüge zur Anwendung.

Es folgen 1. Religion, 2. Lesen, deutsche Sprache und Schreiben, 3. Rechnen, 4. Gesang, ferner Regeln für die Stundenverteilung.

Durch den ganzen, nach diesen Grundsätzen angelegten Schul-Unterricht gehen zwei Grundsätze als unabänderlich maaßgebend: erstens, unter Lossagung von dem einseitigen Streben nach abstrakter, formeller Denkbildung dem *Unterricht des Kindes einen berechtigten und würdigen Inhalt zu geben,* der in steter und inniger Beziehung zu den großen Bildungsfaktoren, der Kirche, Familie, Gemeinde und dem Vaterlande ausgewählt und verarbeitet wird; und sodann an diesem, keinenfalls über die Grenzen eines zu erreichenden vollen Verständnisses hinaus ausgedehnten Inhalt *die Kraft bis zum Können und zur selbstständigen Fertigkeit zu üben.*

Die gezogenen Kreise werden überall, auch von dem minder begabten Lehrer und unter behinderten Verhältnissen der Schüler ausgefüllt werden können; ihr Inhalt reicht für das wirkliche Bedürfniß im Allgemeinen vollständig aus, ohne daß ihre Erweiterung unter günstigeren Verhältnissen unmöglich gemacht wäre.

Der so quantitativ richtig beschränkte und qualitativ richtig ausgewählte Unterrichtsstoff ist nun überall in die nöthige und zulässige Beziehung zu setzen, *daß ein Unterrichtsfach das andere ergänzt und dem Gesammtzweck dient.*

Wo es aus der Kirche, dem Vaterlande und der Natur in das Leben tretenden Thatsachen gilt, *da geht der Unterricht in Feier und Betrachtung über,* die vorzugsweise das Gemüth, den Willen und Charakter erfaßt *und die Kinder schon früh sich als Glieder einer von Gott geordneten Gemeinschaft erkennen läßt.*

Die hiermit für die einklassige Elementarschule gegebenen Grundzüge werden, soweit sie Charakter, Richtung und Wesen des Elementar-Unterrichts angehen, überall unverändert auch für die in mehrere neben einander stehende oder aufsteigende Klassen getheilte Elementarschulen ihre Anwendung finden. Für die dem Umfang nach zu erweiternden Lektionspläne der letztern werden sie Grundlage und Anhalt bieten.

Die zweckmäßige Vertheilung der einzelnen Unterrichts-Gegenstände auf die zu gleicher Zeit zu unterrichtenden Abtheilungen der einklassigen Schule hängt von örtlichen und persönlichen Verhältnissen ab.

Regel ist, *daß kein Kind, auch das kleinste nicht, ohne Arbeit gelassen wird,* zu deren Uebung sein Verständniß und seine Kraft angeleitet ist; *und daß kein Kind in irgend einem Stück unterrichtet wird, welches nicht demnächst auch zur Uebung und selbstständigen Darstellung kommt.*

Hiermit ist zugleich der Weg angedeutet, wie das für die ungetheilte Schule unentbehrliche *Helfersystem* von dem unzulässigen, sogenannten wechselseitigen Unterricht zu unterscheiden, von dem Charakter eines Nothbehelfs zu befreien und zu einer festgeordneten Einrichtung der Schule zu machen ist, die auch darin das Bild der Familie abspiegelt, daß unter der leitenden Autorität des Lehrers alle Glieder in der Verfolgung eines Zieles wechselseitig geben und empfangen.

Der Lehrer aber wird am höchsten stehen, der täglich selbst in der Schule am meisten empfängt, nämlich den Geist der Demuth, des Gebets, der Liebe und der Gottesfurcht, die mit göttlicher Furcht und freudigem Zittern seine und der ihm anvertrauten Kinder Seligkeit zu schaffen sucht.

Berlin, den 3. October 1854.

Der Minister der geistlichen, Unterrichts- und
Medicinal-Angelegenheiten
(gez.) von Raumer

[34]

Königliches Konsistorium

Instruktion für die evangelischen Schullehrer und Küster im Regierungsbezirk Merseburg (1859)

Merseburg war seit dem Wiener Kongreß Hauptstadt des gleichnamigen Regierungsbezirks in der preußischen Provinz Sachsen. Die »Instruktion« gibt einen Überblick über die 1859 für evangelische Schullehrer und Küster gültigen Rechtsverhältnisse.

Quelle: Centralblatt für die gesamte Unterrichtsverwaltung in Preußen, hrsg. in dem Ministerium der geistlichen, Unterrichts- und Medicinal-Angelegenheiten, Berlin 1859 ff., Jahrg. 1859, S. 537 ff.

Die nachstehende Instruction schreibt den evangelischen Schullehrern und Küstern ihr Verhalten überhaupt und ihre Obliegenheiten im Schulamte und in den mit demselben verbundenen kirchlichen Aemtern vor. Sie ist auf die Landesgesetze, die allgemeinen Kirchen- und Schulordnungen und auf die Verfügungen der Oberbehörden gegründet. Oertliche Observanzen im Schul- und Kirchendienste und die anderweitig feststehenden Verpflichtungen der Schullehrer und Küster werden durch diese Instruction nicht aufgehoben oder verändert.

§ 1. Jeder evangelische Schullehrer soll sich in seinem Amte und außerhalb desselben, im Unterrichte wie im Zeugniß durch Wort und Wandel, stets als ein lebendiges Mitglied und als ein treuer Diener der evangelischen Kirche beweisen. (Ministerial-Rescript vom 12. April 1856.)

§ 2. Er kann, ohne seinen Eid zu brechen, an politischen Bestrebungen, welche auf Aenderung der bestehenden Staatsverfassung abzwekken, nicht Theil nehmen und hat Amtsentsetzung im Wege der Disciplin zu erwarten, wenn er die Pflicht der Treue gegen den Landesherrn verletzt. (Ministerial-Rescript vom 26. Juli 1849.)

§ 3. Ein Schullehrer muß dahin trachten, daß er in seinem ganzen Verhalten ein Vorbild der Gemeinde sei und mit seinem Wandel nicht wiederum niederreiße, was er mit seiner Lehre gebaut. Er hat sich darum vor Allem der wahren Gottseligkeit zu befleißigen und in und außer dem Hause Alles zu meiden, wodurch er Eltern oder Kindern irgendwie Anstoß geben könnte. (General-Land-Schul-Reglement von 1763. § 12.)

§ 4. Wegen Trunkenheit, wegen unredlichen Schuldenmachens, wegen Hazardspiels, wegen Agiotirens mit Eisenbahn- und anderen Werthpapieren, wegen Verletzung der Amtsverschwiegenheit sollen Schullehrer im Wege der Disciplinar-Untersuchung ohne Pension entlassen werden. (Cabinets-Ordre vom 24. December 1836 – 28. Februar 1806 – 24. Mai 1844 – 21. November 1835.)

§ 5. Es kann nicht zugegeben werden, daß ein Schullehrer Nebenbeschäftigungen und Nebengewerbe treibe, die der Ruhe und der Sammlung, wie der Würde und dem Anstande entgegen sind, die sein Amt erfordert. Insbesondere sind ihm untersagt: das öffentliche Aufspielen zum Tanz (Regierungs-Verfügung vom 25. Juli 1820), die Leitung von Gesangvereinen, die nur den weltlichen Gesang pflegen oder die musikalischen Aufführungen zu weltlichen Vergnügungen benutzen (Regierungs-Verfügung vom 31. Mai 1854), die Ausübung der Jagd (Regierungs-Verfügung vom 20. Mai 1853), die Uebernahme von Agenturen (Ministerial-Rescript vom 24. Januar 1857). Zur Ertheilung von Privat-Unterricht bedarf er keiner Genehmigung, muß aber seinem Vorgesetzten davon Anzeige machen (Ministerial-Rescript vom 31. December 1839). Gartencultur, Obstbaumzucht und Seidenbau werden ihm empfohlen.

§ 6. Zur Uebernahme von Nebenämtern bedarf der Schullehrer die Genehmigung der Königlichen Regierung. (Regierungs-Verfügung vom 22. Juni 1854.)

§ 7. Schullehrer bedürfen zu ihrer Verheirathung des Consenses der Dienstbehörde nicht (Cabinets-Ordre vom 10. December 1816). Doch sollen provisorisch angestellte Lehrer und solche, die zwar definitiv, aber erst mit geringen Einkünften angestellt sind, wenn sie durch zu frühzeitiges Heirathen in Noth kommen, Unterstützungen aus öffentlichen Fonds nicht zu erwarten haben. (Regierungs-Verfügung vom 29. Juli 1858.)

§ 8. Der Küster steht in seinem Amte zunächst unter Aufsicht und Direction des Pfarrers. (Allg. Landr. Theil II. Tit. 11. § 566.)

Dieser ist auch überall, wo nicht etwas Anderes angeordnet ist, in Schulsachen als Local-Schul-Inspector der nächste Vorgesetzte des Lehrers. (Allg. Landr. Theil II. Tit. 12. § 12 ff. 49.)

Der Lehrer und Küster ist seinem nächsten Vorgesetzten Gehorsam, Ehrerbietung und Vertrauen zu beweisen schuldig und hat sich in allen amtlichen und auf das Amt sich beziehenden Dingen zunächst an ihn zu wenden. (Instruction vom 1. März 1822. § 2.)

§ 9. In allen Sachen, in denen durch den Pfarrer und Local-Inspector nicht entschieden wird, oder wenn der Lehrer und Küster bei dem Bescheide desselben sich nicht zufrieden gestellt findet, wendet er sich an den Superintendenten der Dióces.

An diesen richtet er auch alle Gesuche und Vorstellungen in Sachen, in denen von dem Patronate oder von einer Oberbehörde die Entscheidung einzuholen ist. (Instruction von 1822. § 3. und 4.)

§ 10. Wenn der Schullehrer und Küster sich bei einem von dem Superintendenten oder dem Privat-Patrone erfolgten Bescheide nicht beruhigen will, kann er sich an die Oberbehörde wenden, hat aber den empfangenen Bescheid beizulegen.

§ 11. Ueber seine Amtseinkünfte, namentlich die veränderlichen, hat er ein genaues Verzeichniß zu führen, damit auf Erfordern der vorgesetzten Behörde das Einkommen der Stelle mit Sicherheit ermittelt werden kann.

Reparaturen an der Amtswohnung, deren Kosten einen Thaler nicht übersteigen, muß er aus eigenen Mitteln besorgen. (Allg. Landr. Thl. II. Tit. 11. § 785. vgl. § 784. 786. 798.)

§ 12. Zu jeder Entfernung von seinem Wohnorte auf einen Tag oder über Nacht bedarf er die Genehmigung des Pfarrers und auf länger als drei Tage die des Superintendenten. (Instruction von 1822. § 24.)

Auch darf er ohne Erlaubniß des Pfarrers sich weder im Schul- noch im Kirchendienste von einem Andern vertreten oder Hülfe leisten lassen, noch auch eine Schulstunde aussetzen. Insbesondere dürfen Schulamts-Aspiranten, die etwa ein Lehrer vorbereitet, nicht zur Bequemlichkeit desselben mit Lectionen beauftragt und nur in dringenden Fällen mit Erlaubniß des Local-Inspectors zur Vertretung verwendet werden. (Instruction von 1822. § 5. 14. 16. General-Land-Schul-Reglement 1763. § 19.)

§ 13. Wenn er sein Amt niederlegen will, muß er drei Monate vorher kündigen. (Ministerial-Rescript vom 10. Februar 1857.)

Nimmt er innerhalb zehn Jahren von Zeit seiner Bestellung einen anderweitigen Ruf an, so ist er schuldig, der Kirchenkasse und der Gemeinde alle bei seiner Einsetzung und seinem Anzuge verwendeten Kosten zu erstatten. (Allg. Landr. Theil II. Tit. 11. § 525., desgl. Theil II. Tit. 12. § 42.)

§ 14. Der von dem *Lehrer* zu ertheilende Schulunterricht wird durch die Grundzüge vom 3. October 1854, die erläuternden Bestimmungen dazu vom 2. Januar 1855 und die weiter erfolgten und erfolgenden Verordnungen geregelt.

§ 15. Es muß dem Lehrer eine Gewissenssache sein, niemals seine Lehrstunden zu beginnen, ohne sich durch Gebet, Studium und Nachdenken auf dieselben sorgfältig vorbereitet zu haben. (General-Land-Schul-Reglement von 1763. § 17.)

Alle zur Vorbereitung des Unterrichts dienenden Geschäfte, wie das Federschneiden und dergl., müssen außer der Schulzeit besorgt werden.

§ 16. Der Schulunterricht soll Morgens mit Gesang und Gebet, auch mit Ansagen des Wochenspruchs, des Wochenliedes und eines Hauptstücks des Katechismus beginnen.

Bei getheiltem Cötus soll der Unterricht der zweiten Classe ebenso beginnen; der Nachmittagsunterricht mit Gesang und Gebet. Ebenso soll die Schule Vor- und Nachmittags mit Gesang und Gebet geschlossen werden. (Schulregulativ.)

§ 17. Von dem vorgeschriebenen Lectionsplane, der in der Schule angeheftet sein muß, darf der Lehrer nicht willkürlich abweichen. (Schulregulativ und Instruction von 1822. § 15.)

Das Schultagebuch muß vorschriftsmäßig eingerichtet sein und täglich fortgeführt werden. (Regierungs-Verfügung vom 14. December 1857.)

§ 18. Die Anordnung der Lehrcurse und die Eintheilung der Lehrstoffe in den einzelnen Unterrichts-Fächern ist mit dem Local-Inspector zu vereinbaren und von letzterem festzustellen. (General-Land-Schul-Reglement von 1763. § 25.)

Der Schullehrer hat in Gemeinschaft mit dem Local-Inspector dahin zu wirken, daß jedes Kind die eingeführten nöthigen Bücher und Lehrmittel besitze, oder daß sie ihm auf dem geordneten Wege zum Gebrauche dargeboten werden.

Wegen Einführung neuer Schulbücher und Hülfsmittel beim Unterricht ist die Genehmigung höheren Orts nachzusuchen. (Regierungs-Verfügung vom 15. April 1844.)

§ 19. Sobald die Kinder dazu fähig sind, ist der häusliche Fleiß derselben vom Lehrer in Anspruch zu nehmen. Doch soll er dieselben nie mit häuslichen Schularbeiten überbürden und nie verlangen, daß sie zu Hause etwas durch- und einüben, was nicht erst in der Schule vorgeübt ist.

§ 20. Die Ordnung des Schulbesuchs anlangend, darf kein Lehrer fremde Schulkinder eigenmächtig in die Schule aufnehmen.

Ehe er ein neu aufgenommenes Kind in die Liste einträgt, muß er sich den richtigen Vor- und Zunamen desselben vom Pfarrer angeben lassen. (Regierungs-Verfügung vom 26. August 1835. Ministerial-Rescript vom 23. August 1819.)

In die vorschriftsmäßig einzurichtende Absentenliste ist *jede* Schulversäumniß, sie sei entschuldigt oder nicht entschuldigt, täglich einzutragen. Ueberhaupt sind die Versäumnißlisten so genau und gewissenhaft zu führen, daß der Lehrer nöthigen Falls die Richtigkeit derselben auf seinen Diensteid nehmen kann. (Instruction von 1822. § 21.)

Um den Schulversäumnissen zu steuern und einen regelmäßigen Schulbesuch herbeizuführen, hat der Lehrer zunächst das Seinige zu thun (Regierungs-Verfügung vom 1. Juni 1840. § 4.), sodann aber dem Local-Inspector die Versäumnisse monatlich oder, wenn nöthig, wöchentlich, ja auch täglich zu dessen weiterer Maaßnahme anzuzeigen. (Regierungs-Verfügung vom 25. Januar 1837 bis 21. Juli 1846.)

§ 21. Die Schulferien werden nach Anfang und Dauer, unter Berücksichtigung der bestehenden allgemeinen Vorschriften, von dem Schulvorstande bestimmt. (Regierungs-Verfügung vom 7. Decbr. 1824 – 1. Juni 1840. § 10.)

§ 22. Der Lehrer soll die Schulkinder der höhern Altersstufen zum regelmäßigen Kirchenbesuche anhalten, sie in der Kirche beaufsichtigen und am ersten Schultage mit ihnen die Predigt kurz wiederholen. (General-Land-Schul-Reglement von 1763. § 23. Regierungs-Verfügung vom 19. April 1858.)

§ 23. Nächst dem Unterrichte hat der Lehrer auch für die sittliche Erziehung der Jugend an seinem Theile zu sorgen (Instruction von 1822. § 20.) und allen Fleiß anzuwenden, daß sie sich gottesfürchtig, züchtig, ehrbar, friedlich und fromm halte und erweise (Instruction von 1724. § 23.), und soll daher besonders mit gutem Exempel ihr vorangehen.

§ 24. Schon aus diesem Grunde soll er jede Lection mit größter Pünktlichkeit anfangen und schließen, während der Schulstunden sich nicht aus der Classe entfernen, noch Nebengeschäfte treiben, solche auch von Niemand in der Schulstube treiben lassen, während der Unterrichts- und kurzen Zwischenstunden die Kinder nicht zu Hausarbeiten verwenden. Er soll in der Schule stets vollständig, anständig und reinlich gekleidet sein. Im Schulschranke, in der Schulstube, im Schulhause und Schulgehöfte soll Reinlichkeit und Ordnung herrschen. Die Schulfenster sollen immer hell und klar sein. Alle zum Schul-Inventarium gehörigen Gegenstände, über welche ein Verzeichniß vorhanden sein muß, sollen mit Sorgfalt wohl erhalten werden. Der Gesundheit wegen soll auch die Stube täglich gelüftet, im Winter vor Schulanfang gehörig durchgeheizt, doch nie überheizt werden. (Instruction von 1822. § 16. 17. 22.)

§ 25. Der Lehrer soll darauf achten, daß die Darstellungen in Bild und Wort auf den Umschlägen der Schreibebücher, auf Bilderbogen und an den Wänden der Schulstube, wie der eigenen Wohnstube, weder der Sittenreinheit, noch der christlichen Frömmigkeit, noch der Unterthanentreue und Vaterlandsliebe zuwiderlaufen. (Regierungs-Verfügung vom 10. October 1850.)

§ 26. Die Schulzucht soll er mit Ernst und Besonnenheit handhaben. (Instruction von 1822. § 20.)

Sie darf niemals bis zu Mißhandlungen, welche der Gesundheit der Kinder auch nur auf entfernte Art schädlich werden können, ausarten. (Allg. Landr. Theil II. Tit. 12. § 50.)

Glaubt der Lehrer, daß durch geringere Züchtigungen (das heißt durch solche, zu denen er befugt ist) der eingewurzelten Unart eines Kindes oder dem überwiegenden Hange desselben zu Lastern und Ausschweifungen nicht hinlänglich gesteuert werden könne, so muß er der Obrigkeit und dem geistlichen Schulvorsteher davon Anzeige machen. (Allg. Landr. Theil II. Tit. 12. § 51.)

§ 27. Der Lehrer soll auch auf seiner Schulkinder Wandel außer der Schule sehen, insonderheit sie anhalten, daß sie still nach Hause gehen und auf der Straße keinerlei Unfug treiben (Instruction von 1724. § 17.), sie an Höflichkeit gegen Erwachsene gewöhnen, von Thierquälerei und Ausnehmen der Vogelnester sie abhalten (Regierungs-Verfügung vom 25. April 1837. Ministerial-Rescript vom 19. Februar 1856), auch darüber wachen, daß sie nicht zu den Tanzbelustigungen der Erwachsenen gehen. (Regierungs-Verfügung vom 14. September 1853.)

§ 28. Auch gegen Ungebührlichkeiten, außer der Schule verübt, die dem Lehrer angezeigt werden, einzuschreiten, ist er befugt, wie verpflichtet.

Er straft aber in solchen Fällen lediglich nach eigenem Ermessen, oder nach Rath und Weisung des Local-Schul-Inspectors, nicht als Organ der Polizeibehörde. (Regierungs-Verfügung vom 1. Juni 1840. § 7.)

§ 29. Singumgänge dürfen sich nicht über den Schulbezirk hinaus erstrecken. Bei ihnen, wie bei etwaigen Kinderfesten, hat der Lehrer sorgfältig darauf zu sehen, daß Alles vermieden werde, wodurch Gesundheit, Anstand und Sitte gefährdet werden könnte, wie auch, daß diese Feste den Character nicht verlieren, den sie nach ihrer ursprünglichen Bestimmung haben sollen. (Regierungs-Verfügung vom 10. December 1840 – 14. Februar 1856.)

§ 30. Der Schullehrer soll sich der Fortbildung der aus der Schule Entlassenen möglichst annehmen. (Regierungs-Verfügung vom 24. Juli 1844 – 15. Januar 1848.)

§ 31. Jeder Lehrer soll sich seine eigene Fortbildung ernstlich angelegen sein lassen. Darum soll er die Parochial-Schul-Conferenzen (General-Land-Schul-Reglement § 25. Allgem. Landr. Theil II. Tit. 12. § 49.) und die größeren, in der Ephorie eingerichteten Lehrer-Conferenzen regelmäßig besuchen und die ihm dabei übertragenen Arbeiten mit Fleiß anfertigen, auch den Lesezirkel und die in der Ephorie bestehende Schullehrer-Bibliothek benutzen. (Regierungs-Verfügung vom 26. Juli 1817 – 4. December 1818 – 3. November 1851 – 11. Mai 1857.)

Ebenso sollen die Lehrer sich's angelegen sein lassen, Lehrergesangvereine in der Ephorie zu bilden und zu besuchen. (Regierungs-Verfügung vom 9. März 1844.)

Zur Theilnahme an Conferenzen, Lehrerversammlungen und Gesangvereinen außerhalb der Ephorie bedarf jeder Lehrer die Genehmigung seines Superintendenten.

§ 32. Das Amt des *Küsters* oder Custos ist ursprünglich und zunächst das eines Hüters des Gotteshauses, eines Wächters beim Gottesdienste und bei heiligen Handlungen. Herkömmlich und in der Regel sind mit ihm verbunden das Amt eines begleitenden Gehülfen des Pfarrers, und – namentlich auf dem Lande – das eines kirchlichen Vorlesers, das des Organisten, des Cantors und des Glöckners.

§ 33. Der Küster soll die Kirche und den Kirchhof in Obhut haben und dafür sorgen, daß überall, innen und außen, Reinlichkeit und Ordnung herrsche.

Es liegt ihm ob, die Kirche, so oft es nöthig ist, kehren und von allem Staube säubern zu lassen.

Er besorgt das Auf- und Zuschließen der Kirche selbst.

Von nöthigen Reparaturen und abzustellenden Mängeln muß er dem Pfarrer zeitig Anzeige machen.

§ 34. Während des Gottesdienstes und der heiligen Handlungen muß er auf umsichtige, verständige Weise Ruhe und Ordnung zu erhalten bemüht sein. (Ministerial-Rescript vom 30. Januar 1810.)

§ 35. Ob ihm oder wem sonst das Anzünden der Altarkerzen, die Herbeischaffung der Hostien und des Communionweins, die Reinigung und Verwahrung der heiligen Gefäße, das Auflegen und die Verwahrung der Altar- und Kanzelbekleidungen, das Aufstellen der Collectenbecken, das Umhertragen des Cymbels und dergleichen zukommt, hängt von eines jeden Ortes Herkommen ab.

§ 36. Beim Gottesdienste und bei heiligen Handlungen soll er der Gemeinde in würdigem Betragen ein Muster sein, auch alle kirchlichen Geschäfte mit kirchlichem Anstande verrichten.

Er soll öffentlich stets in einem, seinem Stande angemessenen Anzuge, beim kirchlichen Dienste aber schwarz gekleidet und im Küstermantel erscheinen. (Instruction von 1822. § 6. Cabinets-Ordre vom 20. März 1811. Consistorial-Verordnung vom 1. October 1816. Regierungs-Verfügung vom 3. Januar 1817.)

§ 37. Bei Amtshandlungen des Geistlichen in der Gemeinde hat der Küster, sofern er überhaupt jenen Handlungen beizuwohnen hat, den Geistlichen zu begleiten, die heiligen Gefäße und die Agende zu tragen. Der Geistliche wird darauf sehen, daß solche Amtshandlungen, soweit dies ihre Natur irgend erlaubt, nicht in die Schulzeit fallen. (Instruction von 1822. § 10.)

§ 38. Wenn bei Hauscommunionen ihm der Geistliche einen Wink giebt, soll er sich bis nach geendigter Beichte still entfernen.

§ 39. Bei Leichenbegängnissen soll er nicht nur die begleitenden Schulkinder beaufsichtigen, sondern überhaupt sich bemühen, daß Alles still, ordentlich und würdig zugeht. (General-Land-Schul-Reglement von 1763. § 23.)

§ 40. Zu Gevatterbriefen soll er sich keiner andern Formulare bedienen, als die von dem Superintendenten genehmigt sind.

§ 41. Der Küster muß ein Duplicat des Kirchenbuchs halten und darin die vom Pfarrer im Hauptbuche eingetragenen Vermerke getreulich abschreiben. (Allg. Landr. Theil II. Tit. 11. § 501.)

§ 42. Zu kirchlichen Verrichtungen, die in der Regel dem Pfarrer gebühren, ist ohne dessen Geheiß oder Genehmigung der Küster nicht befugt.

§ 43. Ist der Pfarrer verhindert, den öffentlichen Gottesdienst zu halten, so darf sich der Küster nicht weigern, dies an seiner Stelle und nach seiner Anweisung zu thun.

Namentlich soll er im Lesegottesdienste nichts Anderes, als die hierzu vom Pfarrer aus dem vom Königlichen Consistorium genehmigten Predigtbuche ausgewählte Predigt oder Betrachtung vorlesen.

Den Altar und die Kanzel darf er, wenn er den Gottesdienst hält, nicht betreten, sondern hat das Lesepult zu benutzen.

Die kirchlichen Abkündigungen hat er wörtlich nur so vorzulesen, wie sie ihm vom Geistlichen aufgeschrieben sind. Den Kirchensegen kann er nicht ertheilen, sondern er bittet: der Herr segne uns u. s. w. (Instruction von 1822. § 11. 12. 13.)

§ 44. Eine Nothtaufe soll er nur im äußersten Nothfalle verrichten.

Dann soll er in Gegenwart von drei Zeugen nur das Vaterunser beten, das Kind unter Aussprechung der Taufformel und des Namens des Kindes mit Wasser taufen und so bald als möglich dem Pfarrer hiervon Anzeige machen. (General-Decret von 1763. § 21. General-Artikel von 1580. VI.)

§ 45. Es steht einem Küster wohl an, Kranke auch aus Antrieb seines Amtes zu besuchen, sie zu trösten, mit ihnen zu beten und ihnen vorzulesen, was ihm der Pfarrer hierzu gegeben oder empfohlen.

§ 46. Der *Organist* und *Cantor* soll nicht nur den Gesang der Gemeinde bei den bestehenden und noch anzuordnenden öffentlichen Gottesdiensten und bei heiligen Handlungen leiten, sondern auch um Besserung und Hebung des Kirchengesanges sich ernstlich bemühen. In beiden Beziehungen sollen ihm die Verordnungen des Königlichen Consistoriums vom 20. December 1844 und vom 24. Juni 1848 zur Richtschnur dienen.

§ 47. Er soll dahin arbeiten, daß die liturgischen Chöre unter Begleitung der Orgel von dem Chore und der Gemeinde gemeinschaftlich gesungen werden. (Ev. Oberkirchenraths-Verfügung vom 23. Februar 1852.)

§ 48. Zu jedem Gottesdienst und kirchlichen Act hat er, wie die Lieder, so überhaupt die nöthigen Anordnungen vom Pfarrer zu der von diesem bestimmten Zeit persönlich einzuholen, nicht aber ohne besondere Verhinderung und desfallsige Entschuldigung sie durch Andere einholen zu lassen. (Instruction von 1822. § 8.)

§ 49. Dem Organisten muß das ihm anvertraute Orgelwerk dergestalt am Herzen liegen, daß er es vor aller Beschädigung sorgsam behüte, kleinere Mängel sofort beachte und nach Kräften beseitige oder aber zur Kenntniß des Patrones und Kirchenvorstandes bringe. (Regierungs-Verfügung vom 15. Februar 1846.)

Er soll sich daher auch Kenntniß vom Bau der Orgel und von ihrer Behandlung verschaffen, wozu ihm das Buch von *Seidel:* die Orgel und ihr Bau, Breslau 1843, empfohlen wird. (Regierungs-Verfügung vom 29. Mai 1843.)

§ 50. Der Küster hat als *Glöckner* die Glocken unter seiner Obhut und dafür zu sorgen, daß jederzeit pünktlich, aber nie zu mißbräuchlichen Zwecken geläutet und daß den Glocken und dem Thurme kein Schade zugefügt wird. (General-Artikel 39. General-Decret § 86. Cabinets-Ordre vom 25. Februar 1751.)

§ 51. Zu welchen Stunden und mit welchen Glocken jedesmal geläutet werden soll, und was von diesem Geschäft dem Küster selbst zu thun oder thun zu lassen und zu verdingen obliegt, wird jedes Orts durch Matrikel oder Herkommen oder durch eine vorhandene Glöcknerordnung bestimmt.

Jedenfalls dürfen Schulkinder zum Lauten nicht verwendet werden. (Regierungs-Verfügung vom 6. April 1824.)

§ 52. Das Morgen-, Mittag- und Abendlauten darf nicht abgeschafft und soll da, wo es außer Gebrauch gekommen, möglichst wieder hergestellt werden. (General-Decret § 55. Ministerial-Rescript vom 13. Januar 1817. Consistorial-Verfügung vom 19. December 1857.)

§ 53. Zu den Geschäften des Glöcknerdienstes gehört in der Regel auch die Beaufsichtigung und Abwartung der Thurmuhr (General-Artikel 39.), und es ist hierbei Ordnung, Sorgfalt und Pünktlichkeit für das kirchliche und bürgerliche Leben der Gemeinde von Wichtigkeit.

Magdeburg und Merseburg, den 1. August 1859.
Königliches Consistorium.
Königliche Regierung,
Abtheilung für das Kirchen- und Schulwesen.

b) Forderungen der Parteien und Verbände

KONSERVATIV

[35]

FRIEDRICH JULIUS STAHL

Was ist die Revolution? (1852)

Friedrich Julius Stahl, 1802–1861, Professor für Staatsrecht, Kirchenrecht und Rechtsphilosophie in Würzburg und Erlangen, 1840 von Friedrich Wilhelm IV. an die Universität Berlin berufen. Konservatives Mitglied des preußischen Herrenhauses. Er gehört zu den Begründern einer konservativen Staatslehre.

Quelle: Dr. Friedrich Julius Stahl, Was ist die Revolution? Ein Vortrag, auf Veranstaltung des evangelischen Vereins für kirchliche Zwecke am 8. März 1852 gehalten, 3. Auflage Berlin 1852, S. 3 ff.

Stahl geht davon aus, daß Kirchen und Regierung sich in der Absicht einig sind, mit der Revolution zu brechen. Er fragt dann, ob Revolution identisch ist mit Empörung und mit dem Verlangen nach politischer Freiheit.

Wenn denn nun Revolution nicht dasselbe ist mit Empörung, und nicht dasselbe mit politischer Freiheit, was ist denn die Revolution?

Revolution bedeutet die bestimmte politische Lehre, welche seit 1789 als eine weltbewegende Macht die Denkart der Völker erfüllt und die Einrichtungen des öffentlichen Lebens bestimmt. Fragt man aber nach ihrem Begriff und Wesen, so ist es dies: *Revolution ist die Gründung des ganzen öffentlichen Zustandes auf den Willen des Menschen statt auf Gottes Ordnung und Fügung:* daß alle Obrigkeit und Gewalt nicht von Gott sei, sondern von den Menschen, vom Volke; und daß der ganze gesellschaftliche Zustand zu seinem Ziele nicht die Handhabung der heiligen Gebote Gottes und die Erfüllung seines Weltplanes habe, sondern allein die Befriedigung und das willkürliche Gebahren der Menschen.

Dies ist das innerste Centrum, aus welchem sich das ganze System der Revolution heraus entfaltet. Es ist der Schlüssel zum Verständniß aller ihrer Forderungen. Gestatten Sie mir zuerst diese Forderungen aufzuführen und dann sie zu commentiren:

Die Revolution fordert *die Volkssouverainetät*, sei es die demokratische Republik, sei es die Monarchie, in welcher der König Knecht des Parlaments, das Parlament Knecht der öffentlichen Meinung oder der Volksmasse ist.

Die Revolution fordert die *Freiheit*, das Gewährenlassen in allen Gebieten, unbegränzte Theilbarkeit und Veräußerlichkeit des Grundeigenthums, unbeschränkte Ansässigmachung und Gewerbefreiheit, unbegränzte Freiheit der öffentlichen Lehre, der Sectenstiftung, der Ehescheidung. Sie fordert Abschaffung der Todesstrafe, Straflosigkeit der Gotteslästerung, ehrenvolles Begräbniß des Selbstmörders.

Die Revolution fordert die *Gleichheit*: Aufhebung aller Stände und Klassen und Corporationen, aller gegebenen Obrigkeiten, Nivellirung der Gesellschaft.

Die Revolution fordert die *Trennung von Staat und Kirche*: gleiches Recht aller Religionsbekenner auf die obrigkeitlichen Aemter, Gleichstellung aller Kulte, Behandlung der christlichen Kirche als bloßer Privatgesellschaft ohne Interesse und Bedeutung für Nation und Staat, Einführung der natürlichen Religion statt des Christenthums in der Volksschule und dem öffentlichen Unterrichte.

Die Revolution fordert die *Charte*, d. h. die Vernichtung der ganzen naturwüchsigen, geschichtlichen Verfassung des Landes, wie sie durch Jahrhunderte sich gebildet durch Herkommen und einzelne Gesetze, um eine neue zu machen in Einem Akte, in Einer Urkunde, so daß kein Recht mehr gilt, als das in dieser Urkunde steht, und weil es in ihr steht.

Die Revolution fordert die *Aufhebung aller erworbenen Rechte* für das Volkswohl.

Die Revolution fordert endlich eine *neue Vertheilung der Staaten* nach den Nationalitäten wider das Völkerrecht: daß alle Deutschen einen Staat bilden für sich, und alle Polen einen für sich, und alle Italiener einen für sich u. s. w., und daß alle Verträge und Herrscherrechte, die dem entgegenstehen, vernichtet seien.

Diese Forderungen, bald in der, bald in jener Gestalt, bald gesteigert, bald abgeschwächt, sind es, welche seit 1789 bis zu dieser Stunde gestellt werden.

Die innerste Triebfeder aller dieser Forderungen aber, was ist sie anders, als daß die Menschen sprechen in ihrem Herzen:

Wir wollen keinem Könige gehorchen, der durch Gottes Fügung über uns gesetzt ist, sondern nur den Deputirten, die wir selbst wählen, und nur so lange wählen, als sie unseren Willen thun; deshalb soll entweder kein König mehr sein, oder, wenn er ist, soll er dem Willen der Mehrheit unserer Deputirten gehorchen.

Wir wollen in unserem gesellschaftlichen Verbande nur uns selbst schützen, daß Keiner von uns getödtet, beraubt, ihm ein Vertrag gebrochen werde, nicht aber die Gebote Gottes in demselben handhaben. Wenn die Ehegatten nur unter einander einverstanden sind, und von einer anderweiten Ehe mehr Glück hoffen – was kümmert uns das Gebot Gottes: daß, was Gott zusammengefügt, der Mensch nicht scheiden soll? Wenn die Todesstrafe nicht nöthig ist für Erhaltung der Gesellschaft, d. h. zu unserem Schutze, – was kümmert uns Gottes Auftrag der Gerechtigkeit: daß, wer Blut vergossen hat, des Blut wieder vergossen werde? Wenn der Gotteslästerer nicht zufällig andere Menschen beleidigt, etwa die Religionsgesellschaft der Christen oder der St. Simonisten, was haben wir für Gottes Ehre zu sorgen und den Lästerer zu strafen?

Wir unterwerfen uns nicht Gottes Weltplan, nach welchem einem Jeden von uns eine gliedliche Stellung zugewiesen ist und damit verschiedener Beruf und verschiedenes Recht, sondern wir stabiliren über Gottes Weltplan das absolute Menschenrecht als einen Felsen von Erz. Nach diesem sind alle einander gleich, und dürfen nicht besondere Rechte und nicht besondere Bande unter ihnen bestehen.

Wir fragen nicht danach, ob Gott eine Religion geoffenbart hat, deren Bewahrung und Erfüllung er auch von den Völkern und ihren Obrigkeiten fordert, sondern was ein Jeder von uns über Religion meint und will, das muß gelten um seines Willens wegen, und die Meinung des einen soviel als die Meinung des andern. Gottes Gebot kann dem Evangelium keine öffentliche Geltung verschaffen gegen den Willen der Nichtchristen im Staate. Es darf daher nicht die Seele und Vorbedingung der obrigkeitlichen Aemter, nicht die Substanz des öffentlichen Unterrichts sein.

Wir erkennen keine Verfassung als bindend an, die durch Gottes Fügung geworden, die als eine höhere bindende Norm von einer Generation der andern überliefert wird, die jegliche nur an ihrem Theile fortbildet. Sondern wir wollen die ganze Verfassung neu machen, damit sie unser Werk, unsere bewußte absichtliche That sei. Wir errichten von jetzt an erst den Staat, die Gemeinde, die Königliche Gewalt, als wäre vor uns nichts da gewesen, auf daß Alles ohne Zuthun Gottes und der Natur bloß die Schöpfung unserer Vernunft sei. Wir binden uns denn auch nicht an Rechte, die bereits begründet und verbürgt sind; sondern wem wir jetzt gnädig sind, dem sind wir gnädig, wir nehmen den Berechtigten und geben dem Volke.

Endlich, wir lassen die Vertheilung der Staaten nicht gelten, die Gott gefügt. Wir wollen nicht zugeben, daß er die Völker verbinde und zertheile, und ein Volk dem andern unterthan mache nach seinem Rathschlusse und seinen Strafgerichten. Sondern wir wollen alle diese Fügungen aufheben und das Siegel des Rechts, unter das er sie beschlossen, erbrechen, und wollen alle Völker in ihren ursprünglichen Zustand wieder herstellen, daß Alles sei wie von Anbeginn durch unsere Macht und unsere Weisheit.

Dies ist der Kern in allen jenen Forderungen der Revolution. Ihr letzter Schritt ist deshalb nothwendig *die Aufhebung des Eigenthums, der Communismus.* Denn was ist Eigenthum anders, als daß der Mensch den Vorzug im Besitze anerkenne, welchen Gottes Fügung dem Einen vor dem Andern zugetheilt und beschieden hat, durch Geburt und Erbschaft, durch frühere Ergreifung, durch gelungenere Arbeit, durch glücklichere Verwerthung; und was ist die Heiligkeit des Eigenthums anders, als die Scheu und Unterwerfung gegen Gottes Fügung? Wenn nun der Mensch überall die Fügung Gottes nicht als bindend anerkennt, nicht die Obrigkeit und die Verfassung und die Berufsstellung, welche Gott gefügt hat, warum soll er grade die Vorzüge des Besitzes anerkennen? – und wenn der Mensch Alles neu zu machen unternimmt, den Staat, die Gemeinde, die Austheilung der Völker und Staaten in Europa, – warum nicht auch eine neue Vertheilung der Güter?

Ich wiederhole jetzt meine Begriffsbestimmung der Revolution, und ich glaube sie hat sich als bestätigt erwiesen: Revolution ist die Gründung des ganzen öffentlichen Zustandes auf den Willen des Menschen statt auf Gottes Ordnung und Fügung. Die Revolution ist darum, wie schon das Wort sagt, *Umwälzung;* sie besteht darin, das zu oberst zu setzen, was nach ewigen Gesetzen zu unterst sein soll und umgekehrt. Sie macht den Menschen zum Ursprung und Mittelpunkt der sittlichen Weltordnung; sie macht die Unterthanen zu Herren ihrer Obrigkeit; sie verkündet die Menschenrechte ohne die Pflichten und den Beruf der Menschen; sie läßt den ganzen Sündenschlamm der Volksleidenschaft, den die obrigkeitliche Macht in der Tiefe niederhalten soll, emporsteigen zur Höhe der Gewalt. – Das ist die Revolution.

Mit Hilfe von historischen Vergleichen verweist Stahl nunmehr genauer auf die Unterschiede zwischen Revolution und Empörung oder Anarchie. Er fragt dann nach dem Ursprung der Revolution.

Der Ursprung der Revolution ist in jener Denkart, welche man jetzt durch den Ausdruck *Rationalismus* bezeichnet. Der Rationalismus ist dieselbe Erscheinung auf dem innerlichen religiösen Gebiete, welche die Revolution auf dem äußerlichen politischen Gebiete ist. Rationalismus ist die Emancipation des Menschen von Gott; das Heraustreten des Menschen aus Gottes Hand, um auf sich selbst zu stehen und Gott nicht zu bedürfen, und nicht zu beachten; daß der Mensch nicht der Offenbarung bedürfe, weil seine Vernunft weise genug ist, und nicht des Gnadenbeistandes, weil sein Wille stark genug ist, und nicht der Sühne durch das Blut Christi, weil seine Tugend rein genug ist, und daß er es verschmäht, von Gott zu empfangen, weil das seiner Würde entgegen ist. Aus dem Rationalismus kommt jene Vermessenheit und Zuversicht des philosophischen Systems, welches aus menschlicher Kraft die letzten Gründe des Weltzusammenhanges aufdecken will; ja, welches es unternimmt, das ganze All der Dinge als bloßen Ausfluß der Gesetze der menschlichen Vernunft zu erweisen, und er vollendet sich in seiner nothwendigen Entfaltung als pantheistische oder selbst materialistische Weltanschauung. Rationalismus ist deswegen nicht dasselbe mit Unglauben. Die Pharisäer in ihrer Selbstgerechtigkeit waren Ungläubige, aber nicht Rationalisten; die Saducäer in ihrer Leichtfertigkeit waren Ungläubige, aber nicht Rationalisten. Der Rationalismus ist nicht bloß Unglaube an Gott; er ist *ein Gegenglaube an den Menschen.* Darum ist auch der Rationalismus in seinen Anfängen noch verträglich mit dem Glauben an Gott und das Christenthum. Aber in seiner reifen Frucht erscheint er als das, was er schon in seinem Samen war, als *die Selbstvergötterung des Menschen.*

Durch diesen Ursprung im Rationalismus wird das Wesen der Revolution noch klarer. Der Mensch stößt in seinem Herzen Gott vom Throne und setzt sich selbst auf seinen Stuhl. Das ist die Urumwälzung. Alle andere Umwälzung ist nur die Folge. Darum, als die Revolution auf ihren Höhepunkt gelangt war, schaffte sie auch sichtbarlich die Gottesdienste ab, und betete die menschliche Vernunft an in ihren Tempeln. Und die zweite Zukunft der Revolution, wie sie bereits angekündigt ist, die sociale Republik, zeigt im Voraus die zwei großen Inschriften: »*Leugnung Gottes* und *Emancipation des Fleisches.*«

Es folgen kritische Hinweise auf die Constitutions-Urkunde und auf den Bonapartismus. Beide sind nicht geeignet, die Revolution zu überwinden.

Es giebt eine Macht, aber auch nur *Eine* Macht, die Revolution zu schließen. *Dies ist das Christenthum.*

Das Christenthum ist der äußerste Gegensatz gegen die Sünde der Revolution. Denn es gründet das ganze Menschenleben auf Gottes Ordnung und Fügung. Das Christenthum ist aber zugleich die tiefste Befriedigung der Impulse der Revolution.

Nur das Christenthum vermag noch die gesellschaftliche Ordnung zu verbürgen, nachdem die Fundamente derselben, Königthum, Eigenthum, Ehe, schon von der großen Volksmasse überlegt und in Frage gestellt werden. Nur der christliche Sinn hat die freudige Hingebung an den König, den Gott uns gesetzt, an die Ehe, die Gott verbunden, an den Beruf, den Gott uns angewiesen, an die Gütervertheilung, die Gott gefügt hat. Der christliche Sinn verlangt nicht nach einer Obrigkeit, die er selbst sich gesetzt, nach einer Verfassung, die er selbst gemacht, nach einem Recht, das er selbst aus seiner Vernunft entdeckt hat. Er empfängt das Alles viel lieber von dem göttlichen Walten, und begnügt sich, an dem großen Bau der Zeiten sein bescheiden kleines Theil beizutragen, wie Gott es ihm zugewiesen.

Aber auch nur das Christenthum vermag es, die wirklichen Ziele, den wirklichen Fortschritt der Zeit zu erfüllen. Nur aus ihm kommen die gestaltenden Principien, von welchen man den befriedigenden Bau der Gesellschaft erwartet, die *Freiheit*, die *Gleichheit*, die *Brüderlichkeit* in ihrem wahren Wesen.

Aus dem Christenthum kommt die ächte *Freiheit*, daß der Mensch nur aus seinem Innersten heraus handle nach der Gabe, die er von Gott hat, und über die menschliche Obrigkeit nicht Richter ist, und doch zugleich die Gebundenheit an die Ordnungen Gottes, welchen die wahre Freiheit selbst gleich als ihrer Heimath zustrebt.

Aus dem Christenthum kommt die ächte *Gleichheit*, daß in jedem Menschen das Ebenbild Gottes zu seinem Rechte komme und zu seiner Ehre, die höher ist als Ritterehre, und doch zugleich die gliedliche Stellung für einen jeglichen, welche Mannigfaltigkeit der Rechte und der Ehren mit sich führt.

Aus dem Christenthum kommt die ächte *Brüderlichkeit*, die in jedem Menschen, nicht, wie der Socialismus, die menschliche Gattung prahlend feiert, sondern das Individuum demüthig liebt nach Leib und Seele, und deswegen das Erbarmen mit der Noth des Volkes, ohne die Verbrüderung mit der Sünde und der Verkommniß des Volkes.

Das Christenthum gewährt den köstlichsten aller politischen Gedanken, den Gedanken *des Berufes, d. i. der Berufung von Gott.* In diesem Gedanken löst sich der Gegensatz von Recht und Pflicht, von Gewalt und Schranke. Wenn der Proletarier behauptet, daß er das Recht habe, zur Gesetzgebenden Versammlung zu wählen und gewählt zu werden, wie jeder Andere, so fragt ihn, ob es seine Berufung von Gott ist, Gesetze zu geben; und wenn der große Grundeigenthümer sagt, es sei sein Recht, die Früchte seines Eigenthums zu genießen, und dürfen ihm nicht öffentliche Verpflichtungen auferlegt werden für seine Gutsinsassen und seine ärmern Nachbarn, so fragt ihn, ob das seine Berufung ist, für die Gott ihm so großes Gut verliehen.

Das Christenthum gründet die *Gemeinschaft des heiligen Geistes*, die als eine moralische Macht und als wechselseitige Verbürgung der göttlichen Ordnung auch der Obrigkeit Maaß gibt und Achtung gebietet, die ächte Volkssouverainetät.

Die Rede schließt mit einem nachdrücklichen Hinweis auf die Bedeutung der christlichen Treue.

[36]

HERMANN WAGENER

Positive Aufgaben der konservativen Politik in Beziehung auf die intellektuelle Kultur und den Volksunterricht (1856)

Hermann Wagener, 1815–1889, Führer der konservativen Partei in Preußen, bis 1854 Chefredakteur der konservativen »Neuen Preußischen (Kreuz-) Zeitung«, dann Abgeordneter der konservativen Partei. Seit 1866 Justizrat im preußischen Staatsministerium.

Quelle: H. Wagener, Grundzüge der conservativen Politik, Berlin 1856, S. 15 ff.

Der Liberalismus hat die Bande gelöst, deren Bestimmung es war, die Bestandtheile der Gesellschaft an einander zu ketten, sie gegenseitig zu stützen, sie in ein belebendes und befruchtendes Wechselverhältniß zu einander zu versetzen; er hat einen aufreibenden, zerstörenden Kampf Aller gegen Alle hervorgerufen. Es wird von conservativer Seite anerkannt, daß die mittelalterlichen Gesellschafts-Zustände sich überlebt hatten, daß deren theilweise Beseitigung eine Nothwendigkeit geworden war. Aber es kann nicht zugegeben werden, daß es möglich sei, der gesellschaftlichen Bande ganz zu entbehren, oder die organische Gliederung der Gesellschaft durch einen äußeren administrativen oder polizeilichen Mechanismus zu ersetzen. Die Aufgabe besteht vielmehr darin, neue, den veränderten Verhältnissen entsprechende Gesellschafts-Bande herzustellen, die sich feindlich gegenüberstehenden Kräfte zum organischen Zusammenwirken zu verbinden. Man wird daher nicht ferner die Wirthschaft, das Culturleben, das Individuum isolirt, losgerissen aus dem gesellschaftlichen Zusammenhang behandeln dürfen: man wird überall das Gegebene, die historischen Grundlagen, die Erfahrung zu berücksichtigen haben. Dem weit über die Grenzen eines gesunden Staatslebens hinausgetretenen Rechte des Individuums muß endlich das Recht der Gesellschaft entgegengestellt werden; jenes muß in den Bedürfnissen dieser seine bestimmte Grenze finden. Endlich muß auch das Grundgesetz des organischen Lebens überall Berücksichtigung finden, daß nämlich jedes Glied und jedes System des Organismus möglichst vollkommen, d. h. zu selbstständiger Lebens- und Bildungsfähigkeit entwickelt sein müsse, um den Gesammt-Organismus zur höchsten Vollkommenheit und Machtfülle zu erheben. Demnach läßt die das locale Leben absorbirende Centralisation der wirthschaftlichen und der staatlichen Kräfte, wie sie überall im Gefolge der doctrinär-liberalen Staatskunst sich entwickelt, ein gesundes Volks- und Staatsleben nicht aufkommen.

Diesen Principien entsprechend, wird die conservative Politik in Preußen die nachstehenden Gesichtspunkte zu verfolgen und die daraus herzuleitenden Institutionen anzustreben haben.

Es folgt die Darstellung der konservativen Auffassungen über Wirtschaft und Gewerbe, soziale Aufgaben, genossenschaftliche Vereinigungen, gewerbliche Korporationen und über die Möglichkeiten eigenständiger Verwaltung durch die Kreisstände und Provinzial-Landtage.

In Beziehung auf *die intellectuelle Cultur* kann Preußen die Bahnen der Bildung nicht verlassen, ohne seine Vergangenheit zu verleugnen, ohne an seiner Zukunft einen Verrath zu begehen. Aber die conservative Politik erheischt, daß dies eben die wahre, die gesunde, fruchtbringende Bildung sei, diejenige, die darauf beruhet, daß die Wissenschaft das Leben erfasse, durchdringe und kräftige; daß sie nicht in der Skepsis, der Negation und der Kritik aufgehe, und dadurch den Baum des Lebens zernage, anstatt ihn zu befruchten. Dies gilt ganz besonders von den politischen Wissenschaften. Der Fortschritt derselben beruhet auf der Kenntniß des gesellschaftlichen Massenlebens und wird die conservative Staatswissenschaft sich nur in dem Maaße fester begründen lassen, wie es durch historische Forschungen, durch wissenschaftliche Behandlung der vergleichenden Statistik gelingt, den ewigen Gesetzen der Gesellschaft näher zu treten, den darin sich offenbarenden Willen Gottes kennen zu lernen.

In Beziehung auf den *Volksunterricht* kann es hiernach nicht zweifelhaft sein, daß Jedermann in Preußen der Zugang eröffnet werden müsse zu den edlen Schätzen des Geistes. Wegen der mannigfachen Abstufungen des Berufs- und Sociallebens und der dadurch bedingten Abweichungen in der Receptivität wie in dem Bedürfnisse geistiger Cultur, wird indessen die Vertheilung dieser Schätze naturgemäß die größten Gegensätze darbieten; Verschiedenheiten, die sich eben nur dadurch zweckmäßig regeln lassen, daß man das Recht und die Pflicht der Familie als Ausgangspunkt aller Bildung nimmt. Das System des Zwangsunterrichts durch vom Staate herangebildete Lehrer, an und für sich nicht unbedenklich, muß seine Zwecke verfehlen, wo der verkommenden Bevölkerung die Grundlagen religiöser Weihe und geistiger Receptivität fehlen, und wo daher jede Befruchtung nur den Erfolg haben kann, das Unkraut des Geistes um so üppiger wuchern zu lassen.

Außerdem ist es nicht gleichgültig, wenn das Schulwesen von den Gemeinden ganz unverhältnißmäßige Opfer erheischt. Für die kleineren und ärmeren Ortschaften in dünnbevölkerten Landestheilen dürfte sich demnach vielleicht die Rückkehr zu dem System der Handwerks- oder der Wanderlehrer empfehlen. Für den Staat aber dürfte der indirecte Zwang der bessere sein, der Zwang, der die Ausübung der politischen Rechte von einem gewissen Grade der Bildung abhängig macht.

Was aber die *religiöse Bildung* anbetrifft, so wird man dabei an der Freiheit festhalten müssen, welche in Preußen, dem Haupt der evangelischen Continental-Staaten, erblich ist. Wie aber die Skepsis, die Negation, die Doctrin sich auf dem Gebiete des intellectuellen Lebens als die Quelle des Verfalls der Wissenschaft, als die Mutter der Revolution erwiesen, so gilt dies in noch viel höherem Maaße auf dem Gebiete des religiösen Lebens. Wie dort die Empirie als die Grundlage höherer Entwickelung erkannt worden, so hier der durch die Erfahrung bewährte Glaube, der Glaube, wie er in den Offenbarungen seine Grundlage, wie er überall in den ewigen Gesetzen und der Geschichte des Gesellschaftslebens seine Bestätigung findet. Staat und Kirche sollen das große Ziel der Erlösung gemeinsam verfolgen, sie sollen sich gegenseitig durchdringen, ergänzen und stützen. Keins dieser großen Systeme des Gesellschaftslebens soll in das Gebiet des andern hinübergreifen und darauf einen lähmenden Einfluß üben. Der große Schatz christlicher Gewissens- und Gemeindefreiheit soll dem Preußischen Volke erhalten bleiben. Durch Herstellung geordneter Wirthschafts- und Socialverhältnisse wird der Staat der Kirche den Boden für ihre erhabene Wirksamkeit ebnen; diese wird in ihrem wohlverstandenen Interesse ihn darin, so wie in allen seinen sittlichen Bestrebungen unterstützen.

Dadurch sind zugleich die Grundlagen für ein geordnetes *politisches Leben* gewonnen. Während der Liberalismus seine Institutionen von Oben herab baut, während er seine ganze Kunst in der Sicherstellung sogenannter Volksrechte der Krone gegenüber erschöpft, gleichzeitig aber seinem Rechtsstaate durch Vernichtung der wirthschaftlichen und socialen Grundlagen die Möglichkeit der Existenz entzieht und dadurch unvermeidlich dem Cäsarismus entgegendrängt, geht die conservative Politik überall den entgegengesetzten Weg. Ihr ist es bewußt, daß ohne ein geordnetes Wirthschafts- und Socialleben weder Freiheit noch Fortschritt möglich sind; daß die starken Privatkräfte in ihrem ungezügelten Walten der Freiheit unendlich gefahrbringender sind, als die Regierungen es jemals gewesen oder zu sein vermocht.

Das Kapitel schließt mit dem Hinweis auf die Übereinstimmung zwischen den »wesentlichen Grundzügen« der konservativen Politik und der Auffassung der Regierung. Beide seien sich in der Abwehr des »doctrinären Liberalismus« einig.

[37]

W. J. G. Curtmann

Vereinfachung und Stätigkeit des äußeren Schulorganismus (1847)

W. J. Curtmann, liberal-konservativer Schulpolitiker, Direktor der Realschule und der Volksschulen in Offenbach, dann Direktor des evangelischen Schullehrer-Seminars in Friedberg.

Quelle: W. J. G. Curtmann, Die Schule und das Leben, eine gekrönte Preisschrift, 2. Auflage Friedberg in der Wetterau 1847, S. 172 ff.

Curtmann kritisiert die Leichtfertigkeit, mit der neue Schulgesetze vom grünen Tisch aus entworfen werden. Er fordert, bei den Planungen auch »das längst erprobte Gute« zu berücksichtigen.

Hier nur einige Hindeutungen als Erläuterung der Behauptungen.

Hätte man es schon früher als einen Grundsatz einer guten Schulorganisation anerkannt, »jeder Schule nach ihrem Bedürfniß und ihrer Tendenz einen *bestimmten äußeren Charakter aufzuprägen*«, so würde der leidige Streit zwischen Humanismus und Realismus niemals diese Bedeutung erlangt haben; es würden nicht Simultanschulen errichtet worden sein, wo die Konfessionsschulen ganz gut versorgt waren; man würde überhaupt eingesehen haben, daß Verallgemeinerung nicht allemal Verbesserung ist. In einander verschwimmende Tendenzen werden nicht stätig verfolgt und von den vielen Zielen zuletzt keines erreicht. Deßhalb mache man das Gymnasium nicht zur Realschule, die Realschule nicht zum Halbgymnasium und die Volksschule zu keinem von Beiden. Wo es der äußeren Bedingungen wegen angeht, da trenne man zeitig die Schüler nach dem wahrscheinlichen Lebensberuf, doch nur im Großen nach den Hauptrichtungen, nicht daß der Krämersohn von Kindheit an blos addire und Pfeffer wiege. Denn ist der Mensch gleich desto tüchtiger für seinen Beruf, je bestimmter er sich von Anfang demselben gewidmet hat, so ist ja doch das Brod-Gewerbe oder -Studium nicht der einzige Beruf, welcher ihm obliegt. Es gibt daneben auch Pflichten als Mensch, als Christ, als Bürger, als Familienglied, welche entweder jenen engeren Berufspflichten voranstehen, oder beigeordnet sind, und deren Vorbereitung und Erkenntniß um so mehr in die Schule zu verweisen ist, als das spätere Leben mit seiner materiellen Engherzigkeit eine Thätigkeit für solche Pflichten nicht leicht aufkommen läßt. Könnte man über den künftigen Lebensberuf der Knaben mit Sicherheit entscheiden, könnte man z. B. schon vom sechsten Lebensjahr an kaufmännische Schulen errichten, so müßte deßhalb doch in diesen Schulen alles Das getrieben werden, was man jetzt in Realschulen treibt, weil der Kaufmann immer noch Etwas mehr sein soll, als Kaufmann.

Aber es gibt Kategorien des künftigen Berufes, welche sich von Natur aus, oder doch durch deutlich ausgeprägte Verhältnisse sehr frühzeitig scheiden, und welchen man unbedenklich *besondere Schulgattungen* widmen kann. So fordert die Natur frühzeitige Trennung der Geschlechter, wo es ohne andere überwiegende Nachtheile geschehen kann; nicht eben wegen der sittlichen Gefahr, welche auf dem Lande wenigstens gar nicht vorhanden ist, sondern wegen des verschiedenen Charakters und der abweichenden Bedürfnisse der Geschlechter. Es muß ein gar derb fühlender Lehrer sein, welcher Knaben und Mädchen auf die nämliche Weise behandelt, und ihnen den nämlichen Unterricht ohne Modifikation ertheilt. Schon in den niedrigsten Ständen und auf der ersten Altersstufe muß Das hervortreten, wieviel mehr in den höheren, feiner gebildeten Ständen und in den Jahren der herannahenden Reife! Ich bin überzeugt, daß die Zeit kommen wird, wo sogar unter den Lehrern ein Unterschied gemacht, und einem und demselben nicht zu gleicher Zeit die Fähigkeit Knaben oder Mädchen zu unterrichten zugeschrieben werden wird, oder wo vielmehr die Erziehung der Mädchen größtentheils in die Hände besonders ausgebildeter Lehrerinnen übergehen muß.

Ebenso scharf und noch schärfer müssen sich die drei Hauptgattungen: Gymnasium, Realschule und Volksschule scheiden, und die vermittelnden Halbheiten unserer Zeit, werden vor der Erkenntniß weichen: daß gut kultivirte Felder von festen Marksteinen umgeben sein müssen.

Es folgen Ausführungen über die Notwendigkeit der Realschulen.

Soviel sieht man aber deutlich: Die Eintheilung der Schulen in Gymnasien, Realschulen und Volksschulen ist eine *Scheidung nach dem Stande und der Lebensweise*, keineswegs eine willkürlich ersonnene. Man besorge deßhalb aber auch nicht sogleich die Entstehung eines neuen Kastengeistes, wenn die Stände schon in den Schulen getrennt werden. Die Trennung besteht faktisch doch, und wird nur desto fühlbarer, je weniger sie geregelt ist. Sitzt das Kind des armen Taglöhners auf derselben Schulbank mit dem des reichen Kaufmanns, so wird dadurch keine Freundschaft, sondern eher Erbitterung zwischen sie gepflanzt. Der Arme sieht mit Neid die bessere Kleidung und Nahrung des Reichen, weil er sie in der Nähe sieht, weil er täglich zu Betrachtungen darüber genöthigt ist, weil er die mangelnden inneren Vorzüge des äußerlich Bevorzugten deutlicher wahrnimmt oder wahrzunehmen glaubt. Umgekehrt wächst der Hochmuth des Wohlhabenden, indem er die Vortheile seiner äußeren Verhältnisse auf Rechnung seiner Persönlichkeit schreibt, indem er z. B. seine größere Sprechfertigkeit als den Beweis eines höheren Verstandes, die äußerliche Plumpheit des Armen für Dummheit auslegt. Auch der Lehrer befindet sich bei solcher Stände-Mengung in Verlegenheit; er muß besorgen ungerecht zu erscheinen, wenn er die größere Gewandtheit des wohlhabenden Kindes anerkennt, oder die Rohheit des ärmeren, so unverschuldet sie auch sein mag, tadelt; er weiß nicht, soll er rasch fortschreiten zum Vortheil der Einen, oder immer wieder auf denselben Punkt zurückkehren im Interesse der Andern. Kurz jeder Theil ist durch eine solche Zusammenpressung des Ungleichartigen verletzt, und die Schule selbst ist durch ihre naturwidrige Organisation alles günstigen Erfolges beraubt. *Similia similibus gaudent* haben schon die Alten gewußt, warum wollen denn ihre Verehrer, die Philologen diese Wahrheit nicht auf Schulorganisation angewandt wissen? Warum soll der künftige Zuckerfabrikant neben dem künftigen Justizrathe hinter der nämlichen Grammatik schwitzen, blos deßwegen etwa, weil es früher nicht zweierlei Grammatiken gab? Alle Schulgattungen werden gleichmäßig durch feste Gränzbestimmung und Verdeutlichung ihrer Tendenz gewinnen; wetteifern mögen sie, aber nicht in einander übergreifen, nicht einander die Sonne verdunkeln. Selbst innerhalb der weiteren Kreise des Gymnasiums, der Realschule und der Volksschule werden sich allmählich engere Kreise schattiren, wo das Bedürfniß es fordert, oder die äußeren Verhältnisse es erlauben. Nicht nur das Progymnasium wird sich von dem Gymnasium nach Ort und Personen scheiden; denn die Lehrer des Ersteren werden selten auch für das Letztere tauglich sein; es ist ja zweierlei: Konjugationen lehren und den Sophokles erklären. Auch die Realschule wird ihre eigne Vorschule erhalten und nicht länger die Volksschule dafür nehmen. Diejenigen Kinder, welche noch eine Zukunft des höheren Unterrichtes haben, müssen schon in dem Elementarunterrichte rascher geführt, und in ihren Geist Keime zur weiteren Entfaltung gepflanzt werden, welche in der Schule des Elementarunterrichts ersticken würden. Kann man auch nicht allenthalben Realschulen von längerer Unterrichtszeit errichten, der Charakter einer höheren Bildung für die nicht arbeitenden und doch nicht gelehrten Klassen, wird darum doch nicht verwischt, und wenn auch die städtische Volksschule oft genug nahe an die eigentliche Realschule angränzt, sie fällt gleichwohl nicht mit derselben zusammen. Darum aber sollten auch die Lehrer der unter günstigen Verhältnissen weiter entwickelten Realschulen der Handelsstädte nicht sogleich wieder zu der kaum überwundenen Exklusivität zurückkehren, und nicht behaupten, diese oder jene Anstalt gehöre nicht zu den Realschulen, weil sie ihre Schüler früher zu entlassen genöthigt ist. Man kann in sehr verschiedenem Umfange abrunden. Der Idee nach umfaßt die Realschule alle Anstalten, welche nicht auf Handarbeit oder auf Kopfarbeit ausschließlich vorbereiten, sondern eine freiere Bildung für die Gegenwart beabsichtigen, ohne den historischen Weg durch Rom und Athen einzuschlagen. Es ist *Liebe zum Volke, nicht Geringschätzung*, wenn mann seine kindliche Sphäre nicht durch Aufnahme allerlei fremder Fermente stören will. Die Nachwelt wird sich über den Liberalismus wundern, welcher sich scheut, jedem Stande seine eigne Elementarschule zu geben, während man im Theater und allenthalben je nach der Zahlung Logen-, Parterre- und Gallerie-Plätze anweis't. Dort fordert das Interesse der Bildung eine Scheidung, und man trägt Bedenken; hier das Interesse der Kasse, und man findet gar keinen Anstoß.

Für *das Talent* aber, für die seltene Gottbegabtheit bleibt nach wie vor der nämliche Ausweg. Es hat sich zu allen Zeiten bemerklich gemacht, und es hat zu allen Zeiten Leute gegeben, welche es erkannt und gepflegt haben. Freistellen für ausgezeichnete Kinder unbemittelter Eltern sollten an jeder höheren Schule vorbehalten bleiben, und sind gottlob auch meistens vorbehalten. Damit ist aber noch nicht Viel gethan, wenn nicht Menschenfreunde sich der Tüchtigsten noch weiter annehmen. Dies ist das Feld der Privat-Wohlthätigkeit, welches man nicht durch öffentliche Vorkehrungen allzu sehr schmälern sollte. Wo man versucht ist zu glauben, daß der Staat Alles thue und thun könne, da erschlafft die Kraft und der Gemeinsinn der Einzelen gar zu leicht, und der theilnahmlose Egoismus wird herrschende Gesinnung. Davor bewahre uns aber der Himmel! Vielmehr wollen wir Vereine gründen, um da, wo die Kraft oder die Befugniß des Staates aufhört, uns anzuschließen und das Gute zu vollenden. Und gewiß wird durch Unterstützung der Privaten auch sicherer Talent und Pietät gepflegt als durch die Stipendien des Staates, welche weder Dank noch Berufung hervorrufen.

Es folgen Ausführungen über Lehrpläne, Ferienordnung, Repetitionen, Auswahl der Schuldirektoren.

LIBERAL

[38]

FRIEDRICH ADOLPH DIESTERWEG

Was fordert die Zeit? (1848)

Friedrich Adolph Wilhelm Diesterweg, 1790–1866, Lehrer, Seminardirektor in Moers und Berlin, gehörte zu den bedeutenden liberal-demokratischen Schulpolitikern des 19. Jahrhunderts. Er setzte sich nachhaltig für die Lehrerschaft, für bessere Ausbildung, geistige Selbständigkeit, soziale Anerkennung und wirtschaftliche Förderung ein. 1847 wurde Diesterweg zur Disposition gestellt, 1850 wegen seiner politischen Haltung in den Ruhestand versetzt. Als Abgeordneter der Fortschrittspartei trat er seit 1858 im preußischen Abgeordnetenhaus für die Lehrer und für die Volksbildung ein und bekämpfte die Raumer-Stiehlschen Regulative.

Quelle: F. A. W. Diesterweg, Sämtliche Werke, 1. Abteilung: Zeitschriftenbeiträge, VII. Band, Aus den »Rheinischen Blättern für Erziehung und Unterricht« von 1846–1848, bearbeitet von Ruth Hohendorf, Berlin-Ost 1964, S. 358 ff.

Diesterweg geht aus von einem Rückblick auf die Jahrzehnte nach dem Wiener Kongreß, die er als eine »furchtbare Zeit«, als »System der Bevormundung« bezeichnet. Das Jahr 1848 ist das Jahr der Wende, weil es der freien Entwicklung auf allen Lebensgebieten die Tore öffnet. An die Lehrer sind besondere Forderungen gestellt.

In dieser Zuversicht begrüßen wir die neue Zeit, weil sie offen auszusprechen erlaubt und anerkennt, *was bereits war.* Wir verstehen ihre Mahnung und werden sie zu würdigen wissen. –

Was fordert sie weiter vom Lehrer?

Erkenntnis der gegenwärtigen Lage, in die wir uns hineinversetzt sehen, sowohl in allgemein-bürgerlicher wie in pädagogischer Beziehung.

Unsere Lage ist eine neue; wir müssen uns an sie gewöhnen, wir müssen sie gebrauchen *lernen.* Dazu gehört, als erstes Erfordernis, daß wir sie richtig erkennen. Aus Untertanen sind wir freie Bürger geworden. Bisher war nur der Grundbesitz vertreten, und die Landtagsabgeordneten wurden nach Ständen gewählt. Jetzt übt jeder preußische Bürger das Wahlrecht, die Ständevertretung hat der allgemeinen Volksvertretung Platz gemacht. Jeder Mündige kann wählen, jeder Dreißigjährige kann zum Abgeordneten erwählt werden. Keine Nation der Welt besitzt ein Wahlgesetz auf so breiter Grundlage.

Zu dieser großen Freiheit und Gleichberechtigung aller gesellen sich die unschätzbaren, die freie Entwickelung aller bedingenden Rechte, seine Gedanken der Nation vorlegen und sich mit andern persönlich vereinigen zu können, ohne daß irgendeine Behörde dagegen einzuschreiten befugt sei oder auch nur darüber befragt zu werden brauche. Was der Denker in stiller Einsamkeit heute für das Heil der Welt ersonnen hat, morgen verkündigt er es der Welt und predigt es von den Dächern herab, in geschlossenen Räumen oder unter freiem Himmel. Das unbeschränkte Assoziationsrecht ist eine der kostbarsten Errungenschaften der neuen Zeit.

In diese und viele andre Verhältnisse muß man sich hineingewöhnen. Sie sind uns neu, kommen uns ungewohnt und fremd vor, der Gedanke an Polizei, Behörden, Vormünder beschleicht einen, man mag es wollen oder nicht. Von Jugend auf waren wir gewohnt, überall zu fragen, ob *dies*, ob *das*, ob *jenes* auch erlaubt sei; was dazu sagen möge: der Herr Bürgermeister, der Herr Prediger, der Herr Superintendent, der Herr Landrat, der Herr Regierungsrat usw. usw.; aber die Schlagbäume sind gefallen. Wir müssen uns an die Freiheit gewöhnen.

Was fordert die Zeit vom Lehrer?

Sie fordert, daß er die ihm zustehenden Rechte zur Entwickelung seiner Sache (der Schulsache) *gebrauche.*

Erst erkennen und einsehen, dann handeln! Jenes ist unumgänglich notwendig zu diesem, hat aber keinen Wert, wenn es nicht zu diesem führt.

Zweierlei liegt hier zunächst den Lehrern vor:

1. daß sie frei, nach gründlicher Überlegung und ohne Menschenfurcht aussprechen, was sie im allgemeinen und im besonderen für ersprießlich und heilsam erachten;

2. daß sie sich in selbständigen, freien Vereinen zusammentun, um über ihre Angelegenheiten frei zu beraten und in Gemeinschaft zu handeln.

Beide Forderungen sind untrennbar miteinander verbunden; freie Meinungsäußerung, freie Vereinigung. Durch letztere wird jene in der vorzüglichsten Weise gefördert; der freie Verein ist die Mutter und die Stätte der freien Meinungsentwicklung und Äußerung. Darum müssen die Lehrer allüberall zur Bildung freier Vereine fortschreiten. Keine Zeit verloren, die Augenblicke sind kostbar. Wie oft und lange haben wir ältere Männer, die wir die Miseren vieler sogenannter Konferenzgesellschaften kennenzulernen Gelegenheit gehabt, wie oft haben wir darüber geseufzt, wie tief die Mitglieder beklagt! Es ist nicht nötig, darüber noch Worte zu verlieren, den Grad der Knechtschaft, der auf den Lehrern lastete, die schwachen Funken ihres Geistes unterdrückte, durch Machtsprüche und Anmaßung ihnen die Brust zuschnürte, ausführlicher zu beschreiben. Er war furchtbar, dieser Druck; er hat mehr als alles andere zusammen die Lehrer entmannt. Der Druck kam aus der Nähe, er wich keinen Augenblick von ihrem Gefühl, er erstickte jede freie Regung. Es kam so weit, daß sie das Lied von der Demut, welches *der Hochmut* ihnen vororgelte, nachorgelten und sich der in dieser Singweise gewonnenen Fertigkeit öffentlich rühmten, das heißt, daß sie durch die Form aufhoben, was sie in dem Inhalte setzten, also die monströse Erscheinung von Widersprüchen, welche atmeten, von lebendigen Widersprüchen darboten. Und darob wurden sie mit Lob überschüttet! Es war furchtbar, haarsträubend und empörend – dieses System der Naturwidrigkeit, Unwahrhaftigkeit, Unmannhaftigkeit, Heuchelei, Despotie. Es zu ertragen, ertragen zu müssen, war grausam und entehrend; es eingeführt und ausgeführt zu haben – diesen Ruhm wollen wir ihnen überlassen. Vergegenwärtigt sich uns der Servilismus, die Kriecherei, die Gemeinheit, die Lügenhaftigkeit und die andern Dämone, welche beweisen, daß die ursprünglich von Natur zur Freiheit, Selbständigkeit und Mannhaftigkeit hinneigende deutsche Nation heruntergebracht, schrecklich heruntergebracht worden, hier liegt eine Hauptquelle derselben. Die, welche dazu berufen waren, den Menschen durch das Freieste, was es gibt, durch die Religion zu *befreien*, zu *erlösen*, dieselben hielten es für ihre Aufgabe, die Menschennatur mit Füßen zu treten, den jungen Menschen zum Kopfhängen und Beseufzen seiner Bestimmung zu erziehen, ihn zu einem Wurm zu machen, der alles, was von oben kam, ruhig über sich nahm. Es war himmelschreiend, es war alles empörend, was nur noch im Menschen gesund war. Gottlob, nackt und bloß liegen die Folgen vor unsern Blicken. Gott hat eine große Tat getan! Jene Teufeleien waren so mächtig geworden, daß sie den Thron umstrickt hielten. Da sprach der Herr in den Blitzen der Kanonen: »Es werde Licht.« Die »getreuen Freunde des Königs, die Stützen des Throns und des Altars, die ausschließlich Frommen und Rechtgläubigen« – wie weit hatten es diese Getreuen, »Allzugetreuen« gebracht? Noch einen Schritt, noch einen Tag oder eine Nacht, und – eine Krone fiel von dem Haupte eines mächtigen Königes usw.; so weit hatten sie es gebracht.

Gott hat eine große Tat getan: Er hat unserm Könige die Augen geöffnet, er hat alle, die noch nicht alle Sehkraft verloren haben, sehend gemacht. Das ist das Schreckliche, daß man unter dem beständigen Leuchten des Heiligen*scheines* endlich das Selbstsehen verlernt, ja seinen eignen Augen nicht mehr traut.

Malet Euch alles Weitere aus, greift in Euern Busen, fraget Eure Erfahrung, und dann sage ich Euch:

Wenn Ihr jetzt nicht das Panier der Wahrhaftigkeit, Offenheit, Rechtschaffenheit, Freiheit erhebet; wenn Ihr es noch nicht waget, zu sagen, was Ihr denket und fürs Beste erachtet; wenn Ihr der Sklaverei, unter der Ihr seufzet, und wenn Ihr unter derselben seufzet, jetzt nicht ein Ende macht; wenn Ihr nicht einmal den Mut besitzt, Euch zu einem freien Vereine unter selbstgewähltem Führer zu konstituieren usw. usw.: dann seid Ihr nicht wert, den 18. März 1848 erlebt zu haben; Schmach und Schande über Euch und Eure Namen!

Ferne von mir ist der Gedanke, jemand anreizen zu wollen, wohlgesinnte und gut wirkende Männer beiseite schieben zu helfen; nein, mitnichten; sogar der gute Wille werde geehrt, auch wenn er zur Tat zu schwach war; keine wahre Hilfe, die dem Lehrer von irgendeiner Seite kommen kann, werde verschmäht, *das alles versteht sich von selbst,* habe ich auch genug gepredigt. Aber *jetzt* ist es an der Zeit, dem Lügensystem, der Heuchelei, dem frommen Schein, der Despotie sogenannter Rechtgläubigkeit, der Verdammung oder Verdächtigung der Menschennatur, der Hinweisung auf die Freuden des Himmels bei Fortbestand entwürdigender und abzuändernder Zustände auf der Erde, dem Bestreben, den Menschen zu einem duldenden Pilger zu machen und alle gesunden, frischen und lebendigen Kräfte und Triebe aus ihm auszutreiben, *jetzt* ist es an der Zeit, um es mit einem Worte zu sagen, dem *Pfaffentum* ein Ende zu machen, es, wo möglich, mit Stumpf und Stiel auszurotten.

Wir machen Euch, Ihr Lehrer, dafür verantwortlich, daß Ihr von nun an der Wahrheit die Ehre gebet! Weg mit dem, für den andere alles tun sollen, wir speien ihn aus! Achtung nur dem, welcher mitwirkt!

Was sollen denn die Lehrer wirken, was fordert die Zeit von ihnen?

Ich sage für diesmal nur dies:

Sie sollen für eine vollständige Organisation der Volksschule sorgen. Sie können dieselbe nur beantragen, aber dieses ist das Minimum, was von ihnen erwartet wird. Folglich müssen sie die Sachen beraten, in freien Vereinen beraten.

Zu einer vollständigen *äußeren* Organisation der Volksschule gehören nach meiner Auffassung folgende Stücke:

1. Die Schule ist, wie sie *einen* Zweck, *ein* Ziel hat, *ein* Ganzes, sie hat *einen* Herrn, welcher jetzt kein andrer sein kann als der Staat – die Schule ist *Staatsanstalt.*
2. Das *Schulgesetz* (Unterrichtsgesetz, Gesetz für die öffentliche Erziehung usw.) wird von den Vertretern der Nation festgestellt.
3. Die Kosten des öffentlichen Unterrichts werden aus *Staatsmitteln* bestritten (welche durch eine Einkommensteuer usw. zusammengebracht werden).

4. Der öffentliche allgemeine Unterricht ist für die Jugend aller Stände der eine und gleiche, der konfessionelle Unterschied der Eltern kommt in keinen Betracht, die Konfessions- oder Kirchenschulen werden aufgehoben.
5. Die Lehrer werden in *Staatsanstalten* und, wie sich nun von selbst versteht, *volkstümlich* gebildet, im Namen des Staats angestellt und aus Staatsmitteln besoldet.
6. Das den Lehrern von den Volksvertretern auszuwerfende Gehalt muß als Minimum so viel betragen, daß eine Lehrerfamilie davon leben kann. Die Lehrer steigen auf nach Alter und Verdienst, und für die dienstunfähig gewordenen wird gesorgt.
7. Die Schule wird von Sachverständigen (die aus dem Lehrerstande selbst hervorgegangen sind) geleitet.
8. Die Lehrer werden in (Schul-)Synoden vereinigt. Jeder Lehrer ist Mitglied seiner Kreis-Schulsynode, die sich jährlich einmal (oder im Anfange mehrmals) unter Leitung des Kreisschulinspektors zu gemeinsamen Beratungen und Anträgen versammelt. Die Kreissynodalen ernennen ihren Vertreter in der alle zwei oder drei Jahre sich versammelnden Provinzialsynode und diese ihren (oder ihre) Deputierten zur Reichs-Schulsynode.

Hiermit schließe ich. Einem von dem Hauche der Zeit angeweheten Lehrer braucht man nicht zu sagen, was er zu tun hat. Und bei dem nicht Angeweheten ist ohnehin alles verloren. Ich habe in aller Eile (wer in der Hauptstadt hat jetzt ruhige Stunden?) meine Gedanken und Vorschläge niedergeschrieben. *Nur* zur Überlegung, zum Bessermachen. Aber dies laßt Euch noch gesagt sein: Wer da meinen sollte, mit der *allgemeinen Volksvertretung* sei es genug, eines mehreren bedürfe es nicht, *der befindet sich in einem traurigen Irrtum.* Das Prinzip der freien Konstituierung und Organisierung muß *alle* Lebenskreise durchdringen, *jeder* muß ein lebendiges Glied sein in *seinem* Organisations- und Lebenskreise. Daraus folgt, daß *jeder* zur Herbeischaffung und Einführung dieser Lebenskreise *tätig* sein müsse. Die freie Volksvertretung geht *von unten aus,* von der breitesten Basis aus. *So* muß auch die Lehrerorganisation von unten ausgehen, an, mit und durch jeden einzelnen beginnen. Wohlan, die Bahn ist geöffnet, keiner ist von dem Wettkampfe ausgeschlossen; preisen wollen wir den, der am meisten leistet.

Berlin, 6. April 1848

[39]

Zur Schulfrage — »Antrag der 23« (1848)

Im Juli 1848 erschien der erste Entwurf der preußischen Verfassungsurkunde. Da in ihm nur in sehr allgemeinen Formeln von Schule und Unterricht die Rede war, arbeiteten 23, meist dem Lehrerstande angehörende Abgeordnete der Verfassunggebenden Preußischen Nationalversammlung in Berlin unter Mitwirkung von Diesterweg, Kapp und Harkort ein in 7 kurze Leitsätze gefaßtes Schulprogramm aus. Diese Leitsätze wurden zur Prüfung in 5000 Exemplaren an die Lehrervereine in allen Provinzen des preußischen Staates verteilt.

Quelle: F. A. W. Diesterweg, Sämtliche Werke, 1. Abteilung, VII. Band, bearbeitet von Ruth Hohendorf, Berlin-Ost 1964, S. 416 f.

§ 1. Die Schule ist Staatsanstalt; sie ist von der Kirche unabhängig.
§ 2. Der Staat gewährleistet dem Kinde jedes Preußen den zur allgemeinen Menschen-, Bürger- und Nationalbildung erforderlichen Unterricht.
§ 3. Dieser Unterricht wird auf den verschiedenen Stufen der Volksschule unentgeltlich erteilt. Auch in allen höheren Bildungsanstalten empfangen Unbemittelte unter den im Gesetze näher zu bestimmenden Bedingungen freien Unterricht.
§ 4. Der Unterricht ist allen Konfessionen gemeinschaftlich. Der allgemeine Religionsunterricht verbleibt der Schule, der konfessionelle ist von derselben ausgeschlossen.
§ 5. Jeder kann Unterricht erteilen und Bildungsanstalten errichten, der die gesetzlichen Bestimmungen erfüllt, an welche diese Berechtigung geknüpft ist.
§ 6. Der Staat überwacht alle Erziehungs- und Unterrichtsanstalten ohne Ausnahme.
§ 7. Das Unterrichtsgesetz regelt die Ausführung der vorstehenden Bestimmungen.

Berlin, den 21. Juli 1848 — Bensch *u. a.*

[40]

FRIEDRICH HARKORT

Bemerkungen über die Preußische Volksschule und ihre Lehrer (1842)

Friedrich Wilhelm Harkort, 1793–1880, Industrieller und Abgeordneter der Fortschrittspartei, Mitglied des preußischen Abgeordnetenhauses sowie des ersten dt. Reichstags. Er bemühte sich um soziale Einrichtungen in seinen Betrieben und um eine Verbesserung der Volksbildung, besonders der Lage der Volksschullehrer. In der Zeit der feudalen Reaktion war er zahlreichen Anfeindungen ausgesetzt.

Quelle: F. Harkort, Bemerkungen über die Preußische Volksschule und ihre Lehrer, Hagen 1842, S. 5 ff.

Vorwort

Was mich bewog über die Volksschule zu schreiben? Liebe zum Gemeinwohl sei die Antwort! Demnach werden manche fragen: wie kommt Saul unter die Propheten? Auch hier stehe ich Rede.

Die Elementarschule ist Sache des Volks, diesem gehöre ich an, kenne viele seiner Wünsche, Bedürfnisse, Tugenden und Fehler. In diesem Sinne nehme ich das Wort in einer höchst wichtigen Angelegenheit, bis ein Würdigerer sich findet und greife nach dem Kern der geistigen Interessen: Erziehung und Unterricht, welche bisher, dem Urtheil der Massen entzogen, nur durch gelehrte, geistliche und weltliche Ammen und Staatsöconomen gepflegt, häufig eine unzweckmäßige Richtung genommen haben. Lehrer und Volk wollen endlich auch gehört sein.

Auf den Mittelklassen beruhen Macht und Ansehen des Staates, sie wollen vorwärts schreiten mit der Intelligenz der Zeit, sich das Wissen nicht, von oben herab, portionenweise verabreichen lassen. – von Hippel sagt: »die Elementarschulen sind die Grundlage aller geistigen Bildung und des geistigen Kapitalumlaufs.«

Dieses Kapital will das Volk sicher stellen und mehren. Um den Zweck zu erreichen, genügt der heutige Zustand der Elementarschulen nicht; sie bedürfen einer Reform und Mündigkeits-Erklärung.

Ob das Volk auch fähig ist seine Lage und die Bedürfnisse der Schule verständig beurtheilen zu können?

In Preußen gehören dreißig tausend Lehrer und viele Unterrichtete dem Volke an, ihr Loos ist innig mit dem der Massen verknüpft; wir dürfen sie als geistesfreie Schöppen betrachten in diesem offenen Gericht auf rother westphälischer Erde. Geladen werden: die Kirche, die Schüler von Adam Smith, die Lateiner und Griechen; mag die Volksstimme das Urtheil verkündigen, welches wir ruhig erwarten.

Der Verfasser dieser Zeilen ist weder Gelehrter, Lehrer noch Staatsdiener, sondern ein in industriellen Unternehmungen ergrauter Gewerbsmann; doch sind ihm die Zeichen der Zeit nicht fremd geblieben und unter allen Volksgütern hat er gediegenen Unterricht als das Höchste erkannt. Zu diesem großen Ziele zu gelangen, trägt er freimüthig sein Scherflein bei, in der Hoffnung, daß reicher Begabte folgen werden, und wenn diese Blätter nur ihrer Einen erweckten, so würde deren Zweck erfüllt sein!

Wetter, im August 1842.

Friedrich Harkort

H. beginnt mit einem Rückblick auf die »Aeltere Geschichte der Volksschule«. Aus diesem Rückblick entwickelt er Forderungen für die Gegenwart und für die Zukunft.

Vorwärts

Dreißig Jahre sind seit den Schöpfungen des Kaiserreiches verflossen, der gewaltige Stoß dauert fort. Auch unsere Zeit sitzt zu Gericht über Werke und Sünden der Vergangenheit; politische und geistige Bande, welche Jahrhunderte überdauert, wurden gesprengt und die Völker befinden sich in einem Zustande allgemeiner Aufregung, wovon bis heute ein Beispiel in der Weltgeschichte fehlt. – Vorwärts ist die Losung der Nationen; materielle und geistige Interessen schlagen ihre Schlachten, und halten Siegesfeier auf den Trümmern verlebter Formen. Da will nun Manchen bedünken, die in altem Wohlbehagen groß gewiegt, das Rad der Zeit sei aus dem ewigen Gleise gewichen und bedrohe mindestens das Heil der ganzen Christenheit; deshalb erflehen sie vom Himmel als Rettung: daß der Wagen stille stehe und die Dämmerung das Ziel überdecke. Andere, reicher an Muth, die ebenfalls nichts gelernt und vergessen – suchen die Bewegung zu hemmen und bauen Schranken um das Volk zu sondern, und Gaben und Licht nach Willkür zu vertheilen. Auch diese werden den Geist nicht bannen, dessen Zeichen sie nicht erkennen.

Jene gefürchtete Masse der untern Stände verlangt nicht allein nach Brod und Schauspielen, nein, sie hat auch geistige Bedürfnisse und indem man diese befriedigt, wird der Weg zum täglichen Brode sicherer gebahnt wie durch Schranken, Gebet und Frohn!

»Raum für alle hat die Erde«, wenn nur die Individuen, durch Erziehung und Unterricht befähigt werden die geeignete Stelle zu suchen und auszufüllen. Deshalb sind gute Schulen die Haupthebel der Humanität, dafür sprechen die Erfahrungen aller Zeiten; sie bilden die Institution, aus der stets neues und kräftigeres Leben entspringt, die nicht altert, weil sie ringend sich selbst verjüngt. Wer es also wohl meint mit dem Vaterlande und der Zukunft seines Volkes, der trage nach Kräften sein Scherflein dazu bei, daß guter Unterricht, stets wachsend, sich durch alle Klassen verbreite und durch ihn die Liebe zu Gott, Achtung vor den Gesetzen und die Erwerbfähigkeit sich mehren. Dem Manne von Kenntnissen gehört die Welt, nur der Unwissende ist an die Scholle und den Mangel gefesselt und der Gesetzübertretung am nächsten.

Es folgen Zahlenangaben über den Schulbesuch in den Provinzen und Städten Preußens.

Das wäre die nächste Pflicht, die Fackel, an welcher wir das eigene Licht gezündet, auch für Andere zu nähren! Gleich wie der Hindu durch Kasten, so drücken wir durch Mangel an Unterricht den untern Ständen den Stempel der Dienstbarkeit für das Leben auf. In Beziehung auf das Volk kann von unsern gelehrten Schulen nicht die Rede sein; sie wirken nur mittelbar auf die Massen ein, welche einzig auf die Elementarschulen angewiesen sind.

Es folgen Zahlenangaben über den Besuch von Gymnasien, Bürgerschulen und Volksschulen in einigen Provinzen Preußens und im ganzen Königreich.

Nur die Bemittelten können der bedeutenden Kosten wegen die höheren Lehranstalten und Privatinstitute besuchen. Auf welche Weise soll nun das schlummernde Talent in jenen Millionen sich Bahn brechen zu einer angemessenen Geistes-Bildung? Auf diese Frage harren wir einer redlichen Antwort. – Der Unterricht von neun und neunzig in hundert, also fast der ganzen Nation, fällt auf die Elementarschulen zurück; eine ungeheure Verantwortlichkeit, bei so ärmlicher Ausstattung und Mittel. Heißt das die Menschheit einem höheren Ziele entgegenführen, wenn unter hundert Einer über dürftiges Lesen, Rechnen und Schreiben hinausreicht? Was steuert der Staat, welcher so viele Millionen auf materielle Dinge verwendet, verhältnißmäßig zu diesen höheren geistigen Zwecken? Schlagende Gegensätze sind leicht zu finden. Welche Ehren ruhen z. B. auf der Landesvertheidigung, die vier hundert tausend Köpfe umfaßt, und welche Auszeichnung wird dagegen jenen zu Theil, die für zwei und eine halbe Millionen aufwachsender Bürger die Geisteswaffen rüsten? Ist hier die Belohnung der Arbeit gleich? Wir haben gelesen: daß den Nachkommen eines Helden des Schlachtfeldes ein hundert tausend Thaler vom dankbaren Vaterlande bewilligt worden. Allein von namhafter Auszeichnung eines Lehrers, welches seine Verdienste auch sein möchten, schweigt die Geschichte, während sie Sänger und Tänzer als gefeierte, reich belohnte Namen eintrug. Sollten unter dreißig tausend Arbeitern im Weinberge, während der Dauer einer Generation nicht ein großer hervorragender Mann sich finden? Hatte doch Frankreich seinen ersten Grenadier! Solche himmelschreiende Mißverhältnisse mahnen uns nur deshalb nicht so schneidend um Abhülfe, weil sie uns gleich der Erbsünde von Jugend auf begleitet haben.

Wie nachgewiesen, durchliefen die Volksschulen seit der Reformation mancherlei Phasen, und eine neue eigenthümliche Entwickelungsperiode bereitete der fünf und zwanzigjährige Friede vor. Der Lehrerstand ist zum Bewustsein seiner Wichtigkeit erwacht, er fühlt daß viel mehr geleistet werden kann und muß, und hat den redlichen Willen in ächter Bildung aufwärts zu streben. Dagegen wird eine selbstständige bürgerliche Stellung und Befreiung von drückenden Nahrungssorgen verlangt. Dazu sagen wir Amen und hoffen, daß die Morgenröthe bereits den nahenden Tag der Erfüllung verkünde.

Es folgen Hinweise auf die Reformbemühungen des Lehrers Nehm in Westfalen und auf die schlechte Besoldung der Lehrer.

Der Schwerpunkt einer Nation beruht in Gesittung und Bildung der Masse; ein Ziel, welches nur durch zweckmäßig geleiteten Unterricht erreicht wird. Aus diesem wichtigen Grunde fordern wir eine zeitgemäße Umgestaltung der Volksschule!

Wohl verstanden, wir wollen nicht, daß die Volksschulen, wie unthunlich, auf ein rein wissenschaftliches Feld übergehen, wohl aber sollen sie den fähigen Kopf so weit führen, daß es ihm möglich wird, vermittelst eigenen Fleißes und durch Hülfe guter Bücher weiter einzudringen in das Thor menschlicher Erkenntnisse und nicht dem Bettler gleich, nur nach Brod haschend, an der Pforte zu stehen.

Gott sprach: »der Mensch soll im Schweiße des Angesichts sein Brod essen«, damit im Kampfe Unterricht und Bildung wachse; des Allmächtigen Wille war nicht, daß das Auge des Geistes unter den Sorgen für irdische Nothdurft erblinde. Wissen ist ein Gemeingut Aller und nicht das ausschließliche Erbtheil jener Wenigen, welche das Glück begünstigte. Deshalb erscheint es uns eine stiefväterliche Ansicht, die Volksschule nur als Kommunalsache zu betrachten, der Mensch wird nicht für die Gemeinde, sondern für das ganze Vaterland erzogen. Unsere Verwunderung können wir nicht bergen, daß ein Oberconsistorialrath im Jahr 1838 noch sagen konnte: »daß das Elementarschulwesen eine Kommunalsache sei«, und der Kultus-Minister verfügte: »Stadt- und Landschulen in ihren Dotationen sind Sache der Schulgemeinden und nicht des Staats!« Griechen und Römer hielten die Erziehung für eine Angelegenheit der Nation; welche seltsame Belehrung hätten sie zwei tausend Jahre später aus solchen Rescripten ziehen können. Nicht nach dem Stande eines Ackerknechts oder einer Viehmagd ist das Maaß des Wissens zu berechnen, sondern nach dem Erbtheil der Vernunft und der Fähigkeiten, die Gott dem Tagelöhner wie dem Fürstensohne verliehen hat. Jedes Saamenkorn, worüber der ewige Vater seine Sonne leuchten läßt, geht nicht auf, aber die Keimkraft ist hineingelegt und wartet nur auf die Hand eines verständigen Gärtners. Sehr wahr spricht der Staat in seiner Dienstinstruction an die Regierungen sich über den Zweck der Schulen dahin aus: »daß es gelte, den Menschen nicht für den äußern Beruf, sondern selbstständig um sein Selbst willen auszubilden.« Da sind nun viele derer, die zu den Treibern gehören, die meinen, das Volk möchte überbildet werden und ihren Götzen nicht ehren; nach ihnen steht die Steuerfähigkeit über der Geistesfähigkeit, obgleich beide sich in Wechselbeziehung befinden.

Diese aber fragen wir, ob es dem Landmann oder Handwerker Schaden oder Nutzen bringe, wenn sie z. B. mehr mit praktischen Resultaten der Naturwissenschaften vertraut wären? Unserer heutigen Schuleinrichtung gemäß, kennt fast der Geringste die Historien von Tobiä Hündlein, dem Eheteufel, Jonas im Bauche des Wallfisches und andere mehr. Und neben ihnen sollte nicht Raum sein im Kopfe der lernbegierigen Jugend für die großen Beispiele der Geschichte, die lehren und mahnen, wie in jedem Geschlecht, Alter und Stande der Kranz des Bürgerthums, der Dank des Vaterlandes zu erringen ist? – Oder soll die Masse der Menschen mit blöden Maulwurfsaugen da stehen, in der Geschichte des eigenen Geschlechts? Nicht aus den staunenswürdigen Gesetzen der Natur einen allgütigen und weisen Erhalter und Schöpfer unzähliger Schaaren von Wesen erkennen lernen?

Es folgt ein Vergleich mit Frankreich.

Wir beugen uns vor der Macht des Geistes, erkennen indessen eine Aristocratie der Kenntnisse nicht an, die, gleich den Aegyptischen Priestern, dem Volke nur Hieroglyphen verkündet. Das Wissen muß dem lebendig und öffentlich sprudelnden klaren Borne gleichen, wo Jeder, auch der ärmste Wanderer schöpfen darf, wenn ihn dürstet. Oft haben Spötter den Bauer mit dem Horaz in der Hand hinter dem Pfluge gesehen, sie scheinen nicht zu wissen: daß der arme Isländer seine Bibel lateinisch lies't. Es ist lächerlich, schon jetzt den Kulturzustand bestimmen zu wollen, den das Volk bei einem zweckmäßigen und allgemeinen Unterricht erreichen kann und wird. Eine Schulzeit von sieben Jahren ist lang genug, um bei gehöriger Eintheilung und guten Vortrag eine Masse positiver Kenntnisse zu verbreiten. Nicht allein das Gedächtniß ist zu füllen, sondern auch die Denkkraft muß gleichmäßig fortschreiten, damit das Erlernte Anwendung im Leben finde. Mit Recht sagt Beurmann von den Deutschen: »wir bleiben bis an unser Lebensende in der Schule und lernen bis zum Grabe, aber das Erlernte anwenden, um mit demselben eine Zukunft zu verdienen, das verstehen wir nicht!«

In den folgenden Kapiteln erörtert Harkort u. a. das Verhältnis der Kirche zur Schule, die Seminare, die Fortbildung der Lehrer, die Sicherung der äußeren Stellung der Lehrer. Er schlägt die Gründung eines »Vereins für die deutsche Volksschule und zur Verbreitung nützlicher Kenntnisse« vor.

DEMOKRATISCH

[41]

FRIEDRICH KAPP

Aufruf zur Umgestaltung der deutschen Nationalerziehung (1848)

Friedrich Kapp, Direktor des Königlichen Gymnasiums zu Hamm, demokratisch-liberaler Schulpolitiker.

Quelle: Dr. Friedrich Kapp, Aufruf zur Umgestaltung der deutschen National-Erziehung, 2. Auflage Arnsberg 1848, S. 7 ff.

§ 1. Man hat bisher unter dem Schein der Intelligenz die Intelligenz selbst gewaltsam auf ein beliebiges Maß zurückführen wollen. Eine solche Brutalität darf nicht wieder vorkommen. Sie hat am meisten in dem Gebiete des Volksunterrichts geschadet. Die überraschten, die bestürzten Völker verstehen den Gruß der Freiheit nicht mehr, der Mutter und zugleich der Tochter menschlicher Bildung.

§ 2. Soll aber die unfrei gewordene Bildung wieder frei werden und wahrhaft befreiend wirken, so muß sich der gesammte deutsche Lehrstand durch den einfachen Act seines autonomen Willens selbst erst befreien. Erst dadurch wird er sich zur vollen Würde und Ehre eines, den übrigen an der Staatsarbeit betheiligten Ständen durchaus gleich berechtigten und ebenbürtigen, folglich allgemeinen Standes erheben können.

§ 3. Diese gleiche Berechtigung, Ebenbürtigkeit und Allgemeinheit geht ihm ab, so lange er noch in allen Stufen seiner Wirksamkeit von Mitgliedern anderer Stände geleitet, beaufsichtigt und vertreten wird.

§ 4. Der Lehrstand fordert daher, daß die Volksschulen von der ausschließlichen Leitung der niedern Geistlichkeit, daß die Gymnasien, Schullehrer-Seminarien, höheren Bürger- und Berufsschulen aller Art von der Mitbeaufsichtigung der höheren Geistlichkeit, daß die Universitäten von den Glaubensgerichten ihrer eigenen theologischen Fakultäten, und daß das gesammte Unterrichtswesen in den höhern und höchsten Stellen von der Mitbesorgung der Juristen und Verwaltungsbeamten emancipirt werde. Oder, ich frage, würden sich die genannten Stände solche Bevormundung, solche Einflüsse, solche Verdächtigungen auch von unserer Seite gefallen lassen?

§ 5. Der gesammte deutsche Lehrstand stellt diese Forderung in dem einfachen Selbstbewußtsein, daß er an Bildung und Verdienst keinem der genannten Stände in den entsprechenden Stufen seiner Thätigkeit nachstehe, versichert, daß die Organe seiner Leitung, Beaufsichtigung und Vertretung schon längst aus ihm selbst hervorgewachsen sind, und verlangt also, daß diese Organe endlich auch von dem untersten Schulaufseher durch alle Kreis-, Bezirks-, Provinzial- und Central-Schulbehörden hindurch bis zum Unterrichts-Minister nur aus ihm selber genommen werden.

§ 6. Zu diesem Behufe ist das Unterrichts-Ministerium von dem der geistlichen Angelegenheiten ganz zu trennen, was füglich geschehen kann, da alle Lehrer, auch die Volksschul-Lehrer, Staatsdiener und die theologischen Fakultäten, auch die evangelischen, besondere, aus dem Verbande der Universitäten auszuscheidende geistliche Seminarien werden müssen. Zum Ersatz erhalten die Universitäten vorerst eine staats-wissenschaftliche oder politische Fakultät.

§ 7. Ist diese äußere Gliederung durchgeführt, oder auch nur beschlossen, so wird sich die innere von selbst machen. Den theoretischen Prozeß haben wir bereits vollbracht. Das reichlichst vorbereitete, das reiflichst durchgearbeitete pädagogische und staatspädagogische Wissen dürstet nach Selbstgestaltung.

§ 8. Hier nur einige Grundzüge. Der Geist war bisher noch ziemlich oder vielmehr unziemlich nachlässig gegen sich selbst. So ist es gekommen, daß das Reich des Zufalls, also der Gnade, noch sehr groß ist. Der Staat nämlich, das ist der Geist, so weit er sich in der Welt bisher verwirklicht hat, hat seinen eigenen Begriff noch nicht erfaßt. Er muß Providenz über und für die Einzelnen sein. Denn Gott will, daß allen Menschen geholfen werde, und daß sie zur Erkenntniß der Wahrheit kommen. Das kann nur durch Arbeit und durch Bildung geschehen. Statt dessen läßt man es in der Regel gehen, wie es Gott gefällt, oder vielmehr, wie es Gott nicht gefällt. Wann wird der Staat sagen können: Die du mir gegeben hast, die habe ich bewahret, und ist keiner von ihnen verloren?

§ 9. Lerne also der Staat zunächst das Reich des Zufalls immer mehr und mehr beschränken. Entreiße er die zarten Keime der Menschheit sogleich nach ihrer Geburt und weiterhin dem Elend, der Rohheit, der Gemeinheit, der leiblichen und sittlichen Verkrüppelung und dem Verbrechen. Bilde er sie zu Menschen und lasse er sie nicht als Bestien einsperren, köpfen oder verhungern.

§ 10. Erweitere er die Volksschule durch einen allseitigen, den Forderungen der Zeit, der Würde des deutschen Volkes, den Bedürfnissen der Gesellschaft und den Entwickelungsstufen der Einzelnen angemessenen Unterricht und vervollständige er sie durch zweckmäßige Fortbildungs-Anstalten für die erwachsenere weibliche und männliche Jugend vom vierzehnten bis zum zurückgelegten achtzehnten und zwanzigsten Jahre, um die Nachhaltigkeit dieses Unterrichts für das ganze Leben besser zu sichern.

§ 11. Daraus folgt, daß auch die Bildung und Stellung der Volksschullehrer eine höhere und bessere werden muß. Statte er daher die mit den philologischen und pädagogischen Seminarien der Universitäten in organischen Zusammenhang zu setzenden und deßhalb auch eine höhere, allgemein-wissenschaftliche Vorbildung verlangenden Schullehrer-Bildungsanstalten dem angegebenen Zwecke gemäß mit aller Munificenz aus, damit er schon in den künftigen Lehrern des Volkes, um wie viel mehr also in den wirklichen Lehrern desselben, das Volk selbst ehre. Denn, wenn unsere geistigen, religiösen und politischen Errungenschaften nicht bloß bewahrt, sondern auch bewährt und durchgebildet werden sollen, so müssen gerade die edelsten Kräfte der deutschen Jugend dem Lehrstande sich zuwenden können, und zwar eben so sehr zur Weihe, als zur Uebung der Selbstentsagung, von der untersten Stufe an.

§ 12. Die höheren Bürger- und Berufsschulen fördere und begünstige der Staat auf jegliche Weise, damit das deutsche Volk, das Volk der Wissenschaftlichkeit, anderen Nationen nicht länger mehr im Praktischen aller Art nachstehe. Doch, das Nützliche befördert sich schon eher selbst, denn die Menge bringt es hervor, und Alle können's nicht entbehren; das Schöne, das Geistige aber, als wenn es nicht zuhöchst das Nützliche wäre, muß gepflegt und rein gehalten werden, denn Wenige stellen's dar und Viele bedürfen's.

§ 13. Bewahre er daher den Gymnasien das unverkümmerte, nur immer tiefer, ernster und umfassender für das Leben auszubeutende Studium der Alten, in welchem sich die Anfänge der Wissenschaften, die Grundvorstellungen eines edleren Lebens und die ewigen Vorbilder hoher, bürgerlicher Tugenden in durchaus freien Staatsverfassungen finden, und welches darum so sehr zur Vorbereitung für die Berufswissenschaften geeignet ist. Denn, wenn man den Namen Griechenland ausspricht, so wird und werde immer dem gebildeten Menschen heimathlich zu Muthe, und an dem Namen Rom lerne man die Welt jetzt sittlich überwinden.

§ 14. Die Universitäten, die Palladien Deutschlands, höchstens acht an der Zahl, müssen National-Anstalten werden und von nun an wieder an die Spitze jeder geistigen Bewegung treten, damit die Tragweite des Gedankens den Ereignissen immer voraus sei. Sie haben ihre häufig noch zu mechanische, zu massenhaft-stoffartige Ueberlieferung einer für die Zwecke des Staates angeerbten Staatskultur immer mehr und mehr auf schlagende Resultate und geistvolle Uebersichten zu beschränken, alles Andere aber dem Privat-Studium und der gemeinsamen Durcharbeitung in den wissenschaftlichen, die praktische Vorbildung nicht ausschließenden Seminarien zu überweisen. Sie werden sich daneben, unter der Aegide unbedingter Lehr- und Lernfreiheit, in eigentliche philosophische Denkschulen im Sinne J. G. Fichte's, des deutschesten aller Männer, nach und nach selbst umgestalten. Die kleineren unter ihnen erweitern sich vorerst zu großen polytechnischen Schulen.

§ 15. Die eine allgemeine deutsche Akademie der von aller todten Gelehrsamkeit freien Wissenschaft ersticke frei athmenden Ernstes mit ihrer ausströmenden Lebensluft den Hauch der Grüfte und sei so über jede absichtliche Nützlichkeit erhaben, denn sie ist, weil sie *denkt* und nur so gewährt sie die Ansprüche ihrer nicht kriechenden Mitglieder auf das Prytaneum der Nation.

§ 16. Der Lehrplan aller genannten Anstalten spiegele und umfasse die gesammte Kultur der Welt. Denn was der ganzen Menschheit zugetheilt ist, das will der Mensch in seinem innern Selbst genießen. Die Lehrpläne der Volks- und der Mittelschulen unterscheiden sich nur nach dem Uebergewicht der Prinzipien der welthistorischen Völker, nicht nach der Mehrzahl dieser oder jener Fertigkeiten, Sprachen und Wissenschaften. Der biblische Unterricht, das Prinzip des Orients vertretend, herrsche daher in den Volksschulen vor, die Gymnasien durchdringe überwiegend das Prinzip der klassischen Welt, und die höheren Bürger- und Berufsschulen erfülle vorzugsweise das Prinzip des modernen Lebens. Die Universitäten vereinigen in sich die Ströme der Kulturen aller Zeiten, um sie im beständigen Kreislaufe des wissenschaftlichen Läuterungs-Prozesses als befruchtenden Niederschlag auf die Auen und Fluren des Lebens und seines Verkehrs immer reiner zu entsenden, und in dieser Gestalt werden sie stets unantastbar sein.

§ 17. Der große Moment des Jahrhunderts fordert ein starkes Geschlecht. Wehe uns, wenn er ein kleines fände, das ihm nicht gewachsen wäre! Er verlangt also zunächst von dem Unterricht des gesammten deutschen Lehrstandes, daß die Jugend, welche für die bürgerliche Gesellschaft und für den Staatsdienst herangebildet werden soll, je nach ihren unterschiedenen Bildungsstufen und Lebenszwecken vor allem zum klaren und verständigen Bewußtsein aller ihrer Verhältnisse, Pflichten und Rechte, sodann zum gründlichen Denken, endlich zur geistigen Freiheit erzogen werde, damit nicht die gemachte Rohheit, bei weitem schlimmer und gefährlicher, als die natürliche, damit nicht die Unbeholfenheit mit Gedankenformen umzugehen, somit auch mit allen praktischen Aufgaben leicht fertig zu werden, damit nicht die Bornirtheit, Philisterhaftigkeit und Servilität selbst in den höhern und höchsten Beamtenkreisen dem Kulturfortschritt der ganzen Menschheit ferner mehr hemmend in den Weg trete.

§ 18. Er fordert deßhalb, daß in die Brust dieser Jugend frühe Ehrfurcht vor dem Gesetz, unbedingte Achtung jeglicher Ordnung, so wie tiefe und unverbrüchliche Liebe und Treue zu dem gemeinsamen deutschen Vaterlande gepflanzt werde, damit die Segnungen der Freiheit, der Friede, der Wohlstand, die Bildung immer reicher gedeihen mögen, damit der Blick sich erweitere, das Herz dem Gemeinwohl sich öffne, und somit, zum humanen Anschluß an einander und an alles Große, Tüchtige und Edle, wo es sich finden mag, der Isolirungssucht sowohl als der Affenliebe zum Fremden, den beiden politischen Erb-Lastern der Deutschen, kräftigst entgegengewirkt werde.

§ 19. Er fordert endlich, daß durch alle disciplinarischen, von unten an den strengsten Gehorsam einübenden, nach oben hin immer mehr wohlverdiente Freiheit und Selbstregierung gestattenden und somit den freien Gehorsam gegen die Sache erzeugenden Anordnungen der Schule, besonders also auch durch die Gymnastik, der Charakter gefestigt, die Willenskraft gestählt werde, damit der Deutsche das längst Erkannte, bisher nur Gewollte, fortan immer energischer ausführen lerne. Denn jede in der Schule, diesem schönsten Gemeinwesen im Kleinen, treu und gewissenhaft geübte Schülertugend wird sich im spätern Leben, dem Vaterlande zum Heil, auch als die entsprechende Bürgertugend bewähren.

§ 20. Die Methode, besonders auf den höhern und höchsten Stufen des Unterrichts, ist kein Gegenstand der Vorschrift, wohl aber der Forschung, der Kritik, der Literatur und der freien Aneignung. Denn der Geist ist es, der die Methode macht, nicht umgekehrt. Sie ist also an den Geist der einzelnen Lehrer und der Lehrer-Kollegien gewiesen, steht und fällt mit ihm. Dieser Geist werde immer tiefer gezeugt, immer höher und vertrauensvoller gehoben, immer würdiger nach außen zu sorgenfreier Existenz und ehrenvoller Anerkennung vertreten, und die Methode wird sich über den Mangel gründlichster Pflege nicht zu beklagen haben.

Es folgen in den §§ 21–40 Überlegungen, wie der »furchtbaren Macht der Vorurtheile und ihrer Consequenzen« mit Hilfe des Unterrichts begegnet werden kann, und welche Inhalte in den »verschiedenen Bil-

dungsanstalten der Nation« (Kleinkinder-Bewahrschulen, Volksschulen, Gymnasien, Berufsschulen, Universitäten, Allgemeine deutsche Akademie der freien Wissenschaften) vorrangig gelehrt werden sollen.

§ 41. Der deutsche Lehrstand erklärt sich hiermit für mündig und wird sich diese seine Selbstbefreiung und demgemäß seine innere und äußere Selbstständigkeit, wenn man sie ihm irgend wie und wo aus undankbarem Mißtrauen oder aus argwöhnischer Furcht streitig machen oder verkümmern wollte, auf die friedlichste Weise von der Welt zu erobern und zu sichern wissen. Mit unsern vier und zwanzig Buchstaben nämlich, die Ihr uns nicht nehmen könnt.

Hamm, den 22. Mai 1848

[42]

Antrag Struve im Frankfurter Vorparlament (1848)

Vom 31. März bis 3. April 1848 tagte in Frankfurt am Main das Vorparlament, das die Einberufung der Nationalversammlung vorbereiten sollte. Der Abgeordnete Gustav v. Struve (1805–1870), Rechtsanwalt und Publizist, einer der maßgebenden Führer der süddeutschen Radikaldemokraten, vertrat in dem nach ihm benannten Antrag das Programm der linksdemokratischen Gruppe, konnte sich jedoch nicht voll durchsetzen. Die Beschlüsse des Vorparlaments stellten einen Kompromiß zwischen der liberalen und der radikalen Richtung dar. Struve beteiligte sich 1849 am badisch-pfälzischen Aufstand und mußte nach der Niederschlagung des Aufstandes in die USA emigrieren. Nach seiner Rückkehr gehörte er zu den führenden Mitgliedern der Demokratischen Volkspartei.

Quelle: E. R. Huber, Dokumente zur deutschen Verfassungsgeschichte, Band 1, Deutsche Verfassungsdokumente 1803–1850, Stuttgart 1961, S. 269 ff.

Wir Endesunterzeichneten stellen den Antrag an das deutsche Parlament von Frankfurt a. M.: dasselbe wolle sofort nachfolgender Zusammenstellung der Rechte des deutschen Volkes seine Anerkennung ertheilen und über deren Verwirklichung wachen.

Eine lange Zeit tiefster Erniedrigung lastet auf Deutschland. Sie läßt sich bezeichnen durch die Worte: Knechtung, Verdummung und Aussaugung des Volkes. Unter dem Einflusse dieses Systems der Tyrannei, welches noch immer, wenn auch in seiner Kraft gebrochen, doch dem Wesen nach fortbesteht, ist Deutschland mehr als einmal an den

Rand des Verderbens gebracht worden. Es hat viele seiner schönsten Provinzen verloren, andere werden schon aufs Schwerste bedroht. Die Noth des Volkes ist unerträglich geworden. Sie hat sich in Oberschlesien bis zur Hungerspest gesteigert.

Daher haben sich alle Bande gelöst, welche das deutsche Volk an die bisherige sogenannte Ordnung der Dinge geknüpft hatten, und es ist die Aufgabe der Versammlung deutscher Männer, welche sich am 31. März l. J. zu Frankfurt a. M. vereinigt hat, neue Bande vorzubereiten, mit denen das gesammte deutsche Volk zu einem freien und großen Ganzen umschlungen werden soll.

Sicherheit des Eigenthums und der Person, Wohlstand, Bildung und Freiheit für Alle ohne Unterschied der Geburt, des Standes und des Glaubens, ist das Ziel, nach welchem das deutsche Volk strebt. Die Mittel, zu demselben zu gelangen, sind:

1. Aufhebung der stehenden Soldatenheere und Verschmelzung derselben mit der Bürgerwehr zum Behufe der Bildung einer wahren, alle waffenfähigen Männer umfassenden Volkswehr.
2. Aufhebung des stehenden Heeres von Beamten und Ersetzung desselben durch eine wohlfeile Regierung, welche aus freigewählten Volksmännern besteht.
3. Abschaffung der stehenden Heere von Abgaben, welche an dem Marke des Volkes zehren, insbesondere aller derjenigen Abgaben, welche den innern Verkehr Deutschlands hemmen, Binnenzölle und Schiffahrtsabgaben, welche die Landwirthschaft drücken, Zehnten, Gülten, Frohnden u. s. w., welche die Gewerbe belasten, Gewerbesteuern, Akzise u. s. w. und Ersetzung derselben:
   a) durch eine progressive Einkommens- und Vermögenssteuer, bei welcher der nothwendige Lebensunterhalt frei von allen Abgaben verbleibt;
   b) durch einen an den Grenzen Deutschlands zum Schutze seines Handels, seiner Industrie und seiner Landwirthschaft erhobenen Zoll.
4. Abschaffung aller Vorrechte, welchen Namen dieselben tragen mögen, insbesondere des Adels, der Privilegien des Reichthums, Zäsur der bevorzugten Gerichtsstände und Ersetzung derselben durch ein allgemeines deutsches Staatsbürgerrecht.
5. Abschaffung der Bevormundung der Gemeinden und Ersetzung derselben durch ein auf der Grundlage der Selbstverwaltung ruhendes Gemeindegesetz.
6. Aufhebung aller Klöster und klösterlichen Einrichtungen.
7. Auflösung des Bundes, welcher bisher bestand zwischen Kirche und Staat und Kirche und Schule, und Ersetzung desselben durch:
   a) die Grundsätze der gleichen Berechtigung aller Glaubensbe-

kenntnisse, der ungeschmälerten Glaubens- und Gewissensfreiheit, des freien Associationsrechts, der Selbstverwaltung der Gemeinden und namentlich des Rechts derselben, ihre Geistlichen, Lehrer und Bürgermeister frei zu wählen;

b) Besserstellung des Lehrerstandes und gleichmäßigere Ordnung der Pfarrbesoldungen;

c) Abschaffung des Schulgeldes und der Stolgebühren.

8. Abschaffung der Zensur, Konzessionen und Kautionen und Ersetzung dieser Zwangsanstalten durch den Grundsatz der Preßfreiheit in seiner weitesten Ausdehnung.
9. Abschaffung der geheimen und schriftlichen Inquisitionsgerichte und Ersetzung derselben durch öffentlich und mündlich gepflogene Schwurgerichte.
10. Abschaffung der Hunderte von Beschränkungen der persönlichen Freiheit der Deutschen der verschiedenen Stände und gleichmäßige Sicherstellung derselben durch ein besonderes Gesetz (Habeas corpus-Akte im ausgedehntesten Sinn des Wortes), welche insbesondere auch das Vereins- und Versammlungsrecht des Volkes feststellt.
11. Beseitigung des Nothstandes der arbeitenden Klassen und des Mittelstandes, Hebung des Handels, des Gewerbstandes und der Landwirthschaft. Die bisherigen ungeheuren Zivilisten, Apanagen, die unverdienten und zu hohen Besoldungen und Pensionen, die mannigfaltigen Stiftungen und die jetzt brachliegenden Besitzungen vieler Körperschaften, sowie die Domänen des Landes bieten hierzu reiche Mittel.
12. Ausgleichung des Mißverhältnisses zwischen Arbeit und Kapital vermittelst eines besonderen Arbeiterministeriums, welches dem Wucher steuert, die Arbeit schützt und derselben namentlich einen Antheil an dem Arbeitsgewinne sichert.
13. Abschaffung der tausendfältig unter einander abweichenden Gesetze des Privatrechts, des Strafrechts, des Prozesses, des Kirchenrechts und des Staatsrechts, in Sachen der Münze, des Maaßes, des Gewichts, der Post, der Eisenbahnen u. s. w., und Ersetzung derselben durch Gesetze, welche, dem Geiste unserer Zeit entspringend, die innere Einheit Deutschlands in geistiger und materieller Beziehung gleichmäßig wie seine Freiheit feststellen.
14. Aufhebung der Zerrissenheit Deutschlands und Wiederherstellung der Eintheilung in Reichskreise mit billiger Berücksichtigung der Zeitverhältnisse.
15. Aufhebung der erblichen Monarchie (Einherrschaft) und Ersetzung derselben durch frei gewählte Parlamente, an deren Spitze frei gewählte Präsidenten stehen, alle vereint in der föderativen Bun-

desverfassung nach dem Muster der nordamerikanischen Freistaaten.

Deutsches Volk, dieses sind die Grundsätze, mit deren Hülfe allein Deutschland unseres Erachtens glücklich, geachtet und frei werden kann.

Deutsche Brüder in Ost und West, wir fordern Euch auf, uns in dem Bestreben zu unterstützen, Euch die einigen und unveräußerlichen Menschenrechte zu verschaffen. Wir werden in Frankfurt a. M. vereinigt bleiben, bis ein frei gewähltes Parlament die Geschicke Deutschlands leiten kann. Mittlerweile werden wir die erforderlichen Gesetzesvorlagen entwerfen und durch einen frei gewählten Vollziehungsausschuß das große Werk der Wiederherstellung Deutschlands vorbereiten.

SOZIALISTISCH-KOMMUNISTISCH

[43]

KARL MARX

Die Aufhebung der Polarität von Staat und Gesellschaft — Kritik an den Menschenrechten und am bürgerlichen Emanzipationsverständnis (1843)

Karl Heinrich Marx, 1818–1883, Philosoph und Nationalökonom, (mit Friedrich Engels) der Begründer des Marxismus. Nach vorwiegend philosophischem Studium Chefredakteur der linksliberalen »Rheinischen Zeitung«, Emigration nach Paris und Brüssel. Hier Annäherung an den revolutionären Sozialismus. Nach dem Scheitern der Revolution von 1848 aus Preußen ausgewiesen, erneute Emigration über Paris nach London. Ausarbeitung des »Marxismus«, der in einem Gedankenzusammenhang Geschichtsphilosophie, Ökonomie und politische Soziologie vereinigt. 1864 Mitbegründer der Internationalen Arbeiterassoziation, kritisch-distanziertes Verhältnis zu den meisten Arbeiterparteien.

Quelle: Karl Marx, Die Frühschriften, hrsg. v. Siegfried Landshut, Stuttgart 1953, S. 192 ff. *Die von Marx in französischer Sprache zitierten Stellen wurden ins Deutsche übersetzt (H. H. Schepp).*

Die *droits de l'homme*, die Menschenrechte, werden als *solche* unterschieden von den *droits du citoyen*, von den Staatsbürgerrechten. Wer ist der vom *citoyen* unterschiedene *homme?* Niemand anders als das *Mitglied der bürgerlichen Gesellschaft*. Warum wird das Mitglied der bürgerlichen Gesellschaft »Mensch«, Mensch schlechthin, warum werden seine Rechte *Menschenrechte* genannt? Woraus erklären wir dies Faktum? Aus dem Verhältnis des politischen Staats zur bürgerlichen Gesellschaft, aus dem Wesen der politischen Emanzipation.

Vor allem konstatieren wir die Tatsache, daß die sogenannten *Menschenrechte*, die *droits de l'homme* im Unterschied von den *droits du citoyen*, nichts anderes sind als die Rechte des *Mitglieds der bürgerlichen Gesellschaft*, d. h. des egoistischen Menschen, des vom Menschen und vom Gemeinwesen getrennten Menschen. Die radikalste Konstitution, die Konstitution von 1793, mag sprechen:

Erklärung der Rechte des Menschen und des Bürgers. Art. 2 Diese Rechte etc. (die natürlichen unverlierbaren Rechte) sind: Gleichheit, Freiheit, Sicherheit, Eigentum.

Worin besteht die liberté?

Art. 6. »Die Freiheit ist die Macht, alles zu tun, was den Rechten eines anderen nicht schadet«, oder nach der Deklaration der Menschenrechte von 1791: »Die Freiheit besteht darin, alles tun zu können, was anderen nicht schadet.«

Die Freiheit ist also das Recht, alles zu tun und zu treiben, was keinem anderen schadet. Die Grenze, in welcher sich jeder dem anderen *unschädlich* bewegen kann, ist durch das Gesetz bestimmt, wie die Grenze zweier Felder durch den Zaunpfahl bestimmt ist. Es handelt sich um die Freiheit des Menschen als isolierter auf sich zurückgezogener Monade.

Es folgt ein kurzer Hinweis auf die Auseinandersetzung mit Bruno Bauer.

Aber das Menschenrecht der Freiheit basiert nicht auf der Verbindung des Menschen mit dem Menschen, sondern vielmehr auf der Absonderung des Menschen von dem Menschen. Es ist das *Recht* dieser Absonderung, das Recht des *beschränkten*, auf sich beschränkten Individuums.

Die praktische Nutzanwendung des Menschenrechts der Freiheit ist das Menschenrecht des *Privateigentums*.

Worin besteht das Menschenrecht des Privateigentums?

Art. 16 (Konstitution von 1793): »Das Recht auf Eigentum ist jenes, das jedem Bürger gestattet, seine Güter, seine Einkünfte, den Ertrag seiner Arbeit und seines Fleißes zu genießen und über sie nach seinem Ermessen zu disponieren«.

Das Menschenrecht des Privateigentums ist also das Recht, willkürlich (à son gré), ohne Beziehung auf andere Menschen, unabhängig von der Gesellschaft, sein Vermögen zu genießen und über dasselbe zu disponieren, das Recht des Eigennutzes. Jene individuelle Freiheit, wie diese Nutzanwendung derselben, bilden die Grundlage der bürgerlichen Gesellschaft. Sie läßt jeden Menschen im anderen Menschen nicht die *Verwirklichung*, sondern vielmehr die *Schranke* seiner Freiheit finden. Sie proklamiert vor allem aber das Menschenrecht, »seine Güter, seine Einkünfte, den Ertrag seiner Arbeit und seines Fleißes zu genießen und über sie nach eigenem Ermessen zu disponieren.«

Es bleiben noch die anderen Menschenrechte, die égalité und die sûreté.

Die égalité, hier in ihrer nichtpolitischen Bedeutung, ist nichts als die Gleichheit der oben beschriebenen *liberté*, nämlich: daß jeder Mensch gleichmäßig als solche auf sich ruhende Monade betrachtet wird. Die Const. von 1795 bestimmt den Begriff dieser Gleichheit, ihrer Bedeutung angemessen, dahin:

Art. 3 (Konst. von 1795): »Die Gleichheit besteht darin, daß das Gesetz für alle dasselbe ist, sei es, daß es schützt, sei es, daß es straft.«

Und die sûreté?

Art. 8 (Konst. von 1793): »Die Sicherheit beruht in dem Schutz, den die Gesellschaft jedem ihrer Mitglieder für die Erhaltung seiner Person, seiner Rechte und seines Eigentums zusichert.«

Die *Sicherheit* ist der höchste soziale Begriff der bürgerlichen Gesellschaft, der Begriff der *Polizei*, daß die ganze Gesellschaft nur da ist, um jedem ihrer Glieder die Erhaltung seiner Person, seiner Rechte und seines Eigentums zu garantieren. Hegel nennt in diesem Sinn die bürgerliche Gesellschaft »den Not- und Verstandesstaat«.

Durch den Begriff der Sicherheit erhebt sich die bürgerliche Gesellschaft nicht über ihren Egoismus. Die Sicherheit ist vielmehr die *Versicherung* des Egoismus.

Keines der sogenannten Menschenrechte geht also über den egoistischen Menschen hinaus, über den Menschen, wie er Mitglied der bürgerlichen Gesellschaft, nämlich auf sich, auf sein Privatinteresse und seine Privatwillkür zurückgezogenes und vom Gemeinwesen abgesondertes Individuum ist. Weit entfernt, daß der Mensch in ihnen als Gattungswesen aufgefaßt wurde, erscheint vielmehr das Gattungsleben selbst, die Gesellschaft, als ein den Individuen äußerlicher Rahmen, als Beschränkung ihrer ursprünglichen Selbständigkeit. Das einzige Band, das sie zusammenhält, ist die Naturnotwendigkeit, das Bedürfnis und das Privatinteresse, die Konservation ihres Eigentums und ihrer egoistischen Person.

Es ist schon rätselhaft, daß ein Volk, welches eben beginnt, sich zu befreien, alle Barrieren zwischen den verschiedenen Volksgliedern niederzureißen, ein politisches Gemeinwesen zu gründen, daß ein solches Volk die Berechtigung des egoistischen, vom Mitmenschen und vom Gemeinwesen abgesonderten Menschen feierlich proklamiert (Décl. de 1791), ja diese Proklamation in einem Augenblicke wiederholt, wo die heroischeste Hingebung allein die Nation retten kann und daher gebieterisch verlangt wird, in einem Augenblicke, wo die Aufopferung aller Interessen der bürgerlichen Gesellschaft zur Tagesordnung erhoben und der Egoismus als ein Verbrechen bestraft werden muß. (Décl. des droits de l'homme etc., de 1793.) Noch rätselhafter wird diese Tatsache, wenn wir sehen, daß das Staatsbürgertum, das *politische Gemeinwesen* von den politischen Emanzipatoren sogar zum bloßen *Mittel* für die Erhaltung dieser sogenannten Menschenrechte herabgesetzt, daß also der citoyen zum Diener des egoistischen homme erklärt, die Sphäre, in welcher der Mensch sich als Gemeinwesen verhält, unter die Sphäre, in welcher er sich als Teilwesen verhält, degradiert, endlich nicht der Mensch als citoyen, sondern der Mensch als bourgeois für den *eigentlichen* und *wahren* Menschen genommen wird.

»Der Zweck jeden politischen Zusammenschlusses ist die Bewahrung der natürlichen und unverlierbaren Menschenrechte.« (Erklärung der Rechte etc. von 1791, Art. 2.) »Die Regierung ist eingesetzt, um dem Menschen den Genuß seiner natürlichen und unverlierbaren Rechte zu garantieren.« (Erklärung etc. von 1793, Art. 1.)

Also selbst in den Momenten seines noch jugendfrischen und durch den Drang der Umstände auf die Spitze getriebenen Enthusiasmus, erklärt sich das politische Leben für ein bloßes *Mittel*, dessen Zweck das Leben der bürgerlichen Gesellschaft ist.

Es folgen Hinweise auf Widersprüche zwischen Theorie und Praxis und auf den prinzipiellen Mangel der bürgerlichen Revolution von 1789, die die Individuen vereinzelt und von der Teilhabe an den allgemeinen Angelegenheiten getrennt hat.

Die politische Revolution *hob* damit den *politischen Charakter der bürgerlichen Gesellschaft auf*. Sie zerschlug die bürgerliche Gesellschaft in ihre einfachen Bestandteile, einerseits in die *Individuen*, andererseits in die *materiellen* und *geistigen Elemente*, welche den Lebensinhalt, die bürgerliche Situation dieser Individuen bilden. Sie entfesselte den politischen Geist, der gleichsam in die verschiedenen Sackgassen der feudalen Gesellschaft zerteilt, zerlegt, zerlaufen war; sie sammelte ihn aus dieser Zerstreuung, sie befreite ihn von seiner Vermischung mit dem bürgerlichen Leben und konstituierte ihn als die Sphäre des Gemeinwesens, der *allgemeinen* Volksangelegenheit in idealer Unabhängigkeit von jenen *besonderen* Elementen des bürgerlichen Lebens. Die *bestimmte* Lebenstätigkeit und die bestimmte Lebenssituation sanken zu einer nur individuellen Bedeutung herab. Sie bildeten nicht mehr das allgemeine Verhältnis des Individuums zum Staatsganzen. Die öffentliche Angelegenheit als solche ward vielmehr zur allgemeinen Angelegenheit jedes Individuums und die politische Funktion zu seiner allgemeinen Funktion.

Allein die Vollendung des Idealismus des Staats war zugleich die Vollendung des Materialismus der bürgerlichen Gesellschaft. Die Abschüttlung des politischen Jochs war zugleich die Abschüttlung der Bande, welche den egoistischen Geist der bürgerlichen Gesellschaft gefesselt hielten. Die politische Emanzipation war zugleich die Emanzipation der bürgerlichen Gesellschaft von der Politik, von dem *Schein* selbst eines allgemeinen Inhalts.

Die feudale Gesellschaft war aufgelöst in ihren Grund, in den *Menschen.* Aber in den Menschen, wie er wirklich ihr Grund war, in den *egoistischen* Menschen.

Dieser *Mensch,* das Mitglied der bürgerlichen Gesellschaft, ist nun die Basis, die Voraussetzung des *politischen* Staats. Er ist von ihm als solche anerkannt in den Menschenrechten.

Die Freiheit des egoistischen Menschen und die Anerkennung dieser Freiheit ist aber vielmehr die Anerkennung der *zügellosen* Bewegung der geistigen und materiellen Elemente, welche seinen Lebensinhalt bilden.

Der Mensch wurde daher nicht von der Religion befreit, er erhielt die Religionsfreiheit. Er wurde nicht vom Eigentum befreit. Er erhielt die Freiheit des Eigentums. Er wurde nicht von dem Egoismus des Gewerbes befreit, er erhielt die Gewerbefreiheit.

Die *Konstitution des politischen Staats* und die Auflösung der bürgerlichen Gesellschaft in die unabhängigen *Individuen* – deren Verhältnis das *Recht* ist, wie das Verhältnis der Standes- und Innungsmenschen das *Privilegium* war – vollzieht sich in *einem und demselben Akte.* Der Mensch, wie er Mitglied der bürgerlichen Gesellschaft ist, der *unpolitische* Mensch, erscheint aber notwendig als der *natürliche* Mensch. Die *droits de l'homme* erscheinen als *droits naturels,* denn die *selbstbewußte Tätigkeit* konzentriert sich auf den *politischen Akt.* Der *egoistische* Mensch ist das *passive,* nur *vorgefundene* Resultat der aufgelösten Gesellschaft, Gegenstand der *unmittelbaren Gewißheit,* also *natürlicher* Gegenstand. Die *politische Revolution* löst das bürgerliche Leben in seine Bestandteile auf, ohne diese Bestandteile selbst zu *revolutionieren* und der Kritik zu unterwerfen. Sie verhält sich zur bürgerlichen Gesellschaft, zur Welt der Bedürfnisse, der Arbeit, der Privatinteressen, des Privatrechts, als zur *Grundlage ihres Bestehens,* als zu einer nicht weiter begründeten *Voraussetzung,* daher als zu ihrer *Naturbasis.* Endlich gilt der Mensch, wie er Mitglied der bürgerlichen Gesellschaft ist, für den *eigentlichen* Menschen, für den *homme* im Unterschied von dem *citoyen,* weil er der Mensch in seiner sinnlichen individuellen *nächsten* Existenz ist, während der *politische* Mensch nur der abstrahierte, künstliche Mensch ist, der Mensch als eine *allegorische, moralische* Person. Der wirkliche Mensch ist erst in der Gestalt des *egoistischen* Individuums, der *wahre* Mensch erst in der Gestalt des *abstrakten citoyen* anerkannt.

Die Abstraktion des politischen Menschen schildert Rousseau richtig also:

»Wer es zu unternehmen wagt, ein Volk zu bilden *(instituer)*, muß sich imstande fühlen, sozusagen die menschliche Natur zu verwandeln. Er muß jedes Individuum, das als solches ein vollkommenes und selbständiges Ganzes ist, in einen Teil eines größeren Ganzen umformen, von dem dieses Individuum in gewisser Hinsicht sein Leben und sein Wesen empfängt. Er muß die Konstitution des Menschen verschlechtern, um sie zu verstärken. Er muß an die Stelle einer physischen und unabhängigen Existenz, die wir alle von der Natur erhalten haben, eine partielle und moralische Existenz setzen. Kurzum: er muß dem Menschen seine eigenen Kräfte nehmen, um ihm solche zu geben, die ihm fremd sind und von denen er ohne die Hilfe anderer keinen Gebrauch machen kann.«
(Cont. Soc. liv. II, Londr. 1782, p. 67.)

Alle Emanzipation ist *Zurückführung* der menschlichen Welt, der Verhältnisse, auf den *Menschen selbst*.

Die politische Emanzipation ist die Reduktion des Menschen, einerseits auf das Mitglied der bürgerlichen Gesellschaft, auf das *egoistische unabhängige* Individuum, andererseits auf den *Staatsbürger*, auf die moralische Person.

Erst wenn der wirkliche individuelle Mensch den abstrakten Staatsbürger in sich zurücknimmt und als individueller Mensch in seinem empirischen Leben, in seiner individuellen Arbeit, in seinen individuellen Verhältnissen, *Gattungswesen* geworden sind, erst wenn der Mensch seine »forces propres« als *gesellschaftliche* Kräfte erkannt und organisiert hat und daher die gesellschaftliche Kraft nicht mehr in der Gestalt der *politischen* Kraft von sich trennt, erst dann ist die menschliche Emanzipation vollbracht.

[44]

Forderungen des Bundes der Kommunisten für Deutschland (1848)

Der im Juni 1847 gegründete, von Marx und Engels geführte Bund der Kommunisten ging aus dem Bund der Gerechten, einer 1836 geschaffenen Geheimorganisation sozialistischer Arbeiter und Handwerker, hervor. Er verstand sich als revolutionäre Partei der Arbeiterklasse. Marx und Engels arbeiteten in seinem Auftrag das Manifest der kommunistischen Partei aus. Der Bund wurde im November 1852, nach dem Kölner Kommunistenprozeß, aufgelöst. Die in 17 Thesen aufgeführten Forderungen wurden 1848 als Flugblatt verbreitet und ergänzten als »Gegenwartsprogramm« das »Zukunftsprogramm« des Kommunistischen Manifests.

Quelle: Deutsche Parteiprogramme, hrsg. v. W. Mommsen, Deutsches Handbuch der Politik, Bd. 1, 2. Auflage München 1964, S. 290 ff.

Motto: »Proletarier aller Länder, vereinigt euch!«

1. Ganz Deutschland wird zu einer einzigen, unteilbaren Republik erklärt.
2. Jeder Deutsche, der 21 Jahre alt ist, ist Wähler und wählbar, vorausgesetzt, daß er keine Kriminalstrafe erlitten hat.
3. Die Volksvertreter werden besoldet, damit auch der Arbeiter im Parlament des deutschen Volkes sitzen könne.
4. Allgemeine Volksbewaffnung. Die Armeen sind in Zukunft zugleich Arbeiter-Armeen, so daß das Heer nicht bloß, wie früher, verzehrt, sondern noch mehr produziert, als seine Unterhaltungskosten betragen. Dies ist außerdem ein Mittel zur Organisation der Arbeit.
5. Die Gerechtigkeitspflege ist unentgeltlich.
6. Alle Feudallasten, alle Abgaben, Frohnden, Zehnten usw., die bisher auf dem Landvolk lasteten, werden ohne irgendeine Entschädigung abgeschafft.
7. Die fürstlichen und anderen feudalen Landgüter, alle Bergwerke, Gruben usw. werden in Staatseigentum umgewandelt. Auf diesen Landgütern wird der Ackerbau im Großen und mit den modernsten Hilfsmitteln der Wissenschaft zum Vorteil der Gesamtheit betrieben.
8. Die Hypotheken auf den Bauerngütern werden für Staatseigentum erklärt. Die Interessen für jene Hypotheken werden von den Bauern an den Staat gezahlt.
9. In den Gegenden, wo das Pachtwesen entwickelt ist, wird die Grundrente oder der Kaufschilling als Steuer an den Staat gezahlt.

   Alle diese unter 6, 7, 8 und 9 angegebenen Maßnahmen werden gefaßt, um öffentliche und andere Lasten der Bauern und kleinen Pächter zu vermindern, ohne die zur Bestreitung der Staatskosten nötigen Mittel zu schmälern und ohne die Produktion selbst zu gefährden.

   Der eigentliche Grundeigentümer, der weder Bauer noch Pächter ist, hat an der Produktion gar keinen Anteil. Seine Konsumtion ist daher ein bloßer Mißbrauch.

10. An die Stelle aller Privatbanken tritt eine Staatsbank, deren Papier gesetzlichen Kurs hat.
Diese Maßregel macht es möglich, das Kreditwesen im Interesse des ganzen Volkes zu regeln und untergräbt damit die Herrschaft der großen Geldmänner. Indem sie nach und nach Papiergeld an die Stelle von Gold und Silber setzt, verwohlfeilert sie das unentbehrliche Instrument des bürgerlichen Verkehrs, das allgemeine Tauschmittel, und erlaubt, das Gold und Silber nach außen hin wirken zu lassen. Diese Maßregel ist schließlich notwendig, um die Interessen der konservativen Bourgeoisie an die Revolution festzuschmieden.
11. Alle Transportmittel: Eisenbahnen, Kanäle, Dampfschiffe, Wege etc., nimmt der Staat in seine Hand. Sie werden in Staatseigentum umgewandelt und der unbemittelten Klasse zur unentgeltlichen Verfügung gestellt.
12. In der Besoldung sämtlicher Staatsbeamten findet kein anderer Unterschied statt, als der, daß diejenigen mit Familie, also mit mehr Bedürfnissen, auch ein höheres Gehalt beziehen als die Übrigen.
13. Völlige Trennung von Kirche und Staat. Die Geistlichen aller Konfessionen werden lediglich von ihrer freiwilligen Gemeinde besoldet.
14. Beschränkung des Erbrechtes.
15. Einführung von starken Progressivsteuern und Abschaffung der Konsumtionssteuern.
16. Errichtung von Nationalwerkstätten. Der Staat garantiert allen Arbeitern ihre Existenz und versorgt die zur Arbeit Unfähigen.
17. Allgemeine, unentgeltliche Volkserziehung.

Es liegt im Interesse des deutschen Proletariats, des kleinen Bürger- und Bauernstandes, mit aller Energie an der Durchsetzung obiger Maßregeln zu arbeiten. Denn nur durch die Verwirklichung derselben können die Millionen, die bisher in Deutschland von einer kleinen Anzahl ausgebeutet wurden und die man weiter in der Unterdrückung zu erhalten suchen wird, zu ihrem Recht und zu derjenigen Macht gelangen, die ihnen, als den Hervorbringern alles Reichtums, gebührt.

Das Comité:
Karl Marx, Karl Schapper, H. Bauer, F. Engels, J. Moll, J. Wolff.

[45]

Manifest des Berliner Arbeiterkongresses an die Deutsche Nationalversammlung und Schulforderungen (1848)

In der Revolution von 1848 traten auch die Anfänge der deutschen Arbeiterbewegung hervor. Es bildeten sich, vor allem in Berlin, Frankfurt und Köln, Arbeitervereine, die in ihren Programmen die Forderungen der Arbeiterschaft artikulierten. Besonders bekannt wurde das Programm des im Spätsommer 1848 unter der Leitung von Stephan Born in Berlin tagenden Arbeiterkongresses, das staatspolitische, sozialpolitische und schulpolitische Forderungen vereinigt. Es wurde den Nationalversammlungen in Berlin und Frankfurt übermittelt.

Quelle: E. R. Huber, Dokumente zur deutschen Verfassungsgeschichte, Bd. I, Stuttgart 1964, S. 370 f.; Quellen zur Geschichte der Erziehung. Ausgewählt von K. H. Günther u. a., Berlin-Ost 1968, S. 245 ff.

Manifest

Hohe Nationalversammlung!

Indem der unterzeichnete Kongreß der Arbeiter sich so wie im Namen seiner Kommittenten, eines großen Theils der Arbeiter Deutschlands, Einer hohen deutschen Nationalversammlung die von ihm durch einmüthige Berathung festgestellten Grundzüge einer den Anforderungen der Zeit entsprechenden Organisation der Arbeiter überreicht und zu geneigter Berücksichtigung bei der Berathung der Grundrechte des deutschen Volks angelegentlichst empfiehlt, übernimmt er zugleich die Verpflichtung, seine Anträge durch die nachfolgenden Erläuterungen zu unterstützen.

Mit der gespanntesten Aufmerksamkeit und mit hingebender Erwartung haben die Arbeiter, nachdem die politische Bewegung Europa's auch sie in Anspruch genommen, sie zur Mitwirkung und, nach langer Zeit wieder, zum Hoffen erweckt hat, die Maaßregeln, welche die deutschen Staaten zur Begründung besserer Staatseinrichtungen ergriffen haben, namentlich den Entwurf betreffend die Grundrechte des deutschen Volks und die davon ausgehenden Berathungen der hohen deutschen National-Versammlung verfolgt.

Sie haben nunmehr leider die Ueberzeugung erlangt, daß auch in der Verfassungsurkunde für Deutschland die sociale Frage eben so wenig wie in andern Verfassungsarbeiten, eine Stelle finden könne [.....].

Da uns aber ein solches Nichtanstehen oder Nichteingehen auf die Lebensfrage eines großen Theils der europäischen Bevölkerung Seitens der Staatsmänner und Volksvertreter fast allenthalben entgegentritt, so müssen wir uns wohl fragen, was die Augen einsichtsvoller Männer in diesem Stücke verdunkle und ihre Einsicht beschränke? Die Antwort auf diese Frage liegt uns nahe, sie lautet: wir Arbeiter und unsre Angelegenheiten stehen den Augen der Staatsmänner, wie diese bisher durch das Staatsleben gebildet wurden, zu fern, ja für die Meisten waren die Arbeiter eigentlich gar nicht als Staatsbürger da und sichtbar, sondern nur als Ziffern in den Bevölkerungslisten und in den Berechnungen der Volksmacht.

Der Staat kennt nur den Besitz, als etwas Bleibendes, und die Besitzenden als bereits verschiedentlich organisirte und leiblich vorhandene Staatsbürger-Kasten; diese Massen liegen dem Staatsmanne, der über eine neue Konstitution verhandelt, lebendig vor Augen, sind durch spezielle Gesetze organisirt und seine neue Arbeit hat es nun blos damit zu thun, den Umständen gemäß da und dort einige Umgestaltungen anzubringen.

Die Gesammtheit der Arbeiter steht dagegen nicht als eine bestimmte Staatsbürgermasse, welche einen Besitz habe und in diesem geschützt oder besser geordnet werden müsse, vor den Augen der Gesetzgeber. Die Gesetzgebung ist gegen sie nur beschränkend und maßgebend gewesen; an die Stelle des Schutzes stellt sie bei ihnen den Grundsatz: »dem Arbeiter ist erlaubt, in aller Freiheit und aus allen Kräften zu arbeiten und von dem Lohn der Arbeit zu leben«.

Der Staat verfährt in diesem Stück gewissermaßen richtig; denn solange der Arbeiter nur als eine zerstreute Menschenmenge zu betrachten ist, läßt sich auch nichts Gesetzlichbestimmtes für ihn als Ganzes, oder für Glieder desselben, als Ganze, zur Beschützung von Rechten begründen.

Es ist also vor Allem erforderlich, daß die Arbeiter, um ihr Arbeiten als einen bestimmten Besitz in das Grundgesetz des Staates einzuführen, sich selbst als lebendige Gemeinschaften, gleichsam als politischbeseelte Körperschaften, unter die übrigen Bürger hinstellen und den Staatsmännern bemerklich machen.

Dieses konnte nur von den Arbeitern selbst ausgehen. Es war bisher versäumt worden, ist aber von uns, soweit es der Augenblick zuläßt, nachgeholt worden, und die Organisation der Arbeiter Deutschlands, wie sie jetzt im Leben steht, liegt in den Grundzügen ihres Verfassungs-Statuts Einer hohen National-Versammlung vor Augen. Mit ihr steht in engster Verbindung das Statut über die Association der Arbeit, welches als zweiter Theil beigelegt ist.

So organisirt, in dem festen Vorsatze, an der weiteren Ausbildung unseres Organismus mit aller Macht fortzuarbeiten, und in dem uns hiemit wiedergeborenen Bewußtsein unserer Persönlichkeit und unserer Berechtigungen im Staatsleben treten wir jetzt unter unsere Mitbürger und vor den gesetzgebenden Körper unserer Wahl, mit der Bitte:

in der künftigen Gesetzgebung auch uns, als Besitzer der Arbeit, anzuerkennen und solche gesetzlichen Bestimmungen eintreten zu lassen, durch welche die Existenz und Fortdauer unserer Organisation und Association für alle Zeiten geschützt und ihre weitere gedeihliche Ausbildung von Seiten des Staats begünstigt werden möge.

Schulforderungen

I. Von dem Unterricht und der Erziehung der Jugend

Von den Schulen

§ 1. Die Schule ist Staatsanstalt und wird als solche von der Kirche getrennt.

§ 2. Die Schule wird zur Volksschule erhoben, unabhängig von der Konfession, weshalb auch der konfessionelle Religionsunterricht aus den Lehrgegenständen derselben gestrichen wird.

§ 3. Die Lehrgegenstände sind so zu ordnen, daß eine möglichst vollkommene Ausbildung der Jugend zu Welt- und Staatsbürgern erzielt wird.

§ 4. Die Beaufsichtigung der Schulen wird der Geistlichkeit entzogen.

§ 5. Der Unterricht in den Volksschulen wird unentgeltlich erteilt, ohne Unterschied des Standes.

§ 6. Die Gemeinde übernimmt die Verpflichtung, für Kinder unbemittelter Eltern die zum Unterricht nötigen Bücher und Schulmaterialien frei anzuschaffen.

§ 7. Aller überflüssige Luxus ist bei der die Volksschule besuchenden Jugend zu verbieten. Die Gemeinden haben die armen Schulkinder mit solchen Kleidern unentgeltlich zu versehen, wie es die Jahreszeit erfordert.

§ 8. Der Schulbesuch der Kinder beginnt nach vollendetem 5., wenigstens aber vor Anfang des 8. Jahres und endet mit dem vollendeten 14. Jahre.

§ 9. Kein Kind darf vor dem vollendeten 14. Jahre zu irgendeiner gewerblichen Tätigkeit benutzt werden, die den regelmäßigen vollen Schulbesuch verhindert; gänzlich ausgeschlossen ist jedoch die Benutzung der Kinder in Fabriken und zum Hausierhandel vor dem vollendeten 14. Lebensjahre.

§ 10. Privatschulen, welche dieselben Lehrgegenstände wie die Volksschule lehren, sind neben denselben nicht gestattet, ohne jedoch hierdurch den Privatunterricht in einzelnen Stunden zu verbieten.

Von den Lehrern

§ 11. Die Lehrer werden durch die Wahl der ganzen Gemeinde ernannt und können nur durch den Willen der Gemeinde, welcher sich in der Majorität bekundet, abgesetzt werden.

§ 12. Wählbar sind nur diejenigen, welche die vom Staate angeordnete öffentliche Prüfung bestanden haben.
§ 13. Die Besoldung der Lehrer ist Sache der Gemeinde; diese Verpflichtung geht jedoch im Unvermögensfalle an den Staat über.
§ 14. Die Besoldung ist auf ein Durchschnittsminimum von 300 Talern festzustellen.
§ 15. Der zur Beaufsichtigung der Schulen von seiten des Staats nötige Beamte wird durch sämtliche Lehrer eines Kreises aus ihrer Mitte gewählt und erhält der Gewählte vom Staate die Sanktion.
§ 16. Kein Lehrer darf zu anderen Funktionen, als die der Schule angehören, verwendet werden, ohne ihn jedoch in der Ausübung der staatsbürgerlichen Rechte zu beschränken.

Häusliche Erziehung der Kinder

§ 17. Die Erziehung der Kinder ist im allgemeinen Sache der Eltern. Für solche Fälle jedoch, wo dieselben durch dringende Umstände an der Ausübung dieser Pflicht behindert sind, übernimmt die Gemeinde die Erziehung der Kinder.
§ 18. Zu diesem Ende werden in den Gemeinden Erziehungsanstalten gegründet.
§ 19. Die Kosten der Anstalten trägt die Gemeinde und im Unvermögensfalle der Staat.

II. Bildungsanstalten für Lehrlinge und Gesellen

Für Lehrlinge

§ 20. Jede Gemeinde oder in deren Unvermögensfalle der Staat hat die Verpflichtung, solche Lehranstalten zu gründen, welche zur geistigen und körperlichen Fortbildung der Lehrlinge dienen.
§ 21. Die Lehrgegenstände der Fortbildungsanstalten müssen sich besonders auf das gewerbliche und technische Fach beziehen, damit der Lehrling den innigen Zusammenhang von Theorie und Praxis erkenne und die gegenseitige Anwendung erlerne. Besonders also Mathematik, Physik, Chemie, Technologie, Zeichnen, Kalligraphie und zur körperlichen Ausbildung Turnen.
§ 22. Jeder Lehrling ist verpflichtet, die täglichen Unterrichtsstunden dieser Anstalt regelmäßig zu besuchen, und muß demselben von seinem Meister Zeit dazu gegeben werden.
§ 23. Die Unterrichtsstunden sind nach vollendetem Tagewerke [. . .]

Für Gesellen, Gehilfen oder Arbeiter im allgemeinen

§ 24. Zur wissenschaftlichen Ausbildung respektive Fortbildung der Arbeiter im allgemeinen tragen Arbeitervereine und zu errichtende Volksbibliotheken bei. Um jedoch neben der wissenschaftlichen auch die industrielle Ausbildung zu befördern, hat der Staat für Errichtung von technischen Bildungsschulen und Erweiterung der schon bestehenden öffentlichen Kunstanstalten zu sorgen.

KIRCHE (KATH.)

[46]

Denkschrift der Erzbischöfe und Bischöfe Deutschlands (1848)

Der katholische Episkopat Deutschlands griff unmittelbar in die Auseinandersetzung um die Verfassung ein und unterstützte mit grundsätzlichen Stellungnahmen die katholischen Gruppen und Vereine. Die im Herbst 1848 in Würzburg durchgeführte Bischofskonferenz gehört zu den ersten ihrer Art und legt mit den Grund für den politischen Katholizismus der Folgezeit.

Quelle: Originalflugblatt, Würzburg 1848, S. 1 ff.

Als in den Märzstürmen dieses Jahres das auf dem Wiener Congresse im Frühling 1815 von den deutschen Fürsten und ihren Staatsmännern errichtete Gebäude der politischen Gestaltung Deutschlands in seinem Grunde erbebte und die Fürsten dem durch alle Gauen des Vaterlandes erschallenden Rufe nach Freiheit Rechnung tragen zu wollen sich geneigt erklärten; da erkannten es die katholischen Bischöfe, daß, wie entschieden und streng auch die Kirche anarchische Bestrebungen jeglicher Art verabscheue und verwerfe, doch auch sie ein lebendiges Interesse habe an der Sicherung alles desjenigen, was der allgemeine Ruf nach Freiheit von administrativer Bevormundung und Controle Wahres enthalte. Sie erkannten, daß die Kirche an den Zusagen, welche Deutschlands Fürsten ihren Völkern gegeben, den ihr gebührenden Antheil in Anspruch zu nehmen um so weniger versäumen dürfe, als die vielfach laut gewordenen ungestümen Aeußerungen falsch verstandener Freiheitsbegriffe in der Kirche nur den einen Wunsch, das eine sehnliche Verlangen erweckten, in dem drohenden Kampfe der rohen Gewalt und Willkühr gegen Throne und Verfassungen der ihr gewordenen Mission, die Hüterin zu sein des Glaubens und der nur in ihm wurzelnden Sitte, ihre volle Thätigkeit widmen und in freier selbstständiger Wirksamkeit ungehindert entwickeln zu können.

Die Bischöfe glaubten der erleuchteten Einsicht der deutschen Regierungen vertrauen zu sollen, daß da, wo dieselben den Entschluß verkündeten, unter Mitwirkung und Vereinbarung mit ihren Völkern ein neues Verfassungsgebäude aufzurichten, in welchem es den Bewohnern deutscher Lande so wohl werden sollte, den Genuß und die naturgemäße Entwickelung aller zuständigen Rechte sich gesichert zu wissen, – sie in ihrer Weisheit auch der Kirche für die segensvolle Entwicklung und Durchführung ihrer hohen Aufgabe das volle Maß zuständiger Freiheit nicht würden versagen wollen. Und als nun mit der Forderung auch die Zusage einer uneingeschränkten Glaubens- und Religionsfreiheit, die Zusage, daß jede Kirchengesellschaft ihre Angelegenheiten frei und selbständig solle zu ordnen haben, durch alle Gauen des Vaterlandes sich verbreitete, da glaubten die katholischen Bischöfe Deutschlands dem gehegten Vertrauen um so zuversichtlicher sich hingeben zu sollen, als ihrer Kirche ein achtzehnhundertjähriges Zeugniß ihrer Wirksamkeit zur Seite steht. Achtzehn Jahrhunderte bezeugen, daß die Kirche es gewesen, welche in sturmbewegten Zeiten, wo die Wogen entfesselter Leidenschaften in wilder Brandung tobten, Nationen gegen Nationen im Kampfe um Sein oder Nichtsein sich erhoben und die Grundfesten aller bürgerlichen und staatlichen Ordnung wankten, – fest ruhend auf dem Felsen, den keiner Stürme Gewalt überwindet, und im klaren Aufblicke zu Dem, der ihr Haupt und Eckstein, ihr Führer und Erleuchter sein will bis ans Ende der Zeiten, – die Völker gesittigt und erzogen; Künste und Wissenschaften gepflegt und veredelt; allen Arten der öffentlichen und Privat-Noth die nie versiegenden Quellen der christlichen Charitas in ihren manchfaltigen, alle geistigen und leiblichen Werke der Barmherzigkeit umfassenden Corporationen geöffnet; Fürsten und Völker in der Gerechtigkeit zu vereinbaren gesucht, und so Ordnung und Freiheit in allen Verhältnissen des öffentlichen und bürgerlichen Lebens auf dem einzig wahren Fundamente des Glaubens zu gründen gewußt hat. Ausgehend von der Ueberzeugung, daß dieser Beruf der Kirche zu allen Zeiten derselbe sei, sind daher die unterzeichneten Bischöfe Deutschlands zusammengetreten, um vereint die Stellung zu bezeichnen und auszusprechen, welche die Kirche nach ihrer uralten überlieferten Verfassung auch der neuen Ordnung der Dinge im öffentlichen Leben gegenüber einzuhalten habe; und zwar die Grundzüge der Stellung der Kirche zum Staate und zu andern Religionsgenossenschaften, und die Grundlinien der Rechte der Kirche hinsichtlich der Ordnung ihrer Angelegenheiten, des Kirchenregiments.

Die Sitte, das im Leben sich ausprägende Gewissen des Menschen, wird vom Glauben regiert, welchen die Kirche lehrt. Die Kirche ist darum die Hüterin der Sitte, wie der Staat in Wahrung des Friedens und Spendung der Gerechtigkeit der Hüter der nationalen Einheit ist. Staat und Kirche berühren sich naturnothwendig in ihren Wirkungskreisen; und deshalb erkennt der Episkopat und spricht es aus:

Eine Trennung herbeizuführen vom Staate, d. h. von der öffentlichen, nothwendig auf sittlicher und religiöser Grundlage ruhenden Ordnung, liegt nicht *im Willen der Kirche*. Wenn auch der *Staat* sich *von ihr trennt*, so wird die Kirche, ohne es zu billigen, geschehen lassen, was sie nicht hindern kann; sie wird jedoch die von ihr selbst und im wechselseitigen Einverständniß geknüpften Zusammenhangsfäden ihrerseits nicht trennen, wo nicht etwa die Pflicht der Selbsterhaltung dies geböte. Die Kirche, betraut mit der heilig-ernsten Mission: wie *Mich der Vater* gesandt hat, so sende *Ich euch*, nimmt für die Aus- und Durchführung dieser ihrer Sendung – wie immer die öffentliche Ordnung der Staaten gestaltet sein mag – nur die vollste *Freiheit und Selbstständigkeit* in Anspruch. Ihre heiligen Päpste, Bischöfe und Bekenner haben dieser unveräußerlichen Freiheit zu allen Zeiten Blut und Leben gerne und muthig geopfert. Die Bischöfe erkennen deshalb und sprechen es aus: Wo das Verhältniß der freien Lebensäußerung der Kirche zu der öffentlichen Ordnung des Staates durch Concordate oder ähnliche Verträge mit dem heil. Stuhle normirt und die unverkümmert getreue Erfüllung dieser Verträge gesichert ist, da werden die Bischöfe dieselben heilig achten. – Wo jedoch im Einzelnen und Besondern die Bestimmungen solcher Verträge sich als Hemmnisse des kirchlichen Lebens und der freien episkopalen Wirksamkeit bereits erwiesen haben, wie dies z. B. vielfach mit dem sogenannten Staatspatronatsrechte, mit der Placetirung zu Kirchenämtern u. a. der Fall ist, oder wo eintretende Aenderungen in der öffentlichen Ordnung der Dinge Modifikationen oder Abrufung der Verträge bedingen: da werden die Bischöfe nicht säumen, die Weisheit des heil. Stuhles um seine Vermittlung zu Abwendung alles Hemmenden anzugehen. Wo weder Verträge noch Bestimmungen des Kirchenrechts einem Präsentations- oder Bestätigungsrechte zu Kirchenämtern das Wort reden, da fühlen sich die Bischöfe verpflichtet, die Freiheit der Kirche zu behaupten. – Sollte die Stellung der Kirche im Staate nicht ferner die einer öffentlichen, um ihrer höheren Mission willen bevorzugten Corporation sein; sollte ihr nur die Stellung eines blos noch privatrechtlich gesicherten Vereins verbleiben: so muß und wird dieselbe ungescheut zu ihrem ursprünglichen Prinzip, dem der vollen *Freiheit und Selbstständigkeit* in Ordnung und Verwaltung ihrer Angelegenheiten zurückkehren.

Den Bekennern anderer Glaubenslehren gegenüber galt und gilt der Kirche als leitende Norm stets der Grundsatz: daß sie alle Menschen aller Zonen und Zungen als nach dem Ebenbilde Gottes Erschaffene und der Erlösung Bedürftige mit gleicher Liebe umfaßt; – daß sie für die Aus- und Durchführung ihrer die Welt erlösenden Mission nur die vollste *Freiheit und Selbstständigkeit* in Anspruch nimmt, – und daß sie gegen die Personen Aller, die zu ihrer Lehre, Verfassung und Disciplin sich nicht bekennen und halten, allerwege jenes gleiche Vollmaß der *Liebe und Gerechtigkeit* beobachtet, welches den bürgerlichen Frieden zwischen Anhängern verschiedener Glaubensbekenntnisse sichert, ohne einen allen Bekenntnissen gleich verderblichen Indifferentismus und eine ihren Satzungen widerstreitende communicatio in sacris zu begünstigen. Die Bischöfe erkennen und sprechen es aus, daß sie an diesem Prinzip fest- und in allen Beziehungen zu Andersgläubigen ihren, durch dies Prinzip normirten, kirchlichen Standpunkt innehalten werden.

Unter den Rechten der Kirche steht obenan das göttliche Recht der Lehre und Erziehung. – Sie kann nimmer sich trennen von dem Bewußtsein des ihr gegebenen Auftrags: Gehet hin und lehret alle Völker; taufet sie im Namen des Vaters und des Sohnes und des heil. Geistes, und lehret sie halten Alles, was Ich euch gesagt habe. Sie kann ebenso wenig sich trennen von dem Bewußtsein der *Freiheit* in Erfüllung dieser Mission. Alle Jahrhunderte und alle Welttheile geben der Kirche das Zeugniß, daß die Träger und Werkzeuge ihrer großen Erziehungsmission für die *freie Ausübung* des von ihrem göttlichen Stifter ihr ertheilten Auftrags zu lehren und zu erziehen weder Mühen und Gefahren, noch Leiden und Tod gescheut haben. Mochte Besitzthum und Glanz und Ehre, mochte Alles ihr genommen werden: das Recht, das von Gott empfangene, zu lehren, zu erziehen, zu sittigen die Völker des Erdkreises, hat die Kirche nimmer preisgegeben. – Und indem sie den Menschen erfaßt, um ihn, lehrend und erziehend, seiner höheren Bestimmung zuzuführen, erfaßt sie denselben vom zartesten Alter an, erfaßt und begleitet ihn in der Entwicklung aller seiner geistigen Kräfte, auf daß diese durch einen alle Zweige des Wissens umfassenden Unterricht zur vollen Durchbildung gelangen, im Geiste ihrer auf die höhere, ewige Bestimmung des Menschen gerichteten Mission. – Wie der Mensch nicht getrennt gedacht werden kann in einen für seine irdischen Bedürfnisse arbeitenden Leib und einen seine höhere Bestimmung anstrebenden Geist, so weiß auch die Kirche, daß der menschliche Geist nimmer zerspalten gedacht werden kann in zwei gesonderte Richtungen. Und eben darin beurkundet sie ihr göttliches Recht zur Erziehung des Menschengeschlechts, daß sie den Geist des Menschen in der Totalität aller seiner Kräfte und Thätigkeiten erfaßt und entwickelt und durchbildet zu der höhern ewigen Bestimmung der Menschheit. – Und es ist wiederum die Geschichte, welche der Kirche das Zeugniß gibt, daß sie im Bewußtsein des göttlichen Rechtes, der göttlichen Freiheit, die Menschheit zu lehren, zu erziehen, zu sittigen, in allen Zweigen des Wissens und der Künste das Herrlichste geleistet hat von der Errichtung der stillen Klosterschule und Werkstätte bis zur Gründung ihrer Hochschulen und ihrer Riesendome, die alle sich erhoben auf dem Fundamente der Einen allumfassenden Durchbildung des menschlichen Geistes zu seiner höheren Bestimmung.

Dies Anrecht an die Menschheit kann die Kirche nimmer aufgeben, ohne sich selbst aufzugeben; – und es ist nur eine naturnothwendige Folge dieses ihres Rechtes, daß sie alle zur Ausübung desselben erforderlichen Mittel, die zum Lehren und Erziehen bestimmten Individuen oder Corporationen sowohl als die Lehrbücher, frei zu wählen und zu bestimmen, – daß sie insbesondere in der Heranbildung und Reiferklärung der Träger und Sendboten ihres großen Erziehungswerkes, sowie in deren Verwendung, Ueberwachung, Correktion oder, wo es nöthig, Beseitigung gänzlich und vollkommen freie Hand haben, – und daß ebenso die Bestimmung darüber, welche Vereine und Corporationen etwa hiefür zu erhalten oder zu errichten, und welche nicht mehr nützlich oder zulässig sind, der Kirche allein zustehen muß, soll anders dieselbe als die *Hüterin der,* im Glauben wurzelnden und die Sicherung aller öffentlichen Ordnung und Gesetzlichkeit bedingenden Sitte in dem Vollgenusse der ihr zuständigen *Freiheit* gedacht werden können.

Die versammelten Bischöfe erkennen deßhalb und sprechen es aus: Die Kirche durch die Kraft des Wortes unter dreihundertjähriger blutiger Verfolgung begründet, nimmt jetzt wie früher die unbeschränkte Freiheit der Lehre und des Unterrichts, sowie der Errichtung und Leitung eigener Erziehungs- und Unterrichtsanstalten im ausgedehntesten Sinne als dasjenige Mittel in Anspruch, ohne welches sie ihre göttliche Sendung wahrhaft und in vollem Umfange zu erfüllen außer Stand sein würde; und sie muß jede einengende Maßregel auf diesem Gebiete als nicht vereinbar mit den gerechten Ansprüchen der Katholiken deutscher Nation ansehen.

Die Bischöfe erkennen es als ihre Pflicht, durch Anwendung aller gesetzlich zulässigen Mittel dahin zu streben, die den Katholiken gehörenden Schulen als solche gegen jedes Verderbniß zu bewahren; alle für katholische Schulen bestimmten Fonds und Einkünfte für die katholischen Schulen festzuhalten und nöthigenfalls dort, wo sie den Katholiken bisher entzogen oder vorenthalten worden sind, zurück zu fordern. Insbesondere erklären die Bischöfe, daß sie gemäß der ihnen durch ihr Amt auferlegten und durch die Kirchensatzungen eingeschärften Verpflichtungen dem Rechte nicht entsagen können, alle Religionslehrbücher in ihren Diözesen auszuwählen und zu bestimmen.

Sie sprechen es aus, daß den Bischöfen das Recht zusteht und die

Verpflichtung obliegt, den Religionsunterricht an allen öffentlichen Unterrichtsanstalten, wo katholischer Religionsunterricht ertheilt wird, zu leiten und zu visitiren; sowie auch in der Sphäre der höheren theologischen Wissenschaften die Verantwortlichkeit zu wahren, welche mit der göttlichen Vollmacht *zu senden* ihnen geworden ist.

Die Bischöfe, die wesentliche Pflicht erkennend, den Klerus durch Unterricht und Erziehung heranzubilden, nehmen zu diesem Zweck das unveräußerliche Recht in Anspruch, nach kanonischen Vorschriften alle jene Anstalten und Seminarien zur Erziehung und Bildung des Klerus, welche den Bischöfen für ihre Diöcesen nothwendig und nützlich erscheinen, frei und ungehindert zu errichten, die bestehenden zu leiten, das Vermögen derselben zu verwalten und die Vorstände, Lehrer und Zöglinge zu ernennen, aufzunehmen und zu entlassen.

Die katholischen Bischöfe, als Nachfolger der Apostel, allein mit der Vollmacht ausgerüstet, Arbeiter in den Weinberg des Herrn zu berufen, damit das Evangelium allerwärts verkündigt und die Geheimnisse des Heils den Gläubigen gespendet werden, sind in gewissenhafter Wahrnehmung dieses göttlichen Auftrags verpflichtet, nur jene als Lehrer und Priester zu wählen, zu weihen und zu senden, welche sie ihrem sittlichen Wandel nach zum hl. Lehr- und Priesteramte für würdig und ihren Kenntnissen nach für fähig halten. Ihnen steht demnach allein das Recht zu, die zum geistlichen Stande Berufenen über Wandel und Wissenschaft zu prüfen; zur Vorbereitung auf die heiligen Weihen und die evangelische Sendung in die Seminarien aufzunehmen und denselben, nachdem sie ihren Eifer im Lehr- oder Seelsorger-Amte, sowie ihre Würdigkeit nach kanonischer Prüfung bewährt haben, das Zeugniß der Tüchtigkeit zur Verwaltung des Predigt- und Pfarramts zu ertheilen.

Die Bischöfe erklären daher, daß sowohl die Mitbetheiligung des Staates an den Prüfungen von in den geistlichen Stand Berufenen zur Aufnahme in die Seminarien, als auch dessen Mitwirkung zu Pfarr-Gemeindeprüfungen eine wesentliche Beschränkung der kirchlichen Freiheit und eine Beeinträchtigung der bischöflichen Rechte enthalte.

Es folgen Ausführungen über die karitativen Aufgaben der Kirche, über die ungehinderte und selbständige Ausführung des Kultus und über die freie Verwendung und Verwaltung des katholischen Kirchen- und Stiftungsvermögens.

Die Denkschrift schließt mit einem Treuebekenntnis zum Papst und zur Wahrheit der einen katholischen Lehre.

Würzburg, den 14. November 1848

Friedrich, Kardinal und Fürst-Erzbischof von Salzburg *(und weitere 7 Erzbischöfe und 27 Bischöfe)*

[47]

Programm des Wahlkomitees der Katholiken in Köln (1848)

Die Revolution von 1848 gab den Anstoß zu einer stärkeren katholisch-christlichen Gruppen- und Vereinsbildung. So wurde in Köln 1848 der Piusverein gegründet. Er bildete ein Wahlkomitee, das mit einem weit über innerkirchliche Fragen hinausgehenden Programm an die Öffentlichkeit trat und mit einer Petition auf die Willensbildung in der Nationalversammlung Einfluß zu nehmen suchte.

Quelle: Deutsche Parteiprogramme, hrsg. v. W. Mommsen, Deutsches Handbuch der Politik, Bd. 1, 2. Auflage München 1964, S. 195 ff.

In wenigen Tagen sollen die Abgeordneten des Volkes zu denjenigen Versammlungen, welche neue Verfassungen für Deutschland und Preußen zu begründen berufen sind, gewählt werden. Was ein dreiunddreißigjähriger Friede nicht zu verschaffen vermochte, dies mit eigener Kraft zu erringen, hat die göttliche Vorsehung jetzt in die Hände des Volkes gelegt. Ob die deutsche Nation endlich diejenige Verfassung erhalten werde, mit welcher sie wieder, ihres alten Ruhmes würdig, in den Reihen der europäischen Völker auftreten kann; ob sie nach außen stark, im Innern wahrhaft frei sein, ob auch Preußen eine feste und sichere Grundlage erhalten soll – alles dieses wird von den Beschlüssen der Männer abhängen, welche das Volk mit dem ehrenwerten Mandate betraut, in den Reichsversammlungen die Grundgesetze festzustellen. Vor allem handelt es sich aber jetzt, die Wahl auf solche Männer zu lenken, welche neben der Reinheit des Charakters auch die nötige Festigkeit und Tatkraft besitzen, die ihnen gestellte Aufgabe zu lösen.

Um die Wahlen ihrer Mitbürger auf solche Männer zu leiten, bieten die Unterzeichneten ihre Vermittlung an. Sie sind jeder wahren Freiheit zugetan, sie wünschen *Freiheit für alle und in allem.*

Die nachstehenden Anforderungen, welche sie durch die neuen Verfassungen garantiert verlangen, bürgen für die Redlichkeit ihrer Bestrebungen.

Wenn sie durch Aufstellung spezieller Bestimmungen auf Verwirklichung des Grundsatzes der religiösen Freiheit insbesondere Bedacht genommen, so gründet sich diese teils auf langjährige Erfahrung sowie auf sehr bedenkliche Erscheinungen der Gegenwart, welche uns belehren, daß die Verfassungsgesetze mehr als den nackten Grundsatz der Religionsfreiheit aufnehmen müssen, wenn derselbe in Deutschland zugunsten jedes Bekenntnisses unverkümmert zur Wahrheit werden soll; teils aber und vorzüglich auf die Überzeugung, daß auf diesem Gebiet ein Verzicht auf die unbeschränkte Freiheit unzulässig ist.

Andere bereits bekannt gewordene Programme stellen keine speziellen Forderungen für die Sicherstellung der Freiheiten und Rechte der katholischen Kirche. Die Unterzeichneten glauben nun, das, was dem Volke not tut, in folgenden Anträgen zu finden:

Auf politischem Gebiet fordern wir:

1. allgemeines deutsches Staatsbürgerrecht und gleiche Berechtigung aller Bürger zu Staats- und Gemeindeämtern ohne Unterschied des Glaubensbekenntnisses,
2. Schutz der persönlichen Freiheit und Unverletzlichkeit des Hausrechtes,
3. unbeschränkte Lehr- und Unterrichtsfreiheit ohne Ausschluß des Besuches von Lehranstalten im Auslande,
4. unbeschränkte Rede- und Preßfreiheit,
5. unbeschränktes Petitionsrecht,
6. unbeschränkte Versammlungsfreiheit,
7. unbeschränkte Assoziationsfreiheit ohne Ausschluß religiöser Korporationen,
8. Unabhängigkeit der Justiz, Schutz gegen Justizverweigerung, Öffentlichkeit und Mündlichkeit der Rechtspflege, Schwurgerichte in Strafsachen, namentlich bei politischen und Preßvergehen,
9. gerechtes Maß der Steuerpflicht nach der Steuerkraft,
10. freie Gemeindeverfassung,
11. unbedingtes Auswanderungsrecht.

Wir finden die beste Gewährleistung für diese Freiheiten in der Form einer konstitutionellen Monarchie. *Neben einem kräftigen Königtum die größte Freiheit des Volkes.* Wir verlangen in dieser Monarchie eine freie, wahrhafte Volksvertretung, direkte Wahlen der Abgeordneten, das Recht der Steuerbewilligung für dieselben zugleich mit dem Rechte der Initiative und der Beschlußnahme hinsichtlich aller neuen Gesetze, sodann Verantwortlichkeit der Minister, allgemeine Volksbewaffnung zur Abwehr äußerer Feinde und zur Sicherung der konstitutionellen Rechte des Volkes.

Von echt katholischem Geiste geleitet, wünschen wir, daß alles aufgeboten werde, um die Lage unserer besitzlosen Mitbürger zu verbessern. Wir fordern daher auf s o z i a l e m Gebiete:

1. daß die Verfassung des Gewerbe- und Fabrikwesens dem Bedürfnisse der Zeit angepaßt werde,
2. Maßregeln, um Arbeitsunfähige vor Mangel zu bewahren und, soviel möglich, Erwerbslosen lohnende Beschäftigung zu verschaffen.
3. Anerkennung der Auswanderung als Nationalangelegenheit und Regelung derselben zum Schutze der Auswandernden.

Damit der politischen Freiheit und der sozialen Verbesserung durch die *religiöse* Freiheit die volle Sanktion werde, fordern wir:

1. unbeschränkte Freiheit des Gewissens und der Kulte,
2. Unabhängigkeit *jeder* Kirche vom Staate,
3. ausdrückliche Garantie des Bundes für die Rechte und das Eigentum aller Kirchen in allen deutschen Staaten.

Um diese Freiheiten für die katholische Kirche zu verwirklichen, fordern wir von den Vertretern an unserem Landtage zu Berlin:

1. gänzliches Wegfallen des Plazet von seiten der Staatsgewalt,
2. gänzliches Wegfallen des Staatseinflusses bei allen Wahlen für geistliche Ämter,
3. gänzliches Wegfallen der *landesherrlichen* Patronate,
4. Wegfallen der Berufung an die weltliche Gewalt in geistlichen Sachen,
5. freier Verkehr der Bischöfe mit dem Oberhaupt und mit ihren Untergebenen,
6. Feststellung und freie Verwaltung des gesamten Eigentums der katholischen Kirche, daher:
   a) sofortige Ausführung der längst versprochenen Dotation der Kirche in liegenden Gründen,
   b) gleichzeitige Überweisung der bisher von den Pfarrgeistlichen benutzten Ländereien als unbestrittenes Eigentum der katholischen Kirche,
   c) Rückgabe aller ausdrücklich durch die Stifter für die Katholiken bestimmten Schul- und Armenstiftungen, zu freier Verwaltung der betreffenden oder der gesamten katholischen Kirchengemeinde,
   d) spezielle Garantie des freien Assoziationsrechtes für alle religiösen Korporationen.

Auch unsere Mitbürger anderer Konfessionen klagen mit Recht über mannigfache Beeinträchtigung ihrer Kirchen. Gerne wollen wir Katholiken ihnen brüderlich die Hand bieten, um mit gemeinsamer Kraft dieselbe Freiheit für alle zu erwerben. *Wenn wir gegen Beeinträchtigungen von seiten der Staatsgewalt kämpfen, so ist dieses kein Kampf gegen andere Konfessionen und deren Rechte ...*

[48]

F. J. Buss

Aufruf zur Gründung katholischer Vereine (1848)

Franz Joseph Ritter von Buß, 1803–1878, Professor für Rechts- und Staatswissenschaft in Freiburg, Mitglied der badischen zweiten Kammer, Führer des südwestdeutschen politischen Katholizismus, 1848 Präsident des ersten Katholikentages, in der Nationalversammlung Verfechter der großdeutsch-kath. Richtung, 1874 Mitglied des Zentrums im Reichstag. Im August 1848 gründete er einen katholischen Verein, der rasch große Ausdehnung fand. Der »Aufruf« wurde in mehreren hundert Exemplaren verbreitet.

Quelle: Die Aufgabe des katholischen Theils teutscher Nation in der Gegenwart, oder der katholischer Verein Teutschlands, Regensburg 1851, S. 133 ff.

Es gehört zu dem Wesen der katholischen Kirche, daß sie, obwohl die Leitung derselben verfassungsmäßigen Obern, in der ganzen Kirche dem Papst, in jedem Bistum dem Bischof übertragen ist, zur Besorgung vielartiger kirchlicher Anliegen die Bildung von Genossenschaften und Vereinen billigt und begünstigt.

Solche Vereine sind *notwendig*, einmal, um die Anordnungen der kirchlichen Obrigkeiten im Volke zur lebensvollen Übung zu bringen, sodann, weil viele religiöse Zwecke sich nur verwirklichen lassen, wenn sich viele dazu freiwillig verbinden: solche Vereine sind *nützlich*, weil viele gute Werke gar nicht zur Ausführung kämen, wenn nicht viele für dieselben zusammen ständen: solche Vereine sind *erlaubt*, weil sie keinerlei Rechte anderer verletzen, nicht die der kirchlichen Obrigkeit, nicht die der weltlichen Obrigkeit, nicht die Andersgläubiger.

Diese Vereine sind aber ganz besonders in Zeiten notwendig und nützlich, wo ein plötzlicher Umsturz den ganzen öffentlichen Zustand verändert hat. Unmöglich kann das Volk mit seinem Urteil sich in einer solchen Lage rasch zurechtfinden: es entstehen verworrene Begriffe, das Volk wird die Beute schlauer Verführer.

So ist es in Deutschland, vor allem in Baden.

In solchen Zeiten ist es die Pflicht redlicher, gottesfürchtiger Freunde des Volkes, dasselbe zu belehren, zu leiten.

In dem Bewußtsein dieser Pflicht haben einige dem katholischen Volke wohlbekannte Männer, wie *v. Andlaw, Buß* u. a. die Stiftung des katholischen Vereins in dem Erzbistum Freiburg *mit ausdrücklicher Genehmigung unseres hochwürdigsten Herrn Erzbischofs* unternommen, um einerseits Gefahren abzuwehren, welche die Änderung unserer Zustände den Katholischen bringen könnte, und um andererseits Güter zu erlangen, welche das katholische Volk schon längst ersehnt hat, und die es jetzt erlangen kann, wenn es nur will.

Diese Gefahren kann aber nur die vereinte Kraft der Katholiken abwehren, diese Güter nur ihre gesammelte Anstrengung erringen.

Welches sind diese Gefahren?

Bekanntlich hat die Regierung allgemeine Religionsfreiheit und die Gleichstellung des Nichtchristen mit den Christen in bürgerlichen und politischen Rechten zugesagt und der Landtag sie beschlossen; darnach darf jeder sich eine Religion machen, welche er will, und bleibt dennoch zur Verwaltung von Staats- und Gemeindeämtern fähig: sonach können Juden und Heiden und völlig Ungläubige die Leitung des katholischen Volkes in ihre Hände bekommen.

Das will aber das katholische Volk nicht.

Es ist zu befürchten, daß diejenigen, welche vom römisch-katholischen Glauben abfallen, dennoch einen Anteil an dem den römischkatholischen Gemeinden gehörenden Kirchen-, Schul- und Stiftungsvermögen ansprechen und erlangen werden.

Das will aber das katholische Volk nicht.

Es ist zu befürchten, daß gemischte Schulen errichtet werden, in welchen die Kinder der Katholiken mit den Kindern Andersgläubiger zugleich unterrichtet werden, wodurch die katholische Erziehung geschädigt wird.

Das will aber das katholische Volk nicht.

Es ist zu befürchten, daß andere gemischte Anstalten, z. B. Waisenhäuser, für die Angehörigen verschiedenen Glaubens errichtet werden, welche dann nicht in katholischer Richtung geleitet werden, wodurch die Jugend ihrem Glauben entfremdet wird.

Das will aber das katholische Volk nicht.

Was will aber das katholische Volk?

Es will seinen katholischen Glauben, seine katholischen Schulen, seine katholischen Stiftungen und seine katholischen Anstalten unvermischt für sich behalten.

Das katholische Volk will in dem Glauben seiner Väter leben und sterben, und denselben als den kostbarsten Schatz und die alleinige Gewähr der ewigen Seligkeit und der irdischen Wohlfahrt unverkümmert auf seine Kinder vererben; das katholische Volk will, daß die Kirche Gottes von dem Papst und den Bischöfen und von keinem andern regiert werde, daß die Katholiken alles tun dürfen, was ihnen ihr heiliger Glaube gebietet, und alle Stiftungen und Anstalten gründen dürfen, durch welche die Sendung der Kirche gefördert wird, ohne daß die Rechte anderer verletzt werden.

Die Katholiken wollen also Freiheit der Kirche und der Schule, des Glaubens und des Unterrichts.

Die oben ausgesprochenen Gefahren will nun der katholische Verein abwehren, die erwähnten Güter erstreben.

Man beruft sich jetzt in allen Dingen auf den Willen des Volkes. Gut! Das katholische Volk will, soll sich aussprechen. Es spricht sich aus durch den Verein.

So ist dieser Verein streng katholisch, notwendig, nützlich, erlaubt, von der kirchlichen und weltlichen Obrigkeit nur zu billigen.

Es folgen Hinweise zur Organisation.

Durch den Verein seid ihr, Katholiken des Erzbistums, eine siegreiche Macht, in der Vereinzelung seid ihr schwach und verlorene Trümmer. Wählt!

LEHRERVEREIN

[49]

K. F. W. WANDER

Aufruf an Deutschlands Lehrer (1848)

Karl Friedrich Wilhelm Wander, 1803–1879, Lehrer, Schulpolitiker im demokratisch-liberalen Sinne, zeitweilig vom Lehramt suspendiert und als »roter Wander« nach 1848 Verfolgungen und Demütigungen ausgesetzt. Er verfaßte im Auftrage der Lehrerversammlung in Dresden den »Aufruf an Deutschlands Lehrer« zur Gründung des »Allgemeinen Deutschen Lehrervereins«. Die von ihm geleitete Lehrerzeitschrift »Pädagogischer Wächter« mußte 1852 ihr Erscheinen einstellen.

Quelle: Robert Rissmann, Geschichte des Deutschen Lehrervereins, Leipzig 1908, S. 65 ff.

Das deutsche Volk ist erwacht; neues, frisches Leben pulst in seinen Adern. Von dem russischen Winde der Memel bis zu den französischen Wellenschlägen der Mosel vernehmen wir den Ruf nach einem *einigen Deutschland*. Was Jahrhunderte vergeblich ersehnt worden ist, das soll jetzt ins Leben treten. Die Paulskirche in Frankfurt will das Gebäude der deutschen Einheit und Freiheit gründen. Aber was würde der herrlichste Bau nützen, wenn nicht der *rechte Geist* in ihm lebte! Diesen rechten Geist im Volke zu wecken, wo er schläft, – zu kräftigen, wo er matt darniederliegt, – zu leiten, wo er in falsche Bahnen sich verirrt, – das ist die Aufgabe der *deutschen Volkserziehung*, die größtenteils in den Händen der *deutschen Lehrer* liegt. Diese aber vermögen ihre Aufgabe, wie sie die *Gegenwart* hinstellt, nur dann entsprechend zu lösen, wenn sie sich für diesen großen Zweck vereinigen. Der Wunsch nach Vereinigung hat sich allerdings schon längst im Lehrerstande geregt: es haben sich Vereine gebildet zu gegenseitiger Anregung und Belehrung, aber sie reichen für die Gegenwart nicht mehr aus. Denn sie waren gegründet auf eine für die *alte* Zeit genügende, sehr beschränkte Ansicht von Volkserziehung und umfaßten daher auch nur immer die Lehrer gewisser Schulen. Jede Art von Schulen schloß sich mit ihren Lehrern von allen andern Arten geflissentlich ab. Fremd oder hochmütig sahen sich die Arbeiter gegenseitig an, weil sie an verschiedenen Stockwerken der Volkserziehung arbeiteten. Die Männer, welche hoch oben die Kuppel wölbten, mochten das Werk derer, welche tief unten den Grund legten, nicht anerkennen, und die, welche aus dem mittlern Stockwerk heraussahen, fühlten zwar, daß es noch ein Stockwerk über ihnen gab, aber sie dankten doch Gott, daß sie über diejenigen hinwegsehen konnten, welche *unter* ihnen tagewerkten. So darf es, so kann es nicht bleiben, wenn der Ruf nach einem *einigen, starken deutschen Volke* eine *Wahrheit* werden soll. Jener alte Geist muß zuerst aus dem Lehrkörper hinausgetrieben werden, und ein neuer Geist muß in ihn einziehen, daß er dann zur Feier eines steten Pfingstfestes auf das deutsche Volk ausströme. Darum sind aus allen deutschen Landen, namentlich aus *Preußen, Thüringen, Hannover, Hessen, Württemberg,* mahnende Stimmen ergangen an die *»zweite allgemeine sächsische Lehrerversammlung«*: eine bestimmte Anregung zu geben zu einem *deutschen* Lehrerbunde. Und darum ergeht an euch, deutsche Lehrer und Jugenderzieher, nun von uns aus der Aufruf zur *Gründung eines Allgemeinen deutschen Lehrervereins;* an euch alle, die ihr an der Bildung der deutschen Jugend arbeitet; ob ihr dem Kindlein in der Bewahranstalt die ersten Laute seiner Muttersprache lehrt, oder ob ihr mit eurem gereiften Zöglinge den Homer und Cicero lest; ob ihr dem Knaben das ABC aufschließt, oder ob ihr den Jüngling in die heiligen Hallen der Wissenschaft einführt; ob ihr Gelehrte oder Berufsmänner bildet; ob ihr an den erschienenen oder an einen zukünftigen Messias glaubt; ob ihr römisch- oder deutsch-katholisch euch nennt; ob ihr einer strenggläubigen oder freien Gemeinde angehört. Wir treiben *Ein* Werk, laßt es uns in *Einheit* treiben, damit es gedeihe! Lasset uns zusammentreten zu dem *Allgemeinen deutschen Lehrerverein*! Sein Zweck ist: die Verwirklichung der einigen deutschen Volksschule in ihrem Gesamtorganismus.

Es folgen organisatorische Vorschläge.

Alles sammelt sich unter der Fahne der *Einheit*. Deutsche Lehrer, reißet auch ihr die euch trennenden Schranken nieder! Lasset uns als Brüder arbeiten an dem großen Werke, das uns anvertraut ist: an der *Bildung des deutschen Volkes*!

[50]

Beschlüsse der 1. Versammlung des Allgemeinen Deutschen Lehrervereins in Eisenach (1848)

Die in Wanders Aufruf angekündigte Versammlung zur Gründung eines »Allgemeinen Deutschen Lehrervereins« fand vom 28.–30. 9. 1848 in Eisenach statt. An ihr nahmen etwa 300 Lehrer aus allen Teilen Deutschlands teil. In der Folgezeit wurden in den meisten deutschen Staaten Landes- bzw. Provinzialvereine gegründet, die allerdings durch die später einsetzende Reaktion zum Teil wieder verboten wurden oder ihre Tätigkeit auf soziale Fürsorge einschränken mußten.

Quelle: Robert Rissmann, Geschichte des Deutschen Lehrervereins, Leipzig 1908, S. 70 f.

Zur Organisation der deutschen Volksschule:

§ 1. Die einheitlich vom Kindergarten bis zur Hochschule aufwärts gegliederte, auf gemeinsamer menschlich-volkstümlicher Grundlage beruhende deutsche Volksschule tritt als eine mit den übrigen Staatsanstalten gleichberechtigte und gleichverpflichtete in den Gesamtorganismus des Staates ein.

§ 2. Die selbständige Leitung der einigen Volksschule geschieht demnach – unter gesetzlich festgestellter Berücksichtigung der Lehrervereine und Schulsynoden – durch ein besonderes Ministerium der öffentlichen Volkserziehung, dessen Mitglieder (Erziehungsräte), sowie die Kreis- und Bezirksschulräte, nur aus wirklichen Schulmännern bestehend, die verschiedenen Arten der Volksschule vertreten.

§ 3. Unmittelbar und ausschließlich unter dem Ministerium stehen die lediglich aus der Staatskasse zu erhaltenden besonderen Volksbildungsanstalten: Realschule, Gymnasium, Fachschule, Universität, Seminar. Auf die zum Teil aus Gemeindemitteln erhaltenen allgemeinen Volksschulen (Kindergarten, Elementar-, Bürger-, Fortbildungsschule), welche das Ministerium durch die Kreis- und Bezirksschulräte leitet, übt die Gemeinde durch den aus Vertretern der Schule, des Hauses und der Kirche bestehenden Schulvorstand einen gesetzlich bestimmten Einfluß aus, namentlich was die Wahl der Lehrer und die äußere Verwaltung der Anstalt betrifft. (Nach der Abstimmung wurden von seiten der sehr starken Minorität mehrere Proteste zu Protokoll gegeben, teils gegen den ganzen Satz, teils gegen das darin festgestellte Verhältnis der Schule zu Staat, Kirche und Gemeinde.)

§ 4. Für den gesamten Unterricht auf den allgemeinen Schulen wird kein Schuldgeld entrichtet; auch der unentgeltliche Besuch der besondern Bildungsanstalten wird auf geordnete Weise Unbemittelten gewährt, welche Befähigung und Neigung dazu besitzen.

§ 5. Geeignete Vorbildung und Prüfung, geregelte Anstellung und Beförderung, gleichmäßige bürgerliche Stellung und Berechtigung, ausreichende Besoldung und Pensionierung der Lehrer, sowie Versorgung ihrer Witwen und Waisen aus Staatskassen sind die unerläßlichen Bedingungen eines den Anforderungen der Gegenwart entsprechenden Lehrerstandes, also unerläßliche Bedingungen der neuen Volksschule.

Zu den Schulparagraphen der von der Nationalversammlung aufgestellten »Grundrechte«:

§ 17. Die Wissenschaft und ihre Lehre ist frei.

§ 18. a) Unterricht zu erteilen, sowie Unterrichts- und Erziehungsanstalten zu gründen, steht jedem Deutschen frei, wenn er seine moralische und wissenschaftliche resp. technische Befähigung der betr. Behörde nachgewiesen hat. b) Der deutschen Jugend wird durch genügende öffentliche Schulanstalten das Recht auf allgemeine Menschen- und Bürgerbildung gewährleistet. c) Niemand darf die seiner Obhut anvertraute Jugend ohne den Grad von Unterricht lassen, der für die niederen Volksschulen vorgeschrieben ist. d) Das gesamte Unterrichts- und Erziehungswesen steht unter der Oberaufsicht des Staates. Alle öffentlichen Schulen sind *Staatsanstalten*, der Beaufsichtigung der Geistlichen enthoben und künftig nur von wirklichen Schulmännern zu beaufsichtigen. e) Alle öffentlichen Lehrer sind Staatsdiener. f) Der Staat wählt unter gesetzlich geordneter Teilnahme der Gemeinden aus den Geprüften die Lehrer der Volksschule.

§ 19. a) Für den Unterricht in Volksschulen und niedern Gewerbschulen wird kein Schulgeld bezahlt. b) Unbemittelten, die Neigung und Befähigung haben, soll auf allen öffentlichen Bildungsanstalten freier Unterricht gewährt werden. c) Armenschulen finden nicht statt. d) Der Staat besoldet die Lehrer in angemessener Weise aus Staatskassen und hat auch für die anderweiten Bedürfnisse der Schule zu sorgen.

§ 20. Es steht einem jeden frei, seinen Beruf zu wählen und sich für denselben auszubilden, wie und wo er will.

3. Kaiserreich – Klassengesellschaft – Schule

a) Staat: Verfassung und Schulpolitik

[51]

Verfassung des Deutschen Reiches (1871)

Am 18. 1. 1871 wurde im Schloß zu Versailles, nachdem die süddeutschen Staaten sich zu dauernder Verbindung mit dem Norddeutschen Bund bereit erklärt hatten, Wilhelm I. von Preußen zum Deutschen Kaiser proklamiert und damit die eigentliche Reichsgründung als ein Bund der deutschen Fürsten und Hansestädte vollzogen. Die Reichsverfassung, eine Erweiterung der Verfassung des Norddeutschen Bundes, wurde am 14. April von dem nach Berlin berufenen Reichstag fast einstimmig angenommen. Sie trat am 4. Mai 1871 in Kraft.

Quelle: Quellensammlung zum Deutschen Reichsstaatsrecht, hrsg. v. H. Triepel, 5. Auflage Tübingen 1951, S. 428 ff.

Verfassung des Deutschen Reichs

Seine Majestät der König von Preußen im Namen des Norddeutschen Bundes, Seine Majestät der König von Bayern, Seine Majestät der König von Württemberg, Seine Königliche Hoheit der Großherzog von Baden und Seine Königliche Hoheit der Großherzog von Hessen und bei Rhein für die südlich vom Main belegenen Theile des Großherzogthums Hessen, schließen einen ewigen Bund zum Schutze des Bundesgebietes und des innerhalb desselben gültigen Rechtes, sowie zur Pflege der Wohlfahrt des Deutschen Volkes. Dieser Bund wird den Namen *Deutsches Reich* führen und wird nachstehende

Verfassung

haben.

I. *Bundesgebiet*

Art. 1. Das Bundesgebiet besteht aus den Staaten Preußen mit Lauenburg, Bayern, Sachsen, Württemberg, Baden, Hessen, Mecklenburg-Schwerin, Sachsen-Weimar, Mecklenburg-Strelitz, Oldenburg, Braunschweig, Sachsen-Meiningen, Sachsen-Altenburg, Sachsen-Koburg-Gotha, Anhalt, Schwarzburg-Rudolstadt, Schwarzburg-Sondershausen, Waldeck, Reuß älterer Linie, Reuß jüngerer Linie, Schaumburg-Lippe, Lippe, Lübeck, Bremen und Hamburg.

II. *Reichsgesetzgebung*

Art. 2. Innerhalb dieses Bundesgebietes übt das Reich das Recht der Gesetzgebung nach Maaßgabe des Inhalts dieser Verfassung und mit der Wirkung aus, daß die Reichsgesetze den Landesgesetzen vorgehen. Die Reichsgesetze erhalten ihre verbindliche Kraft durch ihre Verkündigung von Reichswegen.

[folgt Bestimmung der Rechtswirksamkeit]

Art. 3. Für ganz Deutschland besteht ein gemeinsames Indigenat mit der Wirkung, daß der Angehörige (Unterthan, Staatsbürger) eines jeden Bundesstaates in jedem anderen Bundesstaate als Inländer zu behandeln und demgemäß zum festen Wohnsitz, zum Gewerbebetriebe, zu öffentlichen Aemtern, zur Erwerbung von Grundstücken, zur Erlangung des Staatsbürgerrechtes und zum Genusse aller sonstigen bürgerlichen Rechte unter denselben Voraussetzungen wie der Einheimische zuzulassen, auch in Betreff der Rechtsverfolgung und des Rechtsschutzes demselben gleich zu behandeln ist.

Kein Deutscher darf in der Ausübung dieser Befugniß durch die Obrigkeit seiner Heimath, oder durch die Obrigkeit eines anderen Bundesstaates beschränkt werden.

Diejenigen Bestimmungen, welche die Armenversorgung und die Aufnahme in den lokalen Gemeindeverband betreffen, werden durch den im ersten Absatz ausgesprochenen Grundsatz nicht berührt.

Ebenso bleiben bis auf Weiteres die Verträge in Kraft, welche zwischen den einzelnen Bundesstaaten in Beziehung auf die Uebernahme von Auszuweisenden, die Verpflegung erkrankter und die Beerdigung verstorbener Staatsangehörigen bestehen.

Hinsichtlich der Erfüllung der Militairpflicht im Verhältniß zu dem Heimathslande wird im Wege der Reichsgesetzgebung das Nöthige geordnet werden.

Dem Auslande gegenüber haben alle Deutschen gleichmäßig Anspruch auf den Schutz des Reichs.

Art. 4. Der Beaufsichtigung Seitens des Reichs und der Gesetzgebung desselben unterliegen die nachstehenden Angelegenheiten:

1) die Bestimmungen über Freizügigkeit, Heimaths- und Niederlassungs-Verhältnisse, Staatsbürgerrecht, Paßwesen und Fremdenpolizei und über den Gewerbebetrieb, einschließlich des Versicherungswesens, soweit diese Gegenstände nicht schon durch den Artikel 3. dieser Verfassung erledigt sind, in Bayern jedoch mit Ausschluß der Heimaths- und Niederlassungs-Verhältnisse, desgleichen über die Kolonisation und die Auswanderung nach außerdeutschen Ländern;
2) die Zoll- und Handelsgesetzgebung und die für die Zwecke des Reichs zu verwendenden Steuern;

3) die Ordnung des Maaß-, Münz- und Gewichtssystems, nebst Feststellung der Grundsätze über die Emission von fundirtem und unfundirtem Papiergelde;
4) die allgemeinen Bestimmungen über das Bankwesen;
5) die Erfindungspatente;
6) der Schutz des geistigen Eigenthums;
7) Organisation eines gemeinsamen Schutzes des Deutschen Handels im Auslande, der Deutschen Schiffahrt und ihrer Flagge zur See und Anordnung gemeinsamer konsularischer Vertretung, welche vom Reiche ausgestattet wird;
8) das Eisenbahnwesen, in Bayern vorbehaltlich der Bestimmung im Artikel 46., und die Herstellung von Land- und Wasserstraßen im Interesse der Landesvertheidigung und des allgemeinen Verkehrs;
9) der Flößerei- und Schiffahrtsbetrieb auf den mehreren Staaten gemeinsamen Wasserstraßen und der Zustand der letzteren, sowie die Fluß- und sonstigen Wasserzölle, desgleichen die Seeschiffahrtszeichen (Leuchtfeuer, Tonnen, Baken und sonstige Tagesmarken);
10) das Post- und Telegraphenwesen, jedoch in Bayern und Württemberg nur nach Maßgabe der Bestimmung im Artikel 52.;
11) Bestimmungen über die wechelseitige Vollstreckung von Erkenntnissen in Civilsachen und Erledigung von Requisitionen überhaupt;
12) sowie über die Beglaubigung von öffentlichen Urkunden;
13) die gemeinsame Gesetzgebung über das Obligationsrecht, Strafrecht, Handels- und Wechselrecht und das gerichtliche Verfahren;
14) das Militairwesen des Reichs und die Kriegsmarine;
15) Maßregeln der Medizinal- und Veterinairpolizei;
16) die Bestimmungen über die Presse und das Vereinswesen.

Art. 5. Die Reichsgesetzgebung wird ausgeübt durch den Bundesrath und den Reichstag. Die Uebereinstimmung der Mehrheitsbeschlüsse beider Versammlungen ist zu einem Reichsgesetze erforderlich und ausreichend.

Bei Gesetzesvorschlägen über das Militairwesen, die Kriegsmarine und die im Artikel 35. bezeichneten Abgaben giebt, wenn im Bundesrathe eine Meinungsverschiedenheit stattfindet, die Stimme des Präsidiums den Ausschlag, wenn sie sich für die Aufrechterhaltung der bestehenden Einrichtungen ausspricht.

III. *Bundesrath*

Art. 6. Der Bundesrath besteht aus den Vertretern der Mitglieder des Bundes, unter welchen die Stimmführung sich in der Weise vertheilt, daß Preußen mit den ehemaligen Stimmen von

Hannover, Kurhessen, Holstein, Nassau und Frankfurt führt, Bayern	17 Stimmen 6 Stimmen	
alle Bundesländer	zusammen 58 Stimmen	

Jedes Mitglied des Bundes kann so viel Bevollmächtigte zum Bundesrathe ernennen, wie es Stimmen hat, doch kann die Gesammtheit der zuständigen Stimmen nur einheitlich abgegeben werden. *[...]*

Art. 7. Der Bundesrath beschließt:

1) über die dem Reichstage zu machenden Vorlagen und die von demselben gefaßten Beschlüsse;
2) über die zur Ausführung der Reichsgesetze erforderlichen allgemeinen Verwaltungsvorschriften und Einrichtungen, sofern nicht durch Reichsgesetz etwas Anderes bestimmt ist;
3) über Mängel, welche bei der Ausführung der Reichsgesetze oder der vorstehend erwähnten Vorschriften oder Einrichtungen hervortreten.

Jedes Bundesglied ist befugt, Vorschläge zu machen und in Vortrag zu bringen, und das Präsidium ist verpflichtet, dieselben der Berathung zu übergeben.

Die Beschlußfassung erfolgt, vorbehaltlich der Bestimmungen in den Artikeln 5. 37. und 78., mit einfacher Mehrheit. Nicht vertretene oder nicht instruirte Stimmen werden nicht gezählt. Bei Stimmengleichheit giebt die Präsidialstimme den Ausschlag.

Bei der Beschlußfassung über eine Angelegenheit, welche nach den Bestimmungen dieser Verfassung nicht dem ganzen Reiche gemeinschaftlich ist, werden die Stimmen nur derjenigen Bundesstaaten gezählt, welchen die Angelegenheit gemeinschaftlich ist.

Art. 8. Der Bundesrath bildet aus seiner Mitte dauernde Ausschüsse

1) für das Landheer und die Festungen;
2) für das Seewesen;
3) für Zoll- und Steuerwesen;
4) für Handel und Verkehr;
5) für Eisenbahnen, Post und Telegraphen;
6) für Justizwesen;
7) für Rechnungswesen.

Art. 9. Jedes Mitglied des Bundesrathes hat das Recht, im Reichstage zu erscheinen und muß daselbst auf Verlangen jederzeit gehört werden, um die Ansichten seiner Regierung zu vertreten, auch dann, wenn dieselben von der Majorität des Bundesrathes nicht adoptirt worden sind. Niemand kann gleichzeitig Mitglied des Bundesrathes und des Reichstages sein.

Art. 10. Dem Kaiser liegt es ob, den Mitgliedern des Bundesrathes den üblichen diplomatischen Schutz zu gewähren.

IV. *Präsidium*

Art. 11. Das Präsidium des Bundes steht dem Könige von Preußen zu, welcher den Namen Deutscher Kaiser führt. Der Kaiser hat das Reich völkerrechtlich zu vertreten, im Namen des Reichs Krieg zu erklären und Frieden zu schließen, Bündnisse und andere Verträge mit fremden Staaten einzugehen, Gesandte zu beglaubigen und zu empfangen.

Zur Erklärung des Krieges im Namen des Reichs ist die Zustimmung des Bundesrathes erforderlich, es sei denn, daß ein Angriff auf das Bundesgebiet oder dessen Küsten erfolgt.

Insoweit die Verträge mit fremden Staaten sich auf solche Gegenstände beziehen, welche nach Artikel 4 in den Bereich der Reichsgesetzgebung gehören, ist zu ihrem Abschluß die Zustimmung des Bundesrathes und zu ihrer Gültigkeit die Genehmigung des Reichstages erforderlich.

Art. 12. Dem Kaiser steht es zu, den Bundesrath und den Reichstag zu berufen, zu eröffnen, zu vertagen und zu schließen.

Art. 13. Die Berufung des Bundesrathes und des Reichstages findet alljährlich statt und kann der Bundesrath zur Vorbereitung der Arbeiten ohne den Reichstag, letzterer aber nicht ohne den Bundesrath berufen werden.

Art. 14. Die Berufung des Bundesrathes muß erfolgen, sobald sie von einem Drittel der Stimmenzahl verlangt wird.

Art. 15. Der Vorsitz im Bundesrathe und die Leitung der Geschäfte steht dem Reichskanzler zu, welcher vom Kaiser zu ernennen ist.

Der Reichskanzler kann sich durch jedes andere Mitglied des Bundesrathes vermöge schriftlicher Substitution vertreten lassen.

Art. 16. Die erforderlichen Vorlagen werden nach Maßgabe der Beschlüsse des Bundesrathes im Namen des Kaisers an den Reichstag gebracht, wo sie durch Mitglieder des Bundesrathes oder durch besondere von letzterem zu ernennende Kommissarien vertreten werden.

Art. 17. Dem Kaiser steht die Ausfertigung und Verkündigung der Reichsgesetze und die Ueberwachung der Ausführung derselben zu. Die Anordnungen und Verfügungen des Kaisers werden im Namen des Reichs erlassen und bedürfen zu ihrer Gültigkeit der Gegenzeichnung des Reichskanzlers, welcher dadurch die Verantwortlichkeit übernimmt.

Art. 18. Der Kaiser ernennt die Reichsbeamten, läßt dieselben für das Reich vereidigen und verfügt erforderlichen Falles deren Entlassung.

Den zu einem Reichsamte berufenen Beamten eines Bundesstaates stehen, sofern nicht vor ihrem Eintritt in den Reichsdienst im Wege der Reichsgesetzgebung etwas Anderes bestimmt ist, dem Reiche gegenüber diejenigen Rechte zu, welche ihnen in ihrem Heimathslande aus ihrer dienstlichen Stellung zugestanden hatten.

Art. 19. Wenn Bundesglieder ihre verfassungsmäßigen Bundespflichten nicht erfüllen, können sie dazu im Wege der Exekution angehalten werden. Diese Exekution ist vom Bundesrathe zu beschließen und vom Kaiser zu vollstrecken.

V. *Reichstag*

Art. 20. Der Reichstag geht aus allgemeinen und direkten Wahlen mit geheimer Abstimmung hervor.

Bis zu der gesetzlichen Regelung, welche im § 5. des Wahlgesetzes vom 31. Mai 1869 vorbehalten ist, werden in Bayern 48, in Württemberg 17, in Baden 14, in Hessen südlich des Main 6 Abgeordnete gewählt, und beträgt demnach die Gesammtzahl der Abgeordneten 382.

Art. 21. Beamte bedürfen keines Urlaubs zum Eintritt in den Reichstag.

Wenn ein Mitglied des Reichstages ein besoldetes Reichsamt oder in einem Bundesstaat ein besoldetes Staatsamt annimmt oder im Reichs- oder Staatsdienste in ein Amt eintritt, mit welchem ein höherer Rang oder ein höheres Gehalt verbunden ist, so verliert es Sitz und Stimme in dem Reichstag und kann seine Stelle in demselben nur durch neue Wahl wieder erlangen.

Art. 22. Die Verhandlungen des Reichstages sind öffentlich.

Wahrheitsgetreue Berichte über Verhandlungen in den öffentlichen Sitzungen des Reichstages bleiben von jeder Verantwortlichkeit frei.

Art. 23. Der Reichstag hat das Recht, innerhalb der Kompetenz des Reichs Gesetze vorzuschlagen und an ihn gerichtete Petitionen dem Bundesrathe resp. Reichskanzler zu überweisen.

Art. 24. Die Legislaturperiode des Reichstages dauert drei Jahre. Zur Auflösung des Reichstages während derselben ist ein Beschluß des Bundesrathes unter Zustimmung des Kaisers erforderlich.

Art. 25–28 betr. Geschäftsordnung.

Art. 29. Die Mitglieder des Reichstages sind Vertreter des gesammten Volkes und an Aufträge und Instruktionen nicht gebunden.

Art. 30–32 betr. Immunität.

Es folgen Abschnitt VI-XIII über Zoll- und Handelswesen usw. entsprechend den Ausschüssen (vgl. Art. 8) und Schlichtungs- und Strafbestimmungen bei Streitigkeiten zwischen den Ländern oder Reich und Ländern.

[52]

Schulaufsichtsgesetz für Preußen (1872)

Das unter der Verantwortung des nationalliberalen Kultusministers A. Falk erlassene Schulaufsichtsgesetz war ein weiterer Schritt auf dem Wege, das Recht des Staates auf die Schulhoheit zu sichern. Das Gesetz muß im engsten Zusammenhang mit dem gleich nach der Reichsgründung von 1871 beginnenden »Kulturkampf« gesehen werden und richtete sich vor allem gegen die katholische Kirche. Aber auch die evangelische Kirche wurde betroffen und reagierte zum Teil mit deutlicher Ablehnung. Obgleich Preußen mit dem Schulaufsichtsgesetz grundsätzlich die Verstaatlichung der Schulaufsicht bis in die Lokalinspektion durchsetzte, blieb in der Praxis auf der unteren Ebene die »geistliche Schulaufsicht« vielerorts bis 1918 erhalten.

Quelle: Centralblatt für die gesammte Unterrichts-Verwaltung in Preußen. Im Auftrag des Herrn Ministers der geistlichen, Unterrichts- und Medicinal-Angelegenheiten und unter Benutzung der amtlichen Quellen herausgegeben von Stiehl. Jg. 1872, S. 129 f. sowie Das Volksschulwesen im Preußischen Staate, bearb. v. K. Schneider und E. v. Bremen, 3 Bände, Bd. 1, Berlin 1886, S. 1 f.

Wir Wilhelm, von Gottes Gnaden König von Preußen etc. verordnen, in Ausführung des Artikels 23 der Verfassungs-Urkunde vom 31. Januar 1850, mit Zustimmung der beiden Häuser des Landtages, für den Umfang der Monarchie, was folgt:

§ 1. Unter Aufhebung aller in einzelnen Landestheilen entgegenstehenden Bestimmungen steht die Aufsicht über alle öffentlichen und Privat-Unterrichts- und Erziehungs-Anstalten dem Staate zu.

Demgemäß handeln alle mit dieser Aufsicht betrauten Behörden und Beamten im Auftrage des Staates.

§ 2. Die Ernennung der Local- und Kreis-Schulinspectoren und die Abgrenzung ihrer Aufsichtsbezirke gebührt dem Staate allein.

Der vom Staate den Inspectoren der Volksschule ertheilte Auftrag ist, sofern sie dies Amt als Neben- oder Ehrenamt verwalten, jederzeit widerruflich.

Alle entgegenstehenden Bestimmungen sind aufgehoben.

§ 3. Unberührt durch dieses Gesetz bleibt die den Gemeinden und deren Organen zustehende Theilnahme an der Schulaufsicht, sowie der Artikel 24 der Verfassungs-Urkunde vom 31. Januar 1850.

§ 4. Der Minister der geistlichen, Unterrichts- und Medicinal-Angelegenheiten wird mit der Ausführung dieses Gesetzes beauftragt.

Urkundlich unter Unserer Höchsteigenhändigen Unterschrift und beigedrucktem Königlichen Insiegel.

Gegeben Berlin, den 11. März 1872
(L. S.) *Wilhelm*

Fürst von Bismarck u. Kabinettsmitglieder

Motive

Im Einklange mit dem § 1. Tit. 12. Th. II. des Allgemeinen Landrechts, nach welchem die Schulen Veranstaltungen des Staates sind, bestimmt der Art. 23 der Verfassungsurkunde vom 31. Januar 1850: alle öffentlichen und Privat-Unterrichts- und Erziehungs-Anstalten stehen unter der Aufsicht vom Staat ernannter Behörden. Die öffentlichen Lehrer haben die Rechte und Pflichten der Staatsdiener.
Zur Ausführung dieser Bestimmungen muß es dem Staate zustehen, die Organe für die Schulaufsicht zu bestellen, ohne an einschränkende Vorschriften gebunden zu sein.

Der augenblickliche Stand der Gesetzgebung entspricht, was die niederen Schulen anlangt, diesen Anforderungen nicht. Sowohl das Landrecht (§ 12 ff. Tit. 12 Th. II.), als auch die Provinzial-Gesetze geben den Ortsgeistlichen und in weiterem Kreise den Superintendenten, Erzpriestern, Decanen etc. neben der Pflicht auch das Recht zur Beaufsichtigung der niederen Schulen als resp. Local- und Kreis-Schulinspectoren.

Demgegenüber war schon in dem letzten, dem Landtage von 1869/1870 vorgelegten Entwurfe eines Unterrichts-Gesetzes die Ernennung der Kreis-Schulinspectoren ausdrücklich für den Staat in Anspruch genommen.

Gegenwärtig ist das Bedürfnis nur noch umfassender und dringender geworden.

Der Staat muß, um seine Aufgabe an der Schule lösen zu können, die Macht haben, nicht bloß auf der Stufe der Kreis-Schulinspection, sondern auch schon auf der der Lokal-Inspection mit Organen seiner eigenen freien Wahl eintreten zu können, ohne an die Wahl kirchlicher Oberen gebunden zu sein; und er muß in den Besitz dieser Machtmittel ohne Verzug und unabhängig davon, welches der Ausgang der Berathungen über das allgemeine Unterrichtsgesetz sein werde, gesetzt werden.

Dieses Ziel zu erreichen, bezweckt der vorliegende Entwurf, zu dessen Erläuterung im Einzelnen das Folgende anzuführen bleibt.
Es folgen die Ausführungsbestimmungen zu den einzelnen Paragraphen.

[53]

Allgemeine Bestimmungen für Volks- und Mittelschulen in Preußen (1872)

Die vom Kultusminister Falk erlassenen und von dem ehemaligen Bromberger Seminardirektor Karl Schneider, dem Nachfolger Stiehls, verfaßten »Allgemeinen Bestimmungen« befreiten die (Volks-)Schule aus der einengenden Ordnung der »Regulative« von 1854 und eröffneten die Möglichkeit für innere und äußere Reformen. Sie faßten die verschiedenen Arten der »deutschen Bürgerschulen« zur »Mittelschule« zusammen und gaben diesem neuen Schultyp grundlegende Lehrpläne.

Quelle: Centralblatt für die gesammte Unterrichts-Verwaltung in Preußen, herausgegeben in dem Ministerium der geistlichen, Unterrichts- und Medicinal-Angelegenheiten, Jg. 1872, S. 585 ff. u. 598 ff.

Berlin, den 15. October 1872

Nachdem ich unter dem heutigen Tage die im Anschlusse beigefügte Allgemeine Verfügung über Einrichtung, Aufgabe und Ziel der Volksschule erlassen habe, ist nach Maßgabe derselben überall da, wo nicht gesetzliche Bestimmungen ein Anderes verordnen, zu verfahren.

Insbesondere sind in Betreff der Ausstattung der Schulzimmer und der für den Unterricht zu beschaffenden Lehrmittel, sowie wegen Vertheilung der Stunden auf die einzelnen Lehrgegenstände die bezüglichen Bestimmungen jedenfalls im nächsten Sommersemester durchzuführen. Die Schulinspectoren haben die neuen Lehrpläne schleunigst auszuarbeiten und ebenso ihre Vorschläge rücksichtlich der neu einzuführenden Lehr- und Lernbücher baldigst einzureichen.

In dem über die Ausführung meiner Allgemeinen Verfügung zu erstattenden Berichte erwarte ich gleichzeitig eine genaue Angabe der in den einzelnen Bezirken vorkommenden verschiedenen Arten der Volksschule.

Das Regulativ vom 3. October 1854 und dessen spätere Ergänzungen, insbesondere die Erlasse vom 19. November 1859 und vom 16. Februar 1861 sind aufgehoben.

Der Minister der geistlichen, Unterrichts- und Medicinal-Angelegenheiten
Falk

Allgemeine Verfügung über Einrichtung, Aufgabe und Ziel der preußischen Volksschule

1. Die normalen Volksschuleinrichtungen

Normale Volksschuleinrichtungen sind die mehrklassige Volksschule (5.), die Schule mit 2 Lehrern (4.), und die Schule mit einem Lehrer, welche entweder die einklassige Volksschule (2.) oder die Halbtagsschule ist (3.).

2. Die einklassige Volksschule

In der einklassigen Volksschule werden Kinder jedes schulpflichtigen Alters in ein und demselben Locale durch einen gemeinsamen Lehrer gleichzeitig unterrichtet. Die Zahl derselben soll nicht über achtzig steigen.

In der einklassigen Volksschule erhalten die Kinder der Unterstufe in der Regel wöchentlich 20, der Mittel- und Oberstufe 30 Lehrstunden, einschließlich des Turnens für die Knaben und der weiblichen Handarbeiten für die Mädchen.

3. Die Halbtagsschule

Wo die Anzahl der Kinder über achtzig steigt, oder das Schulzimmer auch für eine geringere Zahl nicht ausreicht, und die Verhältnisse die Anstellung eines zweiten Lehrers nicht gestatten; sowie da, wo andere Umstände dies nothwendig erscheinen lassen, kann mit Genehmigung der Regierung die Halbtagsschule eingerichtet werden, für deren Klassen zusammen wöchentlich 32 Stunden angesetzt werden.

4. Die Schule mit zwei Lehrern

Sind zwei Lehrer an einer Schule angestellt, so ist der Unterricht in zwei gesonderten Klassen zu ertheilen. Steigt in einer solchen Schule die Zahl der Kinder über hundert und zwanzig, so ist eine dreiklassige Schule einzurichten. In dieser kommen auf die dritte Klasse wöchentlich 12, auf die zweite Klasse wöchentlich 24, auf die erste Klasse wöchentlich 28 Lehrstunden.

5. Die mehrklassige Volksschule

In Schulen von drei und mehr Klassen, soweit dieselben nicht unter 4.

fallen, erhalten die Kinder der unteren Stufe wöchentlich 22, die der mittleren 28, die der oberen 30 bis 32 Unterrichtsstunden.

6. Die Trennung der Geschlechter in der Schule

Für mehrklassige Schulen (5.) ist rücksichtlich der oberen Klassen eine Trennung der Geschlechter wünschenswerth. Wo nur zwei Lehrer angestellt sind, ist eine Einrichtung mit zwei beziehungsweise drei aufsteigenden Klassen derjenigen zweier nach den Geschlechtern getrennten einklassigen Volksschulen vorzuziehen.

7. Vereinigung kleiner Schulgemeinden zu einem gemeinsamen Schulsystem

Wo an einem Orte mehrere einklassige Schulen bestehen, ist deren Vereinigung zu einer mehrklassigen Schule anzustreben.

8. Die Einrichtung und Ausstattung des Schulzimmers

Das Schulzimmer muß mindestens so groß sein, daß auf jedes Schulkind ein Flächenraum von 0,6 □ M. kommt; auch ist dafür zu sorgen, daß es hell und luftig sei, eine gute Ventilation habe, Schutz gegen die Witterung gewähre und ausreichend mit Fenstervorhängen versehen sei. Die Schultische und Bänke müssen in ausreichender Zahl vorhanden und so eingerichtet und aufgestellt sein, daß alle Kinder ohne Schaden für ihre Gesundheit sitzen und arbeiten können. Die Tische sind mit Tintenfässern zu versehen.

Zur ferneren Ausstattung des Schulzimmers gehört namentlich eine hinreichende Anzahl von Riegeln für die Mützen, Tücher, Mäntel u. dgl.; ferner eine Schultafel mit Gestell, eine Wandtafel, ein Katheder oder ein Lehrertisch mit Verschluß, ein Schrank für die Aufbewahrung von Büchern und Heften, Kreide, Schwamm.

9. Die unentbehrlichen Lehrmittel

Für den vollen Unterrichtsbetrieb sind erforderlich: 1) je ein Exemplar von jedem in der Schule eingeführten Lehr- und Lernbuche, 2) ein Globus, 3) eine Wandkarte von der Heimathsprovinz, 4) eine Wandkarte von Deutschland, 5) eine Wandkarte von Palästina, 6) einige Abbildungen für den weltkundlichen Unterricht, 7) Alphabete weithin erkennbarer auf Holz- oder Papptäfelchen geklebter Buchstaben zum Gebrauch beim ersten Leseunterricht, 8) eine Geige, 9) Lineal und Zirkel, 10) eine Rechenmaschine;

in evangelischen Schulen kommen noch hinzu: 11) eine Bibel und 12) ein Exemplar des in der Gemeinde eingeführten Gesangbuches.

Für die mehrklassigen Schulen sind diese Lehrmittel angemessen zu ergänzen.

10. Tabellen und Listen

Der Lehrer hat eine Schulchronik, ein Schülerverzeichniß, einen Lehrbericht (Nachweisung der erledigten Unterrichtsstoffe) und eine Absentenliste regelmäßig zu führen. Außerdem muß er den Lehrplan, den Lectionsplan und die Pensenvertheilung für das laufende Semester stets im Schulzimmer haben.

11. Die Schulbücher und Schulhefte

Lernmittel für die Schüler der Volksschule mit einem oder zwei Lehrern sind folgende:
a. Bücher: 1) die Lesefibel und das Schullesebuch, 2) ein Schülerheft für den Rechenunterricht, 3) ein Liederheft, außerdem die für den Religionsunterricht besonders eingeführten Bücher,
b. eine Schiefertafel nebst Griffel, Schwamm, Lineal und Zirkel,
c. Hefte mindestens: 1) ein Diarium, 2) ein Schönschreibheft, 3) ein Heft zu orthographischen und Aufsatzübungen, auf den oberen Stufen 4) ein Zeichenheft.

Den Schülern der mehrklassigen Volksschule darf die Anschaffung besonderer kleiner Leitfäden für den Unterricht in den Realien, sowie diejenige eines stufenweise fortschreitenden mehrbändigen Lesebuches und eines Handatlas zugemuthet werden. Ebenso haben diese für die einzelnen Lehrgegenstände besondere Hefte zu führen.

12. Die Gliederung der Volksschule

Die Volksschule, auch die einklassige, gliedert sich in drei Abtheilungen, welche den verschiedenen Alters- und Bildungsstufen der Kinder entsprechen. Wo eine Volksschule vier Klassen hat, sind der Mittelstufe zwei, wo sie deren sechs hat, jeder Stufe zwei Klassen zuzuweisen.

13. Die Lehrgegenstände der Volksschule

Die Lehrgegenstände der Volksschule sind Religion, deutsche Sprache (Sprechen, Lesen, Schreiben), Rechnen nebst den Anfängen der Raumlehre, Zeichnen, Geschichte, Geographie, Naturkunde und für die Knaben Turnen, für die Mädchen weibliche Handarbeiten.

In der einklassigen Volksschule vertheilen sich die Stunden auf die einzelnen Gegenstände und Stufen wie folgt:

	Unterstufe	Mittelstufe	Oberstufe
Religion	4	5	5
Deutsch	11	10	8
Rechnen Raumlehre	4	4	5
Zeichnen	–	1	2
Realien	–	6	6
Singen	1	2	2
Turnen (Handarbeit)	–	2	2
	20	30	30

In der mehrklassigen Schule:

	Unterstufe	Mittelstufe	Oberstufe
Religion	4	4	4
Deutsch	11	8	8
Rechnen	4	4	4
Raumlehre	–	–	2
Zeichnen	–	2	2
Realien	–	6	6 (8)
Singen	1	2	2
Turnen (Handarbeit)	2	2	2
	22	28	30 (32)

In der Halbtagsschule und in der Schule mit zwei Lehrern und drei Klassen (4.) treten die nöthigen Veränderungen nach Maßgabe des Bedürfnisses ein.
Es folgen Ziff. 14–38 mit Einzelbestimmungen zu jedem Unterrichtsfach.

Berlin, den 15. October 1872
Der Minister der geistlichen, Unterrichts- und Medicinal-Angelegenheiten
Falk

Betr. Mittelschulen:

Berlin, den 15. October 1872

Unter dem Namen von Bürger- Mittel- Rector- höheren Knaben- oder Stadt-Schulen sind bereits gegenwärtig eine beträchtliche Anzahl von Unterrichts-Anstalten vorhanden, welche einerseits ihren Schülern eine höhere Bildung zu geben versuchen, als dies in der mehrklassigen Volksschule geschieht, andererseits aber auch die Bedürfnisse des gewerblichen Lebens und des s. g. Mittelstandes in größerem Umfange berücksichtigen, als dies in höheren Lehranstalten regelmäßig der Fall sein kann.

Es entspricht den Anforderungen der Gegenwart nicht nur, die bestehenden Anstalten dieser Art weiter zu entwickeln, sondern auch die Neuerrichtung derselben Seitens der Gemeinden thunlichst zu fördern.

Wenn solche Schulen den nachfolgenden Anforderungen entsprechen, so sind dieselben als Mittelschulen anzusehen und zu bezeichnen.

1. Die Schulen sollen neben den Volksschulen des Ortes bestehen und mindestens fünf aufsteigende Klassen mit einer Maximalzahl von je fünfzig Schülern haben. Es kann jedoch gestattet werden, daß die Oberklassen einer sechsklassigen Volksschule nach dem Lehrplane der Mittelschule arbeiten.

2. Der Unterricht in der Mittelschule ist im Anschlusse an den beifolgenden Lehrplan, welcher auf eine sechsklassige Schule berechnet ist, zu ertheilen. Bei fünf Klassen sind die Pensa der drei Unterklassen auf zwei Klassen zu vertheilen. Bei mehr als sechs Klassen findet eine Erweiterung des Pensums statt.

Wo die localen Verhältnisse eine besondere Berücksichtigung des Ackerbaues, Fabrikwesens, Bergbaues, Handels oder der Schiffahrt in dem Lehrplane bedingen, sind die erforderlichen Aenderungen in demselben vorzunehmen. Demgemäß ist es auch je nach dem Bedürfnisse zuzulassen, nur eine der im Lehrplane bezeichneten neueren Sprachen oder statt derselben eine andere in den Lehrplan aufzunehmen.

3. Die Inventarien der Mittelschulen müssen den höheren Lehrzwecken derselben entsprechen. Insbesondere sind für den Unterricht in der Geographie und der Naturkunde die erforderlichen Lehrmittel zu beschaffen. Auch ist für eine Bibliothek Sorge zu tragen, welche diejenigen größeren wissenschaftlichen Werke enthält, deren Benutzung für die Lehrer nothwendig ist.

4. Der Unterricht ist nur von solchen Lehrern zu ertheilen, welche hierzu nach Maßgabe der Prüfungsordnung als befähigt anerkannt sind.

Die Mittelschulen ressortiren, wie die Volksschulen, von den Königlichen Regierungen, beziehungsweise in der Provinz Hannover von den Königlichen Consistorien.

In keinem Falle darf übrigens durch die Verfolgung höherer Unterrichtsziele die Volksschule benachtheiligt werden. Es ist daher nur da, wo für die Letztere eine ausreichende Fürsorge stattgefunden hat, die Errichtung von Mittelschulen Seitens der Behörden anzustreben.

Der Minister der geistlichen, Unterrichts- und Medicinal-
Angelegenheiten
Falk

Es folgt Lehrplan für die Mittelschule.

Uebersicht

Lehrgegenstände	Wöchentliche Stundenzahl I.	II.	III.	IV.	V.	VI.
Religion	2	2	2	3	3	3
Deutsch, incl. Lesen und Schreiben	4	6	8	12	12	12
Rechnen	3	3	3	5	5	5
Raumlehre	3	2	2	–	–	–
Naturbeschreibung	2	2	2	–	–	–
Physik (Chemie)	3	2	–	–	–	–
Geographie	2	2	2	2	–	–
Geschichte	2	2	2	–	–	–
Französisch	5	5	5	–	–	–
Zeichnen	2	2	2	2	–	–
Gesang	2	2	2	2	2	2
Turnen	2	2	2	2	2	2
	32	32	32	28	24	24

[54]

Bestimmungen über den katholischen Religionsunterricht in den Volksschulen (1876)

Die Bestimmungen über den katholischen Religionsunterricht machen die tiefen Gegensätze deutlich, die während des Kultur- und Kirchenkampfes zwischen dem preußischen Staat und der katholischen Kirche bestanden. Den Hintergrund der Auseinandersetzungen bildeten die im Mai 1873 vom Kultusminister Falk im preußischen Landtag durchgebrachten »Maigesetze«, denen die Katholiken, unterstützt durch Papst Pius IX., Anerkennung und Befolgung versagten. Der preußische Staat suchte diesen Widerstand mit z. T. scharfen Mitteln zu brechen. 1886/87 wurden die wesentlichen Bestimmungen der Maigesetze aufgehoben oder gemildert.

Quelle: Centralblatt für die gesammte Unterrichts-Verwaltung in Preußen, hrsg. in dem Ministerium für geistliche, Unterrichts- und Medicinal-Angelegenheiten, Jg. 1876, S. 120 ff.

Berlin, den 18. Februar 1876

Aus Anlaß einer Reihe bei mir angebrachter Beschwerden hatte ich die Königlichen Regierungen mittels Verfügung vom 6. October v. J. – U. III. 11, 163. – zu einer näheren Erörterung verschiedener Gesichtspunkte veranlaßt, welche in Betreff des katholischen Religions-Unterrichts in den Volksschulen zu beachten seien.

Nach Prüfung der hierauf erstatteten Berichte bezeichne ich folgende Gesichtspunkte als diejenigen, von welchen bei der Behandlung des gedachten Unterrichts fortan auszugehen ist:

1. Der schulplanmäßige Religions-Unterricht wird in der Volksschule von den vom Staate dazu berufenen oder zugelassenen Organen unter seiner Aufsicht ertheilt.

2. Die Ertheilung dieses Unterrichts liegt in erster Linie den an der Schule angestellten Lehrern und Lehrerinnen ob, welche in der vorgeschriebenen Prüfung die Befähigung dafür nachgewiesen haben. Dasselbe gilt von denjenigen Geistlichen, welche, wie dies in einzelnen Gegenden noch vorkommt, gleichzeitig als Lehrer an Volksschulen angestellt sind.

3. Wo es bisher üblich war, den schulplanmäßigen Religions-Unterricht zwischen dem angestellten Lehrer und dem Pfarrer oder dessen ordentlichem Vertreter (Vicar, Kaplan) dergestalt zu theilen, daß Ersterer die biblische Geschichte, Letzterer den Katechismus übernimmt, kann es unter der Voraussetzung auch fernerhin dabei bewenden, daß der Geistliche in Bezug auf seine Stellung zum Staat der Schulaufsichtsbehörde kein Bedenken erregt und allen ressortmäßigen Anordnungen derselben, insbesondere hinsichtlich der Lehrbücher, der Vertheilung des Unterrichtsstoffes auf die einzelnen Klassen, der Schulzucht und pünktlichen Innehaltung der Lehrstunden pflichtmäßig entspricht.

Demgemäß sind Geistliche, welchen wegen Nichterfüllung einer dieser Voraussetzungen die Kreis- oder Local-Schulinspection hat entzogen oder welche von der Leitung des schulplanmäßigen Religions-Unterrichts haben ausgeschlossen werden müssen, selbstredend auch von der Ertheilung des letzteren auszuschließen.

4. An Orten mit confessionell gemischter Bevölkerung, in welchen ein

katholischer Lehrer nicht vorhanden ist, kann der gesammte Religions-Unterricht, wenn es bisher so üblich war, unter den zu 3. erwähnten Voraussetzungen auch ferner den Geistlichen überlassen werden.

5. Ueber Differenzen zwischen dem Geistlichen und dem Lehrer in Betreff des Religions-Unterrichts entscheidet die Schulaufsichtsbehörde.

6. In den Fällen, wo es an einem vorschriftsmäßig geprüften Lehrer mangelt, bestimmt die Königliche Regierung, wem die Ertheilung des Religions-Unterrichts in der Schule zustehen soll, insbesondere ob dazu der Verwalter der Stelle oder ein Geistlicher aushülfsweise zu wählen sei. Es sind dabei in jedem einzelnen Fall alle in Betracht kommenden Verhältnisse sorgfältig zu erwägen.

Ein Geistlicher darf auch in solchen Fällen nur dann zugelassen werden, wenn in Betreff seiner die zu 3. bezeichneten Voraussetzungen zutreffen.

7. Anlangend die *Leitung* des Religions-Unterrichts, so ist von mir wiederholt darauf hingewiesen worden, daß dieselbe nach Art. 24. der Verfassungs-Urkunde vom 31. Januar 1850 den Religions-*Gesellschaften* zustehen soll, daß jedoch einerseits dieser Artikel erst der näheren Bestimmung seines Inhalts durch das nach Art. 26. das. zu erlassende Unterrichtsgesetz bedarf, daß indeß andererseits nichts im Wege steht, die darin enthaltene allgemeine Norm insoweit zur Anwendung zu bringen, als dies die bestehenden Gesetze und die staatlichen Interessen gestatten.

Danach hat kein *einzelner* Geistlicher ohne Weiteres ein Recht, diese Leitung zu beanspruchen; es ist jedoch in der Regel und so lange die kirchlichen Oberen ein anderes Organ dazu nicht bestimmen, der gesetzlich bestellte Ortspfarrer als das zur Leitung des Religions-Unterrichts berufene Organ zu betrachten. Sowohl der Ortspfarrer als auch der sonst von dem kirchlichen Oberen zur Leitung des Religions-Unterrichts bestimmte Geistliche darf aber dieselbe nur ausüben, so lange er durch sein Verhalten nicht diejenigen Zwecke gefährdet, welche der Staat mit der Erziehung der Jugend durch die Volksschule verfolgt.

8. Tritt ein solcher Fall ein, so hat die staatliche Aufsichtsbehörde dem Geistlichen zu eröffnen, daß er zur Leitung des Religions-Unterrichts nicht ferner zugelassen werden könne. Der Beschluß ist gleichzeitig zur Kenntniß des kirchlichen Oberen mit dem Anheimgeben zu bringen, der staatlichen Aufsichtsbehörde einen anderen Delegirten zu bezeichnen. Findet die staatliche Aufsichts-Behörde gegen denselben Nichts zu erinnern, so ist derselbe zur Leitung des Religions-Unterrichts zuzulassen.

9. Der als Organ der betreffenden Religionsgesellschaft anerkannte Pfarrer oder sonstige Geistliche ist berechtigt, dem schulplanmäßigen Religions-Unterricht in den dafür festgesetzten Stunden beizuwohnen,

durch Fragen und soweit erforderlich, stellenweises Eingreifen in den Unterricht sich davon zu überzeugen, ob dieser von dem Lehrer vollständig und sachgemäß ertheilt wird und welche Fortschritte die Schüler darin gemacht haben, ferner den Lehrer (jedoch nicht in Gegenwart der Kinder) sachlich zu berichtigen, Wünsche oder Beschwerden in Bezug auf den Religions-Unterricht der staatlichen Aufsichtsbehörde vorzutragen und endlich bei der Entlassungs-Prüfung, wo eine solche stattfindet, nach vorherigem Examen die Censur in der Religion mitfestzustellen.

10. Durch die zu 9. bezeichneten Befugnisse wird nichts geändert in dem Rechte der Aufsicht, welches der Staat durch seine Organe in Gemäßheit des Gesetzes vom 11. März 1872 über den gesammten Unterricht einer jeden Schule und damit auch über den katholischen Religions-Unterricht in der Volksschule zu üben hat.

Diese Organe haben somit auch das Recht, dem gedachten Unterricht beizuwohnen. Sie haben darauf zu achten, daß er zu den im Lehrplane angesetzten Stunden und nach Maßgabe der allgemeinen, von der Schulaufsichts-Behörde erlassenen Bestimmungen ertheilt werde. Eine Einwirkung auf den sachlichen Inhalt der Religionslehre steht aber der staatlichen Schulaufsichts-Behörde nur insoweit zu, als die Religionslehre nichts enthalten darf, was den bürgerlichen und staatsbürgerlichen Pflichten zuwiderläuft (Art. 12. der Verfassungs-Urkunde vom 31. Januar 1850 und §§ 13. 14. II. 11. A. L. R.).

11. Durch den *kirchlichen Beicht- und Communion-Unterricht* darf der schulplanmäßige Unterricht nicht in unzulässiger Weise beeinträchtigt werden. Allgemeine Normen über die Grenze des Zulässigen lassen sich nicht ertheilen. Es folgt jedoch aus dem Bemerkten, daß jede Verkürzung des schulplanmäßigen Unterrichts, welche auf einen bestimmten Zeitraum erfolgen soll, um dem gedachten kirchlichen Unterricht den gewünschten Raum zu verschaffen, einer Genehmigung der Königlichen Regierung bedarf. Sie wird nach genauer Prüfung der gegebenen Verhältnisse und nach vorheriger Erörterung mit den Betheiligten in jedem einzelnen Falle dasjenige anzuordnen haben, was einerseits die ordnungsmäßige Ertheilung des *kirchlichen* Unterrichts thunlichst ermöglicht, andererseits aber keine Einrichtung zuläßt, welche es ausschließt, daß die betreffenden Kinder die von der *Schule* zu erstrebenden Ziele für alle wesentliche Unterrichtsfächer innerhalb der bestimmten Zeit erreichen.

12. Die Benutzung des *Schullokals* zu dem sub 11. erwähnten *kirchlichen* Unterricht ist von der Schulaufsichtsbehörde nur zu versagen, wenn entweder der *Schul*-Unterricht durch solche Benutzung eine Beeinträchtigung erleidet, oder wenn ein von der Leitung oder Ertheilung des schulplanmäßigen Religions-Unterrichts ausgeschlossener Geist-

licher gegründeten Verdacht erweckt, daß er den kirchlichen Unterricht benutze, um den schulplanmäßigen Unterricht zu ertheilen.

Nach Vorstehendem wolle die Königliche Regierung bei Behandlung der in Frage stehenden Angelegenheit verfahren, das Erforderliche anordnen und von dem Verfügten mir demnächst Anzeige machen.

Der Minister der geistlichen etc. Angelegenheiten
Falk

[55]

Gesetz über Unterhaltung und konfessionelle Verhältnisse der öffentlichen Volksschulen (1906)

Durch das preußische Volksschulunterhaltungsgesetz erfuhren die im Kultur- und Kirchenkampf aufgebrochenen Gegensätze zwischen dem preußischen Staat und der katholischen Kirche eine gewisse Entschärfung. Auf der Grundlage des »Schulkompromisses« der Parteien von 1904, der die Unterhaltung der öffentlichen Volksschulen zu einer Aufgabe der Kommunen erklärte und forderte, daß »in der Regel die Schüler einer Schule derselben Konfession angehören und von Lehrern ihrer Konfession unterrichtet werden sollen«, versuchte das Gesetz, die verwickelten Probleme der Schullasten und der konfessionellen Verhältnisse rechtlich zu regeln.

Quelle: Centralblatt für die gesammte Unterrichts-Verwaltung in Preußen, hrsg. in dem Ministerium für die geistlichen, Unterrichts- und Medicinal-Angelegenheiten, Jg. 1906, S. 622 ff.

Wir Wilhelm, von Gottes Gnaden König von Preußen etc. verordnen mit Zustimmung beider Häuser des Landtags Unserer Monarchie, was folgt:

Träger der Schullast

§ 1. Die Errichtung und Unterhaltung der öffentlichen Volksschulen liegt vorbehaltlich der besonderen Vorschriften dieses Gesetzes, insbesondere der darin geordneten Beteiligung des Staates an der Aufbringung der Kosten, den bürgerlichen Gemeinden und selbständigen Gutsbezirken ob.

Gemeinden (Gutsbezirke) bilden entweder einen eigenen Schulverband oder werden behufs Unterhaltung einer oder mehrerer Volksschulen zu einem gemeinsamen Schulverbande (Gesamtschulverbande) vereinigt.

Eine Gemeinde (Gutsbezirk) kann mehreren Gesamtschulverbänden angehören. Sie kann, auch wenn sie einen eigenen Schulverband bildet, zugleich einem oder mehreren Gesamtschulverbänden angehören.

Gutsbezirke als Träger der Schullasten sowie Gesamtschulverbände haben die Rechte der Körperschaften des öffentlichen Rechtes.

§ 2. Jede Stadt bildet in der Regel einen eigenen Schulverband. Stadtgemeinden mit mehr als fünfundzwanzig Schulstellen können mit anderen Gemeinden oder Gutsbezirken nur unter Zustimmung aller Beteiligten (Gemeinden, Gutsbezirke) zu einem Gesamtschulverbande vereinigt werden.

§ 3. Über die Bildung, Änderung und Auflösung der Gesamtschulverbände beschließt bei Zustimmung der Beteiligten (Gemeinden, Gutsbezirke) nach Anhörung des Kreisausschusses, sofern eine Stadt beteiligt ist, des Bezirksausschusses die Schulaufsichtsbehörde. Bei Widerspruch von Beteiligten (Gemeinden, Gutsbezirken) kann auf Antrag der Schulaufsichtsbehörde die Zustimmung durch Beschluß des Kreisausschusses, sofern eine Stadt beteiligt ist, des Bezirksausschusses ergänzt werden.

Gegen den Beschluß des Kreisausschusses oder des Bezirksausschusses steht der Schulaufsichtsbehörde und den Beteiligten binnen zwei Wochen die Beschwerde an den Provinzialrat zu.

§ 4. Über die Vermögensauseinandersetzung, welche infolge der Bildung, Änderung oder Auflösung der Schulverbände notwendig wird, beschließt die Schulaufsichtsbehörde. Gegen deren Beschluß steht den Beteiligten gegeneinander innerhalb zwei Wochen die Klage im Verwaltungsstreitverfahren beim Bezirksausschusse zu.

§ 5. Die Schulaufsichtsbehörde kann nach Anhörung der beteiligten Schulverbände Schulkinder eines Schulverbandes gastweise der Schule eines anderen zuweisen, sofern dieser dadurch nicht zur Beschaffung weiterer Schulräume oder zur Vermehrung der Lehrkräfte genötigt wird.

Es folgen Regelungen zur Vermögensauseinandersetzung und zum Unterhalt der Lehrer und Gebäude.

Konfessionelle Verhältnisse

§ 33. Die öffentlichen Volksschulen sind in der Regel so einzurichten, daß der Unterricht evangelischen Kindern durch evangelische Lehrkräfte, katholischen Kindern durch katholische Lehrkräfte erteilt wird.

Wo in einem Schulverbande neben drei oder mehrklassigen Schulen einklassige Schulen oder neben Schulen der im § 36 bezeichneten Art solche der in den §§ 35, 38 und 40 Abs. 1 bezeichneten Art bestehen, sollen Kinder, soweit es mit der Rücksicht auf die örtlichen Schulverhältnisse vereinbar ist, insbesondere soweit dadurch nicht der Bestand einer bereits vorhandenen Schule gefährdet oder die Errichtung einer neuen Schule erforderlich wird, nicht gegen den Willen der Eltern oder deren Stellvertreter der einen oder anderen Schulart zugewiesen werden.

§ 34. Lediglich wegen des Religionsbekenntnisses darf keinem Kinde die Aufnahme in die öffentliche Volksschule seines Wohnortes versagt werden.

§ 35. An Volksschulen, die mit einer Lehrkraft besetzt sind, ist stets eine evangelische oder eine katholische Lehrkraft anzustellen, je nachdem die angestellte Lehrkraft oder die zuletzt angestellt gewesene Lehrkraft evangelisch oder katholisch war.

Statt der evangelischen Lehrkraft soll bei Erledigung der Stelle in der Regel eine katholische angestellt werden, wenn fünf Jahre nacheinander mindestens zwei Drittel der die Schule besuchenden einheimischen Kinder, ausschließlich der Gastschulkinder, katholisch gewesen sind, und während dieser Zeit die Zahl der evangelischen Kinder weniger als zwanzig betragen hat. Unter den entsprechenden Voraussetzungen soll in der Regel statt einer katholischen Lehrkraft eine evangelische angestellt werden. Die Veränderung bedarf der Zustimmung des Unterrichtsministers.

§ 36. An einer Volksschule, an der nach ihrer besonderen Verfassung bisher gleichzeitig evangelische und katholische Lehrkräfte anzustellen waren, behält es dabei auch in Zukunft sein Bewenden; in einem Schulverband, in dem lediglich Volksschulen der vorbezeichneten Art bestehen, können neue Volksschulen nur auf derselben Grundlage errichtet werden. Eine Änderung kann aus besonderen Gründen durch Beschluß des Schulverbandes mit Genehmigung der Schulaufsichtsbehörde herbeigeführt werden.

Es folgen weitere Regelungen zur Wahrung der Proportionalität.

Bei den nach Abs. 9 gemäß dem Gesetze vom 26. Mai 1887 (Gesetz-Samml. S. 175) zu stellenden Anforderungen darf von den Beschlußbehörden die Notwendigkeit der Beschulung in Schulen mit lediglich evangelischen oder lediglich katholischen Lehrkräften nicht mit Rücksicht auf das Bedürfnis der Schule oder auf die Leistungsfähigkeit der Verpflichteten verneint werden.

An einer Schule der im Abs. 1 und Abs. 4 bezeichneten Art soll die Zusammensetzung des Lehrkörpers sich tunlichst dem Verhältnisse der die Schule besuchenden Kinder anschließen.

§ 37. Beträgt in einer öffentlichen Volksschule, die nur mit katholischen oder nur mit evangelischen Lehrkräften besetzt ist, die Zahl der einheimischen evangelischen oder katholischen Schulkinder dauernd mindestens zwölf, so ist tunlichst für diese ein besonderer Religionsunterricht einzurichten.

Bei den nach Abs. 1 gemäß dem Gesetze vom 26. Mai 1887 (Gesetz-Samml. S. 175) zu stellenden Anforderungen darf von den Beschlußbehörden die Notwendigkeit des besonderen Religionsunterrichts nicht mit Rücksicht auf das Bedürfnis der Schule oder mit Rücksicht auf die Leistungsfähigkeit der Verpflichteten verneint werden.

Wo eine anderweite Beschaffung dieses Unterrichts mit erheblichen Schwierigkeiten und Kosten verbunden ist, darf zum Zwecke seiner Erteilung eine evangelische oder katholische Lehrkraft angestellt werden, welche auch mit der Erteilung anderweiten Unterrichts zu betrauen ist.

§ 38. Im übrigen sind an öffentlichen Volksschulen, welche mit mehreren Lehrkräften besetzt sind, nur evangelische oder nur katholische Lehrkräfte anzustellen.

Es folgen Regelungen zu Anträgen auf Neueinrichtung von Konfessionsschulen.

§ 40. Für die Errichtung, Unterhaltung und Verwaltung der für jüdische Kinder bestimmten und mit jüdischen Lehrkräften zu besetzenden öffentlichen Volksschulen gelten bis auf weiteres die jetzt bestehenden Vorschriften mit der Maßgabe, daß der § 67 Nr. 3 des Gesetzes vom 23. Juli 1847 über die Verhältnisse der Juden (Gesetz-Samml. S. 263) für den ganzen Umfang der Monarchie zur Anwendung gelangt. Die zur Unterhaltung solcher Schulen Verpflichteten gelten als Schulverbände im Sinne dieses Gesetzes.

Werden die in den §§ 35 bis 39 erwähnten öffentlichen Volksschulen von jüdischen Kindern besucht, so finden bei Aufbringung der Kosten für die Erteilung von jüdischem Religionsunterricht und hinsichtlich der Anstellung von jüdischen Lehrkräften an diesen Schulen zum Zwecke der Erteilung von jüdischem Religionsunterricht sowie hinsichtlich der anderweiten Beschäftigung der hierfür angestellten jüdischen Lehrkräfte an diesen Schulen bis auf weiteres die jetzt bestehenden Bestimmungen Anwendung. Beträgt in einer öffentlichen Volksschule, die nur mit evangelischen oder nur mit katholischen oder nur mit evangelischen und katholischen Lehrkräften besetzt ist, die Zahl der einheimischen jüdischen Schulkinder dauernd mindestens zwölf und wird in einem solchen Falle der Religionsunterricht für diese durch von der Synagogengemeinde bestellte Lehrkräfte erteilt, so findet § 67 Nr. 3 des Gesetzes vom 23. Juli 1847 sinngemäß Anwendung.

Für die Errichtung und Unterhaltung von öffentlichen Volksschulen, an welchen nach ihrer besonderen Verfassung, abgesehen von dem Falle des Abs. 2, christliche und jüdische Lehrer zugleich anzustellen sind, bewendet es bei dem bestehenden Rechte.

Für die Provinz Hannover bewendet es bei dem Gesetze vom 7. März 1868 (Gesetz-Samml. S. 223) § 1 Nr. 3, betreffend die Unterstützung des jüdischen Schulwesens der Provinz durch den Provinzialverband.

§ 41. Die Vorschriften der §§ 33 bis 40 beziehen sich nicht auf die lediglich für den technischen Unterricht (Zeichnen, Turnen Handarbeit, Handfertigkeit, Hauswirtschaft) angestellten oder anzustellenden Lehrkräfte.

§ 42. In dem Gebiete des ehemaligen Herzogtums Nassau bewendet es bei den bisherigen Vorschriften.

Es folgen Bestimmungen über die Verwaltung der Volksschulangelegenheiten und die Lehreranstellung.

Schluß- und Übergangsvorschriften

§ 63. Alle diesem Gesetz entgegenstehenden Bestimmungen treten außer Kraft, mögen sie in allgemeinen Gesetzen, in Provinzialrechten, Bezirks-, Orts- oder Schulverfassung, Herkommen, Gewohnheitsrecht oder in allgemeinen auf Grund der Gesetze getroffenen Anordnungen beruhen. Auch werden alle bisherigen Rechte zur Ernennung, Anstellung, Berufung, Wahl oder Präsentation von Lehrern und Lehrerinnen an öffentlichen Volksschulen, soweit sie mit diesem Gesetz in Widerspruch stehen, aufgehoben ohne Unterschied, ob sie auf Gesetz, Gewohnheitsrecht, Herkommen oder auf besonderen Rechtstiteln beruhen.

Es folgen weitere Schlußvorschriften.

[56]

Erlaß Wilhelms II. zur Bekämpfung sozialistischer und kommunistischer Ideen durch die Schule und Ausführungsbestimmungen (1889)

Wilhelm II., 1859–1941, Deutscher Kaiser und König von Preußen 1888 bis 1918, nach 1888 innenpolitische und persönliche Gegensätze zu Bismarck, den er unter unwürdigen Umständen entließ. Zunächst auf sozialpolitischen Ausgleich mit der Arbeiterschaft bedacht, später erneute Aufnahme des Kampfes gegen die Sozialdemokratie. Auf zwei großen Schulkonferenzen (1890, 1900) setzte er sich für eine Reform des höheren Schulwesens ein. In der Außen- und Innenpolitik schwankend und zwiespältig, unausgeglichen in der Art seines persönlichen Hervortretens. Thronverzicht am 28. 11. 1918 während der Novemberrevolution, Exil in Holland.

Quelle: Verhandlungen über Fragen des höheren Unterrichts. Berlin, 4. bis 17. Dezember 1890. Im Auftrage des Ministers der geistlichen, Unterrichts- und Medicinal-Angelegenheiten, Berlin 1891, S. 3 ff.

Schon längere Zeit hat Mich der Gedanke beschäftigt, die Schule in ihren einzelnen Abstufungen nutzbar zu machen, um der Ausbreitung sozialistischer und kommunistischer Ideen entgegenzuwirken. In erster Linie wird die Schule durch Pflege der Gottesfurcht und der Liebe zum Vaterlande die Grundlage für eine gesunde Auffassung auch der staatlichen und gesellschaftlichen Verhältnisse zu legen haben. Aber Ich kann Mich der Erkenntniß nicht verschließen, daß in einer Zeit, in welcher die sozialdemokratischen Irrthümer und Entstellungen mit vermehrtem Eifer verbreitet werden, die Schule zur Förderung der Erkenntniß dessen, was wahr, was wirklich und was in der Welt möglich ist, erhöhte Anstrengungen zu machen hat. Sie muß bestrebt sein, schon der Jugend die Ueberzeugung zu verschaffen, daß die Lehren der Sozialdemokratie nicht nur den göttlichen Geboten und der christlichen Sittenlehre widersprechen, sondern in Wirklichkeit unausführbar und in ihren Konsequenzen dem Einzelnen und dem Ganzen gleich verderblich sind. Sie muß die neue und die neueste Zeitgeschichte mehr als bisher in den Kreis der Unterrichtsgegenstände ziehen und nachweisen, daß die Staatsgewalt allein dem Einzelnen seine Familie, seine Freiheit, seine Rechte schützen kann, und der Jugend zum Bewußtsein bringen, wie Preußens Könige bemüht gewesen sind, in fortschreitender Entwickelung die Lebensbedingungen der Arbeiter zu heben, von den gesetzlichen Reformen Friedrichs des Großen und von Aufhebung der Leibeigenschaft an bis heut. Sie muß ferner durch statistische Thatsachen nachweisen, wie wesentlich und wie konstant in diesem Jahrhundert die Lohn- und Lebensverhältnisse der arbeitenden Klassen unter diesem monarchischen Schutze sich verbessert haben.

Um diesem Ziele näher zu kommen, rechne Ich auf die volle Mitwirkung Meines Staatsministeriums. Indem Ich dasselbe auffordere, den Gegenstand in weitere Erwägung zu ziehen und Mir bestimmte Vorschläge zu machen, will Ich nicht unterlassen, nachstehende Gesichtspunkte besonderer Beachtung zu empfehlen.

1. Um den Religionsunterricht in dem angedeuteten Sinne fruchtbarer zu machen, wird es erforderlich sein, die ethische Seite desselben mehr in den Vordergrund treten zu lassen, dagegen den Memorirstoff auf das Nothwendige zu beschränken.

2. Die vaterländische Geschichte wird insonderheit auch die Geschichte unserer sozialen und wirthschaftlichen Gesetzgebung und Entwickelung seit dem Beginne dieses Jahrhunderts bis zu der gegenwärtigen sozialpolitischen Gesetzgebung zu behandeln haben, um zu zeigen, wie die

Monarchen Preußens es von jeher als ihre besondere Aufgabe betrachtet haben, der auf die Arbeit ihrer Hände angewiesenen Bevölkerung den landesväterlichen Schutz angedeihen zu lassen und ihr leibliches und geistliches Wohl zu heben, und wie auch in Zukunft die Arbeiter Gerechtigkeit und Sicherheit ihres Erwerbes nur unter dem Schutze und der Fürsorge des Königs an der Spitze eines geordneten Staates zu erwarten haben. Insbesondere vom Standpunkte der Nützlichkeit, durch Darlegung einschlagender praktischer Verhältnisse, wird schon der Jugend klar gemacht werden können, daß ein geordnetes Staatswesen mit einer sicheren monarchischen Leitung die unerläßliche Vorbedingung für den Schutz und das Gedeihen des Einzelnen in seiner rechtlichen und wirthschaftlichen Existenz ist, daß dagegen die Lehren der Sozialdemokratie praktisch nicht ausführbar sind, und wenn sie es wären, die Freiheit des Einzelnen bis in seine Häuslichkeit hinein einem unerträglichen Zwange unterworfen würde. Die angeblichen Ideale der Sozialisten sind durch deren eigene Erklärung hinreichend gekennzeichnet, um den Gefühlen und dem praktischen Sinne auch der Jugend als abschreckend geschildert werden zu können.

3. Es versteht sich von selbst, daß die hiernach der Schule zufallende Aufgabe nach Umfang und Ziel für die verschiedenen Stufen der Schulen angemessen zu begrenzen ist, daß daher den Kindern in den Volksschulen nur die einfachsten und leicht faßlichen Verhältnisse dargeboten werden dürfen, während diese Aufgabe für die höheren Kategorien der Unterrichtsanstalten entsprechend zu erweitern und zu vertiefen ist. Insbesondere wird es darauf ankommen, die Lehrer zu befähigen, die neue Aufgabe mit Hingebung zu erfassen und mit praktischem Geschicke durchzuführen. Zu diesem Ende werden die Lehrerbildungsanstalten eine entsprechende Ergänzung ihrer Einrichtung erfahren müssen.

Ich verkenne nicht, welche Schwierigkeiten der Durchführung dieser Aufgabe sich entgegenstellen werden, und daß es einer längeren Erfahrung bedarf, um überall das Richtige zu treffen. Aber diese Bedenken dürfen nicht abhalten, mit Ernst und Ausdauer der Durchführung eines Zieles näher zu treten, dessen Verwirklichung nach Meiner Ueberzeugung für das Wohl des Vaterlandes von hervorragender Bedeutung ist. Das Staatsministerium wolle hiernach die nothwendigen Erörterungen in die Wege leiten und nach Abschluß derselben an Mich berichten.

Schloß zu Berlin, den 1. Mai 1889

Wilhelm R.
Fürst von Bismarck

Das Staatsministerium hat sich darauf in seiner Berathung vom 27. Juli 1889 über bestimmte Vorschläge zur Ausführung des Allerhöchsten Befehles verständigt.

Dieselben lauten:

I. Niederes Schulwesen

A. a) In den Unterricht der Lehrer-Seminare wird eine besondere Unterweisung der Zöglinge in den elementaren Grundsätzen der Volkswirthschaft eingeführt.

b) Dieser Unterricht wird in der Weise ertheilt, daß die Seminaristen befähigt werden, in ihrer späteren Amtsthätigkeit ihre Schüler, soweit dies durch die Schule möglich ist, vor dem Einflusse sozialdemokratischer Irrlehren und Entstellungen zu bewahren und über das zu belehren, was wahr, was wirklich und was in der Welt möglich ist.

c) Diesem Unterrichte wird ein Leitfaden zu Grunde gelegt, welcher in, der Form wie dem Inhalte nach, mustergültigen Aufsätzen eine allgemeine Belehrung über die Grundsätze ertheilt, von deren Beachtung das Volkswohl abhängt, und sodann eine Reihe geschichtlicher Lebensbilder anschließt, aus welchen hervorgeht, wie Preußens Herrscher bemüht gewesen sind, in fortschreitender Entwickelung die Lebensbedingungen der Arbeiter zu heben, und wie die monarchische Staatsform die Familie, die Freiheit, das Recht und den Wohlstand des Einzelnen am besten zu schützen vermag.

d) In dieses Heft werden auch diejenigen Aufsätze, Schilderungen, Erzählungen sozialpolitischen Inhaltes aufgenommen, welche in den Schulen selbst zur Behandlung kommen sollen.

B. a) Damit auch die jetzt schon im Amte stehenden Lehrer die erforderliche Anweisung erhalten, wird eine Sammlung von guten Werken belehrenden und geschichtlichen Inhaltes ausgewählt, und jede Kreislehrerbibliothek mit einer solchen Sammlung ausgestattet.

b) Außerdem werden die Schulaufsichtsbeamten angewiesen, bei Revisionen und bei Abhaltung von Lehrerkonferenzen dem Gegenstande ihre besondere Aufmerksamkeit zuzuwenden.

c) Die Provinzial-Schulkollegien werden angewiesen, bei den Prüfungen der Seminar-Aspiranten, der Lehramtsbewerber und der Lehrer besonders darauf zu achten, ob dieselben ausreichende Kenntniß der vaterländischen Geschichte, namentlich auch nach der Seite der Kulturentwickelung besitzen, und Bewerbern, welchen diese fehlt, die nachgesuchte Lehrbefähigung beziehungsweise die Aufnahme in das Seminar zu versagen.

C. a) In den Schulen werden die hier in Betracht kommenden Belehrungen im Religionsunterrichte und im Geschichtsunterrichte gegeben.

b) Um denselben einen Anhalt zu gewähren, werden in die Lesebücher der verschiedenen Arten von Schulen die dem Verständnisse ihrer Schüler entsprechenden Lesestücke aus dem Leitfaden für den Seminarunterricht aufgenommen.

c) Unter diesen Lesestücken müssen sich neben den vaterländisch-geschichtlichen auch solche finden, welche in leicht faßlichen und leicht merksamen Sätzen die Hauptlehren und die Hauptthatsachen aus der Entwickelung des Staates und der Gesellschaft enthalten.

d) Sowohl für den Religionsunterricht wie für den Geschichtsunterricht sämmtlicher Arten von niederen Schulen sind Verordnungen im Sinne der Allerhöchsten Ordre vom 1. Mai 1889 zu erlassen.

e) Die Verordnung bezüglich des Religionsunterrichtes wird zunächst für die evangelischen Schulen erlassen, sie betrifft vorzüglich die Lehrweise. Auch soll erwogen werden, ob die christliche Haustafel, welche dem kleinen Katechismus beigefügt ist, in den Seminaren und in allen Schulen zur eingehenden Behandlung kommen kann.

Wegen Erlaß einer entsprechenden Verordnung für den katholischen Religionsunterricht wird das Geeignete seitens der Unterrichtsverwaltung veranlaßt werden.

f) Die Verordnung wegen des Geschichtsunterrichtes schreibt für alle Schulen gleichmäßig vor:

1. die vaterländische Geschichte ist bis zum Regierungsantritte Seiner Majestät weiterzuführen;
2. der Unterricht ist sowohl auf der Mittel- als auch auf der Oberstufe zu geben;
3. in demselben sind auf der Oberstufe die Verdienste der preußischen Herrscher um das Volkswohl besonders hervorzuheben;
4. wo die besonderen Verhältnisse einer Schule Kürzungen nöthig machen, dürfen dieselben nicht auf Kosten der Geschichte der neuesten Zeit geschehen, sondern es ist dann ein späterer Ausgangspunkt für die Geschichtserzählung zu wählen.

g) In Ausführung dieser grundlegenden Bestimmungen werden besondere Lehrpläne erlassen für den vaterländischen Geschichtsunterricht der höheren Mädchenschule, der Mittelschule, der mehrklassigen Volksschule, der Volksschule mit einem oder zwei Lehrern.

II. Höheres Schulwesen

1. In Ansehung des Religionsunterrichtes sind für sämmtliche Arten der höheren Schulen Verordnungen im Sinne der Allerhöchsten Ordre vom 1. Mai 1889 zu erlassen. Den höheren Schulen, insbesondere den Gymnasien, wird einzuschärfen sein, daß der Religionsunterricht so zu ertheilen ist, daß der Nachdruck auf die lebendige Annahme und innerliche Aneignung der Heilsthatsachen und Christenpflichten gelegt und die apologetische und ethische Seite besonders berücksichtigt wird. Unter merklicher Verringerung des Lehrstoffes, namentlich durch Ausscheidung des zur Aneignung religiöser Streitfragen führenden kirchen- und dogmengeschichtlichen Stoffes, ist der Unterricht, soweit er sich auf Geschichte stützt, auf die für das kirchlich-religiöse Leben bleibend bedeutsamen Vorgänge zu beschränken.
   Wegen des katholischen Religionsunterrichtes wird das Geeignete seitens der Unterrichtsverwaltung veranlaßt werden.
2. In Ansehung des Geschichtsunterrichtes sind für sämmtliche Arten der Höheren Schulen Verordnungen im Sinne der Allerhöchsten Ordre vom 1. Mai 1889 zu erlassen.
   a) Der Unterricht in der vaterländischen Geschichte ist bis zum Regierungsantritte Seiner Majestät durchzuführen und von der Zeit des Großen Kurfürsten ab gegen seinen bisherigen Umfang zu erweitern.
   b) Die wichtigeren Thatsachen sind schon in den mittleren Klassen der höheren Lehranstalten vorzuführen.
   c) In dem Geschichtsunterrichte ist die Entwickelung unserer sozialen und wirthschaftlichen Verhältnisse, insbesondere vom Beginne dieses Jahrhunderts bis zur gegenwärtigen sozialpolitischen Gesetzgebung (Alters- und Invalidenversorgung 1889), darzustellen.
   d) Diese Unterweisung ist in der ersten Klasse der Vollanstalten ausführlicher zu gestalten. Die Belehrung über die Verderblichkeit der Sozialdemokratie hat hierbei, ohne in eine nähere Erörterung der sozialistischen Theorien einzutreten, an der Hand des gesunden Menschenverstandes zu erfolgen. Die Unmöglichkeit der sozialdemokratischen Bestrebungen ist an den positiven Zielen der Sozialdemokratie nachzuweisen und für jugendliche Gemüther faßlich zu gestalten.

e) In Folge der zu a bis d vorgesehenen Ausdehnung des Geschichtsunterrichtes wird der anderweitige Lehrstoff der Geschichte entsprechend verringert.

f) Die geschichtlichen Lehr- und Hülfsbücher sind durch den entsprechenden Lehrstoff seitens geeigneter Schulmänner und Gelehrten zu ergänzen.

3. Auf die Durchführung des Grundsatzes, daß die Geschichte und Literatur nicht formell und gedächtnißmäßig, sondern inhaltlich und ethisch erläutert werde, ist mit Nachdruck hinzuwirken.
4. Die Prüfungsordnung für die Kandidaten des höheren Schulamtes ist im Sinne vorstehender Anordnungen zu revidiren.
5. Bei der praktischen Vorbildung der Lehrer (pädagogische Seminare, Probejahr etc.) ist auf vorstehende Anordnungen besondere Rücksicht zu nehmen.

Seine Majestät der König haben diesen Vorschlägen durch die nachstehende Allerhöchste Ordre vom 30. August 1889 Ihre Genehmigung zu ertheilen und mich mit der Ausführung derselben zu beauftragen geruht:

Auf den Bericht vom 16. dieses Monats will Ich die hierneben zurückfolgenden Vorschläge zur Ausführung Meines Erlasses vom 1. Mai d. J., das Unterrichtswesen betreffend, hiermit genehmigen und den Minister der geistlichen etc. Angelegenheiten beauftragen, die zur Ausgestaltung des Unterrichtswesens nach Maßgabe dieser Vorschläge erforderlichen Anordnungen zu treffen.

Neues Palais, den 30. August 1889

Wilhelm R.

von Bismarck u. a. Kabinettsmitglieder

[57]

Die Schulkonferenz von 1890 — Eröffnungsansprache Wilhelms II.

Im höheren Schulwesen entstanden in der zweiten Hälfte des 19. Jahrhunderts zwei neue Schularten: das Realgymnasium und die Oberrealschule. Zwischen den Vertretern der altsprachlich-humanistischen Richtung (»Gymnasialpartei«) und den Befürwortern einer realistischeren Bildung (»Realschulmännerverein«) kam es zu Auseinandersetzungen über Sinn und Bedeutung der altsprachlichen Bildung sowie über das »Gymnasialmonopol« für den Besuch der Universität. Die von Kaiser Wilhelm II. einberufene und von ihm persönlich eröffnete Schulkonferenz sollte diese Fragen klären und einer zeitgemäßen Lösung zuführen.

Quelle: Wilhelm II., Kaiserreden, Reden und Erlasse, Briefe und Telegramme Kaiser Wilhelms II., Ein Charakterbild des Deutschen Kaisers, Berlin o. J., S. 289 ff.

Wilh. II. führt zunächst eine Reihe von Problemen an, die von der Schulkonferenz berücksichtigt werden sollen (Schulhygiene, Verminderung des Lehrstoffs, Lehrpläne, Examina, Überbürdung, Revisionen).

Ich möchte im voraus bemerken, wenn Ich etwas scharf werden sollte, so bezieht sich das auf keinen Menschen persönlich, sondern auf das System, auf die ganze Lage. Wenn die Schule das getan hätte, was von ihr zu verlangen ist (und Ich kann zu Ihnen als Eingeweihter sprechen, denn Ich habe auch auf dem Gymnasium gesessen und weiß, wie es da zugeht), so hätte sie von vornherein von selber das Gefecht gegen die Sozialdemokratie übernehmen müssen. Die Lehrerkollegien hätten alle miteinander die Sache fest ergreifen und die heranwachsende Generation so instruieren müssen, daß diejenigen jungen Leute, die mit Mir etwa gleichaltrig sind, also von etwa dreißig Jahren, von selbst bereits das Material bilden würden, mit dem Ich im Staate arbeiten könnte, um der Bewegung schneller Herr zu werden. Das ist aber nicht der Fall gewesen. Der letzte Moment, wo unsere Schule noch für unser ganzes vaterländisches Leben und für unsere Entwickelung maßgebend gewesen ist, ist in den Jahren 1864, 1866 bis 1870 gewesen. Da waren die preußischen Schulen, die preußischen Lehrerkollegien Träger des Einheitsgedankens, der überall gepredigt wurde. Jeder Abiturient, der aus der Schule herauskam und als Einjähriger eintrat oder ins Leben hinausging, alles war einig in dem einen Punkte: das Deutsche Reich wird wieder aufgerichtet und Elsaß-Lothringen wiedergewonnen. Mit dem Jahre 1871 hat die Sache aufgehört. Das Reich ist geeint; wir haben, was wir erreichen wollten, und dabei ist die Sache stehen geblieben.

Jetzt mußte die Schule, von der neu gewonnenen Basis ausgehend, die Jugend anfeuern und ihr klar machen, daß das neue Staatswesen dazu da wäre, um erhalten zu werden. Davon ist nichts zu merken gewesen, und jetzt schon entwickeln sich in der kurzen Zeit, seit der das Reich besteht, zentrifugale Tendenzen. Ich kann das gewiß genau beurteilen, weil Ich oben stehe und an Mich alle solche Fragen herantreten.

Der Grund ist in der Erziehung der Jugend zu suchen; wo fehlt es da? Da fehlt es allerdings an manchen Stellen. Der Hauptgrund ist, daß seit dem Jahre 1870 die Philologen als beati possidentes im Gymnasium gesessen haben und hauptsächlich auf den Lernstoff, auf das

Lernen und Wissen den Nachdruck gelegt haben, aber nicht auf die Bildung des Charakters und die Bedürfnisse des jetzigen Lebens. Sie, Herr Geheimrat Hinzpeter, werden verzeihen, Sie sind ein begeisterter Philologe, aber nichtsdestoweniger, die Sache ist Meiner Ansicht nach bis zu einer Höhe gekommen, daß es schließlich nicht mehr weiter geht. Es ist weniger Nachdruck auf das Können wie auf das Kennen gelegt worden; das zeigt sich auch bei den Anforderungen, die in den Examen gestellt werden. Es wird von dem Grundsatz ausgegangen, daß der Schüler vor allen Dingen so viel wie möglich wissen müsse; ob das für das Leben paßt oder nicht, das ist Nebensache. Wenn man sich mit einem der betreffenden Herren darüber unterhält und ihm klar zu machen versucht, daß der junge Mensch doch einigermaßen praktisch für das Leben und seine Fragen vorgebildet werden solle, dann wird immer gesagt, das sei ‚nicht Aufgabe der Schule, Hauptsache sei die Gymnastik des Geistes, und wenn diese Gymnastik des Geistes ordentlich getrieben würde, so wäre der junge Mann im stande, mit dieser Gymnastik alles für das Leben Notwendige zu leisten. Ich glaube, daß nach diesem Standpunkte nicht mehr verfahren werden kann.

Wenn Ich nun zurückgreife auf die Schulen und speziell auf das Gymnasium selber, so weiß Ich sehr wohl, daß in vielen Kreisen man Mich für einen fanatischen Gegner des Gymnasiums hält und Mich auch zu Gunsten anderer Schulformen ausgespielt hat. Meine Herren, das ist nicht der Fall. Wer selber auf dem Gymnasium gewesen ist und hinter die Kulissen gesehen hat, der weiß, wo es da fehlt. Und da fehlt es vor allem an der nationalen Basis. Wir müssen als Grundlage für das Gymnasium das Deutsche nehmen; wir sollen nationale junge Deutsche erziehen und nicht junge Griechen und Römer. Wir müssen von der Basis abgehen, die jahrhundertelang bestanden hat, von der alten klösterlichen Erziehung des Mittelalters, wo das Lateinische maßgebend war und ein bißchen Griechisch dazu. Das ist nicht mehr maßgebend, wir müssen das Deutsche zur Basis machen. Der deutsche Aufsatz muß der Mittelpunkt sein, um den sich alles dreht. Wenn einer im Abiturientenexamen einen tadellosen deutschen Aufsatz liefert, so kann man daraus das Maß der Geistesbildung des jungen Mannes erkennen und beurteilen, ob er etwas taugt oder nicht.

Es folgt eine Kritik an der Überbetonung des lateinischen Aufsatzes.

Ebenso möchte Ich das Nationale bei uns weiter gefördert sehen in Fragen der Geschichte, Geographie und der Sage. Fangen wir erst einmal bei uns zu Hause an. Erst wenn wir in den verschiedenen Kammern und Stuben Bescheid wissen, dann können wir ins Museum gehen und uns auch dort umsehen. Aber vor allen Dingen müssen wir in der vaterländischen Geschichte Bescheid wissen. Der Große Kurfürst war zu Meiner Schulzeit nur eine nebelhafte Erscheinung; der Siebenjährige Krieg lag bereits außerhalb aller Betrachtung, und die Geschichte schloß mit dem Ende des vorigen Jahrhunderts, mit der französischen Revolution. Die Freiheitskriege, die das Wichtigste sind für den jungen Staatsbürger, wurden nicht durchgenommen, und nur durch ergänzende, sehr interessante Vorträge des Herrn Geheimen Rats Hinzpeter bin Ich, Gott sei Dank, in der Lage gewesen, diese Dinge zu erfahren. Das ist aber gerade das punctum saliens. Warum werden denn unsere jungen Leute verführt? Warum tauchen so viele unklare, konfuse Weltverbesserer auf? Warum wird immer an unserer Regierung herumgenörgelt und auf das Ausland verwiesen? Weil die jungen Leute nicht wissen, wie unsere Zustände sich entwickelt haben, und daß die Wurzeln in dem Zeitalter der französischen Revolution liegen. Und darum bin Ich gerade der festen Überzeugung, daß, wenn wir diesen Übergang aus der französischen Revolution in das neunzehnte Jahrhundert in einfacher, objektiver Weise in den Grundzügen den jungen Leuten klar machen, so bekommen sie ein ganz anderes Verständnis für die heutigen Fragen, wie sie es bisher hatten. Sie sind dann im stande, auf der Universität durch die ergänzenden Vorlesungen, die sie dann hören, ihr Wissen weiter zu verbessern und zu vergrößern.

Komme Ich nun auf die Beschäftigung unserer jungen Leute, so ist absolut notwendig, daß wir mit der Anzahl der Stunden heruntergehen. Herr Geheimer Rat Hinzpeter wird sich erinnern, daß zur Zeit, wie Ich auf dem Gymnasium in Kassel war, der erste Notschrei der Eltern und Familien laut wurde, daß es nicht so weiter gehen könne. Es wurden infolgedessen Erhebungen von der Regierung angestellt: wir waren verpflichtet, alle Morgen unserem Direktor Zettel abzugeben mit der Anzahl der häuslichen Stunden, die wir nötig gehabt hatten, um das für den nächsten Tag aufgegebene Pensum zu bewältigen. Es sind bloß die Zahlen aus der Prima speziell, die Ich jetzt hier berühre. Nun, Meine Herren, es kamen bei ganz ehrlichen Angaben, bei Mir konnte sie noch Herr Geheimer Rat Hinzpeter kontrollieren, für jeden einzelnen $5^1/_2$, $6^1/_2$ bis 7 Stunden auf die häuslichen Arbeiten heraus. Das waren die Abiturienten. Rechnen Sie noch dazu die 6 Stunden Schule, 2 Stunden Essen, dann können Sie ausrechnen, was von dem Tag übrig geblieben ist. Wenn Ich nicht Gelegenheit gehabt hätte, hinaus- und hineinzureiten und noch sonst etwas Mich in der Freiheit zu bewegen, dann hätte Ich überhaupt nicht gewußt, wie es in der Welt aussieht. Das sind doch immerhin Leistungen, die man jungen Leuten auf die Dauer nicht aufbürden kann. Nach meinem Erachten muß auch nach unten entschieden nachgeholfen und nachgelassen werden. Meine Herren, es geht nicht, man darf diesen Bogen nicht weiter spannen und nicht so gespannt lassen. Wir müssen hier herunter, wir haben hier die äußerste Grenze bereits überschritten. Die Schulen, Ich will einmal von den Gymnasien sprechen, haben das Übermenschliche geleistet und haben Meiner Ansicht nach eine allzu starke Überproduktion der Gebildeten zu wege gebracht, mehr wie die Nation vertragen kann, und mehr, wie die Leute selbst vertragen können. Da ist das Wort, das vom Fürsten Bismarck herrührt, richtig, das Wort von dem Abiturientenproletariat, welches wir haben. Die sämtlichen sogen. Hungerkandidaten, namentlich die Herren Journalisten, das sind vielfach verkommene Gymnasiasten, das ist eine Gefahr für uns. Dieses Übermaß, das jetzt schon zu viel ist, gleichsam ein Rieselfeld, das nicht mehr aufnehmen kann, muß beseitigt werden. Ich werde daher kein Gymnasium mehr genehmigen, das nicht absolut seine Existenzberechtigung und Notwendigkeit nachweisen kann. Wir haben schon genug.

Nun aber handelt es sich darum: Wie kann man den Wünschen in bezug auf klassische Bildung und in bezug auf Realbildung und in bezug auf die Berechtigung zum Einjährig-Freiwilligendienst am besten beikommen? Ich halte dafür, daß die Sache ganz einfach dadurch zu erledigen ist, daß man mit einem radikalen Schritt die bisherigen Anschauungen zur Klärung bringt, daß man sagt: klassische Gymnasien mit klassischer Bildung, eine zweite Gattung Schulen mit Realbildung, aber keine Realgymnasien. Die Realgymnasien sind eine Halbheit, man erreicht mit ihnen nur Halbheit der Bildung, und das Ganze gibt Halbheit für das Leben nachher.

Sehr berechtigt ist die Klage der Gymnasialdirektoren über den ungeheuren Ballast von Schülern, den sie mitzuschleppen haben, der nie zum Examen kommt und bloß die Berechtigung für den einjährigen Heeresdienst erlangen will. Nun wohl, der Sache ist einfach dadurch abzuhelfen, daß wir ein Examen einschieben, da, wo der Einjährige abgehen will, und außerdem seine Berechtigung davon abhängig machen, daß er, wenn er die Realschule besucht, das Abgangszeugnis für die Realschule nachweist. Dann werden wir es bald erleben, daß der ganze Zug dieser Kandidaten für den einjährigen Heeresdienst von den Gymnasien auf die Realschulen geht; denn wenn sie die Realschule durchgemacht haben, dann haben sie, was sie suchen.

Ich verbinde damit noch einen zweiten Punkt, den Ich vorhin schon erwähnte, das ist dieser: die Verminderung des Lehrstoffes ist nur möglich durch einfachere Gestaltung der Examina. Nehmen wir die grammatikalischen Produktionen ganz aus dem Abiturientenexamen heraus und legen sie ein oder zwei Klassen tiefer, lassen Sie da ein Examen machen, ein technisch-grammatikalisches Examen, dann können Sie die jungen Leute prüfen, so scharf wie Sie wollen, dann können Sie an dieses Examen die Freiwilligenprüfung knüpfen und außerdem für denjenigen, der Offizier werden will, das Fähnrichexamen damit verbinden, so daß er nachher dasselbe nicht mehr zu machen braucht.

Sobald wir die Examina in dieser Beziehung modifizieren und die Gymnasien in dieser Weise erleichtert haben, dann wird das Moment wieder zur Geltung kommen, das in der Schule und speziell in den Gymnasien verloren gegangen ist: die Erziehung, die Charakterbildung. Das können wir jetzt beim besten Willen nicht, wo dreißig Knaben in der Klasse sind und ein solches Pensum zu bewältigen haben, und außerdem oft junge Leute den Unterricht erteilen, deren Charakter noch häufig selber ausgebildet werden muß. Hier möchte Ich das Schlagwort, das Ich von dem Geheimen Rat Hinzpeter gehört habe, anführen: Wer erziehen will, muß selbst erzogen sein. Das kann man von dem Lehrerpersonal jetzt nicht durchweg behaupten. Um die Erziehung zu ermöglichen, müssen die Klassen in bezug auf die Schülerzahl erleichtert werden. Das wird auf dem Wege, den Ich eben beschrieben habe, geschehen. Dann muß davon abgegangen werden, daß der Lehrer nur dazu da ist, täglich Stunden zu geben, und daß, wenn er sein Pensum absolviert hat, seine Arbeit beendigt ist. Wenn die Schule die Jugend so lange dem Elternhause entzieht, wie es geschieht, dann muß sie auch die Erziehung und die Verantwortung für diese übernehmen. Erziehen Sie die Jugend, dann haben wir auch andere Abiturienten! Ferner muß von dem Grundsatz abgegangen werden, daß es nur auf das Wissen ankommt, und nicht auf das Leben; die jungen Leute müssen für das jetzige praktische Leben vorgebildet werden.
Es folgen eine Kritik am »Übermaß der geistigen Arbeit« und Hinweise auf die zunehmenden Sehschäden (Kurzsichtigkeit) bei den Schülern.

[58]

Kabinettsordre Wilhelms II. zur Gleichberechtigung der höheren Schulen (1900)

Auf Veranlassung des Kaisers fand im Jahre 1900 eine erneute Beratung über die Reform des höheren Unterrichtswesens statt. Am 26. November 1900 erließ der Kaiser eine Kabinettsordre an den Kultus- und Unterrichtsminister Studt, in der er die »grundsätzliche Anerkennung der Gleichwertigkeit der drei höheren Lehranstalten« aussprach und damit das Gymnasialmonopol aufhob.

Quelle: Wilhelm II., Kaiserreden, Reden und Erlasse, Briefe und Telegramme Kaiser Wilhelms II., Ein Charakterbild des Deutschen Kaisers, Berlin o. J., S. 299 ff.

Auf den Bericht vom 20. November dieses Jahres erkläre Ich Mich damit einverstanden, daß die von Mir im Jahre 1892 eingeleitete Reform der höheren Schulen nach folgenden Gesichtspunkten weitergeführt wird: 1. Bezüglich der Berechtigungen ist davon auszugehen, daß das Gymnasium, das Realgymnasium und die Oberrealschule in der Beziehung zur allgemeinen Geistesbildung als gleichwertig anzusehen sind und nur insofern eine Ergänzung erforderlich bleibt, als es für manche Studien und Berufszweige noch besonderer Vorkenntnisse bedarf, deren Vermittelung nicht oder doch nicht in demselben Umfang zu den Aufgaben jeder Anstalt gehört. Dementsprechend ist auf die Ausdehnung der Berechtigungen der realistischen Anstalten Bedacht zu nehmen. Damit ist zugleich der beste Weg gewiesen, das Ansehen und den Besuch dieser Anstalten zu fördern und so auf die größere Verallgemeinerung des realistischen Wissens hinzuwirken.

2. Durch die grundsätzliche Anerkennung der Gleichwertigkeit der drei höheren Lehranstalten wird die Möglichkeit geboten, die Eigenart einer jeden kräftiger zu betonen. Mit Rücksicht hierauf will Ich nichts dagegen erinnern, daß im Lehrplan der Gymnasien und Realgymnasien das Lateinische eine entsprechende Verstärkung erfährt. Besonderen Wert aber lege Ich darauf, daß bei der großen Bedeutung, die die Kenntnis des Englischen gewonnen hat, diese Sprache auf den Gymnasien eingehender berücksichtigt wird. Deshalb ist überall neben dem Griechischen englischer Ersatzunterricht bis Untersekunda zu gestatten, und außerdem in den drei oberen Klassen der Gymnasien, wo die örtlichen Verhältnisse dafür sprechen, das Englische an Stelle des Französischen unter Beibehaltung des letzteren als fakultativen Unterrichtsgegenstandes obligatorisch zu machen. Auch erscheint es Mir angezeigt, daß im Lehrplan der Oberrealschulen, der nach der Stundenzahl noch Raum dazu bietet, die Erdkunde eine ausgiebigere Fürsorge findet.

3. In dem Unterrichtsbetrieb sind seit 1892 auf verschiedenen Gebieten unverkennbare Fortschritte gemacht. Es muß aber noch mehr geschehen. Namentlich werden die Direktoren eingedenk der Mahnung: »Multum, non multa« in verstärktem Maße darauf zu achten haben, daß nicht für alle Unterrichtsfächer gleich hohe Arbeitsforderungen gestellt, sondern die wichtigsten unter ihnen nach der Eigenart der verschiedenen Anstalten in den Vordergrund gerückt und vertieft werden. *Es folgen Hinweise auf einzelne Fächer.*

4. Da die Abschlußprüfung den bei ihrer Einführung gehegten Erwartungen nicht entsprochen und namentlich dem übermäßigen Andrang zum Universitätsstudium eher Vorschub geleistet, als Einhalt getan hat, so ist dieselbe baldigst zu beseitigen.

5. Die Einrichtung von Schulen nach den Altonaer und Frankfurter Lehrplänen hat sich für die Orte, wo sie besteht, nach den bisherigen

Erfahrungen im ganzen bewährt. Durch den die Realschulen mit umfassenden gemeinsamen Unterbau bietet sie zugleich einen nicht zu unterschätzenden sozialen Vorteil. Ich wünsche daher, daß der Versuch nicht nur in zweckentsprechender Weise fortgeführt, sondern auch, wo die Voraussetzungen zutreffen, auf breiterer Grundlage erprobt wird. Ich gebe mich der Hoffnung hin, daß die hiernach zu treffenden Maßnahmen, für deren Durchführung ich auf die allezeit bewährte Pflichttreue und verständnisvolle Hingebung der Lehrerschaft rechne, unseren höheren Schulen zum Segen gereichen und in ihrem Theile dazu beitragen werden, die Gegensätze zwischen den Vertretern der humanistischen und realistischen Richtung zu mildern und einem versöhnenden Ausgleiche entgegenzuführen.

[59]

Stellungnahme des preußischen Kultusministers zur Errichtung eines Mädchen-Gymnasiums in Breslau (1898)

Die Behörden der Stadt Breslau planten, Ostern 1898 ein Gymnasium für Mädchen zu errichten, jedoch versagte ihnen der Kultusminister die Genehmigung. Daraufhin kam es zu einer Interpellation im preußischen Abgeordnetenhaus. Am 30. April 1898 beantwortete der Kultusminister die Interpellation.

Quelle: Hannoverscher Volksschulbote, 43. Jg., 1898, S. 184 ff.

Hätte ich den Plan, in *Breslau ein öffentliches Mädchen-Gymnasium* zu errichten, genehmigt, dann hätte das kleine Feuerchen, das die städtischen Behörden in Breslau angezündet haben, wohl zu einer Flamme auflodern können, die auch heilige, große Güter unseres Volkes gefährdet haben würde, aber da ich diese Sache abgelehnt habe, ist dieses Feuer in sich zusammengesunken.
Es folgt der Hinweis, daß es sich um »einen ganz konkreten Einzelfall« handelt und nicht um die Frage, ob in Preußen überhaupt gymnasialer Unterricht an Mädchen erteilt werden darf.
Also, leichtfertig oder allzu leicht habe ich die Sache nicht genommen. Die Verantwortung für die Ablehnung trage ich ganz allein – und ich trage sie sehr gern, weil ich fest überzeugt bin, daß ich durchaus pflichtmäßig gehandelt habe.

Der *Magistrat* führte in der Eingabe aus: Eine größere Anzahl von Mädchen strebe erfahrungsmäßig schon jetzt nach einer höheren wissenschaftlichen Bildung, suche sich die Berechtigung zum Besuch der

Universität durch Privatstudien und durch den Besuch mehr oder weniger fragwürdiger Privatanstalten zu verschaffen; dabei seien diese Mädchen mancherlei Fährlichkeiten und Unzuträglichkeiten ausgesetzt; andere Mädchen, zahlreiche Mädchen würden eben nur durch diese in der Unvollkommenheit der weiblichen Bildungsanstalten begründeten Härten und Gefahren von der sonst erstrebten wissenschaftlichen Bildung abgehalten; diese Mädchen vermehrten dann in beklagenswerter Weise die Zahl der geprüften, aber keine Anstellung im Schuldienst findenden Lehrerinnen, und sehr zahlreich seien die Fälle, daß Mädchen aus guten Familien in späteren Jahren, von der Not gedrängt, sich unter schweren Anstrengungen und Entbehrungen einen Teil derjenigen wissenschaftlichen Bildung zu verschaffen suchten, die sie früher ganz leicht in umfassender Weise sich hätten aneignen können, wenn sie nur Anstalten dafür gehabt hätten. Um dem abzuhelfen, namentlich zur Ermöglichung der Vorbildung für das Universitätsstudium, wolle der Magistrat das Gymnasium errichten, das sich den sogenannten Reformgymnasien in seinem Lehrplan, der natürlich nach gemachten Erfahrungen noch geändert werden könne, anschließen sollte. Vorläufig solle die Klasse III errichtet werden. Der Magistrat verpflichtet sich zum Unterhalt der Anstalt und setzt voraus, daß das volle Recht der Reifeprüfung mit der Berechtigung für das Universitätsstudium vom Minister gewährt werde. Diese Zusage konnte ich selbst beim besten Willen nicht erteilen, denn das greift doch ein in die Bestimmungen über die Vorbildung von Lehrerinnen, denn ein Zugeständnis bedeutete einen nun wieder rückwärts zu machenden Schritt, es bedeutet einen großen Vorstoß in der Frauenfrage, eine Kraftprobe, ob diese Modebewegung genehmigt werden soll. Das konnte ich nicht genehmigen. Solchen Kraftproben kann und darf eine Behörde sich nicht leicht willfährig zeigen. *Wir stehen dem Bedürfnis, für das weibliche Geschlecht eine weitere Erwerbsthätigkeit zu schaffen, nicht ablehnend, sondern freundlich gegenüber, soweit das Bedürfnis es verlangt.* Bis zu dieser Grenze ist das Nötige von uns auch zugestanden. In der Zugehörigkeit zum weiblichen Geschlecht erwächst an sich kein Hindernis, alle Pforten der Wissenschaft zu benutzen. Ich habe die Mädchen als Extranerinnen zum Abiturientenexamen zugelassen, auch die Ehre der Promotion ist ihnen gewährt; erst neulich promovierte ein Mädchen zum Studium der Medizin. Die Mädchen mit nachfolgender Approbation zuzulassen, wenn die persönlichen Eigenschaften derselben es gestatten, ist nicht abgelehnt, ich habe sogar selbst die Initiative bei den Reichsbehörden ergriffen, um das Abiturientenexamen und die Approbation den Damen zu ermöglichen. Dagegen lag eben kein Bedenken vor, auch nicht gegen die Abhaltung von Gymnasialkursen für Damen. Aber das that ich alles nur, wenn es sich um Mädchen handelte, *die reif genug waren zu einer wohlerwogenen Entschlußfassung. Zwölfjährige Mädchen zum Gymnasialunterricht zuzulassen, lehne ich ab,* denn das gäbe sozialen Unterscheidungen einen neuen Impuls. Hier kommt nicht nur wissenschaftlicher Trieb in Frage, sondern vielfach Eitelkeit; man könnte nicht wissen, ob die Mädchen die körperliche und intellektuelle Fähigkeit besitzen.

Neben diesen öffentlichen Mädchen-Gymnasien hätten wir dann ebenfalls als eine Institution die jetzige neunklassige *höhere Mädchenschule,* deren Ziel auf die Vermittelung einer allgemeinen, nicht berufsmäßigen weiblichen Bildung auf sittlich-religiöser Grundlage hinausgeht, Schulen, *die ihre Schülerinnen nicht zu Konkurrentinnen der Männer, sondern zu deren Gehilfinnen, nicht zu Gelehrtinnen, auch nicht zu gelehrten Blaustrümpfen, sondern zu tüchtigen deutschen Hausfrauen machen wollen.* Diese staatlich organisierten höhern Mädchenschulen würden eine Anstalt zweiten Ranges werden. Und wer würde die Kosten tragen? Zahlreiche Kinder, die zu frühzeitig mit einem für sie unnützen Ballast einer gelehrten Bildung belastet werden. Darin liegt aber die Gefahr einer gewaltsamen Störung und Verkümmerung unsrer gesamten jetzigen Mädchenbildung, und in diesem Sinne ist es eine Kulturfrage ersten Ranges, ob man *ohne den Nachweis eines dringenden Bedürfnisses solche Gefahren durch die Zulassung öffentlicher Institutionen und Experimente heraufbeschwören soll.*

Die 24 – nicht 26 – Mädchen, darunter 16 evangelische, 1 katholisches, 7 jüdische, bedeuten kein wirkliches Bedürfnis. In den letzten Jahren meldeten sich zum Abiturientenexamen 8 und 4 Damen, von denen 3 nicht bestanden; aber das bedeutet doch kein Bedürfnis für ein öffentliches Gymnasium. Die Damen hatten sich privatim vorbereitet und wohl erwogen, ob sie geistig und körperlich den Anforderungen genügen. Solche Damen sind Ausnahmen, die meisten Mädchen haben nicht die Kraft und den Willen zum Studium, die große Mehrzahl der Mütter rechnet, daß die Töchter heiraten, und die meisten Mädchen wollen das auch. Die Unterrichtsverwaltung muß doch *mit dieser Regel* rechnen. Also, ein *allgemeines Bedürfnis für gelehrte Mädchenanstalten* wird zwar sehr häufig *behauptet,* aber *bewiesen ist es bisher noch nicht.* Ich weiß sehr wohl, daß es ausgezeichnete, gescheute, treffliche und in edelster Weiblichkeit dastehende Frauen gibt, die dem jetzigen modernen Rufe nach der gelehrten Frauenbildung zustimmen. Aber die Ziehung der logischen Konsequenzen ist die Stärke dieser Damen nicht, wie es überhaupt die *Stärke der Frauen nicht ist, logische Konsequenzen zu ziehen.*

Wollte man durch öffentliche, staatlich organisierte Institutionen die Ausnahme zur Regel machen, so ist die Konsequenz ganz unabweisbar, daß man schließlich die Frauen in allen öffentlichen Berufen und Rechten den Männern, wenigstens annähernd, gleichstellen muß, und das wollen ja auch die Vertreter und Vertreterinnen der extremern Frauenbewegung haben, das sprechen sie offen aus. Ich halte dies Verlangen für *unnatürlich, ja für widernatürlich,* ich halte es für *ungesund* und für undurchführbar, und die *Unterrichtsverwaltung kann unter keinen Umständen die Hand dazu bieten, daß man diese Bahn betritt. Die ganze Idee der Frauenbewegung, wonach die Frauen als Konkurrentinnen der Männer sich nach allen Seiten hin aufspielen, ist falsch.*

Es folgen Bemerkungen über den ungleichen Wettbewerb zwischen Männern und Frauen, über die Konsequenzen des Frauenstudiums für die korporative Verfassung der Universitäten sowie über notwendig werdende Änderungen im Lehrplan des geplanten Gymnasiums.

Der verhältnismäßig geringen Mehrzahl von Mädchen gegenüber, die auf einen dauernden berufsmäßigen Erwerb angewiesen sind, – eine Minderzahl, die in den letzten Jahren sich allerdings leider sehr gesteigert hat, – erkennt auch die Unterrichtsverwaltung ihre Pflicht an, ihnen Gelegenheit zu geben, um sich für einen anständigen Erwerb tüchtig zu machen. Aber diese Pflicht ist doch nur eine Wirkung von Notständen in unsrer bürgerlichen Gesellschaft; sie bleibt doch *Ausnahme,* und sie darf unmöglich zur Regel werden.

Von diesem Gesichtspunkte aus ist die unterrichtliche Bildung unserer Töchter so eingerichtet worden, daß sie nicht zu lange in den Schulen, die der allgemeinen Bildung dienen, zurückgehalten werden. Selbst die höhere Mädchenschule legt ihrem Lehrplan nur eine neunjährige Unterrichtszeit zu Grunde und überläßt es den Mädchen, dann auf der so gewonnenen Grundlage je nach Neigung und Bedürfnis weiter zu lernen, entweder in wahlfreien Kursen oder in Privatstunden oder auch in Kunstschulen, Zeichenschulen, Handelsschulen, Fortbildungsschulen allerlei Art. Aus der Erfahrung dieses Bedürfnisses heraus sind bisher auch die privaten wahlfreien Gymnasialkurse für *reifere* Mädchen errichtet, und es liegt jedenfalls in der Zulassung dieser Kurse und der Ablehnung des öffentlichen Mädchen-Gymnasiums kein innerer Widerspruch.

Die ganze Forderung öffentlicher Mädchen-Gymnasien kommt immer wieder darauf hinaus, eine Berufsvorbildung zu geben. Für die Berufsvorbildung ist die gelehrte Bildung zwar nötig, aber für *die allgemeine religiös-sittliche Bildung hat sich die Bildung, wie wir sie in unseren Mädchenschulen geben, im allgemeinen bewährt,* und diese allgemeine weibliche Bildung sorgt sicherer für den Nachwuchs an tüchtigen Gattinnen, Hausfrauen und Gehilfinnen der Hausfrau, als das berufsmäßige Mädchen-Gymnasium.

Ich resümiere mich dahin: der Plan des Breslauer öffentlichen Mädchen-Gymnasiums gab durch die Anlehnung einerseits an die bestehende höhere Mädchenschule, anderseits an den noch nicht abgeschlossenen Versuch des sogenannten Reform-Gymnasiums zu ernsten technischen, unterrichtlichen und pädagogischen Bedenken Anlaß, und ferner, die Entscheidung über die Errichtung öffentlicher, unter staatlicher Autorität stehender Mädchen-Gymnasien ist so lange nicht spruchreich, als nicht feststeht, in welchem Umfang Mädchen zum Universitätsstudium zugelassen werden sollen und mit welchen Berechtigungen diese Zulassung verknüpft sein soll. Diese Vorfrage ist aber zur Zeit noch nicht gelöst, kann auch ohne schädliche Überstürzung zur Zeit noch nicht gelöst werden.

[60]

Allgemeine Bestimmungen über die Höheren Mädchenschulen und die weiterführenden Bildungsanstalten für die weibliche Jugend (1908)

Die »Allgemeinen Bestimmungen« brachten die Anfangsphase in der Entwicklung des höheren Mädchenschulwesens zu einem gewissen Abschluß. Sie beeinflußten auch die übrigen deutschen Länder, die die in Preußen festgelegten Regelungen weitgehend übernahmen. Mit der Angleichung an das Knabenschulwesen erreichte die höhere Mädchenschule grundsätzlich ihre Gleichberechtigung.

Quelle: Centralblatt für die gesammte Unterrichts-Verwaltung in Preußen, hrsg. in dem Ministerium der geistlichen, Unterrichts- und Medicinal-Angelegenheiten, Jg. 1908, S. 703 ff.

I. Die Höhere Mädchenschule

1. Höhere Mädchenschulen sind diejenigen Schulen, die in bezug auf die Lehrfächer, Stundenzahlen und Lehrpläne den im folgenden ausgeführten Bestimmungen entsprechen, und in denen in der Regel wenigstens die Hälfte der Stunden in den wissenschaftlichen Fächern der Mittel- und Oberstufe von akademisch gebildeten Lehrern und Lehrerinnen erteilt wird.
2. Die Höhere Mädchenschule umfaßt 10 aufsteigende Klassen. Die Klassen X bis VIII (Vorschulklassen) bilden die Unterstufe, die Klassen VII bis V die Mittel-, die Klassen IV bis I die Oberstufe. Die Unterstufe braucht, da sie als Vorschule anzusehen ist, nicht angegliedert zu sein. Abgesehen von der Unterstufe dürfen höchstens je 2 Klassen gemeinsam unterrichtet werden.

3. Mädchenschulen geringerer Gliederung sind, sofern sie nicht nach dem Plan der Mittelschule unterrichten, als »gehobene Mädchenschulen«, »Privat-Mädchenschulen« u. ä. zu bezeichnen.
4. Das Mindestalter beim Eintritt in die Klasse X beträgt in der Regel 6, beim Eintritt in die Klasse VI in der Regel 9 Jahre.
Ziff. 5–9 behandeln den Übergang in höhere Klassen, Klassenfrequenz u. ä. m.

II. Das Lyzeum

10. Der Weiterführung der allgemeinen Frauenbildung dient das Lyzeum. Das Lyzeum soll neben wissenschaftlichen Fächern hauswirtschaftliche sowie praktisch-pädagogische Belehrungen und Übungen bieten, um dem Bildungsbedürfnisse der heranwachsenden Mädchen nach ihrer Wahl und Neigung entgegenzukommen und ihrem inneren Leben einen würdigen Inhalt zu geben, der sie vor Verflachung und Veräußerlichung bewahrt, und um ihnen zugleich Mittel und Wege zu zeigen, wie sie als Frauen den Anforderungen unserer Zeit entsprechen können.
11. Das Lyzeum kann zugleich die Aufgaben eines höheren Lehrerinnenseminars übernehmen. Es umfaßt in diesem Falle 2 Jahrgänge in den Frauenschulklassen, daneben 3 Jahrgänge im wissenschaftlichen Unterricht und 1 praktisches Jahr.

Schülerinnen der drei wissenschaftlichen Fortbildungsklassen, die an den vorgeschriebenen Unterrichtsfächern verbindlich und regelmäßig teilgenommen haben, erlangen in einer Schlußprüfung die Reife für den Eintritt in das praktische Jahr und am Schlusse dieses Jahres in einer praktischen und methodischen Prüfung die Befähigung für das Lehramt an Mittleren und Höheren Mädchenschulen (als nicht akademisch gebildete Lehrerinnen). Diese Lehrbefähigung schließt diejenige für Volksschulen ein.
12. Es ist zulässig, daß nur die Angliederung der Frauenschulklassen des Lyzeums oder zunächst der untersten dieser Klassen an eine Höhere Mädchenschule erfolgt.

Wo die Einrichtung von Frauenschulklassen sich nicht ermöglichen läßt, soll nicht ausgeschlossen sein, daß das höhere Lehrerinnenseminar ohne sie besteht. Die dazu gehörenden wissenschaftlichen Fortbildungsklassen (C 2b) dürfen nur an solche Höhere Mädchenschulen angeschlossen werden, welche in getrennten Jahreskursen unterrichten.
Ziff. 13 betrifft Regeln für den Unterricht
14. Wo die örtlichen Verhältnisse es möglich und wünschenswert erscheinen lassen, wird das Lyzeum außer der Vollausbildung zur Lehrerin auch die Gelegenheit zur Ausbildung als Sprachlehrerin, Haus-

wirtschafts-, Handarbeits- und Turnlehrerin in besonderen Kursen bieten können. Das Lyzeum kann zur Durchführung dieser Aufgabe auch mit andern geeigneten Veranstaltungen in Verbindung treten.

Die gleichzeitige Ausbildung als Wissenschaftliche und Technische Lehrerin ist einer Schülerin jedoch nicht gestattet.

Ziff. 15 u. 16 regelt die Zeugniserteilung.

17. Mit dem Lyzeum muß in der Regel eine Übungsschule für die Lehrübungen der Seminaristinnen und ein Kindergarten für die praktische Einführung aller Schülerinnen in die Kleinkinder-Erziehung verbunden sein. Wo die Verhältnisse es erfordern, ist es gestattet, auch Klassen der Höheren Mädchenschule für den Übungsunterricht zu verwenden.

III. Die Studienanstalt

18. Die Studienanstalt für Mädchen hat die Aufgabe, die Weiterbildung der Mädchen so zu fördern, daß die Schülerinnen in einer Reifeprüfung eine Bildung nachweisen, welche der durch die neunklassigen höheren Schulen für die männliche Jugend vermittelten gleichwertig ist, wenn auch mechanische Übereinstimmung nicht besteht.

Sie gliedert sich in drei Zweige, die den drei bestehenden Arten der höheren Schulen entsprechen. Der Unterricht wird sich, je nach den örtlichen Verhältnissen, meistens auf die eine oder andere Art beschränken. Da aber bei mehreren Fächern für die drei Zweige, besonders für die realgymnasialen und gymnasialen Kurse, die gleiche Stundenzahl angesetzt werden kann, so erscheint es angängig, Kombinationen zuzulassen.

19. Eine Studienanstalt für Mädchen wird in der Regel nur dort genehmigt, wo zunächst für die allgemeine Weiterbildung durch Einrichtung der Frauenschulklassen eines Lyzeums gesorgt ist. Die Studienanstalt ist in der Regel mit der Höheren Mädchenschule unter einer Leitung zu vereinigen.

20. Die Studienanstalt hat in den Oberrealschulkursen 5, in den realgymnasialen und gymnasialen Kursen je 6 Klassen, die als V bis I bezw. VI bis I oder auch als Unter- und Ober-Tertia, Unter- und Ober-Sekunda, Unter- und Ober-Prima bezeichnet werden.

21. Voraussetzung für den Eintritt *[...]*

22. Die Reifeprüfung der Studienanstalt, die in ihren drei Zweigen derjenigen der verschiedenen höheren Lehranstalten für die männliche Jugend entspricht, verleiht die Berechtigungen der Oberrealschule, des Realgymnasiums oder des Gymnasiums, soweit sie für Frauen in Betracht kommen.

Es folgen »IV. Gemeinsame Vorschriften über Schulorganisation, Gleichstellung der Lehrerinnen mit Lehrern bei gleicher Vorbildung etc.«

b) Gesellschaft: Positionen und Forderungen

KONSERVATIV

[61]

DEUTSCHE KONSERVATIVE PARTEI

Gründungsaufruf (1876)

Die Revolution von 1848 führte zu einer organisatorischen Festigung der konservativen Kräfte und damit zur Gründung konservativer Parteien, in denen sich bald zwei Richtungen, eine »altkonservative« und eine »liberal-konservative«, abzeichneten. 1866 trennte sich die Freikonservative Partei von den Altkonservativen. Die Deutsche Konservative Partei war die Nachfolgeorganisation des altkonservativen Flügels und bezog ihre Wählerschaft (Adel, Großgrundbesitz, Heer, Geistlichkeit, Beamtenschaft) wesentlich aus den agrarischen Gebieten des preußischen Ostens. Ihr politisches Übergewicht in Preußen beruhte vor allem auf dem Dreiklassenwahlrecht. Der von v. Helldorf-Breda verfaßte Gründungsaufruf wandte sich an die konservativen Gruppen in ganz Deutschland.

Quelle: W. Mommsen und G. Franz, Die deutschen Parteiprogramme, Heft 2, 1871–1918, 4. Auflage Leipzig und Berlin 1932, S. 3 f.

Wir wenden uns an die konservativen Elemente des Deutschen Reiches mit dem Aufrufe zu vereinter Arbeit für die großen, gemeinsamen Ziele:

1. Wir wollen die für unser Vaterland gewonnene Einheit auf dem Boden der Reichsverfassung in nationalem Sinne stärken und ausbauen. Wir wollen, daß innerhalb dieser Einheit die berechtigte Selbständigkeit und Eigenart der einzelnen Staaten, Provinzen und Stämme gewahrt werde.

2. Wir können nur eine solche Weiterbildung unseres öffentlichen und privaten Rechtes als segensreich anerkennen, welche, auf den realen und geschichtlich gegebenen Grundlagen fußend, den Bedürfnissen der Gegenwart gerecht wird und damit die Stetigkeit unserer gesamten politischen, sozialen und geistigen Entwicklung sichert.

3. Wir legen auf politischem Gebiete entscheidendes Gewicht auf die monarchischen Grundlagen unseres Staatslebens und eine kräftige obrigkeitliche Gewalt. Wir wollen ein volles, gesetzlich gesichertes Maß

bürgerlicher Freiheit für alle und eine wirksame Beteiligung der Nation an der Gesetzgebung. Wir wollen in Provinz, Kreis und Gemeinde eine Selbstverwaltung, gegründet nicht auf das allgemeine Wahlrecht, sondern auf die natürlichen Gruppen und organischen Gliederungen des Volkes.

4. Das religiöse Leben unseres Volkes, die Erhaltung und Wiedererstarkung der christlichen und kirchlichen Einrichtungen, die seine Träger sind – vor allem die konfessionelle, christliche Volksschule erachten wir für die Grundlage jeder gesunden Entwicklung und für die wichtigste Bürgschaft gegen die zunehmende Verwilderung der Massen und die fortschreitende Auflösung aller gesellschaftlichen Bande. Wir betrachten den kirchenpolitischen Streit, der als Kulturkampf vom Liberalismus zum Kampfe gegen das Christentum ausgebeutet wird, als ein Unglück für Reich und Volk und sind bereit, zu dessen Beendigung mitzuwirken. Wir erkennen einerseits dem Staate das Recht zu, kraft seiner Souveränität sein Verhältnis zur Kirche zu ordnen, und werden die Staatsgewalt den entgegenstehenden Ansprüchen der römischen Kurie gegenüber unterstützen. Andererseits wollen wir keinen Gewissenszwang und deshalb kein Übergreifen der staatlichen Gesetzgebung auf das Gebiet des inneren kirchlichen Lebens. In diesem Sinne sind wir zu einer Revision der im Laufe des Kampfes erlassenen Gesetze bereit. In diesem Sinne werden wir auch für das gute Recht der evangelischen Kirche auf selbständige Regelung ihrer inneren Einrichtungen eintreten.

5. Gegenüber der schrankenlosen Freiheit nach liberaler Theorie wollen wir im Erwerbs- und Verkehrsleben eine geordnete wirtschaftliche Freiheit. Wir verlangen von der wirtschaftlichen Gesetzgebung gleichmäßige Berücksichtigung aller Erwerbstätigkeiten und gerechte Würdigung der zur Zeit nicht ausreichend berücksichtigten Interessen von Grundbesitz, Industrie und Handwerk. Wir fordern demgemäß die schrittweise Beseitigung der Bevorzugungen des großen Geldkapitals. Wir fordern die Heilung der schweren Schäden, welche die übertriebene wirtschaftliche Zentralisation und der Mangel fester Ordnungen für Landwirtschaft und Kleingewerbe zur Folge gehabt hat. Insbesondere fordern wir die durch Erfahrung gebotene Revision des Gesetzes über den Unterstützungswohnsitz und der Gewerbeordnung.

6. Wir erachten es für Pflicht, den Ausschreitungen der sozialistischen Irrlehren entgegenzutreten, welche einen wachsenden Teil unseres Volkes in feindseligen Gegensatz zu der gesamten bestehenden Ordnung bringen. Wir sind überzeugt, daß die bloße Entfesselung der individuellen Kräfte zu einer gesunden wirtschaftlichen Entwicklung nicht führen kann, daß der Staat vielmehr die Aufgabe nicht abweisen darf, die redliche Erwerbsarbeit gegen das Überwuchern der Spekula-

tion und des Aktienunwesens zu schützen und durch eine wirksame Fabrikgesetzgebung die sittliche und wirtschaftliche Lage der Lohnarbeiter, sowie das friedliche Zusammenwirken von Arbeitgebern und Arbeitnehmern zu sichern und zu fördern.

Alle, welche diesen Grundsätzen zustimmen und gewillt sind, dieselben, unabhängig nach oben wie nach unten, zu vertreten, fordern wir auf, sich zu einer festgeschlossenen Partei der Deutschen Konservativen zu vereinigen.

[62]

Deutsche Konservative Partei

Revidiertes Programm (1892)

Die Deutsche Konservative Partei bildete im Reichstag zwischen 1887–1890 mit Freikonservativen und Nationalliberalen eine Koalition (»Kartell«), die bei den Neuwahlen von 1887 einen bedeutenden Wahlsieg errang. In den Wahlen von 1890 wurde das Kartell geschlagen. Das revidierte Programm wurde im Blick auf die Wahlen von 1893 abgefaßt.

Quelle: W. Mommsen und G. Franz, Die deutschen Parteiprogramme, Heft 2, 4. Auflage Leipzig und Berlin 1932, S. 47 ff.

Die Deutsche Konservative Partei hält es für geboten, in Anlehnung an die bewährten Grundsätze, welche in ihrem Programm von 1876 ausgesprochen sind, zu den wesentlichen Aufgaben der Gegenwart in nachstehendem Programm Stellung zu nehmen.

1. Wir wollen die Erhaltung und Kräftigung der christlichen Lebensanschauung in Volk und Staat und erachten ihre praktische Betätigung in der Gesetzgebung für die unerläßliche Grundlage jeder gesunden Entwicklung. Staat und Kirche sind von Gott verordnete Einrichtungen; ein Zusammenwirken beider ist die notwendige Vorbedingung zur Gesundung unseres Volkslebens. Wir erkennen einerseits dem Staate das Recht zu, kraft seiner Souveränität sein Verhältnis zur Kirche zu ordnen, andererseits wollen wir keinen Gewissenszwang und deshalb kein Übergreifen der staatlichen Gesetzgebung auf das Gebiet des inneren kirchlichen Lebens. In diesem Sinne werden wir auch für das gute Recht der evangelischen Kirche auf selbständige Regelung ihrer inneren Einrichtungen eintreten. Die konfessionelle christliche Volksschule erachten wir für die Grundlage der Volkserziehung und für die wichtigste Bürgschaft gegen die zunehmende Verwilderung der Massen

und die fortschreitende Auflösung aller gesellschaftlichen Bande. Wir bekämpfen den vielfach sich vordrängenden und zersetzenden jüdischen Einfluß auf unser Volksleben. Wir verlangen für das christliche Volk eine christliche Obrigkeit und christliche Lehrer für christliche Schüler.

2. Wir wollen die für unser Vaterland gewonnene Einheit auf dem Boden der Reichsverfassung in nationalem Sinne stärken und ausbauen. Wir wollen, daß innerhalb dieser Einheit die berechtigte Selbständigkeit und Eigenart der einzelnen Staaten und Stämme gewahrt werde. Wir wollen in Provinz, Kreis und Gemeinde eine Selbstverwaltung erhalten, gegründet nicht auf das allgemeine Wahlrecht, sondern auf die natürlichen Gruppen und organischen Gliederungen des Volkes.

3. Wir wollen die Monarchie von Gottes Gnaden unangetastet erhalten wissen und bekämpfen, bei gesetzlich gesicherter bürgerlicher Freiheit für alle und bei wirksamer Beteiligung der Nation an der Gesetzgebung, jeden Versuch, die Monarchie zugunsten eines parlamentarischen Regimentes zu beschränken.

4. Wir können nur eine solche Weiterbildung unseres öffentlichen und privaten Rechtes als segensreich anerkennen, welche, auf den realen und geschichtlich gegebenen Grundlagen fußend, den Bedürfnissen der Gegenwart gerecht wird und damit die Stetigkeit unserer gesamten politischen, sozialen und geistigen Entwicklung sichert. Wir erwarten, daß das neue Bürgerliche Gesetzbuch von deutsch-nationalem Rechtsbewußtsein getragen werde.

5. Für die gebotene Sparsamkeit bei allen öffentlichen Ausgaben in Reich und Staat treten wir ein zur Erhaltung der wirtschaftlichen Wohlfahrt und der Steuerkraft des Volkes.

6. Wir sehen in der vollen Wehrkraft des deutschen Volkes eine unerläßliche Bedingung für die Machtstellung der Nation und für die Erhaltung des Friedens.

7. Die maßvolle Fortführung einer zielbewußten Kolonialpolitik unter dem Schutze des Reiches werden wir unterstützen.

8. Wir stehen auf dem Boden der Allerhöchsten Botschaft vom 17. November 1881, welche die Grundsätze des praktischen Christentums in der Gesetzgebung zur Geltung bringt. Die auf Grund dieser Botschaft erlassenen Gesetze betreffend die Einrichtung von Krankenkassen, die Versicherung gegen Unfall und die Invaliditäts- und Altersversicherung bedürfen der Vereinfachung. Wie wir für die Besserung der Lage der Arbeiter, unter erheblicher Belastung der Arbeitgeber, eingetreten sind, so halten wir nach wie vor die Stärkung des Mittelstandes in Stadt und Land und die Beseitigung der Bevorzugungen des großen Geldkapitals für die dringendsten Aufgaben der Sozialpolitik. Wir fordern ein wirksames Einschreiten der Staatsgewalt gegen jede ge-

meinschädliche Erwerbstätigkeit und gegen die undeutsche Verletzung von Treu und Glauben im Geschäftsverkehr.

9. Wir erstreben eine Gestaltung des Erb- und Familienrechtes, welche die Erhaltung eines kräftigen Bauernstandes gewährleistet. Die Einführung einer zweckentsprechenden Heimstätten-Gesetzgebung für den kleineren Grundbesitz und die Überführung der auf dem Grundbesitz lastenden Hypothekarverschuldung in zu amortisierende Rentenschuld erachten wir als wünschenswert.

10. Für die Landwirtschaft, welche unter der Ungunst des Weltmarktes, der internationalen Währungsverhältnisse und der inneren wirtschaftlichen Entwicklung leidet, ist der bestehende Zollschutz aufrechtzuerhalten, im weiteren aber ein ausreichender Zollschutz für die Zukunft anzubahnen; auch ist für die Umgestaltung der Gesetzgebung, betreffend den Unterstützungswohnsitz im Sinne ausgleichender Gerechtigkeit, Sorge zu tragen.

11. Für die Industrie ist der durch die Konkurrenz des Auslandes bedingte Zollschutz aufrechtzuerhalten, und, wo nötig, zu verstärken.

12. Für das Handwerk erscheint vornehmlich die Einführung des Befähigungsnachweises, die Stärkung der Innungen und Innungsverbände, die Begründung und Förderung genossenschaftlicher Vereinigungen geboten. Redlicher Handel und Gewerbebetrieb ist zu schützen durch Beschränkung und Beaufsichtigung des Hausierhandels und der Abzahlungsgeschäfte, sowie durch die Beseitigung der Wanderlager und der Wanderauktionen.

13. Die Börsengeschäfte sind durch eine Börsenordnung wirksamer staatlicher Aufsicht zu unterstellen; insbesondere ist dem Mißbrauch des Zeitgeschäftes als Spielgeschäft, namentlich in den für die Volksernährung wichtigen Artikeln, entgegenzutreten.

14. Diejenigen Anhänger der Sozialdemokratie und des Anarchismus, deren vaterlandslose und auf den Umsturz gerichtete Bestrebungen weite Kreise unseres Volkes gefährden, sind als Feinde der staatlichen Ordnung zu bekämpfen.

15. Einer gewissenlosen Presse, welche durch ihre Erzeugnisse Staat, Kirche und Gesellschaft untergräbt, ist nachdrücklich entgegenzutreten.

Hochhaltung von Christentum, Monarchie und Vaterland, Schutz und Förderung jeder redlichen Arbeit, Wahrung berechtigter Autorität, das sind die obersten Grundsätze, welche die Deutsche Konservative Partei auf ihre Fahne geschrieben hat.

LIBERAL

[63]

F. H. Schulze-Delitzsch

Die vernünftigen Anforderungen an den Staat vom Standpunkt der Arbeiterfrage (1863)

Hermann Schulze-Delitzsch, 1808–1883, Patrimonialrichter, 1848 Mitglied der preußischen Nationalversammlung (linkes Zentrum), Abschied aus dem Staatsdienst. 1861 Wahl in das preußische Abgeordnetenhaus als führendes Mitglied der Deutschen Fortschrittspartei. Mitglied des Reichstages, wo er den sozialpolitischen Flügel der Liberalen vertrat. Neben Raiffeisen Gründer des deutschen Genossenschaftswesens, Mitarbeit in der Gesellschaft für Verbreitung von Volksbildung. Auseinandersetzung mit Lassalle, dem Gründer der sozialdemokratischen Arbeiterpartei. Die sechs Vorträge, die er vor dem Berliner Arbeiterverein hielt, gehören in den Zusammenhang dieser Auseinandersetzung.

Quelle: F. H. Schulze-Delitzsch, Capitel zu einem deutschen Arbeiterkatechismus. Sechs Vorträge vor dem Berliner Arbeiterverein, Leipzig 1863, S. 96 ff.

Und hier kommen wir von selbst auf den Punkt, der den Abschluß unserer heutigen Besprechung bildet. Wir haben die Staatshülfe und Staatseinmischung in die Existenzfrage abgelehnt, und die Einzelnen deshalb auf den Gebrauch der eigenen Kraft verwiesen. Deshalb ist es am Orte, uns klar zu machen, was wir vernünftiger Weise vom Staate zur Förderung dieser Aufgabe zu erwarten haben, wie wir uns den Staat wohl wünschen und denken müssen von dem Standpunkte der Arbeiterinteressen aus. Das, was wir für den Einzelnen, behufs Durchführung der Selbstsorge für seinen Erwerb, in politischer Hinsicht forderten, Sie erinnern sich, meine Herrn, war die *Freiheit* im Gebrauch seiner Kräfte. Aber eben weil wir diese Freiheit nicht für *Einen*, sondern für *Alle*, als ein allgemeines Recht forderten, ergab sich auch ihre Schranke, der *natürliche Rechtskreis* eines Jeden: seine Kräfte nach freiem Ermessen und zu selbstgewählten Zwecken zu brauchen, dabei aber in die gleiche Befugniß der Andern nicht störend einzugreifen, vielmehr ihren Rechtskreis ebenso zu respectiren, als man es für den seinigen verlangt. Kein Mensch darf sich gebaren, als sei er allein auf der Welt, er kann ohne die Andern nicht existiren und muß sich mit ihnen vertragen. Erst die *allgemeine Sicherheit* ist die realisirte Freiheit Aller, derjenige Zustand, wo Jeder den freien Gebrauch seines Willens und seiner Kraft hat, ohne störende Eingriffe Anderer fürchten zu müssen, natürlich in der Voraussetzung, sich auch seinerseits keine solchen gegen Dritte zu erlauben. Und hier stehen wir vor dem Hauptzwecke des Staats, der die *Gesellschaft*, den menschlichen Verkehr, nicht etwa erst macht, sondern aus den Bedürfnissen derselben hervorgeht, und uns die nothwendigen äußerlichen Vorbedingungen für den Erfolg unserer humanen und wirthschaftlichen Ziele und Strebungen gewährt: *Rechtsschutz, Sicherheit, Frieden.* Gewiß ist der Staat, mit seiner öffentlichen Macht, gleichsam als die Executivgewalt der Gesellschaft, zur Lösung der socialen Aufgaben, besonders auch der Existenzfrage, unentbehrlich, weil ohne die genannten Vorbedingungen auch den tüchtigsten Bestrebungen die Garantie des Erfolgs fehlt. Aber die Lösung der Aufgabe ist mit dieser bloßen äußeren Möglichkeit nicht gegeben, vielmehr kommt es dabei auf andere Kräfte, auf die Privatthätigkeit der Einzelnen an für ihre Interessen, darauf: *ob und wie jene Möglichkeit benutzt wird.* So werthvoll also für uns die bürgerliche, die politische Freiheit ist, so wenig ich glaube, daß ohne dieselbe die Hebung des Arbeiterstandes jemals durchgeführt werden kann – gemacht ist die Sache damit noch nicht! Führen wir nicht alle wirthschaftlichen Mächte für uns in den Kampf, bilden wir nicht die gewerbliche Tüchtigkeit in uns selbst aus, *benutzen wir die Freiheit nicht,* so wird sie allein uns zu Nichts helfen. Die wirthschaftliche Besserung der vorhandenen Zustände verlangt wirthschaftliche Mittel, und das *allgemeine Wahlrecht* macht nicht satt. Ja, es wird an der rechten und fruchtbaren politischen Betheiligung der Arbeiter selbst so lange fehlen, als nicht Wohlstand und Bildung ein bescheidenes Maß unter ihnen erreicht haben, und die Sorge um die tägliche Nothdurft ihre ganze Zeit und Kraft in Anspruch nimmt.

Was also, meine Herrn, möchten die Arbeiter im Allgemeinen für Forderungen an die Staatsverfassung von ihrem Standpunkte etwa zu machen haben?

Zunächst verlangen wir da, wir sagten es schon, die *Gleichheit vor dem Gesetze.* Kein Einzelner, keine Classe der Gesellschaft darf vor der andern begünstigt, mit Vorrechten und Privilegien ausgestattet werden, welche die übrigen, insbesondere die weniger Bemittelten hindern, sich emporzuarbeiten, etwas vor sich zu bringen, welche den Fähigen und Gescheidten von der ihm gebührenden Stellung ausschließen, und Rang, Geburt und zufällige Glücksgüter an die Stelle des Talents und Verdienstes setzen. Das ist die erste Forderung, und hier mag das *allgemeine gleiche Wahlrecht* füglich als Folge dieser Forderung mit aufgestellt werden. Dann, meine Herren, verlangen wir weiter *eine möglichst gleichmäßige, gerechte und möglichst wenig drückende Vertheilung der Staatslasten.* Ganz besonders der Arbeiter, dessen Erwerb nicht zu den glänzendsten gehört, der das Seine am meisten zu Rathe halten muß, ist sehr interessirt dabei, daß die Staatsfinanzen gut geordnet, zusammengehalten und nicht zu unnützen, zu unproductiven Zwecken verwendet werden, damit man ihm nicht mehr, als sich gebührt, von seinem sauren Verdienste durch lästige Steuern abnehme. Damit im genauesten Zusammenhange steht die *möglichste Schonung der wirthschaftlichen, der Arbeitskräfte der Nation.* Niemand von Ihnen wird verkennen, daß wir Alle nicht nur mit Geldmitteln, zur Uebertragung der unumgänglichen Staatslasten, nein, auch mit Leib und Gliedern dem Staate zu dienen verpflichtet sind, ja mit unserm Leben einstehen müssen, wenn es die Vertheidigung des Vaterlandes, die Aufrechterhaltung des Friedens gilt. Niemand, am wenigsten der kräftige Arbeiter, wird diese Pflicht bestreiten, vielmehr wird er es für eine Ehre halten, als Vertheidiger des Vaterlandes seine Schuldigkeit zu thun. Aber das mag er billig verlangen, daß diese Verpflichtung auf das rechte Maß beschränkt werde, daß man ihm nicht zumuthe, von seinen wirthschaftlichen Kräften, von seiner Zeit, von seiner Freiheit, die er so nöthig für seine Existenz braucht, mehr dem Staat zu opfern, als wirklich zur Erreichung jenes Zweckes durchaus nöthig ist. Endlich, wenn, außer diesen rein politischen Dingen, der Staat noch manches Andere von allgemeinem Interesse in den Bereich seiner Thätigkeit zieht, namentlich das Schulwesen, so schließen wir noch als eine Hauptforderung hier an: die *Hebung der Volksschule,* als der Hauptpflanzstätte der Bildung für den Arbeiter, ohne welche die nachhaltige *Hebung des Standes* selbst niemals mit Erfolg angestrebt werden wird.

Fassen wir die Sache von der Kehrseite und sprechen aus, was wir im Staate *nicht* wollen, so würde sich das Programm in seinen Hauptzügen kurz dahin stellen: Wir wollen erstlich keinen *büreaukratischen Staat,* der die Staatsmittel übermäßig in Anspruch nimmt für ein unnützes Beamtenheer, das in der Vielregiererei und Hemmung der freien Bewegung der Bürger Beruf und Geltung sucht. Weiter wollen wir keinen *Staat der Bevorrechteten,* keinen *Stände-Staat,* der eine oder mehrere Classen von Bürgern durch Standes- und andere Privilegien vor den andern bevorzugt, weil dies der Rechtsgleichheit widerstrebt, die wir für Alle, auch für den Geringsten unter uns in Anspruch nehmen. Wir wollen keinerlei Privilegien, so wenig einen bevorzugten Geburtsadel, wie einen bevorzugten Stand unter den Arbeitern selbst, der, gleich den *Zünftlern,* auf Kosten der Uebrigen gewisse Vorrechte für sich ausschließlich in Anspruch nimmt. Denn wer einmal für sich dergleichen prätendirt, der kann sich auch den Anmaßungen von anderer Seite her nicht widersetzen, und so sehen wir bei uns gegenwärtig die *Zünftler* und unsre *Junker* schönstens Hand in Hand gehn, in einer Art *heiliger Allianz,* die gerade ebensosehr den Zeitforderungen in das

Gesicht schlägt, als jene vielberufene andre, womit man die geschichtliche Bewegung in unserm Welttheile zum Stillstand zu bringen meinte. – Ferner wollen wir keinen *Militärstaat,* in dem das Soldatenhalten aus dem Mittel zur Vertheidigung des Vaterlandes zum eigentlichen Staatszweck wird. Denn wo die Soldaten nicht mehr um des Staates willen, sondern der Staat um der Soldaten willen da ist, da werden Geld, Zeit und Kraft der Bürger in unglaublichem Maße verschleudert, und das Endresultat, das man obenein mit dem finanziellen Ruin erkauft, ist der Verlust der bürgerlichen Freiheit. – Endlich aber wollen wir keinen *absoluten Staat,* sondern einen *Verfassungs-Staat,* wo wir, wo sämmtliche Bürger bei der Gesetzgebung und Besteuerung und allen wichtigen Einrichtungen ihr Vollwort dazu zu geben haben, wo nicht ein Einziger nach Willkür unbeschränkt gebietet. Denn nur durch unsre Mitwirkung in Ordnung aller dieser wichtigen Verhältnisse erhalten wir die nöthige Garantie, daß unsere Bedürfnisse gehörig dabei berücksichtigt, unsere Interessen gehörig gewahrt werden, und dies ist doch am Ende letzter Zweck des Staats. *»Die Völker sind ihrer selbst willen da, nicht um für Sonderinteressen und Gelüste irgend welcher Art ausgebeutet zu werden«,* dies der unumstößliche Satz, den in unserer vorgeschrittenen Zeit zu verleugnen nur der helle Blödsinn oder die raffinirteste Heuchelei vermöchten.

Dies in flüchtigen Umrissen, was Sie, als Arbeiter, etwa vom Staat zu fordern haben möchten. Und, meine Herren, erwägen Sie einmal näher: es ist nichts Anderes, als was alle übrigen Classen der Gesellschaft, Alle, die sich nicht blind ausscheiden aus dem Leben der Zeit – was die ganze große liberale Partei in *Preußen,* in *Deutschland,* ja in *Europa* auch will und verlangt, so gut wie Sie. Da ist kein Unterschied, kein Zwiespalt. Ihr Interesse, das Interesse der Arbeiter, ist das Interesse der gesammten Gesellschaft, und in *Deutschland* fast mehr, als anderswo, weil die Erhaltung und Kräftigung eines tüchtigen Mittel- und Arbeiterstandes, in dem wir von jeher einen Hauptträger der Gesittung und Cultur unseres Volkes erblicken, geradezu als eine nationale Aufgabe erscheint. Und, meine Herren, ich wüßte nichts Köstlicheres, Nichts was Ihnen mehr die freudige Gewißheit des Gelingens Ihrer Bestrebungen zu geben vermöchte! Erhalten Sie sich diese allgemeinen Sympathien, die gute Meinung aller vernünftigen Menschen, aller wahren Vaterlandsfreunde für Ihre Sache, indem Sie fortfahren, dieselbe ebenso besonnen und energisch, wie bisher, zu führen. Treue Hände sind Ihnen geboten, und ich möchte die Macht sehen, die Sie auf dem betretenen Wege mit dieser Bundesgenossenschaft von Erreichung des ersehnten Zieles abzuhalten vermöchte.

Und jetzt, meine Herren, schließe ich, indem ich vor unsern verehrten Gästen aus Ihrer Seele, ja, ich glaube nicht zu viel zu sagen, *aus der Seele aller deutschen Arbeiter*, eine Ueberzeugung ausspreche, wie sie sich in uns befestigt hat als Resultat unserer bisherigen Unterhaltung. Meine Herren, die *deutschen Arbeiter* hier und allerwärts, wo sich das rechte Leben unter ihnen regt, sie weisen die Anmuthung der Staatsgarantie, überhaupt eine Existenz durch andere als durch ihre eigene Kraft, als ihrer nicht würdig von sich zurück. Sie nehmen die volle *Verantwortlichkeit* dafür in Anspruch, weil sie wissen, daß nur darin die Möglichkeit der *Freiheit* für sie liegt. Wer die Freiheit im gewerblichen und bürgerlichen Leben verlangt, der muß die bürgerliche und wirthschaftliche Verantwortlichkeit auf sich nehmen. Nur in der Uebernahme der *Pflicht* liegt die Garantie des *Rechts*, und, meine Herren, auf die Freiheit sind Sie nicht geneigt zu verzichten, denn Sie verzichteten auf Ihr bestes Theil, auf die Möglichkeit jeder Entwickelung.

Es folgt eine nochmalige Hervorhebung der Freiheit als des Fundaments aller menschlichen Erfüllung.

[64]

Das Gründungsprogramm der Deutschen Fortschrittspartei (1861)

Der Verfassungsstreit in Preußen führte 1861 zum Zusammenschluß verschiedener liberaler und demokratischer Fraktionen im preußischen Abgeordnetenhaus, die sich den Namen Deutsche Fortschrittspartei gaben. Diese hatte bis zu ihrer Spaltung 1866 (wegen des Indemnitätsgesetzes) im preußischen Abgeordnetenhaus eine ausschlaggebende Stellung. Nachdem ein Teil ihrer Abgeordneten ausgetreten war und die Nationalliberale Partei gegründet hatte, verlor die Deutsche Fortschrittspartei an parlamentarischem Einfluß und ging 1884 in der Deutschfreisinnigen Partei auf.

Quelle: Die deutschen Parteiprogramme, begründet von Felix Salomon, hrsg. v. W. Mommsen und G. Franz, Heft 1, Vierte Auflage, Leipzig u. Berlin 1932, S. 115 ff.

Im November dieses Jahres endigt die Legislaturperiode des gegenwärtigen Abgeordnetenhauses. Noch im Laufe des Jahres wird daher das ganze Volk zu einer Neuwahl seiner Abgeordneten berufen werden. Der drängende Ernst der Zeiten, die unsichere Lage der äußeren Verhältnisse unseres Vaterlandes, die inneren Schwierigkeiten, denen das gegenwärtige Abgeordnetenhaus sich nicht gewachsen zeigte, verpflichten wie noch nie zuvor jeden wahlberechtigten Preußen zu einer eifrigen und furchtlosen Betätigung seiner politischen Überzeugung in Ausübung seines Wahlrechtes. Um dieser Pflicht zu genügen und den Mitbürgern, welche derselben Überzeugung mit uns sind, einen festen Mittelpunkt bei den bevorstehenden Wahlen zu geben, sprechen wir schon jetzt die politischen Grundsätze, die uns bei denselben leiten, in nachstehendem Wahlprogramm aus:

Wir sind einig in der Treue für den König und in der festen Überzeugung, daß die Verfassung das unlösbare Band ist, welches Fürst und Volk zusammenhält.

Bei den großen und tiefgreifenden Umwälzungen in dem Staatensysteme Europas haben wir aber nicht minder die klare Einsicht gewonnen, daß die Existenz und die Größe Preußens abhängt von einer festen Einigung Deutschlands, die ohne eine starke Zentralgewalt in den Händen Preußens und ohne gemeinsame deutsche Volksvertretung nicht gedacht werden kann.

Für unsere inneren Einrichtungen verlangen wir eine feste liberale Regierung, welche ihre Stärke in der Achtung der verfassungsmäßigen Rechte der Bürger sieht, es versteht, ihren Grundsätzen in allen Schichten der Beamtenwelt unnachsichtlich Geltung zu verschaffen, und uns auf diesem Wege die Achtung der übrigen deutschen Stämme erringt und erhält.

In der Gesetzgebung scheint uns die strenge und konsequente Verwirklichung des verfassungsmäßigen Rechtsstaats eine erste und unbedingte Notwendigkeit.

Wir verlangen daher insbesondere Schutz des Rechtes durch wirkliche unabhängige Richter und diesen Schutz für jedermann gleich zugänglich, demnach Beseitigung des Anklagemonopols einer abhängigen Staatsanwaltschaft, Aufhebung des Gesetzes vom 8. April 1847 über das Verfahren bei Kompetenzkonflikten, Aufhebung des Gesetzes vom 15. Februar 1854, betreffend die Konflikte bei gerichtlichen Verfolgungen wegen Amts- und Diensthandlungen, überhaupt wirkliche Verantwortlichkeit der Beamten, endlich Wiederherstellung der Kompetenz der Geschworenen für politische und Preßvergehen.

Wir verlangen dann weiter endlichen Erlaß des in Art. 61 der Verfassung in Aussicht gestellten Gesetzes über Verantwortlichkeit der Minister.

Nicht minder notwendig erscheint uns zu Preußens Ehre und zum Ausbau der Verfassung die Herstellung einer auf den Grundsätzen der Gleichberechtigung und der Selbstverwaltung gestützten Gemeinde-, Kreis- und Provinzialverfassung unter Aufhebung des ständischen Prinzipes und der gutsherrlichen Polizei.

Die in Art. 12 der Verfassung gewährleistete Gleichberechtigung aller Religionsgenossenschaften muß mit Nachdruck gewahrt werden.

Die Hebung des Unterrichtswesens in der Volksschule, sowie in den Realschulen und den Gymnasien kann nur durch den endlichen Erlaß des Unterrichtsgesetzes nach Beseitigung der ministeriellen verfassungswidrigen Regulative und Normalvorschriften erfolgen. In diesem Unterrichtsgesetze, sowie bei der dringenden Ehegesetzgebung muß, bei letzterer durch die Annahme der obligatorischen Zivilehe, die Trennung des Staates von der Kirche festgehalten und vervollständigt werden.

Die unerwartet großen Lasten, die in der vergangenen Legislaturperiode dem Lande auferlegt sind, fordern unbedingt, daß die wirtschaftlichen Kräfte des Landes gleichzeitig entfesselt werden, somit, daß eine Revision der Gewerbegesetzgebung, wie sie bereits vom gegenwärtigen Abgeordnetenhause in seinen Resolutionen niedergelegt ist, ins Leben trete.

Für die Ehre und die Machtstellung unseres Vaterlandes, wenn diese Güter durch einen Krieg gewahrt oder erlangt werden müssen, wird uns niemals ein Opfer zu groß sein; im Interesse einer nachhaltigen Kriegsführung aber erscheint uns die größte Sparsamkeit für den Militäretat im Frieden geboten. Wir hegen die Überzeugung, daß die Aufrechterhaltung der Landwehr, die allgemein einzuführende körperliche Ausbildung der Jugend, die erhöhte Aushebung der waffenfähigen Mannschaft, bei zweijähriger Dienstzeit für die vollständige Kriegstüchtigkeit des preußischen Volkes in Waffen Bürgschaft leistet.

Die Erreichung dieser Ziele wird aber, das muß auch dem blödesten Auge nach der Geschichte der drei letzten Jahre unbedingt klar sein, ein frommer Wunsch bleiben, solange nicht auf verfassungsmäßigem Wege eine durchgreifende Reform des gegenwärtigen Herrenhauses erfolgt ist. Diese muß daher als der Anfang aller Reformen vor allem mit Energie angestrebt werden.

Wir fordern nun alle Gleichgesinnten auf, Männer zu wählen, die diese Grundsätze, die Grundsätze der deutschen Fortschrittspartei, tief im Herzen tragen, Männer, deren Charakter und äußere Lebensstellung dafür bürgt, daß sie diese Grundsätze offen und von Rücksichten jeder Art unbeirrt im Abgeordnetenhause bekennen.

Wir halten es endlich für die Pflicht eines jeden Gleichgesinnten, den seine Mitbürger zum Abgeordneten wählen wollen, mit Hintansetzung allen eigenen Interesses dem Vertrauen seiner Mitbürger durch Annahme des Mandats zu entsprechen.

Im verfassungsmäßigen Staate werden Ziele nur durch ebenso furchtlose als konsequente und zähe Ausübung verfassungsmäßiger Rechte erreicht.

Mögen daher alsbald im ganzen Lande unsere gleichgesinnten Mitbürger, fernerliegende Meinungsunterschiede vergessend, von der verfassungsmäßigen Freiheit des Vereinsrechtes zum Zwecke der Wahlen –

§ 21 des Gesetzes vom 11. März 1850 – durch Bildung von Lokalwahlvereinen oder Komitees Gebrauch machen.

[65]

Berliner Erklärung der Nationalliberalen Partei (1896)

Die am 28. 2. 1867 gegründete Nationalliberale Partei entstand aus der Spaltung der Fortschrittspartei, deren rechten Flügel sie darstellte. Sie wurde zur Partei des gebildeten und besitzenden Bürgertums, vielfach auch des städtischen und ländlichen Mittelstandes. 1871–81 war sie die stärkste Partei im Reichstag und unterstützte Bismarck während des Kulturkampfes. Aufgrund verschiedener Spaltungen (Sezessionisten 1880) verlor sie an Einfluß, blieb aber zusammen mit den Konservativen und dem Bund der Landwirte (1893 bis 1920) für die parteipolitische Situation bestimmend. Nach 1918 ging der linke Flügel zur Deutschen Demokratischen Partei, der rechte zur Deutschen Volkspartei.

Quelle: W. Mommsen und G. Franz, Die deutschen Parteiprogramme, Heft 2, 1871–1918, 4. Auflage Leipzig und Berlin 1932, S. 52 ff.

1. Der nationalliberale Delegiertentag hält es unter den gegenwärtigen politischen Verhältnissen für besonders notwendig, die alten Grundsätze zu betonen: das Vaterland über der Partei; das allgemeine Wohl über allen Sonderinteressen; Unabhängigkeit nach rechts und links wie gegenüber der Regierung; volle Wahrung der konstitutionellen Rechte; Bekämpfung jedes Rückschritts und beharrliches Streben nach stetiger Fortentwicklung aller Einrichtungen des öffentlichen Lebens; entschlossene Vertretung alles dessen, was die Macht und Sicherheit des Reiches und der Schutz des Deutschtums gegen Übergriffe und Anmaßungen, sei es von welcher Seite immer, fordert; kräftiges Eintreten für alle berechtigten Wünsche und Beschwerden des Volkes. Die Nationalliberale Partei bewahrt auf wirtschaftlichem Gebiete ihren Charakter als Mittelpartei. Die nachdrückliche Förderung der Interessen der Landwirtschaft wie des gewerblichen Mittelstandes wird sie sich auch fernerhin angelegen sein lassen. Sie muß jedoch Forderungen zurückweisen, welche in einseitiger Berücksichtigung der Interessen eines Berufsstandes andere für den Staat gleich wichtige Berufsstände empfindlich zu schädigen oder die Grundlagen unserer Volkswirtschaft umzustoßen geeignet sind. Derartigen Bestrebungen entgegenzutreten, erachtet die Nationalliberale Partei für ihre Pflicht, aber ebenso für die Pflicht jeder das Staatswohl allein zur Norm nehmenden Regierung.

2. Die Nationalliberale Partei ist nach Maßgabe der Beschlüsse des Frankfurter Delegiertentages von 1894 energisch für die Gesetzgebung im Interesse des gewerblichen Mittelstandes eingetreten, namentlich soweit es geboten war, den unlauteren Wettbewerb, wie die Auswüchse des Hausierhandels zu bekämpfen und den Gewerbebetrieb der Konsumvereine einzuschränken. Ihre bisher noch nicht erfüllten Forderungen dieser Art wird die Partei dauernd verfolgen. Sie steht auf dem Boden der Gewerbefreiheit und bekämpft die allgemeine Einführung des obligatorischen Befähigungsnachweises, weil er den Handwerker auf ein engbegrenztes Erwerbsfeld beschränkt und dadurch seine Widerstandskraft gegen die Großindustrie lähmt. Sie erstrebt eine geordnete, vom Geiste der Selbstverwaltung getragene Organisation des Handwerks in Handwerkerkammern, verwirft aber die Zwangsinnungen des Preußischen Gesetzentwurfs, insbesondere weil dieselben den Keim des Befähigungsnachweises in sich tragen und des Rechtes der freien Innungen zu gemeinsamen geschäftlichen Einrichtungen entbehren sollen.

3. Die Nationalliberale Partei hält an der in Frankfurt zum Ausdruck gebrachten Überzeugung fest, daß sowohl im Interesse des Reichs als der Einzelstaaten eine feste gesetzliche Grenze für das finanzielle Verhältnis zwischen denselben gefunden werden muß. Auch die auf die Dauer unhaltbare Beschränkung in der Forderung von Kulturaufgaben, besonders in den Einzelstaaten, läßt die Wiederholung dieses Verlangens notwendig erscheinen.

4. Die Nationalliberale Partei tritt für eine durchgreifende Reform der Arbeiterversicherungsgesetze, namentlich im Sinne der Vereinfachung derselben, sowie für eine maßvolle, den praktischen Verhältnissen des Wirtschaftslebens und der ausländischen Konkurrenz genügend Rechnung tragende Weiterführung der sozialen Gesetzgebung ein. Die Nationalliberale Partei strebt nach wie vor ein Reichsvereinsgesetz auf liberaler Grundlage an. Sie ist damit einverstanden, daß zunächst durch partikulare Gesetzgebung wenigstens das Verbot beseitigt wird, welches die politischen Vereine an der Verbindung miteinander hindert. Jedem Versuch einer reaktionären Gestaltung der Vereinsgesetzgebung, wie einer Einschränkung des Koalitionsrechts, wird sie entgegentreten.

5. Die Nationalliberale Partei bekämpft alle Übergriffe des Ultramontanismus, der neuerdings unter dem Vorwande der »Paritätsbestrebungen« eine Besetzung der Staats- und Reichsämter nach konfessionellen Gesichtspunkten erstrebt; sie bekämpft ferner alle Zugeständnisse der Regierungen an denselben im Wege der Gesetzgebung und Verwaltung. Auf dem Gebiete der Volksschulgesetzgebung in Preußen tritt sie für konfessionellen Religionsunterricht ein, unter Beibehaltung der Simultanschule, da, wo sich diese geschichtlich entwickelt oder sich

naturnotwendig aus dem Charakter einer gemischten Bevölkerung als zweckmäßigste Form der Volksschule ergibt. Die verfassungsmäßig gewährleistete Mitwirkung der Religionsgesellschaften am Religionsunterrichte ist in der Weise zu regeln, daß der Staat Herr in der Schule bleibt und jede Abhängigkeit des Lehrerstandes von der Geistlichkeit ausgeschlossen wird. Der Erlaß eines Lehrerbesoldungsgesetzes ist sofort und vor Einbringung eines allgemeinen Unterrichtsgesetzes möglich und notwendig. Die Nationalliberale Partei wird bestrebt sein, dafür zu sorgen, daß alle Richtungen innerhalb der evangelischen Kirche vom Staate als gleichberechtigt anerkannt und behandelt werden. Insbesondere wird sie es sich angelegen sein lassen, die Lehrfreiheit der evangelisch-theologischen Fakultäten mit allen ihr zu Gebote stehenden Kräften zu schützen.

6. Die Nationalliberale Partei erkennt die besonders schwierige Lage, in der sich die Landwirtschaft in weiten Kreisen unseres deutschen Vaterlandes durch das Sinken der Preise fast aller ihrer Produkte befindet, vollauf an. Im Hinblick auf die hohe Bedeutung, welche der Landwirtschaft im Wirtschaftsleben unseres Volkes, wie im Interesse eines gesunden Staats- und Gemeindelebens zukommt, erachtet es die Partei für eine ihrer obersten Pflichten, auf die Überwindung der Notlage hinzuarbeiten. Sie ist deshalb für die Erhaltung und Förderung der großen landwirtschaftlichen Nebengewerbe, der Brennerei und der Zuckerfabrikation, sowie für alle zweckentsprechenden Vorschläge energisch eingetreten, die dem Landwirt die Möglichkeit bieten, billiger zu produzieren und vorteilhafter seine Erzeugnisse zu verwerten. Namentlich ist darauf hinzuwirken, daß durch den Ausbau der Eisenbahnen und Binnenwasserstraßen und durch Ermäßigung der Eisenbahntarife die Transportfrage so gelöst wird, daß dadurch die Konkurrenzfähigkeit unserer heimischen Erzeugnisse gefördert wird. An den Forderungen, die in den Frankfurter Resolutionen von 1894 aufgestellt sind, hält die Partei ferner durchaus fest und erachtet es für Pflicht der Reichs- und Landesregierungen, die ihnen zu Gebote stehenden Mittel mit größtem Nachdruck zu benutzen, um eine Linderung der Not baldigst herbeizuführen. Auch auf die gesetzliche Verhinderung der mißbräuchlichen Weinbehandlung, welche den Weinbau und den Weinhandel schädigt, wird die Partei ernstlich Bedacht nehmen.

7. Die Nationalliberale Partei tritt ein für die Aufrechterhaltung der bewährten Reichsgoldwährung.

8. Die hochgesteigerten Ansprüche an die wirtschaftliche Leistungsfähigkeit aller Erwerbskreise machen eine Ausrüstung der wirtschaftlichen Kräfte in Landwirtschaft, Gewerbe und Handel mit einer tüchtigen Fachbildung zur dringenden Notwendigkeit. Dem landwirtschaftlichen,

gewerblichen und kaufmännischen Fortbildungsschulwesen muß deshalb nicht nur seitens der betreffenden Berufskreise, sondern auch von der Gesamtheit und dem Staate eine größere Aufmerksamkeit als seither zugewendet werden. Insbesondere muß der Staat größere Mittel für die Hebung des Fortbildungsschulwesens in Deutschland aufwenden und die Ausbildung geeigneter und ausreichender Lehrkräfte in die Hand nehmen.

9. Die Nationalliberale Partei wird die Regierung auf dem eingeschlagenen Wege einer kräftigen und zielbewußten Handhabung der Kolonialpolitik unterstützen.

[66]

Fortschrittliche Volkspartei. Einigungsprogramm (1910)

Die Fortschrittliche Volkspartei entstand 1910 durch Zusammenschluß der drei linksliberalen Gruppen Freisinnige Volkspartei, Freisinnige Vereinigung und Deutsche Volkspartei. Zu ihren Führern gehörte Friedrich Naumann, dessen sozial- und kulturpolitische Vorstellungen im Einigungsprogramm zum Ausdruck kommen. Nach 1918 ging sie in der Deutschen Demokratischen Partei auf.

Quelle: W. Mommsen und G. Franz, Die deutschen Parteiprogramme, Heft 2, 4. Auflage, Leipzig und Berlin 1932, S. 77 ff.

Die drei Parteien: Freisinnige Volkspartei, Freisinnige Vereinigung und Deutsche Volkspartei haben sich zu einer einheitlichen Partei unter dem Namen Fortschrittliche Volkspartei zusammengeschlossen. Die Partei tritt ein für Schutz und Stärkung des Reiches und die Aufrechterhaltung seiner bundesstaatlichen Grundlagen. Die Partei fordert die gleichberechtigte Mitwirkung aller Staatsbürger in Gesetzgebung, Verwaltung und Rechtsprechung zur Förderung des politischen und sozialen Fortschritts, zur Hebung der Wohlfahrt und Volksbildung, sie bekämpft alle Sonderbestrebungen, die dem Gemeinwohl zuwiderlaufen, und erstrebt den friedlichen Ausgleich der sozialen Gegensätze in einer die Freiheit des einzelnen verbürgenden Gesellschaftsordnung. Die Partei verpflichtet ihre Mitglieder zu tatkräftiger Mitarbeit auf allen Gebieten des öffentlichen Lebens und erwartet von diesem gemeinsamen und planmäßigen Wirken den Ausbau der politischen Freiheit und die für die Gesamtheit unentbehrliche Steigerung des berechtigten Einflusses des deutschen Bürgertums.

Auf dieser Grundlage erhebt die Partei vor allem folgende Forderungen:

I. Volle Gleichberechtigung aller Staatsbürger vor dem Gesetz, in der Rechtsprechung und in der Verwaltung. Besetzung aller Stellen im Zivil- und Militärdienst nur auf Grund persönlicher Tüchtigkeit. Sicherung der staatsbürgerlichen Rechte der Beamten und Lehrer. Allgemeines, gleiches, direktes und geheimes Wahlrecht für die Volksvertretungen des Reiches und der Einzelstaaten. Berücksichtigung der Minderheiten. Sicherung der Wahlfreiheit durch Gesetz und Verwaltungsmaßnahmen. Reform des Kommunalwahlrechts unter Beseitigung der Klassenwahlen und der öffentlichen Stimmabgabe. Gerechte Einteilung der Wahlkreise in Reich und Staat. Erhebung der Reichslande zu einem selbständigen Bundesstaat. Freiheitlicher Ausbau der Reichsverfassung in konstitutionellem Sinne. Verantwortliches kollegiales Reichsministerium. Festigung und Ausnutzung der Rechte der Volksvertretung, Stärkung ihrer Initiativrechte. Freiheitliche Ausgestaltung und Handhabung des Vereins-, Versammlungs- und Preßrechts. Schutz und Ausdehnung der Selbstverwaltung. Vereinfachung des Verwaltungsapparates in Reich, Staat und Gemeinde. Reichsgesetzliche Reform des Fremden- und Auslieferungsrechts.

II. Volle Gewissens- und Religionsfreiheit, Freiheit der Wissenschaft, ihrer Forschung und Lehre, Förderung der Kunst, Schutz des künstlerischen Schaffens gegen polizeiliche und kirchliche Bevormundung. Gleichberechtigung aller religiösen Bekenntnisse und Religionsgesellschaften. Beseitigung der vom Staate den Kirchen gewährten Vorrechte. Anerkennung der staatlichen Oberhoheit. Keine Einmischung der Kirchen in staatliche Angelegenheiten. Unabhängigkeit des Unterrichts von der Kirche, Beseitigung der geistlichen Schulaufsicht. Allgemeine Volksschule ohne konfessionelle Trennung. Gesetzliche Regelung des Volksschulwesens. Unentgeltlichkeit des Volksschulunterrichts. Zeitgemäße Entwicklung aller Lehranstalten unter Beseitigung veralteter Formen und Einrichtungen. Förderung des staatsbürgerlichen Unterrichts. Verbesserung der körperlichen Ausbildung der Jugend zum Besten der Volksgesundheit und der Wehrfähigkeit.

Es folgen Angaben zu Wehrpflicht, Rechtsprechung, Steuern.

VI. Zusammenwirken von Gesetzgebung, Verwaltung und Selbsthilfe zur Hebung der wirtschaftlichen und sozialen Lage der Lohnarbeiter und Angestellten. Rechtsgleichheit für Arbeitgeber und Arbeitnehmer. Unparteilichkeit der öffentlichen Gewalt bei wirtschaftlichen Streitigkeiten. Sicherstellung und Ausdehnung des Koalitionsrechts, reichsgesetzliche Regelung der Rechtsverhältnisse der in Haus- und Landwirtschaft beschäftigten Personen. Anerkennung der rechtlichen Stellung der Berufsvereine durch Reichsgesetz. Ausbau des Arbeiterschutzes, vor allem zugunsten der Frauen und Kinder, sowie für die Hausindustrie. Unterstützung der Gewerbeaufsicht durch Hilfskräfte aus den Reihen der Arbeiter und Arbeiterinnen. Förderung der Tarifverträge. Einsetzung paritätischer Einigungsämter und Arbeitsnachweise. Unabhängigkeit der Arbeitnehmer außerhalb des Arbeitsvertrags. Vereinfachung und Verbesserung der Reichsversicherungsgesetzgebung unter Wahrung der Selbstverwaltung. Ausdehnung der sozialen Fürsorge auf die Privatangestellten. Sicherung der Freizügigkeit der Arbeiter und Angestellten. Maßnahmen zur Sicherung gegen unverschuldete Arbeitslosigkeit. Förderung der Gesundheitspflege, vor allem durch Beseitigung der Mißstände im Wohnungswesen. Gestaltung der öffentlichen Betriebe zu sozialen Musteranstalten. Förderung internationaler Vereinbarungen zum Schutze der Arbeitnehmer und des heimischen Wirtschaftslebens.

VII. Gleichberechtigung aller Erwerbsstände in Gesetzgebung und Verwaltung. Hebung der Fachausbildung für Handwerk und Landwirtschaft durch Fortbildungs- und Fachschulen. Planmäßige Nutzbarmachung der technischen Fortschritte und Hilfsmittel für Handwerk und Landwirtschaft. Pflege des gewerblichen und landwirtschaftlichen Genossenschaftswesens, insbesondere zur Erleichterung des gewerblichen und bäuerlichen Kredits. Aufrechterhaltung der Gewerbefreiheit, Pflege des Kunstgewerbes. Beseitigung der durch die Gefängnisarbeit und die Militärwerkstätten dem freien Gewerbe entstehenden Schäden. Hebung des wirtschaftlichen Verkehrs durch Tarif- und Handelsverträge mit dem Ausland und durch Ausbau des Bahnverkehrs und der Wasserstraßen. Einheitlichkeit in der Verwaltung der deutschen Eisenbahnen. Tarifreformen zur Erleichterung des Verkehrs. Bekämpfung des unlauteren Wettbewerbs und der Borgwirtschaft, sowie der schädlichen Auswüchse der Kartelle und des Submissionswesens. Stärkung der Produktionskraft der Landwirtschaft, vor allem durch Vermehrung des kleineren und mittleren Besitzes, durch Beseitigung der Familienfideikommisse und durch Einschränkung des Besitzes der Toten Hand, sowie durch innere Kolonisation und Melioration. Schaffung leistungsfähiger Gemeinde- und Kommunalverbände unter Beseitigung der kommunalen und staatlichen Privilegien des Großgrundbesitzes.

VIII. Erweiterung der Rechte der Frauen und ihres Erwerbsgebietes, Erleichterung der Frauenbildung und Reformen im staatlichen Berechtigungswesen. Aktives und passives Wahlrecht der Frauen für die Kaufmanns- und Gewerbegerichte, Gleichberechtigung in den Einrichtungen der Reichsversicherungsgesetzgebung. Verstärkte Mitwirkung der Frauen auf dem Gebiet der sozialen Fürsorge und des Bildungswesens. Heranziehung der Frauen zur Kommunalverwaltung.

IX. Förderung der Bestrebungen auf Annäherung der Völker zu gemeinsamer Kulturarbeit und zur gleichmäßigen Erleichterung der Rüstungslast. Ausbau des Völkerrechts und der internationalen Schiedsgerichtseinrichtungen zum friedlichen Ausgleich entstehender Streitigkeiten.

SOZIALISTISCH-KOMMUNISTISCH

[67]

KARL MARX

Über Grundlagen des Sozialismus. Vorwort »Zur Kritik der Politischen Ökonomie« (1859)

Das Vorwort »Zur Kritik der Politischen Ökonomie« zählt zu den prägnantesten und kürzesten Darstellungen der Grundgedanken des Marxismus. Es wird ergänzt durch einen Text aus »Das Kapital«, in dem Marx die Notwendigkeit der polytechnischen Bildung aus der gesellschaftlich-politischen und ökonomischen Entwicklung ableitet.

Quelle: Karl Marx, Werke, Schriften, Briefe, Band VI, hrsg. v. Hans-Joachim Lieber und Benedikt Kautsky, Darmstadt 1964, S. 838 ff.

Die erste Arbeit, unternommen zur Lösung der Zweifel, die mich bestürmten, war eine kritische Revision der Hegelschen Rechtsphilosophie, eine Arbeit, wovon die Einleitung in den 1844 in Paris herausgegebenen »Deutsch-Französischen Jahrbüchern« erschien. Meine Untersuchung mündete in dem Ergebnis, daß Rechtsverhältnisse wie Staatsformen weder aus sich selbst zu begreifen sind noch aus der sogenannten allgemeinen Entwicklung des menschlichen Geistes, sondern vielmehr in den materiellen Lebensverhältnissen wurzeln, deren Gesamtheit Hegel, nach dem Vorgang der Engländer und Franzosen des 18. Jahrhunderts, unter dem Namen »bürgerliche Gesellschaft« zusammenfaßt, daß aber die Anatomie der bürgerlichen Gesellschaft in der politischen Ökonomie zu suchen sei. Die Erforschung der letzteren, die ich in Paris begann, setzte ich fort zu Brüssel, wohin ich infolge eines Ausweisungsbefehls des Herrn Guizot übergewandert war. Das allgemeine Resultat, das sich mir ergab und, einmal gewonnen, meinen Studien zum Leitfaden diente, kann kurz so formuliert werden: In der gesellschaftlichen Produktion ihres Lebens gehen die Menschen bestimmte, notwendige, von ihrem Willen unabhängige Verhältnisse ein, Produktionsverhältnisse, die einer bestimmten Entwicklungsstufe ihrer materiellen Produktivkräfte entsprechen. Die Gesamtheit dieser Produktionsverhältnisse bildet die ökonomische Struktur der Gesellschaft, die reale Basis, worauf sich ein juristischer und politischer Überbau erhebt, und welcher bestimmte gesellschaftliche Bewußtseinsformen entsprechen. Die Produktionsweise des materiellen Lebens bedingt den sozialen, politischen und geistigen Lebensprozeß überhaupt. Es ist nicht das Bewußtsein der Menschen, das ihr Sein, sondern umgekehrt ihr gesellschaftliches Sein, das ihr Bewußtsein bestimmt. Auf einer gewissen Stufe ihrer Entwicklung geraten die materiellen Produktivkräfte der Gesellschaft in Widerspruch mit den vorhandenen Produktionsverhältnissen oder, was nur ein juristischer Ausdruck dafür ist, mit den Eigentumsverhältnissen, innerhalb deren sie sich bisher bewegt hatten. Aus Entwicklungsformen der Produktivkräfte schlagen diese Verhältnisse in Fesseln derselben um. Es tritt dann eine Epoche sozialer Revolution ein. Mit der Veränderung der ökonomischen Grundlage wälzt sich der ganze ungeheure Überbau langsamer oder rascher um. In der Betrachtung solcher Umwälzungen muß man stets unterscheiden zwischen der materiellen naturwissenschaftlich treu zu konstatierenden Umwälzung in den ökonomischen Produktionsbedingungen und den juristischen, politischen, religiösen, künstlerischen oder philosophischen, kurz, ideologischen Formen, worin sich die Menschen dieses Konflikts bewußt werden und ihn ausfechten. Sowenig man das, was ein Individuum ist, nach dem beurteilt, was es sich selbst dünkt, ebensowenig kann man eine solche Umwälzungsepoche aus ihrem Bewußtsein beurteilen, sondern muß vielmehr dies Bewußtsein aus den Widersprüchen des materiellen Lebens, aus dem vorhandenen Konflikt zwischen gesellschaftlichen Produktivkräften und Produktionsverhältnissen erklären. Eine Gesellschaftsformation geht nie unter, bevor alle Produktivkräfte entwickelt sind, für die sie weit genug ist, und neue höhere Produktionsverhältnisse treten nie an die Stelle, bevor die materiellen Existenzbedingungen derselben im Schoße der alten Gesellschaft selbst ausgebrütet worden sind. Daher stellt sich die Menschheit immer nur Aufgaben, die sie lösen kann, denn genauer betrachtet wird sie stets finden, daß die Aufgabe selbst nur entspringt, wo die materiellen Bedingungen ihrer Lösung schon vorhanden oder wenigstens im Prozeß ihres Werdens begriffen sind. In großen Umrissen können asiatische, antike, feudale und modern bürgerliche Produktionsweisen als progressive Epochen der ökonomischen Gesellschaftsformation bezeichnet werden. Die bürgerlichen Produktionsverhältnisse sind die letzte antagonistische Form des gesellschaftlichen Produktionsprozesses, antagonistisch nicht im Sinne von individuellem Antagonismus, sondern eines aus den gesellschaftlichen Lebensbedingungen der Individuen hervorwachsenden Antagonismus, aber die im Schoße der bürgerlichen Gesellschaft sich entwickelnden Produktivkräfte schaffen zugleich die materiellen Bedingungen zur Lösung dieses Antagonismus. Mit dieser Gesellschaftsformation schließt daher die Vorgeschichte der menschlichen Gesellschaft ab.

Folgen Hinweise auf die Zusammenarbeit mit F. Engels und über gemeinsame Publikationen und deren Aufgabe.

[68]

KARL MARX

Über große Industrie und polytechnische Bildung (1867)

Quelle: Karl Marx, Das Kapital, Band 1, 4. Abschnitt, Berlin-Ost 1960, S. 511 ff.

Was von der *manufakturmäßigen Teilung der Arbeit* im Innern der Werkstatt, gilt von der *Teilung der Arbeit im Innern der Gesellschaft*. Solange Handwerk und Manufaktur die allgemeine Grundlage der gesellschaftlichen Produktion bilden, ist die Subsumtion des Produzenten unter einen ausschließlichen Produktionszweig, die Zerreißung der ursprünglichen Mannigfaltigkeit seiner Beschäftigung[1], ein notwendiges Entwicklungsmoment. Auf jener Grundlage findet jeder besondere Produktionszweig empirisch die ihm entsprechende technische Gestalt, vervollkommnet sie langsam und kristallisiert sie rasch, sobald ein gewisser Reifegrad erlangt ist. Was hier und da Wechsel hervorruft, ist außer neuem Arbeitsstoff, den der Handel liefert, die allmähliche Änderung des Arbeitsinstrumentes. Die erfahrungsmäßig entsprechende Form einmal gewonnen, verknöchert auch es, wie sein oft jahrtausende-

[1] »In einigen Teilen von Hochschottland ... erschienen viele Schafhirten und cotters mit Frau und Kind, nach dem *Statistical Account* in Schuhen, die sie selbst gemacht, aus Leder, das sie selbst gegerbt, in Kleidern, die keine Hand außer ihrer eigenen angetastet, deren Material sie selbst von den Schafen geschoren oder wofür sie den Flachs selbst gebaut hatten. In die Zubereitung der Kleider ging kaum irgendein gekaufter Artikel ein, mit Ausnahme von Pfriemen, Nadel, Fingerhut und sehr wenigen Teilen des im Weben angewandten Eisenwerks. Die Farben wurden von den Weibern selbst von Bäumen, Gesträuchen und Kräutern gewonnen usw.« (*Dugald Stewart*, »Works«, Ausgabe Hamilton, Bd. VIII, S. 327 bis 28).

langer Übergang aus der Hand einer Generation in die der anderen beweist. Es ist charakteristisch, daß bis ins 18. Jahrhundert hinein die besonderen Gewerke *mysteries* (mystères[1]) hießen, in deren Dunkel nur der empirisch und professionell Eingeweihte eindringen konnte. Die große Industrie zerriß den Schleier, der den Menschen ihren eigenen gesellschaftlichen Produktionsprozeß versteckte und die verschiedenen naturwüchsig besonderten Produktionszweige gegeneinander und sogar dem in jedem Zweig Eingeweihten zu Rätseln machte. Ihr Prinzip, jeden Produktionsprozeß, an und für sich und zunächst ohne alle Rücksicht auf die menschliche Hand, in seine konstituierenden Elemente aufzulösen, schuf die ganz moderne Wirtschaft der Technologie. Die buntscheckigen, scheinbar zusammenhangslosen und verknöcherten Gestalten des gesellschaftlichen Produktionsprozesses lösten sich auf in bewußt planmäßige und je nach dem bezweckten Nutzeffekt systematisch besonderte Anwendungen der Naturwissenschaft. Die Technologie entdeckte ebenso die *wenigen großen Grundformen der Bewegung*, worin alles produktive Tun des menschlichen Körpers, trotz aller Mannigfaltigkeit der angewandten Instrumente, notwendig vorgeht, ganz so wie die Mechanik durch die größte Komplikation der Maschinerie sich über die beständige Wiederholung der einfachen mechanischen Potenzen nicht täuschen läßt. Die moderne Industrie betrachtet und behandelt die vorhandene Form eines Produktionsprozesses nie als definitiv. Ihre technische Basis ist daher revolutionär, während die aller früheren Produktionsweisen wesentlich konservativ war[2]. Durch Maschinerie, chemische Prozesse und andere Methoden wälzt sie beständig mit der tech-

[1] In dem berühmten »Livre des metiers« des *Etienne Boileau* wird unter anderem vorgeschrieben, daß ein Geselle bei seiner Aufnahme unter die Meister einen Eid leiste, »seine Brüder brüderlich zu lieben, sie zu stützen, jeder in seinem metier [Beruf] *nicht freiwillig die Gewerksgeheimnisse zu verraten*, und sogar im Interesse der Gesamtheit nicht zur Empfehlung seiner eigenen Ware den Käufer auf die Fehler des Machwerks von anderen aufmerksam zu machen«.

[2] »Die Bourgeoisie kann nicht existieren, ohne die Produktionsinstrumente, also die Produktionsverhältnisse, also sämtliche gesellschaftlichen Verhältnisse fortwährend zu revolutionieren. Unveränderte Beibehaltung der alten Produktionsweise war dagegen die erste Existenzbedingung aller früheren industriellen Klassen. Die fortwährende Umwälzung der Produktion, die ununterbrochene Erschütterung aller gesellschaftlichen Zustände, die ewige Unsicherheit und Bewegung zeichnen die Bourgeoisepoche vor allen früheren aus. Alle festen, eingerosteten Verhältnisse mit ihrem Gefolge von altehrwürdigen Vorstellungen und Anschauungen werden aufgelöst, alle neugebildeten veralten, ehe sie verknöchern können. Alles Ständische und Stehende verdampft, alles Heilige wird entweiht, und die Menschen sind endlich gezwungen, ihre Lebensstellung, ihre gegenseitigen Beziehungen mit nüchternen Augen anzusehen.« (*Friedrich Engels/Karl Marx*, »Manifest der Kommunistischen Partei«, London 1848, S. 5).

nischen Grundlage der Produktion die Funktionen der Arbeiter und die gesellschaftlichen Kombinationen des Arbeitsprozesses um. Sie revolutioniert damit ebenso beständig die Teilung der Arbeit im Innern der Gesellschaft und schleudert unaufhörlich Kapitalmassen und Arbeitermassen aus einem Produktionszweig in den anderen. Die Natur der großen Industrie bedingt daher *Wechsel der Arbeit*, Fluß der Funktion, allseitige Beweglichkeit des Arbeiters. Andererseits reproduziert sie *in ihrer kapitalistischen Form* die alte Teilung der Arbeit mit ihren knöchernen Partikularitäten. Man hat gesehen, wie *dieser absolute Widerspruch* alle Ruhe, Festigkeit, Sicherheit der Lebenslage des Arbeiters aufhebt, ihm mit dem Arbeitsmittel beständig das Lebensmittel aus der Hand zu schlagen[1] und mit seiner Teilfunktion ihn selbst überflüssig zu machen droht; wie dieser Widerspruch im ununterbrochenen Opferfest der Arbeiterklasse, maßlosester Vergeudung der Arbeitskräfte und den Verheerungen gesellschaftlicher Anarchie sich austobt. Dies ist die negative Seite. Wenn aber der Wechsel der Arbeit sich jetzt nur als überwältigendes Naturgesetz und mit der blind zerstörenden Wirkung eines Naturgesetzes durchsetzt, das überall auf Hindernisse stößt[2], macht die große Industrie durch ihre Katastrophen selbst es zur Frage von Leben oder Tod, den Wechsel der Arbeiten und daher möglichste Vielseitigkeit der Arbeiter als allgemeines gesellschaftliches Produktionsgesetz anzuerkennen und seiner normalen Verwirklichung die Verhältnisse anzupassen. Sie macht es zu einer Frage von Leben oder Tod, die Ungeheuerlichkeit einer elenden, für das wechselnde Exploitationsbedürfnis des Kapitals in Reserve gehaltenen, disponiblen Arbeiterbevölkerung zu ersetzen durch die absolute Disponibilität des Menschen für wechselnde Arbeitserfordernisse; das Teilindividuum, den bloßen Träger einer gesellschaftlichen Detailfunktion, durch das total entwickelte Individuum, für welches verschiedene gesellschaftliche Funktionen einander ablösende Betätigungsweisen sind. Ein auf Grundlage der großen Industrie naturwüchsig entwickeltes Moment dieses Umwälzungsprozesses sind polytechnische und agronomische Schulen, ein an-

[1] Ihr nehmt mein Leben,
Wenn ihr die Mittel nehmt, wodurch ich lebe *(Shakespeare)*.

[2] Ein französischer Arbeiter schreibt bei seiner Rückkehr von San Franzisko: »Ich hätte nie geglaubt, daß ich fähig wäre, alle die Gewerbe auszuüben, die ich in Kalifornien betrieben habe. Ich war fest überzeugt, daß ich außer zur Buchdruckerei zu nichts gut sei ... Einmal in der Mitte dieser Welt von Abenteurern, welche ihr Handwerk leichter wechseln als ihr Hemde, meiner Treu! ich tat wie die anderen. Da das Geschäft der Minenarbeit sich nicht einträglich genug auswies, verließ ich es und zog in die Stadt, wo ich der Reihe nach Typograph, Dachdecker, Bleigießer usw. wurde. Infolge dieser Erfahrung, zu allen Arbeiten tauglich zu sein, fühle ich mich weniger als Molluske und mehr als Mensch.« (*A. Corbon*, »De l'enseignement professionnel«, 2. Ausgabe [Paris 1860], S. 50).

deres sind die *»écoles d'enseignement professionnel«*, worin die Kinder der Arbeiter einigen Unterricht in der Technologie und praktischen Handhabe der verschiedenen Produktionsinstrumente erhalten. Wenn die Fabrikgesetzgebung als erste, dem Kapital notdürftig abgerungene Konzession nur Elementarunterricht mit fabrikmäßiger Arbeit verbindet, unterliegt es keinem Zweifel, daß die unvermeidliche Eroberung der politischen Gewalt durch die Arbeiterklasse auch dem technologischen Unterricht, theoretisch und praktisch, seinen Platz in den Arbeiterschulen erobern wird. Es unterliegt ebenso wenig einem Zweifel, daß die *kapitalistische* Form der Produktion und die ihr entsprechenden ökonomischen Arbeiterverhältnisse im diametralsten Widerspruch stehen mit solchen Umwälzungsfermenten und ihrem Ziel, *der Aufhebung der alten Teilung der Arbeit.* Die Entwicklung der Widersprüche einer geschichtlichen Produktionsform ist jedoch der einzig geschichtliche Weg ihrer Auflösung und Neugestaltung. »Ne sutor ultra crepidam«! Dieses nec plus ultra handwerksmäßiger Weisheit, wurde zur furchtbaren Narrheit von dem Moment, wo der Uhrmacher Watt die Dampfmaschine, der Barbier Arkwright den Kettenstuhl, der Juwelierarbeiter Fulton das Dampfschiff erfunden hatten[1].

Soweit die Fabrikgesetzgebung die Arbeit in Fabriken, Manufakturen usw. reguliert, erscheint dies zunächst nur als Einmischung in die Exploitationsrechte des Kapitals. Jede Regulation der sog. *Hausarbeit*[2] stellt sich dagegen sofort als direkter Eingriff in die *patria potestas* dar, d. h. modern interpretiert, in die *elterliche Autorität*, ein Schritt, wovor das zartfühlende englische Parlament lange zurückzubeben affektierte. Die Gewalt der Tatsachen zwang jedoch, endlich anzuerkennen, daß die große Industrie mit der ökonomischen Grund-

[1] *John Bellers,* ein wahres Phänomen in der Geschichte der politischen Ökonomie, begriff schon Ende des 17. Jahrhunderts mit vollster Klarheit die notwendige Aufhebung der jetzigen Erziehung und Arbeitsteilung, welche Hypertrophie und Atrophie auf beiden Extremen der Gesellschaft, wenn auch in entgegengesetzter Richtung, erzeugen. Er sagt u. a. schön: »Ein müßiges Lernen ist nur wenig besser als das Lernen von Müßiggang ... *Körperliche Arbeit,* das ist eine ursprüngliche Einrichtung Gottes ... Arbeit ist so notwendig für die Gesundheit des Körpers, wie Essen für sein Leben; denn die Schmerzen, welche man sich durch Müßiggang erspart, wird man durch Krankheit bekommen ... Arbeit gießt Öl auf die Lampe des Lebens, Denken aber entzündet sie ... Eine kindisch *dumme* Beschäftigung (dies ahnungsvoll gegen die Basedows und ihre modernen Nachstümper) läßt den Geist der Kinder dumm.« (»Proposals for raising a Colledge of Industry of all useful Trades and Husbandry«, London 1696, S. 12, 14, 18).

[2] Diese geht übrigens großenteils auch in *kleineren Werkstätten* vor, wie wir gesehen bei der Spitzenmanufaktur und Strohflechterei, und wie namentlich auch an den Metallmanufakturen in Sheffield, Birmingham usw. ausführlicher gezeigt werden könnte.

lage des alten Familienwesens und der ihr entsprechenden Familienarbeit auch die alten Familienverhältnisse selbst auflöst. *Das Recht der Kinder* mußte proklamiert werden.

[69]

FERDINAND LASSALLE

Der Vierte Stand und der Zweck des Staates (1863)

Ferdinand Lassalle, 1825–1864, Gründer der sozialdemokratischen Bewegung in Deutschland. Zunächst radikaler Demokrat, Mitarbeit an der von K. Marx herausgegebenen »Neuen Rheinischen Zeitung«, 1849 Verurteilung wegen Widersetzlichkeit gegen die Staatsgewalt. In den 50er Jahren Wissenschaftliche Studien, Kritik an der Deutschen Fortschrittspartei und am Liberalismus. Seit 1860 engerer Kontakt mit den deutschen Arbeitervereinen. 1863 Gründung des »Allgemeinen Deutschen Arbeitervereins« in Leipzig, dessen Programm von Lassalle entworfen wurde. Marx distanzierte sich von dieser ersten, grundsätzlich auf gesetzlichem Boden stehenden Parteibildung der sozialdemokratischen Bewegung in Deutschland. Der »Allgemeine Deutsche Arbeiterverein« ging 1875 in der »Sozialistischen Arbeiterpartei Deutschlands« auf.

Quelle: F. Lassalle, Arbeiterprogramm. Über den besonderen Zusammenhang der gegenwärtigen Geschichtsperiode mit der Idee des Arbeiterstandes, Zürich 1863, S. 38 ff.

Der vierte Stand hat nicht nur ein anderes formelles, politisches Princip als die Bourgeoisie, nehmlich das allgemeine directe Wahlrecht an Stelle des Census der Bourgeoisie, er hat ferner nicht nur durch seine Lebensstellung ein anderes Verhältniß zu den sittlichen Potenzen als die höheren Stände, sondern er hat auch – zum Theil in Folge hiervon – eine ganz andere, ganz verschiedene Auffassung von dem sittlichen *Zweck des Staates* als die Bourgeoisie.

Die sittliche Idee der Bourgeoisie ist diese, daß ausschließend nichts anderes, als die ungehinderte Selbstbethätigung seiner Kräfte jedem Einzelnen zu garantiren sei.

Wären wir alle gleich stark, gleich gescheut, gleich gebildet und gleich reich, so würde diese Idee als eine ausreichende und sittliche angesehen werden können.

Da wir dies aber *nicht sind* und nicht sein *können,* so ist dieser Gedanke nicht ausreichend, und führt deshalb in seinen Consequenzen nothwendig zu einer tiefen Unsittlichkeit. Denn er führt dazu, daß der Stärkere, Gescheidtere, Reichere den Schwächeren ausbeutet und in seine Tasche steckt.

Die sittliche Idee des Arbeiterstandes dagegen ist die, daß die ungehinderte und freie Bethätigung der individuellen Kräfte durch das Individuum noch nicht *ausreiche*, sondern daß zu ihr in einem sittlich geordneten Gemeinwesen *noch hinzutreten müsse: die Solidarität* der Interessen, die *Gemeinsamkeit und die Gegenseitigkeit in der Entwikkelung*.

Entsprechend diesem Unterschiede, faßt die Bourgeoisie den sittlichen Staatszweck so auf: er bestehe ausschließend und allein darin, die persönliche Freiheit des Einzelnen und sein Eigenthum zu schützen.

Dies ist eine Nachtwächteridee, meine Herren, eine Nachtwächteridee deshalb, weil sie sich den Staat selbst nur unter dem Bilde eines Nachtwächters denken kann, dessen ganze Function darin besteht, Raub und Einbruch zu verhüten. Leider ist diese Nachtwächteridee nicht nur bei den eigentlichen Liberalen zu Haus, sondern selbst bei vielen angeblichen Demokraten, in Folge mangelnder Gedankenbildung, oft genug anzutreffen. Wollte die Bourgeoisie consequent ihr letztes Wort aussprechen, so müßte sie gestehen, daß nach diesen ihren Gedanken, wenn es keine Räuber und Diebe gebe, der Staat überhaupt ganz überflüssig sei.*

Ganz anders, meine Herren, faßt der vierte Stand den Staatszweck auf, und zwar faßt er ihn so auf, wie er in Wahrheit beschaffen ist.

Die Geschichte, meine Herren, ist ein Kampf mit der Natur; mit dem Elende, der Unwissenheit, der Armuth, der Machtlosigkeit und somit der Unfreiheit aller Art, in der wir uns befanden, als das Menschengeschlecht im Anfang der Geschichte auftrat. Die fortschreitende *Besiegung* dieser Machtlosigkeit – das ist die Entwickelung der Freiheit, welche die Geschichte darstellt.

In diesem Kampfe würden wir niemals einen Schritt vorwärts ge-

* Diese Staatsidee, welche den Staat eigentlich ganz aufhebt und ihn in die bloße bürgerliche Gesellschaft der egoistischen Interessen umwandelt, ist die Staatsidee des *Liberalismus* und von ihm historisch producirt worden. Sie bildet bei der Macht, die sie nothwendig erlangt hat und die im directen Verhältniß mit ihrer Oberflächlichkeit steht, die wahrhafte Gefahr geistiger und sittlicher Versumpfung, die wahrhafte Gefahr einer »modernen Barbarei«, welche heute besteht. In Deutschland kämpft ihr zum Glück mächtig entgegen die antike Bildung, welche nun einmal die unverlierbare Grundlage des deutschen Geistes geworden ist. Von ihr aus erzeugt sich die Ansicht, »der Begriff des Staates sei vielmehr nothwendig dahin zu erweitern, bis wohin er meines Erachtens zu erweitern ist, daß *der Staat die Einrichtung sei*, in welcher *die ganze Tugend der Menschheit sich verwirklichen solle*«. (Worte August Boeckh's in seiner Universitätsfestrede vom 22. März 1862.)

macht haben, oder jemals weiter machen, wenn wir ihn als *Einzelne jeder für sich, jeder allein,* geführt hätten oder führen wollten.

Der *Staat* ist es, welcher die *Function* hat, *diese Entwicklung der Freiheit,* diese *Entwicklung des Menschengeschlechts* zur Freiheit zu vollbringen.

Der *Staat* ist diese Einheit der Individuen in einem sittlichen Ganzen, eine Einheit, welche die Kräfte *aller* Einzelnen, welche in diese Vereinigung eingeschlossen sind, millionenfach vermehrt, die Kräfte, welche ihnen *allen* als Einzelnen zu Gebote stehen würden, millionenfach vervielfältigt.

Der Zweck des Staats ist also nicht der, dem Einzelnen nur die persönliche Freiheit und das Eigenthum zu *schützen,* mit welchen er nach der Idee der Bourgeoisie angeblich schon in den Staat eintritt; der Zweck des Staats ist vielmehr gerade der, *durch* diese Vereinigung die Einzelnen in den Stand zu setzen, *solche Zwecke,* eine solche *Stufe des Daseins* zu erreichen, die sie *als* Einzelne *niemals* erreichen könnten, sie zu befähigen, eine Summe von *Bildung, Macht und Freiheit* zu erlangen, die ihnen sämmtlich als Einzelnen schlechthin unersteiglich wäre.

Der Zweck des Staats ist somit der, das menschliche Wesen zur *positiven Entfaltung* und *fortschreitenden Entwickelung* zu bringen, mit andern Worten, die menschliche Bestimmung – d. h. die Cultur, deren das Menschengeschlecht *fähig* ist – zum *wirklichen Dasein* zu gestalten; er ist die *Erziehung und Entwickelung* des Menschengeschlechts zur Freiheit.

Dies ist die eigentlich sittliche Natur des Staats, meine Herren, seine wahre und höhere Aufgabe. Sie ist es so sehr, daß sie deshalb seit allen Zeiten durch den Zwang der Dinge selbst von dem Staat, auch ohne seinen Willen, auch unbewußt, auch gegen den Willen seiner Leiter, mehr oder weniger ausgeführt wurde.

Der Arbeiterstand aber, meine Herren, die unteren Classen der Gesellschaft überhaupt haben schon durch die hilflose Lage, in welcher sich ihre Mitglieder als Einzelne befinden, den tiefen Instinct, daß eben dies die Bestimmung des Staates sei und sein müsse, dem Einzelnen durch die Vereinigung Aller zu einer solchen Entwicklung zu verhelfen, zu der er als Einzelner nicht *befähigt* wäre.

Ein Staat also, welcher unter die Herrschaft der Idee des Arbeiterstandes gesetzt wird, würde nicht mehr, wie freilich auch alle Staaten bisher schon gethan, durch die Natur der Dinge und den Zwang der Umstände unbewußt und oft sogar widerwillig getrieben, sondern er würde mit höchster Klarheit und völligem Bewußtsein diese sittliche Natur des Staates zu seiner Aufgabe machen. Er würde mit *freier Lust* und vollkommenster *Consequenz* vollbringen, was bisher nur stückweise in den dürftigsten Umrissen dem widerstrebenden Willen abgerungen worden ist, und er würde somit *eben hierdurch* nothwendig – wenn mir die Zeit auch nicht mehr erlaubt, Ihnen die detaillirtere Natur dieses nothwendigen Zusammenhanges auseinanderzusetzen – einen Aufschwung des Geistes, die Entwicklung einer Summe von Glück, Bildung, Wohlsein und Freiheit herbeiführen, wie sie ohne Beispiel dasteht in der Weltgeschichte und gegen welche selbst die gerühmtesten Zustände in früheren Zeiten in ein verblassendes Schattenbild zurücktreten.

Das ist es, meine Herren, was die Staatsidee des Arbeiterstandes genannt werden muß, seine Auffassung des Staatszweckes, die, wie Sie sehen, eben so sehr, und genau entsprechend, von der Auffassung des *Staatszweckes* bei der Bourgeoisie verschieden ist, wie das Princip des Arbeiterstandes von dem Antheil Aller an der Bestimmung des Staats*willens* oder das allgemeine Wahlrecht, von dem betreffenden Princip der Bourgeoisie, dem Census.

[70]

Das Gothaer Programm der Sozialistischen Arbeiterpartei Deutschlands (1875)

1869 war in Eisenach die »Sozialdemokratische Arbeiterpartei« gegründet worden. Der Kongreß in Gotha vom 22.–27. Mai 1875 brachte die Vereinigung zwischen der von Marx und Engels beeinflußten Richtung (Sozialdemokratische Arbeiterpartei) und den Anhängern Lassalles (Allgemeiner Deutscher Arbeiterverein). Beide Gruppen gründeten die »Sozialistische Arbeiterpartei Deutschlands«. Das von den Lassalleanern stark beeinflußte Programm stieß auf den heftigen Widerspruch von Karl Marx.

Quelle: Deutsche Parteiprogramme, hrsg. v. W. Mommsen, Deutsches Handbuch der Politik, Band 1, 2. Auflage München 1964, S. 313 f.

I. Die Arbeit ist die Quelle alles Reichtums und aller Kultur, und da allgemein nutzbringende Arbeit nur durch die Gesellschaft möglich ist, so gehört der Gesellschaft, das heißt allen ihren Gliedern, das gesamte Arbeitsprodukt, bei allgemeiner Arbeitspflicht, nach gleichem Recht, jedem nach seinen vernunftgemäßen Bedürfnissen.

In der heutigen Gesellschaft sind die Arbeitsmittel Monopol der Kapitalistenklasse; die hierdurch bedingte Abhängigkeit der Arbeiterklasse ist die Ursache des Elends und der Knechtschaft in allen Formen.

Die Befreiung der Arbeit erfordert die Verwandlung der Arbeitsmittel in Gemeingut der Gesellschaft und die genossenschaftliche Regelung der Gesamtarbeit mit gemeinnütziger Verwendung und gerechter Verteilung des Arbeitsertrages.

Die Befreiung der Arbeit muß das Werk der Arbeiterklasse sein, der gegenüber alle anderen Klassen nur eine reaktionäre Masse sind.

II. Von diesen Grundsätzen ausgehend, erstrebt die sozialistische Arbeiterpartei Deutschlands mit allen gesetzlichen* Mitteln den freien Staat und die sozialistische Gesellschaft, die Zerbrechung des ehernen Lohngesetzes durch Abschaffung des Systems der Lohnarbeit, die Aufhebung der Ausbeutung in jeder Gestalt, die Beseitigung aller sozialen und politischen Ungleichheit.

Die sozialistische Arbeiterpartei Deutschlands, obgleich zunächst im nationalen Rahmen wirkend, ist sich des internationalen Charakters der Arbeiterbewegung bewußt und entschlossen, alle Pflichten, welche derselbe den Arbeitern auferlegt, zu erfüllen, um die Verbrüderung aller Menschen zur Wahrheit zu machen.

Die sozialistische Arbeiterpartei Deutschlands fordert, um die Lösung der sozialen Frage anzubahnen, die Errichtung von sozialistischen Produktivgenossenschaften mit Staatshilfe unter der demokratischen Kontrolle des arbeitenden Volkes. Die Produktivgenossenschaften sind für Industrie und Ackerbau in solchem Umfange ins Leben zu rufen, daß aus ihnen die sozialistische Organisation der Gesamtarbeit entsteht.

Die sozialistische Arbeiterpartei fordert als Grundlagen des Staates:

1. Allgemeines, gleiches, direktes Wahl- und Stimmrecht, mit geheimer und obligatorischer Stimmabgabe aller Staatsangehörigen vom zwanzigsten Lebensjahre an für alle Wahlen und Abstimmungen in Staat und Gemeinde. Der Wahl- oder Abstimmungstag muß ein Feiertag sein.
2. Direkte Gesetzgebung durch das Volk. Entscheidung über Krieg und Frieden durch das Volk.
3. Allgemeine Wehrhaftigkeit. Volkswehr an Stelle der stehenden Heere.
4. Abschaffung aller Ausnahmegesetze, namentlich der Preß-, Vereins- und Versammlungsgesetze, überhaupt aller Gesetze, welche die freie Meinungsäußerung, das freie Denken und Forschen beschränken.
5. Rechtsprechung durch das Volk. Unentgeltliche Rechtspflege.
6. Allgemeine und gleiche Volkserziehung durch den Staat. Allgemeine Schulpflicht. Unentgeltlicher Unterricht in allen Bildungsanstalten. Erklärung der Religion zur Privatsache.

* Der erste Parteikongreß nach Erlaß des Sozialistengesetzes auf Schloß Wyden beschloß am 22. August 1880 das Wort »gesetzlich« zu streichen. (Vgl. Protokoll des Deutschen Kongresses auf Schloß Wyden, 1880, S. 27 ff.)

Die sozialistische Arbeiterpartei Deutschlands fordert innerhalb der heutigen Gesellschaft:

1. Möglichste Ausdehnung der politischen Rechte und Freiheiten im Sinne der obigen Forderungen.
2. Eine einzige progressive Einkommensteuer für Staat und Gemeinde, anstatt aller bestehenden, insbesondere der das Volk belastenden indirekten Steuern.
3. Unbeschränktes Koalitionsrecht.
4. Ein den Gesellschaftsbedürfnissen entsprechender Normalarbeitstag. Verbot der Sonntagsarbeit.
5. Verbot der Kinderarbeit und aller der Gesundheit und Sittlichkeit schädigenden Frauenarbeit.
6. Schutzgesetze für Leben und Gesundheit der Arbeiter. Sanitätliche Kontrolle der Arbeiterwohnungen. Überwachung der Bergwerke, der Fabrik-, Werkstatt- und Hausindustrie durch von den Arbeitern gewählte Beamte. Ein wirksames Haftpflichtgesetz.
7. Regelung der Gefängnisarbeit.
8. Volle Selbstverwaltung für alle Arbeiterhilfs- und Unterstützungskassen.

Karl Marx, Kritik des Gothaer Programms, 1875

In seiner Kritik des Gothaer Programms geht Karl Marx auch auf die pädagogischen und schulpolitischen Forderungen ein.

B. »Die deutsche Arbeiterpartei verlangt als geistige und sittliche Grundlage des Staats:

1. Allgemeine und *gleiche Volkserziehung* durch den Staat. Allgemeine Schulpflicht. Unentgeltlichen Unterricht.«

Gleiche Volkserziehung? Was bildet man sich unter diesen Worten ein? Glaubt man, daß in der heutigen Gesellschaft (und man hat nur mit der zu tun) die Erziehung für alle Klassen *gleich* sein kann? Oder verlangt man, daß auch die höheren Klassen zwangsweise auf das Modikum Erziehung – der Volksschule – reduziert werden sollen, das allein mit den ökonomischen Verhältnissen nicht nur der Lohnarbeiter, sondern auch der Bauern verträglich ist?

»Allgemeine Schulpflicht. Unentgeltlicher Unterricht.« Die erste existiert selbst in Deutschland, das zweite in der Schweiz und den Vereinigten Staaten für Volksschulen. Wenn in einigen Staaten der letzteren auch höhere Unterrichtsanstalten »unentgeltlich« sind, so heißt das faktisch nur den höheren Klassen ihre Erziehungskosten aus dem allgemeinen Steuersäckel bestreiten. Nebenbei gilt dasselbe von der unter A. 5 verlangten »unentgeltlichen Rechtspflege«. Die Kriminaljustiz ist überall unentgeltlich zu haben; die Ziviljustiz dreht sich fast nur um

Eigentumskonflikte, berührt also fast nur die besitzenden Klassen. Sollen sie auf Kosten des Volkssäckels ihre Prozesse führen?

Der Paragraph über die Schulen hätte wenigstens technische Schulen (theoretische und praktische) in Verbindung mit der Volksschule verlangen sollen.

Ganz verwerflich ist eine *»Volkserziehung durch den Staat«*. Durch ein allgemeines Gesetz die Mittel der Volksschulen bestimmen, die Qualifizierung des Lehrerpersonals, die Unterrichtszweige usw., und, wie es in den Vereinigten Staaten geschieht, durch Staatsinspektoren die Erfüllung dieser gesetzlichen Vorschriften überwachen, ist etwas anderes, als den Staat zum Volkserzieher zu ernennen! Vielmehr sind Regierung und Kirche gleichmäßig von jedem Einfluß auf die Schule auszuschließen. Im preußisch-deutschen Reich nun gar (und man helfe sich nicht mit der faulen Ausflucht, daß man von einem »Zukunftsstaat« spricht; wir haben gesehen, welche Bewandtnis es damit hat) bedarf umgekehrt der Staat einer sehr rauhen Erziehung durch das Volk.

Doch das ganze Programm, trotz allen demokratischen Geklingels, ist durch und durch vom Untertanenglauben der Lassalleschen Sekte an den Staat verpestet, oder, was nicht besser, vom demokratischen Wunderglauben, oder vielmehr ist es ein Kompromiß zwischen diesen zwei Sorten, dem Sozialismus gleich fernen, Wunderglauben.

»Freiheit der Wissenschaft« lautet ein Paragraph der preußischen Verfassung. Warum also hier?

»Gewissensfreiheit!« Wollte man zu dieser Zeit des Kulturkampfes dem Liberalismus seine alten Stichworte zu Gemüt führen, so konnte es doch nur in dieser Form geschehen: Jeder muß seine religiöse wie seine leibliche Notdurft* verrichten können, ohne daß die Polizei ihre Nase hineinsteckt. Aber die Arbeiterpartei mußte doch bei dieser Gelegenheit ihr Bewußtsein darüber aussprechen, daß die bürgerliche »Gewissensfreiheit« nichts ist außer der Duldung aller möglicher Sorten *religiöser Gewissensfreiheit*, und daß sie vielmehr die Gewissen vom religiösen Spuk zu befreien strebt. Man beliebt aber das »bürgerliche« Niveau nicht zu überschreiten.

Ich bin jetzt zu Ende gelangt, denn der nun im Programm folgende Anhang bildet keinen charakteristischen Bestandteil desselben. Ich habe mich daher hier ganz kurz zu fassen.

2. »Normalarbeitstag.«

Die Arbeiterpartei keines anderen Landes hat sich auf solche unbestimmte Fixierung beschränkt, sondern stets die Länge des Arbeitstages fixiert, die sie unter den gegebenen Umständen für normal hält.

* Engels ersetzt die Worte: »religiöse wie seine leibliche Notdurft«.

3. »Beschränkung der Frauen- und Verbot der Kinderarbeit.«
Die Normierung des Arbeitstages muß die Beschränkung der Frauenarbeit schon einschließen, soweit sie sich auf Dauer, Pausen usw. des Arbeitstages bezieht; sonst kann sie nur Ausschluß der Frauenarbeit aus Arbeitszweigen bedeuten, die speziell gesundheitswidrig für den weiblichen Körper oder für das weibliche Geschlecht sittenwidrig sind. Meint man das, so mußte es gesagt werden.

»Verbot der Kinderarbeit!« Hier war absolut notwendig, die Altersgrenze anzugeben.

Allgemeines Verbot der Kinderarbeit ist unverträglich mit der Existenz der großen Industrie und daher leerer, frommer Wunsch. Durchführung desselben – wenn möglich – wäre reaktionär, da bei strenger Regelung der Arbeitszeit nach den verschiedenen Altersstufen und sonstigen Vorsichtsmaßregeln zum Schutz der Kinder, frühzeitige Verbindung produktiver Arbeit mit Unterricht eines der mächtigsten Umwandlungsmittel der heutigen Gesellschaft ist.

4. »Staatliche Überwachung der Fabrik-, Werkstatt- und Hausindustrie.«
Gegenüber dem preußisch-deutschen Staat war bestimmt zu verlangen, daß die Inspektoren nur gerichtlich absetzbar sind; daß jeder Arbeiter sie wegen Pflichtverletzung den Gerichten denunzieren kann; daß sie dem ärztlichen Stand angehören müssen.

5. »Regelung der Gefängnisarbeit.«
Kleinliche Forderung in einem allgemeinen Arbeiterprogramm. Jedenfalls mußte man klar aussprechen, daß man nicht aus Konkurrenzneid die gemeinen Verbrecher wie Vieh behandelt wissen und ihnen namentlich nicht ihr einziges Besserungsmittel, produktive Arbeit, abschneiden will. Das war doch das Geringste, was man von Sozialisten erwarten durfte.

6. »Ein wirksames Haftgesetz.«
Es war zu sagen, was man unter »wirksamem« Haftgesetz versteht.

Nebenbei bemerkt, hat man beim Normalarbeitstag den Teil der Fabrikgesetzgebung übersehen, der Gesundheitsmaßregeln und Schutzmittel gegen Gefahr usw. betrifft. Das Haftgesetz tritt erst in Wirkung, sobald diese Vorschriften verletzt werden.

Kurz, auch dieser Anhang zeichnet sich durch schlottrige Redaktion aus.

Dixi et salvavi animam meam.

[71]

Erfurter Programm der Sozialdemokratischen Partei (1891)

1890 wurde das 1878 erlassene »Sozialistengesetz« aufgehoben. Der Parteitag in Erfurt war der erste nach dem Fall des Sozialistengesetzes. In dem auf dem Parteitag verabschiedeten, von Kautsky und Engels vorbereiteten Programm fanden die auf dem linken Flügel der Arbeiterbewegung vorhandenen Bestrebungen, das Gothaer Programm zu revidieren, ihren Ausdruck. Das Erfurter Programm hatte bis 1921 Geltung.

Quelle: W. Mommsen und G. Franz, Die deutschen Parteiprogramme, Heft 2, 4. Auflage Leipzig und Berlin 1932, S. 83 ff.

Die ökonomische Entwicklung der bürgerlichen Gesellschaft führt mit Naturnotwendigkeit zum Untergang des Kleinbetriebes, dessen Grundlage das Privateigentum des Arbeiters an seinen Produktionsmitteln bildet. Sie trennt den Arbeiter von seinen Produktionsmitteln und verwandelt ihn in einen besitzlosen Proletarier, indes die Produktionsmittel das Monopol einer verhältnismäßig kleinen Zahl von Kapitalisten und Großgrundbesitzern werden. Hand in Hand mit dieser Monopolisierung der Produktionsmittel geht die Verdrängung der zersplitterten Kleinbetriebe durch kolossale Großbetriebe, geht die Entwicklung des Werkzeugs zur Maschine, geht ein riesenhaftes Wachstum der Produktivität der menschlichen Arbeit. Aber alle Vorteile dieser Umwandlung werden von den Kapitalisten und Großgrundbesitzern monopolisiert. Für das Proletariat und die versinkenden Mittelschichten – Kleinbürger, Bauern – bedeutet sie wachsende Zunahme der Unsicherheit ihrer Existenz, des Elends, des Drucks, der Knechtung, der Erniedrigung, der Ausbeutung. Immer größer wird die Zahl der Proletarier, immer massenhafter die Armee der überschüssigen Arbeiter, immer schroffer der Gegensatz zwischen Ausbeutern und Ausgebeuteten, immer erbitterter der Klassenkampf zwischen Bourgeoisie und Proletariat, der die moderne Gesellschaft in zwei feindliche Heerlager trennt und das gemeinsame Merkmal aller Industrieländer ist.

Der Abgrund zwischen Besitzenden und Besitzlosen wird noch erweitert durch die im Wesen der kapitalistischen Produktionsweise begründeten Krisen, die immer umfangreicher und verheerender werden, die allgemeine Unsicherheit zum Normalzustand der Gesellschaft erheben und den Beweis liefern, daß die Produktivkräfte der heutigen Gesellschaft über den Kopf gewachsen sind, daß das Privateigentum an Produktionsmitteln unvereinbar geworden ist mit deren zweckentsprechender Anwendung und voller Entwicklung. Das Privateigentum an Produktionsmitteln, welches ehedem das Mittel war, dem Produzenten das Eigentum an seinem Produkt zu sichern, ist heute zum Mittel geworden, Bauern, Handwerker und Kleinhändler zu expropriieren und die Nichtarbeiter – Kapitalisten, Großgrundbesitzer – in den Besitz des Produkts der Arbeiter zu setzen. Nur die Verwandlung des kapitalistischen Privateigentums an Produktionsmitteln – Grund und Boden, Gruben und Bergwerke, Rohstoffe, Werkzeuge, Maschinen, Verkehrsmittel – in gesellschaftliches Eigentum und die Umwandlung der Warenproduktion in sozialistische, für und durch die Gesellschaft betriebene Produktion kann es bewirken, daß der Großbetrieb und die stets wachsende Ertragsfähigkeit der gesellschaftlichen Arbeit für die bisher ausgebeuteten Klassen aus einer Quelle des Elends und der Unterdrückung zu einer Quelle der höchsten Wohlfahrt und allseitiger, harmonischer Vervollkommnung werde. Diese gesellschaftliche Umwandlung bedeutet die Befreiung nicht bloß des Proletariats, sondern des gesamten Menschengeschlechts, das unter den heutigen Zuständen leidet. Aber sie kann nur das Werk der Arbeiterklasse sein, weil alle anderen Klassen, trotz der Interessenstreitigkeiten unter sich, auf dem Boden des Privateigentums an Produktionsmitteln stehen und die Erhaltung der Grundlagen der heutigen Gesellschaft zum gemeinsamen Ziel haben.

Der Kampf der Arbeiterklasse gegen die kapitalistische Ausbeutung ist notwendigerweise ein politischer Kampf. Die Arbeiterklasse kann ihre ökonomischen Kämpfe nicht führen und ihre ökonomische Organisation nicht entwickeln ohne politische Rechte. Sie kann den Übergang der Produktionsmittel in den Besitz der Gesamtheit nicht bewirken, ohne in den Besitz der politischen Macht gekommen zu sein. Diesen Kampf der Arbeiterklasse zu einem bewußten und einheitlichen zu gestalten und ihm sein naturnotwendiges Ziel zu weisen – das ist die Aufgabe der Sozialdemokratischen Partei.

Die Interessen der Arbeiterklasse sind in allen Ländern mit kapitalistischer Produktionsweise die gleichen. Mit der Ausdehnung des Weltverkehrs und der Produktion für den Weltmarkt wird die Lage der Arbeiter eines jeden Landes immer abhängiger von der Lage der Arbeiter in den anderen Ländern. Die Befreiung der Arbeiterklasse ist also ein Werk, an dem die Arbeiter aller Kulturländer gleichmäßig beteiligt sind. In dieser Erkenntnis fühlt und erklärt die Sozialdemokratische Partei Deutschlands sich eins mit den klassenbewußten Arbeitern aller übrigen Länder.

Die Sozialdemokratische Partei Deutschlands kämpft also nicht für neue Klassenprivilegien und Vorrechte, sondern für die Abschaffung der Klassenherrschaft und der Klassen selbst und für gleiche Rechte und gleiche Pflichten aller ohne Unterschied des Geschlechts und der Abstammung. Von diesen Anschauungen ausgehend, bekämpft sie in der heutigen Gesellschaft nicht bloß die Ausbeutung und Unterdrükkung der Lohnarbeiter, sondern jede Art der Ausbeutung und Unterdrückung, richte sie sich gegen eine Klasse, eine Partei, ein Geschlecht oder eine Rasse.

Ausgehend von diesen Grundsätzen fordert die Sozialdemokratische Partei Deutschlands zunächst:

1. Allgemeines, gleiches, direktes Wahl- und Stimmrecht mit geheimer Stimmabgabe aller über 20 Jahre alten Reichsangehörigen ohne Unterschied des Geschlechts für alle Wahlen und Abstimmungen. Proportionalwahlsystem, und bis zu dessen Einführung gesetzliche Neueinteilung der Wahlkreise nach jeder Volkszählung. Zweijährige Gesetzgebungsperioden. Vornahme der Wahlen und Abstimmungen an einem gesetzlichen Ruhetage. Entschädigung für die gewählten Vertreter. Aufhebung jeder Beschränkung politischer Rechte außer im Falle der Entmündigung.

2. Direkte Gesetzgebung durch das Volk vermittelst des Vorschlags- und Verwerfungsrechts. Selbstbestimmung und Selbstverwaltung des Volks in Reich, Staat, Provinz und Gemeinde. Wahl der Behörden durch das Volk, Verantwortlichkeit und Haftbarkeit derselben. Jährliche Steuerbewilligung.

3. Erziehung zur allgemeinen Wehrhaftigkeit. Volkswehr an Stelle der stehenden Heere. Entscheidung über Krieg und Frieden durch die Volksvertretung. Schlichtung aller internationalen Streitigkeiten auf schiedsgerichtlichem Wege.

4. Abschaffung aller Gesetze, welche die freie Meinungsäußerung und das Recht der Vereinigung und Versammlung einschränken oder unterdrücken.

5. Abschaffung aller Gesetze, welche die Frau in öffentlich- und privatrechtlicher Beziehung gegenüber dem Manne benachteiligen.

6. Erklärung der Religion zur Privatsache. Abschaffung aller Aufwendungen aus öffentlichen Mitteln zu kirchlichen und religiösen Zwecken. Die kirchlichen und religiösen Gemeinschaften sind als private Vereinigungen zu betrachten, welche ihre Angelegenheiten vollkommen selbständig ordnen.

7. Weltlichkeit der Schule. Obligatorischer Besuch der öffentlichen Volksschulen. Unentgeltlichkeit des Unterrichts, der Lehrmittel und der Verpflegung in den öffentlichen Volksschulen sowie in den höheren Bildungsanstalten für diejenigen Schüler und Schülerinnen, die kraft ihrer Fähigkeiten zur weiteren Ausbildung geeignet erachtet werden.

8. Unentgeltlichkeit der Rechtspflege und des Rechtsbeistands. Rechtsprechung durch vom Volk gewählte Richter. Berufung in Strafsachen. Entschädigung unschuldig Angeklagter, Verhafteter und Verurteilter. Abschaffung der Todesstrafe.

9. Unentgeltlichkeit der ärztlichen Hilfeleistung einschließlich der Geburtshilfe und der Heilmittel. Unentgeltlichkeit der Totenbestattung.
10. Stufenweise steigende Einkommen- und Vermögenssteuer zur Bestreitung aller öffentlichen Ausgaben, soweit diese durch Steuern zu decken sind. Selbsteinschätzungspflicht. Erbschaftssteuer, stufenweise steigend nach dem Umfange des Erbguts und nach dem Grade der Verwandtschaft. Abschaffung aller indirekten Steuern, Zölle und sonstigen wirtschaftspolitischen Maßnahmen, welche die Interessen der Allgemeinheit den Interessen einer bevorzugten Minderheit opfern.

Zum Schutze der Arbeiterklasse fordert die Sozialdemokratische Partei Deutschlands zunächst:

1. Eine wirksame nationale und internationale Arbeiterschutzgesetzgebung auf folgender Grundlage: a) Festsetzung eines höchstens acht Stunden betragenden Normalarbeitstages; b) Verbot der Erwerbsarbeit für Kinder unter 14 Jahren; c) Verbot der Nachtarbeit, außer für solche Industriezweige, die ihrer Natur nach, aus technischen Gründen oder aus Gründen der öffentlichen Wohlfahrt, Nachtarbeit erheischen; d) eine ununterbrochene Ruhepause von mindestens 36 Stunden in jeder Woche für jeden Arbeiter; e) Verbot des Trucksystems.
2. Überwachung aller gewerblichen Betriebe, Erforschung und Regelung der Arbeitsverhältnisse in Stadt und Land durch ein Reichsarbeitsamt, Bezirksarbeitsämter und Arbeitskammern. Durchgreifende gewerbliche Hygiene.
3. Rechtliche Gleichstellung der landwirtschaftlichen Arbeiter und der Dienstboten mit den gewerblichen Arbeitern; Beseitigung der Gesindeordnungen.
4. Sicherstellung des Koalitionsrechts.
5. Übernahme der gesamten Arbeiterversicherung durch das Reich mit maßgebender Mitwirkung der Arbeiter an der Verwaltung.

[72]

EDUARD BERNSTEIN

Zuschrift an den Parteitag der Sozialdemokratischen Partei Deutschlands (1898)

Eduard Bernstein, 1850–1932, Schriftsteller und Politiker, seit 1872 führendes Mitglied der Sozialdemokratischen Partei und am Gothaer Programm maßgeblich beteiligt. Während der Zeit der Sozialistengesetze Herausgeber des

Kampforgans der deutschen Sozialdemokratie, der in Zürich erscheinenden Zeitschrift »Der Sozialdemokrat«. 1887–1901 Emigration nach London, Kontakt zu Engels und Mitarbeiter der von Kautsky herausgegebenen sozialdemokratischen Revue »Die neue Zeit«. Seit 1902 wiederholt für längere Zeit Mitglied des Reichstags. Bernstein galt als führender Vertreter des revisionistischen, sozialreformerischen Flügels in der Sozialdemokratie. *Die »Zuschrift«* Bernsteins an den (1898 in Stuttgart) durchgeführten Parteitag geschah auf Anforderung des Parteivorstandes. B. hatte in »Die neue Zeit« eine Artikelserie (»Probleme des Sozialismus«) veröffentlicht, die nach Auffassung des Parteivorstandes Abweichungen vom Erfurter Programm enthielt. In der Antwort versucht B., seine Meinung zu präzisieren.

Quelle: Ed. Bernstein, Die Voraussetzung des Sozialismus und die Aufgaben der Sozialdemokratie, Stuttgart 1899, S. V–VIII (Vorwort).

Es ist von gewisser Seite behauptet worden, die praktische Folgerung aus meinen Aufsätzen sei der Verzicht auf die Eroberung der politischen Macht durch das politisch und wirtschaftlich organisierte Proletariat.

Das ist eine ganz willkürliche Folgerung, deren Richtigkeit ich entschieden bestreite.

Ich bin der Anschauung entgegengetreten, daß wir vor einem in Bälde zu erwartenden Zusammenbruch der bürgerlichen Gesellschaft stehen und daß die Sozialdemokratie *ihre Taktik durch die Aussicht auf eine solche bevorstehende große soziale Katastrophe bestimmen, beziehungsweise von ihr abhängig machen soll. Das halte ich in vollem Umfange aufrecht.*

Die Anhänger dieser Katastrophentheorie stützen sich im Wesentlichen auf die Ausführungen des »Kommunistischen Manifestes«. In jeder Hinsicht mit Unrecht.

Die Prognose, welche das »Kommunistische Manifest« der Entwicklung der modernen Gesellschaft stellt, war richtig, soweit sie die allgemeinen Tendenzen dieser Entwicklung kennzeichnete. Sie irrte aber in verschiedenen speziellen Folgerungen, vor allem in der Abschätzung der *Zeit*, welche die Entwicklung in Anspruch nehmen würde. Letzteres ist von Friedrich Engels, dem Mitverfasser des »Manifestes«, im Vorwort zu den »Klassenkämpfen in Frankreich« rückhaltlos anerkannt worden. Es liegt aber auf der Hand, daß, indem die wirtschaftliche Entwicklung eine weit größere Spanne Zeit in Anspruch nahm als vorausgesetzt wurde, sie auch *Formen* annehmen, zu Gestaltungen führen mußte, die im »Kommunistischen Manifest« nicht vorausgesehen wurden und nicht vorausgesehen werden konnten.

Die Zuspitzung der gesellschaftlichen Verhältnisse hat sich nicht in der Weise vollzogen, wie sie das »Manifest« schildert. Es ist nicht nur nutzlos, es ist auch die größte Torheit, sich dies zu verheimlichen. Die Zahl der Besitzenden ist nicht kleiner, sondern größer geworden. Die enorme Vermehrung des gesellschaftlichen Reichtums wird nicht von einer zusammenschrumpfenden Zahl von Kapitalmagnaten, sondern von einer wachsenden Zahl von Kapitalisten aller Grade begleitet. Die Mittelschichten ändern ihren Charakter, aber sie verschwinden nicht aus der gesellschaftlichen Stufenleiter.

Die Konzentrierung der Produktion vollzieht sich in der Industrie auch heute noch nicht durchgängig mit gleicher Kraft und Geschwindigkeit. In einer großen Anzahl Produktionszweige rechtfertigt sie zwar alle Vorhersagungen der sozialistischen Kritik, in anderen Zweigen bleibt sie jedoch noch heute hinter ihnen zurück. Noch langsamer geht der Prozeß der Konzentration in der *Landwirtschaft* vor sich. Die Gewerbestatistik weist eine außerordentlich abgestufte Gliederung der Betriebe auf; keine Größenklasse macht Anstalt, aus ihr zu verschwinden. Die bedeutsamen Veränderungen in der inneren Struktur der Betriebe und ihren gegenseitigen Beziehungen kann über die Tatsache nicht hinwegtäuschen.

Politisch sehen wir das Privilegium der kapitalistischen Bourgeoisie in allen vorgeschrittenen Ländern Schritt für Schritt demokratischen Einrichtungen weichen. Unter dem Einfluß dieser und getrieben von der sich immer kräftiger regenden Arbeiterbewegung hat eine gesellschaftliche Gegenaktion gegen die ausbeuterischen Tendenzen des Kapitals eingesetzt, die zwar heute noch sehr zaghaft und tastend vorgeht, aber doch da ist und immer mehr Gebiete des Wirtschaftslebens ihrem Einfluß unterzieht. Fabrikgesetzgebung, die Demokratisierung der Gemeindeverwaltungen und die Erweiterung ihres Arbeitsgebiets, die Befreiung des Gewerkschafts- und Genossenschaftswesens bei allen von öffentlichen Behörden vergebenen Arbeiten kennzeichnen diese Stufe der Entwicklung. Daß in Deutschland man noch daran denken kann, die Gewerkschaften zu knebeln, kennzeichnet nicht den Höhegrad, sondern die *Rückständigkeit* seiner politischen Entwicklung.

Je mehr aber die politischen Einrichtungen der modernen Nationen demokratisiert werden, umsomehr verringern sich die Notwendigkeiten und Gelegenheiten großer politischer Katastrophen. Wer an der Theorie der Katastrophen festhält, muß die hier gezeichnete Entwicklung nach Möglichkeit bekämpfen und zu hemmen suchen, wie das die konsequenten Verfechter dieser Theorie übrigens früher auch getan haben. Heißt aber die Eroberung der politischen Macht durch das Proletariat bloß die Eroberung dieser Macht durch eine politische Katastrophe? Heißt es die ausschließliche Besitzergreifung und Benutzung der Staatsmacht durch das Proletariat gegen die ganze nichtproletarische Welt?

Wer das bejaht, der sei hier an zweierlei erinnert. 1872 erklärten Marx und Engels im Vorwort zur Neuauflage des »Kommunistischen

Manifestes«, die Pariser Kommune habe namentlich den Beweis geliefert, daß die »Arbeiterklasse nicht die fertige Staatsmaschine einfach in Besitz nehmen und sie für ihre eigenen Zwecke in Bewegung setzen kann«. Und 1895 hat Friedrich Engels im Vorwort zu den »Klassenkämpfen« ausführlich dargelegt, daß die Zeit der politischen Überrumpelungen, der von »kleinen bewußten Minoritäten an der Spitze bewußtloser Massen durchgeführten Revolutionen« heute vorbei sei, daß ein Zusammenstoß auf großem Maßstabe mit dem Militär das Mittel wäre, das stetige Wachstum der Sozialdemokratie *aufzuhalten* und selbst für eine Weile *zurückzuwerfen* –, kurz, daß die Sozialdemokratie *»weit besser bei den gesetzlichen Mitteln als bei den ungesetzlichen und dem Umsturz«* gedeiht. Und er bezeichnet demgemäß als die nächste Aufgabe der Partei, »das Wachstum ihrer Stimmen ununterbrochen in Gang zu halten« – beziehungsweise *»langsame Propaganda der parlamentarischen Tätigkeit«*.

So Engels, der, wie seine Zahlenbeispiele zeigen, bei alledem die Schnelligkeit des Entwicklungsgangs immer noch etwas überschätzte. Wird man ihm nachsagen, er habe auf die Eroberung der politischen Macht durch die Arbeiterklasse verzichtet, weil er es vermieden sehen wollte, daß das durch die gesetzliche Propaganda gesicherte stetige Wachstum der Sozialdemokratie durch eine politische Katastrophe unterbrochen werde?

Wenn nicht, wenn man seine Ausführungen unterschreibt, dann wird man auch vernünftigerweise daran keinen Anstoß nehmen können, wenn erklärt wird, was die Sozialdemokratie noch auf lange hinaus zu tun habe, sei, statt auf den großen Zusammenbruch zu spekulieren, »die Arbeiterklasse politisch zu organisieren und zur Demokratie auszubilden, und für alle Reformen im Staate zu kämpfen, welche geeignet sind, die Arbeiterklasse zu heben und das Staatswesen im Sinne der Demokratie umzugestalten«.

Das ist es, was ich in meinem angefochtenen Artikel gesagt habe und was ich auch jetzt noch in seiner vollen Tragweite aufrecht erhalte. Für die vorliegende Frage läuft es auf das Gleiche hinaus wie die Engelsschen Sätze, denn die Demokratie heißt *jedesmal soviel Herrschaft der Arbeiterklasse, als diese nach ihrer intellektuellen Reife und dem Höhegrad der wirtschaftlichen Entwicklung überhaupt auszuüben fähig ist*. Übrigens beruft sich Engels an der angeführten Stelle auch noch ausdrücklich darauf, daß schon das »Kommunistische Manifest« »die Erkämpfung der Demokratie als eine der ersten und wichtigsten Aufgaben des streitbaren Proletariats proklamiert« habe.

Kurz, Engels ist so sehr von der Überlebtheit der auf die Katastrophen zugespitzten Taktik überzeugt, daß er auch für die romanischen Länder, wo die Tradition ihr viel günstiger ist als in Deutschland, eine

Revision von ihr hinweg für geboten hält. »Haben sich die Bedingungen für den Völkerkrieg geändert, so nicht minder für den Klassenkampf«, schreibt er. Hat man das schon vergessen?

Kein Mensch hat die Notwendigkeit der Erkämpfung der Demokratie für die Arbeiterklasse in Frage gestellt. Worüber gestritten wurde, ist die Zusammenbruchstheorie und die Frage, ob bei der gegebenen wirtschaftlichen Entwicklung Deutschlands und dem Reifegrad seiner Arbeiterklasse in Stadt und Land der Sozialdemokratie an einer plötzlichen Katastrophe gelegen sein kann. Ich habe die Frage verneint und verneine sie noch, weil meines Erachtens im stetigen Vormarsch eine größere Gewähr für dauernden Erfolg liegt, wie in den Möglichkeiten, die eine Katastrophe bietet.

Und weil ich der festen Überzeugung bin, daß sich wichtige Epochen in der Entwicklung der Völker nicht überspringen lassen, darum lege ich auf die nächsten Aufgaben der Sozialdemokratie, auf den Kampf um das politische Recht der Arbeiter, auf die politische Betätigung der Arbeiter in Stadt und Gemeinde für die Interessen ihrer Klasse, sowie auf das Werk der wirtschaftlichen Organisation der Arbeiter den allergrößten Wert. In diesem Sinne habe ich seiner Zeit den Satz niedergeschrieben, daß mir die Bewegung Alles, – das was man *gemeinhin* Endziel des Sozialismus nenne, nichts sei, und in diesem Sinne unterschreibe ich ihn auch noch heute. Selbst wenn das Wort »gemeinhin« nicht angezeigt hätte, daß der Satz nur bedingt zu verstehen war, lag es ja auf der Hand, daß er nicht Gleichgültigkeit betreffs der endlichen Durchführung sozialistischer Grundsätze ausdrücken *konnte*, sondern nur Gleichgültigkeit oder, vielleicht besser ausgedrückt, Unbesorgtheit über das »Wie« der schließlichen Gestaltung der Dinge. Ich habe zu keiner Zeit ein über allgemeine Grundsätze hinausgehendes Interesse an der Zukunft gehabt, noch kein Zukunftsgemälde zu Ende lesen können. Den Aufgaben der Gegenwart und der nächsten Zukunft gilt mein Sinnen und Trachten, und nur soweit sie mir die Richtschnur für das zweckmäßigste Handeln in dieser Hinsicht geben, beschäftigen mich die darüber hinausgehenden Perspektiven.

Die Eroberung der politischen Macht durch die Arbeiterklasse, die Expropriation der Kapitalisten sind an sich keine Endziele, sondern nur Mittel zur Durchführung bestimmter Ziele und Bestrebungen. Als solche sind sie Forderungen des Programms der Sozialdemokratie und von Niemand bestritten. Über die Umstände ihrer Durchführung läßt sich nichts voraussagen, es läßt sich nur für ihre Verwirklichung kämpfen. Zur Eroberung der politischen Macht aber gehören politische Rechte, und die wichtigste Frage der Taktik, welche die deutsche Sozialdemokratie zur Zeit zu lösen hat, scheint mir die nach dem *besten Wege der Erweiterung der politischen und gewerblichen Rechte* der deutschen Arbeiter zu sein. Ohne daß auf diese Frage eine befriedigende Antwort gefunden wird, würde die Betonung der anderen schließlich nur Deklamation sein.

[73]

Rosa Luxemburg

Sozialreform oder Revolution? Die opportunistische Methode (1898)

Rosa Luxemburg, 1871–1919 (ermordet), schon als Schülerin Mitglied der sozialistischen Arbeiterbewegung, Emigration 1889 nach Zürich, Studium der Nationalökonomie. Seit 1897 in Deutschland. In der Sozialdemokratie führende Vertreterin des linken Flügels, der sich besonders gegen eine revisionistische und sozialreformerische Interpretation des Sozialismus wandte. Vor 1914 Dozentin an der Parteihochschule der SPD in Berlin. Wiederholt längere Gefängnis- und Festungshaft. Zusammen mit Karl Liebknecht Gründung des Spartakusbundes. Entwurf des Programms der 1918 konstituierten Kommunistischen Partei Deutschlands. Mit dem folgenden Aufsatz antwortete R. Luxemburg auf die Artikelserie Eduard Bernsteins, »Probleme des Sozialismus«.

Quelle: Rosa Luxemburg, Sozialreform oder Revolution?, Ges. Werke Band III, Berlin 1925, S. 38 ff.

Wenn Theorien Spiegelbilder der Erscheinungen der Außenwelt im menschlichen Hirn sind, so muß man angesichts der Theorie von Eduard Bernstein jedenfalls hinzufügen – manchmal auf den Kopf gestellte Spiegelbilder. Eine Theorie von der Einführung des Sozialismus durch Sozialreformen – nach dem endgültigen Einschlafen der deutschen Sozialreform, von der Kontrolle der Gewerkschaften über den Produktionsprozeß – nach der Niederlage der englischen Maschinenbauer, von der sozialdemokratischen Parlamentsmehrheit – nach der sächsischen Verfassungsrevision und den Attentaten auf das allgemeine Reichstagswahlrecht! Allein der Schwerpunkt der Bernsteinschen Ausführungen liegt unseres Erachtens nicht in seinen Ansichten über die praktischen Aufgaben der Sozialdemokratie, sondern in dem, was er über den Gang der objektiven Entwicklung der kapitalistischen Gesellschaft sagt, womit jene Ansichten freilich in engstem Zusammenhang stehen.

Nach Bernstein wird ein allgemeiner Zusammenbruch des Kapitalismus mit dessen Entwicklung immer unwahrscheinlicher, weil das kapitalistische System einerseits immer mehr Anpassungsfähigkeit zeigt, andererseits die Produktion sich immer mehr differenziert. Die Anpassungsfähigkeit des Kapitalismus äußert sich nach Bernstein erstens in dem Verschwinden der allgemeinen *Krisen,* dank der Entwicklung des Kreditsystems, der Unternehmerorganisationen und des Verkehrs sowie des Nachrichtendienstes, zweitens in der Zähigkeit des Mittelstandes infolge der beständigen Differenzierung der Produktionszweige sowie der Hebung großer Schichten des Proletariats in den Mittelstand, drittens endlich in der ökonomischen und politischen Hebung der Lage des Proletariats infolge des Gewerkschaftskampfes.

Für den praktischen Kampf der Sozialdemokratie ergibt sich daraus die allgemeine Weisung, daß sie ihre Tätigkeit nicht auf die Besitzergreifung der politischen Staatsmacht, sondern auf die Hebung der Lage der Arbeiterklasse und auf die Einführung des Sozialismus nicht durch eine soziale und politische Krise, sondern durch eine schrittweise Erweiterung der gesellschaftlichen Kontrolle und eine stufenweise Durchführung des Genossenschaftlichkeitsprinzips zu richten habe.

Bernstein selbst sieht in seinen Ausführungen nichts Neues, er meint vielmehr, daß sie ebenso mit einzelnen Äußerungen von Marx und Engels, wie mit der allgemeinen bisherigen Richtung der Sozialdemokratie übereinstimmen. Es läßt sich indes unseres Erachtens schwerlich leugnen, daß die Auffassung Bernsteins tatsächlich mit dem Gedankengang des wissenschaftlichen Sozialismus in grundsätzlichem Widerspruche steht.

Würde sich die ganze Bernsteinsche Revision dahin zusammenfassen, daß der Gang der kapitalistischen Entwicklung ein viel langsamerer ist, als man anzunehmen sich gewöhnt hat, so bedeutete dies in der Tat bloß eine Aufschiebung der bis jetzt angenommenen politischen Machtergreifung seitens des Proletariats, woraus praktisch höchstens etwa ein ruhigeres Tempo des Kampfes gefolgert werden könnte.

Dies ist aber nicht der Fall. Was Bernstein in Frage gestellt hat, ist nicht die Rapidität der Entwicklung, sondern der Entwicklungsgang selbst der kapitalistischen Gesellschaft und im Zusammenhang damit der Übergang zur sozialistischen Ordnung.

Wenn die bisherige sozialistische Theorie annahm, der Ausgangspunkt der sozialistischen Umwälzung würde eine allgemeine und vernichtende Krise sein, so muß man, unseres Erachtens, dabei zweierlei unterscheiden: den darin verborgenen Grundgedanken und dessen äußere Form.

Der Gedanke besteht in der Annahme, die kapitalistische Ordnung würde von sich aus, kraft eigener Widersprüche den Moment zeitigen, wo sie aus den Fugen geht, wo sie einfach unmöglich wird. Daß man sich diesen Moment in der Form einer allgemeinen und erschütternden Handelskrise dachte, hatte gewiß seine guten Gründe, bleibt aber nichtsdestoweniger für den Grundgedanken unwesentlich und nebensächlich.

Die wissenschaftliche Begründung des Sozialismus stützt sich nämlich bekanntermaßen auf *drei* Ergebnisse der kapitalistischen Entwicklung: vor allem auf die wachsende *Anarchie* der kapitalistischen Wirtschaft, die ihren Untergang zum unvermeidlichen Ergebnis macht, zweitens auf die fortschreitende *Vergesellschaftung* des Produktionsprozesses, die die positiven Ansätze der künftigen sozialen Ordnung schafft, und drittens auf die wachsende *Organisation und Klassenerkenntnis* des Proletariats, das den aktiven Faktor der bevorstehenden Umwälzung bildet.

Es ist der *erste* der genannten Grundpfeiler des wissenschaftlichen Sozialismus, den Bernstein beseitigt. Er behauptet nämlich, die kapitalistische Entwicklung gehe nicht einem allgemeinen wirtschaftlichen Krach entgegen.

Er verwirft aber damit nicht bloß die bestimmte Form des kapitalistischen Unterganges, sondern diesen Untergang selbst. Er sagt ausdrücklich: »Es könnte nun erwidert werden, daß, wenn man von dem Zusammenbruch der gegenwärtigen Gesellschaft spricht, man dabei mehr im Auge hat, als eine verallgemeinerte und gegen früher verstärkte Geschäftskrisis, nämlich einen totalen Zusammenbruch des kapitalistischen Systems an seinen eigenen Widersprüchen.« Und darauf antwortet er: »Ein annähernd gleichzeitiger völliger Zusammenbruch des gegenwärtigen Produktionssystems wird mit der fortschreitenden Entwicklung der Gesellschaft nicht wahrscheinlicher, sondern unwahrscheinlicher, weil dieselbe auf der einen Seite die Anpassungsfähigkeit, auf der andern – bzw. zugleich damit – die Differenzierung der Industrie steigert.«

Damit entsteht aber die große Frage: Warum und wie gelangen wir überhaupt noch zum Endziel unserer Bestrebungen? Vom Standpunkte des wissenschaftlichen Sozialismus äußert sich die historische Notwendigkeit der sozialistischen Umwälzung vor allem in der wachsenden Anarchie des kapitalistischen Systems, die es auch in eine ausweglose Sackgasse drängt. Nimmt man jedoch mit Bernstein an, die kapitalistischen Entwicklungen gehen nicht in der Richtung zum eigenen Untergang, dann hört der Sozialismus auf, *objektiv notwendig zu sein.* Von den Grundsteinen seiner wissenschaftlichen Begründung bleiben dann nur noch die beiden anderen Ergebnisse der kapitalistischen Ordnung: der vergesellschaftete Produktionsprozeß und das Klassenbewußtsein des Proletariats. Dies hat auch Bernstein im Auge, als er sagt: »Die sozialistische Gedankenwelt verliert (mit der Beseitigung der Zusammenbruchstheorie) durchaus nichts an überzeugender Kraft. Denn genauer zugesehen, was sind denn alle die von uns aufgezählten Faktoren der Beseitigung oder Modifizierung der alten Krisen? Alles Dinge, die gleichzeitig Voraussetzungen und zum Teil sogar Ansätze der Vergesellschaftung von Produktion und Austausch darstellen.«

Indes genügt eine kurze Betrachtung, um auch dies als einen Trugschluß zu erweisen. Worin besteht die Bedeutung der von Bernstein als kapitalistisches Anpassungsmittel bezeichneten Erscheinungen: der Kartelle, des Kredits, der vervollkommneten Verkehrsmittel, der Hebung der Arbeiterklasse usw. Offenbar darin, daß sie die inneren Widersprüche der kapitalistischen Wirtschaft beseitigen oder wenigstens abstumpfen, ihre Entfaltung und Verschärfung verhindern. So bedeutet die Beseitigung der Krisen die Aufhebung des Widerspruchs zwischen Produktion und Austausch auf kapitalistischer Basis, so bedeutet die Hebung der Lage der Arbeiterklasse teils als solcher, teils in den Mittelstand, die Abstumpfung des Widerspruchs zwischen Kapital und Arbeit. Indem somit die Kartelle, das Kreditwesen, die Gewerkschaften usw. die kapitalistischen Widersprüche aufheben, also das kapitalistische System vom Untergang retten, den Kapitalismus konservieren – deshalb nennt sie ja Bernstein »Anpassungsmittel« – wie können sie zu gleicher Zeit ebensoviele »Voraussetzungen und zum Teil sogar Ansätze« zum Sozialismus darstellen? Offenbar nur in dem Sinne, daß sie den gesellschaftlichen Charakter der Produktion stärker zum Ausdruck bringen. Aber indem sie ihn in seiner *kapitalistischen* Form konservieren, machen sie umgekehrt den Übergang dieser vergesellschafteten Produktion in die sozialistische Form in demselben Maße überflüssig. Sie können daher Ansätze und Voraussetzungen der sozialistischen Ordnung bloß in begrifflichem und nicht historischem Sinne darstellen, d. h. Erscheinungen, von denen wir auf Grund unserer Vorstellung vom Sozialismus *wissen*, daß sie mit ihm verwandt sind, die aber tatsächlich die sozialistische Umwälzung nicht nur nicht herbeiführen, sondern sie vielmehr überflüssig machen. Bleibt dann als Begründung des Sozialismus bloß das Klassenbewußtsein des Proletariats. Aber auch dieses ist gegebenenfalls nicht der einfache geistige Widerschein der sich immer mehr zuspitzenden Widersprüche des Kapitalismus und seines bevorstehenden Untergangs – dieser ist ja verhütet durch die Anpassungsmittel –, sondern ein bloßes Ideal, dessen Überzeugungskraft auf seinen eigenen ihm zugedachten Vollkommenheiten beruht.

Mit einem Wort, was wir auf diesem Wege erhalten, ist eine Begründung des sozialistischen Programms durch »reine Erkenntnis«, das heißt, einfach gesagt, eine idealistische Begründung, während die objektive Notwendigkeit, das heißt die Begründung durch den Gang der materiellen gesellschaftlichen Entwicklung dahinfällt. Die revisionistische Theorie steht vor einem Entweder-Oder. Entweder folgt die sozialistische Umgestaltung nach wie vor aus den inneren Widersprüchen der kapitalistischen Ordnung, dann entwickeln sich in dieser Ordnung auch ihre Widersprüche, und ein Zusammenbruch in dieser oder jener Form ist in irgendeinem Zeitpunkt das unvermeidliche Ergebnis, dann sind aber auch die »Anpassungsmittel« unwirksam, und die Zusammenbruchstheorie richtig. Oder die »Anpassungsmittel« sind wirklich imstande, einem Zusammenbruch des kapitalistischen Systems vorzubeugen, also den Kapitalismus existenzfähig zu machen, also seine Widersprüche aufzuheben, dann hört aber der *Sozialismus* auf, eine historische Notwendigkeit zu sein, und er ist dann alles, was man will, nur nicht ein Ergebnis der materiellen Entwicklung der Gesellschaft. Dieses Dilemma läuft auf ein anderes hinaus: entweder hat der Revisionismus in bezug auf den Gang der kapitalistischen Entwicklung recht, dann verwandelt sich die sozialistische Umgestaltung der Gesellschaft in eine Utopie, oder der Sozialismus ist keine Utopie, dann muß aber die Theorie der »Anpassungsmittel« nicht stichhaltig sein. That is the question, das ist die Frage.

[74]

WILHELM LIEBKNECHT

Wissen ist Macht – Macht ist Wissen (1872)

Wilhelm Liebknecht, 1826–1900, Politiker und Journalist. Studium der Philologie und Philosophie. 1848/49 Teilnahme an den revolutionären Erhebungen in Baden, nach deren Unterdrückung Flucht in die Schweiz, dann nach England. In London enge Verbindung mit Karl Marx. 1862 Rückkehr nach Deutschland. Wegen sozialdemokratischer Agitation 1865 Ausweisung aus Preußen; journalistische Tätigkeit in Leipzig. Wegen seiner marxistisch-internationalen Grundüberzeugung hat er nur vorübergehenden Kontakt zu Lassalle. 1872 zusammen mit A. Bebel wegen Hochverrats zu zwei Jahren Festung verurteilt. L. gehört zu den ersten sozialdemokratischen Abgeordneten im Reichstag. Über viele Jahre leitet er den »Vorwärts«.

Quelle: Wissen ist Macht – Macht ist Wissen, Festrede, gehalten zum Stiftungsfest des Dresdener Bildungs-Vereins am 5. Februar 1872 von Wilhelm Liebknecht, Neue Auflage, Berlin 1919, S. 11 ff.

Wissen ist Macht! Bildung macht frei! An dieses Wort, das vorhin im Prolog (zu dem Dresdener Fest) betont wurde, und das wir so häufig im Munde unserer Gegner hören, wird mein heutiger Vortrag sich anknüpfen. Ja, im Munde unserer Gegner, und gegen uns angewandt, zur Widerlegung des von uns, von der Sozialdemokratie verfochtenen Satzes, daß die *Hauptthätigkeit* des Arbeiters sich auf die Umgestaltung der staatlichen und gesellschaftlichen Verhältnisse zu richten habe, und daß die ausschließliche Verfolgung von Bildungszwecken für den Arbeiter nichts sei, als eine zeitraubende Spielerei, welche weder dem Einzelnen noch dem Ganzen zum Vortheil gereicht.

Knowledge is power – Wissen ist Macht! Wohl ist das ein wahres Wort. Wissen ist Macht, Wissen *giebt* Macht, und *weil* es Macht giebt, haben die Wissenden und Mächtigen von jeher das Wissen als ihr Kasten-, ihr Standes-, ihr Klassen-Monopol zu bewahren, und den Nichtwissenden, Ohnmächtigen – von jeher die Masse des Volkes – vorzuenthalten gesucht. So ist es zu allen Zeiten gewesen, so ist es noch heute.

Es folgen historische Hinweise zum Beleg dieser These.

Das Wissen ist unter dem Verschluß der Herrschenden, den Beherrschten unzugänglich, außer in der Zubereitung und Verfälschung, die den Herrschenden beliebt. Und wenn es einer beherrschten Klasse, wie der französischen Bourgeoisie im vorigen Jahrhundert, einmal gelungen ist, sich Wissen und mit Hülfe des Wissens die politische Macht zu erringen, so hat sie regelmäßig ihre Macht nur gebraucht, um sich selbst in der Macht zu befestigen, um ihr materielles Interesse zu fördern, und die »unteren Klassen« in Unfreiheit und geistige Nacht zu stürzen. Ich übertreibe nicht, ich spreche nur eine unumstößliche, durch die Geschichte auf jeder Seite bestätigte Wahrheit aus, indem ich sage:

Es hat noch nie eine herrschende Kaste, einen herrschenden Stand, eine herrschende Klasse gegeben, die ihr Wissen und ihre Macht zur Aufklärung, Bildung, Erziehung der Beherrschten benutzt und, nicht im Gegentheil, systematisch ihnen die echte Bildung, die Bildung, welche frei macht, abgeschnitten hätte.

Es liegt das im innersten Wesen der Herrschaft. Wer herrscht, will *sich* stark und den Beherrschten schwach machen. Und wer allgemeine Bildung will, muß deshalb gegen jede Herrschaft ankämpfen.

Es folgt, auch im internationalen Vergleich, eine Kritik der deutschen Kultur, an der »Bildung der Gebildeten«.

Aristoteles sagt in seinem Buch vom Staat: »Der Staat ist der Verein, der nach dem höchsten Gut trachtet, weil er der bedeutendste Verein ist und alle anderen umfaßt.« Und weiter sagt Aristoteles: »Der Staat ist ein Verein von Gleichen, zum Zweck des besten Lebens.« Das »ist« bedeutet: »*soll* sein«; der Staat des Aristoteles ist leider noch ein unerreichtes Ideal, ein Ideal, das, vor mehr als 2000 Jahren aufgestellt, die heutige Wirklichkeit durch den Kontrast auf's Tiefste beschämt.

»Das höchste Gut«, nach dem der heutige Staat trachtet, ist die Erhaltung der Privilegien und Mißbräuche; die »Gleichen« sind die Privilegirten, denen die ungeheure Mehrzahl der Bevölkerung rechtlos gegenüber steht; und diesen Privilegirten »das beste Leben« zu garantiren, *das* ist alleiniger »Staatszweck«.

Die dicken Militärbudgets und die dünnen Unterrichtsbudgets sind untrügliche Gradmesser unserer Kultur, und die vernichtende Kritik, welche sie ihr in das heuchlerische Antlitz schleudern, läßt sich durch keine schönfärberischen Sophismen abschwächen.

Von legendenhaften Traditionen zehrend, posaunen oberflächliche und gesinnungslose Volks- und Fürstenschmeichler in die Welt hinaus: »Wir sind das gebildetste Volk der Erde, wir haben das beste Schulsystem!« Pharisäerhaftes Gerede das. Was ein Mann von dem Gewichte Buckle's, der unsere sämmtlichen Tagesschriftsteller hundertfach aufwiegt, von der deutschen Bildung urtheilt, habe ich bereits mitgetheilt. Ich habe auch mitgetheilt, daß er dem englischen und französischen *Volk* eine höhere Bildung zuerkennt als dem deutschen, und daß er den großen Vorzug der amerikanischen Republik vor den übrigen Staaten darin erblickt, daß sie die wenigsten Gelehrten und die wenigsten Unwissenden enthält. *Gleichmäßigkeit der Bildung ist ein Kulturerforderniß. Gleichheit der Bildung das Kulturideal.* Ueberhaupt liegt der menschliche Fortschritt in der Annäherung an die Gleichheit. Freiheit ist eine Phrase, die alles Mögliche umhüllt. *Gleichheit ist ein Prinzip.* Große Verschiedenheit in der leiblichen und geistigen Stellung der Glieder eines Staats gilt mit Fug und Recht für ein Uebel, für ein Zeichen der Unkultur; und man betrachtet es allgemein als den dunkelsten Flecken der asiatischen Halbkultur, daß sie den Herrschern und ein paar Tausenden ihrer Gehülfen die kolossalsten Reichthümer in den Schooß wirft, die Millionen des Volks zu der entsetzlichsten Noth verurtheilt. In der Türkei, in Indien, in Rußland, in Persien findet man Oben einen Luxus, von dem wir uns kaum einen Begriff machen können, Unten eine Armuth, von der wir uns – leider sehr leicht einen Begriff machen können. Hat doch der moderne Industrialismus und Kapitalismus die Tendenz, diese Schattenseite der orientalischen Halbkultur oder Halbbarbarei bei uns einzubürgern: die Gegensätze zwischen extremem Reichthum und extremer Armuth unvermittelt nebeneinander zu stellen.

Es folgen eine Beschreibung und Kritik der Auswirkungen des Kapitalismus sowie eine Auseinandersetzung mit der Behauptung »wir Deutsche haben das beste Schulsystem, ergo sind wir das gebildetste Volk«.

»Wie die Schule, so der Staat«, lautet ein ideologisches Sprichwort. *»Wie der Staat, so die Schule«*, lautet die realpolitische Ueber- und Umsetzung. Die Schule ist das mächtigste Mittel der Befreiung, und die

Schule ist das mächtigste Mittel der Knechtung – je nach der Natur und dem Zweck des Staats. Im freien Staat ein Mittel der Befreiung, ist die Schule im unfreien Staat ein Mittel der Knechtung. »Bildung macht frei« – von dem unfreien Staat verlangen, daß er das Volk bilde, heißt ihm einen Selbstmord zumuthen. Der moderne Klassenstaat bedingt aber seinem Wesen nach die Unfreiheit. Die *Schule, wie sie ist,* und die *Schule, wie sie sein soll,* verhalten sich zueinander genau gleich dem *Staat, wie er ist,* und dem *Staat, wie er sein soll.* Der Staat, wie er ist, d. h. der *Klassenstaat, macht die Schule zu einem Mittel der Klassenherrschaft.* Er kann freie Männer nicht brauchen, nur gehorsame Unterthanen; nicht Charaktere, nur Bedienten- und Sklavenseelen. Da ein »intelligenter« Bedienter und Sklave brauchbarer ist als ein unintelligenter – schon die Römer legten auf Sklaven, die etwas gelernt hatten, einen besonderen Werth und zahlten entsprechende Preise für sie –, sorgt der moderne Staat für eine gewisse Intelligenz, nämlich für *Bedienten-Intelligenz,* die das menschliche Werkzeug verfeinert und vervollkommnet, so daß sich besser mit ihm »arbeiten« läßt. *So wird die Schule zur Dressuranstalt statt zur Bildungsanstalt.* Statt Menschen zu erziehen, erzieht sie Rekruten, die auf's Kommando in die Kaserne, diese *Menschen-Maschinenfabrik,* eilen; Steuerzahler, die sich nicht mucksen, wird ihnen das Fell über die Ohren gezogen; Lohnsklaven des Kapitals, die es in der Ordnung finden, daß ihnen das Mark aus den Knochen gesogen wird. Der *Hauptzweck* der Schule ist aber entschieden, taugliches Rohmaterial für die Kaserne zu liefern. In der Kaserne erst wird der »wahre Mensch« fertig gemacht. Der Schulmeister dressirt, der Unteroffizier drillt. Der Unteroffizier ist die Fortsetzung des Schulmeisters. Die Volksschule ist die Vorschule der Kaserne, die Kaserne die Fortbildungsschule der Volksschule. Ohne den Schulmeister kein Unteroffizier! Wer je auf einem Exerzierplatz gewesen ist und dem Drillungsprozeß, der Anfertigung von Menschen-Maschinen zugeschaut hat, wird mir zugeben, daß nur dressirte Geschöpfe sich diesem Prozeß unterwerfen können. Mit Menschen, echt menschlich gebildet, zur Unabhängigkeit erzogen, wäre er einfach unmöglich. Auf der anderen Hand: ohne den Unteroffizier kein Schulmeister! (Ich meine natürlich den Schulmeister des heutigen Klassen- und Musterstaats.) Würde die Dressur nicht in den Kasernen und auf den Exerzierplätzen *vollendet,* würde sie nicht durch das Drillsystem, welches in das für die Charakterbildung entscheidende Alter fällt, unverlöschlich eingeprägt, so könnte auch das Dressursystem sich nicht auf die Dauer behaupten. Der Schulmeister und der Unteroffizier ergänzen sich gegenseitig. Der dressirende Schulmeister und der drillende Unteroffizier sind die beiden Hauptpfeiler des heutigen Staats; und neben dem drillenden Unteroffizier hat allerdings der dressirende

Schulmeister, der Schulmeister, wie er ist, »bei Sadowa gesiegt«.

Der Schulmeister, wie er sein *soll*, hätte Sadowa nebst Allem, was drum und dran hängt, *unmöglich gemacht*. Eine *gebildete* Jugend läßt sich nicht zu »Kanonenfutter« verarbeiten.

Urtheile ich etwa zu hart über die heutige Volksschule? Man blicke in die berüchtigten preußischen Schulregulative, die mit unbedeutenden Änderungen für ganz Deutschland gelten, und man wird das Urtheil vollauf begründet finden. Nicht das *Denkvermögen* der Kinder wird geweckt und geschärft, nicht die Kenntniß der Natur und ihrer Gesetze ihnen eingeflößt, das Wesen des Menschen und der Gang der menschlichen Entwickelung ihnen nicht klar gemacht, nicht das Selbständigkeitsgefühl gepflegt: das Gegentheil von alledem. *Geschichte* und *Naturwissenschaften* werden *so gut wie nicht gelehrt* – unter dem Namen »Geschichte« ein wüster Haufen von Jahreszahlen, Fürstennamen und Schlachten, erlogene oder schöngefärbte Anekdoten zur Verherrlichung der betreffenden Landesväter, verleumderische, den rohesten Nationalhaß fördernde Lügen über fremde Nationen, lächerliches Herausstreichen imaginärer Tugenden der eigenen Nation. Durch mechanisches Auswendiglernen wird das Denkvermögen erstickt, blinder Glaube – der Bruder des blinden Gehorsams, welchen die Kinder später in der Kaserne zu üben haben – als oberste Pflicht, die freie Forschung als Teufelswerk hingestellt, jede selbstständige Regung ertödtet. Und das Lesen und Schreiben sogar wird der Regel nach nur auf das Ungenügendste in unserer gepriesenen Volksschule gelehrt. Wer immer mit dem Volke verkehrt, wird mir dies bestätigen. Fließend und richtig lesen können nur die wenigsten Kinder, welche die Schule verlassen. Und was das Schreiben anbelangt, so ist das Resultat ein noch weit ungünstigeres. In meiner Eigenschaft als Redakteur eines Arbeiterblattes habe ich die beste Gelegenheit, mir über diesen Punkt ein Urtheil zu bilden. Von den Tausenden von Briefen und Zuschriften, die mir seit Jahren aus Arbeiterkreisen zugegangen sind, ist nur ein verschwindend kleiner Theil orthographisch richtig geschrieben und in stylistischer Hinsicht den mäßigsten Anforderungen entsprechend. Und die Arbeiter, welche in die politisch-soziale Bewegung eingetreten sind und an ein Arbeiterblatt schreiben, stehen nicht *unter*, sondern *über* dem Durchschnittsgrad der in den Arbeiterkreisen verbreiteten Bildung. Durch meine persönlichen Erfahrungen bin ich zu dem Resultat gekommen, daß in Deutschland – meine Erfahrungen umfassen ziemlich gleichmäßig ganz Deutschland –, daß in Deutschland *unter je tausend Zöglingen* unserer gepriesenen Volksschulen *kaum Einer im Stand ist, seine Gedanken mit einiger Korrektheit schriftlich auszudrücken.*

Die Zahl Derer, die erträglich lesen können, ist unstreitig weit größer, und ich gebe gern zu, daß das Lesen als *Bildungsmittel* weit wichtiger ist als das Schreiben. Wer Lesen kann und die Neigung hat, sich auszubilden, wird, falls er Zeit hat und ihm bildende Lektüre zu Gebote steht, die Lücken seiner Erziehung allmälig ausfüllen und sich eine wirkliche Bildung erwerben. Aber steht solche Lektüre unserem Volk zu Gebot? Die Frage muß *verneint* werden. Jeder Buchhändler kann Ihnen sagen, daß *unsere klassische Literatur,* wie Buckle uns vorgeworfen hat, *für das Volk nicht existirt* – erst in neuester Zeit, wo sehr billige Ausgaben veranstaltet werden, beginnen einzelne Werke unserer großen Autoren in die *mittleren* Schichten der Bevölkerung zu dringen –; die Bücher unserer Gelehrten sind für die Massen mit sieben Siegeln versiegelt –; *die geistige Nahrung des Volkes ist die Tagespresse:* Zeitungen und billige Unterhaltungsblätter. Zum Unglück verhält es sich mit dieser *geistigen* Nahrung wie mit der *körperlichen* Nahrung, auf welche das Volk angewiesen ist; gleich ihr ist sie verfälscht und ungesund, und dem Geist ebenso schädlich, wie jene dem Körper.

Es folgt eine Kritik der »Unterhaltungsblätter« und der »politischen Tagespresse«.

Neben der *Schule* und *Kaserne* ist die *Presse unsere dritte große Bildungsanstalt.* Und sie reiht sich ihren Kolleginnen würdig an. Ein Herz und Eine Seele mit ihnen, ergänzt sie deren Werk. Was in der Kaserne und Schule gelehrt wird, das trägt sie in's Land, in jedes Haus, in jede Hütte – nur daß sie nicht immer im Ton des Schulmeisters und Unteroffiziers spricht, sondern es oft liebt, ein freisinniges Mäntelchen umzuhängen, gern von Volkswohl, Aufklärung, demokratischen Errungenschaften und sonstigen Modeartikeln redet, weil das »zieht«, und die unschmackhafte Waare unter solch hübscher Etikette leichter Absatz findet.

Es folgt ein Exkurs über die aktuellen Beziehungen zwischen Staat, Kirche und Schule: »Verglichen mit den Wirkungen der gigantischen Verdummungsmaschine, genannt: Presse«, sieht L. den »außerhalb der Schule von der Kirche ausgeübten Einfluß« als gering an.

Mit der Schule und Kaserne bildet die Presse die große Dreieinigkeit der Volksverdummung; und dieser heiligen Allianz gegen die Emanzipation der Menschheit wird von der Kirche, wie das ihr Wesen mit sich bringt, aller erdenkliche Vorschub geleistet. Während die Schule nebst Kirche und die Kaserne ausschließlich Bildungsanstalten des *Staats* sind, ist die Presse gemeinsames Instrument des *Staats und der Gesellschaft.*

Es folgen Hinweise zur Situation der Presse in Deutschland: »Die Tagespresse ist der treue Spiegel der Staats- und Gesellschaftszustände.«

Wir haben nun die bildungsspendende Dreieinigkeit des heutigen Staats und der heutigen Gesellschaft: *Schule, Kaserne* und *Presse* die Revue passieren lassen und die Bestätigung des Satzes gefunden, daß

Staat und Gesellschaft von heute nur *verfälschte* Bildung unter das Volk bringen, und prinzipielle Gegner wirklicher Bildung sind; daß unsere moderne Kultur blos eine dünne Kruste ist, welche bei der geringsten Erschütterung platzt, und aus der dann die brodelnde und gährende Lava der Barbarei hervorbricht.

Es folgen Hinweise auf die »Wurmstichigkeit unserer Kultur« und Belege für die »körperliche Verkrüppelung« der Arbeiter durch ihre Tätigkeit in der Industrie.

Das zur *»Kultur«* der heutigen Gesellschaft!

Und nun ein Wort über die *»Bildung«*, welche sie dem Arbeiter angedeihen läßt. Von der *Schule* habe ich schon gesprochen, für welche die Gesellschaft nur indirekt verantwortlich ist, – aber doch verantwortlich. Staat und Gesellschaft lassen sich nicht trennen, es herrscht moralische Solidarität zwischen ihnen. Ich meine die »zivilisatorischen« Wirkungen der heutigen Produktion auf Geist, Gemüth und Körper des Arbeiters. Wohlan: wenn die Bildung das ist, was die edelsten und erleuchtetsten Männer darunter verstanden haben, wenn sie in der harmonischen Entwickelung aller Fähigkeiten besteht, so wirkt die Gesellschaft diesem Bildungsideal schnurstracks entgegen. Sie bildet den Geist wie den Körper auf's Einseitigste aus, entfaltet untergeordnete Fähigkeiten in unnatürlicher Weise, erstickt oder verkrüppelt die wichtigsten Fähigkeiten.

Es folgt eine Beschreibung der Lebens- und Arbeitssituation des Fabrikarbeiters unter den Bedingungen der kapitalistischen Produktion.

Diesen Fluch zu entfernen, das allgemeine Wohl mit dem Wohl jedes Einzelnen gleichbedeutend zu machen – das ist das Ziel der Sozialdemokratie. Die Maschine hört auf, den arbeitenden Menschen zu unterdrücken, sobald sie aufhört, das Eigentum eines Individuums, einer Klasse zu sein. Von dem Augenblick an, wo die Maschine in die Dienste der Allgemeinheit tritt, wird aus der Herrin des Arbeiters dessen Dienerin.

Es folgen Hinweise auf Erfindungen, Maschinen und Arbeitsinstrumente als »Produkt der Kollektiv-Intelligenz«.

Der Durst nach Wissen ist jedem Menschen angeboren, die Fähigkeiten sind gleichmäßig unter den Menschen vertheilt. Nicht Alle haben gleiche Anlagen, aber bei allen normalgeborenen Kindern ist die Gesamtsumme der Anlagen so ziemlich gleich, und von den Verhältnissen hängt es ab, ob und wie die Anlagen und welche Anlagen entwickelt werden.

Die *Keime* sind in unendlicher Fülle in dem Menschengeschlecht niedergelegt; fast alle aber vertrocknen aus Mangel an den Entwickelungsbedingungen unter den heutigen Gesellschafts-Verhältnissen. Es ist purer Zufall, kommt ein Talent zur Entfaltung; eine Menge günstiger Umstände müssen zusammenwirken. Die Talente des Armen haben gerade so viel Aussicht zu wachsen und aufzublühen, wie Saatkorn, gestreut auf die festgestampfte, ununterbrochen von Füßen getretene, von Rädern zerfahrene Landstraße.

Es folgen Hinweise auf die »Sturm- und Drangperioden der Geschichte«, die zur Entwicklung vielfacher Talente beitragen.

In der heutigen Gesellschaft wird für die Entwickelung der Anlagen nicht nur nicht gesorgt, die Anlagen werden geradezu unterdrückt oder verkrüppelt.

Die heutige Gesellschaft hat darum kein Recht, *sich* kulturfreundlich zu nennen, und *uns* Kulturfeinde. *Sie* ist kulturfeindlich, denn sie verhindert den Aufschwung der Kultur – und *wir*, die Vorkämpfer der *neuen*, sozialistischen Gesellschaft, sind *die Vertheidiger der Kultur* gegen die kulturfeindliche *alte Gesellschaft*, welche dem Volke das Wissen vorenthält, welche es leiblich und geistig erdrückt, welche das Gemeinwohl gemeinschädlichen Klasseninteressen opfert, das Eigentum zum Monopol einer ausbeutenden Minorität, den Arbeiter zum Ding, die Familie für das Proletariat zu einem frommen Wunsch, die Moral zur Heuchelei, die Bildung zur Lüge macht.

Es folgt eine Kritik an »Eigenthum, Familie, Moral, Bildung« in der Bourgeoisie.

So lange der heutige Staat und die heutige Gesellschaft bestehen, keine Kultur, keine Bildung, keine Volkserziehung! –

Hier habe ich noch einem Einwand zu begegnen. Es giebt Liberale, ja Demokraten, welche sagen: *die Bildung, die Erziehung ist nicht Sache des Staats,* sondern *der Gemeinde,* und von der Gemeinde muß die Reform der Volksschule ausgehen. Diese Anschauung, die mit der famosen »Nachtwächteridee« der freihändlerischen, freikonkurenzlerischen Bourgeoisie auf's Innigste zusammenhängt, ist eine grundfalsche. Man braucht sie nur an den Prüfstein der Praxis zu halten, um dies sofort zu erkennen. Schauen wir um uns. In Sachsen haben wir allerdings verschiedene Gemeinden, die im Stande wären, aus sich heraus ein gutes Schulwesen zu oranisieren. Aber geschieht es? Hat z. B. das reiche, mit seiner Bildung prahlende Leipzig Volksschulen, in denen den Kindern echte Bildung verabreicht wird? Jeder gewissenhafte Leipziger Lehrer muß die Frage verneinen. In unseren Gemeinden, soweit sie Selbstverwaltung haben, macht sich die Klassenherrschaft noch rücksichtsloser geltend, als im Staat, und, wo irgend es die Mittel erlauben, werden wir sehen, daß die für Unterrichtszwecke bestimmten Gemeindesteuern dazu verwandt werden, den Kindern der Wohlhabenden auf Kosten der Gesammtheit gute Schulen zu geben, daß aber die Kinder der Armen auf das Schmählichste vernachlässigt werden. Es ist dies ein Teil des *praktischen Kommunismus, den unsere*

Bourgeoisie mit solcher Vorliebe übt. Aber wie groß ist nicht in unserer nächsten Nähe – ein Jeder meiner Zuhörer wird Beispiele namhaft machen können – wie groß ist nicht die Zahl der Gemeinden, denen es an den Mitteln fehlt, Schulen mit genügenden Lokalitäten und Lehrerkräften zu errichten. Sollen die armen Gemeinden ihre Kinder ohne Unterricht aufwachsen lassen? Kein vernünftiger Mensch wird dies bejahen. Und doch müßte es von Rechtswegen nach der angeführten Theorie geschehen. Diese kurze praktische Betrachtung genügt, um das Prinzip der Gemeinde-Erziehung in seiner Ungereimtheit zu zeigen. Die reichen Gemeinden, in denen die Bourgeoisie das Heft in den Händen hat, *wollen,* und die armen Gemeinden, in denen es keine Bourgeoisie giebt, *können* kein gutes Volksschulwesen organisieren. Aus dieser Zwickmühle kommen wir nicht heraus.

Nein – die Volksbildung, die Volksschule ist Sache des *gesammten Volks, des Staats.*

Zum Beleg dieser These folgen Zitate aus Fichtes »Reden an die deutsche Nation«.

Mit anderen Worten: *Die höchste Aufgabe des Staats ist die Volkserziehung, die Lösung dieser Aufgabe ist nur möglich durch den Staat; und zeigt sich der Staat unfähig, diese Aufgabe zu lösen, so hat er kein Recht zu bestehen.* Und *nur* der Staat, als Gesammtheit des Volks, verfügt über die zur Lösung der Aufgabe nöthigen Mittel; nicht ein *Theil* des Staats, nicht Gemeinde, Provinz, Kanton. Der Staat hat daher nicht das Recht, die Pflicht der Volkserziehung auf einen seiner Theile abzuwälzen, hat die Pflicht, dafür zu sorgen, daß keiner seiner Theile das Werk der Volkserziehung gefährde.

Es folgt eine Kritik der Versuche, die Schule mit Hilfe der Gemeinden oder durch private Initiativen zu reformieren.

Von den Männern, die auf die Volksbildung das Hauptgewicht legen, verlangen wir blos praktische und logische Konsequenz. Auch *wir* halten die Volksbildung für das Höchste. Aber wir lieben sie nicht blos platonisch. Sie soll zur Wirklichkeit werden. Volksbildung – das sind Volksschulen, in denen *allen* Kindern gleichmäßig der bestmögliche Unterricht gespendet wird; Volksbildung, das ist Unentgeltlichkeit des Unterrichts; Volksbildung, das sind Erziehungsanstalten, die das Werk der Volksschule fortsetzen, und den Jüngling und die Jungfrau für den Lebensberuf vorbereiten; Volksbildung, das sind staatliche und gesellschaftliche Einrichtungen, die das wahre Menschenthum fördern – mit Einem Wort: Volksbildung, wenn das Wort nicht ein leerer Schall, eine Lüge sein soll, bedeutet und bedingt die Umgestaltung von Grund aus der heutigen Staats- und Gesellschaftszustände; *und wem es Ernst ist um die Volksbildung, der hat die moralische Verpflichtung, mit uns auf diese Umgestaltung hinzuarbeiten.*

Die Sozialdemokratie ist im eminentesten Sinne des Worts die Partei der Bildung.

Der heutige Staat und die heutige Gesellschaft, die wir bekämpfen, sind Feinde der Bildung; so lange sie bestehen, werden sie verhindern, daß das Wissen Gemeingut wird. Wer da will, daß das Wissen Allen gleichmäßig zu Theil werde, muß daher auf die Umgestaltung des Staats und der Gesellschaft hinwirken. Sie, meine Herren, die Mitglieder des Arbeiterbildungsvereins, haben dies begriffen. Sie haben begriffen, daß der Tempel der Wissenschaft dem Volke verschlossen, die Zugänge der Bildung durch eine chinesische Mauer abgesperrt sind. Der Schlüssel des Tempels muß erobert, die Mauer niedergerissen werden. *Das Mittel ist die politische, die soziale Agitation.* Wohl sind die Feinde mächtig, die uns den Weg verlegen. Allein wider Willen liefern sie selber uns die Waffen zum Sieg. Die Zustände werden immer unnatürlicher, treten in immer schreienderen Widerspruch mit den Interessen der Allgemeinheit, des Volks, der Menschheit. Wie Unzähligen haben nicht die Greuel des letzten Krieges die Augen geöffnet! Je mehr der Staat sich zum Klassenstaat entwickelt, desto größeren Druck muß er auf die beherrschten, ausgebeuteten Klassen ausüben, desto tiefere und allgemeinere Unzufriedenheit erzeugen. Und ebenso die moderne Gesellschaft. Je mehr der Kapitalismus, die Großproduktion auf die Spitze getrieben wird, desto größer wird die Kluft zwischen Armen und Reichen, desto gebieterischer tritt an die Massen die Nothwendigkeit heran, das Joch der Lohnsklaverei abzuschütteln.

Wohl sucht man dem Volk die Möglichkeit der Bildung abzuschneiden. Aber die Noth ist die beste Lehrmeisterin. Jede neue Maschine predigt das Evangelium der sozialen Emanzipation; jede neue Fabrik ist eine Pflanzschule der Sozialdemokratie; jeder ruinirte Handwerker und Kleinmeister schwellt die proletarische Armee. Also leichten Herzens und zuversichtlichen Muthes an die Arbeit! »Die Zukunft gehört *uns!*« Die Gegner können keinen Schritt thun, ohne durch Deserteure aus ihren Reihen unsere Armee zu verstärken.

Nicht um Herrschaft ringen wir, nicht um Privilegien. *Die Herrschaft als solche wollen wir beseitigen.* Wo Herrschaft ist, ist Knechtschaft, und wo Knechtschaft, Ausbeutung. Wir bekämpfen die Herrschaft in jeder Form, die politische und die soziale. Wir erstreben den freien Volksstaat, der, auf den Trümmern der jetzigen Klassenherrschaft errichtet, die Harmonie der Interessen zur Wahrheit macht –, die freie Gesellschaft in dem freien Staat, den Staat, welcher Jedem gleichmäßig die Mittel zur harmonischen Ausbildung seiner Fähigkeiten gewährt, und, in Erfüllung des Aristotelischen Ideals, »nach dem höchsten Gut trachtet«: *nach dem echten Kulturstaat.* Und wir erstreben die freie Gesellschaft, die an Stelle der unmoralischen, geist- und körpertödtenden *Lohnarbeit* die brüderliche, *genossenschaftliche Arbeit* setzt, und den Quell aller staatlichen und gesellschaftlichen Uebel, die *Ausbeutung des Menschen durch den Menschen*, verstopft.

Erst im freien Staat und der freien Gesellschaft löst die heutige Disharmonie sich in Harmonie auf. Erst im freien Staat mit der freien Gesellschaft können wir die allseitige Harmonie erlangen, die der höchste Kulturzweck ist: *die Harmonie der Interessen, die Harmonie des Menschen mit sich selbst* – Harmonie nach *Außen:* Harmonie der Völker, Harmonie im Staat und in der Gesellschaft; Harmonie nach *Innen:* Harmonie im Individuum durch Entwickelung aller Fähigkeiten und durch Aufhebung des Widerspruchs zwischen Ideal und Wirklichkeit, zwischen Theorie und Praxis, zwischen Moral und Handeln.

Nur auf dem Wege politischer Agitation ist dieses Ziel zu erreichen. Der Leipziger (Dresdener) Arbeiterbildungsverein hat dies erkannt, und damit bewiesen, daß er sich der Aufgabe eines Bildungsvereins bewußt ist. Lassen Sie sich durch nichts von Ihrer Bahn ablenken. Saugen Sie frische Kraft aus jedem Hemmniß. Die Bahn führt zum Sieg ... *Dort* ist die Bildung, das *Wissen für Alle.* Der Staat und die Gesellschaft stehen zwischen uns und dem Ziel. Wir müssen hinwegschreiten über Staat und Gesellschaft. Verzichten wir auf den Kampf, auf den politischen Kampf, so verzichten wir auf die *Bildung*, auf das *Wissen.* »Durch Bildung zur Freiheit«, das ist die *falsche* Losung, die Losung der falschen Freunde. Wir antworten: *Durch Freiheit zur Bildung!* Nur im freien Volksstaat kann das Volk Bildung erlangen. Nur wenn das Volk sich politische Macht erkämpft, öffnen sich ihm die Pforten des Wissens. *Ohne Macht für das Volk kein Wissen! Wissen ist Macht! – Macht ist Wissen!*

[75]

SOZIALDEMOKRATISCHE PARTEI DEUTSCHLANDS

Leitsätze zum Thema »Volkserziehung und Sozialdemokratie« (1906)

Auf dem Mannheimer Parteitag der Sozialdemokratischen Partei 1906 wurden die schul- und kulturpolitischen Forderungen der Arbeiterbewegung ausführlich dargestellt. Die »Leitsätze« bildeten die Grundlage von Referaten, die von Heinrich Schulz und Klara Zetkin gehalten wurden.

Quelle: Sozialdemokratische Partei, Protokoll über die Verhandlungen des Parteitages der SPD, abgehalten zu Mannheim 1906, Berlin 1906, S. 134 ff.

I. Das Ziel der Erziehung ist nicht ein absoluter Begriff religiöser oder moralischer Art, sondern es ist den im Flusse der gesellschaftlichen Entwicklung maßgebenden Faktoren, in letzter Linie den ökonomischen Triebkräften der betreffenden Zeit unterworfen.

Da die bisherige menschliche Geschichte sich in Form von Klassengegensätzen vollzog, so fehlte es bisher an einer einheitlich organisierten öffentlichen Erziehung für die Gesamtheit des Volkes, die öffentliche Erziehung war vielmehr stets und überall Klassenerziehung. Während die jeweilig herrschenden Klassen für sich eine verhältnismäßig gute Bildung, und zwar sowohl eine hohe Allgemeinbildung als auch eine für die Beherrschung der Produktion und des Staates notwendige technische Bildung zu monopolisieren wußten, haben sie die unterdrückten Klassen stets entweder ohne jegliche Bildung gelassen oder ihnen doch nur das bescheidenste Maß einer für die jeweilige Produktionsform unerläßlichen technischen Bildung eingeräumt.

So ist auch die Volksschule in den kapitalistisch regierten Staaten der Gegenwart weit davon entfernt, ein wirksames Organ wahrhafter Volksbildung zu sein, nur ein Hülfsmittel der kapitalistischen Produktion zum Zwecke einer elementaren technischen Abrichtung der Arbeitermassen. Eine planmäßige Hebung der Volksschule scheitert, obwohl sie im Interesse der sozialen Entwickelung liegt, fortwährend an dem durch Militarismus, Kolonialpolitik und ähnliche kostspielige Interessen der herrschenden Klasse bewirkten ständigen Geldmangel des Staates. Außerdem bewirkt die zunehmende Arbeitsteilung und die dadurch entstehende Schablonisierung und Geistlosigkeit der Arbeit in vielen Industriezweigen ein Erlahmen des kapitalistischen Interesses für die Volksschule.

Aber die Volksschule ist nicht nur ein Mittel zum Zwecke des kapitalistischen Profits, sie ist auch ein Herrschaftsinstrument zur Förderung der politischen Interessen des Kapitals. Während ein mannigfaltig gegliedertes und reichdotiertes höheres Bildungswesen der Jugend der herrschenden Klassen die Erwerbung einer auf wissenschaftlicher Basis beruhenden allgemeinen Bildung ermöglicht und den herrschenden Klassen dadurch ein geistiges Uebergewicht über die arbeitenden Klassen verschafft, wird die Arbeiterjugend in der Volksschule zum Glauben an ein künstlich zurecht gestutztes, gefälschtes Bild der Natur, der menschlichen Gesellschaft und der kulturellen Entwickelung gedrillt. Insbesondere sollen durch dogmatischen Religionsunterricht und byzantinischen Geschichtsunterricht in der Arbeiterjugend frühzeitig die Eigenschaften geistiger Demut und patriotischer Unterwürfigkeit gezüchtet werden, Tendenzen, die mit der Verschärfung der Klassengegensätze an Intensität zunehmen.

II. Der Sozialismus, der die Abschaffung der Klassenunterschiede will, beseitigt damit auch die Klassenerziehung. Er bricht zu diesem Zwecke mit den geltenden Prinzipien der gegenwärtigen öffentlichen Erziehung. Der Sozialismus sieht in dem Kinde nicht den zukünftigen Lohnsklaven und rechtlosen Proletarier, sondern er würdigt in ihm das werdende Glied der sozialen Gemeinschaft freier Arbeiter, bei dem in seinem eigenen und zugleich im gesellschaftlichen Interesse alle geistigen und körperlichen Fähigkeiten zu möglichst hoher Vollendung zu entwickeln sind. Die öffentliche Erziehung wird dadurch zu einer der wichtigsten sozialen Aufgaben, für die die besten geistigen und materiellen Mittel der Gesellschaft nutzbar zu machen sind.

Da der Sozialismus in der gesellschaftlichen Arbeit den Ursprung und die Grundlage der gesellschaftlichen Organisation erblickt, da er aus diesem Grunde den Gegensatz zwischen Handarbeit und Kopfarbeit, zwischen Praxis und Theorie aufhebt und damit die Arbeit aus der verachteten Niedrigkeit von heute erheben und zu einer Quelle des Glücks und der Freude gestalten will, so wird auch für die Erziehung in der sozialistischen Zukunft die »Arbeit« die Grundlage und zugleich das wertvollste, lebenerweckende und zu sozialer Gesinnung erziehende Element bilden. In dem kindlichen Spiel der ersten Lebensjahre kommt der allgemein menschliche Drang nach Betätigung zuerst zum Ausdruck. Die zukünftige öffentliche Erziehung wird daher – ohne die kindliche Lebensfreude zu beeinträchtigen – beim Spiel anknüpfen und von hier aus Knaben und Mädchen in gemeinsamer Erziehung und in steter Anlehnung an den sozialen Arbeitsprozeß durch die Jahre körperlichen und geistigen Wachstums geleiten, bis sie als vollentwickelte Individuen und mit vollem Verantwortlichkeitsbewußtsein in die soziale Gemeinschaft eintreten, und zwar an die ihrer Individualität am besten entsprechende Stelle.

III. Von diesen Grundsätzen ausgehend, fordert die deutsche Sozialdemokratie im Interesse der Hebung der öffentlichen Erziehung zunächst:

Schaffung eines Reichsschulgesetzes auf der Grundlage der Weltlichkeit und Einheitlichkeit des gesamten Schulwesens.

Organische Angliederung der höheren an die niederen Bildungsanstalten. Unentgeltlichkeit des Unterrichts, der Lehrmittel und der Verpflegung in den öffentlichen Schulen. Beihülfe des Staates für die Weiterbildung befähigter, aber unbemittelter Schüler ohne Beeinträchtigung der bürgerlichen Rechte der Eltern.

Gleichberechtigung der Geschlechter in den Lehrkörpern und der Schulverwaltung. Mitwirkung der Eltern und der Lehrerschaft bei der Schulverwaltung. Fachschulaufsicht.

Errichtung von Erziehungs- und Verpflegungsanstalten für das vorschulpflichtige Alter (Kindergärten) weltlichen Charakters. Errichtung von Schulheimen, in denen die Kinder in den unterrichtsfreien Tagesstunden leibliche und geistige Fürsorge finden. Gründung von Sanatorien für schwächliche und kränkliche Kinder.

Errichtung von Fach- und Fortbildungsanstalten für die schulentlassene Jugend ohne Unterschied des Geschlechts. Obligatorischer Besuch dieser Schulen während der Tageszeit bis zum vollendeten 18. Lebensjahr.

Einführung des Arbeitsunterrichts in alle Schulen. Errichtung von Lehrwerkstätten. Pflege der künstlerischen Bildung.

Festsetzung der Klassenfrequenz und der Unterrichtszeit, sowie Organisation des inneren Schulbetriebes ausschließlich nach pädagogischen Grundsätzen unter Mitwirkung der Lehrer und Lehrerinnen.

Errichtung von besonderen Klassen und Schulen für abnorme Kinder (schwachbegabte, viersinnige, epileptische usw.). Ueberwachung des Gesundheitszustandes der Kinder durch Schulärzte. Ferienkolonien.

Bau und Ausgestaltung von Schulgebäuden nach den Forderungen der Pädagogik, Schulhygiene und Kunst.

Errichtung von Bädern, Schwimm-, Wärme- und Speisehallen in den Schulen.

Errichtung von Volksbibliotheken, Lesehallen und Instituten für Volksbelehrung und -Unterhaltung (Volkskonzerte, Volksvorstellungen usw.).

Materielle und soziale Hebung der Lage der Lehrer und Lehrerinnen, entsprechend der Bedeutung ihrer Aufgabe und zur Erzielung der höchsten persönlichen Leistungsfähigkeit. Universitätsbildung für sämtliche Lehrer und Lehrerinnen an öffentlichen Volksschulen.

IV. Der geschichtlichen Entwickelung eignet nicht die Tendenz, die Erziehung im Heim auszuschalten, sondern sie zu vertiefen. Die Erziehung im Heim hat das Wirken der öffentlichen Unterrichts- und Erziehungsanstalten zu vervollständigen. Sie soll nicht bloß Mutterwerk, sie muß gemeinsames Elternwerk sein. Die Sozialdemokratie fordert ihre Angehörigen auf, soweit sie als Eltern, Vormünder oder auf andere Weise berufen sind, die Erziehung von Kindern zu leiten oder zu beeinflussen, sich dieser wichtigen Aufgabe mit dem liebevollsten Ernst und der größten Gewissenhaftigkeit anzunehmen. Sie erklärt es für die selbstverständliche Pflicht der Parteiangehörigen, daß sie die Kinder im Geiste der sozialistischen Weltanschauung erziehen. So lange aber der Klassenstaat besteht und die Volksschule als Werkzeug der Klassenherrschaft mißbraucht wird, kann sich die häusliche Erziehung nicht harmonisch an den Schulunterricht angliedern, sie muß vielmehr im großen Umfange bewußt und planmäßig den Tendenzen entgegenwirken, welche diesen verfälschen und vergiften. Das gilt in erster Linie und im besonderen Maße von dem Religions- und Geschichtsunterricht. Die Erziehung im Geiste der sozialistischen Weltanschauung erfolgt nicht dadurch, daß man die unmündigen Kinder zum Auswendiglernen programmatischer Formeln zwingt. Sie fordert aber, daß diese durch die zweckentsprechende Geistes- und Charakterpflege für das Verständnis der sozialistischen Theorien und die Betätigung sozialistischer Gesinnung vorbereitet werden. Dazu gehört, daß man die Kinder in die Welt des natürlichen und sozialen Lebens und seiner Triebkräfte einführt, so daß sie den Menschen als ein Glied in der unendlichen Kette alles natürlichen und sozialen Seins erfassen lernen; daß man sie zum Wollen und zum Gebrauch der Freiheit erzieht; daß man in ihnen die Gefühle der Brüderlichkeit, der Liebe zur Wahrheit, Freiheit, Gerechtigkeit und Schönheit erweckt und pflegt. Das lebendige persönliche Beispiel der Erziehenden ist dabei ein Faktor von größter Wichtigkeit.

Damit die Parteigenossen ihre verantwortungsreiche Aufgabe erfüllen können, müssen sie mit Eifer auf ihre theoretisch-sozialistische Weiterbildung bedacht sein, sie müssen in strenger Selbstzucht an ihrer Charakterbildung arbeiten.

Die Partei hat die erzieherische Aufgabe der Eltern dadurch zu fördern, daß sie in ihrer Presse dem Volksschulwesen wie den pädagogischen Problemen dauernd die gebührende Beachtung schenkt und eine geeignete sozialistische Kinderliteratur schafft.

V. Das Proletariat ist der Träger einer in sich geschlossenen Weltanschauung, die zwar die konsequente Fortentwickelung der höchsten wissenschaftlichen und künstlerischen Ideale unserer Zeit ist, aber in scharfem Gegensatz zu der bürgerlichen Weltanschauung und damit auch zu der bürgerlichen Wissenschaft und Kunst unserer Tage steht, die einen ausgeprägten Klassencharakter tragen. Im Hinblick auf seine geschichtliche Mission kann daher das Proletariat die bürgerliche Geisteskultur nicht einfach übernehmen, es muß sie vielmehr seiner eigenen Weltanschauung gemäß umwerten. In diesen Tatsachen ist der relative Wert begründet, den auch die wohlmeinendsten und an sich verdienstlichen Bestrebungen bürgerlicher Kreise zur Hebung der wissenschaftlichen und künstlerischen Volksbildung haben. Die Sozialdemokratie kann daher an solchen Bestrebungen keinen Anteil haben.

Ihr selbst aber erwächst die Aufgabe, in steigendem Maße für die allseitige Weiterbildung ihrer Mitglieder zu sorgen, und zwar in erster Linie für deren theoretische Schulung durch planmäßige Einführung in die Grundsätze des wissenschaftlichen Sozialismus. Als Mittel kommen in Betracht: die Gründung beziehungsweise der Ausbau von Arbeiterbildungsschulen, die Veranstaltung von systematisch gegliederten Vortragskursen, die Veranstaltung von Lese- und Diskussionsabenden, beziehungsweise die Ausgestaltung der Zahlabende zu solchen: die Verbreitung der Literatur des wissenschaftlichen Sozialismus; die Behandlung theoretischer Fragen in der Tagespresse.

Innerhalb der Partei ist der künstlerische Sinn zu erwecken und zu pflegen durch die Ausstattung der Festschriften und illustrierten Publikationen; durch die Herausgabe von Meisterbildern und künstlerisch wertvoller Unterhaltungsliteratur, durch die Veranstaltung von Konzerten, Vortragsabenden, gemeinschaftlichen Museumsbesuchen usw., durch einführende Vorträge und Artikel in der Tagespresse; durch eine zweckentsprechende Ausgestaltung der Feste.

Ein Bildungsausschuß von 7 Mitgliedern, dessen Vorsitzender als besoldeter Geschäftsführer mit dem Sitz in Berlin fungiert, dient als Zentralstelle für die Bildungsbestrebungen. Er stellt organisch aufgebaute Programme für Vorträge und Vortragskurse und die dazu gehörigen Literaturnachweise zusammen, erteilt Ratschläge für belehrende und künstlerische Veranstaltungen, vermittelt rednerische und künstlerische Kräfte und sucht auf andere geeignete Weise seiner Aufgabe gerecht zu werden. Der Ausschuß wird alljährlich von dem Parteivorstand und der Kontrollkommission gewählt. Die Kosten für die Geschäftsführung, die der Kontrolle des Parteivorstandes untersteht, trägt die Partei. Maßnahmen des Bildungsausschusses, die finanzielle Anforderungen an die Partei stellen, unterliegen der Genehmigung des Parteivorstandes.

VI. Die Sozialdemokratie erachtet es als eine ebenso dringliche wie bedeutsame Pflicht, die aus der Schule entlassene proletarische Jugend mit der Weltanschauung des Sozialismus zu erfüllen und für die aktive, zielbewußte Anteilnahme am proletarischen Emanzipationskampfe vorzubereiten.

Die Bestrebungen zur sozialistischen Erziehung der schulentwachsenen Jugend erhalten einen festen geistigen Mittelpunkt durch ein eigenes periodisches Organ, das methodisch in die Theorien des wissenschaftlichen Sozialismus einführt und neben der allgemeinen geistigen Entwickelung die Charakterbildung fördert.

[76]

Papst Pius IX.

Enzyklika »Quanta cura«: Zum Verhältnis von Staat – Kirche – Schule (1864)

Pius IX., 1792–1878, Papst 1846–1878. Sein Pontifikat gewann gesamtkirchliche und darüber hinaus gesamtpolitische Bedeutung durch die Verkündung des Dogmas von der Unbefleckten Empfängnis (1854), durch die Veröffentlichung der Enzyklika »Quanta cura« (1864) sowie durch das vom Ersten Vatikanischen Konzil verkündete Dogma von der päpstlichen Infallibilität (1870). Im Kulturkampf mit Preußen vertrat Pius die (auch politische) Eigenständigkeit der Kirche gegenüber dem modernen Staat.

Quelle: Papst Pius IX., Enzyklika und Syllabus, 1864, Leipzig 1903, Kirchliche Aktenstücke Nr. 15, S. 3 ff.

In der Einleitung erinnert Pius IX. an die Weisheit und Wachsamkeit seiner Vorgänger und begründet die Notwendigkeit der Enzyklika, die neu aufgetretene Irrtümer überwinden soll.

Diese falschen und verkehrten Meinungen sind um so verabscheuungswürdiger, als sie besonders danach trachten, jene heilsame Kraft zu hemmen und abzulenken, welche die katholische Kirche kraft ihrer Einsetzung durch ihren göttlichen Stifter und kraft dessen Auftrages frei bis zum Ende der Jahrhunderte und zwar nicht allein gegen jeden einzelnen Menschen, sondern auch gegen Nationen, Völker und deren Herrscher ausüben soll, sowie die Uebereinstimmung und Eintracht zwischen Priestertum und Herrschertum zu zerstören, die stets zum Glück und Heil der religiösen und bürgerlichen Gesellschaft gereichte. Denn, Ihr wisset es sehr wohl, ehrwürdige Brüder, es gibt in unsern Tagen nicht wenige, die, auf die bürgerliche Gesellschaft den gottlosen und unsinnigen Grundsatz des sogenannten Naturalismus übertragend, zu lehren wagen, »die vollkommene Einrichtung der öffentlichen Gesellschaft und der bürgerliche Fortschritt erheischten es, daß die menschliche Gesellschaft ohne Rücksicht auf die Religion, als ob dieselbe nicht vorhanden sei, oder wenigstens ohne einen Unterschied zwischen der wahren Religion und den falschen Religionen zu machen, eingerichtet und regiert werde«. Und zuwider der Lehre der heiligen Schrift, der Kirche und der heiligen Kirchenväter tragen sie kein Bedenken, zu behaupten, daß die *beste* Lage der Gesellschaft die sei, »wo der weltlichen Macht das Amt nicht zuerkannt ist, durch gesetzliche Strafen die Verletzer der katholischen Religion zu züchtigen, es sei denn, daß der öffentliche Friede es gebiete«. Kraft einer ebenso falschen Auffassung der Leitung der Gesellschaft stehen sie nicht an, diese irrige Meinung, welche der katholischen Kirche und dem Heil der Seelen sehr nachteilig ist und übrigens von Unserm Vorgänger ehrwürdigen Andenkens, Gregor XVI., als ein Wahnwitz bezeichnet wurde, zu begünstigen, daß nämlich »die Freiheit des Gewissens und des Kultus das eigene Recht eines jeden Menschen sei, ein Recht, welches durch das Gesetz in jedem wohlkonstituierten Staate verkündigt und geschützt werden müsse, und daß die Bürger ein Recht besitzen, mit einer gänzlichen, weder durch die geistliche noch durch die bürgerliche Autorität zu beschränkenden Freiheit ihre Ueberzeugungen, welche sie auch seien, durch Worte oder durch die Presse, oder durch andere Mittel kund zu geben und zu erklären«.

Aber während sie dieses vermessen behaupten, bedenken und beherzigen sie nicht, daß sie die Freiheit, sich ins Verderben zu stürzen, predigen, und daß, »wenn es den menschlichen Ueberzeugungen immer freisteht, zu streiten, es nie an Menschen fehlen wird, die es wagen, gegen die Wahrheit zu kämpfen und sich auf die Geschwätzigkeit menschlicher Weisheit zu verlassen, während der christliche Glaube und die christliche Weisheit durch die Belehrung unseres Herrn Jesu Christi selbst wissen, wie sehr sie diese sehr schädliche Eitelkeit vermeiden müssen«. Und weil mit der Entfernung der Religion aus der bürgerlichen Gesellschaft und mit der Zurückweisung der Lehre und der Autorität der göttlichen Offenbarung auch die echte Idee der Gerechtigkeit und des menschlichen Rechts verdunkelt wird und zu Grunde geht, und an die Stelle der wahren Gerechtigkeit und des legitimen Rechts nun die rohe Gewalt gesetzt wird, so ist es klar, warum einige Menschen, vollkommen der zuverlässigsten Prinzipien der gesunden Vernunft vergessend, und sie hintansetzend, zu verkündigen wagen, »daß der durch die sogenannte öffentliche Meinung oder durch andere Mittel kundgegebene Volkswille das höchste, von allem göttlichen und menschlichen Recht unabhängige Gesetz bilde, und daß in der politischen Ordnung die vollendeten Tatsachen gerade dadurch, daß sie vollendet sind, zu Recht bestehen«. Aber wer sollte nicht sehr wohl sehen und begreifen, daß die menschliche Gesellschaft, den Banden der Religion und der wahren Gerechtigkeit entzogen, keinen andern Zweck mehr haben kann, als Reichtümer zu sammeln und anzuhäufen, noch einem andern Gesetze bei ihren Handlungen gehorchen, als der ungezähmten Begierde des Herzens, nur seinen Lüsten und Interessen zu dienen.

Darum verfolgen diese Leute mit so bitterem Hasse die um die Religion, die bürgerliche Gesellschaft und die Wissenschaft so sehr verdienten klösterlichen Genossenschaften, und schreien laut, sie hätten gar keinen rechtmäßigen Grund für ihr Bestehen, und zollen so den Erdichtungen der Häretiker Beifall. Denn, wie Unser Vorgänger Pius VI. ehrwürdigen Andenkens weise gelehrt hat, »verletzt die Aufhebung der Orden den der öffentlichen Umgebung der evangelischen Räte geweihten Stand, verletzt eine in der Kirche als mit der apostolischen Lehre übereinstimmend empfohlene Lebensweise; sie verletzt die erhabenen Stifter, die wir auf den Altären verehren, und die nur aus göttlicher Eingebung diese Gesellschaften gegründet haben«.

In ihrer Gottlosigkeit behaupten diese Leute, daß man den Bürgern und der Kirche die Befugnis entziehen müsse, offen in christlicher Wohltätigkeit Almosen auszuteilen, sowie das Gesetz abschaffen, welches verbietet, wegen des Gottesdienstes an bestimmten Tagen knechtliche Arbeit zu verrichten. Sie geben dabei hinterlistigerweise vor, daß dieses Gesetz den Prinzipien der besseren Nationalökonomie zuwiderlaufe.

Nicht zufrieden damit, die Religion aus der öffentlichen Gesellschaft auszurotten, wollen sie dieselbe auch aus den Familien und dem Privatleben fern halten. Lehrend und bekennend den unseligen Irrtum des Sozialismus und des Kommunismus, behaupten sie nämlich, »die häusliche Gesellschaft oder die Familie entlehne den ganzen Grund ihres Daseins nur aus dem bürgerlichen Rechte, woraus man schließen müsse, daß alle Rechte der Eltern über ihre Kinder und vor allem das Recht, sie zu unterrichten und zu erziehen, nur von dem bürgerlichen Gesetz herkomme und abhänge«. Durch solche gottlosen Ansichten und Ränke beabsichtigen diese trugvollen Menschen vorzüglich, aus dem Unterricht und der Erziehung der Jugend die heilsame Lehre und den Einfluß der katholischen Kirche gänzlich zu verdrängen, um die zarten, biegsamen Gemüter der Jugend mit allen ihren verderblichen Irrtümern und Lastern anzustecken und elendiglich zu entsittlichen. Alle die, welche bestrebt sind, Kirche und Staat zu verwirren, die gute Ordnung der Gesellschaft zu vernichten und alle göttlichen und menschlichen Rechte zu grunde zu richten, haben stets alle ihre verbrecherischen Pläne, ihre Aufmerksamkeit und ihre Sorgfalt gemeinsam darauf verwandt, wie sie vor allem, wie oben angedeutet, die unvorsichtige Jugend zu täuschen und zu verderben vermöchten. Auf die Verderbnis der Jugend stützen sie alle ihre Hoffnungen. Deshalb lassen sie auch mit ihrem Kampfe gegen die Welt- und Klostergeistlichkeit nicht nach, von welchen, wie die zuverlässigsten Denkmäler der Geschichte glänzend bezeugen, der christlichen und der bürgerlichen Gesellschaft, sowie den Wissenschaften so große Vorteile zugeflossen sind.

Sie greifen dieselben in jeder Weise an und behaupten, der Klerus »müsse, als der Feind des wahren und ersprießlichen Fortschrittes der Wissenschaft und der Zivilisation, ganz von der Sorge und dem Amte des Unterrichts und der Erziehung der Jugend entfernt werden«.

Andere, welche böse Irrtümer, die bereits oftmals verdammt worden sind, wieder aufnehmen, wagen mit der größten Schamlosigkeit, die höchste, der Kirche und diesem apostolischen Stuhle von Christus dem Herrn selbst verliehene Autorität dem Gutbefinden der bürgerlichen Gewalt zu unterwerfen und alle ihre Rechte hinsichtlich dessen, was zur äußeren Ordnung gehört, zu leugnen. Sie erröten nicht, zu behaupten, daß »die Gesetze der Kirche das Gewissen nicht binden, wenn sie nicht durch die weltliche Macht verkündigt sind, daß die Erlasse und Dekrete der römischen Päpste betreffs der Religion und der Kirche der Sanktion und Bestätigung oder wenigstens der Beistimmung der bürgerlichen Gewalt bedürfen; daß die apostolischen Konstitutionen, welche die geheimen Gesellschaften, sei es nun, daß dieselben eine eidliche Verpflichtung zum Geheimhalten fordern oder nicht, verwerfen und deren Anhänger und Begünstiger mit dem Anathem belegen, in den Ländern, in welchen diese Gesellschaften von der weltlichen Macht geduldet werden, keine Kraft haben; daß die Exkommunikation, welche von dem Konzil von Trient und den römischen Päpsten gegen diejenigen, die in die Besitzungen und Rechte der Kirche eingreifen und sie usurpieren, verhängt ist, auf einer Vermengung der geistlichen mit der bürgerlichen und politischen Ordnung beruhe und auf die Erreichung eines rein irdischen Zweckes gerichtet sei; daß die Kirche nichts bestimmen dürfe, was die Gewissen der Gläubigen in Beziehung des Gebrauches der zeitlichen Dinge zu binden im stande sei; daß der Kirche das Recht nicht zustehe, die Verletzer ihrer Gesetze durch zeitliche Strafen in Zucht zu halten; daß es den Grundsätzen der heiligen Theologie und des öffentlichen Rechtes entspreche, das Eigentum der im Besitz der Kirchen, der religiösen Ordensgesellschaften und anderen frommen Stiftungen befindlichen Güter der Staatsregierung zuzusprechen und für sie in Anspruch zu nehmen«. Sie schämen sich nicht, offen einen von den Häretikern behaupteten Grundsatz, aus dem so viele verkehrte Meinungen und Irrtümer hervorgegangen sind, aufzustellen. Sie sagen nämlich, »die kirchliche Macht sei nicht nach göttlichem Rechte von der bürgerlichen Gewalt verschieden und unabhängig, und eine Unterscheidung und Unabhängigkeit dieser Art könne nicht aufrecht erhalten werden, ohne daß die Kirche in die wesentlichen Rechte der bürgerlichen Gewalt eingreife und sie usurpiere«. Wir können gleichfalls nicht die Kühnheit derjenigen mit Stillschweigen übergehen, welche, indem sie die gesunden Lehren nicht ertragen, behaupten, »daß man den Urteilssprüchen und Dekreten des apostolischen Stuhles, welche, wie ausdrücklich erklärt wird, das allgemeine Wohl der Kirche, ihre Rechte und ihre Disziplin zum Gegenstande haben, so lange als dieselben nicht die Dogmen des Glaubens und der Sitten berühren, die Zustimmung und den Gehorsam versagen könne, ohne sich zu versündigen und ohne irgendwie seine katholische Gesinnung zu beeinträchtigen«. Wie sehr diese Lehre dem katholischen Dogma von der dem römischen Papste von unserm Herrn und Gott Jesus Christus übertragenen Vollgewalt, die allgemeine Kirche zu weiden, zu leiten und zu regieren, zuwiderläuft, wird jedermann deutlich einsehen und begreifen.

Inmitten einer so großen Verkehrtheit schlechter Meinungen Unserer apostolischen Pflicht eingedenk und überaus bekümmert um unsere heilige Religion, die gesunde Lehre, das Heil der Uns anvertrauten Seelen und das Wohl der menschlichen Gesellschaft selber, glauben Wir aufs neue Unsere apostolische Stimme erheben zu müssen. *Darum verwerfen, ächten und verdammen Wir mit Unserer apostolischen Autorität alle und jede schlechten Meinungen und Lehren, welche in diesem Briefe einzeln erwähnt wurden, und wollen, daß sie von allen Kindern der katholischen Kirche als verworfen, geächtet und verdammt angesehen werden sollen.*

Pius IX. schließt mit der Bitte, allen Gläubigen einzuprägen, »daß alles wahre Glück der Menschen aus unserer erhabenen Religion, aus deren Lehre und Übung entspringt«. Es folgen der Hinweis auf einen Jubiläumsablaß und die Erteilung des apostolischen Segens.

[77]

Programmentwurf zur Gründung der Zentrumspartei (1870)

Die Zentrumspartei ging aus dem »Katholischen Verein« des Frankfurter Parlaments und aus der »Katholischen Fraktion« im preußischen Abgeordnetenhaus hervor. Sie wurde 1870 im Gefolge der Reichseinigung gegründet, nahm aber erst 1911 mit der Konstituierung des »Reichsausschusses« und der Gründung einer zentralen Parteiorganisation offiziell den Parteinamen »Deutsche Zentrumspartei« an. Die Partei war zunächst vorwiegend kirchenpolitisch ausgerichtet. Der Programmentwurf von Münster sollte die bisherige konfessionell-kirchenpolitische Parlamentsfraktion in eine politische Partei umwandeln. Er hat auf alle späteren Programme eingewirkt. Nach dem Abklingen des Kulturkampfes versuchte das Zentrum, auch in außenpolitischen, wirtschaftlichen und sozialen Fragen eine eigene Position zu beziehen und sich als interkonfessionelle sowie vom Klerus unabhängige Partei auszuweisen. Trotz ihrer bürgerlichen Grundstruktur erreichte die Zentrumspartei Wähler aller sozialen Schichten. Durch ihre starke Reichstagsfraktion verfügte sie über großen politischen Einfluß.

Quelle: Die deutschen Parteiprogramme, begründet von Felix Salomon, hrsg. v. W. Mommsen und G. Franz, Heft 1, Vom Erwachen des politischen Lebens in Deutschland bis zur Reichsgründung 1871, 4. Auflage Leipzig und Berlin 1932, S. 159 ff.

Für Wahrheit, Recht und Freiheit

1. Manche Zeichen der Zeit – der in der Presse herrschende Geist, die täglichen Schmähungen und Verdächtigungen kirchlicher Institutionen, der im Abgeordnetenhause schon unternommene Anlauf gegen die geistlichen Kongregationen und Klöster – deuten auf Angriffsversuche gegen die kirchliche Freiheit. Es gilt daher, die verfassungsmäßig anerkannte Selbständigkeit der Kirche unversehrt zu erhalten, jedem Angriffe auf die Unabhängigkeit der kirchlichen Organe, auf die Entwicklung religiösen Lebens und die Entfaltung christlicher Liebestätigkeit, woher er auch komme, mannhaft zu begegnen und durch treue Verteidigung und Achtung der verfassungsmäßigen Rechte aller Religionsbekenntnisse auch die freie Bewegung der eigenen Kirche wirksam zu schützen.

2. Das feste Fundament der Familie ist die christliche Ehe. Daß zum Gefallen Weniger alle anderen sich einer bürgerlichen Rechtsform unterwerfen sollen, in welcher sie eine wahre Ehe nicht erkennen, und welche für sie nur eine leere Form, wenn nicht zugleich eine Beeinträchtigung des Vollwertes der christlichen Ehe und Eheschließung sein würde – dem widersprechen wir.

3. Der Kampf der Parteien umwogt die Schule. Wer sie hat, der hat die Jugend und mit ihr das Volk der Zukunft. Wenn irgendwo, so gilt es deshalb hier, feste Stellung zu nehmen. Unglaube und Rationalismus haben den Grundsatz der konfessionslosen Schule aufgestellt. Die religionslose Schule würde die Folge sein. Solcher Richtung treten wir mit aller Energie entgegen. Denn die christlichen Eltern haben ein unveräußerliches Recht auf christliche Erziehung ihrer Kinder; und ebenso unveräußerlich und heilig ist das Recht an die Schule. Darum halten wir fest an der Konfessionalität der Schule, und unsere feierlichen, mit Hunderttausenden von Unterschriften versehenen, aber gleichwohl im Abgeordnetenhause mißachteten Proteste gegen jede Beeinträchtigung des teils von der Verfassung garantierten, teils geschichtlich begründeten Rechtes wollen wir beachtet wissen.

4. Die Liebe zur Familie, zur Heimat, zum Vaterland sind eng miteinander verflochten. Das Vaterland der Deutschen ist Deutschland. Aber wie die Nation reich gegliedert ist in den Volksstämmen des Nordens

und Südens, des Westens und Ostens, so war auch Deutschland nie ein zentralisierter Einheitsstaat, sondern ein vielgestaltiges Reich, dessen Glieder sich nach ihrer Eigenart ausgestalten mochten und in Mannigfaltigkeit zu reicher Blüte des Geisteslebens und der Kultur sich entfaltet haben. Die Uniform des Einheitsstaates und die nivellierende Herrschaft eines allregierenden Zentrums widerstrebt dem Volksgeiste. Gleichwohl drängen Parteitendenzen und die bisherige Entwicklung des Norddeutschen Bundes zum Einheitsstaate. Der Mangel fester Grenzen zwischen den Befugnissen des Bundes und den Rechten der Einzelstaaten bedroht im äußersten Maße jede Selbständigkeit der Bundesglieder. Er macht die staatliche Existenz der kleineren zur bloßen Zeitfrage; er lockert nicht minder die Grundlagen und das Gefüge des preußischen Staates, unseres engeren Vaterlandes; er stellt alle Garantien der preußischen Verfassung ins ungewisse; und er macht obendrein den süddeutschen Staaten einen Eintritt in den Bund vollkommen unmöglich. Es tut not, daß jener Richtung Einhalt geschieht, sonst treiben wir, sei es der Unterjochung, sei es der völligen Absprengung des übrigen Deutschland vom Norden, aber nimmermehr dem berechtigten Ziele eines Bundesstaates entgegen, in welchem alle Glieder und Stämme sich wohl und glücklich fühlen können, weil sie in ihm den starken Hort der Unabhängigkeit, Machtstellung und Kulturinteressen der gesamten Nation, und weil sie gleichzeitig in ihm den treuen Hort der einzelnen Bundesglieder und Volksstämme in allen denjenigen Angelegenheiten sehen, welche ohne Gefahr für das Ganze eine verschiedenartige Ordnung und Verwaltung nach Maßgabe der verschiedenen Gegenden, geschichtlichen Gestaltungen, Gewohnheiten, Sitten und Lebensanschauungen gestatten. Deshalb wollen wir nun in dem Notwendigen die Einheit, in allem übrigen aber die Unabhängigkeit und freie Selbstbestimmung der Bundesländer.

5. Deshalb wollen wir auch in Preußen selbst die Dezentralisation der Verwaltung. Wir wünschen, daß die Provinzen, Kreise und Gemeinden in der Verwaltung ihrer eigenen Angelegenheiten und in der Wahl ihrer Organe möglichst selbständig gestellt, und daß diesen Organen auch eine wirksame Mitwirkung in allen denjenigen Zweigen der Staatsverwaltung gewährt werde, welche weniger dem allgemeinen, als dem provinziellen und örtlichen Interesse dienen.

6. Der Militarismus lastet auf dem ganzen Kontinente Europas mit der Wucht einer politischen und sozialen Kalamität. Er ist politisch vom Übel, weil er den Frieden mehr gefährdet als sichert. Er ist aber auch ein soziales Übel, weil er dem Lande gerade seine tüchtigeren Arbeitskräfte im Übermaße entzieht, weil er den Berufsweg der jungen Männer jahrelang und nicht selten zum empfindlichsten Nachteil von Familien und Personen unterbricht, und weil er die Steuerkraft

der Bürger in solchem Grade absorbiert, daß die übrigen Aufgaben des Staates darunter leiden müssen, und daß die Klagen über mangelnde Mittel für das Unterrichtswesen, für das landwirtschaftliche Ministerium und für auskömmliche Besoldung fast aller Beamtenkategorien nicht verstummen. Deshalb sprechen wir uns nicht nur gegen jede fernere Erhöhung des Militäretats aus, sondern wir sehen auch gegenüber dem Streben nach Erhöhung der Steuern, welches die jüngste Zeit charakterisiert, den heilsameren und notwendigen Weg in Beschränkung der Ausgaben zu Kriegszwecken, insoweit dies ohne Gefährdung der nationalen Unabhängigkeit immerhin möglich sein wird.

7. Grundbesitz – Arbeit – Kapital, diese materiellen Träger der bürgerlichen Gesellschaft, bedürfen des Gleichgewichts. Wenn gestern zum Nachteil des Ganzen das unbewegliche Vermögen und die konservativen Tendenzen so überwogen, daß die Gesellschaft in Stagnation geriet, so haben schon heute das unerwartet mächtige Anwachsen des Kapitals und das Prinzip der Bewegung der Gesellschaft ein Fieber zugezogen, welches nicht weichen wird, bevor das richtige Ebenmaß wiedergewonnen ist. Dazu gehört aber nicht bloß die Ausgleichung der Interessen von Kapital und Grundbesitz einerseits und der Arbeit andererseits. In letzter Beziehung bilden der Schutz und die Förderung eines kräftigen Mittelstandes in Land und Stadt einen wesentlichen Gesichtspunkt. Die naturwüchsigste Vereinigung und Durchdringung von Grundbesitz, Kapital und Arbeit findet sich in einem selbständigen Bauern- und Bürgerstande. Dort, in einem kernigen Mittelstande, liegt auch seit Anbeginn deutscher Geschichte der eigentliche Schwerpunkt der Nation. Denselben unter den Gefahren, welche das Lehrsystem der Ökonomisten, der Industrialismus, die volle Gewerbefreiheit und die Macht des Kapitals ihm bereiten, ungeschwächt zu erhalten – das ist gleichsehr eine nationale wie soziale Aufgabe.

Der andere Teil der »sozialen Frage« betrifft die Lage des eigentlichen Arbeiterstandes. Die Arbeitslöhne sind gestiegen, und der Arbeiter lebt im allgemeinen besser. Dennoch hat er Grund zum Mißbehagen. Vielerorten greifen die Arbeitsverhältnisse zersetzend in das Familienleben ein. In den meisten Zweigen des großen industriellen, namentlich Fabrikenbetriebes, ist die wirtschaftliche Existenz der Arbeiter oft kaum von heute bis morgen, und selbst bei dem Vorhandensein von Kranken- und Unterstützungskassen selten in wirklich genügendem Maße und auf genügende Zeitdauer gesichert. Im Suchen und Finden des gerechtesten Maßstabes für die Beteiligung von Kapital und Arbeit an dem, was im Zusammenwirken beider erzeugt und erworben wird, ist bisher aber vollends wenig geleistet.

Schließlich liegen die rechten Mittel zur Hebung der sozialen Mängel und Mißstände nicht ausschließlich auf dem Gebiete staatlicher Einwirkung und Gesetzgebung. Die Hilfe wird zum guten, vielleicht besten Teile, auf dem Gebiete der volkswirtschaftlichen Arbeit, der Sitte und der Leistungen christlicher Nächstenliebe gefunden werden müssen. Man darf deshalb die Ansprüche an den Staat nicht überspannen. Eins aber darf und muß von der Regierung unbedingt gefordert werden: daß sie allen, den gesetzlichen Boden nicht verlassenden Bemühungen zur Lösung der sozialen Aufgabe freien Lauf läßt, daß sie insbesondere den in kirchlichem Boden wurzelnden Bestrebungen zur Heilung der sozialen und sittlichen Schäden unserer Zeit mit Vertrauen begegnet, und daß auch im Wege der Gesetzgebung auf die Beseitigung solcher Übelstände Bedacht genommen wird, welche den Arbeiterstand mit moralischem und körperlichem Ruin bedrohen.

8. Keine der Parteien, welche auf dem Landtage und Reichstage sich durch Fraktionen bemerkbar gemacht haben, ist Trägerin der Gesamtheit vorstehend skizzierter Anschauungen und Bestrebungen. Daher die Notwendigkeit, daß die Gesinnungsgenossen sich sammeln, daß sie als Wähler ihre Kraft und Tätigkeit für die Wahl von tüchtigen und zuverlässigen Vertretern einsetzen und daß unsere Abgeordneten durch Vereinigung stark werden, auf daß sie unseren Anschauungen nicht bloß einen eigentlichen Ausdruck zu geben, sondern denselben auch im Staatsleben wirkliche Geltung zu verschaffen vermögen.

Die Einigkeit gibt Stärke.

[78]

»Antrag Windthorst« zum Religionsunterricht in den öffentlichen Schulen Preußens (1889)

Ludwig Windthorst, 1812–1891, Jurist, Führer der Zentrumspartei. 1848 Rat am Oberappellationsgericht Celle, in den 50er und 60er Jahren Justizminister im Königreich Hannover, seit 1867 Mitglied des preußischen Abgeordnetenhauses und des Reichstags, im Kulturkampf Wortführer des politischen Katholizismus.

Quelle: Robert Rissmann, Geschichte des Deutschen Lehrervereins, Leipzig 1908, S. 140.

Das Haus der Abgeordneten wolle beschließen: die Königliche Staatsregierung aufzufordern, dem Landtage baldigst den Entwurf eines Gesetzes vorzulegen, durch welches den Kirchen und ihren Organen in betreff des religiösen Unterrichts in den Volksschulen diejenigen Befugnisse in vollem Umfange gewährt werden, welche die Verfassungsurkunde im Artikel 24 denselben durch den Satz: »den religiösen Unterricht in der Volksschule leiten die betreffenden Religionsgesellschaften« zugesichert hat, und dabei, dem ursprünglichen Sinne dieser Zusicherung entsprechend, insbesondere auf Feststellung folgender Rechte Bedacht zu nehmen: 1. In das Amt des Volksschullehrers dürfen nur Personen berufen werden, gegen welche die kirchliche Behörde in kirchlich-religiöser Hinsicht keine Einwendung gemacht hat. Werden später solche Einwendungen erhoben, so darf der Lehrer zur Erteilung des Religionsunterrichts nicht weiter zugelassen werden. 2. Diejenigen Organe zu bestimmen, welche in den einzelnen Volksschulen den Religionsunterricht zu leiten berechtigt sind, steht ausschließlich den kirchlichen Oberen zu. 3. Das zur Leitung des Religionsunterrichts berufene kirchliche Organ ist befugt, nach eigenem Ermessen den schulplanmäßigen Religionsunterricht selbst zu erteilen oder dem Religionsunterrichte des Lehrers beizuwohnen, in diesen einzugreifen und für dessen Erteilung den Lehrer mit Weisungen zu versehen, welche von letzterem zu befolgen sind. 4. Die kirchlichen Behörden bestimmen die für den Religionsunterricht und die religiöse Übung in den Schulen dienenden Lehr- und Unterrichtsbücher, den Umfang und Inhalt des schulplanmäßigen religiösen Unterrichtsstoffes und dessen Verteilung auf die einzelnen Klassen.

[79]

Neues Programm der Christlich-sozialen Partei (1895)

Die von Adolf Stoecker, 1835–1909, Dom- und Hofprediger in Berlin und Gründer der Berliner Inneren Mission, geführte Partei ging aus der 1878 gegründeten Christlich-sozialen Arbeiterpartei hervor, die den Protestantismus für sozialpolitische Notwendigkeiten öffnen sollte. Nach dem Scheitern der Partei in den Reichstagswahlen 1878, d. h. nach dem mißlungenen Versuch, Einfluß auf die sozialdemokratische Arbeiterschaft zu gewinnen, wandelte Stoecker seine Partei, unter Verzicht auf den Namen Arbeiterpartei, zu einer mittelständischen, meist im Bund mit den Konservativen auftretenden Partei um. Sie löste sich Anfang der 90er Jahre auf. Nach ihrer Neugründung 1896 hatte sie nur noch geringe Bedeutung.

Quelle: E. Salomon, Die deutschen Parteiprogramme, Heft 1, Leipzig 1912, S. 100 ff.

Grundlagen

1. Die Christlich-soziale Partei erstrebt auf dem Grunde des Christentums und der Vaterlandsliebe die Sammlung der vom christlich-sozialen Geiste durchdrungenen Volkskreise aller Schichten und Berufe. Indem sie, gemäß der dringenden Aufgabe der Zeit, ihre Aufmerksamkeit und Fürsorge besonders der Kräftigung des Mittelstandes und der Hebung der arbeitenden Klassen zuwendet, will sie doch allen schaffenden Ständen in Stadt und Land, der Landwirtschaft wie der Industrie und dem Handwerk, mit gleicher Freudigkeit dienen und auch für die gerechten Forderungen der Angestellten, besonders der mittleren und kleineren, in Staats-, Kommunal- und Privatbetrieben kräftig eintreten.

2. Die Christlich-soziale Partei bekämpft deshalb alle unchristlichen und undeutschen Einrichtungen, welche den inneren Zusammenbruch und den äußeren Umsturz herbeiführen müssen; insbesondere richtet sie ihre Waffen gegen den falschen Liberalismus und die drückende Kapitalsherrschaft, gegen das übergreifende Judentum und die revolutionäre Sozialdemokratie. Indem sie eine auf der Solidarität der Gesellschaft beruhende Wirtschaftsordnung anstrebt, verwirft sie ebenso die Forderung staatlicher Maßnahmen im einseitigen Interesse des Besitzes, wie die Ausgestaltung der sozialen Bewegung zu einer Kampforganisation gegen den Besitz und die Besitzenden.

3. Die Christlich-soziale Partei erblickt die vornehmste Hilfe für die Schäden unseres Volkes in der Geltendmachung der Lebenskräfte des Evangeliums auf allen Gebieten. Sie will Staat und Gesellschaft, Haus und Persönlichkeit unter den Einfluß des lebendigen und praktischen Christentums zurückführen und dadurch für die Erneuerung des deutschen Geistes die allein wirksame Grundlage schaffen helfen. Als eine der ersten Bedingungen dazu fordert sie die Besetzung der Beamtenstellen, besonders der hervorragenden und autoritativen, mit sittlich tüchtigen Persönlichkeiten.

4. Die Christlich-soziale Partei sieht in dem korporativen Aufbau des Volkes unter Festhaltung seiner politischen Rechte das unbedingt notwendige Mittel wider den gewaltsamen Umsturz des Bestehenden. Sie erstrebt eine mit Pflichten und Rechten ausgestattete Berufsorganisation für alle Stände und die Übertragung politischer Rechte auf diese korporativen Genossenschaften.

5. Die Christlich-soziale Partei verfolgt als Ziel die friedliche Lösung der sozialen Schwierigkeiten auf dem Wege einer starken Sozialreform durch die Verringerung der Kluft zwischen reich und arm und das ehrliche Zusammenwirken aller Stände an der Einheit, Freiheit, Ehre und Größe des Vaterlandes unter der Führung eines volkstümlichen Kaisertums.

Einzelforderungen

I. An die Staatspolitik

1. Eine starke Monarchie als Trägerin der sozialen Reform im Reich wie in den Einzelstaaten.
2. Volle Selbständigkeit der Kirche. Leitung des Religionsunterrichts durch die Kirche.
3. Konfessionalität der Schule. Möglichste Durchführung einer einheitlichen Volkserziehung in den ersten Schuljahren. Gesetzliche Zulassung freier Schulen unter staatlicher Aufsicht. Ausreichende Staatsbeihilfe zum Besuch höherer Schulen für begabte Kinder der unbemittelten Stände.
4. Gesetzliche Neuordnung des Verhältnisses von Kirche und Schule, fachliche Schulaufsicht.
5. Einrichtung der Staatsbetriebe zu arbeiterfreundlichen Musterbetrieben.
6. Verstaatlichung geeigneter Berufszweige und Betriebe da, wo es das Interesse des Gemeinwohls erfordert.
7. Verminderung der Prozeß- und Anwaltskosten und dadurch Erleichterung der Prozeßführung für die ärmere Bevölkerung.
8. Reichsgesetzliche Regelung des Vereins- und Versammlungsrechtes.

II. An die Wirtschafts- und Gewerbepolitik

1. Staatliche Maßregeln zur Erhaltung eines gesunden und zur Einschränkung eines übergroßen Grundbesitzes.
2. Reform des Hypothekenwesens im ländlichen Grundbesitz. Festsetzung der Verschuldungsgrenze. Ansässigmachung der ländlichen Arbeiter. Innere Kolonisation. Herstellung eines gerechten Verhältnisses in der Besteuerung der Geschäfte über Mobilien und Immobilien.
3. Obligatorische Fachgenossenschaften, beziehungsweise Innungen, gemäß dem Bedürfnis des Handwerks. Befähigungsnachweis. Errichtung von Handwerkskammern. Sicherung der Bauhandwerker in ihren Forderungen. Einschränkung der Konkurrenz durch die Gefängnisarbeit.
4. Beseitigung des unlauteren Wettbewerbs.
5. Reform der Börse. Einschränkung des Differenzgeschäftes und Verbot desselben in Produkten.

III. An die Sozialpolitik

1. Staatlich anerkannte Berufsvereine als Übergang zu obligatorischen Genossenschaften.

2. Staatliche Förderung genossenschaftlicher Produktion.
3. Festsetzung der Arbeitszeit nach Fachgenossenschaften.
4. Schutz der Arbeiterbevölkerung gegen gesundheitswidrige Zustände in den Arbeitslokalen.
5. Zweckmäßigere und gerechtere Regelung der bestehenden Versicherungsgesetzgebung und Ergreifung von Maßregeln zur Sicherung gegen unverschuldete Arbeitslosigkeit.
6. Unentgeltlicher Arbeitsnachweis.
7. Ausdehnung des Arbeiterschutzes auf die Hausindustrie.
8. Tunlichste Durchführung der 36stündigen Sonntagsruhe.
9. Ausdehnung der Sonntagsruhe auf die Angestellten des Verkehrs- und Schankgewerbes.
10. Weibliche Assistenten der Fabrikinspektoren.
11. Staatliche Regelung und Beaufsichigung der Wohnungsverhältnisse.

IV. An die Steuerpolitik

1. Progression der Einkommens- und Vermögenssteuer unter Berücksichtigung des Familienstandes.
2. Ausbildung der Erbschaftssteuer.
3. Luxussteuern.

V. Energische Kolonialpolitik

VI. In der Judenfrage

1. Ausschluß der Juden aus allen obrigkeitlichen Ämtern.
2. Zulassung der Juden zu anderen Ämtern und zur Advokatur nach dem Bevökerungsverhältnis.
3. Verhinderung des Überwucherns der Juden an den christlichen höheren Knaben- und Mädchenschulen und der jüdischen Lehrkräfte an den Universitäten.
4. Verbot der Judeneinwanderung.

VII. In der Frauenfrage

1. Ausdehnung der weiblichen Berufsarten.
2. Einschränkung der Fabrikarbeit verheirateter Frauen.

[80]

Schreiben des Kgl. Preußischen Landes-Consistoriums an die Geistlichen der evgl.-lutherischen Landeskirche Hannovers zum Schulaufsichtsgesetz (1872)

Das Schreiben des Landeskonsistoriums an die Geistlichen der Landeskirche zeigt die Schwierigkeiten, die das preußische Schulaufsichtsgesetz von 1872 für die evangelisch-lutherische Geistlichkeit und ihre Leitung im Hinblick auf das Verhältnis von Staat, Schule und Kirche mit sich brachte.

Quelle: Hannoverscher Volksschulbote, Nr. 7/1872 v. 3. April

Hannover, den 18. März 1872.

Mehrere hundert Geistliche haben in den letzten Wochen Eingaben an uns gelangen lassen, in denen sie uns von den Schritten Kunde geben, die von ihnen gegen den Erlaß des damals im Entwurfe vorliegenden Schulaufsichtsgesetzes geschehen sind, damit die Bitte verbindend,

> sie in ihrem Vorgehen nicht ohne ausdrücklichen Beistand lassen, sondern für ihr Recht und zu ihrem Schutze an geeigneter Stelle eintreten zu wollen.

Wir halten uns danach für verpflichtet, der Geistlichkeit unserer Landeskirche über das in der gewünschten Richtung von uns Geschehene Mittheilung zu machen, glauben aber auch, ihr bei dieser Gelegenheit vertrauensvoll darlegen zu sollen, welche Stellung wir von ihr dem nunmehr erlassenen Gesetze gegenüber eingenommen zu sehen herzlich wünschen müssen.

Schon vor dem Empfange jener Eingaben haben wir uns mit einer allerunterthänigsten Vorstellung an Seine Majestät den Kaiser und König gewandt und in derselben nachzuweisen uns bemühet, wie das damals dem Landtage im Entwurfe vorliegende Gesetz Recht und Interesse unserer Kirche gefährde, ohne daß innerhalb dieser das Bedürfnis eines kräftigeren Schutzes für den berechtigten Einfluß des Staates auf die Schule irgendwie hervorgetreten sei; daneben ist von uns auf den weiten Umfang und die ernste Bedeutung der wider das Gesetz unter unseren Geistlichen und in unseren Gemeinden entstandenen Bewegung hingewiesen und daran die allerunterthänigste Bitte geknüpft,

> Seine Kaiserliche Königliche Majestät wolle dem Entwurfe, falls er die Zustimmung der beiden Häuser des Landtags finden sollte, Allerhöchstihre Genehmigung versagen.

Hiernach bedarf es nicht erst eines besonderen Zeugnisses, daß auch wir unsererseits auf den Erlaß des Gesetzes vom 11. d. Mts. mit schmerzlicher Sorge hinblicken, einer Sorge, welche weder durch die dem ursprünglichen Gesetzentwurfe gegebene Milderung, noch durch die bei den ständischen Verhandlungen über denselben vorgekommenen beruhigenden Erklärungen Sr. Excellenz des Herrn Cultusministers gehoben werden könnte.

Scheint uns doch namentlich die Gefahr auch jetzt immer noch zu drohen, es möchte sich einem Gesetze gegenüber, welches einseitig das Recht des Staates an der Schule zur schärfsten Geltung bringt, das von der Verfassung nur im Principe anerkannte Recht der Kirche an derselben nicht klar und kräftig genug erweisen, um dieser den gebührenden Einfluß zu sichern, wenn der Staat wider den Willen seiner gegenwärtigen Lenker über kurz oder lang durch den Zug der Zeit zu einer Leitung der christlichen Volksschule gedrängt werden sollte, die da rücksichtslos als deren erste, wo nicht einzige Aufgabe die Erziehung des Staatsbürgers und nicht die des Christen betrachtet.

So begreifen wir es denn sehr wohl, wenn viele Geistliche ängstlich der Frage gegenüberstehen, ob sie im Stande seien, im Auftrage des Staates die Aufsicht über die Volksschule fernerhin fortzuführen, die ihnen bis dahin kraft ihres geistlichen Amtes obgelegen hat.

Eben deshalb aber halten wir als oberste kirchliche Behörde es für unsere Pflicht, unsere Geistlichen in einem solchen Augenblicke nicht unberathen zu lassen, und im vollen Bewußtsein der schweren Verantwortlichkeit vor Gott, die wir damit übernehmen, legen wir ihnen dringend an's Herz, sich der Fortführung ihres bisherigen Dienstes an der Schule nicht entziehen zu wollen.

Zwar vertrauen wir zu unseren Geistlichen, daß bei keinem derselben die Rücksicht auf die Sorgen und Mühen solches Dienstes für dessen Ablehnung auch nur mitbestimmend sein werde. Diese Sorgen und Mühen sind uns wohl bekannt; wir verhehlen uns auch nicht, daß sie noch zunehmen werden. Wenn aber auch an die Volksschule selbst, und damit an deren Aufseher voraussichtlich immer steigende Forderungen werden gestellt werden, so ist das keinesweges die Folge des gegenwärtigen Gesetzes, sondern lediglich die der gesammten Entwickelung unserer socialen Verhältnisse, welche die Ansprüche an die Bildung des Einzelnen stetig wachsen läßt. Nur um so dringender aber wird sich jeder Geistliche dadurch aufgefordert sehen, dafür zu sorgen, daß mit der Verallgemeinerung und Verbreiterung der Bildung deren Vertiefung gleichen Schritt halte, und daß über dem Streben nach dem, was gut und nützlich ist, nicht vergessen werde das Eine was Noth ist.

Dagegen können wir das Gewicht eines anderen bei dem jetzt zu fassenden Entschlusse sich aufdrängenden Bedenkens nicht verkennen.

Der Hinblick auf die oben angedeutete Gefahr, daß sich mehr und mehr eine lediglich auf das Staatliche bezogene und der Kirche, wo nicht feindliche, mindestens abgewandte Richtung der Volksschule bemächtigen werde, mag dem einzelnen Geistlichen die Besorgnis nahe legen, daß von ihm als dem Beauftragten des Staates in Zukunft einmal verlangt werden könne, was er als Diener der Kirche mit gutem Gewissen zu leisten nicht vermöchte. In solcher Besorgnis aber kann gerade der Gewissenhafte es für das Richtigere halten, der an ihn möglicherweise, und dann vermuthlich unvorbereitet und nicht in jedem Falle klar erkennbar, herantretenden Versuchung dadurch sicher auszuweichen, daß er sich von vornherein auf das beschränkt, was seines geistlichen Amtes ist, welches ihm mit der Leitung des Religionsunterrichts auch im Schulwesen ein segensreiches und an feste Normen gebundenes Wirken gestattet, nicht aber sich einer darüber hinausgreifenden, zu Gewissensconflicten Anlaß bietenden staatlichen Thätigkeit unterzieht.

Wir ehren ein solches Bedenken; für begründet halten wir es dennoch nicht. Steht doch hier dem möglichen künftigen Conflicte, dem der Geistliche ausweichen möchte, eine bestimmte gegenwärtige Pflicht gegenüber, zu deren Erfüllung ihn sein Amt beruft. Was die Zukunft bringen wird, haben wir Gott zu befehlen; erfüllen wir treu die in der Gegenwart liegende Pflicht, so dürfen wir Ihm vertrauen, Er werde uns in der Stunde der Versuchung nicht ohne Seinen Beistand lassen. Eine solche gegenwärtige Pflicht aber erblicken wir in der Aufgabe des Geistlichen, keine ihm durch kirchliche oder staatliche Ordnung gebotene Gelegenheit ungenutzt zu lassen, um in selbstvergessender Treue mitzuarbeiten an den Seelen der Kinder, die er durch das Sacrament der heiligen Taufe dem HErrn zugeführt hat, die ihr Taufgelübde vor ihm in der Confirmation erneuern sollen, und aus deren Reihen die vollberechtigten Mitglieder der Gemeinde heranwachsen, die von dem Herrn seiner Hut befohlen ist.

Dann aber halten wir auch dafür, daß die Gefahr, von der wir hier reden, überschätzt wird und jedenfalls für die Geistlichen unserer Landeskirche keine naheliegende ist. Diese werden fortan ihr bisheriges Amt an der Volksschule zwar zum Theil auf Grund eines anderen Rechtstitels, aber ganz nach denselben Normen fortüben wie bisher. Dabei wird ihnen eine neue ausdrücklich oder auch nur stillschweigend zu übernehmende Verpflichtung, namentlich auch eine solche, welche sie zu dessen unter allen Umständen dauernder Führung verbände, nicht angesonnen. Insbesondere stehen sie auch hinsichtlich der nunmehr staatlichen Seite dieses Amtes unter denselben Behörden wie bisher, da in der Zuständigkeit der Consistorien in Schulsachen durch jenes Gesetz nichts geändert ist. Sie bleiben also wie bisher zunächst Behörden unterstellt, die gleich ihnen auf die Ordnungen und das Bekenntnis der Kirche verpflichtet sind, und die deshalb auch dafür Sorge zu tragen haben, daß ihnen nichts auferlegt werde, was dieser Verpflichtung widerstreitet. Sollte dieses aber wider Verhoffen in Zukunft dennoch geschehen, so vertrauen wir, daß der HErr jenen Behörden wie uns Einsicht und Kraft verleihen werde, klar und furchtlos die Grenze zu bezeichnen, über welche hinaus es dem Diener der Kirche im Aufblicke zu deren Herrn unmöglich ist, zu den Anordnungen des Staates auf dem Gebiete der Volksschule ferner hülfreiche Hand zu leisten.

Mögen denn unsere Geistlichen vor Gottes Angesicht mit allem Ernste erwägen, ob es das Richtige und Ihm Wohlgefällige sei, durch das schmerzliche Gefühl gefährdeten oder gekränkten Rechtes bestimmt, einer bis dahin in Segen geübten Wirksamkeit ohne Weiteres zu entsagen, ehe eine zweifellose sittliche Nothwendigkeit dazu drängt, und damit den Fortgang einer beklagenswerthen Entfremdung zwischen Staat und Kirche, Volksleben und Evangelium nur noch zu beschleunigen. Unsere Arbeit ist Dienen. Auch jetzt gilt es zu dienen, so lange Raum zu dienen da ist, und statt hoffnungslos und verzagt in die Zukunft zu blicken, vielmehr dem HErrn zu vertrauen, der da jede treue Arbeit nach Seinem Rathe mitzuverwenden weiß zur Erbauung Seiner Kirche und zur Ehre Seines heiligen Namens.

Königlich Preußisches Landes-Consistorium
Lichtenberg

[81]

Politische Parteien und die Lehrer (1871)

Der der evgl.-luth. Landeskirche nahestehende »Hannoversche Volksschulbote« gab in seiner Empfehlung an die Lehrer, sich der aktiven Mitarbeit in den Parteien zu enthalten und sich »über sie zu erheben«, einer verbreiteten und von der geistlichen und weltlichen Obrigkeit geförderten Stimmung Ausdruck.

Quelle: Hannoverscher Volksschulbote, Nr. 18/1871 v. 6. September

Solon, Athens weiser Gesetzgeber, forderte von jedem Bürger, daß er Partei ergreife. Er hatte dazu seine Gründe. Wir würden ihm Beifall zollen, wenn alle Parteien nur gute Ziele auf löblichen Wegen erstrebten. Die Parteien tragen aber alle den Stempel menschlicher Unvollkommenheit, ja Unlauterkeit an sich. Obgleich einzelne Persönlichkeiten oft lebenswerthe Charaktere sein können, so ist hüben und drüben bei theilweisem Recht Unrecht, Anmaßung und unreine Gesinnung. Die Parteien unserer Tage kennzeichnen sich vorzüglich auch dadurch, daß sie schroff, ohne Vermittlung einander gegenüber stehen, es ist nicht ein Ringen auf verschiedenen Meinungswegen nach einem Ziele, sondern der Vernichtungskampf einer Partei gegen die andere, man vergißt, daß auch die Gegenpartei Menschen sind, die uns Gottes Gebot verschreibt, zu lieben, man trägt den Bruderhaß im Herzen und läßt sich zu unedlen Handlungen und gröblichen Schmähungen hinreißen. So ist es, wer kann es ändern? Nur der, welcher die Herzen lenkt nach seinem Rath, nur er, die Liebe, kann die fehlende Bruderliebe geben. Gegenwärtig läßt er aber die religiösen Bewegungen, die politischen und socialen Parteiungen zu. Welche Stellung soll nun der Lehrer dazu einnehmen? – Obgleich überzeugt, daß der Lehrer keine so wichtige Person ist, um hemmend oder fördernd in das Rad der Weltgeschichte eingreifen zu können, so ist er doch auch in seinen Beziehungen zu Kirche, Staat und Familie nicht so unwichtig, daß wir nicht eine Antwort auf obige Frage suchen sollten. Dazu ist seine Person von allen Seiten so antastbar, daß seine Ruhe wesentlich nur zu seinem eigenen Schaden ohne jeglichen Gewinn durch seine politische Stellung getrübt werden kann. Wie leicht wird sein gutes Einvernehmen mit seinen Vorgesetzten gestört, wie leicht verliert er die Achtung und Liebe der Eltern seiner Schüler durch Politik. Und es ist ein bedauerliches Lehrerdasein, wenn es nicht von Achtung und Liebe getragen wird. Beide zu erlangen oder zu erhalten, sei des Lehrers Streben, welchem sich nothwendig das Parteimannstreiben völlig unterordnen soll. Wer möchte nicht jene ächten Perlen dem Scheingold der Anerkennung ein tüchtiger politischer Agitator zu sein, ohne Bedenken vorziehen? Aber muß man Achtung und Liebe verlieren, wenn man große Politik treibt? Nothwendig nicht, aber wie leicht ist es geschehen! Kann man sein Amt nicht treulich verwalten und doch Parteimann sein? Ist nicht heute Politik nach der Religion das Wichtigste? Soll ich nicht als Mann meine politische Wahrheit unerschrocken bekennen? Gewiß, das Amt läßt sich treu verwalten, aber bei den heutigen Eigenschaften der Parteien möchte dem Lehrer leicht von ihrem Schmutze etwas anfliegen, welches wir ihm nicht gönnen. Wozu sollen noch die Wirren der Politik des Lehrers Kopf umschwirren, der doch gewiß schon genug in Anspruch genommen ist. Und wenn sich auch die Politik heute so arrogant in den Vordergrund drängt, so braucht sich doch niemand von ihr treiben zu lassen und ein politischer Bummler zu werden, der besser thäte, sich um seine Kinder zu bekümmern. Was aber politische Wahrheiten anbetrifft, so fragen wir mit Pilatus achselzuckend: Was ist sie? Machen Phrasen, Schlagwörter, papierne Verfassungen die Völker in der That so glücklich und mächtig, oder ist es nicht vielmehr die Tugend, welcher unsere Zeit so leichtsinnig den Rücken kehrt? Des langen politischen Geredes kurzer Sinn ist meist nicht werth, gehört zu werden.

Doch wollen wir nicht der Gleichgültigkeit das Wort reden. Wer möchte den Lehrer loben, der in geistiger Reglosigkeit nicht herzinnigen Antheil nähme an seines Volkes wahrem Wohl und Wehe, an seiner wahren Größe und seinem wirklichen Ruhm? Wir wünschen, daß der Lehrer sich über die Parteien erhebe, indem er ihre berechtigten Forderungen billigt, aber das Unreine und den Schmutz von sich stößt. Über das Treiben der Parteien und ihren Haß erhebt uns aber nur die Liebe, und diese lernen wir von keinem als von dem, der die Liebe ist. Denken wir uns, wir könnten ihn fragen: Zu welcher Partei bekennst Du Dich? würde er nicht mit einem Blicke unendlicher Liebe antworten: Mich jammert des Volks, denn sie sind wie die Schafe, die keinen Hirten haben. Und fragten wir ihn nach den Leitern der Parteien, möchte seine Antwort eine andere sein als diese: Mag auch ein Blinder einem Blinden den Weg zeigen, werden sie nicht beide in die Grube fallen? Der Lehrer soll aber nicht ein blinder Blindenleiter sein, wir möchten ihn mit einem Herzen voll Liebe über den Parteien geliebt und geachtet sehn.

LEHRERVEREIN

[82]

Stellungnahmen und Beschlüsse des Deutschen Lehrervereins zur Schulpolitik (1876–1914)

Der Deutsche Lehrerverein wurde 1871, nachdem der Staat Koalitionsfreiheit gewährt hatte, gegründet. Er setzte die Tradition des 1848 in Eisenach ins Leben gerufenen Allgemeinen Deutschen Lehrervereins fort. Neben ihm entstanden, außer kleineren konfessionellen Vereinigungen, 1890 der Allgemeine Deutsche Lehrerinnenverein (Vorsitz Helene Lange) und 1903 der Deutsche Philologenverband. Der Deutsche Lehrerverein lud in regelmäßigen Abständen zu Lehrertagen bzw. Allgemeinen Deutschen Lehrerversammlungen ein, die in Resolutionen zu schulpolitischen Fragen Stellung nahmen.

Quelle: Robert Rissmann, Geschichte des Deutschen Lehrervereins, Leipzig 1908, S. 195 ff.

Auf dem 1. Deutschen Lehrertag 1876 in Erfurt: Über die unerläßlichen Erfordernisse zur Wahrung und Hebung der Bildung und Gesittung des gesamten Volkes

I. Erfordernisse, die von pädagogischer Seite zu erfüllen sind: 1. Allerorten ein Volksschulunterricht, durch welchen jedem normal befähigten Kinde die fürs Leben in der Gegenwart und nächsten Zukunft nötigen elementaren Kenntnisse und Fertigkeiten in wirklich hinreichendem Maße angeeignet werden, und eine Schulzucht, die, getragen von sittlichem Ernste, unter zweckmäßiger Anwendung von Milde und Strenge, die Jugend an alles Löbliche, insbesondere an die Tugenden des Fleißes, der Ordnungsliebe, der Pünktlichkeit, der Wahrheitsliebe, der Ehrlichkeit, der Höflichkeit und Anständigkeit gewöhnt. 2. Allerorten ein Religionsunterricht in Schule und Kirche, der mehr auf Belebung und Befestigung der Gottesfurcht, Gottes- und Menschenliebe und des Tugendsinnes, als auf Erzielung der Rechtgläubigkeit sein Absehen richtet. 3. Allerorten Gründung und Unterhaltung von Vereinen für Volksbildung und Volkserziehung, in denen durch Ansammlung und Verteilung guter Volksschriften und durch populär-wissenschaftliche Vorträge, insbesondere auch durch Vorträge erzieherischen Inhalts das Wissensinteresse, und die Intelligenz Erwachsener erhalten und gesteigert und auf die Familienerziehung veredelnd eingewirkt wird. 4. Allerorten Errichtung und Vermehrung von Kindergärten für Kinder von 3 bis 6 Jahren.

II. Erfordernisse, welche von staatlicher und kommunaler Seite zu erfüllen sind: 5. Der Zahl nach hinreichende, dabei zweckmäßig eingerichtete und mit Lehrmitteln ausgestattete Bildungsstätten für die Jugend. 6. Opferbereite Fürsorge für eine gediegene Lehrer- und Erzieherbildung. 7. Beseitigung des Lehrermangels durch bessere Besoldung und Würdigung des Volksbildnerberufs. 8. Verlängerung der Schulzeit bis zum 15. Jahre oder Errichtung obligatorischer Fortbildungsschulen.

III. Erfordernisse, welche von seiten der Presse, des öffentlichen und des individuellen Lebens zu erfüllen sind: 9. Fleißigere Verbreitung wissenschaftlichen Lernstoffes und vorzüglicher Grundsätze und Regeln in der Tagespresse. 10. Vermeidung und Verhinderung des mehr und mehr sich verbreitenden frivolen und trivialen, Geschmack und Sitten verderbenden Wesens in der Presse, auf der Bühne, in öffentlichen Lokalen, in geselligen Kreisen und auf offener Straße. 11. Selbstzucht aller Erwachsenen nach den allbekannten christlich-ethischen Grundsätzen und nach leuchtenden geschichtlichen Vorbildern der Tugend und Ehrbarkeit. 12. Größere Opferwilligkeit Begüterter im Interesse der Volksbildung und Volkserziehung.

Zusatz (Backhaus-Osnabrück): Die Verantwortlichkeit für die sittliche Bildung, für die Erziehung der Jugend trifft in erster Linie die Familie.

Auf dem 3. Deutschen Lehrertag 1880 in Hamburg: Die Simultanschule

1. Die Simultanschule stellt den Staatszweck der Schule in den Vordergrund; 2. die im Deutschen Reiche eingeführte Form derselben schädigt weder die allgemein religiöse, noch die konfessionelle Ausbildung der Schüler; 3. die allgemein menschlichen und christlichen Tugenden der Toleranz und Nächstenliebe, die planmäßige Heranbildung zu bürgerlichem Gemeinsinn werden durch dieselbe in vorzüglichem Grade gefördert; 4. sie bahnt beachtenswerten pädagogischen Vorteilen: einer Zusammenlegung der Klassen nach den Entwicklungsstufen der Schüler, der Ablegung konfessioneller Voreingenommenheit der Lehrer bei ihrem weltlichen Unterricht u. a. den Weg.

Auf dem 4. Deutschen Lehrertag 1882 in Kassel: Die politische und bürgerliche Stellung der Volksschullehrer

1. Die politischen Rechte der Lehrer sind von denjenigen anderer Staatsangehörigen nicht verschieden. 2. Die Schule ist Staatsanstalt, der Lehrer ist Staatsbeamter. 3. Das Interesse der Schule wie des Lehrerstandes erfordert, daß in allen deutschen Staaten, in welchen ein Schulgesetz noch nicht besteht, recht bald ein solches in Kraft trete. 4. Die bürgerliche Stellung des Volksschullehrers ist zurzeit noch als eine ungenügende zu bezeichnen. Ursachen dieser ungenügenden Stellung sind im wesentlichen diese: a) die vielfach hervortretende Mißachtung der Erziehungswissenschaft und Erziehungskunst, b) die Nichtfachmännern als Privilegium übertragene Lokal- und Kreisschulinspektion, c) der Mangel einer genügenden Karriere, d) die Ausnahmestellung in betreff des Militärdienstes, e) der Mangel an Sitz und Stimme in den die Schulaufsicht führenden Körperschaften, f) die teilweise Vorenthaltung des aktiven und passiven Wahlrechts.

Auf dem 6. Deutschen Lehrertag 1886 in Hannover: Die Stellung des Lehrers zur Schulverwaltung

1. Die verschiedenen Einrichtungen der menschlichen Gesellschaft erfahren nur dann eine wesentliche Förderung durch Beaufsichtigung und Leitung, wenn diese eine fachmännische ist. Daher verlangt das Interesse der Volksschule, daß jede auf den Unterricht bezügliche Schulinspektion – sowohl die Lokalschulinspektion, wo größere Schulkörper eine solche erfordern, als auch die Kreisschulinspektion – ausgeübt werde nicht im Nebenamte und nur von Schulmännern, welche eine allgemeine pädagogische Bildung besitzen und in der Volksschulpraxis als Lehrer sich bewährt haben. 2. Jede Berufstätigkeit gelangt

durch Beseitigung äußerer Hemmnisse zu erfolgreicher Entfaltung. Daher verlangt das Interesse der Volksschule neben einer angemessenen sozialen Stellung des Lehrers eine Beseitigung seiner Ausnahmestellung bezüglich der Rechte und Pflichten in Staat und Gemeinde. 3. Die in verschiedenen Staaten Deutschlands gültigen Bestimmungen fordern eine stimmberechtigte Beteiligung des Erziehungswesens kundiger Männer an der Schulverwaltung in den Gemeinden. Das Interesse der Volksschule verlangt eine Ausführung dieses Grundsatzes in der Weise, daß, gleichwie andere an der Schule beteiligte Faktoren ihre Vertreter selbst ernennen, die Lehrer aus ihrer Mitte eine Anzahl von Mitgliedern, deren Zahl nicht weniger als ein Fünftel sämtlicher Vertreter betragen darf, für die Schulverwaltungskörper in den Gemeinden, wie auch in größeren Verbänden selbst wählen.

Auf dem 7. Deutschen Lehrertag 1888 in Frankfurt a. M.: Die Allgemeine Volksschule

Der VII. deutsche Lehrertag erhebt von neuem die Forderung der »allgemeinen Volksschule« und erachtet als die ersten Schritte zur Durchführung dieser Forderung: 1. die Aufhebung des an vielen Orten bestehenden Unterschiedes zwischen einer sogenannten gehobenen Volks- und Bürgerschule und der gewöhnlichen Volksschule, durch welche Unterscheidung dieser letzteren der Charakter einer Armenschule aufgedrückt wird, 2. die Aufhebung der Vorschulklassen mittlerer und höherer Lehranstalten und Einrichtungen allgemeiner Elementarschulen für das gesamte Schulwesen, 3. die Aufhebung des Schulgeldes zunächst an allen Volksschulen.

Auf dem 8. Deutschen Lehrertag 1890 in Berlin: Die Aufgabe der Volksschule gegenüber der sozialen Frage – Die Befreiung des Lehrers vom niederen Küsterdienst – Die Schulsynode

Ein direktes Eingreifen in die sozialen Kämpfe der Gegenwart hat die Volksschule als Stätte, welche die Kinder aller Staatsbürger in friedlicher Arbeit vereinigt, zu vermeiden. Nur insoweit wirkt sie an der Lösung der sozialen Frage mit, als sie eine charaktervolle Jugend erziehen soll, welche, frei von Klassenhaß und erfüllt von wahrer Religiosität und Vaterlandsliebe, befähigt ist, dereinst ein urteilsfähiges und tatkräftiges Glied der Nation zu werden. Die Hindernisse, welche zurzeit noch die Volksschule hemmen, ihren segensreichen Einfluß auf die Jugend voll und ganz auszuüben, sind besonders: überfüllte Klassen, vielfache Stoffüberbürdung, nichtfachmännische Schulaufsicht, nicht immer genügende materielle Sicherstellung des Lehrers und rechtliche Unsicherheit desselben in bezug auf die Ausübung der Schuldisziplin.

Die Aufgaben, welche die Übertragung der niederen Küsterdienste an den Lehrer stellt, stehen in keinem Zusammenhang mit dem Wesen seines Standes, sind entwürdigend für seine Stellung und erschweren ihm die Erfüllung seiner Pflichten. Der VIII. deutsche Lehrertag erneuert daher die Forderung: die niederen Küsterdienste sind dem Lehrer nicht mehr zu übertragen!

Zur gedeihlichen Entwicklung des Volksschulwesens ist es notwendig, daß neben den Schulbehörden beratende Körperschaften, Schulsynoden, eingerichtet werden. Die Schulsynoden setzen sich zusammen aus freigewählten Vertretern der Familie, der Kirche und der Lehrerschaft sowie aus Beauftragten der staatlichen und kommunalen Schulbehörden.

Auf dem 9. Deutschen Lehrertag 1892 in Halle a. S.: Die Allgemeine Volksschule in Rücksicht auf die soziale Frage – Die Vorbildung des Volksschullehrers

I. Die Schule kann an der Lösung der sozialen Frage dadurch mitarbeiten, daß sie, soweit es die ihr zu Gebote stehenden Mittel gestatten, alle Glieder der Nation zur möglichst vollkommenen Entwicklung ihrer körperlichen, geistigen und sittlichen Kräfte bringt und eine Jugend erzieht, die frei ist von Standesvorurteilen und erfüllt ist von edlem Gemeinsinn und echter Vaterlandsliebe.

II. Die pädagogischen Vorbedingungen einer so gearteten Schulerziehung können am vollkommensten erfüllt werden durch eine Schulorganisation, durch welche die Angehörigen aller Stände nach Möglichkeit zusammengeführt werden und für den Übertritt aus den niederen Stufen in die höheren durch organischen Zusammenhang aller Schulanstalten Sorge getragen wird.

III. Aus diesen Gründen erhebt der 9. deutsche Lehrertag folgende Forderungen: 1. a) Staat und Gemeinde sollen für die gemeinsamen Bildungsbedürfnisse nur gemeinsame, allen in gleicher Weise zugängliche Bildungsanstalten errichten; b) insbesondere soll für den allen notwendigen Elementarunterricht nur eine Art von öffentlichen Schulen vorhanden sein und sollen daneben auf Kosten des Staates oder der Gemeinde besondere Vorschulen für höhere Lehranstalten, Mittel- und höhere Töchterschulen nicht errichtet, noch organisch damit verbunden werden; c) die bestehenden Vorschulen höherer Lehranstalten und die Elementarklassen der Mittelschulen und höheren Töchterschulen sind aufzuheben. 2. Auf diesem gemeinsamen Unterbau, der Allgemeinen Volksschule, bauen sich auf: a) *die niedere Bürgerschule* und deren Fortsetzung, die Fortbildungsschule, b) *die höhere Bürgerschule* (Mittelschule oder Realschule), c) *die höheren Lehranstalten.* 3. Die vorhandenen Einrichtungen, welche begabten ärmeren Kindern den Besuch der höheren Lehranstalten ermöglichen (Befreiung vom Schulgelde, kostenfreie Alumnate usw.), bedürfen einer weiteren Ausdehnung und werden der öffentlichen wie privaten Fürsorge empfohlen.

1. Die gegenwärtige Vorbildung des Volksschullehrers kann gegenüber den heutigen Anforderungen an den Lehrerberuf nicht als genügend anerkannt werden. 2. Behufs einer zweckmäßigeren Gestaltung derselben erscheint in erster Linie eine solche Organisation der Lehrerbildungsanstalten notwendig, daß dieselben im wesentlichen nur der pädagogischen Fachbildung zu dienen haben. 3. Die als Grundlage der letzteren unerläßliche allgemeine Bildung ist am zweckmäßigsten durch Absolvierung einer der bestehenden höheren Bildungsanstalten zu erwerben. 4. Es ist unerläßlich, daß die an den Seminaren wirkenden Lehrer neben der erforderlichen wissenschaftlichen und pädagogischen Bildung auch eine durch eigene Erfahrung gewonnene genügende Kenntnis des Volksschulwesens besitzen. Durch geeignete Veranstaltungen an den Hochschulen muß es ermöglicht werden, daß der seminarisch gebildete Lehrer seine wissenschaftliche und pädagogische Bildung so weit erweitern kann, daß er die Berechtigung als Lehrer und Leiter der Seminare erwerben kann. 5. Eine Sonderung der Seminare nach der Konfession ihrer Zöglinge ist aus der Eigenart dieser Schulgattung nicht zu begründen, vielmehr folgt aus der Auffassung des Seminars als einer Fachschule die Einrichtung paritätischer Anstalten. 6. Es empfiehlt sich, die Seminare an größeren Orten oder doch in deren Nähe anzulegen, damit die an solchen vorhandenen mannigfachen Bildungsmittel den Zöglingen nutzbar gemacht werden können. 7. Das Internat ist nicht als eine für die Erziehung der künftigen Lehrer unentbehrliche Einrichtung, sondern lediglich als eine Veranstaltung zur Unterstützung bedürftiger Zöglinge zu betrachten. In keinem Fall darf die Hausordnung desselben eine solche sein, welche die Zöglinge von der Außenwelt abschließen und die Entwicklung selbständiger Charaktere hindern würde. 8. Dem Volksschullehrer ist auf Grund seiner Seminarbildung unter Voraussetzung hervorragender praktischer Leistungen die Befähigung zur Bekleidung des Schulaufsichtsamtes zuzuerkennen.

Auf der 1. Allgemeinen Deutschen Lehrerversammlung 1894 in Stuttgart: Welche Veranstaltungen sind für das nachschulpflichtige Alter zu treffen, damit die Resultate des Schulunterrichts gesichert werden und die durch die sozialen Verhältnisse der Gegenwart bedingte Ausgestaltung erfahren?

1. Die wirtschaftlichen, sozialen und staatlichen Verhältnisse der Gegenwart machen besondere Veranstaltungen notwendig, um die Resultate des Schulunterrichts und der Schulerziehung zu sichern und ihnen eine zeitgemäße Ausgestaltung zu geben. 2. Wirtschaftliche und pädagogische Gründe sprechen dagegen, daß dieser Zweck durch Verlängerung der achtjährigen Schulzeit zu erreichen versucht werde. 3. Notwendig ist dagegen die Einrichtung der Fortbildungsschule. 4. Aufgabe derselben ist: Fortführung einer planmäßigen Erziehung, Befestigung und Ergänzung der allgemeinen Bildung mit Beziehung auf das berufliche Leben, Übermittlung derjenigen Bildungsstoffe, welche zu einem Einleben in den staatlichen und gesellschaftlichen Organismus notwendig sind. 5. Zur Lösung dieser der Fortbildungsschule gestellten Aufgabe ist erforderlich: a) Der Besuch derselben sei obligatorisch; b) die Unterrichtszeit werde bei hinreichender Ausdehnung so gelegt, daß der Schüler noch zu geistiger Arbeit und zur Aufnahme sittlicher Eindrücke befähigt ist; c) zur Wahrung ihrer Autorität werde sie mit den nötigen Disziplinarmitteln ausgestattet; d) Lehrstoff und Methode müssen die Gewähr bieten, daß die berufliche Bildung gefördert und die Allgemeinbildung zeitgemäß ergänzt werde. 6. Die Tätigkeit der Fortbildungsschule werde ergänzt und unterstützt: durch Pflege des Turnens und der Turnfahrten, des Jugendspieles und des Gesanges, durch Einrichtung von Bibliotheken, durch Zugänglichmachung aller öffentlichen volkstümlichen Bildungsinstitute, durch Einrichtung von Volksunterhaltungsabenden und von Jugendheimen.

Auf der 2. Allgemeinen Deutschen Lehrerversammlung 1896 in Hamburg: Die Teilnahme des Lehrers an der Schulverwaltung – Welche Stoffe sind nach den Forderungen der Gegenwart dem Lehrplan der Volksschule hinzuzufügen, bzw. aus demselben zu entfernen?

1. Nicht bloß aus schultechnischen, sondern ebensosehr aus sozialpädagogischen Gründen gebührt dem Lehrerstande eine angemessene Vertretung mit Sitz und Stimme in allen Instanzen der kommunalen und staatlichen Schulverwaltung. Wenn nach der Zahl der in Betracht kommenden Lehrer und der Organisation der betreffenden Instanz eine Wahl möglich ist, steht den Lehrern die freie Wahl ihrer Vertreter zu. 2. Die Verwirklichung dieser Grundgedanken ist in den verschiedenen deutschen Staaten im Anschluß an die bestehenden Verwaltungs-

organisationen zu erstreben. Wo nur die untersten Instanzen (Ortsschulvorstand, Schuldeputation) eine durch ihre Zusammensetzung aus verschiedenen Kreisen oder Körperschaften bedingte kollegiale Verfassung besitzen, ist zunächst auf eine gesetzlich geordnete Vertretung des Lehrerstandes in diesen Instanzen hinzuwirken. Besitzen auch höhere Instanzen (Kreis- und Provinzialschulkommissionen usw.) eine kollegiale Verfassung, so ist die in These a) erhobene prinzipielle Forderung auch auf diese auszudehnen und ihre Verwirklichung unablässig zu erstreben.

1. Die deutsche Volksschule, an welche die obligatorische Fortbildungsschule als ein notwendiges Glied des Volksbildungsorganismus sich anfügt, hat die Aufgabe, die ihr anvertrauten Kinder nach Maßgabe ihrer Geisteskräfte und der verfügbaren Zeit zu vollwertigen Gliedern der gegenwärtigen nationalen Kulturgemeinschaft zu erziehen. 2. Der Volksschulunterricht ist darum so zu gestalten, daß der Weg zu den Kulturschätzen der Nation, soweit möglich, jedem Kinde geebnet, die praktische Verwertung des Kulturgutes erleichtert, das Verständnis für das Gemeinschaftsleben angebahnt und das lebendige Bewußtsein der sozialen und staatsbürgerlichen Pflichten begründet wird. 3. Der Unterricht in den unteren und mittleren Volksschulklassen ist so zu gestalten, daß dieselben die Grundlage der Bildung für alle Volksklassen enthalten und den unmittelbaren Übergang zu allen höheren Lehranstalten gestatten. 4. Auf der Oberstufe der Volksschule ist die Vorbildung für das Gemeinschaftsleben und die praktischen Lebensaufgaben des einzelnen mehr als bisher zu betonen. Im besonderen ist zu fordern: a) daß der Religionsunterricht mehr als bisher es als seine Hauptaufgabe betrachte, in die religiös-sittlichen Grundsätze einzuführen, von denen die Gesamtheit in ihrem Zusammenleben geleitet werden soll, b) daß der Geschichtsunterricht, der vorzugsweise dazu bestimmt ist, in das Leben und Streben der Volksgemeinschaft einzuführen, die Kulturentwicklung des deutschen Volkes, unter Verzichtleistung auf solche bisher behandelte Stoffe, die für diese Aufgabe unwichtig sind, in ihren Grundzügen darstelle und hierbei auch der Entwicklung der Staatsverfassung sowie derjenigen des wirtschaftlichen Lebens bis zur Gegenwart Beachtung schenke, c) daß auch die übrigen Lehrfächer der Volksschule, soweit dieselben dazu geeignet sind, der Vorbildung für das Gemeinschaftsleben und den praktischen Lebensaufgaben des einzelnen mehr als bisher nutzbar gemacht, und daß zu diesem Zwecke die Elemente der Verfassungs- und Rechtskunde, Volks- und Privatwirtschaftslehre, Buchführung und Gesundheitslehre als Bestandteile dieser Fächer aufgenommen werden, d) daß für den Handarbeitsunterricht der Knaben und die hauswirtschaftliche Unter-

weisung der Mädchen Gelegenheit geboten werde, e) daß die körperliche Entwicklung durch obligatorischen Turnunterricht auch für Mädchen und durch Pflege des Jugendspiels gefördert werde. 5. Einer Mehrbelastung der Jugend ist durch Ausscheidung aller Lehrstoffe, welche lediglich der sogenannten Formalbildung dienen sollen, vorzubeugen. 6. Dagegen darf die Einführung in die dem allgemeinen Verständnis zugänglichen wissenschaftlichen Anschauungen der Gegenwart sowie die ethische und ästhetische Bildung der Jugend keine Beschränkung erleiden. 7. Eingehendere Belehrungen über die Grundlagen des staatlichen, rechtlichen und wirtschaftlichen Lebens der Gegenwart sind in der obligatorischen Fortbildungsschule, deren Schüler bereits im praktischen Leben stehen, zu vermitteln.

Auf der 3. Allgemeinen Deutschen Lehrerversammlung 1898 in Breslau: In welcher Richtung und in welchem Umfange wird die Jugenderziehung durch die gewerbliche und die landwirtschaftliche Kinderarbeit geschädigt? – Welche Forderungen stellt die Gegenwart an die Vorbildung des Lehrers?

1. Aufmerksame Beobachtungen und statistische Erhebungen haben ergeben, daß die gewerbliche und landwirtschaftliche Kinderarbeit in weiten Gebieten des Vaterlandes eine überaus große Verbreitung gefunden hat. 2. Es liegt nahe und ist vielfach nachgewiesen, daß hierbei durch körperliche Überanstrengung, Unbilden der Witterung, Arbeit in hygienisch mangelhaft beschaffenen Räumen, eintönige, den Geist abstumpfende Tätigkeiten die Gesundheit der Kinder gefährdet und vielfach ihre körperliche und geistige Entwicklung verkümmert wird, daß ferner durch gewisse Beschäftigungsarten (Hausieren, Mitwirkung bei Schaustellungen, Hüten, Teilnahme als Treiber bei Jagden usw.) oder infolge unzulänglicher Aufsicht und unterlassener Trennung der Geschlechter die moralische Erziehung leidet. 3. Daraus erwachsen auch der Schule schwerwiegende Hindernisse; diese bestehen in Erschlaffung und Stumpfsinn der Kinder während des Unterrichts, in mangelndem häuslichen Fleiße, in häufigen Verspätungen und Schulversäumnissen und in auffallend geringen Fortschritten sowie darin, daß die erwerbstätigen Schüler infolge der bezeichneten Mängel leicht zum Hemmschuh für die geistige und sittliche Entwicklung sämtlicher Schüler werden. 4. So sehr die Kinderarbeit an sich bei zweckmäßiger Auswahl der Beschäftigung und verständiger Leitung als wertvolles Erziehungsmittel zu empfehlen ist, so sehr ist sie in der Form der Erwerbstätigkeit, mit der eine Ausbeutung der Kraft des Kindes fast mit Notwendigkeit verbunden ist, vom pädagogischen Standpunkte aus zu verwerfen. Ihre vollständige Beseitigung während des schulpflichtigen Alters

ist zu erstreben. 5. Solange aber die sozialen Verhältnisse, namentlich die Notlage zahlreicher Familien, die Durchführung dieser radikalen Maßregel noch unmöglich machen, muß wenigstens eine weitgreifende Einschränkung der Erwerbstätigkeit der Kinder angestrebt werden. Nach dieser Richtung hin erscheint als durchaus notwendig: a) das Verbot jeder Beeinträchtigung des regelmäßigen Schulbesuchs durch Rücksichtnahme auf erwerbsmäßige Beschäftigung der Schulkinder, insbesondere Beseitigung der Hüteschulen, sowie solcher Dispensationen vom Schulbesuch, die im Interesse der Erwerbstätigkeit geschehen; b) jede erwerbsmäßige Beschäftigung von Kindern unter 12 Jahren ist zu verbieten, c) ebenso die Arbeit älterer Kinder morgens vor Beginn der Schule, nach 6 Uhr abends und an Sonntagen sowie die Akkordarbeit und Doppelbeschäftigung; d) die Dauer der regelmäßigen täglichen Beschäftigung ist nicht nur an Schultagen, sondern auch in den Ferien möglichst kurz zu bemessen. Bei der Arbeit müssen diejenigen besonderen Rücksichten auf Gesundheit und Sittlichkeit genommen werden, die durch das jugendliche Alter geboten sind; e) ganz zu verbieten ist: Hausieren, Beschäftigung in Wirtshäusern, bei Schaustellungen und bei Treibjagden; f) die staatliche Aufsicht ist auch auf die Beschäftigung der Kinder in der Hausindustrie und in der Landwirtschaft auszudehnen. 6. Die Deutsche Lehrerversammlung spricht den lebhaften Wunsch aus, daß die kürzlich seitens der Reichsbehörden aufgenommene Statistik über die erwerbsmäßige Arbeit schulpflichtiger Kinder unter vermehrter Berücksichtigung der Belastung der Kinder durch die Arbeit in regelmäßigen Abständen wiederholt und auch auf die Arbeit in der Landwirtschaft ausgedehnt werde.

1. Volksbildung und Lehrerbildung stehen in einem notwendigen inneren Zusammenhang. Das gesteigerte Bildungsbedürfnis der Gegenwart verlangt auch eine Vervollkommnung der Lehrerbildung. 2. Allgemeinbildung und Fachbildung sind voneinander zu trennen. Erstere ist zu einem gewissen Abschluß zu bringen, ehe letztere einsetzt. 3. Die Allgemeinbildung ist breiter und tiefer anzulegen als bisher. Auch darf sie nicht in abgesonderten Anstalten vermittelt werden. Demgemäß ist die unzureichende Präparandenbildung zu beseitigen und dagegen zu fordern, daß die künftigen Lehrer ihre Allgemeinbildung auf einer der bestehenden höheren Lehranstalten erlangen. 4. Das Lehrerseminar muß – unter Voraussetzung einer besseren Vorbildung – weit mehr, als es bisher der Fall war, den Charakter einer pädagogischen Fachschule annehmen. Es darf kein Internat sein. 5. Zur Fortbildung des Lehrerstandes sollen unsere Universitäten geöffnet werden. Zu diesem Zwecke sind an sämtlichen Universitäten selbständige Lehrstühle für Pädagogik mit pädagogischen Seminaren einzurichten. Jeder Lehrer

hat auf Grund seines Abgangszeugnisses vom Seminar das Recht, die Universität zu besuchen.

Auf der 4. Allgemeinen Deutschen Lehrerversammlung 1900 in Köln: Die Bedeutung einer gesteigerten Volksbildung für die wirtschaftliche Entwicklung unseres Volkes

1. Die Volksbildung ist eine der wirksamsten Kräfte für erhöhte wirtschaftliche Leistungsfähigkeit eines Volkes. 2. Eine gesteigerte allgemeine Volksbildung bewirkt eine gleichmäßigere Verteilung der Arbeitserträge, fördert den Wohlstand, bewirkt also neben der wirtschaftlichen auch die soziale Entwicklung unsers Volkes und bedingt seine Stellung auf dem Weltmarkte. 3. Es ist deshalb a) allen bildungsfeindlichen Bestrebungen – auch um des Wertes der Bildung selbst willen – entschieden entgegenzutreten, b) allen Volksbildungsanstalten und Volksbildungsbestrebungen eine vermehrte Pflege zu widmen.

Auf der 5. Allgemeinen Deutschen Lehrerversammlung 1902 in Chemnitz: Bedeutung der Volksbildung für die Volkssittlichkeit

1. Die von den Gegnern der Volksbildung aufgestellte Behauptung, daß durch gesteigerte Bildung die Sittlichkeit des Volkes geschädigt werde, widerspricht ebensowohl den Tatsachen wie den Lehren der Psychologie. Dagegen muß es als unzweifelhaft gelten, daß in unsern Kulturverhältnissen eine höhere geistige Bildung die Vorbedingung und eine Stütze des sittlichen und legalen Handelns ist. 2. Alle der Hebung der Volksbildung dienenden Veranstaltungen, vornehmlich die Volks- und Fortbildungsschule, üben um so mehr auch auf die sittliche Entwicklung des Volkes einen günstigen Einfluß aus, als sie nicht etwa einseitig die Vermehrung verstandesmäßig angeeigneten Wissens erstreben, sondern abwehrend und aufbauend die Entwicklung sittlicher Persönlichkeiten direkt fördern.

Auf der 6. Allgemeinen Deutschen Lehrerversammlung 1902 in Königsberg: Die Allgemeine Volksschule – Universität und Volksschullehrerbildung – Die Schulaufsichtsfrage

1. Das Gefühl nationaler Zusammengehörigkeit, gegründet auf das Bewußtsein gleicher Rechte und gemeinsamer Pflichten aller Glieder des Volkes, muß in sämtlichen Gesellschaftsschichten soviel als nur irgend möglich gestärkt werden. Als ein in dieser Hinsicht bedeutsames Mittel erweist sich die Allgemeine Volksschule. 2. Tragen Organisation, Lehrplan und Unterrichtsverfahren der Allgemeinen Volksschule den Anforderungen der Pädagogik Rechnung, so bietet sie nicht nur die

zweckmäßigste Vorbereitung für die Oberstufe der Volksschule, sondern auch für alle übrigen weiterführenden Bildungsanstalten. 3. Die Erziehung der Kinder aller Stände leidet in der Allgemeinen Volksschule durchaus nicht Not; sie erfährt im Gegenteil mannigfache Förderung, die Schulen nicht zu bieten vermögen, die nur von Kindern bestimmter Bevölkerungsgruppen besucht werden. 4. Die deutsche Lehrerschaft darf in ihrem Kampfe gegen die der Allgemeinen Volksschule entgegenstehenden Vorurteile um so weniger erlahmen, als sich dieselbe überall da, wo sie seit längerer Zeit besteht, trefflich bewährt hat. 5. Die Schulbehörden der deutschen Bundesstaaten sind zu ersuchen, dahin zu wirken, daß den Vorschulen die staatliche Unterstützung entzogen, die Vorschulen überhaupt aufgehoben werden. Die Forderung, jedes Kind muß bis zum 10. Lebensjahre die Allgemeine Volksschule besuchen, ist in die schulgesetzlichen Bestimmungen aufzunehmen. 6. Die deutsche Lehrerschaft hält den unentgeltlichen Elementarunterricht für das einzig Richtige.

1. Die Universität als Zentralstelle wissenschaftlicher Arbeit ist die geeignetste, durch keine andere Einrichtung vollwertig zu ersetzende Stätte für die Volksschullehrerbildung. 2. Für die Zukunft erstreben wir daher die Hochschulbildung für alle Lehrer. 3. Für die Jetztzeit dagegen fordern wir, daß jedem Volksschullehrer auf Grund seines Abgangszeugnisses vom Seminar die Berechtigung zum Universitätsstudium erteilt werde.

1. Im Interesse der Schule ist die fachmännische Schulaufsicht einzuführen. 2. Die Volksschulen sind unmittelbar dem Kreisschulinspektor zu unterstellen, die Lokalschulaufsicht ist zu beseitigen. 3. Die Kreisschulinspektion im Nebenamt ist aufzuheben; zu ständigen Kreisschulinspektoren sind Schulmänner, die sich im Volksschuldienste bewährt haben, zu berufen.

Auf der 7. Allgemeinen Deutschen Lehrerversammlung 1906 in München: Die Lehrerinnenfrage – Die Simultanschule

1. Für die Anstellung von Lehrerinnen an den Volksschulen darf nicht das Bedürfnis der Frauen nach Erweiterung des Kreises weiblicher Berufstätigkeit, sondern nur das Interesse der Schule bestimmend sein. Die Erziehung der Jugend ist die gemeinsame Aufgabe *beider* Geschlechter. Da aber in der Familie der weibliche Erziehungseinfluß vorherrscht, so muß die öffentliche Schulerziehung, die eine Ergänzung der Familienerziehung bringen soll – in Knaben- *und Mädchenschulen* – vornehmlich unter männlichem Einflusse stehen. 3. Die Forderung, an

Mädchenschulen nur Lehrerinnen anzustellen, muß überdies noch aus folgenden Gründen abgelehnt werden: Die Lehrerin kann für sich weder ein tieferes Verständnis der Mädchennatur, noch eine größere Kenntnis des weiblichen Pflichtenkreises beanspruchen, noch verfügt sie als Frau dem Mädchen gegenüber über eine reichere Auswahl wirksamer Erziehungsmittel als der Lehrer. 4. Nach ihrer physischen und psychischen Verfassung, nach ihrer Vorbildung, nach ihren sozialen Verhältnissen sind im allgemeinen die Lehrerinnen nicht in dem Maße für die Arbeit in der Volksschule geeignet wie der Lehrer. Sie können darum in der Volksschultätigkeit die Lehrer nicht ersetzen, sondern nur ergänzen. 5. In der Verweiblichung des Lehrkörpers der Volksschule liegt eine Gefahr für die Entwicklung der Schule, für ihre Unabhängigkeit und für unser gesamtes Volkstum. – Angenommen wurde folgende *Resolution:* Die Deutsche Lehrerversammlung erkennt es als berechtigt an, daß neben dem männlichen auch das weibliche Geschlecht am Werke der Volkserziehung betätigt wird. Sie weist dagegen aus gewichtigen pädagogischen Gründen alle die Forderungen ab, nach welchen die Mädchenschulen ganz oder überwiegend unter den Einfluß der Lehrerinnen gestellt werden sollen.

1. Unter Simultanschulen sind Bildungsanstalten zu verstehen, in denen Kinder aller Konfessionen gemeinsam unterrichtet werden, den Religionsunterricht jedoch nach Konfessionen getrennt erhalten. Die Zusammensetzung des Lehrkörpers an einer Simultanschule soll möglichst dem zahlenmäßigen Verhältnis der Konfessionen unter den Schulkindern entsprechen. 2. Die von Gegnern der Simultanschule an ihre Einführung geknüpften Befürchtungen in religiös-sittlicher Beziehung sind durch die Erfahrung widerlegt. Die Simultanschule fördert vielmehr die sittlich-religiöse Erziehung, indem sie ihre Schüler zur Achtung gegenüber fremden Überzeugungen erzieht und so zu einer Pflegstätte der Religion der Liebe und der gegenseitigen Duldung wird. 3. Die Frage der Errichtung von Simultanschulen ist weniger eine religiöse als eine nationale, soziale und pädagogische. Durch die Simultanschule kommt die nationale Einheit unseres Volkes am besten zum Ausdruck; sie ist das getreue Abbild des paritätischen Staates und der modernen sozialen Gemeinschaften und entspricht daher ihrem Wesen und ihren Anforderungen in erhöhtem Maße. 4. In allen Orten mit konfessionell gemischter Bevölkerung bietet die Simultanschule wesentliche pädagogische Vorteile, indem sie a) die Errichtung vollentwickelter Schulsysteme, b) eine bessere unterrichtliche Versorgung der Kinder der konfessionellen Minderheit selbst bei geringeren finanziellen Aufwendungen, c) die Erfüllung berechtigter Forderungen des Schulhygiene durch den Besuch der nächstgelegenen Schule ermöglicht.

5. Für alle Staaten, in denen die Simultanschule noch nicht durch Gesetz anerkannt ist, ist daher mindestens die Gleichberechtigung der Simultanschule mit der Konfessionsschule zu fordern. 6. Die Voraussetzung der Simultanschule bilden konfessionell gemischte Lehrerbildungsanstalten und eine vom Staate ausgeübte fachmännische Schulaufsicht.

Auf der Allgemeinen Deutschen Lehrerversammlung 1914 in Kiel: Die nationale Einheitsschule

Quelle: C. L. A. Pretzel, Geschichte des Deutschen Lehrervereins in den ersten fünfzig Jahren seines Bestehens. Unter Benutzung von R. Rissmanns Geschichte des Deutschen Lehrervereins, Leipzig 1921, S. 238 ff.

1. Die Erziehung (im engeren Sinne) ist jener Kulturakt einer Gemeinschaft, der bestimmte Kulturgüter (der Religion, der Moral, des Wissens, der Kunst, der Technik, der gesellschaftlichen Sitten und Gebräuche) so an den Zögling heranbringt, daß sie nach Maßgabe seiner Veranlagung in ihm jene besondere Kulturenergie für die Zwecke der Gemeinschaft auslösen, deren er fähig ist. (Erziehungsbegriff.) 2. Das wesentliche Instrument, dessen sich die Kulturgemeinschaft für Durchführung der systematischen Erziehung ihrer minderjährigen Mitglieder bedient, ist die öffentliche allgemeine Schule. (Erziehungsinstrument.) 3. Die allgemeine öffentliche Schule im Rechtsstaate, d. i. in jenem Staate, der die Beziehungen seiner Mitglieder autonom nach den Grundsätzen der Gerechtigkeit und Billigkeit regelt, muß jedem Kinde ohne Ausnahme jene Erziehung ermöglichen, auf die es nach Maßgabe seiner Veranlagung Anspruch erheben kann. (Erziehungsrecht.) 4. Umgekehrt ist im Kulturstaate, d. i. in jenem Staate, der alle allgemeinen Zwecke der Kultur in seinen Zweck aufgenommen hat, jedes Kind verpflichtet, von jenen öffentlichen Erziehungseinrichtungen solange Gebrauch zu machen, als es zur Ausbildung eines nützlichen Mitgliedes der Kulturgemeinschaft notwendig erscheint. (Erziehungspflicht.) 5. Will dieser Erziehungspflicht durch private Einrichtungen außerhalb der allgemeinen öffentlichen Schule genügt werden, so hat die Staatsgemeinschaft die Erlaubnis hierzu zu erteilen, a) solange und soweit die privaten Erziehungsabsichten nicht dem Gesamtwohle der Gesellschaft zuwiderlaufen, b) soweit die privaten Erziehungseinrichtungen mindestens das gleiche leisten, wie die öffentlichen, c) solange die Mitglieder keine öffentlichen Mittel für ihre nicht allen gleichmäßig zugänglichen Einrichtungen verlangen. (Erziehungslehre.) 6. Die Lasten der allgemeinen öffentlichen Pflichtschulen sind aus allgemeinen öffentlichen Einnahmen und nicht durch besondere Schulgelder zu decken. Muß in höheren öffentlichen Schulen für freiwilligen Besuch mangels hinreichender öffentlicher Mittel besonderes Schulgeld erhoben werden,

so ist jeder mittellose Begabte hiervon zu befreien. Die Zahl der Befreiten ist nicht auf einen bestimmten Prozentsatz der Gesamtschülerzahl zu beschränken. Mittellosen Eltern besonders begabter Schüler sind Erziehungsbeiträge aus öffentlichen Mitteln zu gewähren. (Schulgeldfreiheit und Erziehungsbeihilfen.) 7. Die Gewährung von allgemeiner Lehrmittelfreiheit ist mehr eine Frage der Zweckmäßigkeit, als eine innere Notwendigkeit. Sie bringt ebenso Erziehungsnachteile mit sich, wie sie Erziehungsvorteile gewährt. In allen öffentlichen Schulen aber sind mittellosen Schülern die Lehrmittel unentgeltlich zur Verfügung zu stellen. (Lehrmittelfreiheit.) 8. Es widerspricht dem Geiste des Rechts- und Kulturstaates, parallel den Pflichtschulen andere Schulen unter dem Vorwande einer erweiterten Bildung zu unterhalten, die nur einzelne nach Maßgabe ihrer besseren wirtschaftlichen Lage auf Grund besonderen Schulgeldes an Stelle der Pflichtschule besuchen können. Jede Differenzierung der öffentlichen Schule nach ökonomischen oder sozialen Rücksichten ist eine Verletzung des Rechts- und Kulturstaates. (Soziale Differenzierung.) 9. Die allgemeine öffentliche Schule bedarf aber der Differenzierung aus psychologischen und pädagogischen Gründen. Sie ist geboten a) durch die Wachstumsreife des Zöglings, b) durch dessen Veranlagung für einzelne Kulturgebiete, c) durch die Methoden der Vermittlung der Kulturgüter nach dem Zwecke der Schule. (Psychologisch-pädagogische Differenzierung.) 10. Die Fundamentalforderung aller Differenzierung ist, daß jeder Schüler in der allgemeinen öffentlichen Schule jene Bildungswerte vorfindet, die seiner Veranlagung gemäß sind. Von diesem Standpunkte aus ist es einer der größten Fehler des öffentlichen Schulwesens, daß es heute noch keine Unterrichtseinrichtungen zur Betätigung und intellektuellen Entwicklung der besonders im Kindes- und Knabenalter vorwiegenden praktischen Interessen hat. (Fundamentalsatz der Differenzierung.) 11. Die Erziehung durch planmäßigen Unterricht soll nicht vor dem Abschluß der eigentlichen Kindheit, d. h. vor dem ersten Abschluß der physiologischen Reife der Assoziationsbahnen beginnen. Diese ist im allgemeinen nicht vor dem vollendeten sechsten Lebensjahre, also dem Beginn des siebenten Lebensjahres zu erwarten. (Beginn der Erziehung durch planmäßigen Unterricht.) 12. Die erste Differenzierung der allgemeinen öffentlichen Schule hat mit dem Zeitpunkte zu erfolgen, zu dem eine Trennung der spekulativen von den praktischen Interessen sich deutlicher bemerkbar macht, die zweite mit der deutlichen Entwicklung bestimmter durch die Einzelveranlagung bedingter Berufsinteressen. Der erste Zeitpunkt fällt im allgemeinen nicht vor das zehnte, der zweite nicht vor das vierzehnte Lebensjahr, von Ausnahmen abgesehen. (Sukzessive Differenzierung.) 13. Neben der sukzessiven Differenzierung wird aber auch eine simultane nötig, die teils

durch Begabungsabteilungen, teils durch Versetzungsbeschleunigung, teils durch Wahlfreiheit des Unterrichts, teils durch besondere Schultypen befriedigt werden kann. (Simultane Differenzierung.) 14. Die durch die Differenzierung des allgemeinen öffentlichen Schulwesens entstandenen Zweige wahren aber nur dann den Charakter der Einheitsschule, wenn ihre Organisation den Übergang von einem Zweige zu einem anderen dementsprechend begabten Schülern ohne allzu große Opfer (wenn nötig durch Übergangsschulen) ermöglicht. (Einheit in der Mannigfaltigkeit.) 15. Den Charakter der nationalen Einheitsschule bewahren sodann alle Zweige des Schulwesens nur dann, wenn ihr Unterricht und ihre sonstigen Erziehungseinrichtungen vom Geiste der Staatsgesinnung vollständig erfüllt sind. Nicht der Unterrichtsstoff macht die nationale Einheitsschule, sondern die soziologische Auffassung des Stoffes. (Einheit in der Staatsgesinnung.) 16. Die Gestaltung, Verwaltung und Beaufsichtigung der allgemeinen öffentlichen Schule ist ausschließlich Angelegenheit der Staatsgemeinschaft, die ihre Lasten trägt und in deren Dienst die Schule als Erziehungsinstrument arbeitet. (Staatsaufsicht.) 17. Es liegt aber im höchsten Interesse des Kultur- und Rechtsstaates, das Organisations- und Verwaltungsrecht für keine Gattung der öffentlichen Schule zu zentralisieren, sondern es in möglichst weitgehender Autonomie unter Aufstellung von Mindestforderungen den untergeordneten öffentlich rechtlichen Korporationen zu überlassen. (Dezentralisation.) 18. Es liegt weiter im Interesse des Kultur- und Rechtsstaates, in die korporativen Organisations-, Verwaltungs- und Aufsichtsorgane der Schule vollberechtigte Vertreter derjenigen Kulturgemeinschaften aufzunehmen, deren Zweck die Pflege eines der großen fünf Kulturgebiete (Religion, Moral, Wissenschaft, Kunst, Technik) ist, die in der Schule als Erziehungsmittel aufgenommen sind. (Schulbehörden.)
Leitsätze von Dr. Kerschensteiner (München) auf der Deutschen Lehrerversammlung in Kiel 1914.

Die Deutsche Lehrerversammlung fordert in Übereinstimmung mit den Ausführungen und Leitsätzen des Vortragenden die organisch gegliederte nationale Einheitsschule, die einen einheitlichen Lehrerstand zur notwendigen Voraussetzung hat und in der jede Trennung nach sozialen und konfessionellen Rücksichten beseitigt ist. Sie richtet daher an alle volks- und bildungsfreundlichen Kreise des deutschen Volkes die Aufforderung, alle Kräfte daran zu setzen, daß die der Verwirklichung dieser Einheitsschule entgegenstehenden Widerstände überwunden werden.

Beschluß der Versammlung, vorgeschlagen vom Geschäftsführenden Ausschuß des D. L. V.

Ergebnisse der Reichstagswahlen von 1871 bis 1918

Quelle: Deutsche Parteiprogramme, hrsg. von Wilhelm Mommsen. Deutsches Handbuch der Politik, Bd. 1, 2. Auflage, München 1964, 824 ff.

Parteien	1. Reichstag 1871 Wahlbeteiligung 50,7 %			2. Reichstag 1874 Wahlbeteiligung 60,8 %			3. Reichstag 1877 Wahlbeteiligung 60,3 %		
	Mandate	Stimmen in Tsd.	Stimmenanteil v.H.	Mandate	Stimmen in Tsd.	Stimmenanteil v.H.	Mandate	Stimmen in Tsd.	Stimmenanteil v.H.
Konservative	57	549	14,1	22	360	6,9	40	526	9,7
Reichspartei (Freikonservative)	37	346	8,9	33	376	7,2	38	427	8,0
Nationalliberale	125	1171	30,0	155	1543	29,7	128	1470	27,2
Liberale	30	282	7,2	3	54	1,2	13	135	2,5
Liberale Vereinigung	—	—	—	—	—	—	—	—	—
Deutsche Fortschrittspartei	46	342	8,8	49	448	8,6	35	418	7,7
Deutsche Volkspartei	1	19	0,5	1	22	0,4	4	45	0,8
Zentrum	63	742	18,6	91	1446	27,8	93	1341	24,8
Welfen	7	61	1,6	4	92	1,8	4	86	1,6
Sozialdemokraten	2	124	3,2	9	352	6,8	12	493	9,1
Polen	13	176	4,5	14	198	3,8	14	216	4,1
Dänen	1	18	0,5	1	20	0,4	1	17	0,3
Elsaß-Lothringer	—	—	—	15	235	4,5	15	200	3,7
Christlich-Soziale	—	—	—	—	—	—	—	—	—
Sonstige	—	76	2,1	—	46	0,9	—	28	0,5
insgesamt	382	3888	—	397	5190	—	397	5401	—

Ergebnisse der Reichstagswahlen von 1871 bis 1918
(Fortsetzung)

Parteien	4. Reichstag 1878 Wahlbeteiligung 63,1 %			5. Reichstag 1881 Wahlbeteiligung 56,1 %			6. Reichstag 1884 Wahlbeteiligung 60,3 %			7. Reichstag 1887 Wahlbeteiligung 77,2 %		
	Mandate	Stimmen in Tsd.	Stimmenanteil v.H.	Mandate	Stimmen in Tsd.	Stimmenanteil v.H.	Mandate	Stimmen in Tsd.	Stimmenanteil v.H.	Mandate	Stimmen in Tsd.	Stimmen-
Konservative	59	750	13,0	50	831	16,3	78	861	15,2	80	1147	15,2
Reichspartei (Freikonservative)	57	786	13,6	28	379	7,4	28	388	6,8	41	736	9,8
Nationalliberale	99	1331	23,1	47	747	14,6	51	997	17,6	99	1678	22,3
Liberale	10	156	2,7	—	—	—	—	—	—	—	—	—
Liberale Vereinigung	—	—	—	46	429	8,4	67	997	17,6	32	973	12,9
Deutsche Fortschrittspartei	26	385	6,7	60	649	12,7	—	—	—	—	—	—
Deutsche Volkspartei	3	66	1,1	9	103	2,0	7	96	1,7	—	89	1,2
Zentrum	94	1328	23,1	100	1183	23,2	99	1282	22,6	98	1516	22,1
Welfen	10	100	1,8	10	87	1,7	11	96	1,7	4	113	1,5
Sozialdemokraten	9	437	7,5	12	312	6,1	24	550	9,7	11	763	7,1
Polen	14	210	3,7	18	195	3,8	16	203	3,6	13	220	2,8
Dänen	1	16	0,3	2	14	0,3	1	14	0,3	1	12	0,2
Elsaß-Lothringer	15	179	3,1	15	153	3,2	15	166	2,9	15	234	3,1
Christlich-Soziale	—	—	—	—	—	—	—	—	—	1	12	0,2
Sonstige	—	17	0,3	—	15	0,3	—	13	0,3	2	48	0,6
insgesamt	397	5761	—	397	5097	—	397	5663	—	397	7540	—

Ergebnisse der Reichstagswahlen von 1871 bis 1918
(Fortsetzung)

Parteien	8. Reichstag 1890 Wahlbeteiligung 71,2 %			9. Reichstag 1893 Wahlbeteiligung 72,2 %			10. Reichstag 1898 Wahlbeteiligung 67,7 %		
	Mandate	Stimmen in Tsd.	Stimmenanteil v. H.	Mandate	Stimmen in Tsd.	Stimmenanteil v. H.	Mandate	Stimmen in Tsd.	Stimmenanteil v. H.
Konservative	73	895	12,4	72	1038	13,5	56	859	11,0
Reichspartei (Freikonservative)	20	482	6,7	28	438	5,7	23	344	4,4
Nationalliberale	42	1178	16,3	53	997	13,0	46	971	12,5
Liberale Vereinigung (ab 1893 Freisinnige Vgg., ab 1910 Fortschrittl. Volkspartei)	66	1160	16,0	13	259	3,4	12	196	2,5
Deutsche Fortschrittspartei (ab 1893 Freisinnige Vereinigung)	—	—	—	24	666	8,7	29	558	7,2
Deutsche Volkspartei	10	148	2,0	11	167	2,2	8	109	1,4
Zentrum	106	1342	18,6	96	1469	19,0	102	1455	18,9
Welfen	11	113	1,6	7	102	1,3	9	105	1,4
Sozialdemokraten	35	1427	19,7	44	1787	23,3	56	2107	27,2
Polen	16	247	3,4	19	230	3,0	14	244	3,1
Dänen	1	14	0,2	1	14	0,2	1	15	0,2
Elsaß-Lothringer	10	101	1,4	8	115	1,5	10	107	1,4
Christlich-Soziale	5	48	0,7	16	264	3,5	13	284	3,7
Sonstige	2	75	1,0	5	129	1,7	18	397	5,1
insgesamt	397	7228	—	397	7674	—	397	7752	—

Ergebnisse der Reichstagswahlen von 1871 bis 1918
(Fortsetzung)

Parteien	11. Reichstag 1903 Wahlbeteiligung 75,8 %			12. Reichstag 1907 Wahlbeteiligung 84,3 %			13. Reichstag*) 1912 Wahlbeteiligung 84,5 %		
	Mandate	Stimmen in Tsd.	Stimmen-anteil v. H.	Mandate	Stimmen in Tsd.	Stimmen-anteil v. H.	Mandate	Stimmen in Tsd.	Stimmen-anteil v. H.
Konservative	54	949	10,0	60	1060	9,4	43	1126	9,2
Reichspartei (Freikonservative)	21	333	3,4	24	472	4,2	14	367	3,0
Nationalliberale	51	1317	13,9	54	1631	14,4	45	1663	13,7
Liberale Vereinigung (ab 1893 Freisinnige Vgg., ab 1910 Fortschrittl. Volkspartei)	9	243	2,6	14	359	3,2	42	1497	12,3
Deutsche Fortschrittspartei ab 1893 Freisinnige Vereinigung)	21	538	5,7	28	736	6,5	—	—	—
Deutsche Volkspartei	6	91	1,0	7	139	1,3	—	—	—
Zentrum	100	1875	19,7	105	2180	19,4	91	1997	16,4
Welfen	6	94	1,0	1	78	0,7	5	85	0,7
Sozialdemokraten	81	3011	31,7	43	3259	29,0	110	4250	34,8
Polen	16	348	3,7	20	454	4,0	18	442	3,6
Dänen	1	15	0,2	1	15	0,1	1	17	0,1
Elsaß-Lothringer	9	102	1,1	7	104	0,9	9	162	1,3
Christlich-Soziale	11	245	2,6	16	249	2,2	8	52	0,4
Sonstige	11	334	3,4	17	528	4,7	16	550	4,5
insgesamt	397	9495	—	397	11262	—	397	12207	—

*) In den Zahlen für »Sonstige« sind ab 1887 die Antisemiten enthalten mit den Zahlen für Mandate und Stimmen wie folgt: 1887 1/12; 1890: 5/48; 1893: 16/264; 1898: 13/284; 1903: 11/245; 1907: 21/353; 1912: 13/357 (bei den Reichstagswahlen 1907 und 1912 entfallen von diesen Zahlen auf Angehörige der Wirtschaftlichen Vereinigung 5 bzw. 10 Mandate).

Statistische Angaben zur Bevölkerungs- und wirtschaftlichen Entwicklung[1]

Bevölkerungszunahme:
(bezogen auf das Reichsgebiet in den Grenzen von 1914)

1816	24,8 Millionen
1845	34,4 Millionen
1875	42,7 Millionen
1895	56,3 Millionen
1914	68 Millionen

Bevölkerungsverteilung:

Wohnbevölkerung in den Gemeinden

	unter 2000 Einw.	über 2000 Einw.
um 1800	73,6 %	26,4 %
1849	72,0 %	28,0 %
1871	63,9 %	36,1 %
1900	45,7 %	54,3 %
1910	40,0 %	60,0 %

Anteil der landwirtschaftlichen Bevölkerung an der Gesamtbevölkerung:

	in der Landwirtschaft
1816	78 %
1849	64 %
1867	48 %
1882	42 %
1895	35 %

[1] nach Quellenbuch zur deutschen Geschichte, hg. v. Dienstbach, Grebenstein, Metzker, Dritter Teil, 2. Aufl. 1929, S. 109 ff. Ergänzungen nach C. Jantke, Der vierte Stand, Freiburg 1955 – F. Wuessing, Geschichte des deutschen Volkes, Berlin 1947 – R. Dahrendorf, Gesellschaft und Demokratie in Deutschland, München 1966.

Statistische Angaben zur Bevölkerungs- und wirtschaftlichen Entwicklung (Fortsetzung)

Industrielle Entwicklung: Förderung an Steinkohlen und Braunkohlen

Steinkohlen		Braunkohlen
1871/75 durchschn.	34 Mill. t	9,6 Mill. t
1881/85	54 Mill. t	14 Mill. t
1891/95	74 Mill. t	22 Mill. t
1900	109 Mill. t	40 Mill. t
1910	152 Mill. t	63 Mill. t

	Roheisenerzeugung	Stahlerzeugung
1870	1,3 Mill. t	
1890	4,6 Mill. t	
1900	8,5 Mill. t	6,6 Mill. t
1912	17,8 Mill. t	13,7 Mill. t/1910
1913	19,3 Mill. t	18,9 Mill. t

Verkehrsentwicklung:

Eisenbahn-Strecken in km		Güterbeförderung in Tonnenkilometern	
1845	2 131 km		
1850	5 822 km		
1860	11 026 km		
1870	18 500 km		
1880	33 865 km		
1890	41 818 km	1891:	20,8 Mrd. tkm
1900	49 878 km	1900:	33,9 Mrd. tkm
1910	59 031 km	1910:	57,8 Mrd. tkm
		1913:	61,7 Mrd. tkm

Seeschiffe	Laderaum in Registertonnen
1892	1,4 Mill. BRT
1900	2,4 Mill. BRT
1910	4,4 Mill. BRT
1913	4,9 Mill. BRT